VIOLENCES URBAINES

OUVRAGES
DE CHRISTIAN BACHMANN

Changer au quotidien, Études vivantes, 1981.

Langage et communications sociales, 1981, Hatier.

Mise en image d'une banlieue ordinaire, 1989, Syros.

Le Dragon domestique. Deux siècles de relations étranges entre l'Occident et la drogue (en coll. avec A. Coppel), 1989, Albin Michel.

CHRISTIAN BACHMANN
NICOLE LE GUENNEC

VIOLENCES URBAINES

Ascension et chute des classes moyennes à travers cinquante ans de politique de la ville

Albin Michel

22, rue Huyghens, 75014 Paris
ISBN 2-226-07980-7

SOMMAIRE

PROLOGUE

Le silence des mal-logés

L'enfant à l'oreille rongée

On trouve dans *Les chiffonniers d'Emmaüs,* ce film de 1956 célébrant l'abbé Pierre et ses combats, une scène emblématique des années taudis. C'est l'histoire d'une famille pauvre. Très pauvre même. Mais le père n'est « ni un poivrot, ni un anormal », précise l'abbé Pierre. C'est un honnête travailleur, qui se lève tôt et « cotise à la Sécurité sociale ». Une nuit, la famille dort dans son triste refuge, harassée. Au petit matin, le petit dernier hurle et geint dans son berceau, à l'autre bout de la pièce. La mère se réveille en sursaut et, d'un bond, prend le nourrisson dans ses bras. L'oreille du bébé et l'un de ses doigts de pied sont déjà plus qu'à moitié rongés par les rats [1].

La presse des années cinquante regorge de ces sinistres récits domestiques. Les faits divers de l'époque ? Une énumération sans fin de plafonds qui s'effondrent, de lits qui prennent feu, d'enfants qui s'asphyxient, de lessiveuses bouillantes qui se renversent, de poêles et de bouilloires qui mutilent ou tuent les tout-petits. Tel jeune ménage est réveillé au milieu de la nuit par d'étranges craquements dans le mur. Face à son lit, il voit avec horreur la paroi se lézarder et se crevasser. À peine le petit couple, à moitié habillé, a-t-il le temps de saisir le berceau du bébé et de le traîner dans la cour, la maison s'écroule sous ses yeux... Ailleurs, une maman balaie tranquillement son pauvre refuge, pousse et tire les meubles. Soudain, le plancher vermoulu s'affaisse et s'ouvre sous ses pieds. Elle tente de se rattraper, s'agrippe un moment, n'en peut plus, lâche prise, glisse dans le vide, et s'écrase sur le sol de la cave. Elle restera invalide [2].

En 1951, l'Office public du logement de la Ville de Paris, dans *Le cahier noir ou la descente aux enfers des mal-logés,* recense en un style décharné des centaines de cas, tous plus affligeants les uns que les autres [3] :

— À Paris, un ouvrier spécialisé, avec une famille nombreuse. Sept personnes dans une pièce au rez-de-chaussée sur une cour humide et sombre. Aucune commodité. Les enfants couchent sur un matelas unique à même le sol.

— À Levallois, un jeune ménage. Quatre personnes dans une pièce de 2,50 mètres sur 3 mètres. L'eau à 200 mètres de là. Des enfants pâles et déficients.

— À Suresnes, un magasinier, avec une famille nombreuse. Une seule pièce et une cuisine pour six personnes. Foyer de tuberculeux. La mère est contagieuse (pneumothorax). L'un des enfants est déjà atteint. Toute la famille couche dans l'unique pièce.

La famille D., à Belleville, connaît une célébrité aussi déprimante qu'éphémère, comme parangon des mal-logés. Une seule pièce, une seule fenêtre, dans un rez-de-chaussée mal aéré, au fond d'une cour sale et puante. Dans de meilleures conditions, la famille D. aurait presque pu remporter le prix Cognacq : elle a engendré quinze enfants dans cet antre cauchemardesque. Mais sur ces quinze enfants, neuf sont déjà morts [4]. Et ainsi de suite...

Que font ces victimes de la crise du logement ? Une partie demeurent muets, écrasés de désespoir. Les plus faibles baissent les bras. Les services sociaux rapportent les cas de femmes qui dérivent et s'effondrent doucement. Faire le ménage devient un fardeau impossible. Le travail domestique leur rappelle sans cesse leur détresse. Où trouver le courage d'empiler et de réempiler sans cesse les mêmes trois pauvres objets ? S'échiner est inutile. On s'habitue au désordre, comme à la crasse. Les matelas des enfants sont difficiles à faire sécher ? On se fait à l'odeur. Toute la journée, la mère est là, assise sur le lit. Elle sourit de temps en temps, hébétée. Autour d'elle, les gamins crient et s'agitent. Quant aux hommes, ils se taisent, se replient sur eux-mêmes. Le père est presque muet, le visage définitivement fermé.

Parfois, certains perdent pied. Telle cette femme à qui le docteur conseille : « Sortez un peu votre petite. Si vous la laissez toujours là, elle va rester malade. » La mère, prise de panique, veut sauver son bébé, et pousse tout le jour, en plein hiver, dans les rues glacées, la voiture d'une petite fille qui a 40° de fièvre. « On se demande si elle a toute sa raison », s'interroge le médecin qui rapporte l'histoire [5]. Telle cette autre qui vit depuis des années dans une chambrette exiguë, avec son mari et ses quatre enfants. Peu à peu, elle s'abandonne, répond à son époux par monosyllabes, délaisse sa progéniture. Un jour, elle se dispute avec son époux, pour une affaire vénielle, s'énerve, hurle, claque la porte, s'enfuit en courant. On retrouvera son corps charrié par la Seine.

À l'opposé, d'autres se débattent et déploient des trésors d'ingéniosité pour améliorer leur quotidien. On n'a pas de place au sol. On superpose donc de petites couchettes, agrémentées de toile de Jouy. Pour récupérer une relative intimité, on construit des séparations à la japonaise, avec des papiers d'emballage collés sur des montants de bois. On bâtit, seul ou en groupe, des extensions sauvages et clandestines à sa bicoque. Le dimanche, on monte discrètement les briques avec les voisins ou la famille, on coule le ciment, on dresse des parpaings ou des planches. Et surtout on tente de toutes ses forces de sortir du piège. On fait jouer ses quelques relations ; on rend des visites intéressées aux membres lointains de sa parenté ; on assiège les assistantes sociales et on leur exhibe ses malheurs ; on se fâche tout rouge et on part à l'assaut des pouvoirs publics...

Certains s'exaspèrent. Un ouvrier écrit au *Monde,* le 22 novembre 1949. Il a perdu ses meubles pendant l'exode. Mais, comme il n'est pas un « vrai » sinistré, pas question qu'il obtienne la moindre indemnisation. Il ne bénéficie pas non plus de l'allocation-logement qui vient d'être créée : sa baraque en carreaux de plâtre aux murs suintants, son lamentable deux-pièces bricolé, son maigre refuge n'entre pas dans la noble catégorie administrative de « logement ». Une femme, six enfants, soit huit personnes à entretenir avec un salaire de manœuvre... Chaque jour, des pommes de terre et du pain. De la viande deux fois par semaine, et un litre de vin le vendredi. « Je dis à mes enfants que les patrons et le gouvernement sont des bandits, qu'il faut travailler à faire la révolution qui renversera ce régime de boue et de misère... »

Misérabilisme et populisme

Les professionnels du médical et du social se surmènent, s'affligent et protestent. Les médecins rappellent que la France est la patrie de la santé publique et de l'hygiénisme : leur témoignage retrouve les accents militants de leurs confrères du siècle passé, en guerre contre les « fléaux sociaux ». Les uns, à l'esprit pragmatique et gestionnaire, s'inquiètent du coût exorbitant de ce gâchis. Les autres, plus soucieux de sécurité, tirent la sonnette d'alarme : le logement produit de la délinquance. Dès 1945, un psychiatre, Georges Heuyer, constate que « les délinquants urbains vivent dans les taudis » et que « la rue devient leur seul refuge et leur véritable centre de vie ». Il en tirera toute une science.

D'autres enfin choisissent l'indignation permanente. Plutôt que de loger les pauvres, on remplit les hôpitaux, on psychiatrise leurs enfants et on les met en prison... Un éducateur héroïque, bientôt retiré dans ses montagnes du Gard, Fernand Deligny, donne même de mauvais conseils à ses collègues : « Quand tu auras passé trente ans de ta vie à mettre au point de subtiles méthodes psycho-pédiatriques, médico-pédagogiques, psychanalytico-pédotechniques, à la veille de ta retraite tu prendras une bonne charge de dynamite et tu iras discrètement faire sauter quelques pâtés de maisons dans un quartier de taudis, et en une seconde, tu auras fait plus de travail qu'en trente ans [6]. »

Il est deux manières de méconnaître les démunis, soit par excès d'admiration soit par débordement de pitié. Dans le premier cas, on magnifie et mythifie l'univers du pauvre, en s'indignant de la cruauté des riches et de l'indifférence coupable des puissants. C'est l'épopée des petites gens et la dénonciation des nantis, dans la lignée d'Hugo ou de Gorki. Ce sont les films staliniens ou les tracts communistes d'après-guerre, leurs prolétaires musclés et leurs capitalistes veules. C'est ce que des sociologues comme Jean-Claude Passeron ou Claude Grignon baptisent « populisme [7] ». La seconde posture consiste à observer d'un œil navré les malheurs des toutes petites gens, érigeant en manque toutes leurs différences. Les accents sont ceux de l'amertume et de l'apitoiement : ils sont « affreux, sales et méchants »... C'est le misérabilisme, que vient parfois adoucir une vague bienveillance morale. Dans leurs tendances dominantes, les années quatre-vingt ont été misérabilistes, alors que les années d'après-guerre mêlaient populisme et misérabilisme. Mais la compassion n'est pas la solidarité, et la charité tout comme l'enthousiasme ravi sont des façons subtiles de mettre l'autre à distance.

Les récits urbains d'après-guerre alternent populisme et misérabilisme. L'extrême gauche magnifie l'héroïsme quotidien des prolétaires. C'est ce qui ressort, par exemple, d'un célèbre court-métrage de Prévert nous restituant la vie étonnante d'une famille dans un taudis de banlieue, *Les gentils enfants d'Aubervilliers*. Le plus souvent, pourtant, le misérabilisme l'emporte. Des années durant, un torrent de littérature accablante, à la manière de Knut Hamsun ou d'Émile Zola, prépare la célèbre « insurrection de la bonté » de l'hiver 1954. Lorsque la France unanime se lève, les gémissements des mal-logés alimentent déjà depuis près de dix ans l'imaginaire public.

Ainsi, en 1953, c'est le cœur saignant que l'écrivain catholique Henri Queffélec plonge dans la banlieue de Paris [8]. De Clichy à Saint-Ouen, de Noisy-le-Grand à Pierrefitte et de Levallois à Aubervilliers, il erre dans un dédale de rues étroites, souillées d'ordures, aux pavés irréguliers. Leurs noms sont tantôt doucement archaïques — la rue du Petit-Pichet, de l'Alouette, de la Boulangerie ou du Pommier-de-l'Église —, parfois littérairement progressistes — les rues Victor-Hugo, Anatole-France ou Henri-Barbusse —, ou héroïquement localistes — les avenues René-Coche ou Raymond-Marcheron...

Au cœur de ce pauvre labyrinthe, Queffélec s'interroge : peut-on appeler « maisons » ces sinistres bâtisses, ces sombres masures qui défilent en un rez-de-chaussée sans fin ? Et baptiser « commerces » ces échoppes misérables, sales et malsaines, exposées aux mouches, avec quelques cageots dégarnis en guise d'étal, pour allécher le chaland ? L'écrivain déambule le long d'une muraille ininterrompue, alignant ses crépis pelés, ses crevasses crasseuses, ses pierres grises, parfois noires ; d'un mur sans fin, troué de portes disjointes, de fenêtres aux vitres en carton, et coiffé de toits à moitié crevés. Pas d'eau courante : une gouttière tordue, et, en bas, un baquet pour récolter l'eau de pluie. Pas de chauffage : un billot pour casser le bois devant la porte. Çà et là, des hardes sèchent sur des ficelles. Dans les hangars, d'invraisemblables bric-à-brac stagnent dans la boue ou baignent dans des mares noirâtres : des cadres de bicyclettes cassées, des pneus usés, des caisses de voitures d'enfants, des jouets mutilés, des ballots mal ficelés, des outils rouillés.

Au-delà des palissades et des terrains vagues, l'écrivain aperçoit le fantôme d'une France rurale : un champ exigu où peinent à pousser trois légumes, un minuscule jardin ouvrier agrémenté d'un cabanon en planches. Ou celui de la France industrielle d'avant-guerre : des usines vétustes, vestiges de l'industrialisation balbutiante, des entrepôts sinistres, des bâtiments en ruine, qui ont mal vieilli, ou qui ne se sont pas remis des combats. Une usine respire encore, les verrières à moitié éclatées, et sa cheminée dégage une épaisse fumée qui retombe en suie noire et collante. « Le géranium de la concierge est couleur de charbon. » Son petit canari gris-jaune ? « Il ne chante pas, il a les poumons encrassés », précise l'écrivain.

La littérature de la pitié et de l'indignation

Pour compléter la vision misérabiliste de Queffélec, entrons dans ces taudis à la suite de celles qu'on appelle les « visiteuses sociales ». Professionnelles et bénévoles s'érigent en avocates des familles, et, des années quarante aux années cinquante, leurs témoignages ne sont que des cris d'indignation [9].

Voici une pièce de six mètres carrés. Cinq personnes s'y entassent : le père, la mère et deux enfants — le troisième à l'hôpital, et un quatrième est attendu pour bientôt... Comment survivre dans ce réduit ? La mère doit faire constamment preuve de dons d'organisation hors pair et d'une vigilance sans faille. Contre le mur de droite, elle a poussé le vieux lit en fer à deux places, où elle dort avec son mari. Héritage familial, ou meuble de récupération : les plaques de rouille s'étalent sous la peinture écaillée. Sur la couche, deux oreillers immaculés et une couverture brune. Collé contre le mur de gauche, le lit des enfants, où les petits corps s'entassent toutes les nuits les uns sur les autres, côte à côte et tête-bêche. Dessous, un vase de nuit presque toujours plein — pensez, trois enfants en bas âge... Avec toutes les mouches de l'été qui viennent lui rendre visite.

La cuisine tient dans un mouchoir de poche. C'est un coin de mur, sur la gauche, dans lequel on tente de faire tenir une grosse cuisinière à charbon, en fonte, fabriquée au début du siècle et héritée d'une famille campagnarde. Alignées sur la cuisinière, une grosse marmite furieusement astiquée, une bouilloire bosselée et une poêle à frire noircie. À côté, un torchon immaculé, accroché à un clou tordu. Enfin, suspendues au-dessus de la cuisinière, deux étagères étroites. En haut, les produits de première nécessité : du sucre, des pâtes, du café. En bas, les couverts : six verres, une douzaine de couteaux, de cuillères et de fourchettes, une dizaine d'assiettes. Par terre, des casseroles empilées et quelques bouteilles vides, qu'on s'empressera d'aller remettre au plus vite à l'épicier... La fonctionnalité n'est pas réservée aux cuisines haut-de-gamme. La précarité la rend d'autant plus nécessaire.

Coincé entre les deux lits, le reste du maigre mobilier : un fauteuil bas, en osier peint, deux chaises plus ou moins stables et, niché entre elles, un minuscule siège pour enfant. Dans une petite armoire, tous les habits de la famille, rangés avec minutie et selon un ordre impeccable, pour tenir le moins de place possible. Au-dessus, un plafond mansardé, qui ruisselle. Sur les côtés, des murs dissimulés par un papier peint rosâtre, sans cesse décollé, et qu'on a recouvert de vieux journaux dans l'espoir toujours déçu d'éponger l'humidité ambiante. Enfin, au-dessus du lit des enfants, et pour capter un peu de lumière, une étroite lucarne grillagée, aux vitres impeccablement propres. Un minuscule rayon de soleil illumine le lit. Voilà quel est le printemps des taudis.

Comment vivre à cinq dans cette maison pour poupée sans le sou ? La nuit, on dort mal. La petite fille de deux ans se réveille et criaille. Le petit garçon de cinq ans babille et pleurniche dans ses rêves. Le jour, on mange mal. Où se poser ? Mettre son assiette sur ses genoux ? Ou la placer en équilibre sur un grand carton bringuebalant sur le lit ? Et puis, quand on cuisine pour cinq dans six mètres carrés, la vapeur d'eau gondole le papier peint, gonfle la porte de l'armoire qui ne ferme plus, imprègne les vêtements qu'on retrouve un matin troués de moisissures. Comment laver son linge ? Le faire sécher ? Et même, comment se mouvoir ? On se heurte aux meubles, on écrase les jouets des enfants, on se bouscule sans arrêt. Le père fuit son ménage ; il rentre de l'usine de plus en plus tard. On le soupçonne d'aller boire au troquet. La mère s'énerve, crie et se désespère. Les enfants pleurent. Ils sont tout le temps malades. C'est la mauvaise vie.

LIVRE I

LES COMBATS CONTRE LA PÉNURIE

Première partie

LA GUERRE CONTRE LES TAUDIS

CHAPITRE 1

Au temps où la France était pauvre...

Salaires étiques et tickets de pain

Nos sociétés hautement développées ont oublié le temps où la majorité d'entre nous vivait dans ce qu'on appellerait aujourd'hui la « pauvreté ». Pourtant, en 1947, quand un président du Conseil au costume sempiternellement élimé, Paul Ramadier, recevait le surnom de « Ramadiète », c'était à peine une plaisanterie... Pierre Mendès France, parmi bien d'autres, dénoncera cette « reconstruction » anarchique et pénible, « dans un environnement de combines et d'inflation », qui a indignement enrichi certains et mis sur le flanc les moins solides — « j'ai connu des gens qui sont morts de faim », assure-t-il. Au quotidien, ce sont les marchandises rares ou gaspillées, mal orientées, mal réparties, et la multiplication incontrôlée de « nos économiquement faibles », selon une terminologie étrange et oubliée [1].

La France d'après la guerre a une agriculture en pleine régression, qui ne produit plus que le tiers du blé de 1939 ; une industrie stagnante qui, en 1947, n'aura pas retrouvé son niveau de 1938, déjà fort bas. Les Français se plaignent : salaires étiques et tickets de pain, habits miteux et enfants mal nourris, familles dans la gêne et taudis proliférants. On recense des cas limites, à Brest ou à Saint-Étienne, où près de la moitié de la ville habite des logements surpeuplés... Faute de textiles, on porte des habits élimés et, faute de cuir, des semelles de bois.

Les années passent. 1947, 1948, 1949... La guerre s'éloigne. Pas les taudis. La France commence à s'enrichir, mais le logement, lui, reste tristement à la traîne. Les sans-logis et les mal-logés attendent. Comme le constate Marcel Roncayolo, les recensements de cette époque

« décrivent le logement sous des traits qui rappellent encore le XIXe siècle [2] ». Bien sûr, on en parle comme d'un drame national. Mais les pouvoirs publics réclament un peu de patience : qu'on leur laisse le temps de reconstruire. Que voulez-vous, nous sortons de la plus affreuse des guerres... Voyez les dégâts... Et les transformations de la France prennent tant de temps... Sans oublier l'industrie, évidemment prioritaire.

S'ils ne construisent pas, les pouvoirs publics multiplient les enquêtes sur les « taudis ». Le terme n'est donc pas réservé à la littérature misérabiliste. Il est administratif et technique. Qu'est-ce qu'une « pièce d'habitation » acceptable ? Les exigences sont minimes. La description monacale qu'en donnent les documents officiels est restée célèbre [3] : « Tout compartiment d'une maison destiné à l'habitation, séparé des autres par des cloisons allant jusqu'au plafond et assez grand pour contenir un lit d'adulte. » Définition minimaliste, voire « spartiate », disent Laé et Murard, remarquant que cette cellule habitable en 1946 deviendra une pièce insalubre trente ans plus tard [4].

Un tunnel sans fin

Les investigations sur le logement culminent avec la grande enquête de 1950. Cette année-là, la Direction de l'aménagement du territoire donne du « taudis » une description horrifiante, avec quatre caractéristiques : un fort taux d'humidité, une localisation malsaine — à côté d'une usine, par exemple, ou d'une fosse d'aisance —, un manque flagrant d'air et de lumière, sans possibilité d'agrandissement ou d'amélioration, et enfin une menace réelle de ruine. Sur cette base, on recense officiellement 250 000 taudis sur 12 millions de logements [5]. Ce chiffre est contesté : nombre d'experts le croient sous-estimé [6].

Sur l'ensemble de la France, on a 4 millions d'immeubles vétustes, dont 500 000 à démolir immédiatement ; 10 % des logements sont insalubres, et 40 % sont soit d'une qualité médiocre, soit surpeuplés. Les familles nombreuses sont plus touchées que les autres : au-delà de cinq personnes, elles vivent au moins à deux par pièce... Il ne vaut guère mieux être jeune marié : on risque d'errer longtemps sans logis. Selon certaines sources, 50 % des jeunes ménages vivent chez leurs parents ou en meublé.

Pour couronner le tout, nombreux sont ceux qui vivent comme au début du siècle, avec l'eau à la pompe ou sur le palier, les commodités dans le jardin, le pot de chambre sous le lit, et une toilette du matin bâclée au broc et à la cuvette... En 1952, *Esprit* publie les résultats d'une enquête auprès du comité d'entreprise d'une grande usine de banlieue. Les trois quarts des salariés n'ont pas de w.-c. privé, et le quart n'a pas l'eau courante [7]. Voici comment était logé l'ouvrier parisien :

	OUI	**NON**
Votre logement possède-t-il :		
– l'eau	75 %	25 %
– le gaz	57 %	43 %
– l'électricité	98 %	2 %
– des w.-c. privés	31 %	69 %
Est-il aéré ?	57 %	43 %
Est-il ensoleillé	51 %	49 %
Est-il humide ?	59 %	41 %
Est-il sombre ?	45 %	55 %
A-t-il un cabinet de toilette ?	4,5 %	95,5 %

(*Source :* Enquête *Esprit,* 1952.)

Le recensement de 1954 montre que le confort des logements hexagonaux reste toujours rudimentaire : un sur quatre seulement possède des w.-c. intérieurs, un sur dix un équipement sanitaire [8].

On s'interroge. Reconstruire les bâtiments saccagés a pris un temps fou. Mais enfin, en 1950, la reconstruction, au sens strict du terme, est finie. 1951, 1952, 1953... Chaque jour, il est plus ridicule d'invoquer les séquelles des combats. Maintenant, des prolétaires aux nantis, des employés aux cadres supérieurs en passant par les chefs d'entreprise bien-pensants et les derniers aristocrates, tous s'indignent. Mais à quoi bon cette unanimité ? Le logement stagne, et les mal-logés restent légion.

Les services officiels tentent d'évaluer les besoins. Pour satisfaire aux urgences, il faudrait, avaient-ils conclu en 1950, disposer sur-le-champ de 2 315 000 logements. Quatre ans plus tard, le secrétariat d'État à la Reconstruction et au Logement reprend la même investigation. Horreur ! Les besoins sont inchangés !

Besoins estimés de logements en 1954

Paris Agglom. parisienne Villes de + 50 000 hab. Villes de 10 à 50 000 hab. Villes de - de 10 000 hab. Logements ruraux (non liés à l'exploitation)	251 910 174 090 448 780 317 680 260 200 554 000
Total	2 000 660 logements

Source : Secrétariat d'État à la Reconstruction et au Logement, étude « Surpeuplement du logement en 1954 », à partir d'un sondage au 20e.

Que faire ? Pour loger tous ceux qui ont besoin de l'être, il faudrait, affirment gravement les services ministériels, construire chaque année entre 250 000 et 300 000 logements. Douce utopie. En 1949, on en a construit exactement 51 436.

CHAPITRE 2

Techniciens visionnaires et bricoleurs passéistes

Le premier des ministres de la Reconstruction

Sur les photos officielles, on voit un petit bonhomme qui peine à se tenir droit, le jabot en avant et les reins en arrière, avec une allure de Charlot ministre. Le front est dégarni, le cheveu gris est rare, et les mèches courtes, séparées sur le côté, dégagent proprement les oreilles. Le regard est gâché par une légère coquetterie, et la bouche, surmontée d'une mince moustache, semble tordue par un sourire en forme de tic. On l'a doté de l'attirail du parfait dignitaire de la IVe République : le manteau informe, le costume croisé qui boudine, le chapeau mou à la main. Il s'appelle Raoul Dautry. Il a près de soixante-cinq ans, et il vient d'être nommé ministre.

Nommé, non sans difficulté. En 1944, l'impératif premier est de gommer les vestiges de la guerre. Le 8 septembre, le général de Gaulle convoque René Mayer, ministre des Transports et des Travaux publics, et l'enjoint de s'atteler à la tâche. Bien que tout dévoué, ce dernier recule devant le défi technique et juridique : « Déminer, déblayer, étudier les bases de la législation des dommages de guerre... Tâche d'abnégation. J'en ai assez avec les travaux publics proprement dits. » Respectueusement, il demande au général de Gaulle de confier cette mission à un autre que lui, plus laborieux ou plus obstiné, œuvrant dans le cadre d'un autre ministère, plus modeste et moins prestigieux, qui serait dit de la « Reconstruction ». Le général acquiesce. Mais à qui confier cette tâche ingrate ? Les têtes manquent, au sortir de la guerre. Les unes ont été décimées, les autres ont trahi. René Mayer pense à l'un de ses vieux amis, Raoul Dautry.

Dautry est loin d'être un nouveau venu, sorti hirsute du maquis de la Résistance. Enfant de la promotion sociale devenu polytechnicien, ce chrétien conservateur s'est hissé vers les classes dirigeantes à force de travail, de dévouement et d'obstination. Aux yeux de ses supérieurs, il a toujours manifesté une qualité rare : accepter sans renâcler les dossiers impossibles. En 1928, âgé de quarante-huit ans, il est nommé directeur général des Chemins de fer de l'État, et couvre la France d'un fin maillage ferroviaire. Au moment du Front populaire, des options trop ouvertement patronales lui valent quelques désagréments. Il attend 1939 pour revenir sur le devant de la scène, dans un gouvernement de droite, comme ministre chargé de l'Intendance guerrière. Bien que la situation soit désespérée, ses capacités organisatrices font merveille, et sont reconnues. Bref, un technicien réputé et un organisateur hors-pair, qui a bâti sa carrière sur ce double talent [1]. Devant la gare Montparnasse, aujourd'hui, une place porte son nom.

Pendant la guerre, le comportement de Dautry a été honnête, sans plus. En juin 40, une partie de ses proches et de ses amis, Garric, Jardin ou Bichelonne, s'est empressée de rejoindre Pétain. Lui s'est retiré en Provence, à Lourmarin, muet, fidèle à sa vocation technicienne et apolitique et jouant au petit paysan. Bien qu'acquis à la Résistance, il n'a jamais rejoint Londres et il est resté dans son refuge méridional jusqu'en juin 1944. Quand de Gaulle, le 16 novembre 1944, nomme Raoul Dautry ministre, il ne promeut ni un chef de l'armée de l'ombre, ni un leader charismatique. Il choisit un organisateur infatigable et une bête de somme prête à tous les labours. On lui demande de reconstruire ? Dautry reconstruira... Au terme d'une farouche négociation, il obtient toutefois l'urbanisme en prime. Pour un ancien ami de Jean Giraudoux, cet écrivain amoureux des villes, c'est bien le moins qu'on puisse faire.

Cette désignation de « ministère de la Reconstruction et de l'Urbanisme » — ou M.R.U. pour faire vite — se verra reconduite au fil des ans, passant simplement de la reconstruction à la « construction ». De toute façon, il s'agit juste d'un ministère technique, destiné à assurer dans l'urgence une tâche ingrate. Un de ces ministères qu'on appelle gentiment « crottés », et que, plus tard, fuiront comme la peste les énarques bien notés à leur sortie de l'École. Le temps n'arrangera rien. Jusqu'en 1966, les ministères de la « Reconstruction » puis de la « Construction » resteront les parents pauvres de celui, fort puissant et prestigieux, des Travaux publics.

Le ministre fraîchement nommé reçoit pour héberger ses services un hôtel particulier, au 67 de la rue de Lille. Le petit homme est accompagné d'un petit groupe, qu'il traite bien, et qui le suit depuis son odyssée ferroviaire. Les mêmes idéaux les rassemblent : un goût viscéral de l'ordre et un profond respect des « chefs », mot fétiche de Dautry, tout comme celui d'« équipe ». Le « chef » dirige ses gens avec une poigne que ses admirateurs inconditionnels vénèrent, et que les autres exècrent. Bien sûr, certains membres de ladite équipe, comme Bichelonne, son directeur de cabinet en 1940, sont entre-temps passés à Vichy, avec armes et bagages. On les remplace à l'identique.

Dautry se met au travail, méthodiquement, sans jamais se départir de sa casquette technicienne et sans jamais s'immiscer dans l'univers politique... Et donne apparemment toute satisfaction dans sa tâche reconstructrice, puisqu'il conserve son portefeuille dans le nouveau gouvernement désigné le 23 novembre 1945. Avec André Malraux, qui a en charge l'Information, il en est le seul non-parlementaire. Une parole mythique et un personnage public, à côté d'un organisateur discret, toujours dans l'ombre.

Les visions des années trente

Les images sont menteuses. En un temps où les hommes politiques et les hauts fonctionnaires avaient des convictions fortes et des ambitions dépassant le simple carriérisme, on ne saurait voir en Dautry un simple « technocrate ». À bon droit, Daniel Lindenberg en fait l'emblème d'un courant de pensée puissant dans « les années souterraines » de l'avant-guerre, le « personnalisme autoritaire ». Plus que tout autre il incarne une sensibilité chrétienne et humaniste, oscillant entre modernisme et tradition, entre populisme et élitisme. Ni acquis à Vichy, malgré ses amitiés, ni véritablement résistant pendant la guerre, il illustrera intellectuellement cette « troisième voie » — toujours pour reprendre un terme de Daniel Lindenberg — dont le débat sur les années de jeunesse de Mitterrand a montré l'existence [2].

Dans les années trente, le nom de Dautry est associé à un petit noyau d'hommes de plume, comme Daniel-Rops ou André Maurois, et d'hommes d'armes, comme le colonel de La Rocque ou son grand aîné, le mythique Lyautey, meneur d'hommes colonial que l'entre-deux-guerres idolâtre. Tout comme le groupe X-crise et le Centre d'étude des problèmes humains (C.E.P.H.), ce cénacle, marqué à droite, rêve d'un monde neuf et propre. Ses mots ne sont jamais assez durs pour condamner la « décadence » française et les affairistes de la IIIe République. Attentif aux dernières découvertes de la science et de la technique et adepte d'un humanisme économique révérant la statistique sociale, il est aussi pétri de morale et de religiosité. Les traditions militaires et les corporations professionnelles exercent sur lui un attrait tout particulier, et qui ne se démentira jamais. Pendant un temps, il est l'admirateur fervent de Salazar et le discret sectateur de Mussolini. Secrètement fasciné par la personnalité de Staline et par le modèle planificateur soviétique — en dépit de son anticommunisme viscéral —, il n'en admire pas moins le pragmatisme américain [3]. Nous retrouverons cette idéologie élitaire, ce composé instable de populisme et de technicisme, à la racine des grands ensembles.

Ainsi, donnant des cours pendant la guerre, Dautry établit un jour la curieuse liste de ses « héros », que nous a retransmise Michel Avril. On y trouve Lyautey, bien sûr, le grand bâtisseur d'empires. Et puis Vauban, Michelin, Citroën, la famille Boucicaut du Bon Marché : les ingénieurs et entrepreneurs. Vient ensuite une succession de noms plus significatifs : Thomas Carlyle, ce penseur aristocratique auteur de l'ouvrage *Les héros et le culte des héros,* Ralph Emerson, Frédéric Ozanam, l'écrivain catholique maintenant oublié, et, pour couronner le tout, Proudhon. Comme le remarque Michel Avril, cet inventaire a une cohérence cachée. Pratiquement tous ces noms sont ceux de successeurs d'Henri de Saint-Simon, l'inventeur mythique de la technocratie. Une inspiration à la fois conservatrice et élitaire. Paradoxalement, cet héritage poussiéreux se retrouve en phase avec les ambitions des nouveaux maîtres de la France. Tous partagent la croyance, héritée des utopies saint-simoniennes, que la technique est reine, qu'elle est à l'origine de tout progrès social, et que le monde appartient à la poignée d'élus qui l'apprivoisent, la maîtrisent et la déploient. En 1945, à la fois technocrate convaincu et rêveur nostalgique, Dautry est terriblement moderne.

En chrétien conservateur et en entrepreneur éclairé, Dautry « fonce dans le social », comme disait son maître Lyautey. Il est donc proche de Robert Garric et de ses « équipes sociales » nées dans les tranchées de la guerre de 14, unissant étudiants et ouvriers sous la bannière catholique : l'insigne hautement symbolique du mouvement est une main d'étudiant et une main d'ouvrier tenant le même gouvernail dirigé vers une étoile rayonnante [4]. Aux chemins de fer, Dautry s'inscrit dans la tradition du « bon patron » constructeur. Une agglomération ouvrière le rend célèbre, celle de Tergnier, au nord de la France. Sur le modèle des cités-jardins à l'anglo-saxonne, Dautry dessine le plan incroyable de cette petite ville : trois ronds symbolisant les roues d'une locomotive, et une route figurant un piston pour les relier ; au cas où le cheminot oublierait le monde ferroviaire pendant ses loisirs... Dames patronnesses et contremaîtres sont là et surveillent leur petit monde. Le culte du patron est omniprésent, dans ses formes les plus extrêmes. En 1921, on inaugure à Tergnier une « place des Trois-Filles », en l'honneur des trois rejetonnes du fondateur. Quelques années plus tard, en 1929, une autre place est franchement baptisée « Raoul-Dautry », qu'on statufie tout vif en tant que bienfaiteur des cheminots.

Dautry s'essaie aussi à l'écriture. Mis sur la touche par le Front populaire, il a employé sa retraite forcée à écrire un ouvrage viril, inspiré de la pensée de Lyautey et qui sera publié en 1937. C'est le *Métier d'homme,* que préface le poète Paul Valéry en personne, et qui porte en exergue une citation du général Salazar. L'année de sa publication, il se vend 11 000 exemplaires du petit volume. Ce recueil de préceptes convenables plaît à la bonne société, qui en fait don à ses fils, pour leur apprendre à devenir des chefs. Chaque année, on le réédite. En 1958, on en tire encore 22 000, avant de cesser toute réimpression.

Tel est l'homme qui, le premier, reçoit la mission de reconstruire la France. Il serait absurde de lui faire porter tous les péchés de l'urbanisme moderne. Mais il a donné l'inspiration première et a présidé au recrutement de tous ceux qui, au sein de son ministère, auront longtemps tout pouvoir sur l'urbain. Bien au-delà de Dautry, c'est toute une génération d'hommes des années trente, à l'image du ministre, qui ont voulu remodeler l'esprit des Français selon les modèles qu'ils révéraient dans leur jeunesse.

Dans l'attente de l'Homme nouveau

En 1944, le terme de « Reconstruction » gravé au fronton du ministère doit d'abord être pris au sens littéral : l'urgence, éclatante, est de reconstruire les édifices et les routes ravagés par les bombes et les combats. Mais pour Dautry reconstruire n'est pas seulement bâtir. Comme avant la guerre, il s'indigne de la dérive morale de son pays. Ses formulations demeurent vaguement imprégnées de l'eugénisme de Carrel ou de Pinard. Il faut, dit-il, « reconstruire le corps des Français délabré par l'alcoolisme, le manque d'exercice sportif et l'habitat insalubre, mais aussi leur âme déracinée [5] ». Gaston Bardet, penseur maréchaliste, ne disait rien d'autre, quelques années auparavant : « Il y a un certain accord entre le désordre des esprits et des cœurs et le désordre de l'art urbain [6]. » L'horreur morale a un visage, celui de la petite bicoque individuelle et du jardin privatif, « symboles, dit Rémi Baudouï, du fumier de lapin et du laisser-aller vestimentaire » : « Je veux que les Français soient propres, je veux qu'ils se voient pour éviter qu'ils relâchent leur tenue, je veux qu'ils sympathisent journellement, qu'ils se surveillent mutuellement pour éviter les caissons vides et les papiers gras [7]. »

Reconstruire, c'est donc « redresser » la France, promouvoir une communauté forte, cadrant l'individu, lui offrant des mythes unificateurs puissants, des raisons de vivre et d'espérer : « L'urbanisme est une part essentielle de la restauration matérielle, morale, physique et spirituelle de nos villages et de nos villes. Il doit répondre aux perspectives plus vastes que donne l'esprit humain », affirme le ministre [8]. Cette pensée ne se démentira jamais. C'est encore Dautry qui préfacera, des années plus tard, un ouvrage ruraliste et conservateur qui eut son heure de gloire, *Paris et le désert français* de Jean-François Gravier.

La France tuera le Vieil Homme et accouchera de l'avenir au forceps. D'un monde où régneront l'industrie et la technique, où des chefs sans faiblesse mèneront les foules à leur destin historique, où les petites misères quotidiennes seront méprisées au profit d'un avenir radieux. À la Libération, ces mythes archaïques se confondent avec ceux du « progrès » et de l'« Homme nouveau », chers à la gauche communiste ou communisante : on joue systématiquement les convergences et les confusions. Les services et les experts en place entre 1944 et 1945 ont longtemps poursuivi cette étoile, sous les formes les plus diverses, bon an mal an, jusqu'au seuil des années soixante [9]. L'État n'entend pas simplement loger les Français : en leur donnant un toit, il ambitionne aussi de transformer leurs comportements les plus intimes...

Par quels instruments imposer cette transmutation des âmes ? Pour Dautry, seule une élite unie et éclairée, relayée par des corps professionnels compétents, doués d'une large vue anticipatrice, peut s'atteler à cette tâche. Ingénieurs et savants seront de la partie, s'ils partagent la philosophie des chefs. On convoque ceux qui, comme Sauvy ou Stoetzel, possèdent de nouveaux outils peaufinés avant-guerre, comme la planification démographique, le traitement statistique et l'enquête d'opinion : des instruments pour maîtriser les hommes et façonner leur quotidien. C'est d'ailleurs Dautry qui, en 1939, avait chargé le docteur Alexis Carrel, biologiste flirtant avec la droite extrême, d'ouvrir à Garches un laboratoire, la « Fondation pour l'étude des problèmes humains ». Cette institution est à l'origine de l'Institut national d'étude démographique, l'I.N.E.D., en 1945. Il y flotte encore, assurait récemment Hervé Le Bras, le léger parfum réactionnaire des origines, produit d'une alliance originale entre militants natalistes, statisticiens moralistes, technocrates éclairés et biologistes eugénistes [10].

Une discipline essentielle manque à l'appel : l'urbanisme. Avant la guerre, elle ne jouissait pas d'un prestige inégalé. Édouard Herriot l'avait même baptisée : « l'appellation pompeuse des problèmes de voirie ». Longtemps repliée sur un univers vaguement littéraire et philosophique, profondément nostalgique, elle jouait l'érudition et les références pédantes aux humanités classiques. On y voyait affleurer un bergsonisme en demi-teinte, comme chez Poëte ou chez Bardet — la ville est « un être toujours vivant », disait-on lyriquement, produit de son passé et fruit d'une civilisation [11].

Se soucie-t-on d'ailleurs d'urbanisme dans les années d'après-guerre ? On a pu suggérer que toute cette période, jusqu'à la mise en place des Z.U.P., était dominée par un « urbanisme partiel », ne se préoccupant guère que des « zones de compensation », n'ayant en main que deux pauvres outils — le permis de construire et le règlement national d'urbanisme —, et privilégiant une virtuosité architecturale ponctuelle sur une réelle pensée de la ville et de sa complexité [12]. Il faudra du temps pour que l'urbanisme conquière une légitimité nouvelle ; il se mettra peu à peu au goût du jour, se faisant planificateur et se pénétrant d'économie. Le bâton a peut-être été tordu en sens inverse : sa réputation d'outil technocratique lui vaudra les foudres de mai 68 [13]...

Pour construire, il faut enfin des entrepreneurs. Les nouvelles élites politiques renouent leurs alliances avec les milieux patronaux. À condition qu'ils accomplissent leur révolution idéologique... L'apostrophe du général de Gaulle aux représentants du patronat français, au sortir de la guerre, est bien connue : « Je n'ai vu aucun de vous, messieurs, à Londres... Ma foi, après tout, vous n'êtes pas en prison. » Louis Renault l'était [14]... Les dirigeants de la France libérée se méfient donc des industriels, de leur absence de culture et de leur esprit de lucre, qui les ont amenés aux pires compromissions. Les patrons n'ont qu'à bien se tenir. Dans ce domaine, Dautry possède un savoir-faire reconnu. Le ministre, bien qu'hostile à toute économie étatique, avait su imposer une tutelle publique énergique sur les manufactures, lorsqu'il s'occupait de l'armement.

De vastes ambitions nationales, la volonté résolue de promouvoir un mode de vie collectif et nouveau, façonné par des chefs intègres et éclairés, la confiance en des grands instruments comptables, un encouragement distant aux capitaines d'industrie... Le cocktail urbain des Trente Glorieuses est prêt. Ce qui se met en place à ce moment, c'est tout un *système décisionnaire* dans le domaine de la ville, qui ne cessera de se parfaire au fil des ans pour culminer dans les années soixante : un vaste projet national et « social », dérivant aisément vers l'utopie, une planification centrale autoritaire, un pilotage de main de fer par une petite élite de gestionnaires-techniciens. Ce petit groupe va désespérément tenter de faire entrer dans les faits une idée fausse, longtemps présente dans la pensée officielle, d'une relation directe et immédiate entre l'urbanisme et les modes de vie. « Naturellement », et pratiquement jusqu'à la fin du pompidolisme, les prises de décision dans le domaine de la ville répondront à la logique d'une bureaucratie d'État farouchement persuadée de représenter l'intérêt général et de défendre le bien public.

Sans doute Dautry règne-t-il bien peu de temps : quatorze mois... Il quitte ses fonctions en janvier 1946, signant l'ordre du jour nº 3, en forme de leçon de morale : « Continuez à travailler beaucoup, vite et bien. À travailler durement. Ne vous laissez pas amollir par le souvenir du passé ou les difficultés du moment. Dites-vous bien que le meilleur et peut-être le seul principe de la vie, c'est de regarder vers l'avenir, de le vouloir et de le faire meilleur [15]. » Sans doute ses successeurs le désavoueront-ils, le couvrant même parfois de sarcasmes. Mais les quatorze mois de Dautry sont symboliques. Le rêve du ministre se réalisera, pour le meilleur et pour le pire : il est un des héros secrets de notre histoire urbaine, l'auteur d'un projet devenu aujourd'hui étrange de « redressement » du peuple. Projet dont nous conservons pieusement le fantôme, au travers des grands ensembles qui surplombent nos banlieues.

L'Homme nouveau n'est pas pressé...

Anesthésiée par une pénurie chronique et assommée d'arguments techniques, la population française ignore les grands projets ministériels.

Planifier l'Homme nouveau ? Les mal-logés s'en soucient comme d'une guigne. Une petite minorité somme Raoul Dautry d'agir dans l'urgence. D'intervenir massivement en faveur des sans-logis, de sortir du chapeau des solutions immédiates. N'importe quoi, mais vite ! Quelques journaux invectivent le ministre, et les communistes le traitent de mégalomane. Dautry n'en a cure. Son ancrage l'éloigne des controverses politiques. Le ministre et ses services travaillent sur le long terme. Les mal-logés gémissent ? L'État est maître des horloges et des villes. Les mal-logés attendront.

Suivant la logique du système décisionnaire qu'il a mis en place, Raoul Dautry inaugure dans le domaine urbain un mode majestueux de non-réponse qui persistera jusqu'en 1954 et perdurera ensuite sous d'autres formes. Un coup d'œil sur l'organigramme du ministère confirme cette option. On trouve une « direction du déminage », une « direction de la reconstruction », une « direction des dommages de guerre »... Rien qui définisse une logistique d'urgence pour abriter les sans-logis ou faire participer les usagers à la maîtrise de leur habitat. Lorsque, en 1947, le socialiste Jules Moch donne à son ministère d'un mois le titre ronronnant de « ministère des Affaires économiques, des Travaux publics, de la Reconstruction et de l'Urbanisme », il s'inscrit simplement dans une tradition gestionnaire qui n'érige jamais les mal-logés en priorité.

C'est un architecte en chef — et non pas un urbaniste — que Dautry nomme pour conduire la reconstruction de chaque zone sinistrée. À Auguste Perret Le Havre, et Maubeuge à André Lurçat. Pour couronner le tout, les paramètres de choix, dans l'échelle de priorité des zones à reconstruire, restent flous. On privilégie, pour des raisons politiques et humanitaires, tel ou tel bourg, parce qu'il a particulièrement souffert du nazisme. Avec quelques dérapages politiques : le clientélisme occulte l'humanisme. On donne satisfaction à tel ou tel ami, on rend service à tel ou tel membre d'un parti, influent dans sa région, et qu'il faut ménager. De plus, les commandes de la IVe République répondent mal. Les crises succèdent aux crises, et les ministres chargés de la reconstruction ne cessent de valser. Les planificateurs de l'Homme nouveau souhaitaient régner en gloire, ils ne font que bricoler pauvrement, au jour le jour, sans jamais voir le résultat de leur obstination.

Pour reconstruire la France, deux doctrines s'affrontent. L'une veut que l'on bâtisse « à l'ancienne » : les exemples les plus illustres sont ceux de Saint-Malo, de Gien ou de Blois. Parfois, les ambitions pasticheuses sont modestes, comme à Orléans, Valenciennes, Troyes, Marseille, Sedan ou Douai. Dans d'autres cas, la fidélité frôle l'absurde. Ainsi, ces lavoirs municipaux minutieusement reconstruits, un an avant que les machines à laver n'envahissent les foyers [16]. Cette entreprise onéreuse de reconstitution historique pierre à pierre, pratiquement unique dans l'histoire urbaine, ne satisfait personne. Aujourd'hui, on tend à ne voir là qu'un régionalisme artificiel : la touche originelle s'est perdue ; aux vieilles cités d'antan s'est substitué un pitoyable décor de théâtre. Les politiques appuient pourtant cette démarche, quand ils ne sont pas à son origine. Les uns par goût de la tradition et culte du passé ; les autres, bien que progressistes, pour flatter les nostalgies populistes. Le parti communiste, par exemple, défend parfois l'approche à l'identique, proclamant qu'il faut « tout refaire comme avant ».

L'autre option, timide, est de « faire moderne ». Le ministère y est discrètement favorable, et lance quelques expériences d'architecture rationaliste, à Caen, Toulon, Royan ou Amiens. Ces ancêtres des grands ensembles ne convainquent pas. C'est l'exemple bien connu du Havre, confié à un architecte célèbre, Auguste Perret, qui ne produit qu'un alignement déprimant d'immeubles de béton. Au bout du compte, l'impression dominante est celle de quelques gouttes de modernité instillées dans un océan de conformisme. À quelques détails près, la France des années cinquante, enfin reconstruite mais toujours en pleine pénurie, est la sœur urbaine de celle de l'avant-guerre.

Comble de malheur, le cahier des charges administratif et financier, rétrospectivement absurde, fait de l'Hexagone une exception européenne : la loi du 28 octobre 1946 sur les dommages de guerre impose leur réparation « intégrale ». Option économique catastrophique, remarque l'Inspection des Finances en 1951 : « La France a accepté une charge qu'aucun autre pays au monde ne s'est imposée. Au lieu de ne rembourser que la valeur vénale des immeubles à la date du sinistre, quitte à faciliter les reconstructions dont l'utilité économique et sociale était indispensable, l'État s'est engagé à payer des indemnités sur la base du coût de reconstruction, déduction faite des éléments somptuaires et d'un abattement de vétusté [17]. » On connaît le résultat de cette aventure : en 1952, la reconstruction a coûté davantage d'argent que partout ailleurs en Europe, et produit incomparablement moins de bâtiments.

CHAPITRE 3

Les squatters, entre charité et révolution

La radicalisation des missionnaires de banlieue

Dans l'immédiat après-guerre, ceux qui s'acharnent à rompre le silence autour des mal-logés sont des militants chrétiens, dont l'action s'inscrit dans la tradition sociale du XIXe siècle : la société doit accueillir les démunis, protéger la famille ouvrière, veiller à la santé des enfants, donner au peuple un logement décent pour le mettre à l'abri de ces fléaux sociaux que sont l'alcool ou la tuberculose [1]. Mais maintenant, une nouvelle génération de croyants entreprend réellement de s'ancrer dans le peuple.

L'ambition d'évangéliser les ouvriers remonte à la nuit des temps industriels. Le père Lhande la réveille en 1927 dans un modeste ouvrage, *Le Christ dans la banlieue.* Succès stupéfiant : plus de 130 rééditions jusqu'en 1931. Le prédicateur-journaliste s'affole de la déchristianisation des banlieues rouges. Il en appelle, en urgence, à d'audacieux « curés-défricheurs » pour qu'ils s'installent dans ces espaces déshérités. Que s'édifient dans la périphérie des villes, des églises, des chapelles, des paroisses, des missions charitables ! Les ouvriers sont impatients d'accueillir la parole divine. Une œuvre est née, à laquelle les gens de bien, et les autres, vont souscrire : les fameux « chantiers du cardinal ».

L'Église rencontre la classe ouvrière. Une organisation belge, la Jeunesse ouvrière chrétienne — la J.O.C. —, de l'abbé Cardijn, prêche « l'apostolat de l'ouvrier par l'ouvrier ». Par le truchement de l'abbé Six, ce modèle gagne le nord de la France. En avril 1927, naît la J.O.C. française, parrainée par son homologue belge. C'est naturellement en banlieue, à Clichy, près de Paris, que le cardinal Dubois préside le premier rassemblement jociste. Le mouvement compte alors

1 200 jeunes ouvriers. Un an plus tard, à leur premier congrès national, ils sont plus de 5 000. Et le 17 juillet 1937, ils viennent à plus de 80 000 au Parc des Princes, fêter la reconstruction chrétienne de la cité. Drapeaux au vent, foule en délire, Fernand Bouxom, président de la J.O.C., clame à pleins poumons : « Debout classe ouvrière ! Ton espoir vient de se lever ! » Georges Bidault en est « remué jusqu'aux entrailles ».

Subtilement, les pratiques se transforment. Les nouveaux missionnaires, passés par les grands bouillonnements idéologiques des années trente, divorcent des bien-pensants. Les notions de « communauté », de « révolution spirituelle », d'« alliance avec le peuple » sont longuement soupesées par des intellectuels chrétiens, comme Sangnier, Maritain, Mounier ou de Becker. Tous rejettent le « social palliatif » et l'attitude humiliante des dames patronnesses penchées sur la misère des pauvres. Plutôt que de faire la bête en faisant l'ange, mieux vaut lutter pour la justice.

En 1943, une nouvelle alerte est sonnée. Deux aumôniers jocistes, les pères Godin et Daniel, publient *La France, pays de mission ?* Attention, la France se paganise ! Allons prêcher « la conquête chrétienne en milieu prolétaire ». Plus question de caritatif bourgeois pour les nouveaux missionnaires. Le politique et le social sont à l'ordre du jour. Ainsi, le père Lebret, fondateur d'Économie et Humanisme, prêche-t-il un style de vie « vraiment chrétien et vraiment révolutionnaire ». Il s'en prend à la vieille doctrine du primat du spirituel : « qui laisse la politique aux indignes est responsable des lois indignes, des structures oppressives, des déchéances prolétariennes [2] ». Les résistants chrétiens doivent rompre avec une époque de lâcheté et de compromission, et enjoignent l'Église de choisir le camp des pauvres, et non celui des possédants [3]. « La place est libre en France pour un socialisme neuf », affirme Emmanuel Mounier en 1944. « L'idée socialiste porte désormais la plus grande espérance du monde », reprend en 1945 Jean Lacroix.

Il est vrai que l'Église catholique française n'est pas sortie intacte de la guerre. Certaines de ses dérives hiérarchiques sont célèbres, comme celle du cardinal Baudrillard, ou du cardinal Gerlier, archevêque de Lyon, qui parlait trop, et trop haut : « Travail, famille, patrie ? Ces trois mots sont les nôtres. » Ces compromissions ne sont pas toutes accidentelles. Le radicalisme des militants chrétiens de l'urbain est parfois expliqué par le refus obstiné de l'Église de faire la moindre concession à la modernité [4]. La volonté des intellectuels catholiques de s'engager aux côtés des pauvres et des ouvriers trouverait ses racines dans la longue répugnance de l'Église envers tout ce qui pouvait ressembler à une pensée novatrice [5]. Beaucoup, face au conservatisme de l'institution, jugent qu'ils n'ont d'autre choix qu'une semi-dissidence.

Le M.P.F. et le moralisme radical

Les volontés missionnaires exaltées par la résistance se fondent dans un autre bouillonnement de l'après-guerre, celui des mouvements familiaux de toutes obédiences. Un train de lois les encourage et blanchit les engouements familialistes du maréchal Pétain. Un texte de décembre 1942 est « républicanisé par ordonnance en 1945 ». Il en émerge, comme l'a montré Michel Chauvière, un dispositif original qui leur donne dans la reconstruction française un rôle de premier plan [6].

C'est au confluent de l'action missionnaire auprès des ouvriers et du militantisme familial que se développe le Mouvement populaire des familles (M.P.F.). À son origine, on trouve l'ancienne Ligue ouvrière chrétienne, regroupant la J.O.C. et la J.O.C.F. Le M.P.F. s'est illustré en temps de guerre par des batailles humanitaires, semi-légales : l'envoi de colis aux prisonniers, le placement d'enfants à la campagne, la création de coopératives — il y a d'ailleurs gagné le surnom peu flatteur de « Mouvement Patates... » — ou même l'aide aux réfractaires refusant d'aller travailler en Allemagne. À la Libération, ses forces sont imposantes : près de 150 000 membres, répartis dans plus de 1 000 sections locales, et 1 500 en 1947. Il emploie plus de 80 permanents, pratiquement tous d'origine populaire.

Pendant l'occupation, le M.P.F. s'est déconfessionnalisé. Dès 1946, il se proclame « mouvement de libération ouvrière, conçu, voulu, réalisé par les intéressés », partageant avec la J.O.C. un centre d'étude et de formation, l'Institut de culture ouvrière (I.C.O.), et une publication, les *Cahiers du travail.* Ses militants prennent leur distance vis-à-vis de l'Église et veulent en faire une organisation populaire, et rien d'autre [7]. Dans d'autres pays d'Europe, une telle organisation aurait fourni ses cadres à la démocratie chrétienne. Dans le contexte conflictuel de la France, le populisme du M.P.F. paraît trop radical. Et pour ce dernier, pas question de se compromettre avec le M.R.P., ce suppôt des classes possédantes... Ses positions glissent à gauche, et parfois ses troupes se mêlent même à celles des communistes.

La hiérarchie ecclésiastique refuse le mélange des genres. En 1946, l'Assemblée des cardinaux et archevêques déclare ne plus voir dans le M.P.F. un mouvement d'action catholique. Ne confondons pas cette dernière avec « l'action institutionnelle d'ordre économique et politique dans le domaine temporel ». François Mauriac lance un avertissement solennel dans *Le Figaro :* « Les catholiques d'extrême gauche ont perdu le sens de l'Église [8]. » Le M.P.F. n'en a cure et radicalise encore son action. Il conservera toutefois la confiance discrète de l'Église, car fondamentalement, lui assure-t-on en sous-main, il « œuvre pour la transformation chrétienne du monde ouvrier [9] ».

Si les communistes s'occupent des usines, les chrétiens radicaux, fidèles à leurs racines, s'engagent aux côtés des mal-logés. Au terme d'une longue enquête dans toute la France, le M.P.F. alerte les pouvoirs publics. Les taudis sont une horreur. Mais il y a pire que de vivre dans un taudis : être sans abri. Partout, des logements luxueux sont vides de tout occupant, et chaque jour, des gens du peuple, des ouvriers et leurs familles dorment dehors ! Voilà qui est inacceptable ! Mais les protestations du M.P.F. restent sans effet.

Le M.P.F. entend alors mettre en œuvre tous les instruments juridiques disponibles. Le 11 octobre 1945, l'État avait pris une ordonnance autorisant la réquisition des logements vacants ou inoccupés au bénéfice des sans-logis. Ce texte, signé du général de Gaulle, est encore marqué par la logique des années de guerre. La décision est prise par l'autorité préfectorale, l'enquête est rapide, tout comme l'indemnisation des propriétaires. Mais les temps ont changé : maintenant, la machine administrative se grippe.

Certes, on obtient au compte-gouttes quelques malheureuses réquisitions. Mais au terme d'une enquête interminable et d'une procédure complexe aux résultats aléatoires. Certains propriétaires se débattent et s'indignent, d'autres posent des contre-feux. Les magistrats se font tirer l'oreille. La plupart « mettent leur zèle à défendre les propriétaires en entravant les réquisitions des préfets », affirmera plus tard un haut fonctionnaire chrétien longtemps actif sur tous les dossiers du logement, Guy Houist [10]. Les services municipaux du logement, créés par la même ordonnance, sont soit taxés d'inefficacité, soit soupçonnés de complaisance. Les mal-logés marinent toujours dans leur taudis, et les sans-toit peuvent crever dans la rue.

Les squatters en gloire

Le M.P.F. part à la chasse aux immeubles inoccupés [11]. Ils traquent les châteaux dans les régions de tradition féodale, les hôtels particuliers sur la Côte-d'Azur, les garçonnières confortables et les appartements de luxe à Paris, les couvents dans la France profonde et les maisons closes un peu partout. La loi dite « Marthe Richard » du 13 avril 1946 autorise la réquisition de ces dernières au profit des mal-logés : accusées de complaisances coupables avec l'occupant, elles sont dans l'œil du cyclone. Un puritanisme vigoureux s'y rajoute, qui leur est fatal. L'éventail est donc vaste.

Chaque mouvement urbain se fixe une *cible* privilégiée. Celle que choisit le M.P.F. est apparemment sans risque. Quoi de plus légitime que de vouloir faire appliquer les textes de la République ? Or, il n'en est rien. L'hyperlégalisme radical du M.P.F. et les passages à l'acte permanents qu'il induit lui font mettre en cause le fonctionnement de l'appareil judiciaire et le poussent aux franges de la loi. Délimiter une cible purement morale, comme le fera l'abbé Pierre quelques années plus tard, n'est pas pour autant dépourvu de risques. L'abbé en fera l'expérience. Mais c'est moins périlleux. Mieux vaut rappeler quelques impératifs éthiques à ses concitoyens que de titiller directement la police et la justice...

À Marseille, le scandale éclate : 76 000 demandes de réquisition adressées à l'Office municipal du logement ; 2 200 dossiers constitués — seulement ! Et pas une seule réquisition suivie d'effet. Le 8 octobre 1946, à Consolat, le M.P.F. passe à l'acte et occupe une somptueuse résidence vide qui donne sur la mer. C'est la villa Tornesi, avec ses vingt-trois pièces, ses dix-huit fenêtres de façade, sa terrasse et sa pinède odoriférante. L'opération se déroule à merveille : le propriétaire accepte avec philosophie de prendre comme locataires ces occupants que le destin lui attribue si généreusement. Autant continuer...

Quelques jours plus tard, le 14, « une caravane de guimbardes, de chariots chargés de meubles et d'appareils ménagers » fait irruption dans la maison de retraite, largement sous-occupée, où des Frères des écoles chrétiennes coulent paisiblement leurs vieux jours. Les intrus sont des militants du M.P.F., des sans-logis, leurs enfants et leurs femmes, dont la présence intempestive fait décamper les frères déambulant tranquillement dans le jardin [12]. Le frère supérieur, affolé, téléphone à Georges Bidault, ministre M.R.P. des Affaires étrangères, qui prévient la police. Le scandale est éteint, mais il est désormais public. Le M.P.F., qui ne respecte rien, s'en prend aux biens de l'Église.

Le mouvement s'étend à Aix-en-Provence, Nice, Arles, Gap. Pendant toute l'année 1947 et dans la première moitié de 1948, il touche une cinquantaine de villes. La bataille est menée par des comités unissant diverses associations, presque toutes chrétiennes, comme celles des sinistrés, celles des fiancés et des jeunes ménages, ou celle des anciens prisonniers de guerre. À la tête, des responsables du M.P.F. mais aussi des résistants célèbres, comme le capitaine Bernus, à Marseille. Pour les soutenir, les anciens combattants, la hiérarchie catholique parfois, des organisations ouvrières ou chrétiennes, et des hommes politiques aux couleurs variées, du parti communiste au M.R.P.

Chaque action est pensée avec un soin minutieux. Les militants repèrent un immeuble vide. Tant mieux s'il est de haute portée symbolique : l'opinion publique doit être frappée. Il faut ensuite vérifier si les modes d'intervention légaux ont bien échoué : le passage à l'acte n'est légitime qu'une fois tous les recours épuisés. Si tel est le cas, le plan de bataille est mis en place. Pour étudier les lieux, on envoie de faux inspecteurs du M.R.U., de faux huissiers, de faux architectes, de faux directeurs de colonies de vacances ou même parfois de vrais-faux employés des postes ou de l'E.D.F., vrais sympathisants du mouvement [13]. On relève des plans ; parfois, on prend clandestinement une empreinte de la serrure, pour fabriquer les clefs permettant d'entrer en toute tranquillité. La famille nécessiteuse est choisie avec tout autant de soin. Un responsable du M.P.F. est la plupart du temps installé avec les familles, pour éviter tout dérapage, contrôler l'occupation et soutenir le moral chancelant de ceux qui craignent d'affronter la police.

Au milieu de la nuit ou au petit jour, ou encore un dimanche matin, l'équipe de choc se retrouve discrètement. Elle se poste non loin de l'endroit à occuper, qui reste secret jusqu'à l'assaut. Tout est prêt : les petites familles au grand complet, leur mobilier, bien maigre le plus souvent, les malles, les colis, les ballots, les sacs à dos ; le tout vigoureusement encerclé de sympathisants musclés. Le convoi se met en branle vers l'endroit stratégique et force la porte s'il n'a pas la clef. Un militant spécialisé dans ce genre d'opérations gardera longtemps en souvenir, chez lui, une pince-monseigneur, longue d'un mètre cinquante. Ensuite, il faut tout installer dans la hâte, lits, tables, armoires. Des professionnels débauchés pour l'occasion rétablissent en un tour de main l'eau, le gaz et l'électricité. Quelques réparations élémentaires de plomberie ou d'électricité, et le local est habitable. Enfin, tout le monde se barricade pour attendre de pied ferme les forces de l'ordre immanquablement appelées par le propriétaire courroucé. Pour résister, on bat le rappel de tous les amis qu'on a dans la ville et dans la région...

Tout danger une fois écarté, un règlement intérieur draconien est imposé aux nouveaux occupants, pour éviter toute campagne de calomnie : payer régulièrement leur loyer sur un compte bloqué, entretenir correctement les lieux, être aimable avec les voisins en leur rendant visite et en entretenant soigneusement les abords... Ce qui n'empêche pas les coexistences délicates. Essayez donc de faire vivre sous le même toit des aristocrates russes, esthètes et décavés, un ex-légionnaire alcoolique et un berger corse accompagné de sa chèvre et de son bouc [14] ! Parfois, quelques mauvais coucheurs malencontreusement introduits dans la troupe doivent même être écartés.

Chaque action s'accompagne d'une campagne d'information. Une équipe diffuse des tracts, pond des communiqués de presse, colle des affiches, organise des meetings et lance des souscriptions. Un autre groupe, spécialisé dans les questions juridiques, traite des conséquences légales de l'action. Contre l'éventuelle expulsion des familles, on a une arme à tout faire : l'article 28, paragraphe 7, de l'ordonnance du 11 octobre 1945, qui prévoit la réquisition pour « les personnes dont le manque de logement est de nature à apporter un trouble grave à l'ordre public ». La rédaction est pour le moins ambiguë.

Dans un premier temps, tout va plutôt bien... Les squatters bénéficient d'une réelle popularité et les pouvoirs publics font preuve de tolérance. Selon un mécanisme habituel dans les relations que les mouvements urbains entretiennent avec l'État, les squatters connaissent un début de reconnaissance, voire d'institutionnalisation. À Marseille, leur comité siège dans des commissions officielles, aux côtés du directeur du service du logement de la ville. On lui permet d'ouvrir une permanence au cœur de la cité administrative, en mettant même à sa disposition des enquêteurs municipaux ! L'officialisation du mouvement est telle que les services sociaux de la S.N.C.F. et des attachés de cabinets préfectoraux s'adressent à lui pour caser leurs protégés. Ses résultats sont impressionnants : on cite le chiffre de 1 700 familles relogées, soit 10 000 personnes environ, par une action directe ou par une simple pression légale [15].

Mais la tolérance officielle s'épuise vite. En janvier 1947, une circulaire du ministère de l'Intérieur ordonne aux préfets de mettre fin au laxisme et de ne plus régulariser les occupations d'immeubles. Pourquoi ce revirement ? On en rend généralement responsable les bouleversements politiques de mai 1947 ; Paul Ramadier et Vincent Auriol, tous deux socialistes, évincent du gouvernement les ministres communistes qui avaient refusé de voter la confiance à un gouvernement sourd, selon eux, aux revendications ouvrières. « Le départ des ministres ouvriers du gouvernement a coïncidé avec le début des grandes offensives de répression contre les squatters », remarque Louis Crombez, qui en narre les vicissitudes dans *Esprit*[16].

Les squatters hors-la-loi

Le M.P.F. ne s'émeut pas pour autant. Il revient au sens premier du terme *squatter*, inventé pour désigner les pionniers du Far West s'installant sur une terre sans titre de propriété... Dès 1946, le M.P.F. rappelait les « exigences humaines de la justice sociale », et un de ses militants prétendait déjà dépasser le juridisme : « Face à ceux qui, bien pourvus, s'indignent et parlent de désordre et d'anarchie, notre action calme, raisonnée, méthodique, fait la preuve du contraire. L'ordre, c'est d'abord la justice, et la propriété est un service avant d'être un droit. Affirmer cela et l'appuyer par des actes, c'est travailler pour de bon à la vraie révolution, celle que la loi toute seule ne pourra jamais faire[17]. »

La justice frappe bientôt. Les procès des squatters se multiplient entre 1947 et 1949. L'un des plus célèbres se tient à Marseille, le 8 octobre 1948. On trouve tous les militants de la région sur le banc des accusés : le capitaine Bernus, Apostolo, Duchêne et Nicolino. On les accuse d'avoir relogé une vieille dame expulsée et deux familles nombreuses dans une villa transformée par son propriétaire en entrepôt pour bidets. Pour protéger le tribunal des manifestants, un millier de policiers entourent le palais de justice. Ceux qui se heurtent à la police sont inculpés de bris de clôture et de violation de domicile.

Le 14 juillet 1949, nouvelle affaire, plus grave encore. Les militants du M.P.F. déboulent au beau milieu d'une réception, dans une fastueuse demeure du 123, rue Paradis, à Marseille. Le propriétaire en est un riche industriel, M. Cordesse. Ce notable local possède trois villas, dont l'une est vide. C'est celle que le M.P.F. entend occuper. M. Cordesse appelle la police, et son jardin se transforme en champ de bataille. Après plusieurs heures de résistance, les occupants sont délogés à coups de matraques. Chez les squatters, dix-huit blessés, des arrestations et des condamnations. Le maître de céans avait des amis : c'était un proche de Gaston Defferre...

Finie l'indulgence ! Un déluge d'amendes et de peines de prison fond maintenant sur les squatters. Que faire ? Radicaliser ses positions, dénoncer violemment l'« écœurante collusion » des juges et des propriétaires ? L'opinion publique n'entend plus, et à la fin de l'année 1949, le mouvement est en passe de s'éteindre dans le Midi. Juste avant de rebondir dans le Val de Loire...

CHAPITRE 4

La bourgeoise et le prolétaire

Christine d'Angers

Après la guerre, Angers, ville des fleurs, est aussi, dit-on, « capitale des taudis ». Les scandales se multiplient. Un homme agonise : il vivait dans une pièce, avec ses quatre enfants à ses côtés, installés sur des lits de fortune. Des femmes et des enfants se morfondent dans des caves qu'inonde chaque hiver la Loire. Une femme sinistrée est reléguée avec ses enfants dans une buanderie, à côté d'une fosse d'aisance. Et meurt de peur. Des « bêtes noires », dit-elle, des sortes de gros vers qui vivent dans les excréments rampent la nuit sous les lits, grimpent sur les murs. Elle en a même trouvé dans le berceau de son bébé [1].

À Angers, une bourgeoise bien connue des milieux catholiques de la ville a été formée, tout comme son mari, à l'une des écoles sulfureuses du christianisme social, le Sillon de Marc Sangnier. C'est Antoinette Kipfer, devenue Antoinette Brisset par mariage. Des photos la montrent en compagnie de l'abbé Pierre, strictement vêtue d'un tailleur sombre, le chapeau sur la tête, le visage sévèrement souriant : une allure à la fois de bourgeoise provinciale et de dame patronnesse. Son époux est un industriel prospère et connu, actif au sein de la Chambre de commerce. C'est aussi un républicain bon teint, qui a fondé l'un des principaux quotidiens de la région, *Le Courrier de l'Ouest.* Femme d'action, Antoinette Brisset a été successivement fondée de pouvoir d'une société commerciale, administratrice d'une clinique et gestionnaire d'une école de puériculture. Elle s'est enfin consacrée au journalisme, et signe dans *Le Courrier de l'Ouest,* sous le nom de plume de « Christine », des articles dérangeant la bonne société angevine. Responsable du service d'entraide du journal, elle y dénonce les hôpitaux mal gérés et les taudis proliférants...

Les amis des Brisset sont des gens tels qu'Émilien Amaury, fondateur d'un célèbre groupe de presse, et Albert Blanchoin, longtemps directeur du *Courrier.* Tous sont de fervents catholiques, et tous modernistes. Leur rupture est consommée avec une hiérarchie religieuse régionale désespérément conservatrice. Cette dernière est en revanche fort proche d'une vieille bourgeoisie locale, qui a, semble-t-il, abandonné au sous-développement une ville autrefois industrielle et prospère, pour se replier frileusement sur les petites communes rurales avoisinantes et chausser des bottes d'aristocrates fonciers [2]. Cette dualisation politique des élites locales explique en partie la longue lutte de Christine contre l'*establishment* angevin.

En 1946, cette marginale de la bourgeoisie locale rencontre un marginal du communisme : un militant du M.P.F., Raymond Bughin. Étonnant rapprochement d'une bourgeoise et d'un prolétaire qui fascinera l'opinion publique, un an plus tard, au début de la guerre froide. Bughin a rompu avec le parti communiste après avoir accepté de partir en Allemagne, au S.T.O. Au retour de la guerre, manœuvre dans une carrière d'ardoise, il a reconverti ses ardeurs militantes dans les associations familiales. Lui-même a été squatter. Il décide Christine à soutenir le mouvement. Elle participe donc à la création d'un organisme unitaire, la Commission familiale ouvrière du logement (C.F.O.L.), qui s'assigne une double mission : obtenir des ordres de réquisition et les faire appliquer.

La croisade de Christine pour les mal-logés a commencé. Pour elle, que veut dire « squatter » ? Non pas faire la révolution, mais simplement « servir » dans l'amour de Dieu. Transgresser la loi, certes, mais pour respecter une morale supérieure. Chez les membres du M.P.F., elle apprécie un moralisme irréprochable, une solidarité ouvrière qui rejoindrait un christianisme en actes. Raymond Bughin, le manœuvre aux cinq enfants, affirme Christine, « a toujours un coin pour dormir et une assiette de soupe pour plus malheureux que lui [3] ».

De 1946 à 1949, à Angers comme ailleurs, tout va pour le mieux dans le monde des squatters. Le C.F.O.L. repère les habitations vides, pourchasse avec vigueur les maisons de rendez-vous, alerte les pouvoirs publics. Il met des immeubles hors d'eau, récupère des pièces inhabitables, aidé d'un architecte militant et d'une équipe de bénévoles. Il empêche même que les propriétaires ne transforment subrepticement certains espaces en rentables locaux commerciaux. La circulaire de 1947 n'épuise pas le mouvement, qui redouble. Dix occupations en 1947, quarante en 1948... Le comité se renforce encore en janvier

1948 des trois principales composantes du mouvement ouvrier, la C.G.T., la C.F.T.C. et F.O. Christine multiplie les articles enflammés et fait jouer ses relations. Le maire socialiste S.F.I.O., Auguste Allonneau, laisse faire. Des autorités attentistes, des propriétaires prudents et un commissaire bon enfant... Nous sommes dans le meilleur des mondes squatters possibles.

Mais un maire de droite, le R.P.F. Victor Châtenay, succède à Allonneau. Un premier procès, en janvier 1949, voit condamner Bughin, Sécher et Cousin, tous militants du M.P.F. En juillet, c'est Christine qui récolte un mois de prison ferme. Que s'est-il passé ? En 1948, sans le savoir, dit-elle, elle s'est attaquée à ce qu'elle appellera « la maison tabou ». C'est une vaste demeure de trois étages, La Chesneraye, à Sainte-Gemmes, près d'Angers, dont un étage avait déjà été réquisitionné pour un haut fonctionnaire de police, marié sans rejeton, et à qui l'on avait promis la tranquillité. Mais il est un fait plus grave : le propriétaire de la maison est un homme de droite bien connu, ancien camarade de collège de Pierre Brisset et son collègue à la Chambre de commerce ; il l'avait présidée au moment de Vichy [4]. Les règlements de comptes dans la bonne société angevine ont commencé. Ils dureront vingt ans.

Christine est maintenant une abonnée des tribunaux angevins, plus connue de la magistrature que le loup blanc. Elle sera, en tout, assignée à comparaître une cinquantaine de fois. À sa suite, des catholiques d'Angers que rien n'inclinait à une telle aventure font une rude connaissance de la police, du tribunal, de la prison. Ils sortent du cabinet du juge d'instruction en sanglotant : « Ceux que j'aime rougissent de moi. » Leurs casiers judiciaires se chargent. Leurs amis les croisent dans la rue et les ignorent. Mais ils persévèrent le plus souvent au nom d'un humanisme radical pour, disent-ils, « que les enfants ne meurent plus dans des greniers ou des caves comme de pauvres chiens abandonnés ».

Le 11 septembre 1948, le hasard veut qu'un natif d'Angers, lui aussi chrétien convaincu et ancien du Sillon, soit nommé ministre de la Reconstruction. Il s'agit d'Eugène Claudius-Petit, l'un des hommes politiques les plus fortement mobilisés dans les années d'après-guerre sur les questions de logement. Christine et son époux, qui le connaissent bien, l'appellent en renfort, tout comme un ancien garde des Sceaux, Robert Lecourt. La frange progressiste des catholiques se mobilise : l'évêque d'Angers et le chanoine Viollet, un pionnier du social. Rapprochement exceptionnel pour l'époque, les communistes et la C.G.T. aussi... Le conflit n'est plus seulement local et ne porte plus sur le seul maintien de l'ordre public. Il est devenu national et politique.

Toute la France apprend donc les exploits de « la bourgeoise passée dans l'autre camp ». Dans *Le Figaro,* un romancier, Pierre Scize, publie quatre articles retentissants : « De l'enfer des taudis au procès de la charité ». Un conseiller d'État socialiste, Louis Grunebaum-Vallin, fait d'elle un symbole national : « Une femme aura peut-être, dans son audacieuse faiblesse, et hors de la légalité, rappelé à notre société son devoir fondamental envers ceux qui, pour vivre, réclament un toit. Il faudrait beaucoup de Christine en France. » Le mur légal n'en sort pas ébréché. Mais l'opinion publique, même conservatrice, est en alerte. Le mouvement de radicalisme moral, qui entraînera toute la France au début de l'année 1954, est en germe dans cette affaire.

Le 2 février 1950, en appel, Christine est condamnée à deux mois de prison ferme. Elle est accusée d'avoir agi « dans un but intéressé et personnel ». Vigoureuses protestations chrétiennes. L'Union féminine civique et sociale écrit au garde des Sceaux le 11 février : si l'on n'appuie pas les initiatives de Christine, « le risque est grand de voir se déchaîner un état d'esprit anarchique, dangereux pour le pays ». L'affaire est même évoquée à la Chambre des députés par un député M.R.P., Albert Gau, le 24 mars. Par 420 voix contre 179, le garde des Sceaux, le radical René Mayer, fait politiquement condamner le mouvement. Une dizaine de personnalités qui ont soutenu les squatters dans des meetings publics, comme Marius Apostolo ou un libraire d'Angers ami de Christine, sont poursuivis pour « avoir proféré publiquement des propos portant atteinte à l'honneur des magistrats ».

Christine n'en continue pas moins son action et demeure une notabilité du monde de l'habitat. Toujours soutenue par le préfet, elle est de toutes les commissions départementales d'attribution et d'aide au logement. Elle mène des opérations d'envergure, aidées de subventions publiques : on lui attribue l'octroi par Claudius-Petit d'un milliard à la ville d'Angers ! En 1951, le président de la République, Vincent Auriol, calme le jeu en amnistiant à la fois Christine et Raymond Bughin. Mais c'est la dernière fois que leurs noms sont réunis.

Les chemins divergents

En effet, alors que la guerre froide bat son plein, et que l'anticommunisme atteint des sommets, l'alliance se brise. Ses anciens amis d'extrême gauche reprochent à la bourgeoise Christine d'avoir utilisé ses relations et tiré la couverture à elle. Qui donc a, en 1949, « donné un toit correct à 250 familles » d'Angers ? Est-ce Christine, la « femme qui a logé une ville », comme le prétend la presse ? Ou bien « l'ouvrier Bughin », comme le soutient Marius Apostolo ? De plus, Pierre Scize a mis dans la bouche de Christine des propos bien peu unitaires : à ses yeux, le mouvement squatter serait le « meilleur rempart contre le communisme »...

Le M.P.F. est d'ailleurs mort. En octobre 1950, radicalisant ses options, il prend le nom martial de « Mouvement de libération du peuple » (M.L.P.) et se déclare solidaire des communistes. Les chrétiens populistes, aux côtés du mouvement de la Paix, font signer l'appel de Stockholm contre la bombe atomique. Des 150 000 adhérents que comptait le M.P.F. en 1945, on n'en retrouve plus que 13 000 au M.L.P. Cette transformation ne va pas sans heurts. En juin 1951, une partie des adhérents rechigne à se voir instrumentalisée par les communistes, fait scission et crée le Mouvement de libération ouvrière (M.L.O.), qui « se refuse à croire que le renversement du capitalisme amènera la suppression de tous les maux sociaux » ; le M.L.O. limite son action à l'éducation et à l'action solidaire en milieu prolétarien.

La vie du M.P.F. aura donc été courte. Il a pourtant, dit-on, permis de reloger 5 000 familles en cinq ans. Comme l'ont montré Duriez et Chauvière, il a aussi posé brutalement quelques questions fondamentales, qui reviennent encore aujourd'hui : Qu'est-ce que le droit au logement ? Comment le mettre en œuvre ? Ou, plus fondamentalement encore, que trouve-t-on aux origines du droit de propriété ? Il aura également exercé une influence certaine sur les futurs mouvements urbains, fournissant leurs cadres aux associations de quartiers des années cinquante et soixante. Le premier secrétaire général du M.L.P., Henri Longeot, comptera parmi les fondateurs du P.S.U.

La lutte de Christine pour les sans-logis se poursuit au-delà de l'amnistie présidentielle de 1951. Dès 1950, aidée d'une partie du patronat local, elle s'était investie dans un projet, toujours chrétien, mais sagement communautaire et réformiste : l'autoconstruction. Claudius-Petit ainsi que le préfet l'encouragent vivement dans cette voie. Le mouvement Castors connaît donc un essor important à Angers. En 1953, c'est elle toujours qui invite l'abbé Pierre à donner une conférence à Angers, alors qu'il n'est pas encore une célébrité nationale. C'est elle qu'on retrouve l'année suivante lorsqu'il faut créer un comité d'aide aux sans-logis pour soutenir l'abbé. Celle qui avait largement anticipé l'action de l'abbé Pierre voit dans l'hiver 54 la confirmation de ses options les plus radicales.

Son combat pour les réquisitions se poursuit donc. Un an plus tard, en 1955, toujours aussi obstinée et entourée d'étudiants, elle sillonne la ville et fait la chasse aux appartements vides : 600 logements vacants sont recensés. Les occupations reprennent de plus belle, et, en même temps, les malheurs de Christine. Au cours d'une occupation, elle en vient aux mains avec un agent d'affaires, Henri Caillau. En 1956, nouvelle série de procès, toujours couverts nationalement.

Mais la conjoncture s'est transformée. Les débats juridiques autour des squatters sont plus techniques, plus abstraits et moins populaires. Un conseiller à la Cour des comptes de Colmar, G. Laplatte, s'indigne toujours, dans un opuscule célèbre, *Les squatters et le droit :* « Il est des villes au bord de l'océan où, passé la saison, 60 % des logis sont vacants. Cependant on n'en réquisitionne aucun, bien que la crise du logement sévisse à l'état suraigu. Il ne faut pas effaroucher les estivants ! On ne songe qu'à deux choses : organiser des cavalcades et construire des palaces ! Il est des municipalités qui ne sont qu'un comité des fêtes [5] ! »

Les discussions théologiques se déploient aussi, puisque le procès coïncide avec une déclaration de Pie XII sur le logement, en mai 1957. L'évêque d'Angers, Mgr Chappoulie, qui a toujours soutenu Christine, s'en fait l'écho. Mais le débat ne passionne plus l'opinion publique. Les condamnations tombent désormais, toujours réduites à de simples amendes.

Cet équilibre précaire se brise quand les alliés locaux de Christine, le préfet Morin et Mgr Chappoulie, disparaissent. Le premier est promu à Bordeaux, le second meurt. Christine n'a plus personne pour la protéger de ce que la sociologue Annick Tanter appelle un « véritable déferlement de haine ». Au début des années soixante, on intente contre elle un mauvais procès, pour gestion frauduleuse de sociétés Castors. En 1964, elle est condamnée à un an de prison ferme. La peine est confirmée en appel, en 1966, sans qu'aucune personnalité d'ampleur nationale vienne la soutenir. Il faudra attendre 1978 —

près de quinze ans... — pour que les passions locales s'éteignent, et que Christine soit réhabilitée, sous l'action de maître Floriot.

Le flirt entre la bourgeoise et le prolétaire n'a pas duré longtemps. Si Christine et Bughin ont pu communier pendant un temps, c'est dans l'espace éphémère du refus : le moment privilégié où l'on se retrouve pour refuser collectivement ce que chacun, seul, accepte sans mot dire. Mais, pour reprendre la terminologie de Canetti, il y a loin des « masses de refus » aux « masses de renversement [6] ». Une partie des chrétiens veut certes aller au-delà du refus. C'est le temps où, comme dit toujours Canetti, de nombreux moutons souhaitent dévorer quelques loups. Mais Christine ne les suit pas sur ce chemin. Ce combat révolutionnaire n'est pas le sien : elle ne veut rien dévorer du tout. La fragile alliance est épuisée.

Le refus des catholiques culminera — et s'épuisera... — avec l'aventure des prêtres-ouvriers : ces « commandos de l'Église », célébrés en 1952 par Gilbert Cesbron dans *Les saints vont en enfer,* ouvrage apologétique que les principaux intéressés, désormais en flirt poussé avec le marxisme, n'apprécieront guère. Dès lors, les clivages originels se recréent et chacun retrouve ses marques. D'un côté, l'ouvrier révolutionnaire qui rêve de socialisme, de l'autre, la dame d'œuvres, ces deux figures jumelles du XIXe siècle. Les banlieues pourront continuer à se déchristianiser en paix.

CHAPITRE 5

Les initiatives solidaires

Une épopée calme

Les mouvements urbains évoluent avec une rapidité étonnante et leurs configurations s'entremêlent et se succèdent. Cela s'est produit dans des périodes agitées, la fin du XIXᵉ siècle ou le début des années soixante-dix. Les épisodes violents succèdent aux entreprises pacifiques. Dans le répertoire des formes de lutte, on glisse de l'émeute à la marche non violente, ou des affrontements de rue à l'invention de communautés mystiques. Lorsque les confrontations s'épuisent, ou ne produisent plus de résultat, d'anciens militants entourés de nouveaux venus revoient leurs stratégies, avec d'autres modes de faire et d'autres objectifs.

Le mouvement squatter, même dans sa période semi-officielle, n'a résolu que les problèmes d'une infime minorité de mal-logés. De surcroît, tout comme les listes d'attente municipales, il donne la priorité aux familles pauvres, respectables et couvertes de rejetons. Que deviennent les jeunes ménages sans enfant, les couples honorables et sans le sou, désirant se marier ou simplement déménager ? Ils seront éternellement rejetés sur le pavé. Au rythme des constructions françaises, s'ils attendent sagement leur tour, ils auront un logement pour leur retraite... Les prix demandés par les professionnels du bâtiment sont exorbitants ? Plutôt que de se désespérer ou de réclamer à cor et à cri une intervention publique lymphatique, autant prendre son courage à deux mains, retrousser ses manches, se mettre au travail et bâtir son foyer. Ce projet se réalise au sein d'une entreprise collective dont le nom symbolique devient célèbre, celui des « Castors [1] ». L'idée fait son chemin et le mouvement essaime dans toutes les régions de France.

Ce courant vient des Suédois, dit-on, qui pratiquent assidûment l'entraide locale. Les Castors sont en général des hommes, jeunes et bien portants. Quel que soit leur métier d'origine, ils se transforment en terrassiers, apprennent la maçonnerie ou la plomberie, se lancent dans la menuiserie, deviennent couvreurs s'ils aiment les risques, chauffagistes ou électriciens s'ils ont l'âme technicienne. La seule règle est que chacun participe, à sa manière. Tous les appuis extérieurs sont les bienvenus. Le notaire travaille gratuitement, la municipalité fournit gracieusement la voirie, des souscriptions sont lancées auprès des sympathisants pour couvrir les achats de matériaux, enfin les militants-bâtisseurs se relaient pour s'épargner un trop gros effort.

Qui bénéficie de ce travail de fourmi ? D'abord ceux qui ont mis la main à la truelle pour édifier leur chez-soi. Parfois, les sentiments chrétiens des Castors les incitent à se dévouer, et à donner leur temps à une veuve et à ses enfants, ou à de vieux travailleurs trop faibles pour s'engager dans un labeur épuisant. Dans tous les cas, il faut attendre des mois, parfois un an, deux ans, trois ans pour avoir sa maison à soi. L'aventure dure, longtemps, trop longtemps.

Un État peinant à faire face aux problèmes des sans-logis a tout intérêt à appuyer les initiatives des Castors. Une commission du ministère de la Reconstruction fait même, en grande pompe, le voyage à Quimper pour encourager une équipe particulièrement ambitieuse. Aplanissant les talus et comblant les dénivellations, elle a fait sortir de terre plus de cent maisonnettes, la cité des Abeilles. L'inauguration a lieu en juillet 1954. Cent maisons sorties de terre... Mais il a fallu quatre ans d'effort. L'intérêt des pouvoirs publics, à ce moment, n'est pas purement social. Un autre aspect les intéresse : le prix de revient des confortables petites maisons autoconstruites est inférieur de plus d'un tiers à celui du marché.

Le mouvement ne se limite pourtant pas à ces considérations gestionnaires. Pour les Castors, construire ne suffit pas. Leur ambition est triple : loger les mal-logés, dans l'immédiat et en utilisant toutes les ressources locales ; protester contre la condition faite à ceux qui ne savent où loger, en posant des actes concrets ; enfin, promouvoir un autre rapport à son logement et à son environnement. Au-delà d'une solution à la pénurie, ils prétendent étendre les normes publiques en matière d'habitat populaire et contribuer à l'émergence de nouveaux rapports sociaux.

Les rêves communautaires

La copropriété pour tous n'est qu'une étape : les cités Castors seront davantage qu'une juxtaposition égoïste de logements. C'est du moins ce que jurent leurs promoteurs. L'entreprise communautaire a toujours une dimension morale : elle est le creuset d'un nouveau mode de vie. Dans la lignée des expériences utopistes, les Castors veulent un univers qui aurait extirpé le Mal et banni toute négativité des rapports sociaux. Avec, en plus, un espoir de libération de l'homme par la maîtrise de la technique... Dans leurs formes les plus extrêmes, les communautés utopiques caressent même l'idée d'un recommencement absolu. Par une programmation collective de la vie quotidienne, versant çà et là dans la maniaquerie, on réinvente le vivre ensemble, on recrée une organisation humaine contrôlée, fondée sur le don et l'échange social réfléchi comme la communauté de Cabet, à Nauvoo, dans l'Illinois.

Sans aller jusqu'à ces extrêmes, le règlement intérieur de la cité Castors de Pessac prend soin de préciser que « nous ne bâtirons pas chacun notre maison ; mais nous bâtirons ensemble notre cité ». Certaines formulations se retrouveront mot pour mot dans les manifestes pour un habitat dit « alternatif » : « Dans la société actuelle, nous sommes des faibles, des exploités. Exploités par notre travail qui n'est pas suffisamment payé, exploités dans nos logements où nos gosses manquent d'air, exploités dans nos pensées par ceux qui s'en servent pour leur ambition personnelle. Mais un fort ne peut rien contre les faibles qui s'unissent. Seul aucun de nous ne pourrait se libérer de sa situation, ni bâtir sa maison ; ensemble nous y parviendrons. Et nous aurons ainsi posé un acte d'hommes libres. » Les constructeurs bénévoles font accoucher un monde nouveau.

Quelques cités Castors font tout pour que leurs résidents vivent dans un environnement de partage, en les incitant à des activités communes de bricolage et de jardinage. Les enfants passent en premier : on institue des conseils communautaires de parents d'élèves, accompagnés de commissions d'études destinées à « créer de nouvelles activités éducatives et divertissantes » pour les jeunes. La culture n'est pas oubliée, avec l'ouverture de ciné-clubs, de bibliothèques et de coopératives de loisirs. Les jours de fête sont des temps forts de retrouvailles et d'expression collective : pour les animer, on a des chanteurs de variétés Castors, des troupes de théâtre amateur Castors, et même des Castors-jazz.

Il est un revers à cette médaille. Tout n'est pas rose dans la vie Castor. Pour ceux qui triment après leur travail en usine ou au bureau, le prix d'entrée dans le paradis communautaire est élevé. Plus de week-end, plus de pont, et même parfois, en été, plus de soirée pour flâner en famille ou entre amis. Un labeur épuisant, le soir, le samedi, le dimanche, les jours fériés. L'effort continu, la vie austère et les courbatures. On cite le cas de médecins d'entreprise examinant des ouvriers anormalement éreintés, et qui diagnostiquent aussitôt : « Tiens, voilà des Castors ! »

Conscients de la lourdeur de la tâche, les Castors n'érigent pas leur stakhanovisme en doctrine. Mais ils ne tentent pas davantage de calmer le jeu, comme l'ont fait d'autres pays d'Europe. Ils ne s'efforcent pas de rendre une construction autogérée compatible avec un travail raisonnable et une vie de famille équilibrée. L'Union nationale des Castors tranche la question du sur-travail et de la concurrence avec les entreprises « normales » en adoptant une position clairement revendicative. Leur formule est provisoire. Pas question qu'elle se pérennise. Face à l'incurie des pouvoirs publics, l'autoconstruction n'est pas une vocation mais « un palliatif regrettable et regretté en particulier par les Castors ». Leur geste de bâtisseur doit être considéré comme « un geste de protestation ». On le condamne à s'éteindre en même temps que la crise du logement. C'est une sorte de hara-kiri associatif.

De plus, et en dépit de quelques encouragements officiels, l'idéal des Castors ne rencontre guère d'écho politique. Les communistes se méfient d'une tentative réformiste douteuse, qui aboutit à ce que l'État se défausse de ses responsabilités sur des malheureux, épuisés et surexploités. Ils dénoncent l'entreprise comme une manifestation regrettable de l'individualisme petit-bourgeois. La droite libérale, quant à elle, apprécie peu cette tentative de contourner le marché et d'instaurer sauvagement une concurrence nuisible aux petits artisans. Jamais relayées, les utopies communautaires des Castors s'étiolent, au fil des années cinquante, raturées par la construction industrielle.

Que reste-t-il de cette épopée, quand elle s'achève ? Ceux qui y avaient participé croyaient avoir acquis autre chose qu'un logement. Ils s'étaient engagés dans une aventure spirituelle, qui, pensaient-ils, porterait ses fruits sur le long terme. Longtemps après leur achèvement, le climat de leurs cités devrait « garder l'empreinte des sacrifices communs ». L'« esprit Castor » transformerait la vie des participants à cette entreprise obstinée... Aujourd'hui, dans les cités Castors désormais banalisées, les dernières illusions communautaires se sont éteintes. Pourtant, la source ne s'est jamais tarie, et nous la verrons sans cesse renaître, sous les formes les plus variées. Elle alimentera le messianisme autogestionnaire du P.S.U. dans les années soixante-dix, le radicalisme urbain de certains groupes gauchistes, et, sur le mode mineur, jusqu'aux espoirs d'un renouveau convivial dans les quartiers dégradés, dans la décennie quatre-vingt [2].

Les communautés sans cesse renaissantes

Avec la tentative de faire vivre des communautés, au-delà des urgences de l'après-guerre, un courant idéologique ancien renaît, un espoir millénaire des villes d'Occident traversant les siècles. Certains font remonter ses origines aux communautés dites « taisibles », ce terme désignant le contrat tacite passé entre leurs membres. À la fin du Moyen Âge, pour échapper aux droits de succession qu'imposaient les seigneurs, des groupes de serfs lèguent leurs biens à une communauté élective composée de « compaignons » ou de « personniers ». Ils s'efforcent d'édifier un espace libéré des brimades et des exactions du seigneur. Cette ambition dépasse la libre association : on y a vu la préfiguration d'un État moderne, uniquement composé de sujets-citoyens réunis par leur propriété individuelle et par leur libre volonté [3]. Cette détermination à vivre libre ouvre sur des aspirations politiques, et des chercheurs comme Henri Desroches ont nettement établi la filiation entre ce courant et le socialisme utopique du XIXe siècle, qui unit religiosité et réforme sociale.

Toutefois, les expériences historiques de vie solidaire ne dépassent généralement pas un petit cénacle de convertis, unis dans un mysticisme étranger au commun des mortels. Et leur solidarité fait long feu... La crise du logement des années cinquante donne pourtant une dimension nouvelle à ces ambitions. Leur fondement n'est plus seulement religieux. C'est au carrefour du mysticisme et de la nécessité que se déploient les nouvelles aspirations communautaires. Les nouveaux venus, sans renier l'inspiration chrétienne, sont aussi, et surtout, poussés par la nécessité. Leur volonté de coopération quotidienne plonge dans le désir banal d'avoir au plus tôt un logement bien à eux.

Les mouvements urbains caressent régulièrement l'idée de créer un territoire libéré des contraintes marchandes et indépendant du pouvoir d'État. Le mysticisme sert souvent de référence à cette entreprise radicale. Parmi les multiples formes du non-conformisme religieux, se rencontre une nébuleuse de groupes émotionnels et de mouvements teintés de millénarisme et de messianisme. Dans les années cinquante, les porteurs d'utopie campent aux frontières de l'Église et s'investissent dans la vie communautaire [4]. Nous retrouverons la trace de ce courant dans la mouvance de mai 68, ou dans le socialisme autogestionnaire des années soixante-dix, tentant toujours de rapprocher l'expérience mystique et celle du politique [5].

Après la guerre, les aspirations communautaires sont rebadigeonnées aux couleurs du temps, celles du personnalisme. Une association catholique, Vie nouvelle, promeut des « Fraternités » à l'exemple des premiers chrétiens. Les membres, pas plus d'une dizaine à chaque fois, se regroupent sur la base d'un quartier ou d'une petite ville. Ils refusent l'anonymat et l'impersonnalité caractérisant les échanges dans nos sociétés, la fragmentation fonctionnelle et utilitaire des comportements quotidiens, l'indifférence affective et l'isolement des grandes métropoles. À contre-courant, ils prêchent par l'exemple le retour à la communauté chrétienne des origines et l'engagement social. Ce sont des « espaces forts », où se pratique une solidarité financière quasi totale. Certains vont plus loin : des militants de Vie nouvelle se lancent dans la construction d'un immeuble communautaire dans la banlieue parisienne, à Boulogne.

De tels mouvements ne prônent pas l'application radicale d'une justice sociale favorable aux pauvres, mais plutôt l'initiative solidaire. Sans désavouer les revendications populistes, ils préfèrent une approche pragmatique et communautaire. Les deux perspectives ne s'opposent pas. Dans ce qu'on appelle la « grammaire » des formes d'action qu'adoptent les mouvements urbains, on les trouve souvent de concert [6]. L'abbé Pierre ou Christine passent sans difficulté d'une forme d'action à l'autre : dans les années d'après-guerre, la construction solidaire rejoint les protestations collectives.

Le M.P.F. défend lui aussi une certaine forme de communautarisme. En 1946, à Lille, le mouvement avait encouragé l'ouverture de blanchisseries communautaires, et enjoint les femmes à se rassembler dans des « centres collectifs », pour la couture, le lavage ou le raccommodage. Toutefois, pour le M.P.F., teinté de marxisme, le lieu de production reste la clef de voûte de son projet. Il défend donc les coopératives ouvrières de production ou de distribution. « C'est l'entreprise qu'il faut changer. Nous sommes les partisans décidés des formes communautaire. La démonstration est maintenant faite que les communautés de travail, en dehors de l'économie capitaliste, sont viables », affirme le conseil national du M.P.F. en 1947. La classe ouvrière, par la promotion de formes d'organisation nouvelles, prend le pouvoir ici et maintenant.

Le mouvement des Castors aurait-il donc pu donner essor à une entreprise coopérative sur grande échelle ? Nul ne le leur demandait, et eux-mêmes ne le souhaitaient pas. Les pouvoirs publics n'étaient guère fascinés par ce bricolage volontariste, qui sentait trop le petit pavillon. Le M.R.U. vomit franchement le rêve pavillonnaire des petits-bourgeois et des prolétaires, et veut de vastes constructions industrialisées. Ce pavillon trop individualiste, trop anarchique, trop étriqué, les hauts fonctionnaires ne voient pas comment y loger leur Homme nouveau. Un monde à la Queneau, alors qu'ils rêvent de grands espaces.

Les années cinquante passent et les grands ensembles relaient les Castors pour écluser sur grande échelle le flot des demandeurs de logements. Avec le recul du temps, les mérites du mouvement n'en sont pas moins reconnus. Même par les ingénieurs les plus insensibles aux charmes chrétiens de la vie communautaire. Les règles du logement populaire ont été infléchies vers le haut : les maisons Castors sont plus grandes, mieux aménagées, plus confortables que les logements construits à la même époque, pour les mêmes occupants. De plus, l'ingéniosité quotidienne des promoteurs a permis l'emploi de matériaux nouveaux. Enfin, des services de proximité et des espaces collectifs ont systématiquement été prévus. Bref, tout ce qui deviendra la norme des pouvoirs publics, quelques années plus tard.

Deuxième partie

L'« INSURRECTION DE LA BONTÉ »

CHAPITRE 6

Une tradition de non-intervention...

La ville, une vieille question sociale

Pourquoi de Gaulle remet-il le dossier du logement, dès 1944, à un ministre technicien et gestionnaire, et non pas à un responsable politique de premier plan ? Pourquoi, alors que ledit dossier s'enlise, les politiciens restent-ils apparemment impavides face aux tempêtes ? Seule une toute petite poignée d'élus, de gauche ou de droite, dénonce un État incapable de s'attaquer à un problème essentiel pour l'avenir de la France autrement qu'avec « une pauvre panoplie d'outils archaïques [1] ». Ces éternels minoritaires s'apitoient sur le peuple, s'indignent de l'incurie des gouvernements, de l'irresponsabilité de leurs concitoyens, de ce « laisser-aller » complet et de cette « indifférence générale ». Le logement en France ? « Une apathie de cinquante ans... » Ils clament qu'il faut sortir de cette léthargie urbaine, mais ils clament dans le désert.

Comment expliquer cette apparente insouciance ? Pour la France, les problèmes urbains sont une question dite « sociale », donc subalterne : ils ne sont jamais l'objet d'un réel affrontement public. Depuis le XIXe siècle, on les relègue dans l'anecdote, et on les gère à la marge, comptant sur la vigilance du patronat et la conscience des gens de bien. En 1954 encore, le Centre catholique des intellectuels français donne pour titre à un numéro de sa revue : « Problèmes sociaux : la prostitution, l'alcoolisme, le logement ». Cette énumération de détresses symbolise parfaitement la place qu'on accorde au logement [2]. On range les mal-logés dans le même fourre-tout charitable où l'on a déjà entassé les joyeux clochards, les malandrins repentis, les filles perdues et les vieillards miséreux. Le logement est une affaire privée. Elle peut accessoirement être celle des patrons logeant leurs ouvriers.

Les dames d'œuvres s'en préoccupent. Mais pas les pouvoirs publics. Toute son histoire, depuis le XIXe siècle, est celle du refus d'un engagement étatique.

Comme le montre Roger-Henri Guerrand, le XIXe siècle a confié le logement des ouvriers au patronat éclairé et aux réformateurs chrétiens [3]. On célèbre l'engagement personnel des industriels à la volonté réformatrice et utopique, et on les félicite parfois de leurs expériences paternalistes : la cité ouvrière d'Émile Muller à Mulhouse, les familistères de Jean-Baptiste Godin à Guise, l'usine d'Émile Menier à Noisiel, ou même, plus tard, la société anonyme des habitations ouvrières de Passy-Auteuil, logeant les petites gens dans les beaux quartiers. C'est l'affaire des entrepreneurs de bonne volonté et de leurs épouses, de généreux mécènes, de mystiques hallucinés et de romanciers populistes. Des manifestes enflammés, quelques expériences passionnées : la haute politique n'est pas de mise.

Il est normal, dans ces conditions, que les grandes lois cadrant le domaine soient rarissimes. Une épidémie parisienne de choléra, en 1832, fait 18 602 morts ; le vicomte Armand de Melun, fondateur de la Société d'économie charitable, s'indigne et propose une loi sur l'assainissement des logements et l'éradication des taudis. Il lui faut attendre dix-huit ans pour la faire voter, le 15 avril 1850 ! Son texte est d'ailleurs réduit à « une loi de haute police sociale ». Admettons que l'émancipation ouvrière soit inéluctable. Elle ne peut se réaliser que sous le parrainage éclairé des classes supérieures. L'encadrement des démunis justifie la tyrannie des propriétaires : ils éduquent le prolétaire, qui doit rentrer à l'heure, ne pas boire et recevoir des gens convenables. L'ouvrier se résigne, mais n'en pense pas moins. Il vomit l'ignoble M. Vautour — figure obligée de tous les jeux de massacre dans les luttes ouvrières : « Si tu veux être heureux nom de Dieu, pends ton propriétaire », chantent les anarchistes — mais il le craint. Au besoin, le concierge veille au grain. Pour dormir sous un toit, il faut faire le poing dans sa poche et se soumettre à l'ordre de M. et Mme Pipelet.

Les options fondatrices de l'habitat populaire se sont donc toujours résumées à une large dose de contrôle social, chichement agrémentée d'un zeste de philanthropie. La timide intervention législative d'Armand de Melun reste isolée près d'un demi-siècle. En 1892, Jules Siegfried et Georges Picot, toujours pour moraliser les classes dangereuses, présentent au nom de la réforme sociale un projet de loi facilitant aux ouvriers l'accès à la propriété. Le Sénat le repousse, indigné :

accorder des prêts de la Caisse des dépôts aux prolétaires ouvrirait sur du « socialisme pur »... La loi Siegfried est pourtant adoptée le 1er décembre 1894. Mais sans engager l'État : c'est par le canal de sociétés spécialisées qu'on aide les ouvriers à devenir propriétaires. Les résultats sont dérisoires : en dix ans, 75 prêts consentis à 38 sociétés, et 105 sociétés peinant à construire 1 400 maisonnettes... Les ouvriers-propriétaires resteront une denrée rare.

Seule rupture dans cette logique non interventionniste, le fragile intermède de la loi Loucheur, en 1928. Le logement social, vigoureusement aidé, peut-il relayer les propriétaires ? se demande-t-on. Une première « habitation à bon marché » voit le jour à La Rochelle en 1913. D'autres suivent. Pour bâtir et gérer, on fonde des sociétés anonymes (182 en 1920, 285 en 1925), des offices publics (169 en 1920, 294 en 1925) ou des sociétés coopératives (270 en 1920, 429 en 1925). Ce qui s'invente alors en catimini, c'est ce qu'on appellera plus tard le « mouvement H.L.M. ». La loi Loucheur le reconnaît et l'encourage. Mais pour peu de temps : la crise de 1929 en ralentit aussitôt l'essor.

Il aurait sans doute été possible de s'appuyer sur d'autres forces que les sociétés charitables et les industriels sociaux : encourager l'autoconstruction populaire — mais de telles initiatives n'arrangent guère les rentiers — ou prendre appui sur les municipalités. D'autres pays d'Europe l'ont fait. Mais les communes ont mauvaise presse, en France. Un seul courant politique les utilise, mais comme marchepied du pouvoir ouvrier. Ce sont les socialistes « possibilistes », qui voient en elles un moyen de loger les moins pourvus. La IIIe République, quant à elle, ne les sollicite pas. Leur donner un rôle de premier plan est une idée révolutionnaire, pense-t-on. Et si certains élus locaux en profitaient pour flatter démagogiquement l'ouvrier et lancer une classe compacte contre les possédants ? Mieux vaut que tout se règle entre propriétaires et locataires, sous la bénédiction lointaine de l'État, ponctué d'interventions d'âmes patronales et charitables.

La ville n'est pas sur l'agenda des décideurs

Il n'est pas de problème politique par nature. Toute question sociale peut, dans certaines circonstances, le devenir. Le tout est de savoir quand et comment cette question s'inscrit sur l'agenda du décideur. Or, de quoi se préoccupent la Chambre des députés et le Sénat pendant cette période ? De grande « politique ». Et que recouvre ce vocable ? La constitution de la France, les transports, les guerres, les finances, la justice, la police... Presque jamais le logement populaire. Cette règle consensuelle du désintérêt politique règne sans partage au début des années cinquante.

Les groupes de la Résistance, fort nombreux, voulaient tout réinventer, une fois les villes libérées, sauf les villes elles-mêmes... Presque seule, l'Organisation civile et militaire (O.C.M.), marquée à droite en dépit d'une participation éphémère de Guy Mollet, s'y intéresse. Son approche anticipe celle du futur M.R.U. Ce qui n'a rien d'étonnant : l'O.C.M. est composée de cadres de l'industrie et hauts fonctionnaires qui préconisent dans leurs *Cahiers* « une économie contractuelle planifiée », et pensent l'urbain en référence à la charte d'Athènes. Déployant un libéralisme tempéré, ils veulent libérer les loyers, à condition qu'un système de taxations empêche le retour des spéculateurs. L'accession à la propriété les intéresse, toujours au nom du même argument conservateur : « Le sentiment qui pousse le père de famille à développer la cellule sociale est générateur de stabilité. » Ils manifestent enfin l'intention de développer des formes d'habitat social proches des habitations à bon marché d'avant-guerre, dans des montages complexes avec les communes, les régions, les groupes professionnels et les entreprises. Pensée minoritaire, mais prophétique [4].

L'État caresse des projets autrement ambitieux que de loger les pauvres. Entre « la modernisation ou la décadence », il faut choisir, aime à dire Jean Monnet. En 1947, le trio Monnet, Hirsch et Uri rénove la maison France. Rompons avec les bricolages d'antan. Voyons grand, agissons puissant. Le premier Plan de modernisation et d'équipement, véritable « renaissance économique », ambitionne de remettre en marche l'appareil de production et de rattraper les retards technologiques français à hauteur de 30 % de l'industrie. Pierre Massé, nommé directeur de l'Équipement, a raconté l'abasourdissement des cadres d'Électricité de France lorsqu'il leur a annoncé qu'ils devraient dorénavant produire 39,5 milliards de kwh par an. L'avant-guerre plafonnait à 21 milliards [5].

Pour mener à bien ce travail titanesque, on s'en remet à une recette typiquement hexagonale : élite et technique. La nomination du polytechnicien Raoul Dautry à la tête du ministère de la Reconstruction et de l'Urbanisme n'est pas un phénomène isolé. La crème des hauts fonctionnaires planificateurs et le gratin des ingénieurs marchent non seulement la main dans la main, souvent, ils sont même réunis en une seule et même personne. Ce mode de faire ne changera pas.

Dans ce combat d'un nouveau genre, un nombre réduit d'activités clefs sont érigées en locomotives de l'économie : le charbon, l'électricité, l'acier, le ciment, les machines agricoles et les transports. On les encourage, les protège, on leur ménage un marché intérieur et des échanges privilégiés avec les colonies. De plus, on contingente jusqu'à la fin des années cinquante les importations qui pourraient leur être fatales. Avant de se transformer en brancardier de l'industrie trente ans plus tard, l'État la met précautionneusement en couveuse [6]. L'immobilier ne fait pas partie des secteurs pilotes. Il n'est que dérivé. Réalisons d'abord le Plan. « La base de départ sera ainsi créée pour entreprendre dans une seconde étape les transformations des conditions de vie, et notamment du logement [7]. »

Les rares débats sur le logement qui traversent la classe politique après la guerre s'inscrivent donc tous en contrepoint des options techniques du M.R.U., dans leur dépendance, et sans jamais les mettre en cause. La « ligne Dautry », pourrait-on dire, est implicitement acceptée. Dans cet espace politiquement indistinct, quelques critiques limitées s'élèvent parfois, du côté des réformistes sociaux du M.R.P. ou des socialistes modernistes de la S.F.I.O. Tous réclament des mesures plus énergiques, mais rien ne les oppose, si ce n'est des questions de sensibilité.

Les uns, adeptes d'un libéralisme de gauche ou de droite, mettent l'accent sur une nécessaire reprise du marché. Il faut encourager les propriétaires à construire et solvabiliser les locataires. Créons donc au sein de la population une véritable « mystique du logis ». Ce qui amènera, par ricochet, à payer le prix coûtant pour construire et entretenir son logement. Le bât blesse sur un point essentiel : la faiblesse du budget populaire et la cherté des produits de première nécessité. Que faire ? Augmenter le niveau de vie des plus démunis et encourager les propriétaires à « faire du social ». Voilà qui est plus facile à dire qu'à faire.

Les autres, plus étatistes, ne se font guère d'illusion sur les manifestes libéraux qui accumulent derrière eux un demi-siècle d'échecs. Appelons plutôt l'État en renfort. L'époque est aux nationalisations et ils proposent d'étatiser progressivement le logement, à l'exemple de Renault, du charbon, de l'électricité ou des banques. Pourquoi ne créerait-on pas — sur le modèle des Charbonnages de France — une entreprise nationale qui s'appellerait les « Habitations de France » ? Mais la volonté, tout comme les moyens, fait défaut.

Les deux options ne se présentent jamais comme contradictoires, ni chez les socialistes, ni chez les chrétiens-démocrates. Une action vigoureuse de l'État n'empêche pas une relance du crédit et un système central d'encouragement aux opérateurs privés. De même, un soutien au marché ne peut se passer de l'appui étatique. Tout est question de dosage. On préconise déjà une sorte d'économie mixte. De fait, ces débats ne font rien d'autre que de répercuter dans le domaine politique les débats techniques du M.R.U. Ses hauts fonctionnaires ont d'ailleurs subtilement recours aux politiques pour faire accepter les mesures qu'ils suggèrent.

C'est du côté socialiste que les techniciens du M.R.U. trouvent souvent leurs alliés. Ce sont eux qui demandent avec le plus de vigueur qu'on bâtisse en grand, selon des impératifs de « centralisation », de « normalisation » et d'« uniformisation » ; qui réclament la construction de « prototypes » susceptibles d'être copiés et produits en série ; qui ne se privent pas de faire l'éloge du gigantisme : « Urbanistes et techniciens s'accordent pour déclarer qu'en matière de construction d'habitation, une politique de grands ensembles est seule admissible. » Aux raisons purement financières s'ajoutent, affirment-ils, « les motifs d'ordre technique et d'ordre esthétique ». Une lecture bétonnière de Le Corbusier apparaît à l'horizon... Enfin, dans la plus pure tradition républicaine, ils veulent mêler les milieux sociaux et refusent qu'on construise d'un côté des quartiers ouvriers et de l'autre des espaces dorés pour les riches. Et de citer François Miron, prévôt des marchands sous Henri IV : « Il ne faut pas que les petits soient logés d'un côté et les gros dodus de l'autre. C'est plus sûrement meslangé [8]. » De telles discussions, issues des cénacles techniciens, restent toujours aux franges du politique.

Enfin, l'absence d'intérêt pour l'avenir des villes est aussi celui de l'ensemble des milieux intellectuels. L'urbanisme n'a rien pour attirer les penseurs d'après-guerre. Le nom de celui qui le symbolise, celui de Marcel Poëte, est attaché à une logorrhée archaïque, vaguement complice de Vichy. Le successeur de Poëte, Gaston Bardet, tient des propos aigris contre l'univers en général et Le Corbusier en particulier. Il s'enfonce bientôt dans la religiosité à compte d'auteur, naviguant sur des mers obscures, entre la magie, la Kabbale de joie et la signature du Dieu-Trine... Pis : il a le visage d'une pseudo-science, victime de ses ambitions globalisatrices, et trébuchant donc perpétuellement soit sur une pensée totalitaire — Le Corbusier... —, soit sur des thèses idéalistes, comme celle, sans cesse répétée, qui veut que l'habitat détermine les modes de vie. Certes, un jeune ethnologue, Chombart de Lauwe, a rejoint dès 1939 la « bande à Bardet », mais il est loin d'avoir produit ses œuvres maîtresses.

Il faudra attendre longtemps pour que des philosophes comme Henri Lefebvre s'intéressent à l'urbain et lancent un débat qui, depuis, ne s'est pas clos. Jean-Paul Dollé et Jean-Pierre Le Dantec ont dénoncé ce mutisme des intellectuels pendant la construction des grands ensembles... Les grands noms de l'époque ont les yeux fixés sur la condition ouvrière et ne s'intéressent guère aux problèmes urbains. Ils ont pris position sur tout, la dictature du prolétariat, l'Homme nouveau en U.R.S.S. ou la condition des Noirs en Amérique. Mais pas sur l'habitat des pauvres ou l'avenir des villes. Pour eux, la question du logement demeure une affaire archaïque, propriété des chrétiens et des assistantes sociales. Décidément, le logement ne passionne que ceux qui n'en ont pas.

CHAPITRE 7

...et une gauche évanescente

En 1945, face à l'urgence, les conditions n'auraient-elles pas été réunies pour qu'on adopte une vaste et ambitieuse politique de logement ? La guerre avait légitimé une intervention centrale, et le keynésianisme était dominant. Le préambule généreux de la constitution de 1946 élargissait les droits économiques et sociaux des citoyens : le droit au logement pointait le nez. De plus, la gauche était majoritaire à la Chambre ; communistes et socialistes de la S.F.I.O. avaient 302 sièges sur 583, et scellaient l'union sacrée contre les « féodalités économiques » et contre les propriétaires jugés « disqualifiés » par leur attitude pendant les conflits. L'époque était aux nationalisations : l'automobile, E.D.F. et G.D.F., le 8 avril 1946, et les assurances le 25 du même mois. Les experts libéraux eux-mêmes professaient l'étatisme. Pour le logement comme pour le reste, l'invocation du marché et de ses lois paraissait déplacée.

À la hâte, quelques textes robustement étatiques sont adoptés. Outre celle sur les réquisitions, une ordonnance du 28 juin 1945 crée un « Service national du logement », accompagné de plans d'urbanisme, d'expropriations, de pressions sur les industriels pour qu'ils améliorent leur outillage et baissent les prix de revient. Tentative classée sans suite... Une autre ordonnance, datée du lendemain, ouvre une Caisse nationale d'entretien et d'amélioration de l'habitat urbain. Initiative mort-née... Dès le 26 octobre, un Fonds national d'amélioration de l'habitat la remplace, dont les financements ne suivent pas. Bref, une suite ininterrompue d'avortements...

Les communistes en retrait

Défenseurs du peuple, il eût semblé normal que les communistes s'investissent dans la cause des mal-logés. Certains s'y efforcent, et nous retrouvons dans leurs témoignages l'écho affaibli des ordonnances de 1945. Cette année-là, un élu de Rodez, signant « Rigal, un ami de l'U.R.S.S. », publie un opuscule sur le problème du logement. Il imagine un Office national du logement composé de 33 membres, un ensemble d'Offices publics départementaux et de Sociétés coopératives départementales, qui prendraient le nom d'« Union des cités-jardins » du département. Selon cet ami de l'U.R.S.S. une structure à la fois publique et coopérative est seule capable de loger dignement l'ouvrier [1]...

En dépit de leurs proclamations, les communistes n'ont jamais eu la moindre intention d'attiser les braises sociales sur la question du logement. Tout au plus appuient-ils certaines revendications et protègent-ils les squatters. Pourquoi cette réserve ? Les raisons vont au-delà de soucis tactiques, comme de ménager leurs alliés. De fait, ni le parti communiste ni la C.G.T. n'ont de véritable stratégie urbaine. Leurs revendications fleurent encore l'avant-guerre : « Pas d'augmentation de loyers, pas d'expulsion sans relogement, exonération de toute augmentation pour les économiquement faibles ! » Les deux ministres communistes laissent donc les hauts fonctionnaires de la Reconstruction travailler en paix, dans la foulée des options techniciennes de Dautry. Ils les approuvent même dans leur choix des grands ensembles. Cette option est cohérente avec leurs convictions modernistes et leur goût prononcé pour le collectif, qu'ils partagent avec les planificateurs nostalgiques des années trente [2]. L'exemple leur vient de l'Est : les architectes soviétiques se sont approprié les grands ensembles et s'en attribuent même la glorieuse paternité...

Après la guerre, le parti communiste est au gouvernement, dans une alliance tripartite avec le M.R.P et la S.F.I.O. Mais il est sous haute surveillance. Pas question de livrer les ministères sensibles, comme les Affaires étrangères ou l'Intérieur, à une extrême gauche inféodée à Moscou ! Dans la corbeille de consolation qu'on lui offre, après le départ de Dautry, on met le portefeuille technique de la Reconstruction et de l'Urbanisme. C'est dire tout l'intérêt qu'on lui porte.

François Billoux s'assoit pour un an, en janvier 1946, dans le fauteuil ministériel, au sein du gouvernement Gouin, puis de celui de Bidault. Il veut rompre, dit-il, avec la morgue technicienne de Dautry et mettre fin à la pénurie de logements ; reconstruire la France en préservant les intérêts légitimes des populations sinistrées ; et aider les locataires... Le 6 mars 1946, une circulaire — qui ne sera guère appliquée — préconise même leur participation à la gestion de l'habitat. Mais les réalisations ne sont pas à la hauteur des intentions. Après un bref intermède de Jules Moch — un mois —, un autre communiste lui succède un an plus tard, le 22 janvier 1947, dans le gouvernement Ramadier : c'est Charles Tillon, l'ancien responsable des F.T.P. Sans plus de résultat...

En 1947, les discours croisés de Ridgway et de Jdanov donnent le coup d'envoi à la guerre froide. La rupture est définitive entre les communistes et le gouvernement dès le moi de mai. Un journaliste M.R.P., Jean Letourneau, spécialiste des questions indochinoises, succède à Charles Tillon. On ne verra plus de ministre communiste au gouvernement avant 1981. Avec ses cinq millions de voix, le parti communiste, à son zénith, défile dans les rues. Les projecteurs sont braqués sur le moindre frémissement au sein des usines. Les victimes de la crise du logement, pauvrement organisées, n'inscrivent leur lutte sur aucun conflit international. Les mouvements chrétiens et familiaux agacent tout au plus le pouvoir, sans lui faire peur. La question du logement est loin de faire trembler l'État.

Dans l'opposition, le P.C. ne change pas de propagande. En 1948, il approuve du bout des lèvres l'instauration d'une allocation-logement. Hélas, n'en bénéficient que ceux qui ont un logement neuf... La litanie des chiffres de l'inconfort reprend : 650 000 taudis, 64 % de logements sans eau courante, 95 % sans douche, 36 % sans tout-à-l'égout et 11 % sans électricité. Pour que vive « la France forte », préparons le pouvoir des travailleurs. La bourgeoisie ne peut satisfaire leurs besoins. Seuls les élus ouvriers et leur parti sauront régler la question du logement...

La C.G.T. n'a guère de programme plus étoffé pour le logement des travailleurs : « réduire les taudis, généraliser l'allocation de logement, moderniser l'équipement de la vie ménagère... » L'approche est quantitative : le programme gouvernemental, accompagné d'un plus. Comment financer les constructions nouvelles ? La recette est facile. En taxant « les super-bénéfices des trusts » et en réduisant les crédits militaires. Le premier syndicat ouvrier a des idées autrement novatrices sur d'autres secteurs de la vie sociale. Le sport en entreprise, par exemple, remarque perfidement Louis Houdeville, quelques années plus tard, donne lieu à un luxe de propositions somptueusement détaillées... Pas le logement [3].

Pendant l'hiver 1954, quand la misère des sans-abri devient une affaire d'État, le parti communiste brocarde l'abbé Pierre. « Ce dernier a fait naître des espoirs insensés et crée des situations dangereuses chez les sans-logis. » À Noisy-le-Grand, affirme-t-il — non sans raison —, les malheureux qu'héberge Emmaüs vivent « dans des conditions effroyables ». Un bâtiment a brûlé et deux enfants ont péri. Un hébergé est mort de froid à Neuilly-Plaisance. En prime, quelques rapprochements fielleux. Ainsi, au Congrès des mères de 1955, une femme — rescapée de Ravensbrück, précise-t-on — affirme vivre à Noisy-le-Grand « dans des conditions qui ne sont pas sans rappeler les camps de concentration ». Quant aux constructions de fortune demandées avec insistance par l'abbé Pierre, ce sont des « taudis neufs ». On a sur les bras « 12 000 logements qui ne répondent pas aux conditions les plus élémentaires de l'hygiène ».

Quinze ans plus tard, un cadre du parti communiste, Jean Baby, revient sur le passé et reproche vertement à son ex-organisation ce rendez-vous manqué : « Le Parti aurait dû mener aussi longtemps que nécessaire une campagne nationale pour la construction, apparaître comme le champion incontesté d'un mouvement de masse pour la liquidation de cette plaie sociale. Or, dans cette question, le Parti a fait preuve de la plus grande timidité. Ses campagnes ont été sporadiques et sans envergure [4]. »

Pour des raisons doctrinales, le logement et la ville sont en effet des questions secondes au regard de l'orthodoxie marxiste. Les luttes qui ne se déroulent pas au cœur des usines sont des fronts secondaires, toujours guettés par des dérives opportunistes et petites-bourgeoises. Dans le meilleur des cas, ces combats peuvent tout juste être utilisés dans le cadre d'une dénonciation globale du capitalisme. Pourquoi les capitalistes ne construisent-ils pas ? Dans *Fils du peuple,* Maurice Thorez répond : « Si l'on ne reconstruit pas les immeubles détruits, si l'on ne rase pas les îlots insalubres, si l'on n'exécute pas les travaux nécessaires qui assureraient la santé et l'avenir des générations futures, c'est que le logement n'offre pas un profit et une rentabilité suffisants pour les gros capitalistes groupés dans les sociétés immobilières. » Pour corser la sauce, on déplore la modicité des salaires ouvriers : « Ils ont abaissé le pouvoir d'achat des travailleurs. » Le logement illustre, comme une vignette, la thèse d'une paupérisation absolue du prolétariat [5].

L'effacement socialiste

Tournons-nous vers les socialistes. L'habitat avait été longtemps le cheval de bataille des utopistes socialisants du XIXe siècle, rêvant de cité idéale. De plus, les socialistes bénéficiaient d'une riche expérience municipale. Les républicains étaient parvenus à s'emparer de certaines villes, au prix de longs combats contre l'Église et les bourgeois. Parfois, les radicaux en avaient hérité, comme Édouard Herriot à Lyon. Quand c'étaient les socialistes, ils avaient appliqué à l'extrême les options républicaines.

Un homme d'avant-guerre avait brillamment incarné leur politique. Il était à Suresnes le symbole de cette gestion municipale socialiste, tout comme Clamamus, à Bobigny, représentait celle des communistes. C'est Henri Sellier, figure jumelle des grands républicains du siècle passé, la barbe à la Jules Ferry et les lorgnons sur le nez. Défenseur d'un habitat ouvrier de taille humaine, il lui revient la paternité d'opérations devenues mythiques dans l'histoire du logement populaire.

Tout d'abord, en tant que maire de Suresnes, il avait construit pour ses électeurs ses fameuses « cités-jardins ». Un mouvement anglais de la fin du siècle dernier, conduit par Ebenezer Howard, avait produit ce qu'on appelait des *city-gardens* [6]. Synthèses entre la ville et la campagne, elles offraient aux ouvriers un coin de terre à cultiver en même temps qu'un accès aux équipements urbains : hôpital, bibliothèque ou musée. La vie communautaire y était intense. On insistait sur la notion de « voisinage », sur l'équilibre social et le rôle des leaders spontanés.

Ensuite, en tant que conseiller général de la Seine, Sellier avait pris la responsabilité de l'Office public des habitations à bon marché du département. À Paris, ponctuant les boulevards extérieurs, avaient surgi de grands immeubles de briques : la fameuse « ceinture rose ». Devenu enfin ministre de la Santé sous le Front populaire, il en avait profité pour promouvoir ses chères cités-jardins, dans des lieux comme Le Plessis-Robinson. Plusieurs d'entre elles sont encore assidûment visitées, comme des curiosités, par les étudiants en architecture. Enfin, il avait contribué à fonder l'Institut d'urbanisme. Mais Henri Sellier était mort en 1943. Son action s'était éteinte sans réelle postérité.

En 1945, la gauche socialiste a apparemment tous les atouts en main : une théorie reconnue, un mouvement populaire sur lequel s'appuyer, des élus-expérimentateurs prestigieux et des réalisations réussies. Mais ses espérances urbaines s'éteignent. Les petites utopies conviviales du socialisme municipal, entachées de misérabilisme, sont passées de mode. Les grands rassemblements populaires autour des cités-jardins, encore vivaces en 1939, ne reprennent plus. Les nouveaux socialistes répudient les lorgnons et la barbiche d'Henri Sellier. De plus vastes perspectives leur sont ouvertes. Tout comme les planificateurs, ils veulent bâtir en grand et jouent l'habitat collectif.

De plus, dans l'après-guerre, le dossier du logement populaire, pour la S.F.I.O., a de fortes odeurs de soutane. L'attachement traditionnel du patronat chrétien à la question du logement des pauvres renforce le refus socialiste de s'en préoccuper outre mesure. Les héritiers laïcs du Petit Père Combes se déchirent même avec les chrétiens sociaux... à propos des allocations familiales ! La position du M.R.P., farouchement nataliste, leur semble douteuse. Pas question de s'investir sur le dossier chéri de l'adversaire.

Quelques experts, pourtant, spécialistes de l'architecture et du droit, se regroupent au sein d'un comité pieusement baptisé « Henri Sellier ». Ils s'époumonent à dire qu'il n'y a pas une crise, mais une véritable affaire du logement, comme l'affaire Calas ou l'affaire Dreyfus. Ils réclament à cor et à cri une politique d'envergure. Les malheureux ont beau crier, ils sont une poignée dans un désert politiquement aride. Pierre Mendès France le confirme en 1969, dans sa préface à l'ouvrage classique de Louis Houdeville, *Pour une civilisation de l'habitat :* « Si la pénurie de logements subsiste en France malgré tous les plans et les discours officiels, l'explication se trouve peut-être dans le fait que l'urbanisation s'est accomplie chez nous sans qu'une politique de la ville et du logement ait jamais été vraiment élaborée et respectée [7]. » Houdeville lui-même, qui maîtrise tous les aspects du dossier, n'est pas un professionnel de la politique. C'est un technicien et un syndicaliste C.F.D.T. Il œuvrera plus tard dans l'ombre de ce qu'on appelle la « deuxième gauche », et non dans la première, plus légitime. Les mesures qu'il préconise, dans leur versant discrètement administratif, n'ont d'ailleurs jamais donné lieu à de véritables débats politiques.

CHAPITRE 8

Une malédiction française ?

Fatalité urbaine

Dans le débat des années vingt, la question du logement était réduite au bras de fer perpétuel entre de cruels propriétaires et des locataires râleurs. Cette présentation est désormais hors de propos. Chassée de l'arène idéologique, la pénurie de logements est présentée comme une catastrophe naturelle. Jusqu'au seuil des années cinquante, on y voit une étrange fatalité militaire, démographique et économique.

L'argument militaire est d'une évidence aveuglante. Voyez cette pauvre France dévastée, occupée par l'armée allemande, déchirée par les combats, sillonnée et survolée par les armées alliées. Qui conteste le désastre ? Les bombes, le fait est bien connu, n'améliorent guère l'état des bâtiments publics et privés. Quelles que soient les sources, qui diffèrent dans leurs estimations, le bilan des ruines est lourd : environ 500 000 immeubles sinistrés — 560 000 selon *Études et conjonctures,* 600 000 selon Maurice Lemaire en 1954 [1] — et 1 500 000 partiellement détruits — bien que, là encore, la notion de « sinistre partiel » varie. Soit près de 8 % du patrimoine immobilier de 1939. À ce tableau, il faut ajouter 55 000 usines entièrement détruites, 122 000 partiellement, 8 800 ponts écroulés, 60 000 kilomètres de routes enfoncées, 8 000 de voies navigables hors d'usage. La France est parmi les plus atteintes des nations de l'Europe occidentale. Seule l'Allemagne la dépasse, avec des pertes immobilières de 2 340 000 logements. De surcroît, dès le début des conflits, tout effort de construction a pris fin, et le patrimoine est parti à vau-l'eau : les travaux étaient interdits, les matériaux rares et chers, la main-d'œuvre évaporée.

Un second argument renvoie à une fatalité démographique. Une institution toute neuve, l'Institut national d'études démographiques (I.N.E.D.), est sollicitée avec ses outils statistiques. La population française de l'entre-deux-guerres était en pleine régression : de l'ordre de 0,1 ‰ par an, dit Alfred Sauvy [2]. Chacun le déplorait. À partir de 1942, avec le retour des prisonniers de guerre, la tendance s'inverse, et l'après-guerre continue à procréer hardiment. Après un long sommeil démographique, la France croît enfin. Entre 1946 et 1964, le taux de natalité est supérieur à 18 ‰. Il naît alors chaque année entre 807 000 — l'année la plus basse, 1954 — et 874 000 enfants. La pensée malthusienne est épuisée. Le réveil nataliste redouble les malheurs des sans-logis. Les temps sont fastes pour ceux qui veulent repeupler la France, mais catastrophiques pour ceux qui attendent un logement.

Le troisième argument, économique et géographique, est celui d'un inéluctable essor urbain. Effort industriel oblige, plus de 100 000 personnes par an quittent la campagne pour venir travailler en ville. Comme les arrivées provinciales ne comblent pas le déficit de main-d'œuvre, on fait appel à des migrants pour faire tourner les usines. Le premier Plan prévoit donc un afflux urbain de 1 million à 1,5 million de provinciaux et de migrants en cinq ans. Alfred Sauvy en annonce 100 000 de plus chaque année, à l'horizon de 1960. Ces chiffres donnent des sueurs froides aux pouvoirs publics. Où mettre tous ces gens ?

En 1945, la France, affaiblie par la guerre, compte 40 millions d'habitants, moins qu'en 1936 : 18 millions dans les campagnes, 22 dans les villes. Au seuil des années cinquante, on sait qu'il faut anticiper un choc sans précédent. En 1965, les Français seront 49 millions : 33 millions résideront dans des villes qui n'existent pas encore et vivront dans des logements que nul ne sait comment construire.

À quoi bon invoquer les ravages de la guerre, les bombes, les bébés tout neufs, les paysans déracinés et les étrangers en rafales ? Malgré ce tombereau d'arguments, la panne française demeure mystérieuse. Tout le monde exhorte à bâtir, mais rien ne sort de terre. Les chiffres sont dérisoires. De 1945 à 1949, 367 300 logements construits ou reconstruits, en tout et pour tout. On est loin du compte. Tous les mécanismes de financement, toutes les politiques d'incitation se bloquent sitôt mis en place.

Une interrogation gênante revient sans cesse. Pourquoi les autres pays d'Europe s'en sortent-ils incomparablement mieux ? Alors que les Français pleurent sans construire, les autres construisent sans pleurer. Ces décalages nationaux sont anciens. Entre 1918 et 1939, l'Allemagne a construit 4 millions de logements, ce qui représentait 22 % de son patrimoine de 1945, la Grande-Bretagne 3 millions et demi, soit 30 %. La France n'en a édifié que 1,5 million, soit 13 %. La guerre n'a pas renversé la tendance. Loin de les décourager, elle a stimulé les vaincus. La vieille Allemagne a croulé sous les bombes. Mais la toute jeune République fédérale allemande, pour la seule année 1952, a bâti 500 000 logements [3]. Sur le moyen terme, le fossé qui sépare les deux pays est consternant :

Année	**France**	**R.F.A.**
1926-1936	de 110 000 à 150 000/an	
1939	57 000	
1945-1948	62 000	215 000 (en 1948)
1949	51 436	301 965
1950	68 050	422 681
1951	74 920	480 000
1952	81 390	500 000

Comparaison entre le nombre annuel de logements construits en France et en R.F.A. dans les années d'après-guerre (toutes catégories confondues)
Source : M.R.V., 1955.

Le journaliste Frédéric Pottecher développe à ce propos un curieux raisonnement étatico-économique : les Allemands ont tué 1 600 000 Français en cinq ans. Les taudis en tuent 200 000 par an. Les taudis sont donc six fois plus meurtriers que l'Allemagne nazie ! Si l'on comparait les sommes que l'État a dépensées pour faire la guerre à l'Allemagne et celles consacrées à lutter contre les taudis ? Cette comparaison humiliante avec l'Allemagne revient encore comme un refrain au seuil des années soixante. « Nous qu'on appelle vainqueurs, on n'a pas été foutus d'en faire la moitié », rappelle l'abbé Pierre dans une conférence de 1957. Mais l'Allemagne n'est pas seule en cause. D'autres pays, comme la Hollande ou la Norvège, laissent la France loin derrière eux.

Les explications « évidentes » à la stagnation française ne suffisent pas. Les conflits n'ont rajeuni ni les hommes, ni leurs gîtes, mais le déficit français leur est antérieur. La situation de l'entre-deux-guerres était déjà lamentable. La France de 1939 comptait 500 000 taudis, et près de 1 500 000 logements qui s'en rapprochaient. Mais le bilan est alors pire. « Les logements anciens, habités par la masse de la population, sont restés sensiblement identiques à ce qu'ils étaient en 1914, époque où déjà tous les enquêteurs en marquaient l'insuffisance », rapporte pudiquement un directeur au ministère de la Construction en 1948. Rien d'étonnant à ce que le parc s'effondre : après la guerre, l'âge moyen des immeubles parisiens est de soixante-dix ans. En 1954 encore, 85 % des logements français ont vu la guerre de 1914... Il ne s'agit pas seulement de reconstruire. C'est un passif écrasant qu'il faut rattraper.

Corrélat de cette obsolescence, le piétinement des constructions neuves. Les résultats français font frémir par leur parcimonie. Il était prévu de terminer 20 000 logements en 1946, chiffre dérisoire au regard des besoins. Les chantiers annoncés ne s'ouvrent qu'en 1947. La machine est si lente et prend de tels retards... De 1945 à 1953, en plus de sept ans, selon le ministre Maurice Lemaire, à peine 300 000 logements neufs sont sortis de terre, en dehors des reconstructions. Lui-même évoque la France comme « un cas pathologique [4] ». Il faut attendre 1953 — près de huit années après la fin des combats ! — pour voir produire plus de 100 000 logements annuels.

La pathologie est ancienne. Le secteur immobilier des années cinquante ressemble comme un frère à celui des années trente, qui est lui-même jumeau de celui de la Belle Époque. Depuis plus d'un demi-siècle, la France ne construit presque plus de logements proposés à des locataires ou vendus à des particuliers. Sous le second Empire, on construisait sans peine — lorsque de riches petits propriétaires louaient des appartements aux ouvriers et vivaient des loyers... L'achat d'un immeuble et sa location à des particuliers étaient un placement rêvé, une affaire de père de famille : une rentabilité de 5,6 %, contre 4 % environ aux rentes. C'est ce qu'on appelait l'« immeuble de rapport ». Le rentier était à l'aise : il pouvait bénéficier, selon Adeline Daumard, d'un rendement allant jusqu'à 8 % [5].

Ce « système du rentier », comme l'a montré Patrick Topalov, s'est progressivement délité dès la fin du XIXe siècle, miné à la fois par une expansion progressive du marché foncier dans les quartiers ouvriers et par une centralisation des circuits finançant l'immobilier. Une fois le système entré en crise et, de plus, les loyers bloqués, adieu la rente. Mais les ouvriers et les employés ne se sont pas enrichis pour autant car ils ne peuvent construire pour leur propre compte. Dès lors, il ne reste plus qu'à s'en remettre à la capacité de maîtres d'ouvrage publics ou parapublics, dont l'action reste faible et l'efficacité largement en deçà des besoins.

En définitive, quels sont les derniers, et les seuls, à construire des logements, pendant cette période ? Soit des gens aisés, qui bâtissent pour eux-mêmes, soit des semi-pauvres, qui se bricolent un petit pavillon banlieusard, avec l'aide — ou par l'exploitation... — de leur petite famille : les jeunes filles brossent la meulière pendant que les cousins montent les murs. Encore faut-il qu'ils puissent acheter un terrain. Car la spéculation foncière empêche le plus souvent ceux disposant de faibles revenus de pouvoir construire.

L'éternel débat du blocage des loyers

Au-delà des phénomènes conjoncturels, l'explication invoquée au piétinement de la construction est celle, toujours ressassée, du blocage des loyers. Sempiternel lamento, ritournelle libérale et sujet de dissertations inépuisables pour les économistes : cette vieille « mesure démagogique », dit-on, a des effets désastreux. Le remède qu'on préconise est simple, même s'il est redoutable pour l'ordre public : restaurer la liberté des prix dans le secteur du logement, ce qui réintroduira le profit et la concurrence dans le jeu économique et ranimera l'initiative des constructeurs. Les petits revenus risquent d'en souffrir dans les premiers temps, mais ils seront gagnants au bout du compte, une fois l'abondance de logements restaurée.

Le dossier est explosif et la polémique ancienne. Depuis un siècle, les débats sur le logement, en France, se résument en une querelle de loyers. C'était d'ailleurs un thème privilégié des mouvements populaires de la IIIe République. Juste avant la guerre de 1914, 100 000 personnes avaient défilé sur les Champs-Élysées, sous des banderoles de l'Union confédérale des locataires, en exigeant le blocage des loyers [6]. À la Belle Époque, disait-on, les propriétaires étaient au paradis ; mettons fin à leur rente ! Après 1914, le peuple les a jetés au purgatoire : le blocage des loyers a été instauré, à l'occasion d'un moratoire fameux octroyé aux poilus revenant des tranchées, et rapidement élargi à l'ensemble de la population. Les loyers sont sous haute surveillance, et la loi protège les mauvais payeurs, leur permettant d'être maintenus dans les lieux. Ces derniers usent et abusent de ce droit, qui met les possédants en rage. Le spectre du socialisme hante l'urbain.

Cette lourde artillerie juridique apaise-t-elle le jeu social ? Les conflits autour des loyers prolifèrent toujours, et l'appareillage législatif croît sans cesse pour trancher les litiges. Tous les juristes se font les dents sur le logement. En quarante ans, les législations ont pris des allures de mille-feuilles. La droite dénonce une prolifération cancéreuse de textes et de ronds-de-cuir. En 1954, affirme un quotidien, une étape historique est franchie : le vote de la 501e loi sur les loyers depuis 1914.

Les propriétaires sont déprimés, mais le peuple se réjouit. En 1914, le loyer représentait 16 % du budget ouvrier. En 1942, il descend à 5 %. Il n'en est plus qu'à 2 ou 3 % en 1948, lorsque intervient la célèbre loi du 1er septembre. Mais cet avantage n'apparaît guère équitable, même à ceux qui en bénéficient. La même année, en 1948, les Anglais consacrent 22 % de leur budget à se loger, les Américains 22 %, les Allemands 17 % et les Soviétiques 10 % [7]. À l'exception de l'extrême gauche, la condamnation de cette quasi-gratuité est unanime. Rétrospectivement, l'absurdité de cette situation paraîtra encore plus évidente : « Le blocage des loyers nous a coûté fort cher, affirmera Eugène Claudius-Petit. Il faut cesser de laisser croire aux hommes qu'on peut tout avoir pour rien. »

Du coup, que font les propriétaires, ou, plus largement, ceux qui pourraient investir dans la pierre ? S'ils ont des locations à gérer, ils pleurent misère et laissent crouler les bâtiments. S'ils ont de l'argent à placer, ils fuient l'habitat comme la peste. De 1938 à 1949, les prix de détail augmentent de 400 % ; et les loyers de 15 à 30 % selon l'âge de l'immeuble... Quels résultats a-t-on obtenus, grâce à cette législation draconienne ? demandent les tenants de la libéralisation. A-t-on réellement su protéger le « faible locataire » ? s'interroge Paul Bergy [8]. « Les rôles sont plutôt inversés ! » Le propriétaire est maintenant « traité comme un criminel ». On a réussi à l'écraser, mais l'offre de logements a disparu avec lui : l'État massacre ceux qu'il protège. Les injustices sont légion : la réglementation devient chaque année plus clémente, affirme Bergy, pour les tenanciers de bistrots et les fabricants d'apéritifs. Celle qui régit l'habitat reste rigide. « Curieux pays qui récompense les propriétaires de bars tout en affirmant qu'il faut lutter contre les débits de boissons et qui pénalise les investissements en immeubles tout en prônant la nécessité de construire. Cette contradiction, digne de Gribouille, n'est pas la moins curieuse de l'après-guerre. »

Face à ce blocage, les débats se résument en une question simple : qui va payer ? Interrogation lancinante comme un mal de dents. Le locataire, si les loyers sont libérés ? Chimère, le locataire d'après-guerre est trop pauvre ! Même après 1948, la classe politique recule devant cette solution porteuse de conflits. Des pamphlets sociaux s'en prennent vigoureusement à cette « bourgeoisie inintelligente », « stupide au point de demander des majorations de loyers ». Les collectivités locales, par le canal de sociétés gérées par les communes, par exemple ? Mais les pouvoirs locaux n'ont pas les fonds nécessaires. Les détenteurs de capitaux ? Ils ont trop pâti des freins mis par les pouvoirs publics aux investissements dans la pierre et placent leur argent dans des opérations à court terme, ou d'un rapport plus intéressant. L'État, enfin, comme ultime recours ? Mais ses priorités sont ailleurs, et tout l'argent se consume à réaliser les objectifs du Plan. De plus, les libéraux refusent l'étatisation d'un secteur essentiel de l'économie. Même la tentative de créer une fragile Caisse nationale d'amélioration de l'habitat est vécue comme une scandaleuse « nationalisation rampante ».

L'État traite donc le problème à la marge, par de laborieuses stratégies de contournement. Il tente ainsi de faire baisser le coût de l'entretien et de la construction. Peu rationalisé, le secteur du bâtiment repose en effet sur des corps de métiers trop lents, qui coûtent trop cher : aucun propriétaire ne répare plus le parc existant. On invoque aussi la spéculation immobilière. Le prix des terrains augmente ; leur achat est le monopole de gens aisés qui construisent pour eux et refusent d'investir dans des immeubles locatifs. Pour lever ces blocages, on tente, au moyen de quelques textes législatifs, de rationaliser l'organisation du bâtiment et de bloquer le prix du terrain. Leur impact est des plus limités.

Plus efficacement, l'État esquisse des techniques d'intervention directe. Ainsi, la loi du 30 mars 1947 triple les avances consenties au programme d'habitations à bon marché. Le 3 septembre de la même année, un nouveau texte autorise le Crédit foncier à consentir aux organismes constructeurs des prêts à un taux dérisoire : 2 % remboursables sur 65 ans ! En contrepartie, les normes de surface s'élèvent : on impose 59 m^2 au minimum pour un trois-pièces, 73 m^2 pour un quatre-pièces, 88 m^2 pour un cinq-pièces. La méthode est porteuse d'avenir, mais les sommes engagées sont ridicules au regard des besoins. L'engagement public reste insuffisant.

La loi de 48 et son échec

Refusant de s'engager, l'État met toujours ses espoirs dans le secteur privé. C'est d'abord pour le remettre en marche qu'est votée la loi du 1er septembre 1948. C'est un véritable monument : six mois de discussions, cent articles, trente colonnes de *Journal officiel*... Cette loi, passée à la postérité sous le nom de « loi de 48 », demeure un modèle de tactique mi-chèvre mi-chou.

Ce texte accorde d'abord quelques satisfactions aux propriétaires : on leur assure que les constructions nouvelles sortiront du carcan réglementaire. Mais comment gérer l'existant ? Les règles, complexes, tiennent compte de la rentabilité du capital, de l'entretien de l'immeuble et de ses frais de gestion. Elles font espérer aux propriétaires, à long terme, une sortie du contrôle. L'instrument principal en est la fameuse « surface corrigée », qui autorise à revaloriser les loyers à condition que le propriétaire entreprenne des travaux de modernisation : dans l'ancien, il n'est donc pas exclu que les loyers montent. Comme ces concessions leur paraissent insuffisantes, les propriétaires n'expriment qu'une satisfaction mitigée. Ils concèdent du bout des lèvres qu'il s'agit d'« une étape vers le chemin de la liberté ». Mais pas davantage qu'« une béquille donnée à un grand malade pour effectuer ses premiers pas ».

Il est en effet une autre facette moins libérale de la loi de 48. Pour mettre à l'abri des augmentations les personnes âgées et tous les « économiquement faibles » des vieux appartements — en même temps que pour éviter un dérapage inflationniste —, le loyer des appartements anciens qui ne sont pas rénovés reste bloqué. Il s'ensuit la constitution d'un marché protégé, destiné aux faibles revenus. De plus, pour compenser la hausse des loyers dans les constructions neuves, on instaure une allocation de logement familiale (A.L.F.), attribuée selon des principes familialistes. En sont bizarrement exclus les personnes âgées, les jeunes travailleurs ou les handicapés — il leur faudra attendre 1971 pour qu'on pense à eux... Cette mesure prendra de l'ampleur, d'année en année, pour devenir un instrument essentiel des politiques sociales du logement.

Les dérives de la loi de 48 apparaissent vite. La loi favorise de petits malins, ni vieux, ni nécessiteux, mais habiles à se barricader derrière elle. À ce jeu, les riches sont aussi avantagés que les pauvres, sinon plus. Il leur suffit de se trouver dans le bon appartement au bon moment... Longtemps, les locataires de tout poil quêteront les « appartements-loi-de-48 » comme de douces aubaines. De surcroît, l'adoption généralisée des « droits de reprise » enfante un marché noir du logement à faible loyer. Quant aux propriétaires, ils ne réparent pas plus qu'avant. Leurs locataires préfèrent vivre dans un logement sans confort, mais à faible loyer, plutôt que de payer davantage pour le voir modernisé. Le parc ancien continue donc à se dégrader. Le coup est manqué.

Une dernière mesure de la loi de 48 assouplit la législation permettant aux propriétaires d'investir dans le neuf. Un afflux d'immeubles nouvellement construits libérerait les logements anciens. Espoir déçu. Effectivement, des capitaux s'investissent. Mais pas là où on les attend. Dans les beaux quartiers, pour l'usage personnel des plus riches, ou pour récolter des loyers élevés. C'est même le moment où la population chic du XVIe arrondissement de Paris augmente avec le plus de célérité.

Vingt-cinq ans après, en 1975, Simon Nora, dans un rapport officiel, a tenté de dresser l'inventaire des pauvres effets de la loi de 48 : elle n'a pas fait obstacle au vieillissement du parc immobilier ; elle n'a pas davantage protégé les plus faibles. Certes, elle a permis de construire, mais à une échelle bien trop réduite par rapport aux besoins. Elle s'est contentée d'expédier les jeunes générations dans des logements neufs — et hors de prix [9] ! L'évidence est là : il faut que l'État recoure à d'autres outils, engageant directement les finances publiques.

CHAPITRE 9

Le grand démarrage

L'arrivée de Claudius-Petit

Quand l'abbé Pierre donne le signal de l'insurrection de la bonté, la question du logement est paradoxalement en passe d'être réglée. La IVe République avait fait valser ses ministres de la Reconstruction. François Billoux, Jules Moch, Charles Tillon, Jean Letourneau : quatre têtes en deux ans. Un juriste réputé gestionnaire, René Coty, hérite ensuite du mistigri et le garde un an. La barque tangue... Cette cascade ministérielle ne favorise guère les entreprises cohérentes.

Mais, le 11 septembre 1948, arrive au gouvernement un homme politique passionné des questions de logement, Eugène Claudius-Petit. Les chefs du gouvernement se succèdent, de septembre 1948 à janvier 1953 : Queuille, Bidault, Queuille à nouveau, Pleven, Queuille encore, Pleven à nouveau, Faure, Pinay... Fait remarquable : Claudius-Petit, lui, conserve six ans son portefeuille. Ces six années sont décisives pour la suite de notre histoire urbaine.

Claudius-Petit connaît son domaine. Ce catholique social d'Angers, disciple de Marc Sangnier, naît en 1907, dans une famille pauvre. À l'école Boulle, il reçoit une formation d'ébéniste, métier qu'il exerce rue du Faubourg-Saint-Antoine et qu'il ne reniera jamais : un vieil artisan, autrefois son patron, lui construit son clair bureau de ministre. Après les Arts Déco, devenu professeur de dessin, il se passionne pour le Bauhaus et porte Le Corbusier au pinacle. C'est en tant que résistant dans les F.T.P. qu'il reçoit le nom de « Claudius ». Comptant parmi les fondateurs du Conseil national de la Résistance (C.N.R.), à la fin des hostilités, il devient un membre influent de l'Union démocratique et socialiste de la Résistance (U.D.S.R.), dans laquelle milite le jeune François Mitterrand.

Eugène Claudius-Petit se veut bâtisseur : « Construire 20 000 logements par mois est pour la France une question de vie ou de mort. » À l'instar des planificateurs de son ministère, il veut du neuf et « construire plutôt que reconstruire ». Son ambition est claire : « Un pays qui reconstruit est un pays qui va vers l'avenir avec les yeux tournés vers le passé et qui n'en sort pas. Un pays ne reconstruit pas, il construit. Le programme de construction de la France, c'était pour les vingt ans à venir 14 millions de logements. Mais il paraît que dire ça aux Français au lendemain de la guerre était sacrilège [1]. »

Sa carrière nationale se double de responsabilités locales. Comme maire de Firminy, c'est à Le Corbusier qu'il demande de construire pour sa ville un grand ensemble novateur. Ni Le Corbusier ni le malheureux bâtiment ne lui portent chance. Les habitants de Firminy n'apprécient pas plus les grands ensembles que la moyenne des Français. Claudius-Petit y laisse même son mandat... Toutefois, l'ancien ministre n'abandonne jamais le domaine urbain, assumant des fonctions diverses, comme la présidence de la Sonacotra. Quant au grand ensemble tombé en disgrâce, aux trois quarts vide et encore à la dérive en 1993, Firminy ne sait trop qu'en faire...

Une politique pour vingt ans...

On ne saurait voir dans les prises de décision publiques, comme l'a montré Lucien Nizard, l'aboutissement aléatoire d'un vaste pugilat ou le produit souterrain d'intrigues florentines. Mais elles ne sont pas pour autant une mise en œuvre linéaire et rationnelle de projets cohérents [2]. Elles relèvent à la fois de circonstances hasardeuses et de modes de faire routinisés, de débats permanents entre les politiques et les services qui ne s'affichent guère... Le chemin des hauts fonctionnaires éclairés et des ingénieurs sera long et chaotique. La formule définitive sera donc plus souple et plus complexe que ne l'imaginaient Raoul Dautry et ses successeurs. Mais les grands ensembles sont en vue.

Comment faire venir l'argent ? Claudius-Petit reprend les modes de financement inaugurés par Loucheur. Avec la loi du 8 mars 1949 et le décret du 5 octobre 1949, l'État accorde à la construction sociale des primes, ainsi que des prêts bonifiés à un taux extrêmement bas : 3,5 % sur vingt-cinq ans. L'année suivante, par la loi du 21 juillet

1950, il arrête le financement du logement populaire pour près de vingt-cinq ans. S'endetter est une bonne affaire : en un temps où l'inflation galope, ces prêts permettent aux investisseurs de bénéficier d'intérêts réels négatifs. Pour eux, ce sont de véritables subventions. De plus, les sociétés obtiennent du Comptoir des entrepreneurs des prêts dits « spéciaux », sur trois ans, financés par réescompte auprès de la Banque de France. Pour réduire encore le coût des emprunts, l'État accorde enfin des primes par le truchement d'un organisme créé en 1852, le Crédit foncier. Comme les primes et les prêts sont plafonnés, une autre loi, le 24 mars 1952, accorde aux investisseurs un avantage supplémentaire : un crédit différé, financé par des fonds mutualisés, comme aux États-Unis, en Angleterre ou en Allemagne. Une caisse commune globalise les épargnes et réduit les temps d'attente. De plus, dans un premier temps, un crédit à moyen terme mobilisable permet de ne payer que les intérêts du prêt.

Cet ensemble va constituer, selon l'expression du *Livre blanc des H.L.M.* de 1975, le véritable « noyau dur » de la construction en France, la béquille étatique qui lui assurera, jusqu'au milieu des années soixante-dix, continuité et stabilité [3]. Les circuits de financement sont donc maintenant en place. Un seul ennui, toutefois. Les mesures sont là, mais les sommes dégagées restent insuffisantes et la construction continue à piétiner.

Second ingrédient, essentiel : pouvoir exproprier. Le droit de propriété est sacré, dans un pays où tout paysan s'enorgueillit de posséder son bout de terrain. Les politiques hésitent à s'engager dans cette zone sensible... Ils le font quand même, mais avec prudence. La loi du 8 août 1950 crée un Fonds national d'aménagement du territoire qui préfinance l'achat des terrains. L'État en contrôle le financement par le biais d'un compte spécial du Trésor, le Fonds de développement économique et social (F.D.E.S.). Mais, là encore, les sommes allouées sont sans commune mesure avec les demandes.

Il manque un élément essentiel à la modernisation des circuits. Les habitations à bon marché d'antan manquaient de souffle. Elles fleuraient encore le logement pour pauvres, cher au XIXe siècle. Leur mode de financement, fait de bonne volonté et de subventions publiques, les retranchait du marché. Plus question de donner dans le « bon marché » et le bas de gamme. Par la loi du 21 juillet 1950, les H.B.M. changent de nom. Elles deviennent des H.L.M., des habitations à loyer modéré. Davantage qu'un aggiornamento terminologique, c'est un tournant politique. On décide de nouvelles normes de confort et d'occupation, ainsi que des conditions de ressources. L'habitat du peuple sera celui des classes « moyennes », à qui l'on destine le parc « social ».

L'État veut bien donner le coup d'envoi. Mais il refuse que la construction demeure sous sa seule responsabilité. Les textes de 1950 appellent de leurs vœux les initiatives privées. C'est alors que se présentent les promoteurs, véritables relais de l'État. Hommes serviables, qui proposent de loger le plus de gens possible. Ils ont tout intérêt à empiler leurs clients. Par ce petit détour lucratif, ils vont gonfler les rangs des fanatiques de l'architecture statistique.

Tout est en place. Hélas... les six grands secteurs industriels du plan Monnet sont toujours financièrement prioritaires. La guerre d'Indochine rafle le reste. Elle coûte 3 000 milliards, soit l'équivalent du plan Marshall, somme que l'Allemagne utilise pour sa reconstruction sociale. Un président du Conseil, René Pleven, le reconnaît : « Tout ce que nous avons donné en plus à la défense, nous l'avons donné en moins à la construction, aux investissements... Lorsque, dans notre budget, nous n'inscrivons comme opérations nouvelles pour les habitations que l'équivalent de 30 000 logements, nous effectuons un choix, qui consiste à décider que les crédits et la main-d'œuvre seront utilisés à faire des pistes d'envol ou des abris pour nos divisions. » L'exode rural s'accélère et rend la situation plus dramatique encore. Comble de malheur, une inflation à deux chiffres s'amplifie : plus de 10 % en 1950, plus de 16 % en 1951. On contingente donc sévèrement les aides publiques, jugées inflationnistes. La construction traîne toujours les pieds. Les mesures sont en place, mais les coffres pour les financer demeurent vides. Pour faire décoller la machine, encore faut-il un minimum de lubrifiant économique.

Le plan Courant et le tournant de 1953

Le 8 janvier 1953, Pierre Courant succède à Eugène Claudius-Petit, dans le gouvernement Mayer. C'est un avocat qu'intéressent non pas le logement mais les questions maritimes et commerciales. Il arrive au bon moment, lorsque les fonds se débloquent... La priorité au logement s'inscrit enfin dans les faits. Le nouveau ministre hérite à la fois des circuits mis en place par son prédécesseur et de moyens nouveaux. En juin, lorsque Pierre Courant sera remplacé par Maurice Lemaire, il laissera derrière lui ce qui fera sa gloire : le « plan Courant », qui se fixe l'objectif ambitieux de construire 240 000 logements par an.

En effet, les mécanismes drainant l'épargne s'améliorent. L'épargne-construction est codifiée par la loi du 15 avril 1953. Les fonds qu'on dépose à ce titre dans les caisses d'épargne sont rémunérés au taux dérisoire de 1 %. Mais, au terme du dépôt, ils sont revalorisés sur la base de l'indice du coût de la construction. Un an plus tard, la loi dite « Minjoz » amplifie le volume des prêts. Elle autorise les caisses à prêter non seulement sur leurs fonds de réserve et de garantie, mais aussi sur l'excédent des dépôts sur le livret A et au prorata du montant du remboursement des prêts antérieurs, avec un taux d'intérêt bonifié.

Aux prêts s'ajoutent de nouvelles primes. Le 18 avril 1953, une loi accorde une prime importante — 1 000 francs par mètre carré de surface habitable — aux organismes construisant des logements à destination des familles modestes et qui respectent diverses conditions de plan et de prix. Une nouvelle formule de logement social est lancée. Ce sont les fameux Logements économiques et familiaux, dits « Logécos ». On en construira un million entre 1953 et 1963, date de leur extinction. Les outils de gestion prennent forme, et 1954 voit adopter un nouveau code de l'urbanisme et de l'habitat.

Autre pierre à l'édifice : l'indébrouillable question foncière trouve un début de solution avec l'arrivée au pouvoir de Maurice Lemaire. La loi foncière du 6 août 1953 lève l'obstacle du prix des terrains. Confirmant les textes de 1945 sur les expropriations, elle autorise l'État à mener une « politique des terrains », qui ménage aux pouvoirs publics des réserves foncières dans des zones affectées à l'habitation ou à l'industrie. De plus ces terrains peuvent être, à certaines conditions précises, revendus aux promoteurs privés. Les plus conservateurs grincent des dents. Avec la loi de 1953, disent-ils, on institue l'« expropriation pour cause d'utilité privée ». Les textes d'application peinent donc à suivre, et la loi restera lettre morte jusqu'en 1956 [4]. Aucun critère n'est exigé pour les bâtiments construits sur les terrains frappés d'expropriation. On peut construire du social, mais aussi édifier des maisons relativement luxueuses ou des résidences secondaires. Les dérapages seront légion. Mais l'argument foncier est levé [5].

Reste à mobiliser d'autres fonds, comme ceux des employeurs. L'idée n'est pas nouvelle. Dès 1943, un premier Comité interprofessionnel du logement (C.I.L.) avait été créé à Roubaix-Tourcoing, en concertation avec les maires et les offices. Les C.I.L. s'étaient spontanément développés : les pouvoirs publics les généralisent. La loi du

9 août 1953 engage les employeurs dans l'effort de construction, à hauteur de 1 % de la masse salariale qu'ils gèrent. Maurice Lemaire restera aux yeux de l'histoire Monsieur 1 %.

Les entreprises peuvent soit acquérir des terrains et bâtir elles-mêmes, soit octroyer des prêts ou des subventions à leurs salariés pour les aider à construire leur résidence principale, soit souscrire à des sociétés immobilières, des sociétés H.L.M., des sociétés de crédit immobilier, soit enfin verser à des collecteurs qui répartissent les fonds. Pour ne pas pénaliser les fonctionnaires, on leur accorde des prêts spéciaux, par décret du 9 septembre 1953. Cette aide à la pierre, accordée avec libéralité, réalise des miracles : 40 % de mises en chantier supplémentaires entre 1953 et 1954, dont 130 % dans le seul secteur des H.L.M. en location.

Pour compléter le tout, une nouvelle instance est installée entre les maires et l'État : la Caisse des dépôts et consignations et ses filiales. En 1953, un haut fonctionnaire, à la vocation militante et sociale, en prend la direction. C'est François Bloch-Lainé. Sans être farouchement planiste, il n'en reste pas moins marqué par son passage à l'école d'Uriage, en 1940, et défend avec ardeur ce qu'il appelle une « économie concertée ». Il a même participé au premier « plan Monnet », créant le Service des études économiques et financières. En désaccord avec Antoine Pinay, qui privilégie l'épargne privée, il quitte le poste de directeur du Trésor au ministère des Finances, pour celui de directeur général de la Caisse des dépôts et consignations. Il y restera jusqu'en 1967.

À son arrivée, la Caisse investit encore l'essentiel de ses moyens dans les immeubles des beaux quartiers. François Bloch-Lainé lui donne une autre vocation. En 1954, elle utilise ses avoirs, constitués par son monopole sur l'épargne populaire — monopole unique au monde... — à des fins sociales. Bientôt, la Caisse contrôle le financement de la quasi-totalité des projets importants, avec ses bureaux, ses architectes et ses procédés. Comme bras séculier de la structure, François Bloch-Lainé crée la Société centrale immobilière (S.C.I.C.), qui se tourne vers les communes et les aide à financer la construction de leurs logements. La S.C.I.C. sera un « organisme témoin », pour son audace sociale et sa volonté de développer la qualité de la vie quotidienne, et ses moyens sont à la hauteur de l'ambition. En quelques années, elle devient, pour les sociétés H.L.M., un concurrent redouté, qui lance des projets aussi importants que celui de Sarcelles, modèle et repoussoir de la modernité.

Mais François Bloch-Lainé n'en est pas pour autant saisi par l'obsession de bâtir qui domine la période. Il s'occupe de loisirs populaires, avec la création des villages de vacances familiaux (V.V.F.) et promeut les équipements sociaux. Il continuera longtemps à occuper le devant de la scène urbaine : on fait encore appel à lui en 1990, comme médiateur, pour résoudre le casse-tête de sans-logis parisiens, place de la Réunion.

Les feux de l'Indochine s'éteignent en 1954. La France peut vaquer à ses affaires intérieures avec davantage de quiétude et de moyens. Les résultats s'affichent et la construction démarre enfin : 81 390 logements sont construits en 1952, 187 430 en 1953, 263 750 en 1954... La courbe ascendante ne s'infléchit plus avant le milieu des années soixante-dix. La France est entrée dans une période de forte croissance, et le cauchemar du logement rare touche à sa fin.

On croit maintenant révolu le temps où l'on se penchait avec une sollicitude paternaliste sur le peuple. On prévoit une architecture à la louche, avec des normes et des moyennes. Le quantitatif connaît son heure de gloire : c'est ce que Bruno Vayssière baptise une « architecture statistique [6] ». Il n'y aura qu'une seule France. Les régions, les classes, les âges seront gommés. Une infrastructure gigantesque et unifiée permettra la mobilité des travailleurs, en fonction de programmes nationaux. Les Français auront un objet urbain interchangeable, tout comme les cheminots de Dautry. L'administration est aux anges. Elle possède un pouvoir quasiment discrétionnaire, accordant les permis de construire et tenant solidement le règlement national d'urbanisme qu'elle oppose à toute initiative intempestive. L'Homme nouveau, si longtemps attendu, peut arriver. On a de quoi le loger... C'est à ce moment précis, où tout semble s'arranger, qu'éclate l'« insurrection de la bonté », conduite par l'abbé Pierre.

CHAPITRE 10

L'hiver 54

Mystique et politique

Si le mouvement squatter est aujourd'hui presque oublié, si les Castors ne sont plus qu'un lointain souvenir, en revanche l'hiver 54 est érigé en statue de la charité et de la solidarité envers les sans-logis. L'abbé Pierre, le héros de l'hiver 54, est loin d'être un novice en politique. Il est passé par l'école de la Résistance, transformant son nom d'Henry Grouès en « abbé Pierre [1] ». En 1945, il a été élu député de la Meurthe-et-Moselle, apparenté M.R.P., et a déjà manifesté son indépendance : bien que tête de liste du M.R.P., il a refusé toute inféodation ; sur l'affiche de sa campagne, il s'est présenté comme « candidat indépendant, tel qu'il est avec ce qu'il a pu faire » ! L'année suivante, il a été réélu M.R.P. bon teint. Tout en continuant à jouer les dissidents...

Son profil politique est donc celui d'un déviant. Son profil social aussi. Il y a chez lui deux personnages, dont il joue tour à tour avec une habileté consommée : le stratège et le mystique. Le mystique est premier. Longtemps, le père hésite. Ses repères et ses positionnements fondamentaux sont éthiques et il ambitionne de créer un nouvel ordre monastique. Le stratège, quant à lui, négocie avec les pouvoirs publics, joue des rapports de forces avec une habileté consommée, et saura toujours conserver dans sa manche des amis haut placés.

L'abbé soutient même de bizarres aventures. En octobre 1948, on le retrouve en compagnie de la gauche non conformiste — Emmanuel Mounier, Albert Camus, André Breton, Claude Bourdet, Vercors, Raymond Queneau... — aux côtés de Garry Davis, le « citoyen du monde » qui bouscule les frontières, armé de son seul sac de couchage, et appelle à constituer un gouvernement mondial. Non sans succès :

le citoyen du monde, avant de disparaître à tout jamais de la scène politique, réunit 20 000 manifestants au Vel'd'Hiv'. De plus, en des temps de guerres coloniales renaissantes, l'abbé ne supporte pas l'union du sabre et du goupillon, que dénonce aussi à la même époque Jacques Madaule [2]. En janvier 1949, il met sa signature au bas d'un manifeste anticolonialiste, à côté de celles d'André Breton, Claude Bourdet, Simone de Beauvoir, Sartre et Étiemble. Enfin, l'alignement sur les États-Unis lui semble dangereux, et, la même année, en temps que député, il refuse de ratifier le Pacte atlantique. Pour lui, la France doit rester indépendante de l'Amérique comme de l'U.R.S.S. Bref, il semble toujours plus proche des intellectuels protestataires que des humanistes chrétiens, professionnels de la politique.

Le M.R.P. s'en agace. La crise éclate quand l'abbé entreprend de dénoncer la répression dans les colonies en même temps que « la régression sociale » en France. Sa position devenant de plus en plus inconfortable, il rompt avec son parti en 1950 : « Vous avez tenté de faire vivre cette vaste famille du mouvement comme un vieux patronage étroit et sans pédagogie. Et il se vide [3]. » Avec deux autres députés, marginaux comme lui, Paul Boulet et Charles d'Aragon, il forme à l'Assemblée nationale un groupe nouveau, la Gauche indépendante. Entreprise minoritaire et sans avenir [4]. En juin 1951, l'abbé n'a plus aucun mandat. On voit en lui un original fourvoyé dans la politique, et sa carrière s'achève. Le plus étonnant des mouvements urbains de l'après-guerre lui donnera une seconde vie.

L'épisode fondateur des communautés Emmaüs appartient aux légendes urbaines. C'est par hasard, dit-on, que l'abbé débute sa longue marche en faveur des mal-logés. Élu député juste après la guerre, il cherche une résidence parisienne. La crise bat son plein, les prix de la capitale sont exorbitants, et l'abbé s'installe en banlieue, à l'est de Paris. Il habite une grande maison en ruine de Neuilly-Plaisance, au 38 de l'avenue Paul-Doumer, sur un terrain d'un demi-hectare, orné de quelques bâtisses mal en point. Chaque soir, de retour de la Chambre, l'abbé répare, aménage et bricole son curieux logis. Une suite de petites chambres, une ébauche de chapelle... Sa secrétaire, Lucie Coutaz, le seconde.

Dans cette zone indistincte qui n'est plus la ville et qui n'est pas encore la campagne, où échouent ceux dont se débarrasse la capitale, les sans-logis prolifèrent. Ils frappent à la porte de l'abbé, comme à d'autres, pour quémander de l'aide et un toit. Qui sont-ils ? Des « déshérités ». Une constellation de misères individuelles : un alcoolique repenti, un ouvrier chassé de son usine par le chômage et brisé par la solitude, un ancien comptable passé par la prison après une faillite frauduleuse, une femme délaissée et cassée par son divorce... Le père accueille tout le monde, comme il peut. La grande maison de l'avenue Paul-Doumer devient un asile de fortune. Si bien que l'abbé transforme son domicile en un curieux centre d'hébergement, officiellement baptisé « Association de rencontres culturelles ».

Emmaüs : la légende dorée

S'ouvre alors un livre d'images, cent fois feuilleté... Les désespérés, affirme le père, ne demandent qu'à sauver leurs frères. Un beau jour l'abbé voit venir à lui un ex-bagnard, Georges, dont la vie n'a été qu'une succession de malchances. Il est pauvre, chômeur et alcoolique. Sa fille, qu'il n'a pas revue depuis son départ à Cayenne, l'a repoussé avec horreur. Il a raté son suicide et songe à recommencer. À quarante ans, il en paraît soixante. Devant lui, le père fait, à ce qu'il rapporte, l'« inverse de la bienfaisance [5] » :

« Au lieu de dire : " Tu es malheureux, je vais te donner un logement, du travail, de l'argent ", les circonstances m'ont faire dire exactement le contraire. Je ne pus que lui dire, parce que c'était la réalité : " Tu es horriblement malheureux. Et moi, je ne peux rien te donner. Des biens de ma famille, j'ai tout laissé. Aujourd'hui, député, je ne suis pas pauvre, recevant l'indemnité parlementaire, mais je n'ai que des dettes... Je suis si las et je ne peux répondre à tant d'appels. Mais puisque tu veux mourir, tu n'as rien qui t'embarrasse. Alors est-ce que tu ne voudrais pas me donner ton aide pour aider les autres ? " La figure de Georges a changé », raconte le père. Le malheureux accepte la proposition qui fait de lui, mythiquement, le premier compagnon d'Emmaüs.

Pendant l'hiver 1949, l'abbé et sa petite équipe voient débarquer chez eux une famille expulsée, qui erre dans la rue au grand complet, le père, la mère, le grand-père et les trois enfants. Où les loger ? L'abbé déménage le Christ au grenier et leur abandonne la chapelle. Pour dépasser ces solutions de fortune, l'été suivant, l'abbé Pierre, avec son indemnité parlementaire, achète un terrain près de Neuilly-Plaisance, à Neuilly-sur-Marne. Dans les parages, il lui est facile de trouver des terrains libres : les grandes manœuvres d'EuroDisney et de Marne-la-Vallée sont encore loin...

À titre exceptionnel, le père obtient un permis de construire, 6 mètres sur 7. Pourquoi ne pas faire davantage ? Le chantier passe outre les normes, et la maisonnette se transforme en un hideux hangar de 22 mètres de long, avec quinze grandes chambres accueillant cinq familles : la « Maison du Pont ». Les pouvoirs publics demandent à l'abbé de démolir ce monstre. Le père refuse et commence à jouer les souris avec des pouvoirs publics qui, eux, jouent au chat. Le credo est simple : « Ce n'est pas à la vie de se plier aux lois mais aux lois de se plier à la vie, lorsqu'il y a des personnes en danger. » Bien plus : « Si un homme voit un bébé mourir de faim, son devoir est de voler le lait pour que le petit ne meure pas de faim. Si sa famille meurt de faim, son devoir est de voler du pain. » Ou encore : « Les maisons sont faites pour que les hommes ne meurent pas. » Ce qu'il veut fonder en théologie : « Les biens de la terre, avant d'être matière de propriété individuelle, sont d'abord faits pour que l'homme puisse vivre. »

Au début de l'année 1951, la réputation de l'abbé court les banlieues et lui rameute un flot de sans-logis. Pour acheter à Neuilly-sur-Marne un terrain de 7 500 mètres carrés qu'il baptise « Champfleuri », il s'endette. Il y construit dix-neuf maisonnettes, sans autorisation. Les maçons amateurs dorment sur le chantier, camouflés derrière un panneau « Association de campeurs ». De tels subterfuges font long feu. On requiert le permis de construire. L'abbé s'emporte : est-il besoin d'un permis de survie ? Nouvelle image...

L'abbé ne joue pas seulement les Robin des Bois. Il fait aussi jouer de hautes protections. À l'Assemblée, il attrape par la manche le ministre de la Reconstruction, son camarade de guerre : « C'est toi le ministre, trouve la solution ! » Le père obtient sa dérogation, « étant donné sa personnalité exceptionnelle ». Son statut de parlementaire, son carnet d'adresses, son innocence roublarde et sa réputation qui commence à naître lui permettent des fantaisies interdites au commun des mortels. L'administration s'en agace.

À la rentrée 1951, le père n'est plus député. L'indemnité parlementaire ne rentre plus et l'argent s'épuise. Mais l'abbé doit nourrir ses protégés : un clochard silencieux, surnommé Djibouti ; un affairiste colonial ruiné, Filot ; un jeune chômeur, Jacquet ; le petit Dédé qui n'a jamais eu de famille, et Pierrot, le fugueur brutalisé par son ivrogne de père ; des apatrides, comme ce professeur hongrois exilé, Kurt ; trois rapatriés d'Indochine en dérive ; un théâtreux avorté, le beau Gaby ; Lurçon l'aristocrate, qui ne tutoie personne ; Alexandre le cuistot ; un courtier en laine désespéré par l'abandon de sa femme ; un noyé repêché à temps, Patoche ; un Noir américain, Donat, ancien déserteur, et Philippe, le vieux chiffonnier, dit Raspoutine. Petite troupe hétéroclite...

Fin décembre, le père est aux abois. Pour nourrir son monde, il en arrive à mendier dans la rue. Commençant par le boulevard Saint-Germain, face au Palais-Bourbon, il distribue un tract imprimé à crédit : « Toi qui passes, sais-tu... ton voisin va être sans logis ou bien il engloutira sa paye pour une chambre ? Sais-tu qu'à deux pas de chez toi ce soir, un bébé mourra parce que son père n'a pas d'argent ? Pour eux, par milliers, à quoi bon vivre encore en plein XXe siècle, en pleine science, en plein pays dit chrétien... Et pendant le même temps, pour d'autres, pour toi, peut-être, les dividendes, les planques, les rigolades, les soirées stupides à dix mille francs par tête... Qu'as-tu fait [6] ? »

Quelques jours plus tard, le vieux Raspoutine se présente à lui, gêné : « Permettez-moi de refaire ce que je faisais avant. » Il était chiffonnier, « biffin », et fouillait dans les poubelles avec un crochet de fer. Le soir, il a cinq cents francs en poche. « Alors, ça rapporte ? » s'étonne l'abbé. Pour Raspoutine, la récupération est rentable, avec un peu de technique et d'organisation. On classe tout, avec méthode : les métaux, le « platin » (les boîtes de conserve), le chiffon, le papier, le verre, le caoutchouc, le pain, les os, les légumes, et l'on revend à des demi-grossistes. Raspoutine instruit la communauté... De la biffe, on passe à la chine — le ramassage des caves et des greniers —, activité plus noble et plus lucrative. Les compagnons ne sont qu'une vingtaine. Ils seront bientôt cinquante.

La question de l'intendance provisoirement réglée, l'abbé persévère dans son action de franc-tireur du bâtiment. Dans un champ de coquelicots, il niche quatorze petites maisons. À Champfleuri s'adjoint une cité-sœur, « Les Coquelicots ». Toujours sans permis. Comme le M.P.F., l'abbé exige des nouveaux venus une bonne conduite et le versement mensuel d'un loyer. Une fois logé, on installe des puisards, on creuse un puits à pompe, on met l'électricité : Emmaüs respecte les normes à sa manière, mais chemine à l'inverse. Au lieu de viabiliser le terrain pour y accueillir des locataires, on accueille avant de viabiliser. Grâce à de nouveaux montages financiers permis par la Caisse d'allocations familiales, de vraies petites maisons sortent de terre.

La horde des sans-logis croît. Nouvelle escalade dans le bricolage urbain. L'abbé installe une partie de ses malheureux dans la forêt de Pomponne, à vingt kilomètres de Paris. Dans des cabanes, des tentes achetées dans les surplus de l'armée, des roulottes de forains, des carcasses de vieux camions. Sans électricité, sans eau, sans égout. La vraie zone. Avec le même impératif : n'exclure personne. On perd en qualité d'accueil, mais on aide un nombre croissant de malheureux. Mieux vaut s'abriter dans une carcasse d'auto que mourir de froid. Et mieux vaut donner illégalement un toit à une famille que de la laisser dans la rue.

À ce moment l'entreprise n'apparaît ni sainte ni héroïque. Mais tout simplement dangereuse et absurde. La communauté, en croissant, multiplie les espaces à risque ; d'un côté, des maisonnettes bâclées, de l'autre, un désastreux camp de dépannage. Les habitants de ce camp, nous en retrouverons d'ailleurs une partie, un peu plus tard, abandonnés dans de tristes baraques sans eau, à Noisy-le-Grand. Pour eux, nul espoir à l'horizon. Ils seront à l'origine d'une rupture radicale entre l'abbé Pierre et son plus célèbre ex-disciple, le père Joseph.

L'abbé Pierre : le temps des imageries

C'est en 1952 que l'abbé élargit une nouvelle fois sa notoriété, comme star radiophonique. Toujours pour nourrir ses protégés, il se présente à *Quitte ou Double,* sur le thème « Questions d'actualité ». Zappy Max, jovial animateur aux fines moustaches et à l'œil brillant, conduit le jeu. Monsieur Tiroir égrène d'une voix grave et solennelle les sommes gagnées : « Qui était président du Conseil en 1947 ? Quelles ont été les conférences internationales quatre ans après l'armistice ? Le nom officiel des États d'Indonésie ? Le nombre de députés à l'Assemblée ? Que signifie F.A.O. ? Qui est le plus âgé, Churchill ou Staline ? » Avant de repartir avec 256 000 francs, l'abbé prend le micro et lance un appel public. Avec cet aplomb qui ne le quitte jamais, il explique Emmaüs à la France. « La question que je voudrais poser à chacun de vous est la suivante : combien allez-vous m'envoyer pour bâtir des logis aux sans-logis ? » Les dons affluent. Les journaux, la radio, la télévision rendent célèbre la petite communauté. Même les lettres postées de Belgique à *M. l'abbé Emmaüs, France* atterrissent à l'est de Paris.

Arrive l'hiver 1953-1954, qui transforme l'abbé Pierre en mythe vivant. Le père avait demandé à un ami, le parlementaire gaulliste Léo Hamon, de déposer un amendement à la loi de finances pour que 1 milliard, sur les 90 affectés aux habitations à bon marché, soit consacré à la construction de trois mille cités d'urgence. Refus du gouvernement, qui invoque une reprise prochaine de la construction. Hélas, l'hiver est sibérien. L'un des plus rigoureux que la France ait connus depuis longtemps. Le thermomètre, chaque nuit, hésite entre moins 10 et moins 20 degrés.

Les grands froids mettent à mal les bricolages urbains de l'abbé. Une nuit, un jeune ouvrier de sa cité des Coquelicots, à Neuilly-Plaisance, arrive en sanglotant. Il vivait avec sa famille dans un vieil autobus, et son enfant de trois ans est mort de froid... L'abbé prend aussitôt la plume et rédige une lettre ouverte au ministre de la Reconstruction, Maurice Lemaire. Quatre colonnes paraissent à la une du *Figaro :* « Monsieur le Ministre, un petit bébé de la cité des Coquelicots est mort de froid dans la nuit du 3 au 4 janvier, pendant le discours où vous refusiez les cités d'urgence. C'est à 14 heures, le jeudi 7 janvier, qu'on va l'enterrer. Pensez à lui. Ça serait bien si vous veniez... » On n'attribuait à Maurice Lemaire aucune subtilité politique particulière. Comme il était chauve, certaines méchantes langues l'avaient même surnommé : « Rien dessus, rien dessous ». Mais c'était un homme bon, et qui aimait bien l'abbé Pierre. Le ministre décide de suivre le petit cercueil, seul au milieu des chiffonniers.

Coup de cœur plutôt que coup politique. Une telle attitude autocritique, rarissime chez un ministre, stupéfie l'opinion publique et légitime l'action de l'abbé. Cette rupture de rôle, chez un personnage officiel, ouvre une brèche dans les représentations de l'action publique. En une nuit, l'autorité s'est retournée et marche aux côtés d'un curé de banlieue qui la bafoue. Le ministre a donc paradoxalement contribué à l'insurrection de la bonté. La rencontre d'un hiver exceptionnellement rigoureux, mortel pour les sans-logis, et de cette formidable dramatisation sociale suscite, dans l'imaginaire public, un bouleversement symbolique dont on ne rencontrera plus d'exemple jusqu'aux Restos du cœur. La presse croule sous une avalanche d'images pieuses, et les Français sont conquis.

L'action s'amplifie durant le mois de janvier. Une tente, prêtée par un brocanteur de Montreuil, est dressée sur la montagne Sainte-Geneviève, face à Polytechnique. Mais le plus fort du mauvais temps reste à venir. Une malheureuse sans-logis meurt dans les rues de Paris le 1er février 1954. Le même jour, l'abbé devient un professionnel de l'agitation. Sur Radio-Luxembourg, il lance le fameux appel : « Mes amis ! Au secours ! Une femme vient de mourir gelée cette nuit, sur le trottoir du boulevard de Sébastopol, serrant sur elle le papier par lequel avant-hier on l'avait expulsée. Chaque nuit, ils sont plus de deux mille recroquevillés sous le gel, sans toit, sans pain, plus d'un presque nu. » Et il donne le plan de bataille : ouvrir dans toutes les villes des « centres fraternels de dépannage », brillamment éclairés, avec « couvertures, paille, soupe ». Et que le sans-abri puisse lire : « Toi qui souffres, qui que tu sois, entre, dors, mange, reprends espoir, ici on t'aime. » Avec un rendez-vous pour tous les volontaires du ramassage : la tente de la montagne Sainte-Geneviève, à vingt-trois heures.

Une vague déferle. La patronne de l'hôtel Rochester l'ouvre aux sans-abris et fait de son immeuble luxueux le Q.G. de l'abbé. Frédéric-Dupont, le très réactionnaire président du conseil municipal de Paris, ouvre à contrecœur quatre stations de métro pour la nuit. Les Parisiens sillonnent leur ville. Des gymnases, des dispensaires, des églises, des collèges, la Mutualité elle-même accueillent les sans-logis, et les commissariats distribuent des grogs. *France-Soir* titre le lendemain sur « La nuit de la charité ». Ce que fait l'abbé, à la radio, est destiné à un bel avenir. Un message simple, qui fait appel au cœur ; des demandes immédiates auxquelles tout le monde peut répondre — 5 000 couvertures, 300 tentes, 200 poêles, de vieux vêtements chauds... Une technique de participation médiatique se met en place, instrument de base des futures mobilisations humanitaires ; tout le monde peut devenir le héros d'un soir.

L'abbé, porté par une vague de fond, reçoit 300 000 lettres en quelques dizaines de jours. Des centres d'accueil s'ouvrent, sous les auspices de l'État ou sous ceux des Églises. Les communautés Emmaüs se renforcent, et les adhésions affluent. Certaines se créent en province, et une association les rassemble. Les journaux aident à monter des opérations « chambre de bonne », afin d'héberger les sans-logis. Pour relayer l'action de l'abbé, plusieurs centaines de Comités d'aide aux sans-logis (C.A.S.L.) se créent spontanément dans toute la France. Selon Houdeville, en pleine mobilisation, on en aurait dénombré jusqu'à 800, qui se fédèrent en une Union nationale d'aide aux sans-logis (U.N.A.S.L.). Elle se transformera un peu plus tard, en 1956, en une Confédération générale du logement (C.G.L.), en adoptant une optique clairement syndicale.

En 1954, la lutte des chrétiens aux côtés des mal-logés ne se limite plus aux actions populistes et confidentielles du M.P.F. Le mouvement explose sur la place publique, rejoint aussi bien par des « gaullistes de gauche », comme Léo Hamon, que par des socialistes ou des communistes. Au-delà des groupes habituellement engagés dans l'action sociale ou politique, une mobilisation nationale s'esquisse et se structure.

Entre menace et récupération politique

Il n'est jamais bon d'enfiévrer Paris. La classe politique se méfie de cet illuminé. Ce qui se passe autour de l'abbé déborde l'indignation morale et la défense des mal-logés. On le soupçonne d'idées subversives. Le président du Conseil, Joseph Laniel, se demande s'il ne médite pas un coup d'État... Même s'il n'est pas directement en cause, on suspecte le père d'être un irresponsable qui joue avec le feu. Pour qui travaille-t-il ? On dit l'abbé « crypto-communiste ». Roule-t-il pour un parti qui faisait si peur quelques années plus tôt et qui ne rassure guère aujourd'hui ? Ou pour les gaullistes, qui attendent leur retour au pouvoir, et avec lesquels le père a des accointances ? Le personnage inquiète, non pas tant par ce qu'il représente, mais par ce qu'il pourrait représenter. La menace est d'autant plus grave qu'elle n'est pas identifiable. Dans la France instable des années cinquante, tout est possible. Les politiques sont assis sur de la dynamite, et l'abbé a les allumettes en main.

À première vue, le moment de l'explosion étonne. L'économie se porte bien, la technologie française est florissante, et les logements commencent à sortir de terre. Et pourtant... Le climat social est détestable. Lors de l'été 1953, la France comptait 4 millions de grévistes, chiffre record depuis 1936. La guerre d'Indochine énerve de plus en plus l'opinion. Le succès des communautés Emmaüs repose en partie sur un profond malentendu. Pour les uns, Emmaüs est le révélateur du désordre social établi, qui bannit les pauvres de la cité. Pour les autres, c'est le paradis gagné à peu de frais. Une conjonction d'éléments aléatoires se cristallise en février 1954, qui font vaciller l'État.

La crainte de hauts dignitaires se demandant gravement si l'abbé n'est pas en train de fomenter secrètement un coup d'État est à la fois complètement absurde et parfaitement fondée. Absurde en effet : rien n'a jamais été plus étranger aux ambitions de l'abbé Pierre que la prise d'un quelconque pouvoir politique. Mais néanmoins fondée : au début de l'année 1954, la France traverse une crise profonde, qui se fixe sur la question du logement. Submergé par un raz de marée ralliant des membres de toutes les classes sociales dans une dénonciation de l'impuissance et de l'inefficacité du pouvoir, le gouvernement chancelle. Il y a là un séisme social qui a été comparé, toutes proportions gardées et dans un autre domaine, à un mai 68 du logement.

Le M.P.F. s'était fixé une cible étroitement juridique. L'abbé Pierre a une tout autre cible, la morale : l'égoïsme des riches et l'irresponsabilité des politiques. Outre les réquisitions et les squatts, ce mouvement urbain a une nouvelle grammaire d'actions à son répertoire. Il s'agit, au premier chef, de techniques de collecte de fonds. En dehors des « galas d'urgence », la radio et les entreprises sont sollicitées. Ainsi, une « campagne des billets de cent francs », suite à un nouvel appel radiophonique, donne des résultats impressionnants. Mais il s'agit également d'actions liées aux entreprises. L'abbé cautionne sans scrupule des opérations publicitaires, comme la Grande Quinzaine de solidarité Persil, qui unit, en 1956, sous la gentille frimousse de deux enfants tristes, un autographe de l'abbé et le dessin d'une boîte de lessive : « Envoyez des dessus de paquets de Persil à l'abbé Pierre — BP 232-01 Paris RP —, ils valent chacun 10 F pour les sans-logis. Songez à tous ceux qui espèrent, qui attendent un abri. Ne laissez pas passer cette occasion de les aider. Dans quelques jours, le 18 février, il sera trop tard. Grâce à Persil, il y aura davantage de maisons pour les sans-logis... » *Le Canard enchaîné* de s'esclaffer : « Au XXe siècle, Monsieur Vincent est agent publicitaire d'une maison de lessive ! Monsieur vingt pour cent ! » L'abbé anticipe sur la *charity business.*

Les fonds une fois collectés, il faut les gérer. Pour employer au mieux une somme de plus de 500 millions de francs, en février 1954, une société H.L.M. est créée, à laquelle on donne le nom d'Emmaüs. Cette société existe toujours aujourd'hui. Parfois, cependant, l'action économique dérape. Comme cet emprunt national — sans intérêt ! — émis sur le nom de l'abbé pour financer 12 000 logements. L'opération se solde par un échec cuisant : l'emprunt n'est même pas à moitié couvert. L'abbé accuse les pouvoirs publics de l'avoir manipulé et floué. « On nous avait supplié de désembourber une charrette... Nous voici à tirer les brancards. Mais quand on se retourne, où sont les autres ? Ils dorment dans le char ou se distraient ailleurs... » Il demande aux souscripteurs de cesser de se sacrifier pour cet emprunt et de remettre leurs dons directement aux organismes privés qui bâtissent, quels qu'ils soient. « Quant à l'État, qu'il demande à d'autres le complément qui lui manque... »

Enfin, on réécrit pour l'abbé la fable de l'ours et de son pavé. Certes, l'opinion publique a poussé le ministre à revenir sur son refus des cités d'urgence. Un pitoyable habitat assistanciel sort donc de terre.

Il fait l'unanimité contre lui et restera longtemps à la lisière des villes, comme un remords... C'est le lancement de l'opération « million », en février 1954, aux résultats peu reluisants, ainsi que la définition de deux nouvelles catégories de H.L.M. à bas prix. Enfin, on doit à l'abbé un arrêté qui améliore les conditions de prêts aux organismes H.L.M. Le bilan est maigre. Toutefois, au terme de cette curieuse aventure politique, un fait reste acquis. Comme le dit Houdeville, « la France semble découvrir pour la première fois l'ampleur et le caractère dramatique de la crise du logement [7] ». Les sans-logis sont devenus une préoccupation officielle des hommes politiques, et l'objet, pour longtemps, d'authentiques débats.

CHAPITRE 11

Une aventure ambiguë

La survie d'un mythe

Même secondé d'un quarteron de chiffonniers-bâtisseurs, même adulé par l'opinion publique, même appuyé par des comités locaux, l'abbé Pierre sait qu'il ne peut ni se substituer aux politiques, ni refaire les lois. Pour expliquer son action, il recourt à une métaphore animale : la puce qui pique l'État et lui active le sang. Mais « ce n'est pas à nous, pauvres puces, comités d'aide aux mal-logés ou communautés de chiffonniers de résoudre le problème du logement ». Il pique donc les ministres et les maires. « Vous ne serez une municipalité à la hauteur de vos devoirs, garante d'une société civilisée, dit-il aux élus locaux, qu'à partir du moment où, dans chacune de vos réunions du conseil municipal, sera donné en premier lieu tout le temps de parole nécessaire à celui qui dans votre conseil a la responsabilité des taudis. » Sur ce point, le pari est gagné. Du gouvernement aux communes, le logement est maintenant une affaire d'État.

Une réputation de saint ne rend pas forcément intouchable. L'abbé a forcé la main à trop de gens. Il viole l'appareil administratif, qui n'accepte pas qu'on le contraigne, le brocarde et le ridiculise. Le préfet de la Seine lui tient rigueur de ses insolences et déclare publiquement n'« avoir nul besoin de puce tourmenteuse ». Une partie des possédants le redoute. Certains le menacent. Mal remis du choc caritatif, des propriétaires courroucés veulent lui « casser la figure ». « C'est un accident du travail normal, dans une tâche comme celle que j'ai à accomplir », répond-il. Il en est de même des Comités d'aide au logement, dont les pouvoirs publics, çà et là comme au Mans, demandent la dissolution, comme « associations de malfaiteurs ».

Dans la nouvelle ère qui s'ouvre en 1956, l'abbé Pierre ne trouve plus sa place. Le mouvement qu'il a déclenché s'institutionnalise. Cette inévitable phase organisatrice ne convient guère à l'abbé. À la différence du père Wresinski, qui constitue autour de lui, au même moment, un petit groupe discipliné à l'extrême et parlant d'une seule voix, l'abbé ne refuse rien ni personne. « Aussitôt que quelqu'un me paraissait attaché aux valeurs essentielles d'Emmaüs, et capable, je m'étais appliqué à dire : " Va. Fais comme tu sais faire... " » Toutes les initiatives sont acceptées sans débat, aucun plan d'organisation n'est arrêté. Un « désordre inspiré, à couverture charismatique, commente Hervé Le Ru [1]. Il faudra attendre le 20 novembre 1985 pour que l'embrayage de l'association cesse de patiner et qu'une association Emmaüs-France prenne une forme juridique, regroupant l'ensemble des branches, fédérations, groupements et associations... » Le Ru en conclut que l'abbé Pierre n'est ni Ignace de Loyola, fondant la Compagnie de Jésus, ni même Rodhain, bâtissant le Secours catholique.

Et pourtant... Là où le M.P.F. a subi ce qu'on peut considérer comme un « échec », l'abbé Pierre a connu ce qu'il est convenu d'appeler une « réussite ». Il s'est mythologisé tout vif : « Une belle tête qui présente tous les signes de l'apostolat : le regard bon, la coupe franciscaine, la barbe missionnaire, tout cela complété par la canadienne du prêtre-ouvrier et la canne du pèlerin », dit Roland Barthes dans un article resté célèbre [2]. La presse s'attendrit et disserte sans fin sur son apparence saint Vincent de Paul, son visage blême, son dos voûté, ses yeux fatigués, sa barbiche grise dès quarante ans, son habit noir et son vieux béret. L'abbé a d'ailleurs parfaitement compris le rôle des médias. Toujours disponible pour parler à la radio, ou plus tard pour intervenir à la télévision, formidablement doué pour trouver l'anecdote émouvante ou la formule qui touche, il multiplie ses prestations avec un art consommé. Avec toute la folklorisation que dissèque Barthes : l'invocation des clochards attendrissants et des marginaux pittoresques.

Les actes de sa vie sont une cascade de Légendes dorées. Au hasard : Mgr Myriel qui accueille Jean Valjean, lorsqu'il reçoit à Neuilly-Plaisance le premier compagnon. Jésus, rencontrant près d'un puits de Samarie une femme à qui il demande à boire. L'humble auberge qui redonne l'espoir, grâce à la visite miraculeuse du Christ ressuscité pour les apôtres : la communauté d'Emmaüs... Dès février 1956, un film sort à Paris, *Les chiffonniers d'Emmaüs,* racontant « l'étonnante aventure de l'abbé Pierre ». Sur l'affiche, une avalanche de visages : un jeune couple, des miséreux, un ouvrier au visage buriné portant un enfant. En arrière-plan la sombre silhouette du père ; et tout au fond, éclairé par le soleil, un grand ensemble qui s'édifie... On ne saurait rêver statufication plus immédiate. Et plus obstinée : au seuil des années quatre-vingt, dans *L'hiver 54*, la même histoire est reprise à l'écran, l'acteur Lambert Wilson incarnant un abbé musclé.

Institutionnalisation et routine...

Derrière le mythe vivant de l'abbé, le mouvement s'effiloche. Une crise le déchire. Au cours de débats sans fin, le père est lui-même mis en cause. Il est tout autant contesté par la hiérarchie catholique. L'abbé ne contrôle plus rien, s'épuise et craque. Son supérieur, l'archevêque de Grenoble, l'envoie en clinique à Lausanne. Ses actes sont surveillés. Mis en tutelle, il n'est plus autorisé ni à signer le moindre papier, ni même à se déplacer sans l'aval du bon docteur Durand et du révérend père Monnier. Dans les premiers temps, sa mise au placard est discrète. Mais, en 1958, la première option de l'Union centrale des associations communautaires d'Emmaüs (U.C.A.C.E.) est de « dépersonnaliser » le mouvement, seule garantie de sa survie. « Assez d'idolâtrie ! » Lucie Coutaz est mise dehors sans grand ménagement. Le père s'éloigne de France et entreprend de voyager. Longtemps. Loin.

Se dévouer radicalement à la cause des pauvres ne suffit pas pour rester dans les bonnes grâces des institutions religieuses. La charité extrême a suscité chez les chrétiens des réactions variées, et parfois opposées. Certes, quelques courants chrétiens ont toujours considéré le pauvre comme socialement « fonctionnel », pourrait-on dire. La charité offre le salut, et donner aux pauvres donne l'occasion de mériter l'éternité. Il y a là une démarche fondée sur l'idée d'échange, et, avant la lettre, sur celle de « contrat », que l'on trouve dès le XIIIe siècle dans les fameux sermons de Giordano de Rivalto. Mais, chez d'autres, le pauvre a mauvaise réputation. Ainsi, les puritains les plus fervents n'ont guère de sympathie pour les démunis. Pour Luther, aucun chrétien ne devrait jamais s'abaisser à mendier. À l'horizon, on aperçoit la potence, destinée aux pauvres, tel que la décrit l'historien Bronislaw Geremek [3]. Les fractions les plus puritaines du christianisme éprouvent même une véritable aversion à l'égard des mendiants, et les États-Unis sont sans cesse tentés de les traiter avec la dernière des sauvageries.

La place dans l'opinion publique et le prestige dans l'institution ne coïncident pas. Au fur et à mesure que s'éloigne l'insurrection de la bonté, le souvenir de l'abbé s'efface. Tout comme sa place dans l'institution. Ce dernier accepte son bannissement et disparaît de la scène médiatique. On n'entendra plus guère parler de lui avant les années quatre-vingt. Et son retour scande aussi celui de la crise du logement.

Vivant sa vie sans son fondateur, le mouvement issu de l'hiver 54 achève sa professionnalisation politique en proposant, par le canal de l'U.N.A.S.L., à tous les candidats aux législatives de janvier 1956 de ratifier une « Charte du logement ». Cette charte donne aux pouvoirs publics quelques orientations claires : la priorité donnée au logement, une augmentation notable des aides à la construction, l'adoption d'une politique d'aménagement du territoire et le vote de crédits supplémentaires pour les cités de transit. Avant la fin de l'année, cette action porte ses fruits. Une loi, votée le 3 décembre, interdit les expulsions pendant l'hiver. De plus, la loi de réquisition est effectivement appliquée. Il semble que cette application ait été négociée par accord oral, passé entre Pierre Sudreau et les responsables de l'U.N.A.S.L., contre une renonciation à leurs opérations de squats.

Fini le travail aux franges de la loi. Finies les puces tourmenteuses. De 1945 à 1956, le tournant est on ne peut plus radical... À juste titre sans doute, Cécile Péchu interprète cette évolution comme une véritable transformation. Les squats étaient un lien de solidarité puissant entre les chrétiens et les pauvres : « Abandonnant le seul mode d'action qui impliquait la présence des sans-logis et qui pouvait, en leur offrant un logement pour quelque temps, les inciter à se mobiliser, les dirigeant de l'U.N.A.S.L. se sont privés de l'un des moyens de toucher cette population et de concrétiser leur volonté d'action avec les sans-logis », affirme-t-elle [4].

L'État leur concédant une partie du logement des pauvres, les héritiers de l'abbé Pierre vont en devenir les sages gestionnaires, sans jamais prendre de risques exagérés et sans jamais se lancer dans de grands combats contre les politiques. Le temps est venu des associations de locataires toujours négociatrices, et souvent bureaucratisées. La charité logeuse aura ses salariés, ses notables et ses porte-parole officiels. Elle aura également ses capitaux, ses institutions logeuses et ses financiers. Le logement des pauvres devient un lobby comme les autres. Une nouvelle époque s'est ouverte. Celle de la régulation institutionnelle, qui domine les années soixante.

LIVRE II

LA CONQUÊTE DU PROGRÈS

Troisième partie

LES PROCÈS DU BÉTON

CHAPITRE 12

Les derniers soupirs des Bouts-Galeux

La vie avant Sarcelles...

Dans les années cinquante, alors que le M.R.U. rêve de l'Homme nouveau et que les taudis prolifèrent, des petites bâtisses à deux sous continuent à vivre leur vie anarchique dans les banlieues ouvrières. C'est alors que le romancier Jean-Pierre Chabrol publie une des rares odyssées prolétariennes et pavillonnaires de la littérature française, *Le Bout-Galeux,* surnom d'« un quartier à l'extrémité de La Palaise, ville de la banlieue sud de Paris [1] ».

Le monde qu'il nous restitue est celui des dizaines de milliers de photographies prises par Robert Doisneau, ce pur produit de banlieue né à Gentilly, marié à Issy-les-Moulineaux, photographe industriel à Boulogne-Billancourt, et résidant à Montrouge, qui accumulait les images, errant entre les petits pavillons avec un appareil à voile, sur pied — un de ces appareils devant lesquels il faut s'incliner pour regarder le miroir. Les gens de la banlieue d'antan, affirme Doisneau, l'accueillaient sans agressivité — ce qui fait pâlir d'envie nombre de journalistes qui craignent de se risquer aujourd'hui dans les grands ensembles... Leur grand jeu était même de se placer au milieu de la chaussée, devant l'objectif, pour « être dans la photo ».

C'est le monde des autocars, des guinguettes, avec les hommes en bras de chemise, les femmes avec la jupe à carreaux mi-longue, l'univers des gamins aux oreilles décollées, les cheveux bien dégagés sur la nuque, le béret sur le côté, celui des petits enfants qui vont chercher du lait dans un bidon cabossé, celui des écoliers en blouses et en galoches, des glaneuses de charbon sur le canal Saint-Denis, du grand-père sifflant l'apéro dans son petit jardin, du retraité en casquette.

Chabrol, tout comme Prévert ou Cendrars, n'est pas dupe du misérabilisme des terrains vagues. Rien ne leur est plus suspect que le romantisme des murs lépreux. Les arbres décharnés, les maisons grisâtres, les pavés disjoints, presque toujours humides, les silhouettes voûtées d'ouvriers transis de froid sous leur canadienne, ce n'est pas l'enfer. Mais c'est loin d'être le paradis. Ces refuges prolétaires offrent simplement à des désagréments massifs quelques maigres compensations.

Quelles sont-elles, ces compensations ? Les épiceries-buvettes, les rues animées en fin de semaine, les joies de la foule et de la fête foraine, les sorties du dimanche avec les voisins ou les amis, et les cinémas du samedi soir, où l'on s'extasie devant Sonja Henie, la petite fée blanche sur patins, en attendant avec impatience, la semaine suivante, *Adhémar jouet de la fatalité, L'aventurier de Séville, Le costaud des Batignolles* ou *Les compagnes de la nuit*... Le monde nouveau fait disparaître ces plaisirs misérables. Pas plus que Chabrol, Doisneau n'a accepté les grands ensembles : « Il faut avoir un tempérament d'assassin pour faire un mur avec des tours et mettre des gens dedans sur cinq cents mètres de long [2]. »

Personne n'est fier d'habiter au Bout-Galeux. La rue, mal pavée, rivalise avec l'enfer du Nord que célèbre le Paris-Roubaix. Les trottoirs défoncés se transforment çà et là en terre battue. Lève-t-on les yeux ? Entre les fumées indolentes, un câble rabougri pendouille et fait tanguer une misérable ampoule, clignotement sinistre dans la nuit. Le quartier ? Un triste assemblage de maisonnettes basses, d'un ou deux étages, avec « des façades grises ou blêmes, ridées ou mal fardées ». Des maisons au rabais, bricolées par morceaux aux heures de repos. On les a édifiées en douce, pour « des familles à rallonge », avec toutes les extensions possibles, du garage à la soupente jusqu'à la cabane de jardin. Derrière les pavillons, des cours exiguës, encombrées de vieilleries inutiles ; ou encore de pauvres jardinets, avec leurs trois tomates et leur rosier amoureusement cultivé le dimanche matin grâce aux conseils éclairés de Radio-Luxembourg. Ici, il manque une brique, là, le crépi s'écaille, sur les toits, les tuiles sont ébréchées, ou ont été emportées par les nuits d'orage. Rien n'est fini. Les portes ne ferment jamais tout à fait et les fenêtres sont toujours de guingois.

Pas très loin, on distingue un monde inconnu, douillettement niché dans de grandes « villas fraîches et roses ». Là vivent de hauts fonctionnaires, des professeurs, des avocats ou des éditeurs, méprisant le Bout-Galeux et ne s'y hasardant jamais. Les parages recèlent aussi des relents agricoles : une ferme livre ses salades et ses fraises aux Halles de Paris, mais chacun peut y acheter ses légumes. Les maraîchers ravitaillent encore la capitale, et, de Bobigny à Sarcelles, les charrettes matinales chargées de fourrage croisent longtemps encore, dans les années soixante, les ouvriers se pressant vers l'usine.

Ceux qui vivent au Bout-Galeux sont arrivés là poussés par le hasard, semble-t-il. Mais, à la différence de ce qui se produira les décennies suivantes, hasard n'est pas contrainte : « Fait curieux, dit Chabrol, personne n'est jamais venu volontairement se fixer au Bout-Galeux, mais aucun jamais n'en est parti volontairement. » Sur ce point, les misérables petits pavillons du peuple l'emportent sur les majestueuses cités de l'Homme nouveau.

Bricolage et convivialité

Ces maisonnettes sont le vrai chez-soi des ouvriers. Queffélec nous les faisait voir d'un œil paternel et apitoyé. Chabrol, lui, nous fait pénétrer leur intimité. Une maison au Bout-Galeux, c'est à la fois le paradis et l'enfer des bricoleurs. Il y a toujours quelque chose à réparer, et l'on rafistole sans cesse : on calfate avec du ciment, on rajoute un bout de planche, on plante un clou pour fixer la porte ou la fenêtre. Mais quelle que soit l'énergie qu'on y met, un détail laisse toujours à désirer : le clou est repoussé par la cloison, le crépi retombe par plaques, l'eau suinte des parois, les murs ont une qualité de moisissure imbattable. Les meubles nouvellement achetés se détériorent en un clin d'œil, et les papiers peints se flétrissent en quelques mois. « Le pauvre et le neuf ne vont pas ensemble », conclut Chabrol.

Les ouvriers y développent une culture du rattrapage, avec des constructions surajoutées, des meubles bricolés, des voitures retapées, « les inventions du détournement et du transfert des usages », dit Michel Verret [3]. Bruno Lefebvre a raconté comment, dans les pavillons ouvriers de la banlieue lyonnaise, les sous-sols étaient transformés en « boudoir des hommes » dont les femmes étaient exclues [4]. Nombre de travaux font état de l'importance du bricolage populaire, parfois quasi quotidien : le désir de posséder un jardin « utile » — c'est-à-dire un jardin potager —, de se réaliser dans une petite œuvre qu'on maîtrise de bout en bout, de se bâtir un décor dérisoire et surabondant, d'accomplir un travail dont on voit les résultats à l'évidence. Aujourd'hui encore, les tentatives de relancer les jardins en ville, à proximité des grands ensembles par exemple, rencontrent toujours un écho favorable.

Ce sont les petits pavillons qui permettent au mieux de réaliser ce rêve bricoleur. Mais ce dernier émerge parfois au sein même des constructions collectives. À Pessac, ce grand ensemble superbement fonctionnel construit par Le Corbusier en personne, le hasard a voulu que les résidents soient abandonnés à eux-mêmes, sans gestionnaire pour les surveiller. Pendant plusieurs années, ils ont eu tout loisir de se livrer à leur lent travail souterrain de sabotage architectural. Ils ont fermé les larges patios, raccourci les hautes fenêtres, effacé les couleurs vives et transformé les terrasses en toits et en soupentes. Chassez les Bouts-Galeux, ils reviendront sur la pointe des pieds [5]...

Au Bout-Galeux, dit Chabrol, les hommes ont pour prénoms Maurice, Riton, Martin, Mimile ou Milou, Octave, Alphonse, Victor, René, Gaston, Jacquot... Les filles, Odette, Thérèse ou Marcelle. Le plus souvent, elles n'ont même pas de prénom. Ce sont « la femme à Raymond » ou « la fille à Pierrot ». Les hommes sont manœuvres, ouvriers, fraiseurs, cimentiers, rarement fonctionnaires, parfois contremaîtres — dans ce cas, on s'en méfie un peu : c'est peut-être un « lèche-cul, un traîne-latte et un loquedu »... Les garçons rêvent d'une moto, luxe suprême, ou d'une Vespa, consolation modeste. Ils se retrouvent au siège de l'Union des Jeunesses républicaines de France, l'U.J.R.F. dite « Uji », l'organisation de masse du parti communiste, même s'ils ne se sentent pas l'âme marxiste : les significations diverses du mot « camarade », des plus politiques aux plus affectueuses, se confondent gaiement.

Tout le monde se connaît, au Bout-Galeux. On se les récite par cœur, les voisins, à force de les voir tous les jours, d'écouter leurs misères et de partager leurs joies. On sait ce qu'ils mangent, en fonction de la date : « à ses narines, on sait si c'est le début ou la fin du mois ». On sait comment ils vivent, selon les jours de la semaine. On sait, « aux cernes des visages », si c'est lundi ou samedi. On devine ce qu'ils pensent : « aux façons de se dire bonjour avec les mêmes mots si ça va ou si ça ne va pas ». On est allé au mariage des camarades de classe, on ira à l'enterrement des anciens. La famille étendue est une véritable unité de vie sociale. Quant au voisinage, il n'est pas une nuisance, mais une ressource.

Celui qui considérerait les jeunes comme une menace serait regardé avec stupéfaction et traité comme un malade. Personne ne voit dans les rejetons du coin d'inquiétants petits sauvages, et les blousons noirs n'ont pas encore fait leur apparition fracassante dans le paysage urbain. Certes, on s'inquiète des « J 3 », ces enfants abîmés par la guerre. Mais les banlieues s'apitoient sur eux ; elles n'en ont pas peur. Autour de soi, on ne voit que de la graine d'ouvrier, même si certains font leur mauvaise tête. À l'entrée de l'usine, ils peuvent brutaliser le contremaître. Dans la rue, ils peuvent remettre à leur place l'agent de police qui les asticote. Ils font parfois le coup de poing dans les bals du samedi soir, rêvant de devenir Marcel Cerdan ou Yves Montand. Mais qui oserait dire que le lien social est en péril ? Il faut bien que jeunesse ouvrière se passe.

Il y a aussi les lieux que tout le monde fréquente : l'inévitable bistrot, où les hommes se retrouvent pour le Ricard. Le café du coin, dit aussi « cabaret » ou « estaminet », qui fait bois, charbon, mazout et parfois épicerie, baptisé « À l'ami Pierre » ou « Au bon coin ». À Saint-Denis, après la guerre, selon Stéphane Courtois, on compte 475 cabarets, soit 1 pour 107 habitants, femmes et enfants compris. Et à Saint-Ouen, qui remporte la palme, 1 pour 89. C'est le lieu de rencontre obligé des hommes après le travail, le détour nécessaire sur le chemin du logis, là où ils viennent raconter leurs joies et leurs soucis, où on leur tend aussi une oreille attentive, lorsqu'ils râlent contre les impôts ou contre les patrons. La mission Banlieues 89, au milieu des années quatre-vingt, tentera de faire revivre ces bistrots d'antan, dont le rôle était essentiel dans la socialité des banlieues en s'efforçant de lever quelques obstacles juridiques à leur implantation. Sans succès. Aujourd'hui, les bistrots de banlieue s'éteignent, victimes des temps. Souvent, ceux qui demeurent, refuges d'alcooliques et de paumés, traînent une triste réputation : la convivialité prolo peine à survivre.

Pour les femmes, l'épicerie du coin joue le rôle du bistrot. Rien à voir avec la visite hebdomadaire au supermarché des grands ensembles. On fait ses courses tous les jours. La corvée, certaine, se double d'une occasion de sortir de chez soi, d'une promenade dans le quartier et d'un rituel collectif. Avant de sortir, on s'« habille », c'est-à-dire qu'on choisit une petite robe dans l'armoire, complétée parfois d'un fichu sur la tête. On se donne un coup de peigne, ou on se maquille un peu pour ne pas avoir « une tête épouvantable ». Chez les commerçants, on rencontre ses amies, toujours les mêmes, et ses voisines. On traîne, on reçoit d'interminables confidences sur la vie du quartier, et l'on revient, en pestant contre les travaux ménagers qui attendent à la maison : laver le linge dans de grandes lessiveuses en zinc et aller l'étendre, raccommoder les manteaux, rafistoler pour le petit les habits du grand, accommoder les restes pour en faire un plat de fête, faire les comptes du foyer en gérant au mieux l'enveloppe rapportée par le mari, et tout faire pour que, le soir, la maison soit bien rangée lorsque la petite famille sera réunie. Parfois les filles travaillent. Elles sont ouvrières, petites mains ou midinettes. Ou encore elles se contentent d'aider leur mère, de rêver au Prince charmant et d'attendre le mariage.

Du refuge ouvrier au grand ensemble

La multiplication des travaux sur la banlieue, depuis une décennie, permet de mieux comprendre comment s'est constituée localement cette culture ouvrière [6]. Dès la seconde moitié du XIXe siècle, à Paris, une première ceinture industrielle s'accole aux portes de la capitale. Elle remonte les voies fluviales, par la Seine et par la Marne. Elle se greffe enfin sur les gares de triage. On y voit converger, comme dit Michel Verret, « les jeunes ouvriers de vieille ruralité, chassés des campagnes, et les vieux ouvriers de vieille urbanité, chassés des villes [7] ». C'est le port d'attache et le refuge, le repaire de sa famille, le souvenir de ses copains, le rappel de son enfance.

Au sortir de la guerre de 14-18, on confie la banlieue aux « lotisseurs », comme on le fera aux promoteurs dans les années cinquante. Certains sont de francs coquins. Ils entreprennent derechef de découper en petits morceaux des forêts, des cultures et des terres inondables, et de les revendre en assurant à leur client que l'eau, le gaz, l'électricité, le tout-à-l'égout et autres délices de la modernité leur arriveront incessamment... Les malheureux acheteurs se saignent aux quatre veines pour obtenir le rêve de leur vie : un chez-soi ! Mais le temps passe. Les bicoques bricolées à la petite semaine restent sans gaz et sans électricité, et pataugent dans une ignoble bouillasse. Le scandale éclate quelques années plus tard. Le ministre Albert Sarraut se déplace en personne, et une loi de 1928 tente, sans grand succès, de réaménager ces « lotissements défectueux ».

Pendant trente ans, ces petits pavillons mal fagotés tombent sous l'opprobre public. Ils sont en partie aux origines de la banlieue rouge, de sinistre réputation chez les nantis [8]. Bouclier contre le mépris et les sarcasmes des bourgeois, la banlieue les a toujours effrayés. Oscillant entre Boulanger et Blanqui, les périphéries urbaines sont les fourriers du radicalisme politique : la ceinture rouge est aussi un mode de défense. Ses valeurs, la dignité du travail manuel et de la vie ouvrière, ne sont pas celles des riches. Une culture de la révolte, plongeant ses racines dans le passé, imprègne les Bouts-Galeux.

Le parti communiste a su, du début des années vingt à la fin des années cinquante, bénéficier de cet héritage populaire. De Saint-Denis à Bobigny, le maire joue les chefs d'orchestre locaux. Il sait se faire, selon les moments et selon les interlocuteurs, autoritaire ou bonhomme, attentif ou compétent. Il fidélise sa clientèle et s'entoure d'une pléiade d'organisations qui relaient sa pensée et son action. Les unes s'occupent des ouvriers en difficulté. S'ils sont étrangers, la Main-d'œuvre immigrée (M.O.I.) les aide ; s'ils sont chômeurs, c'est un comité de chômeurs ; s'ils sont âgés, c'est le rôle des rassemblements de vieux travailleurs. Les délégués syndicaux et les représentants du parti sont prêts à répondre à la moindre demande, à intervenir au moindre ennui. Aux jeunes — « l'avenir de l'humanité » —, on propose des activités sportives, des spectacles, des patronages, des colonies de vacances, et une inscription à plusieurs organisations de masse. On satisfait aussi les catégories sociales les plus hétéroclites : les locataires protestant contre un loyer trop élevé, les pavillonnaires mal lotis, les anciens combattants, voire les provinciaux isolés, comme les Bretons à Saint-Denis, eux aussi regroupés par le P.C. Enfin, dans le dernier cercle, on rassemble les sympathisants, inscrits aux Amis de l'U.R.S.S., à l'Union des femmes françaises ou au Secours populaire.

On manie heureusement l'agit-prop, avec un coup de chapeau obligé à « l'heureux exemple de l'Union soviétique ». Coca-Cola et whisky ? Non merci, les Yankees ! Les Ricains en Amérique et la France en République... La route mène au socialisme et Maurice porte le drapeau... Suivons l'exemple des municipalités communistes, et surtout celles du nord de Paris. Là-bas, s'inspirant de 36, les élus savent construire et veiller à la santé des travailleurs. À cette époque, les estivants entendent, au bord de la mer, des gamins en béret rouge et en costume kaki chanter la gloire de leur commune :

Les gosses de Bagnolet
Sont tous en bonne santé
Depuis qu'à Bagnolet
De l'ordre a été mis.

Les élus ouvriers
Ont bien su apprécier
C'qui manquait-t-aux enfants
Pour qu'i(ls) soient tous contents :

De l'air, de la gaieté,
Tout ce qu'on veut-t-à manger,
Pouvoir bien s'amuser,
Et dans l'Océan s'baigner.

Les riches en meurent d'envie.
L'séjour est tellement bon
À Oléron.
C'est bien grâce aux communistes
Si les enfants sont si joyeux.

La reconnaissance identitaire est aisée. Les réseaux sont multiples et s'interpénètrent : celui des hommes, des femmes, des jeunes, de la politique et des loisirs. Le groupe a ses normes, ses valeurs, ses rituels et ses fêtes. On se sait « ouvrier », « artisan » ou « travailleur », avec une réelle fierté de l'être. On se reconnaît dans des héros populaires. Des syndicalistes, des communistes, ou simplement de braves types, qui font rigoler le quartier, et qui sont toujours prêts à vous rendre un petit service. Dans la banlieue, on sait à qui l'on s'oppose — les nantis —, et l'on sait quel sera son destin : celui du peuple.

Le quartier populaire d'antan, c'est aussi une famille élargie. Certes, les migrations des campagnes vers la ville ont déjà mis en cause son unité. Mais les banlieusards maintiennent encore une structure ternaire *parents/enfants/grands-parents ;* alors que la norme des grands ensembles sera *parents/enfants.* On ne trouve certes pas en France, où l'industrialisation est plus récente, cette juxtaposition de villages ouvriers que constituent à la même époque les environs de Londres [9]. Mais les modes de vie sont alors ceux d'une classe ouvrière encore largement unifiée.

Comme le constatait Maurice Halbwachs au début du siècle, les valeurs ouvrières ne sont pas la politesse, la courtoisie et l'urbanité, mais la complicité de travail. L'ouvrier témoigne de « moins de sociabilité » et de « plus de solidarité » : « un certain détachement vis-à-vis de la société et de ses coutumes et de la sympathie instinctive pour ceux qui, à leur exemple, affrontent la matière [10] ».

Avec les grands ensembles collectifs, tous ces repérages basculent en même temps. Les relations sociales s'espacent et de nouvelles contraintes économiques surgissent. La part du loyer dans le budget familial augmente, de même que les frais de transport, d'entretien et d'aménagement. La vie se resserre autour du logement, et le voisin devient un inconnu. Pour le découvrir, le cerner et le classer, on ne dispose plus de la foule d'informations qui vous arrivaient autrefois, par tous les canaux du quartier. Seuls subsistent quelques indices fragiles : la voiture, le nombre d'enfants, la couleur de la peau, les entrées et les sorties, les bruits et les nuisances. L'autre est un étranger, en qui nulle confiance ne peut être placée.

Les ouvriers n'ont jamais eu d'habitat qu'ils auraient pu concevoir et maîtriser, du début à la fin. Ils ont été contraints « d'adapter leurs besoins au logement qui leur était imposé », affirme Pierre Belleville : les espaces qu'on leur abandonnait au beau milieu des quartiers bourgeois, les cités bâties en fonction de diverses inspirations patronales, ou encore les lotissements d'aventure délaissés de tous. De fait, « les travailleurs attachaient moins d'importance au logement lui-même qu'aux possibilités d'autonomie de leur petit groupe spécifique, offertes par l'ensemble quartier/logement [11] ».

Avec les mutations urbaines des années soixante, une rupture est consommée. C'est un fragile équilibre entre l'habitant, son logis et son environnement. Les ouvriers ont accepté cette rupture. Ils ont, comme l'affirme Henri Raymond, « échangé du bien-être matériel contre des liens sociaux » et « une élévation des standards de vie contre un refroidissement des liens sociaux ». Ce qui a disparu, c'est un espace de protection et de défense, doublé d'un système informel d'entraide, érigé sur grande échelle. Ont-ils gagné au change ? Certains en doutent. Toutes les études des années soixante-dix mettront en évidence une réaction étonnante : « le rejet violent et unanime de ce logement sans prolongement qu'est la cellule familiale du grand ensemble et du grand ensemble lui-même dont la vie a été chassée [12] ».

Dans une préface à la réédition de 1983 de l'ouvrage classique *Le village dans la ville,* qu'il écrivit avec Michaël Young, Peter Willmott dresse le procès des nouveaux espaces populaires qui ont pris la succession des Bouts-Galeux : « Pour atteindre leurs objectifs, [les nouveaux décideurs] ont rayé des anciennes zones ouvrières tout un tissu de petites rues et de maisons, les ont remplacées par des immeubles collectifs et ont encouragé les déplacements de populations [...] Ce faisant, ils ont remplacé un environnement urbain à échelle humaine par un environnement aussi monolithique qu'impersonnel, et brisé des communautés [...] Si la leçon avait été tirée dès les années cinquante, Londres et les autres villes britanniques auraient peut-être ainsi pu s'éviter la violence qui s'est manifestée dans les émeutes de 1981 [13]. » Il est toujours permis de rêver.

CHAPITRE 13

Personne n'a jamais voulu des grands ensembles

Le triste sort du premier grand ensemble

Le premier grand ensemble de France est né, dit-on, à Drancy, et sa légende anticipe la malédiction qui frappe sa race. Des architectes renommés se penchent sur son berceau et il sort de terre en 1932. Mais dès que les Drancéens le voient, ils l'abhorrent et refusent obstinément de l'habiter. Quatre ans plus tard, il est transformé en caserne pour gardes mobiles. En 1942, nouvelle mue, fatale cette fois à sa réputation. La première grande réalisation de l'architecture sociale « à la française » passe à la postérité comme camp de regroupement où l'on parque des malheureux en partance vers les geôles nazies. C'est le fameux « camp de Drancy ».

Cette lamentable histoire aurait pu décourager les techniciens du M.R.U. Il n'en est rien. L'étude fine des processus sociaux ne fait pas partie des paramètres qui président à leur prise de décision. Les projets d'Homme nouveau concoctés par les hautes sphères, pour le plus grand bien du peuple, ne coïncident pas avec les rêves conviviaux de la France mal logée. De l'humble passant au puissant responsable associatif, tous crient haro sur les logements collectifs.

Comme la guerre n'a pas transformé les goûts des Français, le grand ensemble ne les séduit pas plus en 1945 qu'en 1939. Une des premières enquêtes de l'Institut national des études démographiques (I.N.E.D.), conduite par Jean Stoetzel — le premier Français à avoir pratiqué en 1938 le sondage d'opinion —, montre leur préférence pour les maisons individuelles avec jardin : 8 personnes sur 10 en région parisienne, 9 sur 10 en province. Seule une petite minorité accepte les immeubles collectifs [1]. Jamais les Français n'ont connu le moindre engouement pour ce type d'habitat. Au sortir de la guerre, ceux qui ont autorité en matière d'urbanisme et de logement décident donc calmement de les faire vivre dans un cadre qu'ils détestent.

Ce grand refus, les sondages ne sont pas les seuls à le rendre manifeste. Associations et groupements d'usagers sont unanimes. Ils réclament à cor et à cri qu'on loge les familles. Mais pas en collectif... Comment le Mouvement populaire des familles (M.P.F.) voit-il le logement ouvrier [2] ? Une petite maison individuelle et confortable, rejetonne de la science et du sentiment : « Tout doit être disposé scientifiquement dans une harmonieuse simplicité. » Mais ne nous y trompons pas : la raison reste au service du cœur. « Il faut aménager la maison en fonction des besoins de chaque membre de la famille et avant tout penser à celle qui en sera l'âme : la Maman [avec majuscule dans le texte, bien entendu]. »

L'éden ouvrier

La maison de l'ouvrier vue par le M.P.F. est d'abord « l'atelier de la mère de famille ». Tout l'aide à effectuer dans les meilleures conditions possibles le lavage, le séchage, le raccommodage, le repassage du linge, pour le père et les enfants. Les marmots sont-ils malades ? L'atelier de travail de la maman se transforme en une confortable infirmerie, où l'on soigne aisément les petits maux enfantins. Car la maison est aussi le nid des enfants. Si on ne sait pas les y retenir, ils traîneront dans les rues et deviendront de petits voyous. Dans un coin tout à eux, ils joueront calmement, sous l'œil vigilant de leurs parents.

La maison est ensuite le lieu d'accueil du père, qui revient de l'usine « d'un pas allègre ». Pourquoi cet empressement ? Parce que son unique bonheur est de retrouver au plus tôt une maison bien tenue, une épouse comblée et des enfants joyeux. Mais pensons aussi à ses loisirs de mâle. Un petit atelier lui est dévolu. Veillant à l'entretien des appareils domestiques, le père contribue au confort de sa famille. Mais l'agréable est joint à l'utile : l'homme aime bricoler, c'est bien connu. Il peut fabriquer un poste de T.S.F., le jouet préféré des grands depuis l'avant-guerre... La maison idéale comporte aussi un petit jardin. Attention ! La surface en est limitée. Pas plus de 400 mètres carrés. Si le jardin est trop grand, le père se surmène, et son plaisir se mue en corvée. Pourquoi s'acharne-t-on à trouver des occupations au père ?

Pour l'empêcher de dépenser sa paye au café. Une famille unie, le bricolage et le jardinage sont les meilleurs remparts contre l'alcool.

Passons à l'architecture. La maison de l'ouvrier est « claire et gaie, accueillante, chaude et affectueuse ». Les immeubles sont petits, deux étages en moyenne, et ils n'en dépassent jamais quatre. Le bâtiment n'est ni trop vaste, ni trop étroit. Pour prévenir une sous-utilisation des espaces internes, une rotation accompagne les mutations. Le logement est plus grand quand la famille s'élargit. Il rétrécit quand les parents se retrouvent seuls, les enfants envolés du nid.

Le M.P.F. en appelle à l'État pour régler la crise du logement, et non pour couvrir la France de grands ensembles. Plutôt pour multiplier les petits propriétaires et bâtir des maisons unifamiliales. Pour encourager les copropriétés, les opérations mutualistes ou les coopératives d'entreprises. Le père Lebret inscrit le logement sur un triple système de valeurs : une « valeur abri », historiquement la première, une « valeur foyer », centrée sur la famille, et une « valeur sociale » : la culture, les commerces, les relations avec les voisins, l'aide d'autrui... L'accent est mis sur les solidarités librement choisies, et non sur la coexistence imposée du collectif.

Le M.P.F. donne une version de gauche de la pensée sociale chrétienne. Ceux que leur sensibilité pousse au conservatisme n'acceptent pas davantage les grands ensembles, mais pour d'autres raisons. Ils adhèrent aux postulats politiques du siècle précédent : donner aux ouvriers « un espace stabilisé, où les typologies disciplinaires se fixent dans une normalisation des variables métriques et topographiques des habitations, rendant possible une normalisation des usages d'habiter », comme le disent Murard et Zylberman [3]. Bref, l'habitat est la morale du peuple — ambition classique modernisée par Dautry.

Les morales traditionalistes, chrétiennes ou laïques, se sont longtemps méfiées du logement collectif et de ses promiscuités : les ouvriers et les chômeurs entassés les uns sur les autres, les sollicitations amorales qui surgissent à tout moment, la fermentation des rancœurs, la contagion des envies... Rien n'est plus périlleux pour les bonnes mœurs qu'un entassement malsain de gens aigris. Les imageries redoutables pour l'ordre public du « grouillement » et de la « maladie » sont alimentées par les modes de vie populaires. Individualiser l'habitat, c'est donc réduire la dangerosité des basses classes.

À l'inverse, la propriété dompte la sauvagerie ouvrière. Elle en est le levain civilisateur et éducatif. Veillons à ce que l'ouvrier ait sa maison à lui, son refuge familial. Après les menaces du Front populaire, il faut promouvoir le foyer. « L'existence maussade des habitats insuffisants et tristes explique l'appel impérieux de la route qui le samedi et le dimanche mène vers la campagne, l'air pur, le ciel bleu. » D'accord pour la bicyclette, ce « sport bienfaisant ». Tout se gâte lorsque surviennent la moto, puis la petite automobile. On vitupère l'imprévoyance ouvrière et on chante les vertus de la propriété. « Ne pouvant économiser pour un logement convenable, on économise pour la voiture. » La petite voiture, tellement en vogue ? Une illusion de luxe pour tous, un miroir aux alouettes, un « instrument de facilité ». « On roule sans but défini, sans bénéfice physique, intellectuel ou moral d'aucune sorte. » Bref, « l'automobile est un facteur de dérèglement, de gaspillage et de joies fugaces ». Que l'ouvrier investisse plutôt son argent dans une maison individuelle, base d'un bonheur familial durable et tranquille, facteur de stabilité, de santé physique et morale. Au début des années cinquante, ainsi raisonnent encore les bien-pensants.

Conclusion logique de cette vaste consultation démocratique, de la gauche à la droite : l'État entreprend de bâtir à tour de bras, en béton, gigantesque, avec des grues, et à la chaîne. Les politiques et les fonctionnaires des années de reconstruction ne sont pas d'humeur négociatrice. Le ministère et ses services ont des convictions fortes et ne délèguent pas leur pouvoir. À l'État l'intégralité des décisions en matière d'urbanisme et de logement. À l'État de tenir les rênes de la programmation et de remettre, sous haute surveillance, la mise en œuvre à quelques partenaires économiques et financiers triés sur le volet.

Mais l'autoritarisme n'explique pas tout. Dans l'esprit des décideurs de l'époque, pour « bien » loger le peuple, il ne faut surtout pas tenir compte de son opinion. Il est utile de savoir ce qu'il pense, mais démagogique d'y répondre. Dans le système de décision qui façonne l'urbain des années cinquante, les considérations qui l'emportent oscillent entre l'idéologie, la tactique politique, la convenance personnelle, l'intérêt financier ou la logique de clan. Les élites, de droite ou de gauche, ont arrêté leur philosophie : les Français sont pétris de cet individualisme bourgeois, honni dans les années trente, et qui a conduit la nation à la défaite. Englués dans la veulerie de la IIIe République, ils sont encore stupidement attachés à la lèpre pavillonnaire. On les en détournera.

La modernité, la raison, la technique, les hauts fonctionnaires et les promoteurs sont fiers d'avoir vaincu de haute lutte. Trente ans plus tard, nous retrouvons la France couverte de grands ensembles monumentaux, qui ne satisfont personne, et sur lesquels tout un chacun crache son venin.

CHAPITRE 14

Le temps des alibis

Le Corbusier ou l'alibi esthétique

Convaincre les Français d'habiter les grands ensembles est une entreprise délicate. Volontés politiques et aspirations privées conjuguent leurs refus. Il faut donc aux pouvoirs publics une habileté toute particulière pour faire passer leur pilule de béton. Dans un premier temps, les arguments sont esthétiques et techniques. Plus tard, dans la recherche de boucs émissaires, lorsque le vent aura tourné contre les grands ensembles, l'architecte, ce « bouffon social », selon la formule de Claude Parent [1], partagera avec le bétonnier la réputation de fauteur officiel d'un déluge de nullités esthétiques. Des médias à l'homme de la rue, la colère flambe. C'est la faute aux architectes ! C'est la faute aux bétonniers ! « On devrait les obliger à vivre là-dedans... » Il faut y regarder de près.

La première batterie d'arguments est d'ordre architectural. Dans les années cinquante, les argumentations en faveur des grands ensembles invoquent la charte d'Athènes et Le Corbusier [2]. Ce dernier, tout comme les artistes du Bauhaus, chantait la modernité dans les années d'avant-guerre. Il croyait alors avoir trouvé l'antidote aux désordres pavillonnaires et aux villes anarchiques : l'hygiénisme du XIXe siècle uni à la culture industrielle du XXe. Dès 1920, il veut que l'architecture rompe avec les styles du passé et lui ouvre une perspective étonnante : « Voici des silos et des usines américaines, les magnifiques prémices des temps nouveaux. » Il montre du doigt l'ennemi : le centre des villes. Il se méfie aussi des rues populeuses et des bâtisses surpeuplées. Toute demeure ancienne est plus ou moins un taudis qu'il faut raser. L'antique quartier du Marais, à Paris, « choque un esprit neuf ». De célèbres croquis de la capitale le rayent du paysage et le remplacent hardiment par de hautes tours en béton. Certes, Le Corbusier conserve çà et là quelques vestiges du passé. Subsistent, au loin, Notre-Dame, le Panthéon, le Sacré-Cœur, la tour Eiffel... C'est une aubaine pour eux : une fois isolés, ils seront « mieux valorisés ». Quel « aveuglement dans le vandalisme... », soupire-t-on aujourd'hui. L'urbanisme de demain ? De grandes cités verticales entourées d'espaces verts. Le soleil, l'air pur, quelques grands blocs autonomes et austères, des tours et des barres perdues dans la verdure.

La guerre prend fin, et, miraculeusement, la pensée de ce marginal coïncide avec celle des techniciens-bâtisseurs. Avant les conflits, personne n'en faisait un prophète. On voyait en lui un original, aux idées trop paradoxales pour être prises au sérieux. Après la guerre, on retrouve le nom de Le Corbusier dans les écrits politiques les plus éloignés les uns des autres, comme ingrédient de mixtures idéologiques diverses. Pourquoi cette mode ? En premier lieu, Le Corbusier sert la pensée techniciste. Il est l'antithèse de ce que les pouvoirs publics considèrent comme le comble de l'horreur, le repoussoir hideux, le symbole de l'anarchie urbanistique : l'infâme petit pavillon de banlieue... Des bâtisses mal construites, entassées les unes sur les autres, sans ordre ni logique. La médiocrité architecturale, le bricolage bas de gamme du petit peuple, une souillure du paysage et un déshonneur des espaces périurbains. Même les cités-jardins chères à Henri Sellier sont alors considérées comme de pauvres choses : des expériences misérables, les manifestations ratées d'un municipalisme impuissant.

Le Corbusier offre aussi aux hauts fonctionnaires et aux ingénieurs des Ponts un cadeau de choix : une argumentation implacable contre ceux qui veulent naïvement tenir compte de l'usager. Peintre aussi bien qu'architecte, il a fait toutes les guerres de l'art moderne, dans les années trente. En tant qu'artiste, il sait que le goût dominant de ses contemporains n'est jamais la pierre de touche. Or, l'architecture est aussi le « contact permanent de l'homme avec la beauté ». L'usager doit s'effacer devant l'artiste. C'est d'ailleurs un personnage bien antipathique que cet usager : « L'usager en urbanisme ne veut rien entendre, ni céder. L'usager en architecture s'oppose à tout et n'en fait qu'à sa tête. » Qu'il se le tienne pour dit et qu'il se taise.

La pensée de Le Corbusier aurait-elle été trahie par les techniciens du ministère et par les vendeurs de béton ? La pureté du projet s'est-elle dégradée en s'incarnant, détournée par les marchands du temple, et l'ambition reconstructrice enlisée dans le réel [3] ? Il est évident que jamais les pouvoirs publics n'ont mis en œuvre la pure doctrine du maître. Une application stricte n'est d'ailleurs pas envisageable. De fait, la tentative acrobatique de Le Corbusier — réunir le plus abstraitement possible le social et le technique — peut servir toutes les causes. Reste un curieux mélange de populisme normalisateur et de terrorisme technicien, d'humanisme classique et d'étatisme à la soviétique... Les grands ensembles sont le fruit de cette doctrine composite.

La décadence des architectes

Si l'on excepte les années où Claudius-Petit fut au pouvoir, les pouvoirs publics n'ont jamais été attirés par Le Corbusier. Loin s'en faut. Leur doctrine est plus floue. Raoul Dautry récuse ouvertement la charte d'Athènes et cultive, en matière d'architecture, un éclectisme tous azimuts. Entre les architectes qui défilent dans son bureau et se déchirent cordialement, il ne choisit pas. On donne une ville à l'un, un quartier à l'autre, avec de subtils dosages stratégiques entre les anciens et les modernes, entre la gauche et la droite. L'ambition des décideurs publics ne sera jamais purement architecturale. Elle réside plutôt dans une promotion du fonctionnel, partagée par toute la machine administrative. Organisons et rationalisons : des espaces pour habiter, travailler, se divertir et circuler. Sans souci excessif des désirs et des besoins des populations [4].

De plus, dans les années d'après-guerre, les relations entre les architectes et le pouvoir sont difficiles. Pendant tout le XIXe siècle, la profession a déjà subi les coups de boutoir des ingénieurs. Ces derniers construisaient déjà des bâtiments audacieux, et les architectes s'enlisaient dans le culte académique de modèles sclérosés et dans les pastiches théâtraux. Le rendez-vous de l'art et de l'industrie est raté, et l'architecte tend à devenir un « refoulé social hanté par les archétypes de sociétés défuntes », pour reprendre l'expression de Raymonde Moulin [5]. L'ingénieur est un pionnier, l'architecte un rêveur passéiste.

Après la guerre, Raoul Dautry nomme partout en France des architectes en chef chargés de la reconstruction. « Erreur des erreurs », diront certains. Doté de pouvoirs exorbitants, l'architecte s'octroie un pourcentage royal de 1 ou 2 % sur l'ensemble des opérations [6]. Dans le meilleur des cas, il produit un discours sur l'habitat, et non sur l'urbain. Les problèmes de la ville lui sont généralement étrangers. Faire construire par un seul homme et d'une seule traite 5 000 logements entraîne mécaniquement la facilité et la monotonie. « Dans ces conditions, il aurait fallu être un génie pour ne pas faire chiant... »

De plus, l'acte de construire, tant du côté de la demande que de la réponse technique, se transforme. Raymonde Moulin se demande si, « affrontées à de nouvelles structures socio-économiques, les institutions en place » — comme le fameux Ordre des architectes créé en 1940 — « témoigneraient de leur faculté d'adaptation ou de leur capacité de résistance ». Pour l'essentiel, la réponse est négative. À la fin des années soixante, les architectes ne présentent pas plus de 30 % des permis de construire. Les ingénieurs, les techniciens et les hommes d'affaires les ont distancés. L'architecte est parfois le bénéficiaire, parfois l'otage des grands ensembles. Mais il n'en est pas le grand responsable.

Raymonde Moulin, quelques années plus tard, dresse une typologie des promoteurs, rapportant leur opinion sur les architectes. Il y a d'abord le promoteur-entrepreneur, le « condottiere ». Les architectes ? « Des maquereaux de la construction. Ils ne font rien d'eux-mêmes. Ils sous-traitent immédiatement. » Certes, quelques-uns, fort rares, sont des artistes. « Ils ne savent pas plus construire que les autres, mais ils ont le sens des formes. Mais ce sont des gens très dogmatiques... » Ensuite, vient le promoteur-administrateur, prudent et réservé. Lui accepte l'architecte, comme une nécessité sociale : « Il apporte une âme dans une entreprise soumise à des critères de rentabilité. » Mais il doit rester à sa place. Pas question qu'il dessine les cellules, ou qu'il se mêle des chantiers. Puis, le promoteur artisanal, tenté par des méthodes caporalistes : « L'architecte, c'est un technicien... On en change comme de chemise, on le fait travailler à coups de pied au cul. » Enfin le promoteur-*builder*, à l'américaine, qui construit une entreprise verticalement intégrée. Pour lui, l'architecte a la fonction de designer pour les prototypes : « Si on utilise un architecte, c'est pour créer un jeu de plans, mais que ça s'arrête là ! » Nous voilà loin des démiurges respectés [7] ! Encadré par l'X-Pont et par le promoteur, notre architecte est muselé. La ville se fera sans lui.

L'industrialisation ou l'alibi gestionnaire

Ceux qui argumentent en faveur des grands ensembles, dans les années cinquante, avancent aussi des arguments gestionnaires. Au sortir de la guerre, tout chantier est une aventure. On l'ouvre sans savoir quand on le terminera. C'est le règne des corporations. Il faut négocier longuement avec une cohorte de petits patrons grincheux et qui ne tiennent jamais les délais. Ils bricolent, prennent du retard et se marchent mutuellement sur les pieds. Les jours pairs, les uns tirent à hue, les jours impairs, les autres à dia. Aucune centralisation, aucune standardisation des savoir-faire. « Si l'on fabriquait les bicyclettes comme on s'acharne à vouloir faire des maisons, elles seraient peut-être de style Empire et sur mesure. Mais seuls quelques millionnaires les posséderaient », soupire Michel Anselme — conseiller national de l'Union des Castors, et peu suspect de technocratisme —, alors qu'on est déjà en 1953 [8].

Les hauts fonctionnaires et des industriels modernistes dénoncent de concert un dysfonctionnement majeur : la France construit chichement, au goutte à goutte, car elle en reste à un sempiternel artisanat. On recense plus de 300 000 entreprises du bâtiment, poussière d'archaïsme disséminée sur l'ensemble du territoire. Les patrons travaillent dans la dentelle : jamais plus de 1 000 logements ! Les petits entrepreneurs ont leurs manies, les corps de métiers leurs pesanteurs et les techniques sont improvisées. On peut en dire autant des architectes de province, aux idées arrêtées, et qui font autant de plans que de maisons.

Ce procès contre l'immobilisme et l'archaïsme du bâtiment fraie la voie aux techniciens triomphants et aux bétonniers en gloire. Cette thèse classique du « retard » et du « laissez-faire » urbains va justifier une modernisation menée à contre-courant des populations. Les campagnes se succèdent pour enterrer les temps obscurs et barbares — ce Moyen Âge de l'habitat et de la construction qu'étaient les années d'avant-guerre... —, et célébrer les nouveaux prophètes. En 1954, le ministre félicite publiquement cet entrepreneur astucieux qui a commandé d'un seul coup 60 000 portes à la même entreprise pour équiper ses 7 000 logements. Il a réalisé 40 % d'économie, déclare triomphalement le ministre. Suivons son exemple ! Il ouvre les chemins du futur !

Il faut donc construire vite, coûte que coûte, pour rattraper le phénoménal retard français. Passer à un degré de technicité supérieur, l'immensité des programmes à réaliser imposant une production sur grande échelle. Accepter des impératifs de rendement, de normalisation des matériaux, de standardisation des tâches, de planification stricte. Industrialiser la construction, par la préfabrication en usine ou par l'usinage direct sur le chantier de panneaux de murs ou de plafonds. La main-d'œuvre semi-artisanale diminue ; les coûts sont baissés d'autant et la rapidité est accrue. Cette argumentation n'est pas sans valeur : en une décennie, de 1952 à 1962, la durée moyenne de construction d'un logement passe de deux ans à un an. C'est l'argument des contraintes « extérieures », techniques ou économiques.

D'autres choix auraient sans doute été possibles, comme le prouve la lutte entre les « bétonniers » et les « ferrailleurs ». À la tête des « ferrailleurs », un ferronnier autodidacte, devenu architecte et ingénieur : Jean Prouvé. Ses conceptions, au cœur desquelles on retrouve l'« idée constructive », issue du Bauhaus, sont à l'opposé de celles des bétonniers. Une idée lui vient en 1930, lorsque André Citroën construit à la chaîne des carrosseries d'automobiles : produire industriellement des maisons en acier. Ce sont des maisons individuelles, de dimensions moyennes, que quelques hommes valides — même des amateurs maladroits — monteront en trois ou quatre heures et démonteront en moins de deux heures. Des panneaux de couleur claire s'encastrent sous un toit presque plat, avec un assemblage sans vis et un ajout de planchers. L'isolement et l'étanchéité sont garantis par des panneaux de toile à double épaisseur, renforcés d'une plaque d'amiante et d'un matelas d'air garni de laine de verre. Bref, affirme Prouvé, le confort allié à la solidité.

Contre les ferrailleurs, les bétonniers, comme Coignet, Camus ou Balency, possèdent des atouts maîtres. De nobles références, par exemple : la construction du mur de l'Atlantique, qui constitue, comme le montre Bruno Vayssière, le modèle secret des grands ensembles des années cinquante [9]. Et un lobby d'une efficacité redoutable : les corps d'ingénieurs. Ces derniers appuient les bétonniers contre les ferrailleurs, qui sont rapidement supplantés. Plus question de construction légère ni de préfabriqué maîtrisable par des corps de métiers peu qualifiés. Voici venu le temps de la préfabrication lourde et du béton. On assemble sur le chantier les éléments fabriqués en usine. En dépit du coût de transport de gros pondéreux, on bétonne la France et on exporte le béton.

Sans adopter nécessairement l'ensemble des techniques que défend Prouvé, il aurait sans doute été possible de satisfaire l'aspiration française à la maison individuelle et de faire que les mal-logés acquièrent de petites parcelles individuelles à la surface limitée. Il aurait été aussi envisageable de les loger dans de petites bâtisses en briques et en parpaings. On aurait pu miser sur le préfabriqué léger, comme ces maisons canadiennes transportées aux quatre coins du pays sur un simple camion. D'autres pays ont choisi cette voie. L'Europe de 1945 a construit vite et modeste. Souvent de petits pavillons bricolés, sans ambition architecturale.

De fait, les bétonniers et les grands serviteurs de l'État gagnent bientôt leur étrange pari. Partout en France s'érigent les cathédrales de la modernité. L'Hexagone exportera même ses techniques et fera essaimer ses grands ensembles sur des terres lointaines, en Europe de l'Est, par exemple. Victoire éphémère. Chèrement acquise et hypocritement remportée.

CHAPITRE 15

L'État abat ses cartes

Le cheminement discret d'un urbanisme d'État

La modernité avance masquée, en catimini. Comme l'a montré Bruno Vayssière, le M.R.U. mène d'abord des expérimentations discrètes. Ses petits pas sont hypocrites et prudents. Il a ses enfants qu'il chérit en silence et dont il parsème la France : les immeubles collectifs d'État (I.C.E.) et les immeubles sans affectation immédiate (I.S.A.I.). Ces « véritables chantiers d'expérience » poussent timidement au milieu de bâtisses en ruine qu'on reconstruit à l'identique. Les constructions de ce type sont exemptées de formalités comme le contrôle financier des Dommages de guerre ou l'obtention du permis de construire. Ces longs immeubles de cinq ou six étages, aux fenêtres impeccablement alignées, conservent certes un aspect traditionnel — un toit, des cheminées... —, mais leur architecture répétitive annonce déjà les années suivantes. Vieille tactique du ballon d'essai : « l'administration créait un dispositif hors la loi pour convaincre de son bien-fondé », rapporte Bruno Vayssière [1].

Les nouveau-nés ne séduisent guère les candidats à un logement, qui les boudent. Certains, comme la célèbre tour Perret, à Amiens, seront même réaffectés en bureaux. Pour les placer, les technocrates du ministère font preuve d'une obstination sans faille et d'une ingéniosité hors pair. Ils les bradent, alors qu'ils ont coûté une fortune. Ils les déguisent en logements « normaux » en les recouvrant de pierre reconstituée faite de ciment. Ils les maquillent en maisons de terroir ou en immeubles bourgeois des années trente... Ne nous y trompons pas : « ces nouveaux envahisseurs deviendront tout simplement les H.L.M. du maire pour des milliers et des milliers de communes [2] ».

Le temps passe, et l'État abat ses cartes. En 1950, l'année de la loi créant les H.L.M., Claudius-Petit lance un concours qui, selon Vayssière, ouvre l'ère quantitative et statistique. Jusqu'alors, les opérations de construction ne portaient que sur des lots de 200 logements environ. On en construit 800 à Strasbourg, au lieu dit « Rotterdam », en dix-huit mois. Le coût global ne doit pas dépasser 300 millions de francs 1950 environ. Le jury est directement présidé par le ministre. Les futurs architectes des grands ensembles — Pingusson, Zehrfuss, Lurçat ou Stroskopf — concourent déjà. Le lauréat en est Baudoin, et la Cité Rotterdam deviendra en quelques années « le modèle architectural universellement le plus copié ».

Les années suivantes, c'est l'escalade. En 1952, Claudius-Petit en personne inaugure la première Cité radieuse de Le Corbusier, à Marseille — la fameuse « Maison du fada », 17 niveaux, 2 000 résidents. Puis le quantitatif l'emporte. En 1953, on construit 1 260 logements à Saint-Étienne, 2 607 à Lyon en 1954. En septembre 1955, les sommets de l'ambition urbaine sont atteints, avec un chantier de 10 000 logements qui s'ouvre dans une petite commune de 8 000 habitants baptisée Sarcelles. En quelques années, grâce à la S.C.I.C., Sarcelles passe à 40 000 habitants. Puis viennent les fameux chantiers « 4 000 », le long de la Seine. En mars 1956, on pose la première pierre des 4 000 de La Courneuve. Les premiers grands ensembles sortent de terre : les 400 mètres qui couronnent le Haut-du-Lièvre à Nancy, les 260 mètres de Parilly à Bron... Et d'autres encore.

Entre 1957 et 1958, la France se couvre de chemins de grue. Du neuf, encore du neuf, à échelle industrielle. Finies les opérations dispersées, de petite taille, avec une multiplicité d'opérateurs, une cascade de sous-traitants et des procédures artisanales. Les chantiers sont gigantesques, et le travail organisé selon les principes tayloriens. Le temps est arrivé des mégastructures sans complexe. Vers 1960, un pas est franchi, avec de nouvelles avancées technologiques dans la préfabrication lourde. Des usines entières permettent de bâtir les grands ensembles à la chaîne. On construit partout et on construit de tout. Du beau pour les riches et du normé pour les classes moyennes. Sans le crier sur les toits, on construit aussi du moche, pour les pauvres. C'est de l'habitat misérable, en dessous du marché : les cités d'urgence et les cités de transit. La machine à bâtir est lancée. Elle s'est même emballée.

Les entrepreneurs au paradis

Une fraction des architectes, les plus modernes, tirent parti de la situation. Le principe du réel et le montage de coups compliqués l'emportent sur les aspirations esthétisantes. Avec délices l'architecte se mue parfois en gestionnaire et en technocrate. C'est le cas célèbre de Fernand Pouillon qui transforme imprudemment sa profession en celle d'homme d'affaires montant des opérations acrobatiques. Elles le mèneront d'abord en prison, puis à l'exil [3]. Mais il fait école. L'architecte moderne est parfois un visionnaire, voire un poète ; parfois aussi un affairiste.

Parallèlement, les ingénieurs des grandes écoles s'affirment. À la Libération, les antiques ingénieurs municipaux, qui s'étaient illustrés au moment des cités-jardins, disparaissent du paysage. Des décrets successifs autorisent l'intervention de l'ingénieur dans le secteur public : en 1949 pour les collectivités locales et en 1953 pour les H.L.M. Les administrateurs civils du ministère prennent comme relais des métreurs, chargés d'appliquer des plans types à des cellules normalisées. Toutes ces corporations techniques, de l'ingénieur au métreur de banlieue, communient avec les hauts fonctionnaires férus de statistiques dans le même idéal administratif de gestion rationalisée.

Arrivent enfin les financiers. Le propriétaire du XIXe siècle faisait directement construire son immeuble pour le mettre en location. À côté des H.L.M., on propose au Français de réaliser son rêve : acheter son logis ! Le promoteur ne se comprend qu'avec l'apparition des montages en copropriété, qui se diffusent dans la population en même temps que la volonté de devenir propriétaire. Le promoteur doit trouver un terrain, le moins cher possible, récolter l'argent des particuliers, construire en entassant appartement sur appartement, prenant au passage, comme il se doit, la marge financière la plus confortable possible.

L'État, dans sa volonté bâtisseuse, a grand besoin des promoteurs qui deviennent, comme le dit Marcel Cornu, des « urbanistes de fait », et dont on se garde bien de brider les initiatives [4]. Ces capitaines d'aventure si obligeants, et parfois si peu scrupuleux, vivent dix années de faste et de bonheur. Ils essuient au passage quelques scandales purulents, qui leur rabotent la réputation... Au milieu des années soixante, ils sont discrètement supplantés par de nouveaux venus, plus puissants et plus sérieux : les grands groupes bancaires, qui agissent désormais en direct.

En 1966, le ministère de la Construction fusionne avec celui des Travaux publics. La nouvelle entité consacre le pouvoir des ingénieurs des Ponts. Ce corps est « une structure technocratique spécifique à la France », dit Françoise Choay [5], qui écrase tout sur son passage, rafle les postes régionaux et entraîne dans sa mouvance les urbanistes d'État. Auparavant, il n'y avait au ministère que des administrateurs civils, à l'idéologie dautro-marxiste, qui se contentaient de caler les opérations sur le prix du foncier. Désormais, « les schémas directeurs d'aménagement et d'urbanisme se résument en schémas d'infrastructures ». Technocrates et hommes d'affaires sont comblés.

Vivre dans un objet urbain mal identifié

Un axiome farouchement anti-écologique de Pompidou est resté célèbre : « Adaptons la ville à l'automobile. » Un urbanisme de circulation se met en place. Les villes historiques éclatent, les villages sont écrasés, les populations entament leurs migrations journalières. Les modes de faire architecturaux sont bouleversés. Les règles d'alignement, de perspective, de hiérarchisation, de composition avec le paysage sont rangées au musée des antiquités. De nouveaux matériaux s'imposent : la France sera le seul pays à généraliser des poteaux télégraphiques en béton, des poteaux indicateurs en béton, des rambardes en béton.

Pour une partie de la population, les mots les plus banals changent de sens. Les *logements,* les *rues,* les *quartiers,* les *villes,* les *voisins* — toute l'urbanité des années trente — s'effacent soudainement. La novlangue zupienne ou zaquienne démode et efface certains mots, comme *pont, champ, ruisseau, mare,* tout comme *square, jardin, passage, impasse* ou *boulevard.* D'autres les remplacent : *dalle, coursive, espaces verts, voies principales, voies de desserte, croisements, échangeurs, parkings...* Dans la bouche de ses résidents, les H.L.M. changent aussi de sexe. *Une* H.L.M. est une noble réalité administrative ; *un* hachélème est un objet suspect où l'on vous a rangé faute de mieux [6]. Ce langage réinvente un monde. De nouveaux besoins surgissent, de nouvelles angoisses, de nouvelles satisfactions, de nouvelles frustrations. La vie quotidienne des villes en est transformée à jamais.

Même les commerces ont une drôle de tête. Une grande première discrète a lieu en 1963 à Sainte-Geneviève-des-Bois. On installe dans un abominable hangar en tôle ondulée une gigantesque foire où l'on vend des marchandises à prix cassés : c'est le premier hypermarché

Carrefour en libre service. D'autres suivent, comme celui des frères Darty en 1966 ou comme les supermarchés Auchan à Roncq, en 1967. Finis les ardoises et les papotages chez l'épicier de quartier. Quelques années encore, et les jeunes déjà loubardisés s'approprient les lieux et les transforment en clubs de rencontre...

Les schémas de circulation, tracés au cordeau, sont terriblement logiques. Les immeubles sont nobles, imposants et fonctionnels. Quelques psychosociologues ont beau exhiber un savoir fraîchement importé d'Amérique et stigmatiser leur « résistance au changement », la nouvelle pilule urbaine reste dans la gorge des zupiens. La ville a disparu au profit d'une entité bizarre, dans laquelle personne ne se reconnaît. Et la modernité galopante ne guérira jamais cette vieille nostalgie.

CHAPITRE 16

De Z.U.P. en X-Ponts

Triste fin...

Sempiternellement prise en otage par des groupes politiques qui s'acharnent à contrer mutuellement leurs initiatives urbaines, la IVe République a les mains liées. La loi de 1953 qui vise à contrôler les réserves foncières reste sans effet jusqu'en 1956 et ne porte ses fruits que plus tard. La loi-cadre du 7 août 1957, présentée par le Front républicain, traçant une politique globale du logement et incluant des équipements collectifs d'accompagnement, passe elle aussi à la trappe. Le législateur a pourtant toutes les réponses dans sa musette : comment lever les contraintes foncières, dégager des financements nouveaux, œuvrer dans la continuité par le biais de programmes quinquennaux, réorganiser les professions du bâtiment, solvabiliser les personnes âgées et les pauvres... Jamais les décrets d'application ne voient le jour, et aucun financement n'est jamais engagé.

L'image de piètre gestionnaire du logement reste à tout jamais collée à la mémoire de la IVe République agonisante. En 1958, sa réputation est au plus bas. Depuis Claudius-Petit, ses ministres du Logement et de la Reconstruction n'ont d'ailleurs pas fait montre de qualités particulières. Maurice Lemaire quitte ses fonctions à la fin de l'année 1954, laissant le souvenir de ses reculades devant l'abbé Pierre plutôt que de ses victoires. La valse des ministres reprend : Duchet en 1955 — un vétérinaire producteur de cinéma —, Chochoy en 1956 — qui laissera un texte portant son nom —, auquel succède un avocat spécialiste du droit rural, de Felice ; de nouveau Chochoy en 1957, remplacé par Garet, jusqu'en 1958.

La gestion politique du dossier est désastreuse. Un mois avant que la IVe République ne trépasse, le journaliste le plus compétent dans le domaine, chrétien de gauche et militant de surcroît, Gilbert Mathieu, signe dans *Le Monde* un article-événement, qui peint un paysage socialement sinistré. La crise du logement empire ; la misère de l'habitat s'étend ; les taudis perdurent, le surpeuplement s'aggrave, et les économiquement faibles sont les plus mal lotis [1]. Pour qui veut se loger, les listes d'attente sont interminables. Les rapatriés d'Algérie, les migrants venant travailler sur le sol français, les ruraux s'installant dans les villes, les jeunes qui se mettent en ménage... Les nouveaux venus se bousculent et s'entassent, accroissant la pénurie. Face à l'exode rural, aux flux migratoires et à la croissance des aspirations au bien-être, les pouvoirs publics sont dépassés et les mal-logés ne voient pas le bout du tunnel.

Rétrospectivement, le tableau apparaît noirci. Le catastrophisme de Gilbert Mathieu s'inscrit dans le droit-fil des campagnes d'antan plutôt qu'il n'anticipe les temps à venir. Mais les ratés du logement révèlent, entre autres scandales, la faiblesse insigne de la IVe République et l'épuisement de sa crédibilité. La presse cloue les politiciens au pilori : le déficit budgétaire massif, l'endettement extérieur inquiétant, la balance commerciale désastreuse, les réserves monétaires exsangues, le tout sur fond d'enlisement colonial et d'instabilité politique endémique. La débâcle...

Paradoxalement, le bilan est positif. La France a bénéficié de deux périodes de forte croissance, de 1945 à 1951 puis de 1953 à 1957, et le niveau de vie des populations s'est élevé comme jamais [2]. Pour le logement, le rythme des constructions s'est accéléré et l'essentiel est fait. Le temps est proche où les Français vont se loger. Trop tard... L'homme de la rue ne commente pas les avancées urbaines ; il déplore les échecs.

... et beaux débuts

Le 13 mai 1958, les cartes se redistribuent. Le général de Gaulle, sur le devant de la scène, le proclame sur le mode solennel : la France est placée devant un dilemme, « le miracle ou la faillite [3] ». La Ve République naissante entreprend de discipliner une activité économique que le général juge « vive quoique désordonnée ». À la différence de ses prédécesseurs, le nouveau chef d'État possède une solide majorité à la Chambre et une autorité qui lui permet de gouverner. Les politiques urbaines, ces entreprises hasardeuses, vont atteindre une cohérence et une ampleur inégalées. Cheminant de concert avec la planification industrielle, la planification urbaine entre dans son âge d'or [4].

Dès juin, Pierre Sudreau reçoit le portefeuille de la Construction. On le reconduit en janvier 1959 dans le gouvernement Debré. Sudreau, avec une sensibilité de centre gauche, a la réputation d'être un réformateur hardi. Le nouveau ministre est aimé des foules, épris de modernisme, et l'on s'accorde à le trouver séduisant. Trop ? Certains voient en lui « un play-boy manœuvrier de la publicité ». Une stabilité politique toute neuve assure la continuité et la cohérence de son action et lui permet de rester au pouvoir jusqu'en avril 1962.

Le premier, Pierre Sudreau définit une stratégie nouvelle : intégrer le grand ensemble dans la planification locale. La tâche primordiale est de parfaire ses outils et de les rendre plus efficaces. Un décret du 31 décembre 1958, relatif aux plans d'urbanisme, en impose deux catégories : le plan directeur, sorte de « charte de développement urbain », et le plan de détail, définissant l'aménagement du quartier. Ces instruments indiquent les secteurs dits « opérationnels », comme les emplacements affectés aux ensembles d'habitation, les secteurs à rénover ou à restaurer, les zones industrielles, les espaces commerciaux. On isole des aires, on les spécialise : celles qui concentrent les habitations, complétées de zones commerciales, de zones industrielles, de zones artisanales ou de zones réservées aux immeubles de bureau...

Le même jour, un décret historique est publié : celui créant les zones à urbaniser par priorité. C'est à Pierre Sudreau qu'on doit les fameuses Z.U.P., héritées de la loi-cadre de 1957. Le feu vert est donné : sur le terrain désormais expropriable, un organisme aménageur — un établissement public ou une société d'économie mixte (S.E.M.) — œuvrera en toute liberté dans la préfabrication lourde. Les Z.U.P. s'édifient aux quatre coins de la France et se remplissent à une vitesse impressionnante. Entre 1959 et 1969, 200 Z.U.P. sont bâties, offrant aux mal-logés plus de 2 millions de logements.

Les Z.U.P. présentent un avantage financier évident : elles optimisent les investissements d'État et induisent une baisse des coûts, grâce à des études préalables ectoplasmiques et des plans types réutilisables sur plusieurs sites. De plus, une logique de mécanisation de la construction — le fameux chemin de grue... — autorise des économies substantielles sur les infrastructures, la mise en place sur grande échelle d'équipements et de services d'accompagnement, de l'école aux transports. L'investissement est sans précédent, le travail titanesque. Le système n'est pas parfait, mais ses résultats sont visibles. Nul ne le nie.

Les Z.U.P. sont aussi l'apogée du dirigisme étatique. Il revient à l'État de définir le cadre urbain à partir de quelques repères simples : les grandes artères, les places, les monuments. Les trous du schéma sont comblés par les acteurs privés. Tout se complique pourtant les années suivantes, avec l'intervention de partenaires sans cesse plus nombreux, sans cesse plus exigeants.

Pour améliorer le rendement de la machine urbaine, reste à impliquer plus étroitement les opérateurs privés. L'État, avec son pouvoir impérial et discrétionnaire, empêchait jusqu'alors, dit-on, les capitaux privés de s'investir dans le logement. Pierre Sudreau leur aménage un espace. À cet effet, il réforme le système H.L.M. L'arrêté du 24 mai 1961 les réduit à une catégorie unique, les H.L.M. ordinaires (H.L.M.O.). Il y ajoute les programmes sociaux de relogement (les anciens H.L.M. de catégorie B) et les immeubles à loyer normalisé (I.L.N.) qui sortent ainsi du champ « social ». Les prêts forfaitaires sont modulés : pour les P.S.R., aucun intérêt sur 53 ans ; pour les H.L.M.O., 1 % sur 45 ans, et pour les I.L.N., 3,5 % sur la même période. Plus les populations sont pauvres, plus les normes sont basses, et plus l'État intervient, ce qui consacre son esprit « social ». Les temps ont changé. Les ministres ne rêvent plus ni d'homogénéité sociétale, ni d'Homme nouveau.

Parallèlement, l'État incite les particuliers à investir directement. Les ménages obtiennent une épargne-crédit, qui remplace l'épargne-construction et leur permet de bâtir. Les sociétés sont aussi invitées à construire des logements locatifs. Une première tentative échoue en 1958 : la création des sociétés immobilières conventionnées (S.I.C.), bientôt remplacées par les sociétés immobilières d'investissement (S.I.I.), par actions, bénéficiaires d'un régime fiscal transparent, dont la rentabilité n'est jamais inférieure à celle obtenue en jouissance directe : exonération de l'impôt sur les sociétés et dispense de retenue à la source.

En 1963, un gaulliste fidèle, Jacques Maziol, remplace Pierre Sudreau. Grâce à lui, les capitaux privés vont s'investir dans le logement. L'action de l'État est maintenant massivement relayée par celle des ménages et des promoteurs. Cet équilibre entre privé et public se maintiendra plus de dix ans, jusqu'au milieu des années soixante-dix. La machine à construire fonctionne à plein rendement...

La période constitue un mélange de libéralisme et de dirigisme. La haute fonction publique est d'humeur libérale, mais elle voit dans un excès de libéralisme une menace pour l'ordre social. Elle se méfie du marché : il crée des richesses, mais il est le frère jumeau de la sauvagerie. Il invente, mais il bouleverse et détruit, sans égards ni scrupules. Par sa faute, les solidarités familiales et sociales se disjoignent, les conflits sociaux éclatent, les métiers sont atomisés. Réduit à son essence, il ne laisse que des ruines. S'érigeant en défenseurs de l'intérêt général, les gaullistes n'entendent pas laisser les intérêts privés s'ébattre en libre pâture et comptent bien leur tenir la dragée haute. À la main invisible d'Adam Smith, il faut allier la « main visible » des politiques publiques.

Le raisonnement des « développementalistes », toutes tendances politiques confondues, est le suivant : l'offre marchande répond aux demandes solvables. Si l'offre marchande ne peut les satisfaire, les besoins sociaux doivent être couverts par des services collectifs. Comme les effets du marché sont inégalitaires, la collectivité doit induire une dynamique égalitaire. La tendance « naturelle » du système politique est de répondre aux demandes de la population par une égalité des traitements. On passera donc de l'espace où l'on comble chacun selon ses ressources à celui où l'on satisfait l'usager selon ses besoins, indépendamment de sa solvabilité. Munis d'un tel viatique, la marche en avant des équipements publics est irrésistible.

Pour que l'équilibre soit maintenu, une alliance au sommet se tisse entre les grands commis de l'État et le monde industriel et financier. Si les forces économiques ne récusent pas la morgue et les perpétuelles ingérences étatiques, c'est qu'elles y trouvent leur compte. Dans l'urbain, les années soixante voient s'intriquer les intérêts publics et privés, comme jamais. Les membres des grands corps commencent à faire du trapèze entre les cabinets ministériels, les organismes privés et la haute fonction publique. Finis les notables de la IIIe République. Ce sont les épousailles discrètes de l'État et du marché.

Les aménageurs en gloire

En 1947, le géographe Jean-François Gravier publie, avec une préface de Dautry, un livre à la tonalité vaguement maurassienne, *Paris et le désert français*[5]. Paris y est présenté comme une pieuvre hideuse qui s'enfle sans cesse, aspirant la province, drainant compétences et capitaux. Toutes les quatre minutes, un provincial débarque dans la capitale, en quête de travail et de logement. Comment éviter l'embolie ? Gravier reprend la distinction de Lewis Mumford entre l'âge *paléotechnique,* celui des énormes concentrations industrielles, et l'âge *néotechnique,* permettant la dispersion urbaine. Paris n'est donc pas dans le sens de l'histoire, et le poulpe parisien est aussi archaïque que redoutable...

Le petit volume de Gravier, qui, selon Marcel Cornu, « eut plus d'adeptes que de lecteurs », connaît un retentissement étonnant. Il devient « le livre de chevet de la plupart des membres de l'establishment qui avaient à s'occuper de Paris ou de l'aménagement du territoire [6] ». Pour Alain Cottereau, l'engouement pour cet ouvrage « témoigne de la continuité entre l'idéologie du territoire sous Vichy et le courant dominant sous la IVe République de 1947 à 1956 [7] ». Un maréchalisme rampant, opposant Paris à la province, reste le péché mignon du ministère.

En France, les pouvoirs publics ont des ambitions planificatrices [8]. Dès 1919, une loi, dite « loi Cornudet », avait contraint les communes à transmettre leurs projets urbains. Lesdites communes n'avaient pas mis un zèle surhumain à répondre. Gaston Bardet, en 1939, avait voulu évaluer le chemin parcouru : 1 939 plans étaient attendus ; 273 étaient remontés [9]. C'était parfois une superposition de ratures, flottant dans l'espace et le temps : à Marseille, par exemple, sept urbanistes en chef se succéderont de 1932 à 1953, imaginant tous un avenir urbain différent [10]...

1943 voit l'instauration d'un service public de l'urbanisme et la création d'une direction au sein du ministère, qui n'aura jamais la capacité d'imposer ses procédures et ses normes. Parallèlement, la Délégation générale à l'équipement national demande à un ingénieur, Gabriel Dessus, de planifier le développement industriel de la France en réduisant les inégalités régionales. Ces objectifs sont repris par le M.R.U. à la Libération. Mais il faut d'abord construire, et l'aménagement n'est jamais prioritaire. Chaque ministre n'en rallume pas moins pieusement la flamme planificatrice. Claudius-Petit projette un « plan national d'aménagement du territoire », et Mendès France propose des aides à la décentralisation industrielle. C'est avec une loi de rééquilibrage, jamais appliquée, que la IVe République jette ses derniers feux en 1957.

La Ve République, elle, a les moyens de réaliser ses projets. Les débats et les enjeux glissent du logement vers l'aménagement. La petite histoire rapporte qu'un beau jour, le général de Gaulle aurait convoqué un de ses hommes de confiance. C'est un personnaliste chrétien proche de la revue *Esprit,* ancien d'Uriage et collaborateur de Jean Monnet, que de Gaulle a déjà envoyé en Algérie comme délégué général : Paul Delouvrier [11]. Ce dernier reçoit de la bouche du général une nouvelle mission impossible, par une phrase toute militaire : « La région parisienne, c'est le bordel, mettez-moi de l'ordre là-dedans. » Après mûre réflexion, et pour enrayer la spéculation foncière et ses ravages, Delouvrier gèle 45 000 hectares. Ils sont achetés par l'État, dès que le propriétaire accepte de s'en défaire, mais ils sont payés au prix du terrain à la date du gel. Les effets de cette politique ne se font pas attendre : 1960 voit l'établissement d'un Plan d'aménagement et d'organisation générale de la région parisienne (P.A.D.O.G.). Une longue marche commence...

Bientôt, la région parisienne se transforme. Le district est créé le 2 août 1961. Les nouveaux départements composant l'Île-de-France voient le jour en 1964. L'Institut d'aménagement et d'urbanisme de la région parisienne (I.A.U.R.P.), nouvellement créé, met au point un schéma directeur d'aménagement et d'urbanisme (S.D.A.U.), qu'on étend en 1967 à toutes les villes d'importance. Les agglomérations de plus de 10 000 habitants auront un programme d'aménagement à long terme. Les équipements suivent : c'est de cette époque que datent les décisions d'édifier à Paris un boulevard périphérique, de construire le R.E.R., l'aéroport de Roissy et les halles de Rungis. L'aménagement de la région parisienne n'a pas pour but d'affaiblir Paris, mais de le renforcer. Le P.A.D.O.G., bien qu'inspiré des projets modérés de la IVe République, se fait l'avocat d'une autorité régionale unique et musclée, dont la puissance convient aux grands desseins [12]. Sous l'impulsion de Delouvrier, tout s'emballe, les crédits affectés aux autoroutes, les rénovations du centre de Paris, la construction de logements neufs, les transports en commun...

En 1963, l'État se dote d'un autre instrument, futur symbole de l'efficacité modernisatrice. C'est la Délégation à l'aménagement du territoire et à l'action régionale (D.A.T.A.R.), une « administration de mission », dont le fonctionnement est plus souple que celui des administrations dites « de gestion », selon la formule d'Edgard Pisani. La D.A.T.A.R. conduit une action nationale, rapide et novatrice. Dépendant dans ses premiers temps du Premier ministre, elle a des moyens propres et une équipe réduite de hauts fonctionnaires pour l'animer [13]. Par ce biais, l'État coopère étroitement avec les grands groupes industriels. S'agit-il d'un « dirigisme » socialisant ? En aucun cas, dit-on.

C'est une politique de gestion de l'espace et des infrastructures, de maîtrise de l'environnement et du cadre de vie. Même si les mesures prises ne produisent pas toujours les effets escomptés, et si les acteurs économiques conservent une marge de manœuvre qui fait parfois obstacle à la volonté des aménageurs, en une dizaine d'années elles n'en transforment pas moins la France.

L'apogée de l'empire

En 1965, les interventions urbaines sont réparties entre deux ministères d'importance à peu près égale. D'un côté, un ministère de la Construction et du Logement, héritier de celui de la Reconstruction. De l'autre, un ministère des Travaux publics. Ce dernier gère l'aménagement du territoire, version Bardet ou Gravier, prêchant pour des unités de taille humaine, harmonieusement intégrées dans l'espace rural. Cette pratique nostalgique vise à protéger le monde rural des méfaits de l'urbanité montante, selon une pensée conservatrice assez proche de celle du *Désert français*. Autrefois riche, ce ministère, au sein duquel œuvrent les ingénieurs des Ponts, voit ses moyens s'effriter en même temps que dépérit la France rurale.

Les deux ministères auraient pu continuer tranquillement leurs chemins séparés. Mais Edgard Pisani, personnage étonnant qui a déjà obtenu de brillants succès comme ministre de l'Agriculture, l'entend d'une autre oreille. Proche du général de Gaulle, il l'a déjà convaincu de coordonner les infrastructures, comme les transports, avec les superstructures, comme le logement. Les ingénieurs du ministère des Travaux publics se voient en perte de vitesse, et en danger de devoir gérer à la petite semaine la décadence rurale. Jean-Claude Thoenig [14] a décrit les effets de cette crainte. Dès les années cinquante, le corps des Ponts se divise sur ses stratégies d'avenir. Les uns, fidèles à la tradition, persistent dans leur ancrage localiste. Les jeunes-turcs, avec à leur tête un jeune polytechnicien dynamique nommé Georges Pébereau — qui vient de construire l'antenne Bagnolet du boulevard périphérique et qui deviendra plus tard P.D.G. de la C.G.E. —, préconisent l'offensive. Lorsqu'il est question de créer un grand ministère de l'Équipement, invoquant la « modernité » et la « compétence », la fraction « jeune » des X-Ponts y voit un débouché de carrière alléchant.

Le 8 janvier 1966, c'est à Edgard Pisani qu'est confié ce grand ministère de l'Équipement. Dans le même mouvement, Georges Pébereau se retrouve à diriger son cabinet. Le nouveau ministère récupère les attributions de ceux qu'il a phagocytés et reçoit en sus une partie du pilotage industriel, avec la D.A.T.A.R. dans la corbeille de mariage. La structure est subtilement équilibrée. La Construction apporte une direction, en plus de celles de l'aménagement, de l'urbanisme et des affaires financières. Les Travaux publics donnent quant à eux leur direction des routes, celle des ports et des voies navigables, ainsi que la direction du personnel. Pour faire bon poids, on en crée une nouvelle, celle des bâtiments et des travaux publics.

L'équité n'est qu'apparente. Dans un partage des responsabilités à la fois national et départemental — la mise en place des Directions départementales de l'équipement (D.D.E.) —, les ingénieurs des Ponts arrachent la part du lion. Ils avalent au passage les fonctionnaires d'un rang inférieur et récupèrent la gestion des dossiers urbains les plus brûlants. Les cadres supérieurs de l'ancien ministère de la Construction, moins unis et moins prestigieux, en dépit d'une héroïque résistance, sont les grands perdants. Désormais, les ingénieurs des Ponts peuvent, dit Jean-Claude Thoenig, partir allégrement « à la conquête de la ville [15] ».

Pour les nouveaux patrons de l'urbain, plus question de limiter l'essor des grandes villes. Thoenig cite les proclamations ambitieuses des ingénieurs des Ponts : « La richesse d'une nation moderne, ce sont ses métropoles [16]. » La France se structurera autour de grands pôles urbains. Certes, on parle toujours de réduire les disparités les plus visibles de l'Hexagone, et surtout le déséquilibre entre Paris et la province, cette vieille pomme de discorde. Pas question pour autant de conserver une poussière de communes, qui nuit à la croissance. Il faut les regrouper et promouvoir la notion d'« agglomération ». De plus, ce que les ingénieurs des Ponts baptisent l'« aménagement urbain » revêt une fonction essentiellement économique. « Plus que belle, la ville est utile », dit Thoenig. Voilà qui enterre la mélancolie bucolique du graviérisme !

En 1967, le système de planification opérationnelle est au point. Un texte le formalise, aussi important que celui qui, neuf ans plus tôt, créait les Z.U.P. : la loi d'orientation foncière (L.O.F.). Trois outils se mettent en place :

— les schémas directeurs d'aménagement et d'urbanisme (S.D.A.U.), œuvrant sur le long terme ;

— les plans d'occupation des sols (P.O.S) définissant les conditions d'aménagement et de constructibilité ;

— et enfin les zones d'aménagement concerté (Z.A.C.), espace de rencontre de tous ceux qui, publics ou privés, produisent la ville.

Gérant leurs dossiers avec arrogance, prétention et autoritarisme, les ingénieurs des Ponts et Chaussées acquièrent vite une réputation désastreuse. « Les vieux T.P. y allaient mollo, dit-on, les nouveaux y vont à la hache. C'est la razzia. Les Huns en pays conquis ! » De véritables préfets techniques, aux décisions sans appel. Leur pouvoir fait même redouter l'Équipement par les autres ministères. Des heurts se produisent, qui doivent sans cesse être régulés par le Premier ministre. Sur le terrain, c'est l'invasion des technocrates. Vingt ans plus tard, la décentralisation sera aussi une révolte contre les Ponts et Chaussées et contre les ingénieurs d'arrondissement : *Quid vult perdere Jupiter dementat.* Comme le dit sobrement Marcel Roncayolo, « la place de l'État et de ses représentants dans les décisions et le contrôle des opérations urbaines » est alors véritablement « écrasante [17] ».

CHAPITRE 17

Les équipements, version spartiate

Une si cruelle absence...

Au moment où les logements et les usines sortent de terre, le point faible du système apparaît. Certes, on a un toit et un travail. Les campagnes se dépeuplent et la population des communes de banlieue se multiplie par deux, par trois, par dix. De petits villages conservent leur nom, mais sont transformés en monstres quasi urbains, mal fagotés : infrastructures et équipements n'existent que dans les cartons ministériels. Pas de transport. On marche deux kilomètres sous la pluie et l'on attend, les pieds dans la boue, les rares autobus qui vous mènent au travail. On a plein d'enfants, avec une natalité en plein essor, mais pas d'école. On expédie tous les jours ses gamins au centre ville. On ne sait où se soigner. Les habitants protestent et les pouvoirs publics s'inquiètent. Comment nourrir, soigner, éduquer, conseiller, assister, réprimer, transporter, amuser, cultiver tous ces gens ?

Unique consolation : au centre des villes, la situation n'est guère plus brillante. Les équipements sont là, hérités de l'avant-guerre. Mais rares, pauvres, insuffisants, ou dans un triste état. Les établissements scolaires sont surpeuplés et les enfants s'entassent à plus de cinquante par classe. À Limoges, des lycéens travaillent à trois sur des tables conçues pour deux. Dans un établissement de Rouen, des cours ont lieu dans les escaliers. Pas d'internat : au Mans, au grand scandale de leurs parents, d'innocentes lycéennes sont logées dans des bâtiments militaires en compagnie de robustes C.R.S.

L'État identifie des priorités : des écoles pour les enfants, des transports pour les travailleurs et quelques équipements médicaux en prime pour tout le monde... Le reste viendra plus tard. Selon une démarche planificatrice et centralisée, les aménageurs recensent laborieusement les « problèmes » et les « besoins » des populations périurbaines. L'équipement résoudra leurs problèmes, satisfera leurs besoins. Il sera sportif, scolaire, médical, social, culturel, commercial, industriel. Après les « zones », voici les « grilles d'équipement ».

La démarche est formalisée. Le IIe Plan (1954-1957) avait érigé le logement en priorité. Dès les premiers mois de 1958, le Commissariat à la construction et à l'urbanisme pour la région parisienne met sur pied une Commission de la vie dans les grands ensembles qui cogite sur un idéal de développement urbain : grilles d'équipement, définitions de normes, volumes de l'unité de voisinage et du quartier... Le IIIe (1958-1961) fait de l'enseignement une urgence nationale. Dès le IVe, c'est au tour des « équipements collectifs ». Pendant un temps, « équipement » devient même le maître mot de l'aménagement urbain [1].

Qu'est-ce qu'un « équipement » ? Il est des conceptions extensives et luxueuses, qui incluent les avantages des centres ville : « l'autoroute et la préfecture en passant par le bar-tabac et l'aérogare, l'arrêt de bus et l'université ; le parc urbain et le bureau de poste [2] ». Le logement avait déjà été l'objet de longues discussions. Ces dernières reprennent de plus belle à propos des équipements. L'État tranche dans le vif. Voici, à titre d'exemple, sur le tableau page suivante, les normes en vigueur au milieu des années soixante, et les coûts qu'elles induisent. Toute une conception de l'intervention publique et du bien-être social se dessine en creux.

Encore ce tableau décrit-il une situation idéale, qui inclut la panoplie complète des équipements locaux... Cette liste est inférieure à ce que certains exigent. Un glissement budgétaire et idéologique assimile l'équipement collectif à un financement public. Lorsqu'il faut tout financer, la facture est exorbitante. Position difficile à tenir sur la distance...

Une pratique austère

L'État doit-il donc assumer toutes les dépenses d'équipement ? Oui, répondent les uns. Rien n'est trop beau pour l'enfance et la famille.

Désignation et prix	Composition
Voirie et parkings, réseaux divers : 30 millions	Voirie principale, secondaire et tertiaire, parkings, réseaux d'eau, gaz, électricité, eaux usées, eaux pluviales avec stations de traitement, réservoirs, etc.
Équipements généraux : 50 millions	Mairie, services techniques municipaux, services administratifs de l'État, bureau de poste, central téléphonique, gendarmerie, 4 commissariats, 1 gare routière
Équipements scolaires : 55 millions	8 groupes primaire et maternelle, éducation physique, cycle d'observation : garçons 650 élèves, filles 650 élèves, lycée de garçons et lycée de fille (1 600 élèves), lycée technique et collège d'enseignement technique annexé (900 élèves)
Équipements hospitaliers : 40 millions	1 dispensaire antituberculeux et 1 d'hygiène mentale, 1 hôpital public, 1 hôpital psychiatrique, 1 service d'ambulances
Équipements sociaux, cultuels et culturels : 30 millions	4 centres sociaux, 4 centres socioculturels, 1 centre culturel, 1 centre payeur de Sécurité sociale, 4 crèches, 2 jardins d'enfants, 6 foyers de jeunes travailleurs, 4 cités paroissiales
Équipements sportifs : 20 millions	8 terrains de volley-ball, tennis ou basket, 8 terrains d'entraînement de football ou rugby, 1 stade omnisports, 1 terrain de compétition de football ou de rugby, bassin de natation avec ses services, 1 salle de sport
Équipement commercial : Pour mémoire	4 marchés publics
Espaces verts : 25 millions	Espaces verts publics ou privés, parc, cimetière (45 % de la ville)
Total 250 000 millions	

Infrastructure et équipements pour 10 000 logements, accompagnés de leur coût. Source : *Étude d'urbanisme,* V, n° 75, repris par Claude ALPHANDÉRY, *Pour une politique du logement,* collection Jean Moulin, Le Seuil, 1965.

Le nombre et la qualité des équipements ne doivent pas connaître d'autres limites que celles du bien-être des usagers. Non, rétorquent les autres, qui en contestent l'efficacité et même la légitimité. La droite radicale voit dans les premiers les fourriers du totalitarisme communiste. « Les colonies de vacances systématisées et les garderies d'enfants sont les organismes normaux des régimes totalitaires. » Les équipements sont un péril pour la famille : « On libère la mère, mais on prend l'enfant. » Au-delà des équipements, tout le social est condamné : « Les allocations partent d'un faux principe, celui du paternalisme d'État. » Les néo-libéraux des années quatre-vingt ne diront rien d'autre.

L'État agit selon ses moyens, en fonction de l'urgence, et donc selon une conception restrictive et austère. Une pensée à la Dautry imprègne encore les politiques publiques. Comme pour les grands ensembles, pas question de sombrer dans un mol individualisme. La consommation « à l'américaine », liée à des « satisfactions futiles », est farouchement combattue : elle est liée à une « conception partielle de l'homme ». La vision française est plus sérieuse. Le IVe Plan pose une curieuse équation qu'explicite François Fourquet [3] :

Consommation individuelle = besoin futile = image partielle de l'homme
Consommation collective = vrai besoin = image de l'homme total

Les équipements reposent sur quelques principes simples. « Normes », « tables » et « ratios » sont les uniques repères. L'important, c'est le chiffre. Faisons sortir de terre des bâtiments scolaires, ouvrons des hôpitaux, traçons des routes ! C'est le temps de l'abattage : pour accompagner des ensembles de 1 000, 2 000 ou 4 000 logements, en guise de mayonnaise, on construit « 1 000 piscines pour nager », Mil' Clubs pour se cultiver et s'amuser, ou les fameux CES 400 — pour 400 élèves — pour loger les écoliers, des gares de banlieue, des écoles primaires en préfabriqué, des stades, des M.J.C.... Le goût profond de l'État français pour l'intervention quasi militaire et sur grande échelle y trouve son compte.

Fâcheusement, on tend à bâcler le travail. La qualité est une notion inconnue. Pour quelques réussites éclatantes, on ne compte plus les constructions semi-sabotées. Pour des raisons d'économie, les plans architecturaux sont passe-partout, et les cabinets d'étude sont rois, à la condition d'être disciplinés et d'appliquer les normes sans barguigner. Nul ne s'illusionne. Dans vingt ans, il faudra tout reconstruire. Et les constructeurs de se frotter les mains...

De plus, les hypocrisies sont patentes. On détourne vers les banlieues les équipements dont le centre ville ne veut pas, par manque d'espace, souci esthétique ou manœuvre politique. Les banlieues héritent des grands cimetières, des vieux dépôts de pavés, des gares de triage, des garages d'autobus, des hôpitaux-casernes. Ce sont là, bel et bien, des équipements centraux, mais rejetés vers des espaces déshérités.

Dans ce pauvre univers fonctionnel, l'État décide seul. Les divers ministères se partagent les responsabilités et les coûts. Le ministère de la Construction, pour ce qui touche au logement et à la décentralisation industrielle, le ministère des Transports et des Travaux publics pour les routes et les infrastructures, le ministère de l'Éducation nationale pour les écoles, le ministère de la Santé pour les équipements sanitaires et sociaux... Les circuits de financement et le montant des investissements sont normés. Obtenir l'équipement implique de satisfaire à une procédure, lourde et complexe, qui désespère les élus locaux. Faisant don du bâti, l'État en fournit, avec une minutie maniaque, les règles d'usage. Pas question de déroger aux règles, tout au moins dans la doctrine officielle. L'État se dote également de moyens de contrôle : il renforce ses services extérieurs forts, dévoués et hiérarchisés.

L'équipement lui-même laisse souvent à désirer. Qu'importe sa localisation, pourvu qu'il existe ! Comme pour le grand ensemble, on le construit sur les espaces laissés libres par les opportunités foncières. Sa position dans la rue, son aspect, ses entrées et ses clôtures ? Ce n'est pas l'essentiel. Inutile de fignoler. Le nom de l'équipement, souvent hermétique, est celui de sa fonction. On classe ainsi les jeunes, les personnes âgées, les femmes, les migrants, dans un quadrillage qu'on souhaite rationnel. Un mécanisme insidieux d'étiquetage se met en place.

Les grands espaces et la verdure étaient chers aux tenants de l'hygiénisme. Comme ils ne font pourtant pas partie des urgences, les banlieusards désireux d'oxygène ont la portion congrue. La verdure apparaît tardivement dans la réglementation, dans le décret du 25 septembre 1961 : « Les zones de discontinuité et coupures vertes sont un des éléments fondamentaux de l'organisation de la croissance urbaine, en conséquence de quoi le gouvernement a décidé que les espaces verts figureraient désormais dans les éléments structurants d'intérêt public. » Le thème est repris par la loi foncière de septembre 1967 sous la forme de « surfaces réservées aux parcs et jardins dans une zone urbaine ». Hélas ! Jusqu'en 1970, les financements sont dérisoires. Il faut attendre 1971, avec un ministère chargé de l'Environnement, pour qu'une mission de coordination interministérielle rédige une « Charte des espaces verts [4] ».

La même conception spartiate préside au fonctionnement des équipements. Pour le service lui-même, le dogme est celui de l'équivalence : une école vaut une autre école, un dispensaire un autre dispensaire. Cette standardisation est gage d'équité, prétend-on. Nul ne songe encore à revendiquer un service personnalisé pour les usagers... La France, davantage que d'autres pays, a depuis longtemps expédié au front des hommes vaillants pour combattre les « fléaux sociaux », l'alcool, la tuberculose ou la syphilis. Les grands médecins du siècle dernier — et les « savants » comme Pasteur —, unis aux hussards de la République, étaient chargés de missions civilisatrices. On éduque le peuple. On civilise l'ouvrier, on instruit les mères et on transmet aux enfants les valeurs nationales et républicaines. Pour ce faire, un État s'érigeant en instituteur des pauvres avait multiplié les professionnels de l'éducation et de la santé. L'approche qui prédomine encore dans les années soixante s'inscrit dans le droit-fil de ce vieux modèle hygiéniste. Simplement, à côté des instituteurs, on place des techniciens sociaux qui réguleront la vie des quartiers : assistants sociaux, éducateurs, puéricultrices, infirmières... Les grognards en blouse blanche relaient les hussards noirs.

Des villes amputées

Très vite, tout se complique, et cette conception minimaliste et austère de l'équipement se heurte à d'insurmontables difficultés. Avant la guerre, pour tout aménagement, il suffisait de tracer une rue, de la paver, de l'accompagner de deux trottoirs plus ou moins bien entretenus, d'ajouter l'eau courante, un pylône électrique. Parfois même, le tout-à-l'égout était absent. En quelques dizaines d'années, les exigences ne font que monter. Il y a certes toujours l'eau, l'électricité et les égouts, mais aussi le téléphone, le gaz, le chauffage urbain, une circulation routière de plus en plus complexe, les parkings, les espaces verts, sans compter les équipements qui s'affinent et se spécialisent. Le savoir-faire devient plus complexe, et les coûts augmentent d'autant. Comment l'État peut-il, à lui seul, financer des équipements sans cesse plus onéreux ?

De plus, équiper une ville est une entreprise de longue durée. En dépit de leurs déclarations, les pouvoirs publics ne peuvent guère produire d'égalité. Le modèle que mettent en évidence, plus tard, au milieu des années quatre-vingt, Monique Pinçon-Charlot, Edmond Préteceille et Paul Rendu en Île-de-France est « radio-concentrique » : un centre luxueusement doté et des commodités qui se raréfient au fur et à mesure qu'on s'en éloigne. L'éventail des choix est différent. Certes, divers mécanismes compensateurs permettent à des endroits comme Versailles ou Corbeil, ou encore à certaines zones de proche banlieue, de bénéficier d'équipements de voisinage importants. Il n'empêche... Les besoins restent plus pressants dans les endroits jeunes, éloignés de tout, où résident des gens mieux dotés en enfants qu'en argent. Les « rattrapages » sont éternellement à l'ordre du jour. Mais c'est une longue marche [5]...

Une dernière demande se fait jour : les usagers veulent de plus en plus d'égards. Une conception rigide, standardisée et spartiate du service public ne répond bientôt plus aux demandes d'une population qui découvre le progrès et réclame d'être mieux considérée. Des protestations contre l'école-caserne aux réticences des mères à être « civilisées », le modèle bureaucratique égalitaire d'antan s'épuise. Le qualitatif, qui comptait peu en période de pénurie, grandit en importance quand l'urgence s'efface. Les gestionnaires formés dans l'après-guerre n'y comprennent rien : même après mai 68, ils auront du mal saisir ces étranges réticences des populations, auxquelles on veut tellement de bien.

Un virage s'amorce en 1967. Une loi foncière remplace les Z.U.P. par les zones d'aménagement concerté (Z.A.C.). Ces dernières ne sont plus le fruit de la seule pensée étatique. Elles associent obligatoirement des promoteurs publics et privés, et plusieurs types d'habitat — des locations, des accessions à la propriété, des immeubles sociaux et d'autres qui ne le sont pas, le tout pensé par des architectes différents. De surcroît, l'effort financier imposé aux différents partenaires pour la construction des équipements collectifs est accru. Les Z.U.P. avaient permis de construire en urgence et sur grande échelle. Les Z.A.C., espère-t-on, vont financer des infrastructures et des équipements diversifiés. L'État joue la variété. Mais il est déjà trop tard.

Au bout du compte, la banlieue apparaît comme une ville avortée, bâclée et ratatinée. En 1983, un rapport d'André Girard sur « la qualité de la vie dans les banlieues des grands ensembles », pour le Conseil économique et social, déplorait toujours la carence des équipements. Les services de la police, les bureaux de Sécurité sociale, les perceptions et les services fiscaux, les postes, les banques faisaient défaut, tout comme les structures pour le troisième âge : « On construit d'abord des logements et souvent beaucoup de logements. On les accompagne au mieux d'écoles maternelles et primaires. Les autres équipements, sociaux, commerciaux, les transports et les services viennent plus tard, parfois bien des années plus tard — car le besoin précède la rentabilité — ou restent même à l'état de projet. »

L'Homme nouveau dont rêvaient pieusement les reconstructeurs de 1945 est né. Mais il est amputé de naissance. Le maire de Rezé, Jacques Floch, constate en 1990 : « Dans ma commune, il y a tous les équipements, tous les monuments. Une église, une mairie, une unité d'habitation construite par Le Corbusier. Mais il n'y a pas de ville. » Car la ville est aussi affaire de représentation : c'est un lieu d'identification, un morceau de territoire qu'on fait sien. Un adage puritain semblait présider à la multiplication des services publics : qu'importe l'ivresse, pourvu qu'on ait le flacon... Dans la conception classique des équipements, le flacon est là. Mais pas l'ivresse.

CHAPITRE 18

Une satisfaction querelleuse

Les revendications du quotidien

Pierre Mauroy a raconté comment il a créé les clubs Léo Lagrange : en rompant avec les pratiques socialistes passées, tout imprégnées de paternalisme catéchistique. « L'éducation des jeunes socialistes dans l'arrière-boutique d'un café sous la conduite d'un bonze ne correspond plus aux nécessités actuelles... Pour mener à nous la majorité des travailleurs, il faut éviter les laïus, créer une ambiance, établir des contacts humains, unir la doctrine à la vie dans ce qu'elle a de plus dense et de plus riche [1]. » Les clubs Léo Lagrange, eux, veulent offrir aux jeunes ouvriers un espace de liberté. Ces derniers organisent eux-mêmes leurs loisirs : des soirées, des sorties, des bals... Il y a aussi des bibliothèques, des conférences, des discussions et des débats, où tout peut être dit. On parle alors de boom associatif : 1 000 associations de plus chaque année après la première guerre mondiale, 5 000 annuelles après la seconde [2] !

Les associations des années cinquante ont deux têtes jumelles, parfois unies, souvent en guerre : la tradition chrétienne et le mouvement ouvrier. D'un côté, des ambitions solidaristes et le réformisme chrétien ; de l'autre, l'éducation populaire et le rêve de la libération prolétarienne. Avec une équité pondérée par l'habileté tactique, l'État joue de cette rivalité. Une tradition anglo-saxonne répartit les associations en deux catégories. Les associations dites d'*expression,* chargées de défendre les intérêts de leurs membres, et celles dites d'*influence sociale,* qui souhaitent modifier l'environnement ou les règles du jeu social. Les associations de l'après-guerre font partie de ce dernier ensemble et veulent changer le monde [3].

J.-P. Augustin et J. Ion ont analysé cette mutation. L'avant-guerre, disent-ils, était l'époque des « patronages », organisés autour d'institutions fortes, l'Église ou l'école. L'après-guerre est celle des « mouvements [4] ». La réussite de ces mobilisations associatives, chrétiennes ou laïques, socialistes ou communistes, repose sur quelques principes clefs, comme celui d'une transition douce entre la famille et « la vie ». On offre aux jeunes un « nouveau foyer », plus libre que l'ancien. Toutefois, même si la rupture est flagrante entre la génération des années trente et les enfants de la guerre, les univers sociaux sont les mêmes : celui d'ouvriers croyant au progrès ou de petits employés en ascension sociale. La mobilisation associative accélère une rupture de génération, mais préserve une continuité culturelle.

Avec les grands ensembles, les associations qui veulent changer le monde, les jeunes et les vieilles, ont fort à faire... Une myriade de revendications nouvelles jaillit, comme fruits du progrès. Tout comme les ouvriers dans les usines ou les employés dans les administrations, les grands ensembles auront leurs représentants quasi syndicaux. Si les habitants se mobilisent et si leur militantisme est jugé « responsable », il est encouragé et subventionné. On leur délègue même la gestion d'une partie des équipements.

Le temps des médiateurs salariés

Dans les grands ensembles, il est sans cesse fait appel à ce mécanisme pour créer des services et des structures. En 1969, des locaux collectifs résidentiels (L.C.R.), ou « mètres carrés sociaux », sont attribués aux habitants pour qu'ils installent des lieux de rencontre, d'animation culturelle ou de garde d'enfants. Ces L.C.R. deviennent obligatoires dans les groupes de 200 logements et dans les Z.A.C. Cette mesure, mal accompagnée et bien que porteuse çà et là de réussites incontestables, piétine ou dérape. Les pouvoirs publics multiplient les circulaires pour en préciser l'usage, le coût ou les règles de fonctionnement. Sans grand succès [5]. Qu'importe, la vie associative est officiellement reconnue.

Ce sont aussi, entre mille autres exemples, les clubs et équipes de prévention, nés après la guerre d'une initiative bénévole, pour aider les jeunes en péril, susceptibles de créer des « bandes ». Un arrêté interministériel du 4 juillet 1972 les officialise. Il en est de même des P.A.C.T., composés, après la guerre, de jeunes volontaires aidant des personnes âgées ou démunies à aménager leur taudis pour le rendre vivable. Les P.A.C.T., autrefois « Propagande et action contre les taudis », se muent en « Protection, amélioration, conservation et transformation de l'habitat » et deviennent, le temps aidant, un organisme gestionnaire, quasi officiel.

Une mutation insensible se produit dans les années soixante. Gantant de velours sa main de fer, l'État met en place des instances de négociation et se choisit des relais. Dès le début du siècle, le Conseil d'État avait d'ailleurs admis le principe d'une telle concession du service public. Les « mouvements » se font donc gestionnaires. L'administration désigne ses interlocuteurs, négocie et formalise leurs missions, et contrôle l'usage des fonds qu'elle leur attribue.

Les gestionnaires-militants se familiarisent avec une approche technicienne, se rodent à toutes les astuces des démarches prébendières et acceptent de bon gré toutes les inspections, pourvu que les subventions tombent. Il s'ensuit un ballet réglé des administrations et des responsables associatifs, dans le cadre de rencontres annuelles et ritualisées. Des complicités se tissent entre notables associatifs et fonctionnaires d'État. On demande à des fonctionnaires d'encadrer les associations à titre bénévole et de servir de garants. La présence d'administratifs des deux côtés de la barrière témoigne d'une sorte d'harmonie préétablie, où tout le monde trouve son compte. Les associations possèdent, dit-on, une « souplesse » que la fonction publique, avec ses statuts rigides et ses instructions pérennes, est loin de posséder.

Une alliance durable s'établit ainsi entre l'État et les « forces vives » de la société dont on encourage les initiatives. Parfois des notables locaux mettent directement en place une structure ; parfois l'État monte tout bonnement le relais qui lui est utile. L'autonomie est illusoire : on traitera méchamment ces associations de « faux nez étatiques ». Le local s'équipe... Le dérapage est prévisible. Rapidement une partie des associations n'aura plus qu'une idée en tête : Comment faire en sorte que leur cause soit reconnue comme digne d'être subventionnée ? Comment faire pour que la subvention soit reconduite ? Pour qu'elle soit augmentée ?

Le communisme saisi par l'urbain

Le même mouvement d'institutionnalisation et de contestation contrôlée s'étend à la vie politique. Prenons le parti communiste, dont la gloire nationale pâlit en même temps que s'épuise sa virulence révolutionnaire... Les conflits dans les usines perdent de leur acuité, et les militants se font plus discrets. En 1947, le parti délivrait 900 000 cartes ; dix ans plus tard, il n'en revendique guère plus de 400 000 [6]. Longtemps, les communistes n'ont vu dans l'habitat qu'un front secondaire. Dans les antagonismes entre ouvriers et patrons, il fallait simplement que tienne l'arrière familial.

Toutefois, si le communisme stabilise sa chute, c'est qu'il se replie sur des bastions locaux. La conjoncture a changé, affirme-t-on. Autrefois, le peuple devait faire face à une poussière de petits propriétaires rapaces. Seuls les grands patrons paternalistes prenaient en main l'ouvrier de la naissance à la mort. À son stade monopolistique, le capitalisme ne limite plus ses ambitions aux usines. Il fait main basse sur la ville. Avec l'État à leur service, les monopoles planifient, construisent, exproprient ; ils envahissent la vie quotidienne. Ils s'aident d'une pseudo-science qu'ils baptisent « urbanisme » et à laquelle ils font jouer un rôle stratégique, comme idéologie politique et pratique professionnelle. La politisation de la problématique urbaine est inévitable, et, dans l'espace local, c'est directement l'État — au service des monopoles... — que les ouvriers affrontent au quotidien. L'urbanisme est un terrain de lutte où tout le peuple s'unit dans la volonté d'un changement démocratique [7].

Pour les communistes, le territoire communal devient, tout comme l'usine, une base d'action contre l'État des monopoles. Faire du local le champ de bataille de l'anti-étatisme n'est pas dénué de pertinence : les alliés sont nombreux. L'État se méfie des maires, de droite ou de gauche, et les maltraite. L'urbanisme est trop sérieux pour être confié aux seuls élus locaux. Ces derniers sont suspectés d'être incompétents, électoralement complaisants et de défendre des intérêts particuliers. La doctrine républicaine et centralisatrice, fondée sur les idées de cohésion sociale et d'un État ciment de la nation, confirmée par l'autoritarisme gaulliste, conforte ce choix.

Pour imposer sa loi dans les banlieues, l'État devra donc négocier. Cette stratégie transforme la nature même des organisations communistes. Les permanents sont de moins en moins prolétariens, de moins en moins militants. Officiellement, les nouveaux représentants des grands ensembles sont les ménages ouvriers, soutenus par les artisans et les commerçants. Dans les faits, les femmes au foyer prennent de l'importance. Annie Kriegel juge « étonnante » cette décadence du « caractère mâle » du communisme [8]. « En 1966, remarque-t-elle, les ménagères communistes, catégorie à peu près inexistante dans les partis ouvriers et révolutionnaires du premier demi-siècle, constituent près de 46 % des effectifs féminins totaux. Près d'une femme communiste sur deux n'est pas, selon la formule consacrée, " dans la production ". » Cette réorientation recompose les modes de faire militants. Cependant, si les femmes sont là, elles n'en ont pas pour autant obtenu le pouvoir sur l'ensemble de l'organisation. Les hommes tiennent toujours les commandes. Mais leur profil a changé. Dorénavant les gestionnaires locaux l'emportent et marquent l'ensemble du mouvement de leurs préoccupations : l'ingénierie financière et le contrôle organisationnel.

Le quadrillage local

La prise en main des grands ensembles constitue évidemment un enjeu central. Le principal outil des communistes est la « Confédération nationale des locataires et des usagers de l'eau, du gaz et de l'électricité », dite C.N.L., créée en juin 1946. C'est la forme nouvelle de l'ancienne « Union syndicale des locataires ouvriers et employés », elle-même héritière des associations d'entraide et d'autodéfense de la fin du XIXe siècle. Fortement implantée, elle revendique au seuil des années soixante-dix plus de 100 000 adhérents, qui sont loin d'être tous proches du P.C.

Dans les revendications de la C.N.L., le quantitatif domine. Son programme de 1967, par exemple, exige l'abrogation des lois et des décrets permettant des augmentations des loyers, la construction de davantage de H.L.M. — plus de 200 000 pour l'année... —, des modifications substantielles dans les modes de financement, la diminution du coût des loyers, l'extension de l'allocation-logement... Les demandes sont gestionnaires : que le prix plafond de la construction imposé à l'Office H.L.M. de la Ville de Paris corresponde au prix de revient de la construction et que lui soient attribués les crédits nécessaires ; que la spéculation sur les terrains soit jugulée, ou que la moitié du 1 % patronal soit versée à l'Office H.L.M. afin de permettre aux travailleurs des entreprises d'être relogés dans des H.L.M. et non pas dans des immeubles à loyers élevés.

Globalement, la propagande s'infléchit. Une abondante littérature apologétique met en avant les « acquis sociaux des municipalités communistes ». À Ivry — ville dont Maurice Thorez est député — 1 415 logements sociaux ont été construits depuis la fin de la guerre ;

à Aubervilliers, 1 539, et à Saint-Denis plus de 10 000 ! Rien à voir avec les villes de riches, qui ferment leurs portes aux moins favorisés. Avant de s'emparer de l'État, le mouvement ouvrier doit faire la preuve de ses capacités gestionnaires. Des offices municipaux, voire départementaux, confiés à des responsables souvent encartés, et se livrant parfois à quelques acrobaties financières, alimentent les finances communistes et salarient un réseau de militants et de sympathisants. Ces offices servent aussi de subtils projets de peuplement, pour éviter les dérives petites-bourgeoises au détriment des ancrages prolétariens, fonds de commerce électoral du parti. Ces pratiques ne sont pas le fait d'un dérapage marxiste. Des communes de toutes les couleurs politiques s'y sont adonnées avec délices. Celles du P.C. ont sans doute eu le malheur d'être parfois plus visibles...

Les conflits ne s'en estompent pas pour autant, bien au contraire. La France des années soixante bouillonne. 1961 ? La grande grève des cheminots et les protestations vigoureuses des Anciens Combattants. 1963 ? La grève des mineurs de Lorraine, avec un décret de réquisition qui ne fait qu'envenimer le conflit ; c'est aussi un vaste mouvement des employés de banque et des transporteurs routiers. 1964 ? Une grève du secteur nationalisé mobilise 3,5 millions de personnes, relayée par des émeutes paysannes en Bretagne et par de premières manifestations d'étudiants...

Qu'importe. Ceux qui pilotent la France restent sereins. Quand le peuple bouge, pensent-ils, ce n'est pas la révolution qui gronde, mais les convulsions d'un monde qui s'annonce. La menace communiste persiste sur le plan international, mais recule dans l'Hexagone. Les vieilles rancunes prolétariennes s'estompent. Les disparités sociales se réduisent. Les ouvriers qu'on dit « embourgeoisés » se muent en salariés râleurs, mais surtout désireux de consommer. Aux masses populaires d'antan, celles de Zola, avec leurs misères, leurs oppressions et leurs luttes, se substituent des séries bien classées de Français « moyens », dûment placés dans leurs tiroirs. Quant aux nouveaux gestionnaires des technostructures industrielles, qui prennent peu à peu la place de l'ancienne bourgeoisie patrimoniale, ils n'en ont ni la morgue, ni l'arrogance. Ce sont des salariés comme les autres, un peu plus luxueux sans doute, mais qui ne doivent leur luxe qu'à leur compétence toute neuve.

L'État peut dormir paisiblement. Le territoire est bien quadrillé. Pendant longtemps, les banlieues s'installent au cœur de cet ordre tout à la fois tranquille et conflictuel. L'État d'un côté, les communes et les associations de l'autre. Chacun accepte les règles du jeu. « Conflit et dialogue ne s'excluent pas, mais s'opposent et se conditionnent dans une unité dialectique de tous les instants », affirment des militants communistes [9]. Cette régulation n'est pas un marché de dupes. Cahin-caha, elle amène du mieux-être quotidien, les banlieues s'équipent et les acquis du progrès font leur entrée dans la vie des Français. La France s'enrichit en maugréant contre l'avarice et l'injustice publique. Pour reprendre une formule de Raymond Aron, l'époque est celle d'une « satisfaction querelleuse ».

CHAPITRE 19

La politique des petits paniers

Homogénéiser la France ?

Changer l'habitat, c'est changer la société, espéraient les technocrates reconstructeurs. Des chercheurs confirment cette analyse. L'habitat moderne constituerait, dit Chombart de Lauwe, « un tournant dans l'histoire de la civilisation industrielle ». Dans sa mouvance, René Kaës voit dans les grands ensembles « la genèse d'une autre société », et Pierre Clerc juge ceux qui les peuplent représentatifs des Français : de ce creuset urbain surgit une socialité nouvelle. Tous prophétisent l'apaisement quotidien de la conflictualité sociale.

Comme les grands ensembles sont semblables, leurs résidents vont aussi se ressembler, dit-on. Cette argumentation ravive au passage les vieilles rancunes à l'égard des petits pavillons : « Les familles qui vivent en pavillon sont souvent repliées sur elles-mêmes, épuisées par les sacrifices qu'il a fallu faire pour construire la maison, ne s'intéressant que médiocrement à la vie publique, plus coupées de l'action syndicale dans l'entreprise, etc. Elles sont plus attachées aux survivances d'une structure patriarcale, plus dépendantes des influences traditionnelles, moins éloignées de la vie rurale. Le développement des pavillons a donc des conséquences très importantes sur l'orientation des transformations sociales et sur la vie politique d'une nation [1]. » Le pavillon, c'est le règne du chacun pour soi ; le collectif, c'est l'ascension de la communauté. Comme la similitude communautaire pacifie les mœurs, le monde est en passe de se réconcilier.

Cette vision angélique de l'homogénéisation sociale fait long feu... L'illusion est complète, comme le montreront plus tard Chamboredon et Lemaire, dans un article maintes fois cité [2]. La proximité spatiale n'éteint pas les antagonismes sociaux ; elle les fait perdurer et les enkyste. Dans les grands ensembles, chacun vitupère ceux qui « laissent leurs enfants livrés à eux-mêmes », vivent à crédit, ne paient pas leur loyer, mais s'achètent des télévisions et pondent chaque année un nouveau gamin pour vivre aux crochets des allocations familiales. Et surtout, ceux qui font du bruit : les sons d'autrui rappellent combien les pauvres diffèrent des petits-bourgeois, qu'ils vivent selon d'autres horaires et d'autres mœurs, qu'ils sont impolis et incultes.

De plus, l'homogénéisation sociale n'a rien d'un mouvement volontaire et spontané. Pour les offices, aucun groupe ne doit imposer aux autres ses propres modes de vie. La volonté du logeur est de neutraliser les différences. Ce brassage contraint ne produit aucune harmonieuse convergence. Dans les grands immeubles collectifs, un équilibre social boiteux se construit dans l'angoisse, balayant la chaleur et la solidarité du vieux quartier ouvrier. La conflictualité est littéralement « construite » sous les auspices d'une morale petite-bourgeoise. Elle domine jusqu'à l'intimité des plus démunis, et la relative autonomie des collectifs ouvriers, celle du Bout-Galeux, est brisée. Les grands ensembles disqualifient donc les prolétaires : leur mode de vie est perpétuellement jugé « vulgaire ». Une petite-bourgeoisie sourcilleuse les surveille. Soumis aux critiques des regards extérieurs, et avides de bénéficier du progrès social, les plus démunis veulent « s'élever », deviennent les prisonniers du monde des objets et les otages de leur endettement.

Encore faut-il que le contact ait lieu... L'analyse de Chamboredon et Lemaire, comme l'ont montré Jean-Claude Toubon et Annick Tanter, ne s'applique qu'à une courte période qui va de 1955 à 1965, lorsque le mythe du Français moyen dans les grands ensembles était encore vivace [3]. De plus, elle ne renvoie qu'à la petite fraction des immeubles collectifs dont le peuplement est homologue à celui de la ville. Ceux où l'on trouvait, dans la même tour ou la même barre, le médecin, le cadre, l'employé, l'ouvrier et la famille pauvre. Dans ce cas, et même si les jeunes couples, les familles nombreuses, les ouvriers et les petits employés étaient surreprésentés, l'image d'un quartier était peu ou prou conservée.

La stratification sociale reprend rapidement ses droits. Très vite, l'univers des H.L.M. devient celui de la différence. Les grands ensembles eux-mêmes sont dissemblables, et les cités nouvelles « ont leur Passy et leur Saint-Ouen », constate *Libération,* dès 1962. Des modes de sélection divergents expliquent en partie ce phénomène :

les O.P.H.L.M. de la région parisienne ont 46 % d'ouvriers, ceux de la S.C.I.C. — la filiale la plus chic de la Caisse des dépôts — 23 % seulement. Les circuits d'attribution propres aux allocations familiales privilégient les familles nombreuses de milieux défavorisés, alors que les entrées patronales du 1 % favorisent le salarié moyen.

Certains immeubles sont même directement construits pour des populations dites « spécifiques ». On les bâtit pour loger des ouvriers et leurs familles, à Poissy, Cléon ou Montbéliard. Ou pour réunir les employés autour d'un bassin d'emploi, dans les charbonnages ou la sidérurgie. Ou encore, pour héberger en urgence des populations à la rue ; c'est le cas des rapatriés d'Algérie, à Avignon, Marseille, La Courneuve ou Sarcelles, au début des années soixante. Ou, quelques années plus tard, des travailleurs migrants qu'on juge assez honorables pour passer directement du bidonville au grand ensemble. Les « spécifiques » deviendront-ils des Français « moyens » eux aussi ? On l'espère sans doute. Mais on ne les traite pas comme tels.

Très vite également, le parc social se diversifie et se fracture, sous l'effet de ce qu'on appelle les « trajectoires résidentielles » des populations. Le centre des villes, revalorisé, attire bientôt ceux dont la situation sociale s'améliore. Les mieux informés et les plus rusés quittent leur vieille H.L.M. pour en rejoindre une neuve, à deux pas. Bientôt, les plus économes, encouragés par les pouvoirs publics, accèdent à la propriété. Bref, ceux qui sont en pleine ascension sociale, le cœur joyeux, laissent les plus pauvres derrière eux. Ce mouvement prendra plus tard des proportions inquiétantes...

Mais il est plus grave encore pour les adeptes de la réconciliation sociale : le logement collectif répugne aux nantis et les classes moyennes font généralement la fine bouche. Pour les moins bien lotis, le grand ensemble est l'objet de sentiments mêlés. Plus on est contraint d'y résider, et plus on l'aime. L'enthousiasme ressemble fort à une rationalisation : « L'attitude à l'égard des grands ensembles est fonction des chances que l'on a de le quitter, donc du degré de liberté par rapport aux contraintes qui définissent les conditions de logement. » L'obligation crée alors un certain attachement. Plus tard, elle n'engendrera que le rejet.

Les professionnels en dissidence contrôlée

De plus, pour faire prendre la nouvelle mayonnaise sociale, l'État ne s'en remet pas seulement au bon vouloir des populations. Il peuple aussi les grands ensembles de professionnels chargés d'« accompagner » les populations dans leur marche vers le progrès. Il certifie la qualification de travailleurs sociaux par un diplôme et les envoie prendre place dans des centres sociaux, des clubs de prévention, des équipements socioculturels et culturels, et dans tout le secteur qu'on baptisera en 1975 celui de l'enfance « inadaptée ». On les affecte aussi aux départements et aux communes, où ils assurent les consultations de protection maternelle et infantile ou le fonctionnement des centres sociaux.

À mi-chemin des pouvoirs publics, qui les ont formés et qui leur fournissent leurs outils administratifs, et des populations auxquelles ils sont encore plus ou moins liés par des attaches familiales, les travailleurs sociaux jouent les bons offices. Ils adoucissent la rigueur des bureaucrates, détaillent pour les béotiens les dédales de l'administration et, lorsqu'ils dérapent, ils expliquent avec une patience inlassable aux marginaux des H.L.M. le bon usage des grands ensembles. On exige d'eux compréhension et technicité, et ils montrent aux bénéficiaires du développement industriel le chemin de l'épanouissement personnel et de la promotion sociale. À leur manière, ils participent de cette « gestion étato-corporative » dans laquelle Pierre Rosanvallon voit l'une des figures de l'État modernisateur de ces années-là. Le rôle du travailleur social est alors double : accompagner le progrès économique, pour qu'il se déploie sans heurts, et gommer les dysfonctionnements les plus flagrants de la société industrielle. C'est le temps des « médiateurs de l'ombre [4] ».

Quel est le quotidien d'une assistante sociale de secteur, à cette époque ? Avant 1968, elle est encore sous la coupe du monde médical, mais elle tend à s'en affranchir. Sur le territoire qui lui est attribué, elle s'efforce chaque jour de trouver un logement aux jeunes ruraux venus travailler loin des champs, incite les fils d'ouvriers tentés par une vocation de blouson noir à chercher du travail, veille à ce que les jeunes couples bénéficient de toutes les prestations auxquelles ils ont droit, s'inquiète enfin de ce que les immigrés du bidonville voisin soient bien accueillis dans la cité.

Pour l'aider dans sa tâche, un réseau local lui permet de guider ses usagers ou, comme elle le dit parfois en référence à des ambitions libérales, ses « clients ». En période de plein emploi, il n'est pas difficile de les inciter à chercher un emploi, même peu qualifié. La protection sociale se perfectionne. Si les logements restent difficiles à trouver, l'éclaircie est en vue. Le plus délicat à gérer reste l'aspect relationnel.

Heureusement que notre assistante sociale possède dans ce domaine une formation solide : le diplôme d'État lui a donné de bonnes connaissances administratives et l'a rendue experte en accompagnement psychosocial individualisé [5]...

La C.F.D.T. a alerté notre assistante sociale sur les vastes projets d'informatisation que médite déjà le ministère. Comme toutes ses collègues des D.D.A.S.S., elle s'en indigne et le fait hautement savoir. L'État veut la transformer en un simple agent du contrôle social : repérer les populations à risques, les mettre en fiches, les encadrer, les surveiller, les quadriller... Pas question. Consciente de ses responsabilités et armée de sa déontologie, elle veut « œuvrer à l'autonomie des individus et des groupes », comme les textes officiels le lui demandent.

Jeune mariée, elle a emménagé dans un I.L.N. proche de son lieu de travail. Le soir et le week-end, elle participe activement à la vie associative. Elle côtoie des enseignants ou d'autres travailleurs sociaux récemment arrivés en ville. Un animateur de la M.J.C., par exemple, et un éducateur travaillant pour une Sauvegarde de l'enfance et de l'adolescence, qui vient d'ouvrir un institut médico-pédagogique et un institut médico-professionnel. Comme tous les professionnels du quartier, l'assistante sociale proteste vigoureusement quand on la soupçonne d'agir pour le seul bénéfice des plus pauvres. La charité, c'est le XIXe siècle ! C'est l'État qui veut la transformer en simple machine à distribuer des secours ! Mais sa mission est plus haute. Elle s'applique à la société tout entière, qu'elle contribue à rendre meilleure, plus ouverte et plus juste.

Ville, salariat et progrès social

Personne ne doute que le quotidien de tout un chacun puisse devenir plus juste. Sur quoi une société « tient »-elle, sur quel ensemble implicite de valeurs et de principes ? Le pouvoir féodal s'ancrait sur le respect de la tradition. Au début du siècle, Durkheim tentait de définir le ciment des sociétés industrielles. Leur logique organisatrice ne repose plus ni sur la naissance, ni sur les efforts courtisans. Une autre s'y substitue : la division du travail comme mode de cohésion sociale [6]. Le processus ne fait que s'esquisser au moment où écrit Durkheim. Il lui faut un demi-siècle pour s'imposer. C'est chose faite dans les années soixante. La négociation des places est au cœur de la machine sociale.

Le salariat, pivot de l'organisation sociale, assigne à chacun son espace. Au cœur de la société, le monde du travail repose sur un double questionnement : comment définir « objectivement » la place qui doit être occupée par le salarié ? Selon quelles modalités cette place peut-elle se négocier ou se renégocier avec l'employeur ? Chacun se voit attribuer un lieu organisationnel précis, produit d'une formation, d'un organigramme, d'une ancienneté dans le poste et d'un débat constant entre les représentants des employeurs, des salariés et des pouvoirs publics. Le résultat en est une société minutieusement stratifiée et construite selon le modèle d'un contrat généralisé [7].

Dans cet univers réglé à l'extrême, tout est fait pour empêcher les affrontements « sauvages ». Chaque procédure de négociation est définie dans les moindres détails : l'élection régulière des délégués du personnel et des représentants syndicaux, les attributions des inspecteurs du travail, ceux des conseils de prud'hommes, les méthodes pour mettre fin aux grèves, locales ou nationales... Pour reprendre la terminologie d'alors, un processus de « normalisation » s'exerce sans fin, mobilisant une armada de juristes, de fonctionnaires et de permanents syndicaux. La cohésion sociale est maintenue au prix d'un travail incessant, qui mobilise l'énergie d'un nombre croissant d'intervenants.

Un classement aussi minutieux pourrait être désespérant, à l'instar des sociétés de castes. Il n'en est rien. Contractuellement, chacun a sa place, certes ; mais cette place est sans cesse renégociable à la hausse. Tout le monde compte fermement améliorer sa situation selon son ancienneté dans la fonction, les diplômes obtenus et les concours victorieusement passés, les nouvelles responsabilités assumées ou les revendications arrachées de haute lutte. Une stratification rigide est contrebalancée en permanence par un postulat ascensionnel : à moins d'une catastrophe personnelle, nul ne peut régresser. Des parachutes institutionnels — grilles, conventions collectives, assurances diverses — sont accrochés aux épaules des salariés, afin qu'entre le début et la fin de leur carrière ils ne puissent jamais dégringoler. À l'inverse, l'espoir d'une progression plus ou moins rapide leur est toujours ouvert.

Se calquant sur un même mécanisme, l'État classe les territoires et choisit soigneusement les interlocuteurs avec lesquels il négocie. Une hiérarchisation permanente de l'habitat, homologue de celle du salariat, permet d'aménager pour les résidents des parcours réglés. D'un côté, on supprime les bidonvilles et les cités de transit, pour accueillir dans les grands ensembles ceux qui en sortent. De l'autre, on construit de l'individuel chic, pour ceux que la société favorise ou que leur obstination pousse à investir dans le logement. Un mécanisme de promotion perpétuelle est préservé : il suffit d'entretenir ceux qui sont au bas de l'échelle dans l'espoir qu'ils n'y resteront pas.

La construction des grands ensembles n'est pas seulement rationalisée avec des chemins de grue et le préfabriqué lourd. Tout est réglé au quotidien, selon la même logique. Des catégories sont définies, des règlements draconiens sont édictés, que les locataires signent et s'engagent à respecter, des gardiens font régner l'ordre, des inspecteurs engagés par l'office viennent pourchasser le linge suspendu au balcon ou la voiture mal garée. On imagine mal, aujourd'hui, avec quelle rigueur s'exerçait le contrôle quotidien sur les premiers locataires des grands ensembles. C'est l'ensemble de la vie quotidienne des résidents qu'on normalise, sur le modèle des usines ou des administrations.

Une parabole cynique illustre le fonctionnement de cette société ascensionnelle : les singes hurlent contre le patron du zoo parce qu'il leur donne trois cacahuètes le matin et deux cacahuètes le soir. Que fait le patron du zoo face à ce mouvement revendicatif ? Il leur donne deux cacahuètes le matin et trois le soir. Fait plus important encore : chaque génération profite de l'expérience de la précédente pour améliorer sa position. Il est « normal » que le fils du paysan devienne ouvrier qualifié ; le fils d'ouvrier, instituteur ; et le fils d'instituteur, cadre... Si l'Ancien Régime était centré sur la gloire du monarque, « la société salariale a pour tonalité dominante le progrès social », constatent Aglietta et Brender [8].

La droite française accomplit ce que fait la gauche dans d'autres pays. Le socialisme réformateur, coincé entre une droite centriste et une extrême gauche révolutionnariste, est impuissant. C'est donc la droite qui parfait la protection sociale, multiplie les aides aux familles, développe les services urbains et sociaux, prône la participation dans les entreprises et mensualise peu à peu les ouvriers. Certes, la place du secteur privé est en débat. Jusqu'à quel point faut-il accepter son apport ou faire obstacle à son intrusion ? L'État gâte le patronat, affirme la gauche. Mais les désaccords les plus profonds sont lointains : veut-on, comme perspective ultime, la dictature du prolétariat ou un libéralisme social et planifié ? Les litiges immédiats ne portent que sur le rythme du progrès et sur son amplitude. Les payeurs tiennent les cordons de la bourse et prêchent la modération et la raison. Les demandeurs pointent les inégalités flagrantes et le favoritisme systématique. Ils jouent aussi la surenchère et le « toujours plus ». Cahin-caha, tout le monde trouve son compte. L'empire étatique s'accroît. En contrepartie, les salariés consolident leurs acquis et augmentent leur pouvoir d'achat. Comment croire que tout pourrait s'arrêter un jour ?

Avec le recul du temps, l'espoir d'une société contractualisée, stratifiée et pacifiée, sous les auspices d'un habitat normalisé, d'associations relais et de professionnels médiateurs, paraît presque exotique. Il renvoie à un moment privilégié, celui où un cadre national solide sécrétait des espérances sans fin et des espaces de négociation durables. Les populations, entraînées dans un mouvement irrésistible, amélioraient leur niveau de vie et acquéraient sans cesse de nouveaux biens de consommation. En fond de carte, les usines qui tournaient à plein rendement, la croissance irrésistible du salariat, l'accession à la propriété, la montée des consommations, la libération de la femme, la multiplication des lycéens, l'émancipation du tiers monde et l'idée — rétrospectivement bien naïve... — que le progrès social ne prendrait jamais fin. Ce n'était qu'un rêve. Dans les années soixante, nul ne le savait.

CHAPITRE 20

De la cathédrale au clapier

1955 : des joies éphémères

En 1954, le cœur de la France bat pour les mal-logés. Jusqu'à la fin de la décennie, la presse pleure toujours sur la crise du logement. Pendant cette courte période de cinq années, les grands ensembles apparaissent comme une réponse « moderne » et « efficace » à la pénurie. Qu'ils profitent bien vite de cette réputation flatteuse. Cet âge d'or sera bref. L'histoire des grands ensemble est aussi celle d'une étonnante dégradation symbolique et d'une véritable chute libre [1].

Les journalistes éblouis exaltent d'abord avec lyrisme l'habileté et la technicité des nouveaux constructeurs : « À Dijon la cité métallique Jean-Billardon de 14 étages a été montée en 15 mois par 70 ouvriers », dit *France-Soir* en 1955 [2]. « Bientôt en Lorraine un exemple d'urbanisme moderne : la cité verte de Briey-en-Forêt », reprend *Le Figaro* quelques mois plus tard [3]. Il s'agit d'un immeuble de Le Corbusier, une cité au fond des bois, qui, plus tard, se videra de son petit peuple et agonisera, ses issues murées. Dans un de ses romans, Didier Daeninckx en fera même le repaire inquiétant d'un loubard en cavale [4]. Quelques journaux célèbrent jusqu'au ridicule d'étranges réalisations bétonnières qu'on ravalera plus tard au rang d'immondice architecturale : « Les constructeurs d'aujourd'hui ont autant de talent que les bâtisseurs de cathédrales », affirme tranquillement *Le Parisien libéré* en 1959. Les quotidiens les plus sérieux se font l'écho d'étonnantes utopies urbaines. On en trouve encore quelques traces dans *Le Monde,* en 1962 : « La Toulouse de l'an 2000 retrouvera le rythme humain de la cité antique [5]. »

Le discours hygiéniste est à son zénith. La Seine n'est qu'un égout à ciel ouvert, et bientôt personne ne pourra plus se mouvoir dans l'air vicié de la capitale. On vante toujours le triptyque : soleil, confort et verdure. En 1956, le magazine *Elle,* au terme d'une longue enquête, conclut que « la jeune famille française veut habiter au vert ». La banlieue est un havre de paix, le remède miraculeux aux nuisances parisiennes : « Depuis que j'habite en banlieue, j'ai perdu l'angoisse du temps qui passe [6]. » Les Françaises respirent...

Qui plus est, la joie des premiers relogés dans les grands ensembles est sans pareille. Ils sortent des taudis, d'une décennie de vie mauvaise, d'entassement et d'angoisse. Soudain, un appartement tout neuf. Grand, propre, bien aéré. On y accède par un ascenseur cliquetant et rutilant, qui monte sans faillir jusqu'au vingt-cinquième étage. À l'intérieur, les murs clairs, les grandes fenêtres, l'eau courante qui sort des robinets argentés, les toilettes dans l'appartement, et même la salle de bains ! Et puis, le miracle quotidien jaillissant dans l'évier et la baignoire : l'eau chaude ! Qui coule à flots ! Nuit et jour ! L'a-t-on chantée, cette eau chaude ! L'émerveillement du premier bain, pour celui ou celle qui parfois n'avait jamais pu se laver autrement qu'accroupi dans une bassine ou un tub, ou devant le lavabo glacé, les jours d'hiver... Une génération entre dans le XXe siècle.

Dans les premiers temps, on ne sort guère de son chez-soi flambant neuf. Pour l'aménager, on lui consacre ses vacances, ses week-ends, parfois ses soirées, durant des mois et des mois. Les enquêtes de Chombart de Lauwe montrent que tout se passe le plus souvent selon un ordre immuable. Pour toutes les classes sociales, le premier effort porte sur la salle de séjour, la pièce d'honneur, où l'on recevra la famille et les amis. Vient ensuite l'aménagement de la cuisine pour les ouvriers, de la chambre à coucher pour les employés, des chambres pour enfants pour les cadres et les commerçants [7]. Pendant la durée des travaux, l'entrée ou la cuisine se transforment pour des mois et des mois en un atelier sauvage.

Pour décrire cette période aussi euphorique qu'éphémère, Henri Coing a utilisé le terme de « griserie ». Une de ses enquêtes recense, chez quelques-uns des relogés, des formules exaltées : « Ici, on commence quelque chose d'entièrement nouveau... C'est comme une nouvelle vie. » « Aujourd'hui, qui n'a pas la télévision est un miteux. » Certains liquident leur passé, donnent ou jettent leurs vieux meubles, s'endettent, serrent leur ceinture de trois crans et courent à la faillite. Un manœuvre gagnant 55 000 francs par mois s'endette pour 400 000 francs de meubles et d'appareils ménagers. Un serrurier aménage avant toute autre une pièce d'apparat, pour 280 000 francs, pendant que ses quatre enfants s'entassent dans une seule chambre. Bref, une fascination pour les signes extérieurs du modernisme, une consommation ostentatoire, et pour les plus fragiles, dit Henri Coing, « un cadeau empoisonné [8] ».

Vite, les nouveaux logés se dégrisent. Ils s'inquiètent de petits détails gênants... La finition est défaillante. Les plafonds humides leur croulent dessus, les balcons sont peu sûrs, l'absence de volets et la surabondance de surfaces vitrées les exposent à la vue de tous, le manque de surfaces de rangement est patent, tout comme l'absence d'endroit où faire sécher le linge. Le pend-on aux fenêtres ? On risque une contravention de la part du logeur. Il faut se résigner à le suspendre dans la salle d'eau ou la chambre à coucher... Les caves ne sont pas aménagées et les garages à vélos inexistants.

Que faire, sinon se lancer dans une grande entreprise de rafistolage ? Fixer des étagères ou construire de petits meubles hideux pour ranger ses affaires. Mettre des stores et des rideaux, pour se protéger des regards extérieurs. Mais les murs sont rebelles. Ils sont trop friables ou faits d'un béton ennemi des vis et des clous. Les placards ont été construits en dépit du bon sens : il faut les démolir en cachette du propriétaire. Les installations électriques sont inadéquates. On les bricole clandestinement. Sans trop râler. La satisfaction d'avoir obtenu un logement l'emporte encore. Tous ces petits défauts, plus tard insupportables, passent alors aux profits et pertes.

Un somptueux cadeau permet d'avaler la pilule : la modernité à la portée de tous. Les voitures se multiplient, surgissent au pied des immeubles. Le logement se plastifie et se mécanise. C'est le temps des tables et des chaises en Formica, des réfrigérateurs, des tourne-disques, et de toutes les petites merveilles domestiques qu'on va admirer au Salon des arts ménagers. Et puis, bientôt, les téléviseurs : de grosses bêtes brunes qui trônent dans la salle à manger avec leur lourd cadre en bois et leur minuscule écran bleuâtre peuplé de petites silhouettes noires et agitées. Les voisins sont invités en grande pompe, pour admirer Pierre Sabbagh et Catherine Langeais. On s'endette à tour de bras. Qu'importe. L'inflation galope, et le travail ne manque pas. À cette époque, les 4 000 de La Courneuve sont encore, pour tout le monde, « la cité bleue » : version prolétarienne des *Choses* de Perec et bonheur éphémère.

Tout le monde mise sur un progrès sans fin. Les seuls débats portent sur son rythme et ses priorités. On s'inquiète de l'égalité devant les bienfaits dispensés par les avancées de la technique ou de l'éducation. Mais certains traînent la semelle et ne progressent pas au même rythme que les autres. Les patrons roulent en D.S. 19 et passent le mois d'août à l'hôtel, alors que l'ouvrier peine à s'acheter sa deux-chevaux et se prive une année durant pour aller au camping de La Tranche-sur-Mer. Mais personne ne doute qu'un jour ou l'autre tout le monde sera appelé à festoyer au grand banquet de la modernité.

1960 : le grand doute

En 1958, semble-t-il, on arrête définitivement le nom de cet objet urbain mal identifié, dont on ignore encore le véritable mode d'emploi. La presse consacre l'expression de « grand ensemble ». Lesdits grands ensembles s'élèvent à une cadence qui laisse pantois. Le jugement n'a encore rien d'hostile. Mais il se nuance d'étonnement. Les mots manquent pour exprimer le dépaysement. On invoque banalement l'Amérique, les « buildings », les « gratte-ciel », les « cités-champignons ». C'est « Manhattan à Pantin », dit *Le Figaro* en novembre 1958 à propos de la cité des Courtillières, où une étrange nouille de 1 060 mètres de long et 9 tours voisinent avec un vieux quartier et un marché villageois.

Au seuil des années soixante, le grand ensemble ne se contente pas de boucher simplement l'horizon des banlieues. Il domine la scène sociale. Comment greffer cet univers nouveau sur un monde ancien ? Plus les articles se multiplient, et plus leur jugement se durcit. *Le Parisien libéré* lance en 1960 une grande enquête qui couvre plusieurs numéros. La tonalité demeure optimiste, mais les critiques fusent. Le doute plane sur les bienfaits du progrès : « Solitude collective, ségrégation des âges, transports trop longs : maux des grands ensembles [9]. » *L'Humanité* s'inquiète de la domination sans partage d'une logique du profit : « Les gros bâtiments éliminent les petits [10]. »

À la fin des années cinquante, Christiane Rochefort, romancière « un peu prophète », dit-elle, s'inquiète des grands ensembles banlieusards. L'Homme nouveau des cités ne lui dit rien de bon. « J'ai eu peur, peur de ce qui allait se produire [11]. » En 1961, elle publie un manifeste anti-béton, *Les petits enfants du siècle* [12].

C'est l'histoire tristement banale de la petite Josyane, « née des allocations et d'un jour férié », et qui habite Bagnolet. Les Français procréent à tour de bras et de reins dans les grands ensembles. Josyane fait partie de la marmaille et s'efforce de supporter ses abominables frères et sœurs, dont elle contribue à l'éducation. Au sortir de l'enfance, elle découvre l'amour sous les caresses de Guido, un bel ouvrier du bâtiment, italien, seul et triste. Il est le premier à lui avoir « parlé comme à une personne ». Guido disparaît et Josyane « va avec tous les garçons » du coin, mais a toujours la nostalgie de son beau prolétaire parti construire la France des banlieues. Un beau jour, elle emprunte un scooter pour tenter de retrouver Guido et découvre Sarcelles.

Cette petite bourgade quasi rurale est devenue en quelques années un mythe bétonnier et le restera longtemps, en dépit de tous les efforts de ceux qui s'efforceront de le dégonfler [13]. L'aventure a commencé par hasard. Quelques Castors ont construit tranquillement leur petite maison près du bois de Lochères. Comme ils n'avaient pas de rue pour les desservir, ils sont allés voir la Caisse des dépôts et consignations, en lui signalant un merveilleux terrain à bâtir... et pas cher ! On ignore encore aujourd'hui si leur idée fut géniale ou catastrophique.

La Caisse des dépôts et consignations cherchait des terrains pour construire. Par le canal de sa filiale, la S.C.I.C., elle ouvre en 1955 un premier chantier, sans plan d'ensemble : 1 000 logements sortent de terre. Comme l'opération rencontre un franc succès, la S.C.I.C. n'hésite pas à acheter le terrain à côté. Elle construit à nouveau 1 000 logements. De loin en loin, sur 170 hectares, on en bâtit plus de 11 000, au rythme de 1 000 par an. Soit 4 000 personnes de plus chaque année, qu'on juxtapose sans que le moindre souci de cohérence urbanistique ou de mise en place d'équipements d'accompagnement vienne troubler le sommeil de qui que ce soit... L'esthétique s'améliore au fil du temps, dit-on. « L'architecte apprend son métier [14]... » Cette expérience illustre sans doute, comme disent les techniciens dans leur beau langage, la séparation la plus poussée qui soit entre composition urbaine et composition architecturale. On attribue ce mot à l'un de ses plus célèbres architectes, alors chéri de la C.D.C., Labourdette : « On m'avait demandé de faire 10 000 logements. Je me suis rendu compte que j'avais fait une ville... » Le mode de faire est significatif d'une méthode qui se généralise. D'abord trouver un terrain au grand air, pas trop cher. Et construire le plus vite possible.

Josyane n'en croit pas ses yeux : « Sur des kilomètres et des kilomètres, des maisons des maisons des maisons. Pareilles. Alignées. Blanches. Encore des maisons. Maisons maisons maisons maisons maisons maisons maisons maisons maisons maisons maisons. Maisons. Maisons. Et du ciel, une immensité. » Et puis aussi « des espaces verts, propres et superbes, avec sur chacun l'écriteau " Respectez et faites respecter les pelouses et les arbres " ». Tout est impeccable, en ces temps bénis où les grands ensembles sont neufs. « Les gens sont sans doute en progrès comme l'architecture », note Josyane. Elle cherche Guido, sans fin, et attrape le tournis à force de prendre « la première à droite, la première à gauche, la première à droite, la première à gauche ; j'étais dans la rue Paul-Valéry, j'avais pris la rue Mallarmé, j'avais tourné dans Victor-Hugo, puis enfilé Paul-Claudel et je retombais dans Valéry et j'arrivais pas à en sortir ».

La raison laborieuse et appliquée suinte sous le béton. « Ils s'étaient demandé : qu'est-ce qu'il faut mettre pour qu'ils soient bien ? et ils l'avaient mis. De la diversité : quatre grandes tours pour varier le paysage. » Et puis « de petites collines, des accidents de terrain pour que ça ne soit pas monotone... Ils avaient pensé à tout, pour ainsi dire on voyait leur pensée, là, posée avec de la bonne volonté, le désir de bien faire, les efforts, le soin, l'application... Ils devaient être rudement fiers ceux qui avaient fait ça ». Tout cela est trop beau. « J'aurais voulu une cabane à outils, un débarras, un placard à balais, une niche à chien, une caverne. Désordre et ténèbres, désordre et ténèbres, désordre et ténèbres. »

Le beau Guido est parti depuis longtemps, construire d'autres cités, ailleurs. Josyane rentre bredouille à Bagnolet et tente d'expliquer Sarcelles à sa vieille copine Ethel Lefranc, dont le père est communiste et qui veut devenir institutrice « pour éduquer les enfants ». Ethel est perplexe : « Je ne comprends pas ce qui te rend triste, si c'est beau comme tu dis. Qu'est-ce que tu veux ? Que les gens soient sales ? Qu'ils aient des poux ? La tuberculose ? » Voilà qui est clair : Josyane ne sait pas ce qu'elle veut. Elle épousera un monteur en télévision qui lui fera aussitôt un enfant. Et tous deux iront habiter Sarcelles... Elle est bien morte, la fraternité complice des Bouts-Galeux.

Les critiques de Christiane Rochefort restent toutefois modérées, à côté du déluge d'horreurs qui va suivre. Chaque mois, les quotidiens, par petites touches, rajoutent des ombres au tableau : « Que penser des grands ensembles ? » se demande *Le Figaro* en avril 1962 [15]. Guère de bien... Il y a quelque chose de cassé dans ce nouveau jouet. C'est trop froid, trop abstrait, trop monotone. Une piste réformatrice, vague et hasardeuse, fait l'unanimité. Donnons aux grands ensembles davantage d'« humanité ». De timides propositions s'esquissent donc « pour humaniser les grands ensembles ». C'est ce que titre *Le Monde* en 1962 [16]. L'opinion a basculé.

Le constat est maintenant unanime : une fois l'année d'aménagement passée, on s'ennuie ferme dans les grands ensembles. « La plaie des grands ensembles encore dans l'enfance : le manque de distractions », dit en 1963 *Le Figaro* [17], qui continue : « des villes sans vieillards et sans belles-mères, mais aussi sans grand-mères pour garder les enfants... » Pour les femmes, c'est « Mme Bovary dans les H.L.M. », soupire *Libération,* la même année [18]. *Le Figaro* reprend la même antienne : pour la femme au foyer, chaque jour est le jour le plus long. Où trouver ce qui fait le charme des villes : le lèche-vitrine et l'animation ? On peut s'occuper : « les champs d'activité ne manquent pas ». Mais « il faut se secouer ». On dénonce la « persistance des barrières sociales ».

Le peuplement même commence à changer. Qui vient maintenant habiter dans les grands ensembles ? Des mal-logés, sur lesquel on effectue de subtiles pressions pour qu'ils viennent habiter « aux normes ». Les enquêteurs classent les demandes en fonction de critères précis. Ils vous attribuent ensuite un logement qu'il ne vous est pas vraiment permis de discuter. Ils vous font miroiter les avantages de cette situation. Les postulants bénéficieront de la modernité unie à l'allocation-logement. Alors que le pavillon de banlieue leur demandera un surcroît de travail et de dépenses... Les nouveaux locataires acceptent ainsi une transplantation forcée, l'éloignement de leurs parents, de leurs amis, parfois de leur travail. Une école en projet et des transports défaillants. L'enthousiasme des premiers temps s'est envolé.

Les nouveaux venus ont des sentiments ambivalents. D'un côté la satisfaction réelle d'être relogé. De l'autre, l'insatisfaction profonde devant leur nouveau mode de vie. Les protestations contre les H.L.M. prennent même parfois des chemins bizarres, comme celui que rapporte une anthropologue, Colette Pétonnet. Une femme vivant en H.L.M. fait devant des travailleurs sociaux une apologie des lieux trop vibrante pour être sincère : « Il faut mettre tout le monde au grand air. » Colette Pétonnet saisit plus tard le fin mot de l'histoire : la malheureuse lui confie qu'elle « avait été arrachée de force, sous prétexte que son logement était malsain, à la rue Jean-Pierre Timbaud qui avait toujours été sa rue, elle souffrait de nostalgie, elle ne s'en remettrait jamais, et elle entendait bien que d'autres subissent le même sort afin de n'être pas la seule à souffrir [19] ».

Aux États-Unis, à Louisville, on détruit en 1962, en les faisant exploser, les immenses immeubles d'une ville-ghetto paupérisée. Symbole d'une faillite, la photo des bâtiments qui s'effondrent dans un nuage de poussière fait le tour du monde. Les qualificatifs les plus doux parmi ceux qu'on applique quotidiennement aux grands ensembles sont « cité-dortoir », « caserne », « univers concentrationnaire », « boîte à chaussures », ou dans un registre plus animalier, « poulailler » et « clapier ». Le discours haineux qu'on avait déployé contre les petits pavillons de banlieue, dans les années cinquante, est quinze ans plus tard le lot des immeubles collectifs. La roue a vite tourné, et le glas sonne désormais pour les grands ensembles.

1970 : l'enterrement des illusions

Dans le débat sur les grands ensembles, les clivages n'apparaissent guère entre la droite et la gauche. Les différences tiennent aux perspectives. Une partie de la droite veut calmer le jeu et rêve d'un développement plus calme, qui cesse de détruire les modes de vie. La presse de gauche, quant à elle, s'engage dans des revendications vigoureuses. Mais les références demeurent semblables : l'avenir, le progrès, l'épanouissement de l'homme. Les dénonciations communes : l'isolement et l'ennui des femmes, les menaces que fait planer l'oisiveté des jeunes. Il existe sur ce point « une communauté de modèles socioculturels [20] ».

Il est pire encore : la délinquance juvénile. Le phénomène n'est pas neuf. Dès le début des années soixante, les grands ensembles se peuplent de figures menaçantes : les blousons noirs. « La délinquance juvénile s'accroît dans certains grands ensembles », constate *Le Figaro,* à la pointe des alertes sécuritaires, en 1963 [21]. Le phénomène ne fera qu'empirer. Pour occuper les jeunes désœuvrés, on s'en remet à des équipements — qui n'existent pas encore... Les architectes ont pensé aux garages et aux parkings. Mais pas aux terrains de sport. « Société de l'automobile, qui prive enfants et adolescents de morceaux entiers de l'espace public », dit Michel Fize [22]. « Les jeunes des Courtillières de Pantin se défendent d'être des blousons noirs, mais eux aussi souffrent de l'ennui et réclament d'urgence des terrains de sport, des bals et des lieux de réunion », dit *Le Parisien libéré* [23].

Tout le monde est bientôt convaincu qu'il y a une relation directe entre les blousons noirs et les cités de banlieue : les sociologues le confirment. Les jeunes de 15 à 18 ans manifestent une attitude nettement « défensive », affirme Jacques Jenny. Ils se promènent en bande d'une douzaine et se rassemblent alternativement soit dans des points centraux, comme les arrêts de bus ou les centres commerciaux, soit dans des lieux isolés, les escaliers, les caves, les hangars à vélos ou les coursives. Trop visibles ou trop discrets, ils sont toujours suspects. Même les mouvements de jeunesse, qui prolongent par leur structure plus ou moins autoritaire la famille ou l'école, ne font plus recette. On plaide pour des structures souples, dirigées par des professionnels de l'éducation et de l'animation [24].

Plus le temps passe, et plus les grands ensembles perdent de leur attrait. On bougonnait contre les malfaçons. On s'indigne maintenant des nuisances. L'enfer, c'est le bruit... René Kaës, qui a vécu dans un de ces immeubles neufs et qui, aux côtés de Chombart de Lauwe, joue plutôt le rôle de chantre de la modernité, en donne une description terrifiante. Le bruit des grands ensembles n'est pas celui, familier, de la ville. C'est un bruit « agressif, irritant », qui hante votre vie quotidienne : aller ouvrir la porte quand on sonne chez le voisin, écouter une suite de Bach avec Dalida en contre-chant, ne pas pouvoir gronder ses enfants sans réprimander tout l'étage en même temps, hésiter, tard le soir, avant de secouer les cendres de sa pipe ou de se laver les dents... Trois étages attentifs à vos douches matinales, vos ébats vespéraux ou vos coliques nocturnes ! De petites stratégies dérisoires se mettent en place. Régler ses conflits familiaux le dimanche à la campagne, dans un endroit isolé où l'on peut hurler en paix... Mettre la radio très fort pour dérouter les voisins quand on a une discussion confidentielle [25].

L'autre n'est jamais là où on l'attend. Parfois trop proche, parfois trop loin. Jamais à la bonne distance. Des populations déracinées font l'expérience de la solitude. Aucun bistrot pour que les hommes aillent bavarder. Pas de boutique pour que les femmes se rencontrent. Pas de place publique, pas de lieux de rencontre qu'au fil du temps jeunes et vieux ont fait leurs. Le lieu commun de l'isolement au milieu de la foule trouve son ancrage urbain. Comme le dit alors Daniel Mothé : « L'urbanisme de la société bureaucratique transforme la vie des gens en vie de Robinson. »

Les années soixante arrivent ; dans la décennie suivante, la presse a définitivement retourné l'image des grands ensembles. La dramatisation commence, avec tous les excès et les enflures imaginables. En filigrane, une métaphore lancinante : les grands ensembles, c'est la maladie. Les femmes ne se contentent pas de s'ennuyer et de bovaryser tristement. Elles dépriment. Une grossesse qui commence ou une charge supplémentaire de travail ? Les voilà qui craquent. Un sentiment d'enchaînement fatal, une impression d'emmurement dans la médiocrité, le poids d'une existence grise et contraignante ouvrent sur la pathologie. En d'autres termes, le grand ensemble rend fou. Cette thèse est appelée à un beau succès. On la déclinera à l'infini.

Quatrième partie

LA CAUSE DES EXCLUS

CHAPITRE 21

L'invention du quart monde

Le double discret de l'abbé Pierre

Le 11 novembre 1956, le père Joseph Wresinski devient l'aumônier d'un camp créé à Noisy-le-Grand par Emmaüs six ans plus tôt, dans un lieu noblement baptisé « Château de France ». Sur ce plateau exposé à tous les vents, le campement « provisoire » a viré au cauchemar. Il y a là plus de 250 familles, blotties dans des « igloos [1] » — c'est ainsi qu'on appelle, par dérision, les abris arrondis en fibrociment, déjà considérablement dégradés, où on les a logés. Les plus capables de se reloger sont déjà partis, et ceux qui restent ont perdu tout espoir. Ce sont les orphelins que l'insurrection de la bonté a laissés derrière elle.

Seul l'amour des pauvres rapproche Joseph Wresinski et Henry Grouès. Sinon, tout les sépare. L'abbé Pierre est issu d'une famille aisée et a connu une enfance heureuse. Celui qu'on baptisera le « père Joseph », lui, est né dans l'extrême pauvreté : « D'où je viens ne monte qu'une plainte silencieuse. » Lui-même a été un enfant battu, humilié, il a tremblé de crainte et de dénuement. Il a été un misérable apprenti, un ouvrier exploité et un pauvre curé de campagne, avant de rejoindre l'abbé Pierre [2].

Trois mois durant, le père Joseph vit à Noisy-le-Grand, observe et se tait. Au terme de sa réflexion, Wresinski décide d'ouvrir au milieu du camp une bibliothèque et un jardin d'enfants. Ce choix est déjà polémique par rapport aux communautés Emmaüs. Les pauvres n'ont pas besoin de soupe populaire, de bonnes paroles et d'indignation permanente. Il leur faut s'approprier la culture et des outils de promotion sociale. Quelques années plus tard, lorsqu'on lui demandera d'intervenir sur l'immense bidonville de 3 500 personnes, situé sur l'emplacement de l'actuel parc de La Courneuve, la Campa, le père Joseph persiste. Sa première option ? Implanter un lieu éducatif, qui servira tout à la fois de jardin d'enfants, de salle pour les cours de rattrapage aux écoliers et pour l'alphabétisation des adultes. Un plein emploi des locaux, du matin au soir, sept jours sur sept...

Entre deux approches aussi différentes que celles de l'abbé Pierre et du père Joseph, il est normal que les divergences éclatent. Bientôt, excédé par ce qu'il voit à Noisy-le-Grand, Wresinski dit tout haut ce qu'il pense de l'abbé, dans un entretien-vérité au ton acide donné à *Paris-Presse* en avril 1959 : « Il rêve, il philosophe, il se fait rouler, il se joue la comédie. Faire ici grâce aux dons reçus en 1954 un camp modèle, c'était trop simple pour cet esprit chimérique et compliqué... Il moud du blabla et nous on n'a toujours pas d'eau courante. Il se croit au Moyen Âge. Saint Vincent de Paul ! Paternalisme et démagogie. Au XXe siècle, ça ne colle plus [3] ! »

L'abbé Pierre, dans un argumentaire au profil bas, concède que « Noisy, c'est ce qu'il y a de plus douloureux ». Mais il se défend. Wresinski, rétorque-t-il, est « aveuglé par ce qui manque le plus à son camp, le confort, la santé des corps, l'espérance ». Il en oublie les acquis d'Emmaüs. Quant aux familles, elles sont quand même mieux à Noisy que dans les huttes de la forêt de Pomponne... L'abbé connaît d'ailleurs ces familles, accablées de problèmes et difficiles à aider : « Nous les avons abordées dans les débuts, puis progressivement délaissées. »

La rupture est consommée. L'abbé Pierre dit au père Joseph : « Prenez un secteur et faites à votre idée. » C'est ce que fait le père Joseph. Plus tard, les passions une fois calmées, les deux hommes esquisseront une timide réconciliation. Sans aller plus loin. Un fossé les sépare à jamais.

L'amour et la science

Tout les oppose en effet. L'abbé Pierre mise sur l'amour. Il ouvre la porte à ceux qui frappent. Un alcoolique repenti ? Un ouvrier chassé de son usine par le chômage et brisé par la solitude ? Un comptable passé par la prison après une faillite frauduleuse ? Une femme délaissée, dont l'existence est brisée par cet abandon ? Cette constellation de misères individuelles se fond dans l'anonymat d'un groupe qui offre sa chaleur et ne lui demande rien qu'une présence tranquille et un travail quotidien. Grâce à l'amour qu'on leur donne, les perdants, espère-t-on, se transformeront en gagnants.

Le manifeste des associations se réclamant d'Emmaüs, adopté à Berne en 1969, demeure fidèle à cette ligne. La « loi » dont dépend « pour l'humanité entière toute vie digne d'être vécue, toute vraie paix et joie de chaque personne et de chaque société » s'exprime ainsi : « servir en premier le plus souffrant » et « servir avant soi qui est moins heureux que soi ». Certes, parfois passe dans le discours d'Emmaüs un parfum de lutte des classes. On dénonce la division entre dominants et dominés, entre privilégiés et déshérités. Mais, comme le dit Hervé Le Ru, « cette analyse ne va pas plus loin. Elle ne met pas en jugement les structures de notre société comme étant la cause de cette division de l'humanité [4] ». Aucun flirt avec le marxisme, même si, au sein du mouvement, certains s'en approchent.

On ne trouve pas non plus, dans les communautés, de réflexion poussée sur ceux qui n'ont ni les moyens ni les capacités de jouer leur partition dans le grand concert urbain. Il est rare que les stratégies de sortie de communauté soient théorisées et expérimentées. La mort dans l'âme et le cœur gros, on se résigne parfois à repousser ceux que la patience communautaire ne peut aider. Ce sont des asociaux, dont seule la prison vient à bout ou que la clinique psychiatrique peut traiter. S'ils ne sont pas mis à l'écart, les efforts des hommes de bonne volonté risquent de se voir réduits à néant. Le cœur et la charité permettent sans doute de tirer d'affaire certains, mais ils ont leurs limites. La doctrine proclame que tout un chacun peut être transformé, mais dans le quotidien il n'y a pas de rupture fondamentale avec les catégories classiques de l'action charitable du siècle dernier, avec ses pauvres « récupérables » et « irrécupérables [5] ».

Joseph Wresinski, lui, en appelle à la science. Son mouvement, « Aide à toute détresse » (A.T.D.), aura des équipes « Science et service » et mobilisera des intellectuels reconnus, pour valider et enrichir sa conception de la pauvreté [6]. Wresinski se refuse à voir dans les pauvres soit des individus isolés, rassemblés par leur seul malheur, soit des cas sociaux désespérés. S'attaquant aux racines de la pauvreté, il ambitionne de redonner aux démunis une place légitime.

Le terme de « quart monde » résume cette conception. Économistes, historiens et sociologues, affirme Jacques Labbens, théoricien d'A.T.D., sont tous obnubilés par l'industrialisation et la constitution de la classe ouvrière [7]. Ils ont oublié « les mille petits métiers qui en ville pendant tout le XIXᵉ siècle et même jusqu'à une date toute récente faisaient vivre des populations, parfois au niveau de la subsistance, mais parfois aussi dans l'aisance ». Et de citer les travaux des successeurs de Le Play sur « les métiers urbains de simple récolte ». Cette expression renvoie au stade le plus rudimentaire de l'organisation du travail : cueillir le mouron pour les oiseaux ou ramasser les mégots sur la chaussée. Le « vrai » pauvre, qu'il ne faut pas confondre avec les travailleurs migrants ou les ruraux déracinés, n'est donc pas victime de la fatalité ou de la malchance. La raison première de son malheur est historique. « Étranger dans la nation », il se reproduit de génération en génération. Il n'est pas rejeté de la société industrielle et du salariat, pour sa simple raison qu'il n'y a jamais eu accès.

Longtemps, ces métiers ont fait vivre nombre de gens : on recense plus de 25 000 chiffonniers à Paris dans les années 1890, et leur occupation est relativement lucrative — « un ramasseur de cigares ne troquerait pas sa position contre la meilleure sous-préfecture de France ; s'il connaît son métier, il peut en vivre aisément », rapporte-t-on au début du siècle. Outre les chiffonniers et les mégotiers, il y a la gamme des métiers du colportage, les casseurs de bois de chauffage, les « placiers » (descendant les ordures des appartements), les « dégotiers » (ramassant les objets perdus), les « bagotiers » (porteurs de malles), et bien d'autres encore. Les modes de vie de la société industrielle ont décimé cette « population bizarre et malodorante », dit Labbens. La rationalisation industrielle d'un côté : la régie des tabacs supprime les mégotiers. La modernisation de l'autre : l'ascenseur emporte les bagotiers.

Leurs descendants sont parmi nous. Anne-Marie Rabier a reconstitué la généalogie de Paul Gévat, colporteur-chasseur de taupes, né en 1917, fils de Léontine Gévat (1894-1963), colporteuse illettrée, et de Paul Roth (1885-1967), colporteur de lunettes, petit-fils de Léon Gévat (1859-1917), lui-même colporteur illettré, et arrière-petit-fils de Ferdinand Gévat (1806-1885), journalier illettré. Les derniers-nés ne diffèrent guère de leurs ancêtres. Ils en ont hérité une incapacité chronique à occuper les emplois industriels, une fécondité hors du commun, le rejet de l'école, l'acceptation résignée des ségrégations sociales, le culte des chefs et le conservatisme politique [8]. Le fils se heurte aux mêmes murs que le père. L'accès à des biens réputés « communs » et ouverts à tous, comme l'école ou l'hôpital, lui est interdit. Il n'a plus désormais qu'une source de revenus stable : l'assistance.

Un engagement total

A.T.D. recrute bientôt des sympathisants, généralement des chrétiens convaincus, dont il exige un total engagement aux côtés du quart monde. À la différence de celle de l'abbé Pierre, son action n'est pas fortement médiatisée, et il n'est pas question de faire pression à tout prix sur les pouvoirs publics. Mieux vaut avoir quelques amis sûrs que de ratisser n'importe qui... Le premier « bureau de recherche sociale » est fondé par un diplomate, la représentante des Pays-Bas à l'O.C.D.E. Alwine de Vos Van Steenwijk abandonne son poste en 1961 pour devenir volontaire d'A.T.D. — au sein duquel elle créera l'Institut de recherche et de formation aux relations humaines et signera même ultérieurement quelques publications [9].

Le peuple du quart monde a un seul atout : les mécanismes efficaces de survie qu'il a été contraint de développer dans un environnement hostile. A.T.D. s'oppose donc à la « dispersion » des pauvres et à un « traitement médico-social », empreint de paternalisme et de mépris. Lorsqu'une assistante sociale, frottée de psychiatrie sauvage, affirme qu'une pauvre dame, Mme Escudier, est une « hystérique », Alwine de Vos, militante d'A.T.D., s'indigne. Comment ne pas être « hystérique » quand on est sans arrêt à bout de nerfs, toujours à la recherche d'un « petit emprunt qu'on ne peut pas rembourser — emprunt pour nourrir sa famille, certes, mais aussi, de guerre lasse, pour s'acheter un litre de vin ». Les enfants manquent l'école, pour cueillir les jonquilles ou les petits pois... Le maire de la commune ricane : « Vous voyez bien. Ces gens ne veulent pas que leurs enfants s'en sortent. » Erreur, répond Alwine de Vos. Le maire est incapable de comprendre que « la survie immédiate importe plus que les projets d'avenir ». De plus qu'apporte l'école ? C'est une « terre étrangère et hostile où rien ne correspond aux réalités de la vie sous-prolétarienne » et où les enfants n'apprennent qu'une chose : à mépriser leurs parents. Le comble serait de transformer hypocritement un mode de vie contraint en un choix idyllique — le mythe imbécile du clochard philosophe... Certes, la misère a des « effets débilitants », et les institutions qui veillent à la socialisation de l'enfant et à la lutte contre l'illettrisme restent prioritaires. Mais à condition que ces institutions se rééduquent elles-mêmes pour accueillir un public qu'elles ont pris l'habitude de mépriser cordialement [10].

Le premier mouvement est donc la compréhension. A.T.D. promeut une action au plus près des populations, référée par les Anglo-Saxons au « travail communautaire ». Vivre au milieu des pauvres, se faire accepter, gagner leur confiance et les accompagner dans leur cheminement. Mais, à rebours, il faut éviter l'enfermement dans la misère. L'objectif d'A.T.D. est de ménager aux pauvres l'accès au monde « ordinaire ». Comment sortir de ce piège ancestral ? Un périple promotionnel leur est ménagé, concrétisant chaque progrès par le déménagement d'un « igloo » à un autre. Chaque déplacement dans le camp est célébré comme un rite de passage, prélude joyeux à une sortie définitive. Enfin, des temps forts, comme des colloques internationaux rassemblant les familles du quart monde, permettent au « peuple » de prendre conscience de son nombre et de sa force et de s'inventer collectivement un avenir.

L'existence persistante du quart monde sonne le glas des grands espoirs d'éradication de la pauvreté. Le progrès est là, mais tout le monde n'y participe pas. Le père Wresinski, avec obstination, plaide la cause de ses protégés, toujours aussi marginalisés. Le temps passe et son obstination paie. L'association A.T.D. est prise au sérieux. Son mouvement répond mieux que les foucades de l'abbé Pierre aux demandes officielles et émergentes de technologie antipauvreté.

Dès 1961, A.T.D. a ses entrées ministérielles. Les politiques et les administratifs se sont mis en tête de « régler » la situation des marginaux du logement et découvrent que les associations caritatives ont une avance considérable. Les commissions du Plan consultent A.T.D., l'associent à la rédaction de quelques textes officiels et lui confient même quelques missions officielles. Si l'abbé Pierre est la puce tourmenteuse du Prince, le père Joseph accepte d'en être le conseiller. Mais un conseiller fort critique.

CHAPITRE 22

La gestion « scientifique » des pauvres

Au temps où l'on imaginait la fin de la pauvreté...

Comme aime à le rappeler Éliane Mossé, l'histoire du monde a toujours été dominée par deux formes de pauvreté : une misère rurale endémique et une détresse urbaine chronique [1]. Pendant un temps, les sociétés occidentales ont rêvé de « vaincre la pauvreté dans les pays riches [2] ». Cet espoir naît dans l'après-guerre, au moment où la France est des plus pauvres. Mais, au sortir des conflits, les démunis se confondent avec les « victimes de guerre » abandonnées au bord du chemin. Pour les sortir de l'ornière, croit-on, un effort national suffit. La France rêve à la fin de la pauvreté.

Quand la France peaufine ses merveilleuses machines à fabriquer des classes moyennes grâce au logement, elle y range avec soin les ouvriers sans logis et les employés mal logés. La crise du logement reflue et abandonne derrière elle les inaptes au progrès. Certains Français n'ont en effet aucune espérance de devenir rapidement « moyens ». Des pauvres de longue date, des gens mentalement déséquilibrés, des malheureux brisés et dépourvus de tout espoir, des hommes et des femmes que la vie a durcis ou corrompus... Comble de malheur, certains, parmi ceux qui viennent travailler en ville, peinent à entrer dans les H.L.M. toutes neuves. Une anecdote, parangon du scandale sociologique, revient comme un leitmotiv, jusque dans la littérature ministérielle. Donnez à ces gens le *nec plus ultra* du progrès : la baignoire. À quoi l'utilisent-ils ? À stocker le charbon ! Pourquoi mésusent-ils ainsi des facilités qu'on leur offre ? Phénomène incompréhensible et insupportable pour une société en développement.

Comment traiter ces cas épineux ? Des structures spécialisées, discrètement installées en 1953, hébergent provisoirement les isolés et les sans-abri. Ce sont les Centres d'hébergement social et de réadaptation sociale (C.H.R.S.). Ils accueillent officiellement quatre types de bénéficiaires : les vagabonds, les prostituées, les sortants de prison et les sortants d'hôpital. On y ajoute une cohorte d'hébergés divers : les étrangers en détresse, les inculpés sous contrôle judiciaire, les expulsés, les sinistrés, les femmes battues... Rien qui ressemble encore à une résidence permanente.

L'abbé Pierre et les communautés Emmaüs ne songent pas davantage à construire une filière pour relégués. Cependant, des cités à bas prix sortent de terre, rejetonnes de l'« insurrection de la bonté ». Ce sont des logements de fortune, construits à la va-vite, avec des matériaux bon marché. L'abbé aurait forcé la main aux pouvoirs publics, les obligeant à construire des sous-logements minables, transformés en territoire de relégation avant même de sortir de terre, des lieux de misère lourds comme des remords et si longs à détruire...

L'abbé a sans doute accéléré le mouvement de construction des cités pour pauvres et l'a amplifié, mais il n'est pas à sa source. Le dilemme est ancien, et il est constant : doit-on construire des logements de qualité, et chers, et attendre des années que les pauvres aient enfin les moyens de les occuper ? Ou parer au plus pressé et fournir aux démunis un habitat de fortune, qui sera bientôt transformé en taudis ? Aujourd'hui encore, la question n'est pas réglée.

Dès la fin des années cinquante, la question des « irréductibles » se pose sur une grande échelle. Considérations économiques et soucis de tranquillité conduisent les H.L.M. à évincer subtilement les plus défavorisés d'entre leurs locataires [3]. Mettons-les dehors, soit. Mais que faire d'eux, qui n'ont pas leur place dans la mécanique publique ? Un habitat, même « rationnel », peut-il guérir miraculeusement leurs plaies ? On le croit un moment...

Une tradition scientiste

Le père Wresinski voit dans la science un instrument d'émancipation des pauvres. L'État aussi. Depuis le XIXe siècle, le projet de traiter « scientifiquement » les pauvres, ce spectre chenu rangé dans les placards publics, revient régulièrement. L'inspiration est celle du positivisme social : comment ériger la connaissance des pauvres et l'action humanitaire en sciences exactes ? La bienfaisance des âmes pieuses, toutes dévouées à l'Église, ne saurait suffire, disait-on déjà à la fin du siècle dernier. Accotons-la au savoir exact des temps modernes [4]. Plus tard, entre les deux guerres, un professeur au Collège de France, Édouard Fuster, à l'épouse connue pour son dévouement associatif, a tenté sans succès de faire revivre cette entreprise.

Les municipalités progressistes s'inspirent des mêmes méthodes. Même les cités-jardins d'Henri Sellier se soumettent à une logique scientiste pour gérer les vilains petits canards de la sociabilité urbaine : tout au bout du terrain, à Suresnes, on construit un immeuble spécial pour « les familles d'une éducation sociale douteuse », qui ont besoin d'être « observées » et « améliorées avant d'entrer dans un milieu normal ». Le docteur Hazeman, célèbre médecin des pauvres, propose aux communes, dans *Le service social municipal*, un étrange indice mathématique de la pauvreté urbaine permettant de classer objectivement les familles — « la machine statistique est impartiale ! » précise-t-il. Il affecte à chaque famille des coefficients variables, selon les maladies de ses membres, leurs infirmités et leurs périodes de chômage, le revenu familial étant « recherché par l'assistante sociale ». Aux techniciens désemparés devant la mise en œuvre de la loi d'orientation sur la ville, nous soumettons ladite formule : P^2 S/C P' dans laquelle le numérateur comporte les causes de dépenses et le dénominateur le potentiel financier [5]. Toutefois, concède le docteur Hazeman, les administrateurs des bureaux de bienfaisance auront tout loisir d'exercer leur subjectivité, en affectant à chaque famille « un coefficient pondérateur, chiffré selon l'intérêt positif ou négatif de la famille », « laissant trace au dossier, mais devant être révisé trimestriellement ».

L'après-guerre fait discrètement renaître ce projet, sous de multiples formes. Aux frontières du christianisme et des sciences humaines, une ancienne tradition de l'enquête sociale diffuse des méthodologies opérationnelles à l'usage des décideurs coloniaux, comme celle du père Lebret [6]. À la Libération, les premiers programmes du ministère de la Reconstruction et de l'Urbanisme prévoient même, à côté d'un maillage national et ambitieux de grands ensembles, quelques cités de relogement pour les familles « difficiles ».

En 1949, un de ceux qui introduisirent les sciences sociales au M.R.U., comme aime à le rappeler Chombart de Lauwe [7], réunit un groupe d'étude sur l'« habitat défectueux » et sur ses occupants [8]. C'est l'urbaniste en chef du ministère, dont le nom est aujourd'hui inscrit au bas de l'Arche de la Défense, l'architecte Robert Auzelle. Héritier d'une tradition positiviste, il voit dans l'urbanisme « un des moyens les plus puissants de mise en œuvre du capital humain, aujourd'hui atrophié », citation productiviste qui indignera les contestataires des années soixante. Pour lui, « une politique d'urbanisme tend à placer chaque personne dans les meilleures conditions de rendement [9] ». Pour jauger les pauvres, dont le rendement est faible, Auzelle met au point une « méthode d'enquête » qui ne transpire pas l'amour des misérables.

Ladite méthode consiste à évaluer, au moyen de notes, la profession du chef de famille, la tenue de son ménage (les vitres, le parquet, la table, la vaisselle, les odeurs...), l'abondance et la qualité du mobilier, la « manière d'habiter » (le séchage du linge, le stockage du combustible, l'élimination des résidus, le bricolage et l'ornementation). Le total des points obtenus accorde à la famille une « valeur de sociabilité » et lui assigne une catégorie : elle est soit « normale », soit « éducable », soit « asociale ». Dans ce dernier cas, ladite famille est mal partie... Les pouvoirs publics mènent même quelques expériences. On tient « scientifiquement » compte de la capacité d'effort des familles, de leur mode de vie et on tente d'imprimer un rythme de rotation aux personnes relogées, pour qu'elles rejoignent rapidement l'habitat réputé « normal ». Mais ces expériences « scientifiques » restent isolées, et les savoir-faire tâtonnants.

La guerre contre la pauvreté

Dès 1944, un économiste suédois, Gunnar Myrdal, dans *An American Dilemma,* déplorait que les Noirs d'Amérique soient des citoyens de seconde zone *(underclass).* Si l'État consentait, disait-il, à briser les barrières les écartant du jeu social, les Noirs « s'élèveraient au-dessus d'eux-mêmes ». Cette perspective réformatrice, baptisée « structurelle » — bientôt partagée tant par les socialistes que par les keynésiens modérés —, domine les années soixante. Elle n'impose plus de traiter individuellement et « scientifiquement » les pauvres, mais exige qu'on déploie une action publique longue et têtue, bien résolue à transformer la société.

Le mouvement touche tous les pays occidentaux, qui découvrent les oubliés du développement. Le souffle nouveau vient d'Amérique. Avant la guerre, les chercheurs américains y relancent l'ancienne idée d'« ingénierie sociale [10] ». Un sociologue comme Merton vient à la rescousse, montrant que seuls des obstacles institutionnels et politiques s'opposent à ce que les classes défavorisées intègrent les valeurs dominantes. En 1958, avec *The Affluent Society*, de Galbraith, ce courant publie son manifeste dans le monde anglo-saxon. Arrivé à l'ère de l'opulence, il ne reste qu'à réduire quelques « poches de pauvreté [11] ». Sur ces bases, Kennedy et Johnson entreprennent leur « guerre contre la pauvreté » et donnent à ces débats un lustre international.

Reste à articuler l'action sur les structures et l'intervention sur les individus. Quatre « principes », formulés dans les travaux d'Eckstein, y pourvoient. Donner à tout un chacun conscience de ses possibilités ; fournir les moyens de les développer ; ouvrir tous les emplois, sur la seule base de sa qualification ; faire bénéficier même les plus démunis des acquis et des valeurs de la communauté — ce seront les fameux *job corps* permettant aux jeunes défavorisés de sortir de leur famille et de leur milieu. Le développement industriel aidant, cette action vigoureuse devra, croit-on, sortir les pauvres de l'ornière.

La France répercute ces débats dans sa machine administrative, à sa manière. Deux doctrines, celle du « saupoudrage » des pauvres dans les grands ensembles, et celle de leur « regroupement » dans des zones spécifiques, coexistent sans qu'on les départage. Chacune brandit ses réussites. Chacune dénonce les échecs de l'autre. Dans les premiers temps, le saupoudrage l'emporte. On multiplie les « expériences » dans le logement ancien. Des associations baptisées « Propagande et action contre les taudis » (P.A.C.T.) logent les familles pauvres, en les disséminant dans de vieux quartiers. Selon une échelle implicite qui valorise le grand ensemble, l'idée est réaffirmée que l'habitat ancien prépare au logement flambant neuf. Au terme du parcours, les nouveaux venus obtiendront des logements collectifs. Quand le centre des villes se rénove, le même choix change de sens. Les logeurs continuent à parsemer les vieux quartiers de quelques marginaux triés sur le volet. L'entreprise est plus délicate. Désormais, plus de pédagogie vers le grand ensemble. On tente de convaincre les riches d'accepter quelques pauvres...

Les solutions de regroupement s'imposent donc, de force plutôt que de gré. Ce sont d'abord les « logements de première nécessité » (L.P.S.) ou les « logements économiques normalisés » (L.E.N.). Les migrants, quant à eux, pauvres et mal dégrossis, sortant tout droit de sociétés rurales, sont entassés dans des cités de type C.E.T.R.A.F.A.

Pour eux, en 1956, on ouvrira des foyers alimentés financièrement deux ans plus tard par le Fonds d'action sociale.

Au seuil des années soixante, les politiques de regroupement l'emportent et le logement des pauvres se technicise. Les normes des bâtiments pour les précaires s'élèvent, tout en restant fort basses, et on y ajoute des équipements collectifs. Quelques textes marquent cette évolution, comme l'arrêté du 9 février 1960, qui crée les immeubles sociaux de transition (I.S.T.), et l'arrêté du 26 mai 1961, « relatif aux programmes de logement répondant à une destination spéciale », qui mettent en place les cités dites « programme social de relogement » (P.S.R.). Le passage de l'urgence au « transit » n'est pas innocent. Le glissement sémantique recouvre une analyse sociale. L'accent n'est plus mis sur l'économique et sur la conjoncture, mais sur l'éducatif [12].

Logement « spécial » en effet. Le confort est minimal, mais l'accompagnement massif. Pour civiliser ces néophytes de l'habitat, on instaure une sélection à l'entrée, sur des critères précis. C'est la tâche de lourdes commissions réunissant des représentants des services publics ou privés accueillant les étrangers ou insérant les marginaux. Une liste est proposée au préfet, qui procède aux attributions. La famille relogée bénéficie d'une action socio-éducative et, en cas de litige, n'a aucun droit au maintien dans les lieux. Un gérant fait régner l'ordre, et une assistante sociale surveille le quotidien. Son pouvoir est redoutable : c'est elle qui propose la promotion en logement « normal ».

Une vie en transit...

La première génération des H.L.M. n'est pas réputée avoir été particulièrement confortable. Mais ses finitions sont incomparables à côté des cités pour pauvres. Souvent dans un environnement sinistre, celles-ci n'ont pas d'avenir. Elles ne sont pas prévues pour durer au-delà de vingt ans, et certaines sont même démontables après huit années, obligation leur étant posée de libérer le terrain dans ces délais.

Ces bâtiments que l'optimisme des pouvoirs publics classe comme « provisoires » sont alignés et accolés les uns à côté des autres. Les « inadaptés sociaux » ont droit à de petits pavillons si leur famille est nombreuse, ou à des immeubles de quatre étages — ce qui économise l'ascenseur — ressemblant comme des frères à des H.L.M., version bas de gamme. Les prix sont calculés au plus juste. On rogne sur tout, de l'intérieur des logements aux espaces extérieurs. Il y a l'eau courante, l'électricité et des sanitaires rudimentaires... Mais l'ensemble est terriblement bâclé. Les malfaçons pleuvent. « Dans l'esprit de presque tout le monde, la cité de transit est une cité transitoire beaucoup plus parce qu'elle est provisoire que parce qu'elle doit servir effectivement au transit des familles... Une telle cité devrait être plus solide, plus robuste, mieux équipée qu'une cité ordinaire... Or, c'est précisément l'inverse », remarquera avec bon sens Claudius-Petit [13]. On est loin du compte. Avant d'être inaugurés, ces logements sont déjà vieux.

Les relogés viennent de loin. Ils vivaient en hôtels meublés, dans des roulottes, dans des habitats de jardin, dans des immeubles à moitié détruits des centres ville, dans des caves, des sous-sols, des combles, des greniers, des pièces sans fenêtre... Pour eux, le délai de relogement est d'environ deux ans. Certains sont étrangers. À l'imagerie rurale du charbon provincial dans la baignoire s'ajoute celle, plus exotique, du mouton arabe égorgé dans la baignoire et de la chèvre portugaise qui tire la chasse d'eau à laquelle on l'attache.

Le rassemblement des relogés n'est pas aussi aisé que le voudraient les circulaires. Les nouveaux venus arrivent d'horizons disparates. « Je ne pouvais pas refuser, je n'avais nulle part ailleurs où aller. » Colette Pétonnet retranscrit les premières impressions des relogés : « Y a rien à dire. Remarquez que ça a été construit vite et que les cloisons sont en carton, mais c'est quand même de beaux petits logements [14]. » L'effet de griserie joue parfois, même pour les plus pauvres. Ces habituels sous-consommateurs se muent en consommateurs de plein droit. Ils s'achètent un mobilier plus ou moins nécessaire et s'endettent de manière plus ou moins catastrophique. D'autres vivent dans un éternel provisoire.

Les cités sous-prolétariennes manifestent toutes « une atmosphère indéfinissable », affirme Colette Pétonnet, qui les a longtemps parcourues. Les gens ont un contact empreint d'une défiance insurmontable. Ils ne parlent pas du futur et du passé, mais du présent et de la cité. « Leur sort leur échappe. Ils sont dépossédés de leur pouvoir de décision, de leur capacité d'intervention, de leur volonté [15]. » Ils voient devant eux se cristalliser un ordre arbitraire et impossible à ébranler : « Il paraît qu'on doit rester trois ans, on ne sait pas où ils vont nous mettre après » ; « L'inspecteur est venu, j'ai eu peur, j'ai cru qu'il fallait partir, il a dit non, il y a encore du temps et il a noté que ma maison était bien. » Tout dépend d'« eux ».

Ce qui trouble le plus, c'est la présence obsédante des voisins, si proches et si différents... Les regroupements aléatoires de gens que rien ne rapproche n'ont guère d'effet civilisateur. Bien au contraire : les membres d'une communauté, une fois dispersés, perdent leurs derniers repères. L'obligation de vivre à côté d'étrangers, dans des appartements tous semblables, est mal vécue. « Je ne connais personne ici » est la rengaine des déplacés. On vit seul. Comment avoir envie de se faire des amis au sein d'une population décriée ? « On a eu peur quand on est arrivés et qu'on a vu ça [les Africains]. Il a fallu acheter des rideaux épais pour se sentir chez soi. Je n'ai rien contre eux, ce n'est pas la question. Surtout qu'ils sont tranquilles, discrets et tout. Ils ne se montrent pas. Il y en a un qui a une voiture, quand il rentre la nuit, il coupe le moteur pour ne pas déranger la cité. Mais pourquoi nous avoir mis à côté d'eux ? Moi j'avais seulement demandé un logement. On logeait dans un vieux pavillon, il y avait trop de réparations à faire. À gauche, c'est les Portugais, ça travaille et ça dort, y a rien à attendre d'eux. On n'a personne à qui parler ici, c'est une prison [16]. » Les conflits se multiplient, auxquels nul déplacement volontaire ne met un terme.

Et puis, dès qu'on sort de son appartement, il faut affronter le quartier et la ville. Pourquoi nous avoir mis là ? s'interrogent les nouveaux venus. Le quartier le sait bien, lui. Si on les a mis là, c'est qu'il y a une raison. Dans l'imaginaire populaire, les subtilités psychosociales de l'habitat éducatif ont du mal à s'imposer. C'est l'époque où l'on parle encore communément de « maison de redressement », de « maison de correction » et d'« arriérés ». Si ces gens-là ont été mis à l'écart, c'est qu'ils sont pauvres, fous, voleurs ou tarés. Pour qui vit dans l'habitat des pauvres, la méfiance des commerçants et des employeurs ne prend jamais fin.

Peu à peu, le rêve d'une ville sans pauvres s'efface dans l'imaginaire administratif. Les ambitions éducatives s'épuisent. Reste à gérer des populations « difficiles », dont on espère que le nombre ne s'enflera pas. Les cités pour cas sociaux, c'est déjà, en petit, la saga des lieux stigmatisés que vivront, sur une grande échelle, les années quatre-vingt.

Le « double patrimoine »

Dès le milieu des années soixante, c'en est bien fini du mythe de l'homme « moyen ». Plus le temps passe, plus les barreaux de l'échelle sont difficiles à gravir. Les H.L.M. élèvent leurs normes. La trajectoire des Français est cadrée. Elle commence avec les H.L.M. standards, se poursuit avec les immeubles à loyer moyen (I.L.M.) et s'achève avec les immeubles à loyer normalisé (I.L.N.). Le classement se fonde sur des distinctions à la fois sociales et financières, sans cesse réactualisées. Un « double patrimoine » urbain s'est constitué en douceur, comme le dit Jean-Paul Tricart. L'un, « social » et légitime ; l'autre, petit, assistanciel et stigmatisé [17].

Les pouvoirs publics achèvent leur doctrine. Deux types de familles sont grossièrement recensées. Les premières, rapidement intégrables, relèvent de cités de transit proprement dites, et l'on espère que leur séjour ne dépassera pas deux à trois ans. Pour les secondes, l'intégration n'est envisageable qu'à long terme ; elles seront placées dans des « cités de promotion lente », de taille réduite, et qui les acceptent plus de trois ans. Ces familles sont baptisées « socialement handicapées » ou « à problèmes ». Et si tout rate, il n'y a plus qu'à les expédier, en désespoir de cause, dans des maisons rurales...

La France célèbre à sa manière les noces de l'action sociale et de l'habitat. La pauvreté est devenue « une affaire de spécialistes », selon la formule d'Ogien et Katuszewski [18]. Le moralisme se fait plus discret et le scientisme se pare d'oripeaux nouveaux. « Des métaphores médicales et d'un registre psychologisant » règnent en maîtres [19]. On parle de « lèpre », de « cancer », de « gangrène ». Les familles marginales offrent un « risque de contamination » pour le corps social. Il faut formuler un « diagnostic » et leur administrer un « traitement social ». Comme le résument Laé et Murard : « La brève histoire des cités de transit, c'est l'histoire d'un moment dans une évolution lente où les anciens critères physico-chimiques de l'insalubrité sont progressivement remplacés par des critères psycho- et sociologiques d'inadaptation qui s'appliquent ensuite bien au-delà des cités de transit [20]. »

Cette pénible formalisation n'a rien de systématique. Comme pour construire les grands ensembles, les pouvoirs publics tâtonnent, procèdent par essais et erreurs, se lassent, en rabattent bientôt de leurs ambitions premières. Nombre de sociologues ont dénoncé, pendant un temps, ce qui leur apparaissait comme un projet d'encadrement et de domestication des pauvres. Mais peut-on parler de « projet » ? C'était plutôt, selon Tricart, la tentative désespérée « d'introduire un certain ordre dans des pratiques disparates »...

À la fin des années soixante, la presse s'indigne contre les bidonvilles. Une loi est votée, le 10 juillet 1970, dite « loi Vivien » portant « sur les centres ville et sur l'habitat insalubre », suivie d'une circulaire d'application du 27 août 1971. Jacques Chaban-Delmas, alors Premier ministre, déclare : « Il faut éviter toute concentration géographique qui présenterait vite des caractères de ghetto. » On ressuscite et on muscle donc l'aspect éducatif de l'habitat — ce qui donne la célèbre circulaire du 10 avril 1972 relative aux cités de transit — définissant ce que doivent être ces « ensembles d'habitations affectés au logement provisoire des familles, occupantes à titre précaire, dont l'accès à l'habitat définitif ne peut être envisagé sans une action socio-éducative destinée à favoriser leur insertion sociale et leur promotion ».

Mais les financements des fameuses « cités de promotion lente » ne sont pas au rendez-vous. Même les cités « de transit » ne dépassent pas en 1970 quelques milliers de logements. Comme toujours, on en est réduit à renvoyer les pauvres aux initiatives privées et à l'aide sociale locale... Le père Wresinski dénonce la distorsion entre les proclamations officielles et la pénurie des moyens. Dès 1971, il s'inquiète. Le logement des démunis, loin de s'améliorer, se précarise : « Allons-nous vers un habitat-déchet ? », titre la revue *Igloo*[21]. Sans que ces protestations soient entendues : les crédits affectés aux cités de transit diminuent en 1972. Le discours « social » préconise des montages ambitieux, avec l'emploi de savoir-faire pédagogiques complexes. La réalité ? Des solutions de fortune aux résultats décevants.

Dans le parc public, les locataires mal en point multiplient les dettes de loyer, dégradent les espaces communs et s'assurent une désastreuse célébrité locale. On refusait les « ghettos », et voilà qu'on se lamente sur l'entassement de familles « à problèmes » dans des espaces de mauvaise réputation. Et d'autant plus stigmatisés que les populations migrantes, chassées de leurs bidonvilles, sont placées d'office dans le système assistanciel, avant qu'on les envoie rejoindre un parc social qui donne çà et là quelques signes d'épuisement... Excentré, l'habitat promotionnel est un repoussoir local, casse-tête pour les logeurs, horreur pour le voisinage et effroi pour le maire.

Le temps passe. Les cités éducatives n'éduquent pas et ne promeuvent guère. La procession triomphale vers le grand ensemble piétine ou claudique. L'administration s'appuie, pour gérer le logement des pauvres, sur un ensemble complexe d'associations et d'organismes dans une mouvance chrétienne. Parfois, dans les moments difficiles, l'État le leur abandonne même sans trop de scrupules. La péniche de l'Armée du Salut coûtera toujours moins cher et sera toujours moins délicate à gérer pour l'État que la meilleure des cités de transit...

CHAPITRE 23

Chassés des centres ville...

Rénovation publique, rénovation privée

Il y a rénovation et rénovation... Les unes, généralisées aujourd'hui dans les grands ensembles périphériques qu'on appelle « dégradés », sont dites de « développement social » ; elles coûtent fort cher et rapportent souvent beaucoup d'ennuis à ceux qui les engagent. Celles des années soixante et soixante-dix, transformant le centre des villes, sont dites de « reconquête » urbaine. Le terme est bien choisi : à la différence de celles de Vaulx-en-Velin ou de Mantes-la-Jolie, ces rénovations rapportent à leurs conquérants un riche butin. Ou du moins ils l'espèrent...

Au seuil des années soixante, les vestiges de l'incurie passée restent omniprésents, en France. Au centre des villes, des immeubles, des quartiers entiers, fantômes de l'avant-guerre, sont dans un état lamentable. En 1968, dans la région parisienne, 2 900 000 personnes résident encore soit dans un vieil hôtel meublé, soit dans un logement insalubre, soit dans un local dit « en surpeuplement critique ». Un tiers de ces ménages a pour tout logement une pièce et une cuisine, et un autre tiers vit à quatre personnes ou plus par pièce. Dans ceux de ces logements qui ont l'eau courante, seuls 9 % ont une douche et 13 % les w.-c. [1]. Comme de juste, ces mal-logés, à 85 % ouvriers, n'ont pas les revenus suffisants pour participer à une remise à neuf de leur logis.

Parallèlement, la France construit à un rythme impressionnant au regard des longues années de stagnation. En 1971, les mises en chantier dépassent 500 000 logements. Le mouvement s'accélère en 1972 et 1973 : plus de 550 000. La recrue s'amorce en 1975, quand le chiffre repasse sous la barre des 550 000. Par contraste, l'essor du logement neuf rend le vieux encore plus insupportable.

Dans une conjoncture aussi propice, pourquoi ne pas reprendre en main un patrimoine immobilier terriblement vieilli ? Les premières opérations demeurent rares et limitées. On travaille dans la dentelle... Dès 1959 pourtant, à Paris, le plan directeur préconise de supprimer les îlots insalubres et mieux utiliser les sols, en ôtant les entrepôts ou les ateliers « qui peuvent trouver place en banlieue ». La banlieue appréciera...

Quelques années plus tard, les pouvoirs publics décident d'agir à grande échelle, en impliquant le secteur privé. Pour Marcel Cornu, le signal officiel de la « reconquête » urbaine est donné le 13 janvier 1964. Ce jour-là, un conseil interministériel fixe la nouvelle politique de rénovation de Paris. Immédiatement après, le Premier ministre Georges Pompidou envoie une directive au préfet. Il lui demande d'« inciter l'initiative privée à s'intéresser de façon agissante à la construction dans Paris, et tout particulièrement à la grande œuvre de rénovation de la capitale [2] ».

Deux formes de rénovation convergent. Les premières sont directement prises en charge par les pouvoirs publics. Dans ce cas, tout peut aller très vite. Une ordonnance du 30 décembre 1958 crée un « fonds de rénovation urbaine et de lutte contre les taudis ». Un décret du lendemain, relatif à la rénovation urbaine, définit les organismes responsables, les règles de participation des habitants et les modalités de mise en œuvre du droit de propriété. Tout va même trop vite... Le 8 novembre 1959, une circulaire analyse les difficultés qu'engendre cette procédure particulièrement autoritaire. Poursuivons la « reconquête des quartiers centraux » pour leur donner « une structure et une architecture dignes de notre temps ». Mais attention ! « Cet aspect obligatoire des opérations de relogement exige que chaque famille voie ses problèmes étudiés avec beaucoup d'attention et de compréhension. » Ce qui fait rétrospectivement frémir les militants antirénovation. Qu'en aurait-il été si les pouvoirs publics n'avaient pas recommandé l'attention et la compréhension ?

Les autres opérations de reconquête sont assumées par le privé. Elles sont dites *spontanées.* Il s'agit, pour les promoteurs, de calculer le prix du terrain, une fois déduits les frais de démolition. Ensuite, de bâtir sur l'emplacement libéré un édifice de bon rapport : soit des logements, soit des bureaux. Dans tous les cas, il faut veiller à ce qu'on appelle une « bonne utilisation » du sol. En d'autres termes, ne pas gaspiller stupidement une place rentable. En centre ville, tout charmant petit pavillon entouré d'un coquet jardinet est une aberration gestionnaire, compte tenu du prix du foncier. Il s'ensuit un phénomène de « densification » : pour rentabiliser le terrain, on doit construire toujours plus haut et plus serré. Certes, il est des normes officielles. Mais des dérogations sont possibles — ces dérogations dont se gausseront les journaux d'opposition et qui frappent de nullité les plus fermes prescriptions des pouvoirs publics. Il faudra attendre le 17 mars 1972, dans une tout autre conjoncture au regard de la protection de l'environnement, pour qu'une circulaire d'Albin Chalandon interdise des dérogations autres que mineures dans le coefficient d'occupation des sols.

La mutation des vieux quartiers

Peu à peu, ces deux formes de rénovation, publiques ou « spontanées », s'unissent pour transformer le visage des centres ville. Les immeubles changent de matériaux et d'aspect, se resserrent et montent vers le ciel. Les résidents changent aussi d'apparence : la plus-value foncière modifie la composition sociale. Ce phénomène est constaté avant même qu'on ne rénove à tout crin. En 1966, un sociologue, Henri Coing, suit avec son équipe, pendant sept ans, la rénovation d'un vieux quartier ouvrier de Paris, l'îlot Jeanne-d'Arc du XIIIe arrondissement [3]. La sociologie est en pleine euphorie urbanistique. Les travaux de Clerc ou de Kaës chantent encore les prodiges de la modernité, et l'ouvrage d'Henri Coing est préfacé par Chombart de Lauwe. Mais si Henri Coing se défend de toute nostalgie à l'égard des quartiers mal en point, il est un des premiers à souligner que tout ne va pour le mieux dans le monde des rénovateurs.

La rénovation du XIIIe arrondissement n'a pas été remise au secteur privé. Elle a été conduite de bout en bout par les pouvoirs publics, donc avec « attention et compréhension », comme le requiert la circulaire de 1959. La doctrine officielle est de préserver le quartier, autant que faire se peut, et d'en reloger les habitants. Et pourtant... Lorsqu'on compare la composition de la population avant et après la rénovation, on constate que son niveau social a nettement monté. Les plus pauvres, les plus jeunes et les plus vieux sont moins nombreux ; les plus aisés, dans la force de l'âge, ont corrélativement augmenté. Quant aux Nord-Africains, auparavant assez nombreux, tous peu qualifiés et faiblement rémunérés, ils ont fondu comme neige au soleil.

	Avant rénovation (1959)	**Après rénovation (1966)**
Professions libérales, cadres supérieurs	1	4
Cadres moyens, commerçants, artisans	20	26
Employés	22	23
Ouvriers qualifiés	27	33
O.S. et manœuvres	30	14
Tranche de revenus I (modeste)	26	5
Tranche II	38	30
Tranche III	25	43
Tranche IV (supérieure)	11	22
Moins de 25 ans	4	1
25-34 ans	21	24
35-49 ans	30	38
50-64 ans	30	26
65 ans et plus	15	11

Comparaison (en %) de deux populations, en termes de catégories socioprofessionnelles, de revenu et d'âge, avant et après la rénovation d'un îlot du XIIIe arrondissement (1959-1966).
Source : D'après Henri Coing, *Rénovation urbaine et changement social,* Éditions ouvrières, 1966.

Henri Coing en conclut que « la rénovation urbaine traverse une crise » — déjà... « Tout paraissait simple », dit-il. On menait une opération bulldozer. Sur le papier, il suffisait de détruire les taudis et de reloger la population dans des immeubles remis à neuf. Malheureusement, le décalage entre les loyers anciens et les loyers nouveaux, même minime, n'est pas supportable par des gens financièrement fragiles. Certes, les familles peuvent faire un effort. À cet égard, la pression ne cessera d'augmenter. Mais « il existe un seuil au-delà duquel les privations se révèlent psychologiquement et financièrement insupportables ». Les loyers doivent rester accessibles à une famille ouvrière moyenne, sinon « la rénovation change de sens ». Et « nous ne sommes plus très éloignés de ce seuil ».

Les moins riches déménagent. Ce n'est pas grave, puisque la France construit. Les pouvoirs publics les relogent donc dans des grands ensembles de banlieue, à faibles loyers. Encore une fois, attention, reprend Henri Coing : « Déménager peut signifier, pour une famille ouvrière, perdre tous ses points d'appui. » Bourdieu fait le même constat dès 1963, dans un de ses premiers travaux : « Le logement moderne devient paradoxalement l'obstacle à l'entrée dans la vie moderne... On en vient à ne plus travailler que pour avoir le droit d'y vivre en s'y privant [4]. » Ce thème revient comme un leitmotiv dans toutes les enquêtes, des travaux d'Henri Lefebvre à ceux de Gérard Althabe [5]. Un mode de vie s'effrite, et rien ne vient le remplacer.

Qu'en pensent les familles transplantées ? « Notre ancien logement n'était pas confortable, dit la femme, mais il était bien, et puis on s'entendait bien, il y avait de l'entraide. Ici l'ambiance est affreuse, je pleure tous les soirs. C'est une sale mentalité, il y a toujours des histoires. » L'homme reprend sur le même mode : « Le soir, quand je reviens, je pense que je rentre en enfer. Pourtant, quand on est arrivés ici, on était contents. Tellement contents qu'on est arrivés dès le premier jour, avant que les peintures sèchent... » « Les commerçants ne sont pas aimables. Il n'y a que le pognon qui les intéresse. Là-bas on bavardait, on se connaissait, ils demandaient des nouvelles de la famille. Ici ça les intéresse pas. » Et lui de conclure : « La rue Nationale, c'était peut-être pas très propre, mais la mentalité était très bien. Ici on ne rend pas service comme avant. D'avoir un beau logement, ça les rend fous, ça les rend méchants. Là-bas, c'était le paradis. C'était qu'une baraque, mais pour nous c'était un château. »

CHAPITRE 24

La survie obstinée des bidonvilles

Ahmed arrive à Nanterre

Ahmed débarque de Casablanca, le 4 septembre 1963. Au Maroc, on lui a dit : « La France, c'est bon, il y a beaucoup de travail. On gagne bien. » À deux heures du matin, il arrive à Paris, gare d'Austerlitz, avec une seule adresse en poche : 180, rue de la Garenne, Nanterre. Un taxi l'y amène et s'en retourne. Voilà Ahmed seul au milieu de la route. Que voit-il ? Un terrain vague couvert de baraquements de fortune, faits de planches disjointes, le toit recouvert de goudron et de plaques de taule. Il se précipite vers le premier quidam venu sortant d'une baraque et lui demande : « C'est ici la France ? » L'homme répond : « Oui, mais ici ça s'appelle pas la France, ça s'appelle la Folie [1]. »

Ahmed se sent perdu. Toute la nuit, il erre de baraque en baraque : « Pas de maison, pas de sonnette, rien du tout. » Juste le chiffre 180, fiché sur un poteau d'électricité. À huit heures du matin, épuisé, il rencontre enfin son cousin, dans un terrain vague. Le cousin le fait entrer dans ce qu'il appelle sa « maison ». « Qu'est-ce que je vois ? Six personnes sur trois mètres de côté. Partout des lits, un premier étage de lits, un deuxième étage de lits et ils mangent dans la salle à manger de un mètre assis sur le lit. Je demande : " Ici la France ? " ils disent : " Oui ". »

Le cousin part au travail. Ahmed visite les alentours et fait quelques courses. Revenu au 180, il se perd encore une fois. « J'ai demandé partout : " Où est-ce qu'elle est la baraque ? " ; ils disent : " Je ne la connais pas. " J'ai demandé aux enfants. Ils disent : " Je ne la connais pas. " C'est comme ça que je suis resté dehors jusqu'au soir, jusqu'au retour du cousin. Il me dit : “ Qu’est-ce que tu fais ici ? ” Je lui dis : “ J’ai perdu la maison depuis ce matin. ” Alors il m’a pris par la main et il m’a rentré chez lui. » C’est ici la France...

Ahmed a bientôt su retrouver son chemin. Il a cherché du travail. Il a aisément trouvé un poste de conducteur d’engin sur un chantier. Ensuite, il a voulu réaliser son rêve : faire venir sa petite famille. Où ? Dans un bidonville de Nanterre... Tous attendent d’être relogés en H.L.M. Depuis plus de six ans. Ahmed a honte. Lorsque, avec sa femme et ses enfants, il rentre au Maroc pour les vacances, il déclare avec aplomb qu’il possède, en France, un bel appartement ensoleillé, avec l’eau, le gaz et la télévision. Comment faire autrement ? « Quand tu ne dis pas ça à la famille, elle dit : “ Ça, c’est un clochard ! ” »

Les bidonvilles prolifèrent à Nanterre depuis le début des années cinquante. Ils colonisent le moindre terrain vague, la moindre parcelle de terre coincée entre deux immeubles [2]. En 1960, le bruit court déjà que la pléiade d’habitats de fortune qui couvre la ville recèle plus de 8 000 habitants. Il y a le grand bidonville de la Folie, le plus connu, mais aussi le petit des Pâquerettes, celui du pont de Rouen, celui de la rue des Prés, celui de l’Égalité — nom prédestiné... —, ou encore le bidonville Édouard-Colonne, le bidonville Georges-Bizet, celui de Valenciennes ou celui du chemin de halage, sans compter une foule de micro-bidonvilles éparpillés aux quatre coins de la ville.

Le bidonville de la Folie compte à lui seul plusieurs milliers d’habitants. Dix mille Maghrébins, dit-on, pour l’ensemble des baraquements de Nanterre, et 15 000 Portugais dans ceux de Champigny. Les malheurs d’Ahmed sont le lot commun de tous les visiteurs du bidonville. Ceux qui s’y aventurent pour la première fois, et sans guide, se perdent immanquablement dans un labyrinthe de 1 800 baraques jumelles. Peu à peu, on se rend compte que le phénomène n’a rien d’aléatoire. Quand on possède les repères, on voit que tout répond à un agencement strict. À l’ouest, une majorité de familles algériennes et marocaines, quelques familles tunisiennes : elles n’ont cessé d’étendre leur territoire jusqu’à la fin des années soixante. L’est est réservé aux familles portugaises. Entre les deux, se regroupent les Maghrébins qu’on appelle les « célibataires » — en fait, ce terme générique désigne les hommes seuls, même avec douze enfants au pays.

La corvée d'eau

Tout le monde travaille, dans les bidonvilles, célibataires et chefs de famille. En période de plein emploi, les chefs d'entreprise encouragent les immigrés à venir par bateaux entiers, pour faire marcher les machines ou construire les routes. C'est le moment où un ministre des Affaires sociales, Jean-Marcel Jeanneney, déclare : « L'immigration clandestine elle-même n'est pas inutile, parce que si nous nous en tenions à une application stricte des accords internationaux, nous manquerions peut-être de main-d'œuvre [3]. »

Le travail ne manque pas, mais le logement fait défaut. Citroën emploie 15 000 étrangers, en loge à peine 1 500. Les migrants, s'ils sont loin d'être riches, n'en gagnent pas moins leur vie. La vie en bidonville, contrairement aux idées reçues, leur coûte relativement cher. Lorsque la police leur rend la vie intenable, pratiquement tous demandent à être relogés. Pratiquement tous sont enregistrés dans les fichiers départementaux et communaux. Seuls quelques familles et quelques isolés s'y refusent. Ce sont les derniers arrivés, souvent clandestins, ou les nostalgiques de la vie au village.

Plus le temps passe, et plus la vie en bidonville est contraire aux aspirations des migrants. Pris dans le grand courant promotionnel des années soixante, beaucoup d'entre eux brûlent de bénéficier des délices du progrès. La dureté du quotidien épuise les hommes et les femmes. Il faut sans cesse aller chercher l'eau. Cinquante litres par jour si la famille est nombreuse, à traîner dans une charrette. C'est un travail d'homme. Les plus riches payent les plus pauvres, pour en chercher à leur place. Mais, le plus souvent, quand le mari revient de l'usine, déjà épuisé, la première chose qu'il doit faire, c'est prendre la charrette, aller jusqu'à la fontaine, à un kilomètre de là, et charger quatre gros bidons. Il fait la queue, attend un quart d'heure, une demi-heure, une heure parfois. Il est maintenant sur le chemin du retour. Il tire la charrette remplie de bidons, sur la chaussée d'abord, puis sur la terre et sur les pierres, s'enlisant dans la boue, ahanant au milieu des creux et des bosses : « Des fois, on a la poitrine qui éclate. »

Parfois, les femmes sont aussi de corvée. Zohra est jeune, élégante, et a trois enfants en bas âge. « J'avais du linge à laver et j'avais demandé à mon mari d'aller à la fontaine. Il m'a dit : " Je pars travailler, j'ai pas le temps. " Alors j'ai dit à ma sœur Yasmina : " Puisque c'est comme ça, on va y aller ensemble ! " » La fontaine la plus proche ne fonctionne pas. « Nous sommes allées jusqu'à l'autre bout de la rue de Chevreul, et nous avons rempli les bidons. »

Sur le chemin du retour, Zohra et Yasmina tirent leur charrette aux roues faussées. « Elle allait un peu de travers mais quand même ça n'allait pas mal quand la rue était goudronnée. » Simplement, les sœurs s'arrêtent quand passent les voitures. Tout se gâte quand elles abordent la côte. « Même à deux on ne pouvait pas la faire monter. Alors j'ai dit à ma sœur : " Si on voit un bonhomme passer on va lui dire de nous aider. " » Personne à l'horizon. « On regardait, on regardait et puis j'ai expliqué à Yasmina : " On va avoir un peu de courage et sortir notre charrette de là. Tu vas tenir par-devant et tirer, et moi je t'aiderai par-derrière. " Alors moi je me suis mise à pousser et doucement on a avancé. On tirait et puis on calait avec une pierre. À chaque fois que ça marchait un petit peu, on calait et comme ça nous avons réussi à la faire monter jusqu'à la crête. » Là-haut, c'est le terrain vague et le sable... « Alors, de nouveau, ça ne marchait pas... »

Passe la police, en maraude. « Vous savez je suis une femme fière, alors j'ai dit à ma sœur : " Ils vont se moquer de nous ; on va s'arrêter jusqu'à ce qu'ils soient passés. " » La police s'éloigne. Le plus dur, pour qui habite un bidonville dans un pays en plein développement, c'est la honte. La honte quand les Françaises vous regardent. La honte que les policiers ne se moquent de vous et disent le soir, une fois rentrés chez eux : « J'ai vu une femme qui tirait une charrette toute tordue. » Honte même d'être jeune, trop coquette et trop visible : « Quand on est jeune on essaie d'être toute élégante. Alors quand on est là en train de tirer la charrette, toute bien habillée... » Les deux sœurs se traînent jusqu'à leur baraque, qu'elles appellent « leur poubelle ». « Il a fallu que je finisse mon lavage et le soir j'étais morte. »

La peur et la honte

Le bidonville est un lieu d'ambivalence. Pour Zohra et Yasmina, en passe d'être intégrées dans la société française, c'est l'humiliation permanente. Ceux qui y vivent sont trahis par leurs chaussures ou par le bas du pantalon. Les eaux sales qui stagnent dans les rigoles font que l'on patauge, tout le temps, inévitablement, dans une gadoue poisseuse. La boue, c'est un signe de reconnaissance : « L'autre jour, quelqu'un est venu, avec des souliers pleins de boue et pleins de merde. Je ne le connaissais pas, il m'a demandé : " Où tu habites ? " Moi j'ai commencé à rigoler et j'ai dit : " Regarde, mon soulier est sale, moi aussi j'arrive de la Folie ! " » C'est aussi des dépenses inutiles ; les habits s'abîment, et ils coûtent cher : « On achète des chaussures toutes neuves. On marche deux jours, trois jours, dans la boue, et elles sont foutues », se plaint une femme.

Toutefois, le problème majeur, c'est le regard d'autrui. Quoi qu'on fasse, « les gens nous prennent pour des dégueulasses ». Des conducteurs d'autobus refusent ces passagers crottés, semant les flaques derrière eux. Au travail, la hiérarchie fait des bons mots : « Dans mon atelier, mon chef me demande : " Tu as été labourer ? " » Pour paraître moins sales, les habitants du bidonville usent de pauvres subterfuges : « On prend toujours un chiffon avec nous, et quand on est dans la rue bien propre, on s'essuie et on jette le chiffon. » Ou, dans une version plus élaborée : « Chaque fois que je vais à Paris, je mets une paire de chaussures à mes pieds et l'autre dans une sacoche. Quand j'arrive dans l'autobus, je sors dans un coin les chaussures de la sacoche... »

Le bidonville, c'est aussi l'humiliation pour les enfants et les adolescents. Ouarda vit dans le bidonville depuis ses neuf ans. Elle en a aujourd'hui dix-sept. Mais elle ne dit jamais où elle vit. « Ma sœur dit à ses camarades qu'elle est dans la cité, rue de Valenciennes... Si on leur disait franchement, elles se moqueraient. Il y a des filles de ma classe, quand elles parlent entre elles, elles disent : " Moi, même si j'étais dans la rue, je ne voudrais pas habiter dans un bidonville. " Ou bien, quand il y a un bidonville qui brûle, elles sont contentes. Bien sûr, s'il y a quelqu'un de brûlé, elles disent : " Le pauvre. " Mais s'il n'y a rien que des baraques : " Oh, il y en aura moins comme ça. " » Les exercices scolaires les plus simples deviennent des épreuves redoutables. « Par exemple quand à l'école on nous dit : " Faites le plan de votre maison. " On l'ignore, alors on peut faire n'importe quoi, mais le professeur se demande si on est pas folles ! C'est comme quand on fait la leçon de cuisine, pour allumer un four : " Comment ? À votre âge vous ne savez pas en allumer un ? " » Et puis, comment faire ses devoirs ? Il faut attendre que tout le monde soit couché pour sortir ses cahiers et apprendre ses leçons. Ou même, comment lire ? « La nuit, je ne vois presque rien avec les bougies, et bien qu'on ait des lampes à essence, je ne peux pas bien lire et c'est difficile pour faire mes devoirs. Et puis, à force d'avoir des bougies, j'ai mal aux yeux, même si on en allume plusieurs. Des fois, je me suis brûlé la main. Ou ça tombe aussi sur mon cahier. Tu es obligée de refaire tout ce que tu as écrit... » Les enfants du bidonville auront du mal à devenir polytechniciens et ingénieurs des Ponts.

À côté, ou au milieu des bidonvilles, il y a les inévitables tas d'ordures. Les éboueurs ont la consigne de les ignorer : les ramasser serait reconnaître un habitat irrégulier. On vit donc dans les eaux sales et dans les détritus. Une aubaine pour les rats. Des centaines de rats, dont on distingue partout les traces. À côté des baraques, ce sont des trous, « larges comme des trous de lapins ». Et des excréments : « de grosses crottes. On croirait celles de chats ». Ces centaines de rats dont on redoute les visites nocturnes : « Il faut que je mette les légumes tout en haut, sous les toits parce que les rats entrent et mangent même les légumes. » « Ils mangent le pain, je ne sais pas comment ils font, ils rentrent même dans mon lit. » Ils montent sur les toitures, déchirent le papier goudron, si bien que l'eau coule dans la maison. On se trouve parfois nez à nez avec eux : « Quand on ouvre la porte pour jeter de l'eau, les rats sont dans la cour et ils s'enfuient. » C'est le soir qu'ils sortent en nombre : « des yeux, des centaines d'yeux, la nuit ». On redoute qu'ils ne touchent la nourriture, qu'ils ne grimpent sur les lits quand on dort, qu'ils ne transmettent des maladies, qu'ils ne s'en prennent aux enfants. Qui pourrait s'habituer à vivre au milieu des rats ?

Le bidonville, c'est l'angoisse des maladies. La tuberculose y sévit encore, alors qu'elle régresse partout en France. En hiver, ce sont les bronchites, et une éclosion d'otites purulentes chez les enfants. Les pneumopathies sont d'autant plus aiguës qu'elles sont plus difficiles à soigner : le froid et la poussière n'arrangent rien. En été, ce sont les gastro-entérites chez les nourrissons. Les médecins qui acceptent de venir se perdent au milieu des baraques, les ambulances s'égarent : « Quand j'ai besoin de l'ambulance, je prends mon enfant et on va au café là-bas téléphoner et donner l'adresse du café pour qu'on vienne prendre le malade à cette adresse. »

Le bidonville, c'est enfin la peur. La crainte des policiers, bien sûr. Mais aussi celle d'ennemis autrement plus redoutables : le feu et le gaz. « Un soir, je viens de mon travail et j'arrive chez moi. Ma femme prend une bougie, elle commence à l'allumer ; mais arrive mon petit garçon qui avait quatre ans. Il touche la bougie, alors l'essence qui était à côté a pris feu et la baraque a brûlé. Ma femme a commencé à marcher à droite, à gauche, avec les enfants : " Où sont les enfants ? Où sont les enfants ? " On regardait seulement les enfants, on ne pensait pas à la baraque. Mais ma femme a été brûlée et le petit aussi :

ma femme est restée à l'hôpital vingt-sept jours et le garçon quatorze jours. Alors c'est pour ça, mon vieux, que je suis toujours mal au bidonville et que j'ai toujours peur. » On tente de bricoler de pauvres remèdes à son angoisse, comme cette femme : « Je ferme la valise, je mets le sac à côté de moi. S'il y a le feu, je prends les enfants, la valise et le sac, et je me sauve. »

Il n'existe aucun recensement de tous ceux que les bidonvilles ont tués. En hiver, on colmate les trous et on tente de se réchauffer : les asphyxies sont fréquentes, même si toutes ne sont pas mortelles. Les brûlures, elles, sont constantes : les enfants tombent sur le poêle ou renversent les casseroles. Les pompiers sont des habitués des lieux. Ils se déplacent presque chaque semaine, pour un incendie ou pour une asphyxie. Citons au hasard : en 1962, un travailleur algérien de vingt-trois ans est brûlé vif à Nanterre ; un incendie s'est déclaré pendant la nuit. En janvier 1965, à Rosny-sous-Bois, deux enfants périssent dans le feu. Le 25 mars 1966, un débat du Conseil général de la Seine fait état d'un incendie par mois, et de 700 baraques détruites en dix ans. Le 7 janvier 1968, un autre brûlé vif, à La Courneuve. Cinq jours plus tard, toujours à La Courneuve, trois asphyxiés. Le 15 novembre 1968, 20 baraques partent en fumée à Saint-Denis, et un enfant meurt. Le 25 octobre, un bébé est carbonisé à la Folie. Au début de l'année 1970, cinq personnes sont asphyxiées en même temps à Aubervilliers — ce qui affole quand même les pouvoirs publics... —, et le 17 octobre, un enfant portugais brûle à Noisy-le-Grand...

Ceux qui habitent le bidonville revendiquent pourtant leur dignité : « Moi, je trouve que je suis mieux habillée que les Françaises... Normalement, ils devraient écrire que nous sommes plutôt courageux parce que vivre là-dedans et à côté des saletés, il faut avoir le courage ! C'est vrai qu'il y en a qui sont sales, mais remarque qu'il y a aussi des Français qui sont très sales. Moi je sais que nous, si on avait le logement, c'est pas pour me vanter, mais il serait très propre. » Ils s'en prennent à la presse, qui donne toujours dans le misérabilisme. *France-Soir* parle d'une petite fille de six ans vêtue d'une robe noire de crasse qui, pour toute nourriture, ne connaît que la soupe faite avec des os ramassés le soir par le père dans les boucheries. Les habitants des bidonvilles ne se reconnaissent pas dans cette imagerie. Une jeune Marocaine s'indigne : « Ils racontent n'importe quoi sur nous ! Une fois, on a bien ri. Il y avait un photographe qui a photographié Houria. Elle l'a engueulé et elle lui a dit : “ Oui, tu viens nous photographier parce qu'on habite le bidonville ! ” Alors il lui a répondu : “ Non, je pourrais tout aussi bien photographier les riches. » Et tu sais comme j'ai toujours envie de parler, je lui fais : « Oui, mais les riches ont envie de montrer leur tête dans les journaux, pas nous ! » »

Comment sortir de là ? Mais les listes des candidatures pour un relogement sont interminables, les propositions rares et hasardeuses. Les années passent, si longues. L'espoir d'obtenir un endroit convenable pour vivre s'estompe. Dans le bidonville, on échange des tuyaux, on parle de marché noir, de dessous-de-table donnés à certains, des gens bien placés qui vous permettent d'obtenir un F5 à bon compte... Des experts viennent régulièrement, prennent des mesures, assurent qu'on va tout raser et reloger tout le monde. On attend.

De la tolérance à la répression

Si tant de bidonvilles ont pu fleurir, c'est parce que, dans les premiers temps, les pouvoirs publics fermaient les yeux. Ils laissaient les migrants bricoler leurs cabanes, ou même s'édifier de vraies petites maisons. Toute l'astuce consistait à trouver un espace abandonné, couvert de broussailles. Par exemple, un terrain vague appartenant à la commune ou une friche industrielle. Parfois, le bidonville avait un propriétaire, qui lotissait son terrain et organisait lui-même la vente, la location ou le prêt gratuit de parcelles. Colette Pétonnet cite le cas d'un Espagnol de Casillas qui l'a fait, systématiquement, pour ceux de son village [4]. Il fallait ensuite construire. Vite et n'importe comment. Avec n'importe quoi, des matériaux de fortune, du bois, des parpaings, du ciment, de la taule, et sur des parcelles rarement viabilisées. Mais certaines baraques, bâties par des Italiens près de Saint-Denis, seront plus tard considérées comme de petits chefs-d'œuvre au regard des sinistres bicoques qui suivront.

Le terme de « bidonville » met longtemps à s'imposer et à devenir le symbole de l'inacceptable. En 1947, en plein désastre urbain, les baraquements construits par les étrangers ne sont pas considérés comme anormaux. On les tolère pour ce qu'ils sont : un habitat de fortune, qui pallie la crise du logement. Au fil des ans, l'intolérance grandit : on ne voit plus que de hideuses verrues urbaines. Vers 1955, alors que les bidonvilles se multiplient, de premières campagnes de presse attisent l'indignation publique. Et si les bidonvilles se transformaient en habitats permanents ? En logements communautaires pour étrangers, et gratuits ?... La police, qui fermait les yeux devant ces aménagements de fortune, y met le holà. Il faut éviter l'installation définitive. Empêcher que ces gens n'étendent leur territoire, ne se construisent des annexes, ne bénéficient de l'eau et de l'électricité, ne voient leurs ordures ménagères ramassées, ne reçoivent du courrier à leur adresse personnelle.

La guerre est déclarée. Dans les premiers temps, ce n'est qu'une guerre de tranchée. Au début, les policiers, comme tout le monde, ne comprennent rien au bidonville. Ils viennent et se perdent dans le dédale des baraques. Mais ils s'obstinent et reviennent. Cette fois, ils tracent des plans. Font des relevés à la main. Laissent des marques à la craie. S'approprient chaque jour les lieux. On ne peut plus leur faire le coup de la construction sauvage. Les nouveaux venus ne peuvent plus construire. Les seules extensions possibles sont internes. Chaque cour intérieure devient un baraquement dans le baraquement. Là où il y a une famille, trois s'installent. De l'extérieur, personne ne voit rien. Le bidonville ne s'étend plus. Mais il se densifie chaque jour, il se remplit de l'intérieur, se boursoufle et devient obèse. Ce n'est plus qu'un entassement de chair humaine.

Cette pauvre ruse fait long feu. Les forces de l'ordre connaissent désormais les dessous des bidonvilles et entendent rester maîtresses des lieux. Pas question de créer un État dans l'État. « Avant tu avais le droit de faire tout ce que tu voulais. Mais aujourd'hui, la police a arrêté tout ça... Si vous avez une pièce, restez dedans, même si la famille est grande... C'est " arrêtez ! " » déclarent les résidents. La police surgit n'importe quand, n'importe où. C'est la fameuse brigade Z, spécialisée dans la surveillance des bidonvilles de la région parisienne, armée de haches et de marteaux, qui fait régulièrement ses rondes et démolit sur-le-champ toute extension suspecte. « On peut effectuer quelques réparations ? La porte oui, par exemple. Mais quand tu fais la porte, ils entrent : " Qu'est-ce que tu fais avec ça ? — J'arrange un peu la porte. — Fais attention... " Monter une petite baraque, ou quelque chose pour agrandir, c'est interdit. »

Très vite, les lieux deviennent invivables : « Avant j'avais un gosse et maintenant j'en ai sept, je n'ai pas assez de place. C'est trop petit, mais la police a interdit de monter une chambre, ou une petite cuisine pour mettre les bagages de la cuisine. » Les policiers entrent dans chaque baraque, comptent les gens, demandent les noms, les inscrivent sur un registre. Sans se lasser, ils recommencent. Mais le bidonville continue quand même de se remplir. Que voulez-vous, on ne peut pas placer un policier devant chaque baraque...

Les années passent. Les migrations de main-d'œuvre se caractérisent par « un fort taux d'accompagnement familial », dit-on dans les documents officiels, et les familles ne peuvent trouver à se loger. L'arrivée au bidonville se fait par des parcours nouveaux, en passant par un habitat vétuste au centre des villes, ou par des hôtels meublés. Mais les opérations de rénovation qui se multiplient rejettent les migrants vers la périphérie. Les hommes politiques de toutes tendances clament qu'il faut raser les bidonvilles. Mais ils s'étendent toujours.

L'interminable agonie des bidonvilles

En septembre 1966, un des multiples recensements des services de la préfecture fait état de 119 bidonvilles dans la région parisienne, avec 4 096 familles et 46 827 personnes, en comptant les isolées. Mais ce chiffre, précise-t-on, est sans doute dépassé. La même année, un sous-groupe de travail est constitué par le ministère de l'Équipement et du Logement et par celui des Affaires sociales, sur le sempiternel problème des résorptions. Une enquête « baraquements divers » est encore menée en 1967. Les promoteurs veulent récupérer les derniers terrains disponibles. En 1968, un programme de construction est engagé. On fera du logement « spécifique ». La « résorption », selon le terme consacré, sera fort lente. Dix ans plus tard, le 29 octobre 1975, *France-Soir* peut encore titrer : « Une ceinture de bidonvilles entoure Paris ». Ce sont les derniers. Mais ils collent comme la glu.

Pour les résorber, un outil existe, initialement réservé aux migrants célibataires. C'est la Sonacotral — une société d'économie mixte dans laquelle l'État est majoritaire — créée en 1956 à la destination exclusive des travailleurs algériens. Les foyers laissaient espérer des séjours provisoires. Quelques années plus tard, en 1963, la Sonacotral prend le nom de Sonacotra et voit sa mission élargie à l'ensemble des migrants. C'est à elle que revient officiellement la mission de supprimer les bidonvilles.

En théorie, rien ne l'en empêche. En pratique, le ping-pong des immigrés a déjà commencé. La Sonacotra a besoin de terrains pour construire. Ces terrains sont situés sur le territoire des communes. Lesdites communes rechignent à loger des immigrés... Tout le monde veut des Français, « moyens » de préférence. Ou des ouvriers à la rigueur, dans les municipalités de gauche. De surcroît, un soupçon pèse toujours sur la Sonacotra. Admettons que la commune accepte de loger ses propres immigrés. La Sonacotra ne va-t-elle pas en profiter pour loger des immigrés venant d'*autres* communes ? Pas question d'accueillir ceux dont le voisin vous fait aimablement cadeau.

Pour rassurer tout le monde, la Sonacotra déclare qu'elle fera de l'habitat « socio-éducatif ». Ce sont des relogements « par paliers » progressifs. Peu de sorties directes en H.L.M., mais plutôt dans des cités de transit, avec diverses formules, courtes ou longues. Ce qui ne rassure personne. En dépit de leurs garanties sociales, ces bâtiments ne sont guère populaires auprès des municipalités. Et encore moins auprès des habitants...

Une passerelle entre deux mondes

Avec le recul du temps, les bidonvilles peuvent apparaître comme une étrange aberration historique. Un ramassis de baraques informes et sans confort, indignes d'êtres civilisés dans la France des années soixante... Mais le bidonville n'est pas *seulement* l'horreur quotidienne qu'on se plaît à dépeindre. C'est aussi, comme le suggère Colette Pétonnet, « un quartier de banlieue correspondant encore à un mode rustique d'habiter ». À sa naissance, les gens d'un village prennent possession du lieu et lui impriment leur marque, par-delà des arrivées nouvelles. On reconstitue un modèle réduit de son espace natal, à des milliers de kilomètres de distance et sur quelques hectares. Ce village miniature peut être espagnol — à Vitry, par exemple —, portugais — à Villeneuve-le-Roi —, ou kabyle — à Nanterre. Le plus souvent, un autre village le rejoint, voisin du premier, puis un autre encore, par simple cooptation.

Le bidonville n'est jamais complètement fermé. Pratiquement aucun n'a de population d'une seule origine ethnique. La diversité est de mise, tout comme une ouverture contrôlée. On accepte la venue d'Espagnols si l'on est portugais, de Portugais si l'on vient d'Espagne, de Maghrébins ou de gitans. Le comble du luxe est d'héberger des Européens. Abriter quelques Italiens — ou quelques Français — relève le prestige du lieu. Bien que, dans ce domaine, les classements autochtones étonnent parfois les visiteurs : « Vous êtes la seule Française ici ? demande Colette Pétonnet. — Oui. — Je croyais qu'il y avait une autre ? — Ah vous parlez de la Bretonne ? Moi je suis du Nord... »

De plus, certains bidonvilles sont vivables. Les Français les appelleront plus tard des « bidonvilles deux étoiles ». Les distances sont maîtrisées : ceux qui les ont construits l'ont souvent fait près de leur lieu de travail. Des fois, les hommes reviennent chez eux pour le casse-croûte de dix heures du matin. De plus, lorsqu'on les laisse faire, les habitants l'aménagent avec soin. Ils creusent des fosses d'aisance, se branchent sur les canalisations de la ville, brûlent les ordures, tracent des voies et dessinent des places. Ils négocient même leurs relations de bon voisinage avec les communes voisines. On cite le cas de Français qui leur font des dons, leur remplissent des papiers ou leur donnent des cours de langue. Le facteur du coin tente de résoudre leurs difficultés de communication. On ouvre des boîtes à lettres individuelles : « C'est moi qui leur ai demandé de mettre des noms sur la boîte à lettres. Avec tous ces Gonzalès... » Mais les prénoms n'arrangent rien : « Je t'en fous, des José y'en a plein [5]. »

Le bidonville est surtout « un passage entre deux mondes ». Refuge contre les agressions de la société industrielle, il est un « instrument artisanal d'acculturation douce », selon Colette Pétonnet. Il a ses côtés conviviaux, que les anciens évoquent avec nostalgie. « L'été c'était très agréable, on était tous ensemble. » On bavarde, on plaisante, on se couche tard. On cultive un potager et on s'échange des légumes. Les enfants jouent dehors, sans qu'on s'inquiète pour eux : la communauté les surveille. « Après ça ne sera plus pareil, disent les femmes. On sera chacun chez soi, enfermés. »

Le bidonville amortit aussi le choc culturel que représente le passage du petit village méditerranéen à la grande ville du Nord. Par exemple, un Portugais en mal d'ascension sociale ment pour être relogé en « dur ». Il jure que sa femme et son enfant sont avec lui. Or, ils sont restés au Portugal, dans leur village. Il fait alors venir sa femme, qui pénètre dans l'H.L.M. rutilante et tant désirée. Hélas ! Elle reste au milieu de la cuisine, sur un tabouret, berçant son enfant sur ses genoux, un châle sur les épaules. Elle refuse même de rendre visite à une voisine de son village qui habite à quelques blocs de là. Le trajet lui est incompréhensible et elle craint de ne pouvoir rentrer chez elle. Elle a peur... Il lui fallait ce sas qu'est un fragile regroupement communautaire.

Bien entendu, la promiscuité est patente, et la comparaison avec les modes de vie urbains rend à certains la vie en bidonville franchement insupportable. La présence de l'autre devient pesante : « Ici on ne peut rien faire sans que tout le monde le sache », « les vieilles n'arrêtent pas de critiquer », disent les jeunes. À ce moment, le rôle protecteur du bidonville est second : restent la frustration, la colère et la honte.

Avec la loi du 10 juillet 1970 contre les taudis, le mouvement de bascule s'achève. Les bidonvilles vont disparaître, rayés de la carte des problèmes sociaux et grignotés par l'habitat d'urgence. Tous seront détruits, non sans mal parfois. Personne ne les regrette. Mais leur mort est rarement joyeuse. Parfois, elle est dramatique. Même si on ne l'aimait guère, on ne voit pas de gaieté de cœur les bulldozers écraser l'endroit où l'on a passé des années de sa vie, ou même, pour certains, toute son enfance. On était près de son travail, disent les uns, près des Untel, disent les autres...

Dans le bidonville de la Folie, nous l'avons vu, les célibataires vivaient d'un côté et les familles de l'autre. Lorsque les démolisseurs arrivent pour détruire les baraquements des célibataires, tous ont disparu. Impossible de les retrouver. Leur petite valise vite bouclée, avec leurs trois pauvres effets. Ils se sont évanouis du côté des familles, qui, se poussant, leur ont laissé une petite place. On leur proposait d'aller en foyer. Aucun n'en avait la moindre envie.

Les derniers à rester sont évidemment les moins intégrés. Leur résistance est d'autant plus dure. Colette Pétonnet cite le cas d'un bidonville à dominante portugaise. La police prévient les habitants du jour de la destruction. Ces derniers, blottis dans leurs abris, refusent de partir. La police fait placer un bulldozer de chaque côté de l'ensemble de baraques et donne l'ordre de pousser. Les pauvres baraquements commencent à craquer. « Les types sont sortis comme des rats, rapportent les policiers. L'un d'eux avait même une carabine. Les Yougoslaves sont les plus durs... » C'est sous la protection de policiers et de chiens-loups qu'on détruit le grand bidonville de La Courneuve, la Campa. « Il n'est taudis que lorsque celui qui l'habite le ressent comme tel », conclut Colette Pétonnet.

Quitter le bidonville, certes, mais pour quelle destinée ? Certains ont la chance de le quitter pour aller en H.L.M. Ce sont les privilégiés. Les autres vont rejoindre un habitat dit « spécifique », stigmatisé avant d'être peuplé. Dans certains cas aberrants, on échange une cabane pimpante et relativement vivable contre un appartement déjà délabré dont on doit boucher les fissures, dans une cité destinée à être détruite quelques années plus tard. La presse et les voisins ne comprennent pas cette mauvaise volonté dont ont fait preuve les derniers résidents des bidonvilles : « On leur donne un logement et ils ne sont pas contents ! » Ils ne comprenaient pas un élément fondamental de la vie sociale : personne n'apprécie de logement contraint, même confortable...

Les imageries du rejet

Arrivant en France, les étrangers ont un rôle précis : travailler en usine, produire, ramasser des ordures, nettoyer des espaces publics. Au début des années soixante-dix, Michel Marié met déjà en évidence les difficultés qu'éprouve la France à les intégrer [6]. Les discours officiels sont encore des plus accueillants. Mais par les pratiques. Quoi qu'il fasse, l'immigré peine à se faire reconnaître comme un véritable interlocuteur par les institutions françaises. Michel Marié cite la complainte innocente de la femme d'un travailleur portugais : « Mon mari a perdu son emploi, ma baraque a brûlé, il y a eu l'inondation, mon fils est mort... le syndicat n'a rien fait. »

De fait, la constitution de milieux migratoires perturbe le jeu normal des institutions. Par exemple, rapporte Michel Marié, si le comité des fêtes du Val-Fourré organise une fête ou si le parti communiste décide d'un bal à Mantes-la-Jolie, les immigrés viennent en masse. Cet afflux est « insupportable aux Français ». Ce ne sont pas seulement les phénomènes de concentration qu'ils peinent à tolérer, c'est la nature même des conduites collectives. Les Français réagissent négativement à ce qui leur apparaît non seulement comme une prise de possession de leur territoire, mais aussi comme l'accaparement d'espaces publics : nous ne sommes plus chez nous. Ce phénomène spontané se constate aussi bien dans les grands ensembles que dans les écoles ou les lieux de loisir.

Les antagonismes classiques de la société occidentale, entre le capital et le travail, entre les associations de parents d'élèves et les directeurs d'école se trouvent relativisés par la présence même des migrants, constatent les sociologues dès les années soixante-dix. Les oppositions ordinaires sont des couples antagonistes à l'intérieur d'une même culture, réglés dans un espace de négociation soigneusement balisé. L'irruption d'une culture différente trouble le jeu. Immédiatement, les migrants se rendent compte de ce que leur présence recèle d'éléments perturbateurs. « On ne veut pas aller dans la cité de transit, si nous y allons nous serons les plus forts », disent de jeunes Arabes à Michel Marié [7]. Ils ont raison : c'est alors qu'ils ont tout à craindre. Les rapports de cohabitation ont à voir avec l'imaginaire : on y développe une identification positive ou négative. Pour les migrants, ce qui l'emporte, c'est la crainte de la déchéance sociale.

Le phénomène n'est pas nouveau. Avant-guerre, les discours contre les Juifs, les Polonais ou les Italiens étaient marqués de la plus pure violence raciste [8]. Comme l'écrit Michel Wieworka, « il y a une continuité dans les phénomènes racistes en France, des filiations, des traditions, des histoires [9] ». Mais les migrants d'Afrique du Nord, qui arrivent massivement, sont aussi soupçonnés d'être des « fellaghas ». Les imageries au travers desquelles on voit les immigrés venus d'au-delà de la Méditerranée sont celles de la peur et de la haine. Seuls ceux qui ont oublié comment les migrants d'Afrique du Nord étaient traités dans les années soixante peuvent être surpris par la montée du racisme quotidien, dans les années quatre-vingt.

Pris entre les patrons qui ont besoin de main-d'œuvre et la France profonde qui n'a nulle sympathie pour eux, les pouvoirs publics tentent de les intégrer. Non sans mal. Comme le dit alors pudiquement un haut fonctionnaire à Michel Marié : « Notre administration éprouve les plus grandes difficultés à traiter le problème de l'Autre. » Faut-il territorialiser les migrants, dans des foyers Sonacotra, par exemple, ou dans des quartiers plus ou moins réservés ? L'avantage de cette solution est de les cacher plus ou moins aux yeux des Français. Pour les migrants, il est un autre avantage : jouer la chaleur communautaire. N'est-il pas préférable de se barricader avec les siens plutôt que de se retrouver en butte aux persécutions policières et petites-bourgeoises dans les grands ensembles périurbains ? Mais comment empêcher la constitution de « milieux » migratoires, virant au ghetto nord-américain, et bientôt impénétrables aux autorités françaises ?

Au contraire, faut-il refuser franchement la territorialisation, comme le font les maires empêchant l'implantation d'un foyer sur le territoire communal ? C'est la fameuse technique du « saupoudrage » au sein du logement ancien ou des nouveaux grands ensembles. Ce qui échoue généralement avec le quart monde ne réussit pas davantage avec les migrants. Ce choix, sans cesse réaffirmé, se heurte chaque fois aux mêmes difficultés financières, sociales et culturelles. Les poches de migration se reconstituent sans cesse, par le simple jeu des institutions, plus mal en point et moins gouvernables encore que les espaces officiellement assignés aux migrants [10].

Certains endroits deviennent de véritables laboratoires urbains de l'immigration, où les pouvoirs publics tentent toutes les expériences. Nanterre est l'un d'eux. La ville exhibe toute la panoplie : les cités de transit, les cités mobiles, les foyers Sonacotra, l'intervention massive des institutions charitables et des groupes politiques, l'introduction des quotas, la relégation des migrants dans les boucles autoroutières, la mobilisation des équipements culturels et scolaires... Sans grand succès. L'immigré est le bienvenu quand il travaille. Sinon, il est de trop [11].

De plus le militantisme antiraciste se heurte à l'attitude ambivalente des migrants eux-mêmes. Leur réaction à la question de l'intégration est « complexe », affirme Juliette Minces. Le migrant se méfie. Certes, il est content d'être là : « Ici, on a du travail. » Mais il déchante vite. Mis aussitôt à la chaîne, sans la moindre formation, il ne s'approprie pas réellement la technique occidentale. Le syndicalisme est aperçu de loin, mais s'y engager est imprudent. Pour ses enfants, l'école est là ; mais elle est peu accueillante. Reste le mode de vie occidental « qu'ils jugent sévèrement, mais dont ils voudraient adopter certains aspects [12] ». Restent aussi les nouvelles générations, en qui tous les espoirs d'intégration sont placés [13]... C'est ici la France.

Dès ce moment, le vieux débat sur l'intégration des migrants prend des formes nouvelles. Pourra-t-on transformer les nouveaux venus, avec leur religion, leurs traditions et leur culture, en excellents Français, comme les Italiens ou les Polonais d'avant-guerre ? Pour eux, il est indéniable que les années de développement ont joué un rôle intégrateur massif. Bon an mal an, cahin-caha, les institutions éducatives et sociales ont rempli leur rôle, non sans en faire passer aux profits et pertes quelques bataillons... Mais c'est au moment où l'on demandera aux instruments traditionnels d'intégration de faire la preuve de leur efficacité maximale que la crise les mettra à mal. En dépit de multiples déclarations publiques, les identités « étrangères », héritées des bidonvilles et des années d'exploitation, ne seront pas détruites.

LIVRE III

LE RÊVE D'UNE DÉMOCRATIE RADICALE

Cinquième partie

UN MAI 68 URBAIN

CHAPITRE 25

L'Europe des luttes exemplaires

Le bouillonnement européen

L'Europe urbaine tout entière bouillonne au début des années soixante-dix. Emportée par une lame de fond qui réinvente la vie quotidienne, la ville elle aussi se transforme. Tout est en procès : l'esthétique, les équipements, la gestion, les modes de vie... Et surtout, au centre de ce tourbillon, le pouvoir, sous tous ses visages et sous tous ses masques. Une expérimentation sociale que personne ne contrôle s'affirme dans plusieurs villes. Dans leur grand espoir de changer la vie, les nouveaux combattants de l'urbain érigent quelques lieux emblématiques en modèles. Ce seront les phares d'une ville réinventée.

Le plus souvent, le bon exemple vient du nord de l'Europe. La référence première est bien entendu Christiania. En 1971, en plein centre de Copenhague, des militants alternatifs occupent une caserne abandonnée et s'y installent pour vivre en complète autogestion. Une expérimentation sociale en vraie grandeur voit le jour, dans cette « ville libre ». On y trouve toute la contre-culture en actes : école, crèche, centre médical, ateliers alternatifs, restaurants diététiques, boutiques artisanales... La police reste aux portes de cet État dans l'État ; la communauté invente et fait respecter ses propres lois. Même les dealers peuvent s'y livrer à leur petit commerce, mais sous une liberté très surveillée. La drogue, en effet, est depuis toujours l'immense pomme de discorde entre le quartier et son environnement. L'expérience fait preuve d'une étonnante longévité, même si la flamme des premiers temps est éteinte. En 1994 encore, dans les 800 personnes composant la communauté, la révolte grondait : les marchands de haschich faisaient grève pour réclamer sa légalisation officielle au Danemark et en Norvège...

Juste après la mythologique Christiania, dans l'échelle de prestige de la contestation, on rencontre Amsterdam et ses squatters militants. Dans les années soixante, la Hollande s'était montrée particulièrement tolérante envers ses jeunes en révolte. Des jeunes de toute l'Europe venaient à Amsterdam en pèlerinage, pour danser des nuits entières au Paradiso et se défoncer béatement à l'herbe ou à l'acide. Dans le contexte hollandais, considérablement plus libéral que la France, le mouvement provo, aux accents anarchisants, avait été institutionnalisé au point d'avoir des représentants au sein des instances communales. Il ne lui restait qu'à posséder son propre territoire, comme au Danemark. L'occasion lui en est rapidement donnée. En 1970, il y a au centre d'Amsterdam un vieux quartier délabré qu'on tarde à rénover, nommé Niewmarkt. Trois cents provos le squattent et entreprennent ce qu'ils baptisent une « auto-rénovation ».

Les occupants-militants s'attellent à une réhabilitation complète du quartier, restaurant les appartements, peignant les façades de couleurs vives et ornant les murs de poèmes antinazis. Le conseil municipal, toujours compréhensif, les subventionne. Chaque jour, les squatters affichent un journal mural, et ils publient chaque semaine un hebdomadaire. Chacun d'eux paye un « loyer » mensuel pour l'entretien des lieux. Des services de quartier s'ouvrent : un atelier de menuiserie communautaire, par exemple, ou une école maternelle animée par une institutrice que salarient les parents. Pour les adultes, on aménage des jardins et des espaces de loisir, et pour les enfants, un tout petit zoo.

Cette situation de tolérance généralisée pourrait s'éterniser, si les promoteurs ne l'entendaient d'une autre oreille. Ils veulent récupérer leur bien et entament une guerre de tranchée. Leurs ouvriers travaillent, protégés par la police, ou viennent détruire des maisons vides et couper des arbres à cinq heures du matin. Pour faire obstacle à ces manœuvres, les squatters instaurent un système d'alarme, qui prévient en quelques instants l'ensemble des habitants. À toutes les heures du jour et de la nuit, les ouvriers et policiers sont désormais accueillis par des jets de pierre. Parallèlement, le comité de gestion du quartier s'attache au maintien de l'ordre et empêche les éléments incontrôlés de déraper : par exemple, il chasse les junkies qui donnent toujours à la police d'excellentes raisons d'intervenir. Pour compléter le tout, une radio pirate tient tout Amsterdam quotidiennement informé des péripéties du combat.

Malgré le soutien faiblissant de la ville, les affrontements se multiplient, chaque fois plus violents. Mais au bout de quelques années, comme partout, un phénomène d'épuisement se fait sentir. Les squatters lassés vieillissent, changent de mode de vie, désertent le champ de bataille et quittent le quartier pour rejoindre des espaces plus tranquilles. En juillet 1975, Niewmarkt est définitivement nettoyé. Les équipements communautaires sont démolis. Tout rentre dans l'ordre. L'aventure aura malgré tout duré cinq ans.

Il est d'autres lieux mythiques, à la même époque, au sud de l'Europe. L'Italie entreprend de faire mieux que la Hollande. Dès 1969, il y naît un mouvement de masse pour occuper les logements vides. Dans un pays où le cadre législatif est alors peu prégnant, le phénomène a les dimensions d'un véritable raz de marée. Plus de 20 000 logements sont squattés à Rome entre 1969 et 1972. Et le reste de la péninsule à l'avenant... Parallèlement, un autre mouvement se déclenche, d'autoréduction des loyers, soutenu par certains syndicats. Son ampleur est tout aussi impressionnante. De plus, il se trouve relayé par des groupes révolutionnaires aux options militaristes, comme Potere Operaio ou Lotta Continua. Ces derniers défendent *manu militari* les logements occupés contre la police [1]. Le terrorisme est proche.

L'Angleterre se met aussi de la partie. Elle possède une fort ancienne tradition de lutte autour de la question des loyers et ses grands mouvements d'autoréduction des loyers, dans les années cinquante, sont encore dans toutes les mémoires. Dix ans plus tard, on voit se constituer des Claimants Unions, composées de chômeurs, d'étudiants, de hippies et de syndicalistes. Bientôt, une fédération nationale les regroupe, avec ses permanences dans toutes les grandes villes et des *self help squatters associations* chargées d'entretenir les squats. On fait état, au seuil des années soixante-dix, d'une occupation illégale de 30 000 logements dans la seule ville de Londres.

À la recherche des modèles alternatifs

La Belgique n'est pas de reste et aligne également de hauts faits d'armes, comme la lutte étonnante du quartier des Marolles, à Bruxelles. L'endroit, peuplé de sous-prolétaires, laveurs de vitres ou chiffonniers, est hautement symbolique : il est, depuis le XIXe siècle, le siège d'affrontements périodiques avec les forces de l'ordre. En 1969, une opération de rénovation menace de couper le quartier d'un tunnel ferroviaire et de transformer deux rues en voies rapides. Les résidents en grand péril d'être chassés exigent par un vote d'être maintenus dans les lieux. Leur action est des plus énergiques : télégrammes aux pouvoirs publics, conférences de presse, affichages et peintures dans tout Bruxelles... Toute la Belgique est en émoi et l'opération de rénovation se voit annulée. Pour fêter leur victoire, les Marolliens enterrent en grande pompe « le Promoteur, sa fidèle épouse la Bureaucratie et leur enfant, l'Arrêté d'expropriation ».

Dès lors, la rénovation du quartier, par ailleurs urgente et techniquement justifiée, peut continuer, mais sur d'autres bases et sous des formes plus démocratiques. Un Atelier de recherche et d'action urbaines (A.R.A.U.) est mis en place, avec la participation active des habitants. Une École de formation urbaine est ouverte, une charte urbaine rédigée et un petit journal, *Le Marollien rénové,* est régulièrement publié. En France, une poignée de militants regarde avec attention ce que font les Marolliens. Le quartier de l'Alma-Gare, à Roubaix, saura s'en inspirer, le moment venu.

Il en est de même de Bologne, qui fournira un « modèle italien » aux professionnels de la ville. Une municipalité d'extrême gauche — le fameux communisme à l'italienne, qui jouit d'un prestige certain auprès des intellectuels français — rénove le centre ancien de Bologne, qui est dans un triste état. Mais elle le fait en respectant scrupuleusement les habitants qui l'occupent. Une opération « douce », dit-on, se met en place, négociée pas à pas, respectueuse tout à la fois de l'architecture et des traditions mais aussi de la volonté des habitants et de leurs modes de vie. Personne n'est spolié, croit-on ; personne n'est exilé en banlieue. Enfin, les vautours et les profiteurs en sont pour leur frais. Les équipements collectifs jouxtent les monuments historiques [2]. On retrouve bientôt le nom de Bologne dans toutes les bouches. Certains y voient une dérive petite-bourgeoise et une transformation hypocrite du peuplement — ce qu'on appellera la *gentryfication* d'un quartier ; d'autres en font une référence obligée. Architectes et militants de l'urbain vont tous à Bologne, pour constater de leurs propres yeux ce qu'il en est de ce nouveau lieu de pèlerinage politique et technique.

Ce flot d'idées nouvelles arrive en France au début des années soixante-dix et fait rêver d'un modèle entièrement original de fabrication des villes. Désormais, les opérations urbaines ne marcheront plus sur la tête. On renversera les anciens modes de faire. Aboli le règne sans partage des experts arrogants et vendus, architectes mondains, urbanistes aveugles, ingénieurs prétentieux, qui ont toujours d'excellents arguments pour faire enfler leur corporatisme et pour mépriser les pauvres ! Finie l'hégémonie de l'argent sur les besoins des habitants, révolu le temps des opérations louches de promoteurs massacrant les villes comme à plaisir ! Terminé le pouvoir de politiques qui se maintiennent par leur démagogie et leurs combines, et qui n'ont qu'une idée en tête : prendre l'urbain comme source d'enrichissement personnel et comme argument électoral. À leur place, on mettra un noyau de valeurs radicalement démocratiques : partir de la vie quotidienne des habitants, des manifestations de leurs désirs, respecter leur environnement et les symboles de leur passé... C'est l'antithèse absolue des approches de Le Corbusier. Une génération prend le pouvoir et ouvre une ère démocratique. Les villes auront de nouveaux maîtres : leurs habitants.

CHAPITRE 26

Les années effervescentes

Une cascade de luttes

Mai 68 met au premier plan les luttes étudiantes et les combats ouvriers. Tout d'abord, on parle de la ville plutôt qu'on ne la transforme. Pour les professionnels de la ville convertis à l'ouvriérisme, le choc est de taille. L'École des beaux-arts, devenu foyer d'agitation, produit jour et nuit des affiches sérigraphiées qui couvrent la France. Roland Castro a souvent raconté comment les lieux communs traditionnels des concours de l'École — « construisez une église, une mairie, une maison bourgeoise... » — ont été relégués aux oubliettes en deux temps trois mouvements. Pour les nouveaux étudiants, loger le peuple devient une tâche noble, et construire des H.L.M. ou des équipements publics une entreprise politiquement juste, à condition qu'elle s'effectue sous le contrôle de la classe ouvrière. Les architectes d'après 68 continueront à patauger dans le béton. Mais plus jamais avec l'innocence mercantile de leurs pères... Tout au moins, c'est ce qu'ils prétendent [1].

La révolution de mai transforme les mœurs et bouleverse l'urbain. Selon Marcel Roncayolo, « mai 68 sert de catalyseur ». Les murs le proclament : « Le dépavage des rues est l'amorce d'une destruction de l'urbanisme » ; « Le béton pleure l'ennui » ; « Non à la ville-bidon ». La révolution culturelle des étudiants « ébranle la raison technicienne et s'attaque à l'idéologie de l'urbanisme ». Conséquence : « Entre 1968 et 1970, l'opinion bascule et paraît soudain mobilisée par une inquiétude croissante à l'égard du cadre de vie [2]. » Pour construire les villes, on croyait au règne sans partage de la finance et de la technique. En dénoncer les limites devient maintenant un lieu commun politique.

Et pour longtemps. Les vagues soulevées par ces protestations ne sont pas encore retombées.

Dès 1969, les mouvements urbains se multiplient [3]. Dans la seule région Île-de-France, les foyers d'immigrés protestent en janvier. En mai, les résidents d'Ivry revendiquent une amélioration de leurs conditions de vie. En juillet, ceux de Saint-Denis, en même temps que se déclenchent les premières campagnes de protection de l'environnement. En juillet, contre la construction d'un parking place des Vosges. En septembre, pour préserver la vallée de la Bièvre. En octobre, pour défendre un viaduc avenue de Neuilly. En décembre enfin, pour conserver la place Dauphine. Et c'est la même année que débutent les luttes contre la rénovation de Belleville...

En 1970, toujours en Île-de-France, aucune semaine sans affrontement. Le 1er janvier, un événement majeur se produit : cinq Maliens périssent dans l'incendie d'un foyer d'Aubervilliers, d'ailleurs totalement insalubre. Des manifestations de rue éclatent, et un mouvement fortement médiatisé s'affirme avec force. Au même moment, les campagnes pour prolonger certaines lignes de métro, dans le Val-de-Marne ou la Seine-Saint-Denis, redoublent...

En février, c'est le début d'une lutte contre la hausse des transports publics, scandée de slogans bientôt célèbres : « On ne nous transporte pas, on nous roule ! » « Métro, boulot, dodo, y'en a marre ! » « Pompidou sous le métro ! » « Le métro gratuit pour les travailleurs ! » Un cartel composé du parti communiste, des socialistes, de la Fédération de l'Éducation nationale, des Jeunes Républicains et d'Objectif 72 demande que le patronat prenne en charge le transport des salariés. La police arrête même Edmond Maire, leader de la C.F.D.T., distribuant des tracts dans la rue. Le parti socialiste et un groupe trotskiste, Lutte ouvrière, appellent à la constitution de « comités d'usagers ». Quelques groupes d'extrême gauche incitent à la désobéissance civile et enjoignent les usagers à voyager sans payer, forçant l'entrée du métro. À la suite de cette mobilisation, en 1975, le remboursement d'une partie de la carte orange est obtenu par les salariés [4].

Mars annonce un mouvement d'envergure dans les foyers de jeunes travailleurs. Les rivalités sont déjà anciennes. Traditionnellement, deux associations gèrent les foyers ; d'un côté, Amitiés sociales, proche du M.R.P., qui entend toujours « éduquer » le jeune travailleur ; de l'autre, la Jeunesse ouvrière chrétienne, qui affirme rejeter toute conception paternaliste du jeune ouvrier [5]. Quand une augmentation des loyers est décidée, les foyers d'Issy et de Cachan la refusent. C'est l'étincelle. Les revendications tombent en avalanche : la liberté de visite, le droit d'expression, de réunion, d'affichage, l'amélioration de la qualité des repas, la propreté des lieux, l'épanouissement sexuel, la discipline, les horaires. Tout y passe. La direction reste inflexible et veut expulser les contestataires : les grèves avec occupation s'étendent alors à toute la France [6].

En mai, les banlieues s'échauffent, pour le rétablissement de l'eau dans le bidonville de Sartrouville, par exemple, ou pour la création d'équipements collectifs. En décembre, les revendications s'étendent au XIe arrondissement de Paris. S'ouvre un long combat contre la « reconquête » du quartier Mouffetard, dans le Ve arrondissement, et contre celles du XIIIe et du XVe. L'affrontement le plus médiatisé est celui des Halles, avec son « trou », qu'on ne sait comment combler une fois les anciennes bâtisses démolies. Ces mouvements dureront, pour certains, comme à Mouffetard, jusqu'en 1973.

Les protestations urbaines gagnent en violence en 1971. Elles sont à la fois dirigées contre l'État et contre la gauche communiste, accusée d'être « complice » du patronat. En mai, la protestation contre l'assassinat de Pierre Overney, ouvrier maoïste tué par un gardien des usines Renault, se transforme en manifestation pour le logement des travailleurs. Dans Paris, des milliers de personnes scandent : « On a le droit d'occuper les logements vides ! » En juillet, les pavillons Baltard des Halles, en passe d'être détruits, vivent leurs dernières heures de gloire et plusieurs jours de liesse. À l'appel du Front de libération de la jeunesse, animé par Richard Deshayes, d'éphémères « communautés de jeunes » se forment, appuyées par le journal contre-culturel de Roland Castro, *Ce que nous voulons... Tout.* On ne compte plus les luttes pour l'amélioration des transports en commun, à Paris, ou pour la création d'équipements collectifs en banlieue, des Ulis à Grigny-la-Grande-Borne. C'est aussi une campagne — pour une fois victorieuse ! — contre la voie express devant cheminer sur la rive gauche de la Seine.

Le mouvement se survit en 1972 et en 1973 au sein des foyers de jeunes travailleurs. Mais seuls les combats pour l'environnement gagnent en ampleur, avec une campagne contre l'automobile et la pollution : une manifestation à vélo et à trottinette, couronnée de matraquages policiers tous azimuts. Les banlieues se mobilisent encore, pour préserver la vallée de Chevreuse ou revendiquer des équipements collectifs, comme à Mantes-la-Jolie. Mais les pouvoirs publics sentent que les forces contestataires s'épuisent. Les troupes musclées de la

Ligue communiste sont dissoutes, le 28 juin, à la suite d'un combat de rue homérique contre l'extrême droite. Quelques affrontements sporadiques ont encore lieu en 1974, contre la démolition d'une cité de transit à Gennevilliers, par exemple. À peine un soubresaut. En 1975, le rideau se ferme. Les derniers feux des combats hérités de 1968 se sont bel et bien éteints. Signe des temps, les architectes maoïstes, Castro ou Portzemparc, sont retournés à l'architecture...

Les migrants, de l'exploitation à la protestation

Nous avons laissé les migrants vivotant dans leurs bidonvilles. Jusqu'à la fin des années soixante, seuls quelques experts s'en préoccupent, clamant dans le désert. Comme l'a montré Patrick Weil, les faibles coûts d'entretien de la main-d'œuvre immigrée constituent « des atouts convergents pour maintenir un courant migratoire ». Cette conspiration du silence sert de multiples intérêts. Ceux des entreprises, qui ont des exécutants dociles, à bon marché, et qu'ils se dispensent de loger. Ceux de l'État français, qui redoute leur installation définitive ; le président Pompidou invoque même « le caractère nomade de cette population » pour s'opposer à une taxe sur le logement des migrants. Ceux des États d'origine enfin, qui évitent un trop-plein de chômeurs, gagnent des devises et espèrent récupérer plus tard une main-d'œuvre qualifiée ; Patrick Weil cite une déclaration significative du président Boumediene, quand l'Algérie menace en 1974 de suspendre l'émigration de ses compatriotes atteints par une vague d'attentats : « Après tout, si les Algériens vivent en France dans les bidonvilles, beaucoup vivent en Algérie dans des conditions pires encore. D'ailleurs, quand on quitte son pays pour gagner sa vie, cela sert à faire le plus d'économies possible, et du coup on accepte de vivre pauvrement ou même misérablement. » « Mon souci, concède-t-il, est celui de la dignité et de la sécurité des personnes [7]. »

Quant aux immigrés, ils se taisent. Ils ont fui le chômage pour venir travailler en France et en sont satisfaits. De plus, pendant longtemps, s'ils ne protestent guère contre leurs conditions de vie, c'est que la lutte anticolonialiste est première. Ils croient que leur combat leur vaut leur relégation dans un bidonville et qu'ils « méritent » leur statut subalterne. Certains placent leur espoir dans une indépendance salvatrice, qui leur rendra leur dignité. Toutefois, dans l'ombre, la grogne monte. En mai 1968, le scandale du logement des migrants est dénoncé au grand jour, et des mots d'ordre comme « solidarité ouvriers-étudiants » et « Français-immigrés tous unis » fleurissent dans les rues, liés à la manifestation contre la démolition du bidonville de Nanterre et contre celui de la Folie.

Des intellectuels de plus en plus nombreux se saisissent de la question. Après la mort des cinq Maliens d'Aubervilliers, le 1er janvier 1970, l'opinion s'indigne. Trois cents étudiants, accompagnés d'écrivains et d'artistes, occupent le siège du C.N.P.F. Ils exigent la fin des bidonvilles et des taudis. Les associations d'aide et de soutien aux migrants se renforcent ou se créent. L'A.S.T.I., la C.I.M.A.D.E., le C.L.A.P. ou le G.I.S.T.I., ayant reçu en renfort des hauts fonctionnaires imprégnés de pensée chrétienne ou des transfuges de groupes gauchistes, connaissent leur période de plus grande activité. Aux références à l'exploitation, se mêlent des accents caritatifs et de premières références à un humanisme universaliste.

Le 8 mai 1970, c'est pour donner aux habitants des bidonvilles la nourriture des riches que les militants maoïstes de la Gauche prolétarienne prennent d'assaut une « porcherie à rupins ». En d'autre termes, un traiteur chic de la place de la Madeleine plus connu sous le nom de Fauchon. Cette « épicerie pour nantis » propose des fruits et des légumes somptueux, énormes, comme passés au vernis, présentés dans des corbeilles, tels des bijoux. Même les raisins sont d'énormes grappes jaune doré, gonflées de sucre et pleines de soleil. « Rien à voir avec les grappilles acides et à moitié pourries, brutalement déversées d'un cageot sur une toile cirée gluante, au marché d'Aligre [8]... » Toute une journée de travail pour s'offrir deux ou trois de ces fruits ! Des inégalités aussi scandaleuses, comment ne pas les dénoncer ? Cette récupération sauvage, parmi d'autres faits d'armes, énerve puissamment les pouvoirs publics. À la fin du mois de mai, le 27, la Gauche prolétarienne est dissoute, et le procès de son dirigeant le plus visible, Alain Geismar, s'ouvre le 21 octobre.

Lorsque la Gauche prolétarienne attaque Fauchon pour distribuer de la nourriture aux pauvres, elle ne fait que renouer avec une tradition de révolte fort ancienne. C'est celle des bandits-héros, qu'Eric J. Hobsbawm désigne comme « robinhoodisme [9] ». On la retrouve aussi bien en France qu'en Angleterre, aussi bien en Sicile que dans les Carpates. D'Oleksa Dovbuch à Nicolas Chouaj, de Salvatore Giuliano à Schinderhannes, l'histoire regorge de personnages hésitant entre le chevaleresque et le crapuleux, qui prennent aux puissants et donnent aux misérables. Insaisissables par la police et sympathiques au peuple, ils ont pour eux la ruse, l'humour et l'audace. Pour conserver leur popularité, ils doivent manifester une éthique des plus strictes : ne pas piller sans raison et ne pas tuer sans cause, protéger les malheureux, châtier les hommes de loi cupides et les prélats fourbes, détrousser les usuriers sans scrupules et les banquiers véreux. Mais les imageries populistes ne font pas bon ménage avec les pratiques délinquantes. Le plus souvent, l'affaire tourne mal, et le bandit social devient un bandit tout court. En Europe, le terrorisme est en vue. La France l'évitera, mais de peu [10].

Qui plus est, l'État joue le social. Jacques Chaban-Delmas, alors Premier ministre, en personne, rend visite aux bidonvilles, accompagné de caméras de télévision ; il déclare solennellement que leurs jours sont comptés. La même année, un groupe interministériel permanent pour la résorption de l'habitat insalubre est créé, composé de représentants du ministère de l'Équipement et des Affaires sociales. Ce groupe publie un rapport signé André Trintignac : « Pour une politique concertée du relogement et de l'action socio-éducative appliquée à la résorption des bidonvilles ». Dans la foulée, un dispositif législatif et réglementaire se met en place.

Bientôt, à l'étonnement de tous, les immigrés eux-mêmes manifestent et prennent la parole. En 1971, 40 familles de migrants, du bidonville de la Folie, à Nanterre, se voient refuser un logement. Ce refus les scandalise d'autant plus qu'il intervient aussitôt après la visite de Chaban annonçant la fin des bidonvilles. Grande première : les migrants accueillent à coups de pierre des fonctionnaires de la préfecture de Paris, qui battent piteusement en retraite. Du coup, les contestataires sont relogés. Dans des cités de transit misérables, bien sûr.

1972 met les « marchands de sommeil » sur la sellette. Un des conflits les plus fameux est celui de l'hôtel de la Grille, à Suresnes. Les pouvoirs publics veulent déloger des immigrés d'un hôtel en centre ville, pour les reloger en foyer. Les expulsés refusent : certains foyers sont dépourvus du confort le plus élémentaire. Dans celui du quai de Charenton, les résidents, qui s'éclairent à la bougie, manifestent pour accéder aux bienfaits de la fée électricité ! D'autres font payer fort cher des services aberrants, tel ce foyer pour Sénégalais avec cinq personnes par chambre, ou cet autre où les migrants sont entassés dans des lits espacés de 30 centimètres... Le comble est atteint avec le foyer de la rue de Vaugirard à Paris : des dortoirs de 16 à 24 lits sans chaises ni table (le règlement l'interdit officiellement...) : les résidents mangent debout. Ce qu'on appellera la « grève des loyers » de la Sonacotra continuera sporadiquement pendant toute la décennie [11].

Toutefois, les logiques d'action cheminent d'ores et déjà sur des voies parallèles. Au-delà de quelques associations de peu d'influence, aucune solidarité réelle ne se tisse entre les Français et les migrants. Les immigrés se méfient d'ailleurs de l'intérêt que les Français leur portent, surtout quand ces derniers font de la politique. Ils redoutent les récupérations, de la gauche ou de la droite, et craignent qu'on ne les utilise plutôt qu'on ne les serve. Ils accepteront peu à peu que leur situation se normalise, aux conditions que leur proposent les pouvoirs publics. On les enverra donc dans des logements de banlieue, qu'ils subiront, en compagnie de ceux qu'ont chassés les opérations de rénovation du centre des villes [12]. C'est l'annonce des années quatre-vingt.

Les usagers contre les appareils de normalisation

Les équipements, dans leur version classique, étaient modelés sur la logique disciplinaire des organisations bureaucratiques, et nul ne semblait s'en plaindre. Liane Mozère a décrit de façon saisissante le fonctionnement d'une crèche de 1960. La mère arrive de bon matin, déshabille elle-même son bébé sur une table à langer couverte de plastique et le tend tout nu à une auxiliaire de puériculture, par-dessus une sorte de « guichet » ménagé dans une porte. Le bébé est parfois lavé et toujours dûment pesé. Après qu'il a avalé un jus d'orange, on le met dans un berceau. Le nouveau-né est seul, sans jouet, entouré de murs blancs. Il pleure ; on attend qu'il s'endorme. L'interdiction d'attacher les enfants n'est mentionnée que dans une circulaire ministérielle de 1965, précise Liane Mozère, et les jouets ne font leur entrée parcimonieuse dans les crèches qu'à la même époque...

Une décennie plus tard, et voilà les parents vivement conviés à rester avec leur progéniture, pour éviter toute rupture brutale... Les plus petits sont câlinés et embrassés par les taties ; les plus grands jouent avec des toboggans, des livres ou des camions, dans des espaces spécialement décorés pour eux. Dès qu'ils sont fatigués, ils sont mis dans des lits, entourés de leurs nounours et de leurs poupées [13]. Si l'on faisait revivre aujourd'hui la crèche du début des années soixante, elle serait unanimement considérée comme un étrange instrument de torture pour bébés, absurde et inhumain. Cette révolution invisible s'est opérée en moins de dix ans.

Comme nombre de dispositifs sociaux, les crèches étaient l'héritage hygiéniste des médecins humanistes et des dames de la bonne société du siècle dernier. On en faisait des structures autoritaires, pour éduquer les pauvres et leur enseigner les règles élémentaires de la propreté, de la pasteurisation et de l'éducation petite-bourgeoise [14]. La gauche voyait en elles un instrument de promotion collective, sans véritablement en critiquer le fonctionnement. Avec un retard historique par ailleurs classique, les équipements de l'après-guerre traînent derrière eux des relents de cette ambition civilisatrice.

Mai 68 introduit une rupture [15]. Un peu par la force des choses, puisque les équipements sont en grève prolongée. Comme le raconte Françoise Dolto : « Plus d'école, plus de crèche, plus de cantine... Aussi les parents étaient-ils obligés de venir, participants ardents, avec leurs enfants [16]. » C'est ainsi que s'invente la « crèche sauvage » de la Sorbonne, qui hébergera jusqu'à 234 enfants : « les étudiants ont été jusqu'à organiser une garderie pour enfants », dit *France-Soir*, stupéfait [17]. Le modèle sera repris et développé quelques années plus tard, à l'université de Vincennes.

Au-delà des crèches, d'autres « équipements sauvages » s'ouvrent dans un environnement plus périlleux. Les mouvements urbains partent en guerre contre les « équipements harnachements » et posent une sempiternelle question : les services de quartier peuvent-ils être autre chose qu'une entreprise d'encadrement et de normalisation des classes populaires ?

Un seul exemple, celui de la maison du peuple, à Villeneuve-la-Garenne, en 1972. Dans cette commune des Hauts-de-Seine, des étudiants en architecture, nostalgiques des combats de mai, s'en prennent aux équipements orthodoxes, aux locaux collectifs résidentiels (L.C.R.) et à leurs « mètres carrés sociaux », gérés avec poigne par une association municipalement reconnue et officiellement labellisée, qui trie les « bons » et les « mauvais » usagers. On trouve aussi à Villeneuve un modeste terrain, coincé entre un petit bidonville portugais et un grand ensemble. Les architectes en herbe mettent au point tout un scénario qui leur permettra d'édifier avec les résidents du bidonville une « maison du peuple ». Avec des crédits détournés de l'École des beaux-arts, ils achètent des matériaux de construction, et, dans un lieu discret, assemblent des éléments de charpente. Profitant d'un long week-end de la Toussaint, à une centaine, aidés des habitants, ils montent un édifice rudimentaire : quelques pièces pour des cours d'alphabétisation ou des permanences d'assistance administrative, une grande salle de spectacle et un lieu pour la garde des enfants. Pour compléter le tout, un noyau sanitaire pour les gens du bidonville et un petit lavoir.

L'aventure ne dure guère. Elle survit huit mois tant bien que mal, vivant sur un enthousiasme militant qui décline. La malheureuse « maison du peuple » ne respecte évidemment aucune norme de sécurité. Un beau matin, les pouvoirs publics obtiennent qu'elle soit rasée. À sa place, on trouve aujourd'hui une bretelle d'autoroute.

Les années qui suivent n'ont pas désavoué ces expérimentations sociales éphémères. Dans le cas des crèches, les traces sont évidentes. Le modèle est travaillé, théorisé, technicisé, professionnalisé et banalisé à la lumière de travaux comme ceux de Spitz ou de Bowlby, sur les effets négatifs d'un arrachement de l'enfant à sa mère [18]. Plus généralement, et au-delà de la garde des enfants, de nouveaux principes viennent régir le quotidien des institutions : l'autonomie des enfants et des adultes « pris en charge », leur droit à la parole, l'ouverture sur la vie du quartier, et surtout de nouveaux rapports entre le professionnel et l'usager.

La défense des droits de la nature

C'est en 1969, aux États-Unis, que les étudiants de Berkeley ouvrent une ère nouvelle, en occupant un terrain abandonné près de leur campus. Immédiatement de jeunes volontaires l'aménagent en parc de loisirs. Les enfants courent et jouent, les adultes font de la musique, s'aiment en toute innocence et fument de paisibles joints. Le 15 mai, sur l'ordre du gouverneur d'alors, un nommé Ronald Reagan, les gardes nationaux envahissent le parc et tirent : un étudiant, James Rector, est tué, premier martyr des espaces verts. Les luttes écologiques prendront par la suite des formes moins radicales. Mais elles ne connaîtront plus de fin [19].

Elles gagnent bientôt la France qui se dote en 1971 de son premier ministère de la Protection de la nature et de l'Environnement. L'année suivante, un rapport du Comité consultatif économique et social sur « la protection des espaces verts dans la région parisienne » révèle qu'entre 1965 et 1970 1 900 hectares environ ont disparu au profit de constructions diverses. Scandale : l'équivalent du bois de Boulogne et du bois de Vincennes réunis [20] ! À Paris, on pétitionne et on agit pour protéger le square Jean-XXIII et le square du Temple, qui, du coup, échappent de peu à la malédiction des parkings. Sur tout le territoire, on s'efforce sans succès d'endiguer la marée continue des automobiles — qui se multiplient toujours, mais sans fasciner autant qu'avant — et on empêche l'extension du maillage autoroutier destiné à couvrir la France [21].

Jean-Jacques Rousseau pensait que les villes sont les gouffres de l'espèce humaine. Cette idée fait école à la fin des années soixante. Les espaces fonctionnels, les voies autoroutières et les *shopping centers* perdent de leur attrait. Désormais, ce sont les arbres qu'on vénère et qu'on protège. Les piétons demandent eux aussi à être mieux traités : on leur aménage des cheminements dans les banlieues et des rues réservées au centre de Rouen, de Grenoble, d'Avignon... Dans les espaces nouvellement construits, on ne peut plus ignorer totalement l'existence des perspectives, des petites places, des squares, des commerces de quartier, des cafés et des restaurants [22].

Trotskistes et maoïstes dénoncent pendant quelque temps un mythe consensuel interclassiste, purement idéaliste, un combat mystifié de petits-bourgeois tout juste bon à être ponctuellement utilisé par les révolutionnaires [23]... Peine perdue. Toute la France, des ouvriers aux cadres en passant par les employés et les étudiants, rêve d'espaces verts plutôt que de révolution. Un bouleversement total s'est produit. Comme le montrent Cherki et Mehl [24], l'opposition est radicale entre les luttes du début de la décennie et celle des années soixante-quinze. Les combats contre les augmentations tarifaires de la R.A.T.P. relevaient encore de la tradition ouvrière : revendications quantitatives et défilés dans la rue. Les affrontements autour de l'environnement mobilisent des couches nouvelles, que la société salariale met en position ascensionnelle.

À la différence des conflits du travail, les luttes urbaines s'ancrent plus facilement sur la défense de valeurs morales que sur celle d'intérêts économiques. De nouvelles couches sociales en pleine promotion glissent de la défense du peuple à des aspirations de bien-être plus ou moins passéiste : on s'en prend toujours aux marchands de béton, certes, mais on rêve en même temps d'un retour aux villages ou aux villes d'antan. Les nouveaux mouvements de société, contre la ségrégation sociale ou contre l'anonymat des grands ensembles, plaident tous la cause de la convivialité. Quelques années encore, et l'État lui-même prendra *Small is beautiful* comme devise de sa politique urbaine. Une page est définitivement tournée.

CHAPITRE 27

Le pot de terre et le pot de fer

Du bras de fer contre les profiteurs...

Les premières rénovations, comme celle que décrivait Henri Coing, restent discrètes et peu nombreuses. Celles qui suivent sont nombreuses et voyantes. Contrairement à ce que laissent entendre les documents officiels, aucune stratégie générale, mûrement réfléchie et minutieusement planifiée, ne préside à leur succession. Tout comme les promoteurs privés, les pouvoirs publics, dans une approche pragmatique, saisissent les moments et les occasions. Qu'est-ce qui détermine leur intervention ? L'évolution locale du marché foncier, la dégradation avancée de tel ou tel quartier, le besoin massif de logements qu'expriment çà et là les entreprises du secteur tertiaire, ou encore l'insistance des promoteurs, qui s'industrialisent et sont perpétuellement en quête de nouveaux marchés.

Parfois, le quartier susceptible d'être rénové abrite des habitants qui protestent avec vigueur et refusent obstinément de vider les lieux. Les rénovateurs privés font alors appel à tous les tours qu'ils ont dans leur sac en béton pour les décider à partir. Ils ont pour eux le temps et l'argent. Alternativement, ils soufflent le chaud et le froid. Ils jouent le pourrissement du quartier, en achetant des immeubles entiers qu'ils laissent à l'abandon, ou des boutiques qu'ils ferment, et dont la devanture aveugle ajoute au délabrement local [1]. Seule demeure une poignée d'irréductibles, socialement fragile et facile à déplacer. C'est dans cette logique bien peu négociatrice que seront conduites la plupart des grandes manœuvres parisiennes, de Montparnasse à la Défense et de Belleville au Front de Seine.

Les mouvements de gauche soupçonnent les villes de droite de viser de subtiles transformations sociales du quartier, tout comme la droite suspecte les villes de gauche de vouloir conserver ses pauvres comme clients. Mutation qui serait voulue par la droite pour de machiavéliques raisons électorales, ou pour le simple prestige du lieu : l'ouvrier et l'immigré le déparent. Ces projets n'ont sans doute pas été étrangers à certaines opérations. Le plus souvent, toutefois, ce sont de plates considérations financières qui semblent l'emporter : satisfaire les associations de commerçants et dynamiser le quartier, car une population aisée a les moyens de dépenser. Une fois la crise survenue, de tels mécanismes joueront avec encore plus de force. Les contraintes économiques et symboliques vont peser de plus en plus lourd sur les politiques urbaines, par-delà même les volontés organisatrices des pouvoirs publics.

Les premiers à protester contre ce qu'ils appellent les « rénovations-déportations » sont les militants de la C.N.L., dans la mouvance communiste. Dès la fin des années cinquante, ils dénoncent des opérations qui vident les villes de leurs travailleurs et les exilent dans la périphérie. La C.N.L. refuse les expulsions sans relogement et tente d'imposer quelques transactions : que, pendant la durée des travaux, ce qu'on appelle des « opérations-tiroirs » maintiennent sur place les habitants des îlots à rénover ; qu'on les reloge sur place, ou à proximité, dans des immeubles aux loyers réglementés, supportables pour des salaires maigrelets ; qu'on procède, pour les personnes âgées et économiquement faibles, à des échanges avantageux avec un abattement de loyer ; qu'on trouve aux célibataires et aux concierges, encore nombreux dans Paris, un espace qui leur convienne. Elle réclame enfin qu'on réserve des terrains libres à des logements sociaux, aux loyers modestes, avec des équipements culturels, des écoles, des crèches, des maisons des jeunes et des espaces verts, de préférence livrés en même temps que les immeubles...

Certes, les H.L.M. poussent alors comme des champignons bétonniers. Mais la C.N.L. proteste en permanence contre les multiples perversions de cette entreprise « sociale ». Souvent, en effet, leur nombre est moitié moindre que celui revendiqué. De plus, ces logements flambant neufs échappent aux anciens résidents du quartier. Ceux-là sont immanquablement relogés dans les proches ou lointaines banlieues. La cause de ces déportations tient parfois, simplement, au mécanisme d'attribution des logements sociaux, reposant sur une liste d'attente commune à l'ensemble du département. C'est là une spécialité, dit-on, de l'Office H.L.M. de la Ville de Paris, avec ses pseudopodes banlieusards. Il y expédie par charrettes les exclus de la capitale et fait grossir des poches d'exilés dans la Seine-Saint-Denis ou au fin fond de la Seine-et-Marne.

À la fin des années soixante, les combats se développent. La C.N.L. reste la première à protester, dans un subtil jeu de souris contre le chat. À la puissante machine modernisatrice, elle oppose les vieilles techniques de lutte du mouvement ouvrier. Coller des affiches, signer des pétitions, tenir des meetings, distribuer des tracts, prendre la parole sur le marché le dimanche matin... Le couronnement du parcours, c'est la tenue de manifestations devant les lieux que menacent les promoteurs ou devant les emplacements que la préfecture pourrait, si elle le voulait, réquisitionner pour la construction de logements sociaux. Mais les contestataires du logement n'ont rien de prolétaires aguerris aux combats de rue. La crainte est toujours que la police n'arrive à les intimider. On manifeste donc, mais dans l'ordre et dans le calme. Sans grands résultats.

Lorsque ses adversaires reculent, la C.N.L. célèbre sa victoire et intensifie la mobilisation : « Nous avons obtenu que le terrain soit réservé pour la construction de logements H.L.M. malgré les nombreux refus des pouvoirs publics... C'est un succès et nous devons nous en féliciter. MAIS LA RÉSERVATION DES TERRAINS N'EST PAS ENCORE LA CONSTRUCTION. En effet, le prix plafond de construction imposé à l'Office H.L.M. et au-dessus duquel le gouvernement n'accepte pas d'accorder de crédits ne lui permet pas de construire, aucune entreprise n'acceptant de se charger des travaux à ce prix. » Vient ensuite la ligne officielle, pédagogiquement juxtaposée à des explications techniques : il faut s'en prendre aux « grosses sociétés immobilières » et au gouvernement en place, leur complice : « La politique néfaste menée en matière de logement favorise la spéculation sur les terrains, en laissant libre cours à la surenchère, et facilite ainsi la construction privée par les grosses sociétés immobilières au détriment de la construction nationale [2]. »

Pour élargir le front, la C.N.L. en appelle aux commerçants et aux artisans. Elle revendique des indemnités « raisonnables », leur permettant de se réinstaller ailleurs. Elle tente également, avec moins de succès, de séduire les propriétaires ou les copropriétaires d'appartements ou de petits pavillons : qu'ils bénéficient de formules d'indemnisation et de relogement « acceptables ». Pour ne pas mélanger les genres, la C.N.L. ne les recrute pas directement. Elle œuvre par le canal d'une association amie, l'Association nationale de copropriétaires. En des temps de développement économique et de progrès social, ce mode de faire négociateur se déploie sans trop de heurts : tout le monde trouve plus ou moins son compte à la gestion urbaine d'une satisfaction querelleuse.

... aux luttes exemplaires contre le fric

Bientôt, le rythme de la machine rénovatrice s'accélère. Arrive mai 68. Une nouvelle génération entre en politique. Les anciens de la C.N.L. entendaient informer, expliquer, proposer, négocier. Ils s'érigeaient en partenaires responsables, tout comme le mouvement ouvrier. Les militants de mai n'ont que faire de ces méthodes platement « responsables ». Ils entreprennent de déborder la vieille C.N.L. qu'ils accusent tout bonnement d'être achetée par le patronat et de trahir les intérêts du peuple. Les conflits se radicalisent, avec le recours permanent aux techniques du coup d'éclat et de la « lutte exemplaire ».

Dans les nouveaux combats des années soixante-dix, le ton des tracts s'enflamme : « VIE CHÈRE, VIE D'ESCLAVE !... ASSEZ ! » « Que veut dire " rénover " ? Cela veut dire : se construire des immeubles de grand standing... Et les pauvres qui habitent dans les vieux immeubles qui s'écroulent, ils veulent les mettre en banlieue ! » « Organisons-nous pour imposer que la cité du peuple reste un quartier populaire aéré avec des logements neufs. Dans la lutte et par la lutte, nous briserons nos chaînes. » Le temps des explications techniques est terminé. « C'est toujours le fric au poste de commande ! Des milliers de travailleurs étrangers que le patronat fait venir en France s'entassent dans des bidonvilles, des foyers vieux et sales, parce qu'ils sont surexploités pour des salaires de famine ou réduits au chômage. C'est insupportable [3] ! »

Les plus énergiques à mener le combat sont, pendant trois ans, les militants du Secours rouge, qu'inspire le maoïsme dans sa fraction la plus ouvertement révolutionnaire. Cette organisation a d'ailleurs été créée quand la Gauche prolétarienne a été dissoute, le 25 juin 1970. Sa tactique est à cent lieues du légalisme de la C.N.L.

Il est à Belleville, au cœur de Paris, un immeuble insalubre, hanté par les rats et qui risque de s'effondrer. Depuis vingt ans, un groupe d'ouvriers juifs et maghrébins y réside. Au début de l'année 1971, on parle de le rénover. Personne ne veut y rester, mais personne non plus n'accepte de s'exiler en banlieue. Tous, et plus particulièrement les membres de la communauté juive d'Afrique du Nord, souhaitent demeurer ensemble, et dans Paris. Ils décident de squatter les lieux.

Le Secours rouge les appuie, non sans arrière-pensée : dans une organisation politique, « plus la base sociale est basse, plus l'implantation politique révolutionnaire est possible ». Pour les défendre, il constitue un comité composé d'étudiants « ayant rallié la classe ouvrière » et de jeunes ouvriers. Ledit comité s'installe dans le quartier, et même dans le squat, pour gagner la confiance de ses habitants, tout comme l'armée populaire chinoise « servant le peuple ». Il aide aux menues réparations, organise des jeux pour les enfants et leur aménage un terrain de loisirs. La lutte a ses hauts et ses bas. Ses moments de panique, quand d'inquiétants squatters yougoslaves, venus inopinément s'installer, effraient tout le monde. Mais aussi ses parfums de victoire : dans sa guerre d'usure, la société menace de couper l'eau ; les militants, aidés des femmes et des enfants de toute la rue, les en empêchent.

Bientôt, le mouvement change de forme. Bien que la population éprouve, semble-t-il, une certaine sympathie pour les maoïstes, elle ne se rallie pas à leurs idées. Une réunion relancée au porte à porte vire au fiasco. Les policiers, omniprésents, intimident les enfants : « Tu iras toute ta vie en prison, si tu joues avec ces gens-là ! » Ceux que menace la rénovation se ménagent des sorties individuelles et s'en vont. Le Secours rouge n'en clame pas moins sa satisfaction. Il a démasqué les promoteurs, rallié les habitants les plus résolus du quartier, et il récoltera plus tard le fruit de ses efforts. Le quartier, espère-t-il, va bientôt se politiser et la lutte se déploiera jusqu'à la prise du pouvoir d'État... Dans la vie des groupes minoritaires, c'est le moment classique où les illusions se renforcent, et non pas celui où elles s'effondrent.

Autre exemple et autre étape. Dans le XIVe arrondissement de Paris, un Comité anti-rénovation se met en place, à l'initiative d'un groupe d'étudiants révolutionnaires. Leur objectif, face aux promoteurs, est de défendre un couple de concierges, âgés, invalides, sans ressource, logés dans un petit rez-de-chaussée et qu'on jette à la rue sans les reloger. Les ouvriers ont déjà démoli le toit de l'immeuble et la pluie ruisselle dans la loge. Ils détruisent les maisons voisines ; les canalisations laissent échapper des fuites de gaz. Le comité accuse la société de construction, « ces crapules », de « démolir la maison sur la tête de deux vieillards ».

C'est l'escalade. Des bulldozers parachèvent la démolition. Un palan est attaché à l'angle de l'immeuble, qui chancelle et menace de crouler : la loge va disparaître dans les éboulis. Le comité surgit, parlemente avec les ouvriers et les envoie démolir plus loin. Le chef de chantier les rappelle et ordonne la démolition. Les militants courent au siège de la société, pour exiger le relogement des vieillards. Quelques palabres, et la police embarque tout ce petit monde. Au commissariat, la propagande continue. Les membres du comité, une fois libérés, racontent que la police elle-même est obligée de reconnaître que la situation est scandaleuse.

Selon la formule du comité, « la lutte paye » : deux jours plus tard, la société reloge les deux concierges. Mais elle paye mal. Ils sont mis dans un autre taudis, lui-même menacé de démolition... Le Comité anti-rénovation, qui pense bénéficier d'un capital de confiance dans le quartier, en profite pour faire signer une pétition aux locataires d'une impasse qui sera bientôt sur le point d'être détruite. Ils collent des affiches, font du porte à porte. Mais la société de construction expédie un courrier personnalisé à chaque résident, avec de subtiles propositions de relogement. Au bout du compte, seuls quelques malheureux signent la pétition gauchiste. Peut-on vraiment parler de « capitalisation » ? Une enquête auprès des locataires de l'impasse, restés sur les lieux trois mois après, montre que l'intervention musclée du comité est sortie de leur mémoire. Seuls quelques-uns se souviennent vaguement des « gauchistes qu'ils ont foutus à la porte »...

Dernier exemple de saga contestataire. Au début de l'année 1972, un ancien maçon de 63 ans, mutilé de guerre, et sa femme sont expulsés de leur petit appartement parisien. Or, dans le XIVe arrondissement, rue Jacquier, une résidence remise à neuf et vide depuis huit mois attend ses locataires. Le samedi 12 février, le Secours rouge ressuscite les vieilles méthodes du M.P.F., dans une version moins grandiose. En compagnie du couple et d'une de leurs amies âgée de 72 ans, il fracture l'entrée de l'immeuble et leur fait occuper le premier étage. La chaudière est mise en marche, et les pièces hâtivement meublées. Le lendemain, la police, qui veut intervenir, recule devant une manifestation de quartier. Bientôt, la société propriétaire s'engage à reloger les trois personnes. Mais entre-temps, des mal-logés, sortis de leurs caves, sont venus rejoindre les premiers occupants. En quinze jours, l'immeuble est rempli.

Un « comité de lutte des occupants » et un « comité de soutien » ouverts aux gens du quartier sont mis en place. Quelques squatters se voient offrir un relogement, qu'ils refusent par solidarité avec ceux auxquels on ne propose rien. La police tente une première entrée en force, « pour arrêter un voleur de voiture ». Puis une seconde, lors d'une fête donnée pour la naissance d'un nouveau-né. Sans succès. Mais la résistance s'amenuise. Les occupants acceptent un à un d'être relogés et quittent le navire. Seul reste bientôt le couple originel et deux autres, particulièrement obstinés. Le tribunal les autorise à demeurer dans les lieux jusqu'au 1er septembre. Pas davantage. L'histoire est terminée.

Comme l'ont montré les études classiques de Festinger sur le fonctionnement des groupes prophétiques, le choc du réel ne décourage pas les militants. Ces derniers en sortent davantage convaincus de la justesse de leur cause [4]. À peine font-ils une « autocritique ». Il s'agissait d'une opération parachutée, conduite par des petits-bourgeois, menée de l'extérieur, avec un amateurisme certain, des permanences aléatoires et une présence sur le terrain insuffisante. Mais cette position obstinée n'est guère tenable sur la durée. Les échecs répétés lassent les moins convaincus. Le mouvement s'étiole et meurt au tournant des années soixante-dix [5].

L'échec des révolutionnaires se comprend aisément. Une conflictualité forte, des antagonismes radicaux, des positions tranchées, sans ouverture. Au terme de leur bras de fer désespéré contre le pouvoir en place, en quelques années, il ne reste pas grand-chose des mouvements de protestation urbaine... La France du début des années soixante-dix, qui s'enrichit fantastiquement et multiplie les cadres moyens et les employés de bureau, est à des années-lumière du tiers monde. Devant les troubles de l'ordre urbain, promoteurs et pouvoirs publics ont les moyens d'offrir à quelques malheureux des solutions alternatives, même s'il doit leur en coûter. De plus, les habitants trouvent ces solutions individuelles, même insatisfaisantes, quand même moins coûteuses qu'une lutte désespérée. Tout est fait pour que la révolution reste en rade.

Les pouvoirs publics peuvent-ils vraiment s'enorgueillir de leur victoire, aisée et sans gloire ? Certaines modernisations sont « réussies ». La transformation chic des lieux, que les Anglo-Saxons appellent *gentryfication,* est en marche, et leur métamorphose est impressionnante. Des immeubles flambant neufs s'érigent au centre des villes, qui abritent de riches bureaux ou logent des cadres supérieurs. La « reconquête urbaine » est un échec patent au regard des vieilles ambitions républicaines d'« équilibrage social ». Les populations les plus fragiles sont refoulées vers la périphérie. Le fossé urbain se creuse, dans un lent mouvement qui ne cessera de s'amplifier.

Le prix à payer est lourd. La brutalité de la politique des grands ensembles se poursuit, sans qu'on invoque désormais l'intérêt général, ou ceux, supérieurs, de la République. Les populations ne sont pas simplement déplacées ; elles sont tout bonnement jetées, n'importe où et n'importe comment. Ceux expédiés sans ménagement à la périphérie des grandes villes, à La Courneuve ou ailleurs, s'en souviennent encore. Cette donnée historique doit être prise en compte, lorsque les pouvoirs publics déplorent aujourd'hui que des quartiers entiers vivent dans la « relégation ». Qui donc en est responsable ? Le traumatisme n'est pas près de s'effacer. Une idée perdure : le fric fait main basse sur la ville, et l'État est complice.

Et pourtant... Par-delà les protestations humanistes, tout le monde y trouve son compte. Si certaines familles se désespèrent, la majorité se résigne, s'habitue et découvre même un certain charme à la banlieue. Quant aux municipalités de gauche — et principalement les mairies communistes — elles ne voient pas ces grandes manœuvres d'un si mauvais œil. Les nouveaux venus sur leur territoire sont, pensent-elles, des électeurs d'ores et déjà acquis. Les grandes espérances des années d'après-guerre se sont évanouies. Reste à gérer un équilibre précaire.

Sixième partie

PARTICIPATION OU AUTOGESTION ?

CHAPITRE 28

La fin des illusions étatistes

La grande déroute

En 1962, Jacques Maziol, tout juste nommé ministre dans le gouvernement de Georges Pompidou, prononçait une phrase amphigourique digne de figurer dans les anthologies étatiques : « Puisqu'il faut construire en fonction de programmes bien conçus et suivant un développement urbain ordonné, le grand ensemble s'impose et doit s'inscrire dans le cadre du plan d'urbanisme de l'agglomération, plan établi en fonction du développement régional fixé lui-même par l'action pour l'aménagement de l'ensemble de notre territoire. » Il ne faut pas plus de quelques années pour voir jetées aux orties ces grandes ambitions gestionnaires.

Dès la fin des années soixante, en effet, l'État gaulliste ne peut plus gérer ses avancées. Des écoles, des collèges, des lycées sont sortis de terre. Les construire était d'une simplicité enfantine à côté de ce qui suit : recruter les enseignants, les former, arrêter une organisation, décider de programmes, élaborer des méthodes pédagogiques adaptées... Encore l'Éducation nationale reste-t-elle largement dans l'orbite étatique. Dès qu'il s'agit de médecine, de culture, de social ou d'environnement de travail, le problème se complique : outre les acteurs publics, il faut inclure dans l'orbite planificatrice des partenaires privés, aussi nombreux qu'hétérogènes...

Préparant laborieusement le VIe Plan (1970-1975), les experts tentent de résoudre cet épineux problème par le recours à une notion nouvelle, et fort abstraite. Avant la société industrielle, l'État se bornait essentiellement à gérer de traditionnelles « fonctions de souveraineté » — la justice, la police ou l'armée —, répondant à une exigence d'unité nationale. L'industrialisation en a fait naître d'autres, partagées entre l'État et le marché : l'éducation, l'aide à la gestion du travail, et la kyrielle de celles baptisées « fonctions collectives d'organisation du mode de vie », la santé, le logement, les transports, l'urbanisme, l'aménagement du territoire ou la culture... Chacune d'elles est « un ensemble d'activités qui, dans leur totalité ou dans une large mesure, sont assurées par les collectivités publiques en dehors du marché [1] ». Planifier consiste à gérer l'ensemble de ces fonctions « rendues nécessaires par l'évolution des conditions générales de la production [2] ».

Pour pallier l'éparpillement des collectivités privées et publiques — les services de l'État, les collectivités locales, les établissements publics et les « administrations » au sens de la comptabilité nationale —, les planificateurs veulent une direction politique œuvrant dans l'intérêt général. L'État, qui possède une vue d'ensemble de chaque secteur, détermine les besoins « réels » des populations, délimite des objectifs pour les satisfaire et leur affecte les moyens adéquats, avec les formes d'organisation et les règles de fonctionnement... Tâche titanesque.

Cette aspiration au parfum innocemment totalitaire piège bientôt ses promoteurs. Pour penser cette organisation complexe, l'administration a comme référence la version publique du taylorisme, sortie de la plume de Fayol. Elle consiste à répartir centralement les territoires de chaque ministère et de chaque direction au sein des ministères, à sécréter des corps qui se barricadent aussitôt derrière des statuts ou des conventions collectives, et qui s'abritent derrière leur savoir-faire codifié. Dans l'idéal, le tout fonctionne dans la raison, la cohérence et la discipline. Et tout ce qui déborde ce lourd projet ou ne s'y inscrit pas n'existe évidemment pas.

Hélas ! Avec la prolifération des services et la montée des qualifications des agents, ce mode de faire archaïque et majestueux s'épuise en même temps que le taylorisme. Entre le sommet omniscient et le bras rétif, la communication passe de plus en plus mal. De plus, comment coordonner les activités au sein des fonctions, et les fonctions entre elles ? Chaque secteur fonctionne selon une logique dont il ne veut, ni ne peut, démordre : le travail a ses règles, l'éducation ses normes, le logement ses contraintes... Les critiques de la bureaucratie ont beau se multiplier. Nul ne les prend en compte.

Pour sauver leur projet, les technocrates découvrent et importent une méthode abstruse et exotique : l'analyse de systèmes. L'outil a été inventé outre-Atlantique, à des fins quasi militaires. Au cours des années soixante, les États-Unis s'affolent : leur jeunesse entre mystérieusement en dissidence, leurs pauvres de couleur brûlent les ghettos et les Soviétiques les distancent dans la conquête de l'espace. Pour rectifier le tir public, Robert McNamara, ministre de la Défense, introduit dans l'administration une version managériale de l'analyse systémique : le *Planning Programming Budgeting System* (P.P.B.S.), incluant un management par objectifs. Pour mesurer les retombées d'une exploration de l'espace, la N.A.S.A. finance aussi les travaux de Raymond Neubauer sur les indicateurs sociaux. Mais ce dernier souhaite « élargir sa démarche à l'ensemble de la société ». « Les indicateurs sociaux sont un moyen par lequel une société peut savoir où elle se trouve actuellement et où elle a été, qui fournit une base d'anticipation plutôt que de prévision, en ce qui concerne son évolution dans un certain nombre de domaines sensibles du bien-être social [3]. » Les aspirations au « transversal » et au « global » ne remontent pas à la politique de la ville. Elles étaient déjà présentes, vingt ans auparavant.

Cette noble aspiration se réduit à la mise en œuvre de deux instruments : des tableaux de bord centraux reposant sur une batterie d'indicateurs et une rationalisation des circuits financiers. La France naturalise le P.P.B.S. en « rationalisation des choix budgétaires » (R.C.B.), officiellement introduite au Conseil des ministres en janvier 1968. L'année suivante, Valéry Giscard d'Estaing, ministre des Finances, l'applique à l'administration. La décision budgétaire fera mention de l'objectif poursuivi, pour que le contrôleur financier puisse se livrer à un examen des actions plutôt qu'à une simple vérification de la validité de la dépense. Il s'ensuit une surveillance de l'efficacité des engagements financiers, par une connaissance des résultats escomptés et des responsabilités engagées. Le poids du ministère des Finances s'accroît d'autant. Le budget était déjà puissant ; il deviendra impérial.

Le second outil est statistique. La pauvreté des données afflige la Commission sociale du VIe Plan : « Il n'y a guère plus de trois ou quatre agents pour effectuer des tâches statistiques au niveau de l'administration centrale et, dans les services extérieurs, les travaux sont effectués en ordre dispersé, par un personnel n'ayant reçu aucune formation spécifique. » Elle préconise d'étudier trois séries de phénomènes : l'état de chaque catégorie de population ; celui des appareils d'intervention ; les dépenses engagées et leurs bénéficiaires. Elle souhaite aussi « une recherche pour définir en termes mathématiques les résultats de l'action sociale ou du moins une certaine approche de ses résultats » et préconise l'emploi d'« indicateurs sociaux », rejetons des indicateurs économiques : « un système de données chiffrées qui renseignent sur la situation de la société sous tous ses aspects [4] ». Le Commissariat général au Plan se met au travail. Le chef de son service des Affaires sociales, Jacques Delors, dirige un séminaire à l'E.N.A. sur ce thème et lui consacre un ouvrage, recensant les données sur le troisième âge ou le développement urbain [5]. Le débat déborde même sur les instances du C.N.P.F. et les organisations syndicales.

L'entreprise est ardue. Les chercheurs se cassent les dents sur l'épineuse question de ses fondements épistémologiques et de sa validité scientifique. Comment éviter de compiler des chiffres incohérents et des statistiques hétérogènes ? Rongés de biais qui en annulent la validité, techniquement peu fiables et politiquement suspects, les indicateurs sociaux déçoivent. Les R.C.B. devaient augurer une nouvelle discipline scientifique, l'« économie de la santé ». Selon un mot alors galvaudé, elles se réduisent à des économies sur la santé. Tableaux de bord, indicateurs et R.C.B. sont remisés dans les placards, laissant derrière eux quelques traces illustres : la R.C.B. sur la sécurité routière, celle sur la médecine périnatale ou le rapport Bianco-Lamy sur l'aide sociale à l'enfance. Le VIIe Plan n'en tient guère compte, et le VIIIe les abandonne.

L'effondrement des grands planificateurs

En 1961, Paul Delouvrier, ancien représentant du gouvernement français en Algérie et protégé du général de Gaulle, se voit nommé délégué général du tout nouveau district de la région parisienne. Aussitôt, il s'installe dans deux pièces poussiéreuses du quai Voltaire, amenant avec lui son « trio d'Alger » : « Jean Poincaré, Éric Wetsphal, une secrétaire et un balai [6] ». Ces méthodes énergiques rappellent encore le temps des Raoul Dautry. Mais c'est la dernière fois que nous les verrons mises en œuvre. La faillite des planificateurs n'est pas seulement théorique. Elle deviendra bientôt pratique.

Sous la houlette de Delouvrier, une équipe de choc reprend à zéro le travail de la IVe République et veut anticiper l'avenir de la région parisienne. On convoque douze groupes de travail, réunissant 450 personnes, des fonctionnaires pour la plupart, et on leur demande de prévoir ce que sera l'Île-de-France à la fin du siècle. Cette kyrielle d'experts travaille en un discret et interminable conclave. Deux ans plus tard, en 1964, ses travaux sont publiés, dans un Livre blanc. Les conclusions en sont faramineusement diffusées par la presse. Un sondage de l'I.F.O.P. montre qu'un Français sur deux en a pris connaissance.

Les tendances du début des années soixante projetées sur les décennies qui suivent dessinent une fresque grandiose... L'ouverture européenne ? Elle est achevée, dans une expansion économique constante. La population de la région parisienne ? Elle a augmenté d'au moins 50 % et l'urbanisation a doublé. Pour faire face à ce torrent humain, huit villes nouvelles entourent Paris, desservies par un réseau impressionnant d'autoroutes et de voies ferrées : 260 km de réseau express régional et 960 km d'autoroutes !

Dans la foulée, Paul Delouvrier organise une grande consultation de ses partenaires franciliens. À ce moment, tout se gâte... La S.N.C.F. et la R.A.T.P. restent poliment sceptiques, les élus de la région protestent : ils n'ont pas été associés au travail de l'État, et les projets qu'on leur présente sont inflationnistes et d'un coût exorbitant. Face à cette levée de boucliers, en toute logique, Delouvrier devrait remodeler ses plans. C'est mal connaître la haute administration gaulliste. Delouvrier persiste avec un aplomb stupéfiant : « Le schéma directeur est sorti rigoureusement intact de la procédure de concertation-consultation », dit Jean-Paul Alduy [7].

La suite de l'histoire n'a rien de glorieux. Le malheureux schéma directeur ne rencontre plus que des obstacles sur son chemin. Fait curieux : on découvre que l'ancien P.A.D.O.G. n'a pas encore été juridiquement aboli. Impossible de lui substituer un nouveau document. L'imbroglio juridique s'éternise. De plus, l'opposition s'unit aux notables franciliens pour dénoncer l'autoritarisme du préfet et décrier le produit de son travail. Pour couronner le tout, les conflits se multiplient entre les autorités de la région et le ministère de l'Équipement.

Delouvrier résiste pied à pied. Survient Albin Chalandon, qui hérite du ministère de l'Équipement en 1968. Tout oppose Paul Delouvrier, vieux gardien de l'État gaulliste, formé à l'école d'Uriage, au sémillant ministre libéral. Ce dernier, dont l'arrivée est fêtée par les promoteurs, s'en prend aussitôt à l'« économie administrative » de Paul Delouvrier. L'union des financiers, des industriels et des politiques détrône le préfet de région. Son projet surdimensionné est condamné, tout comme celui qui s'en est fait l'avocat. Bientôt, de Gaulle n'est plus là. Delouvrier ne survit pas au départ du général et doit céder la place. Un nouveau schéma directeur, plus modeste, est mis en chantier. Mais il faudra attendre 1976 pour qu'il soit adopté... Avec le départ de Paul

Delouvrier, une période de l'histoire des politiques urbaines est définitivement close.

L'histoire de la ville nouvelle du Vaudreuil est elle aussi exemplaire de l'effondrement des illusions étatiques. Au début des années soixante, l'État entend contrôler le développement industriel de la Basse-Seine : un axe Paris-Le Havre concentrera donc les industries. Toutefois, pour éviter la congestion de Paris ou de Rouen, une ville se crée *ex nihilo,* qu'on localisera au beau milieu des champs. On examine des cartes, et les bureaux parisiens calculent la « bonne » distance. La ville se situera à cent kilomètres de Paris et à vingt-cinq de Rouen. On croit le calcul habile. D'un côté, on bloque l'expansion parisienne, et de l'autre on contient celle de la Haute-Normandie. Tout le monde, ou presque, applaudit à ce projet si raisonnable [8].

Officiellement, on prévoit que la ville nouvelle du Vaudreuil s'accroîtra chaque année de 40 000 habitants environ, pour atteindre 150 000 résidents en 1985. La cité, qu'on imagine prestigieuse et exemplaire, avec, bien sûr, tous les équipements symboles de la modernité, irradiera autour de ce qu'une métaphore agricole — l'environnement sans doute ? — fait appeler un « germe de ville ». Il s'agit d'un modèle réduit devant accueillir 15 000 habitants et qui préfigure les développements futurs. L'aspect humain du projet n'en est pas négligé. On imagine des procédures participatives complexes, pour associer les habitants à la gestion de leur cité.

Telle Perrette, après avoir sautillé sur son sentier, Le Vaudreuil reprend contact avec le réel. L'industrialisation de la Basse-Seine, loin de se poursuivre, stagne. De plus, la géographie économique déjoue les prévisions planificatrices. La Loire moyenne concurrence durement la Haute-Normandie, et l'ouest parisien attire davantage les industriels que la vallée de la Seine. Enfin, le boom nataliste qui prend fin vers 1965 induit un Waterloo démographique. Au recensement de 1982, la ville nouvelle du Vaudreuil, prévue pour 150 000 habitants, n'arrive pas à dépasser 5 000 âmes [9]...

Les conseillers généraux de l'Eure s'indignent : « Nous sommes comme une fille séduite avec un enfant sur les bras [10] ! » Les agriculteurs expropriés s'estiment absurdement spoliés. Les résidences secondaires du voisinage, délaissées en rase campagne, commencent à s'affoler. Les emplois promis fondent comme neige au soleil. Tout le monde proteste, jusqu'aux associations de pêcheurs à la ligne. Que faire de H.L.M. au milieu des champs, de bâtiments perdus parmi les labours, d'une urbanisation-croupion condamnée sans doute à rester sempiternellement inachevée ?

Il ne reste plus aux pouvoirs publics et aux entrepreneurs engagés dans cette aventure qu'à se raccrocher aux branches en haute voltige, en réajustant leurs plans à la baisse. On prévoyait originellement, pour de laborieux salariés, 85 % de logements collectifs en location. Par un virage à 180 degrés, on tente de conquérir le marché haut de gamme des maisons individuelles, pour compléter et redorer le site. Mais rien ne décolle. Longtemps, ce fœtus de ville n'aura même pas de conseil municipal pour le représenter. Le Vaudreuil acquiert une réputation nationale d'échec calamiteux. En 1976, en même temps que Paul Delouvrier s'efface, la presse parle du « fiasco » du Vaudreuil et se gausse de cette « ville nouvelle qui a rétréci »...

Le repositionnement de la bureaucratie d'État

En 1974, à l'apogée du giscardisme, les ambitions d'antan sont définitivement enterrées. Lors d'une rencontre historique entre les chercheurs et les administratifs du ministère de l'Équipement — le Colloque de Dieppe —, Bernard Archer s'inscrit en faux contre le fantasme sociologique de la toute-puissance étatique. On trouve aujourd'hui, dit-il, trois types de discours : celui, prophétique, des professionnels de l'anticipation (tel l'horizon du plan, il recule à mesure qu'on avance) ; celui des concepteurs chargés de la phase pré-opérationnelle, la définition d'un P.O.S. ou le projet d'une Z.A.C. ; enfin celui des opérationnels, réduit le plus souvent à « conférer de mythiques vertus à des actions dont on ne sait à peu près jamais prévoir l'issue effective et les retombées ». On postule naïvement une harmonieuse continuité entre ces trois discours : on anticiperait d'abord, on projetterait ensuite et on agirait enfin. En référence aux beautés de l'analyse des systèmes, on devrait, à chaque étape, tirer les enseignements de la précédente, selon le schéma « des boucles de rétroaction ». Pure illusion. Les découpages administratifs et politiques, unis aux « rigidités institutionnelles et réglementaires » « rendent manifestement illusoires les boucles de rétraction du système [11] ». Soyons francs : l'État navigue désormais à vue.

Le pouvoir central n'est plus capable d'autre chose que d'une gestion au coup par coup. En 1981, Bruno Jobert dénoncera le « magma incompréhensible d'actions parcellaires » construit par la puissance publique [12]. Les mesures se sont ajoutées, par superposition, accumulation et gonflement. Leur moteur n'est plus que le poids erratique des divers groupes de pression. La pratique régulatrice de l'État ne relève pas du grand art prospectiviste, mais simplement, selon une expression de Michel Tachon, d'un « bricolage politique [13] ».

Giscard n'a guère d'indulgence pour le dirigisme des gaullistes et entend bien montrer l'échec de leurs grandes ambitions. L'état des lieux que dressent les giscardiens, retrouvant parfois le ton des gauchistes en lutte contre les monopoles, est des plus sombres. Une tradition de centralisation, qui ne s'est jamais démentie depuis l'après-guerre, fait tout remonter aux bureaux de la capitale, et les techniciens parisiens ont toujours le dernier mot face aux élus. Comme les lieux de décision sont dispersés dans les différents ministères, les maires courent dans les couloirs pour obtenir une panoplie d'équipements complète sur le territoire de leur commune et pour raccorder des procédures incompatibles. Les rares tentatives de déconcentration, accompagnées de contrôles financiers locaux, n'ont fait qu'empirer les choses, accroissant les rigidités au lieu de les assouplir. Comment s'étonner qu'on peine à trouver des projets locaux cohérents et construits ? L'autoritarisme et l'incohérence règnent en maître.

Enfin, un retard insupportable a été pris dans la mise en place locale des équipements collectifs. Les interventions publiques surviennent en catastrophe. Ce sont des corrections thérapeutiques à la marge plutôt que des actions préventives. Pour couronner le tout, une marée de spéculations foncières fait que le local est pris en main par des capitaines d'industrie plus soucieux de maximiser leur profit que de préserver l'équilibre social. Les élus locaux sont impuissants et dépassés : ils manquent à la fois de moyens et de conviction. Comble d'incurie : en février 1975, le ministre de l'Équipement Robert Galley déclare qu'« il reste en France 16 millions de mal-logés ». Les grands maîtres de la ville sont donc les financiers et les technocrates. Il n'est pas étonnant que, parfois, la révolte gronde.

Maintenant, la « fonction publique hautaine et dominatrice » des Trente Glorieuses, pour reprendre une expression de Simon Nora, celle qui avait réponse à tout, n'est plus qu'un vieux souvenir. Les ambitions de l'après-guerre sont bel et bien mortes. Mais pas la technocratie... L'administration s'en tiendra à quelques recettes éprouvées : collecter des statistiques plus ou moins fiables, consulter les services, convoquer les partenaires sociaux à quelques messes consultatives, commander un rapport à une personnalité reconnue... Les résultats, au moins, sont garantis. Les nouveaux outils du pouvoir seront désormais à dominante gestionnaire. A-t-on gagné en transparence et en démocratie, depuis Delouvrier ? Il ne semble pas. Sempiternellement masqués derrière les contraintes du marché, les projets étatiques offriront de moins en moins de prise au débat.

CHAPITRE 29

Les grands ensembles, ce cadavre encombrant

Un ministre au paradis

Les grands ensembles étaient le symbole même du logement étatisé. Il faut s'en débarrasser au plus tôt. En juillet 1968, le général de Gaulle, difficilement remis du séisme printanier, nomme Maurice Couve de Murville Premier ministre. À cette occasion, un nouveau ministre de l'Équipement fait son apparition : Albin Chalandon. Pour la période qui s'ouvre, il joue le rôle idéologique qui avait été autrefois celui de Dautry : celui d'un pionnier. Les grands ensembles sont idéologiquement suspects à ses yeux. En 1993 encore, il leur fait un procès qui aurait laissé sans voix le malheureux Dautry, dont l'anticommunisme a toujours été au-dessus de tout soupçon : les grands ensembles sont le produit d'une pensée « marxiste, collectiviste et totalitaire [1] ».

Chalandon consomme ainsi la rupture avec toute ambition sociale. Il est aussi révolu, le temps où les ministres reconstructeurs, de Dautry à Lemaire en passant par Billoux ou Claudius-Petit, faisaient tous vibrer leur fibre populiste. Le logement restait dans la mouvance du paternalisme ouvrier, et les fonctions ministérielles exigeaient qu'on se préoccupât un tant soit peu des travailleurs et des pauvres. Ni ses origines sociales, ni son passé d'inspecteur des Finances, ni ses expériences de banquier n'inclinent le nouveau ministre à déborder d'amour pour les démunis et pour les prolétaires. Ainsi, le 5 octobre 1971, trois ans après sa nomination, dix ans avant François Mitterrand, il se rend à La Courneuve, aux 4 000 logements. « Incognito », selon l'Agence France-Presse, et « de façon impromptue ». Mais avec une équipe de télévision. La presse stigmatise déjà sans vergogne les grands ensembles. « Avec quelle propension les caméras s'attardaient sur les carreaux cassés et sur les papiers gras voltigeant sur les pelouses... », déplore *Logement et famille.* Le ministre se promène, visite quelques appartements, bavarde avec les résidents, qui se plaignent de l'insécurité, de la saleté des rues et des immeubles. « C'est la première fois que j'ai l'occasion de visiter un grand ensemble et de me rendre compte des problèmes très complexes qui s'y posent », déclare franchement Chalandon. *Le Canard enchaîné* épingle le ministre sur le « Mur du çon », d'abord pour son étrange conception de l'incognito et de l'impromptu ; ensuite, parce qu'il lui semble étonnant qu'un ministre de l'Équipement en fonction depuis plus de trois ans découvre enfin l'existence des grands ensembles...

Cette exploration en Banlieusardie profonde marque l'homme d'État. Quelques jours plus tard, le 13 octobre, le ministre réitère et se propulse à la Grande-Borne, de Grigny. Il en dénonce le gigantisme, conséquence d'un « urbanisme dépassé », déplore la composition de la population — « une part trop importante de personnes inadaptées à la vie collective », un « corps social trop lourd [...] et inassimilable » — et regrette l'absence d'équipements sociaux, culturels et sportifs pour les jeunes. Comme les habitants trouvent lointain l'« horizon 75 » pour lequel on les leur promet, le ministre les rassure : « Par rapport aux habitants de La Courneuve, vous êtes dans un paradis. » *Le Monde* du 14 octobre raconte l'odyssée chalandonnienne : « Un ministre au paradis »...

« Nappes proliférantes » et petits pavillons

Il faut donner techniquement le coup de grâce à ces grands ensembles, désormais si impopulaires. Dès 1968, Robert Lion, futur directeur de cabinet de Pierre Mauroy en 1981, alors à la Construction, définit la doctrine nouvelle : une architecture originale et variée. On reprochera plus tard à Lion d'avoir brutalement tordu le bâton en sens inverse. On montait des opérations de 5 000 logements, ce qui était absurde, et l'on passe brutalement à des actions de 25 logements, ce qui ne l'est pas moins. On favorise soudain une foule d'opérations biscornues, et l'on substitue à l'ennui monumental des grands ensembles une armée bizarre de petits bâtiments tarabiscotés comme des nains de jardin. Pourtant, cette politique s'étend. Pour construire la ville nouvelle d'Évry, à la place des tours et des barres, le concours d'octobre 1971 demande aux architectes de se situer dans la perspective d'une

« nappe horizontale proliférante ». C'est l'acte officiel de décès des illusions passées.

Un tel revirement est aussi le symptôme d'une pathologie de la décision publique. Des grands ensembles bouchant l'horizon aux dites « nappes horizontales proliférantes », la méthode est la même. Une doctrine nouvelle se peaufine dans les hautes sphères, dans l'entre-soi confortable de hauts fonctionnaires qui s'évangélisent mutuellement. Elle se choisit un bouc émissaire. Un temps, c'est le petit pavillon. Plus tard, l'immeuble collectif. Les financements et les appels d'offres sont là, « incitatifs ». Les professionnels se ruent évidemment sur la manne publique et s'empressent de se couler, avec plus ou moins de succès, dans le moule à la mode. Les politiques urbaines progressent ainsi en cahotant, sans le moindre garde-fou démocratique, avançant par à-coups et selon la pensée élitaire d'une poignée de décideurs.

À la même époque, alors que la France s'enrichit, l'image de la petite propriété s'inverse. Au milieu des années soixante, une équipe de sociologues se penche sur cet habitat individuel à la réputation encore douteuse et annonce que les « pavillonnaires » se sentent heureux. Ils remodèlent leur logement comme ils le veulent et disposent d'une foule d'espaces leur permettant de faire ce qui leur plaît : bricoler son sous-sol, aménager un grenier, installer des annexes d'été dans son jardin... Dans le pavillon, chacun est l'architecte permanent de sa propre demeure. Jamais les affectations ne sont rigides et contrôlées, comme dans le logement collectif[2].

On en appelle enfin à de nouvelles techniques de construction. Après la guerre, l'État avait privilégié les bétonniers et la préfabrication lourde. Les ferrailleurs étaient restés sur leur tentative avortée de maisons préfabriquées en acier. C'était des parangons de laideur, et aucun individu doté d'un minimum de moyens financiers n'acceptait d'y vivre. Comment promouvoir des maisons individuelles d'un prix abordable et d'une esthétique séduisante ? En maîtrisant non seulement le coût, mais aussi la qualité. On découvre avec un énorme retard les vertus des constructions « à l'américaine » : des maisons individuelles, aux éléments aisés à assembler et dont le prix de revient n'excède pas celui des immeubles collectifs. De plus, l'urbanisme sait maintenant contrôler les dérapages fonciers. Aucune chance qu'on en revienne jamais aux désastreux « mal-lotis » d'antan.

Ces préfabriqués aux coûts maîtrisés épousent aussi l'esthétique. Certains constructeurs, comme Balency, s'inspirent de l'architecture régionale : on aura des préfabriqués « à la normande » ou « à la savoyarde ». Encore faut-il les faire connaître. Dès septembre 1966, en pleine période de dirigisme gaulliste, une exposition est organisée près de Paris, à Saint-Michel-sur-Orge. Sous le nom de Villagexpo, elle fait figure d'événement. Davantage qu'un test, c'est, dit-on, le coup d'envoi d'une politique nouvelle. On incite discrètement les Français moyens, non plus à remplir les grands ensembles, mais à acheter leur petite maison [3].

En 1969, les temps sont mûrs pour qu'Albin Chalandon aborde les grandes manœuvres politiques. Reconduit dans ses fonctions par Jacques Chaban-Delmas, il affirme la volonté gouvernementale d'encourager les résidences individuelles. Ces dernières quittent le statut honni de petit pavillon anarchique et pouilleux et rentrent en grâce. Les textes officiels justifient ce revirement par la découverte — merveilleuse surprise ! — que les Français préfèrent la maison individuelle à l'habitat collectif. Ils y ajoutent d'autres arguments : les progrès techniques, qui la rendent rapide et aisée à construire, et d'un prix abordable. Sous une forme nouvelle et quand même assez bâclée, elles acquièrent dans ces années-là le surnom peu glorieux de « chalandonnettes », immortalisant leur père dans l'histoire urbaine.

En 1969, le ministre sort de sa manche un nouvel instrument de lutte contre les grands ensembles : sa politique dite des « modèles ». Jusqu'alors, l'industrialisation était synonyme de monotonie et de répétitivité. On peut dorénavant maintenir la productivité sans tomber dans le systématisme honni des tours et les barres. Comment donc ? En répétant la même cellule, mais à 80 exemplaires seulement, et lors d'opérations limitées à 500 logements, et en veillant à ce qu'on agrée un nombre restreint de modèles par région [4]. L'opération ne connaît d'ailleurs qu'un succès limité. Ces modèles n'innovent guère et les élus locaux résistent à leur imposition. Ils préfèrent encore faire travailler les petites entreprises de leur région plutôt que de recourir aux modèles standards des grandes entreprises nationales. Qu'importe. Une nouvelle logique est en place.

Agonie des Z.U.P. et procès des villes

Toujours en 1969, la révolution écologique internationale est proclamée. Le Club de Rome exhorte les économies occidentales à préférer la qualité de vie à une croissance sans fin. Les ressources de la planète sont limitées, affirme-t-il, et il est urgent de ralentir une folle course industrielle et mercantile, à long terme suicidaire. Les libéraux profitent de la percée pour imposer à l'État d'en rabattre. En 1972, Valéry Giscard d'Estaing, alors ministre des Finances, organise une rencontre internationale appariant de jeunes écologistes et de vieux libéraux sur le thème « Économie et société humaine [5] ». À ce colloque, les déclarations de Raymond Barre et de Lionel Stoléru sont sans équivoque. Les riches ont fait une démonstration trop ostensible de leur luxe — Stoléru mentionnera à plusieurs reprises les ravages exercés par les B.M.W. sur des esprits faibles et influençables —, et le peuple en est tout excité. « La croissance énerve. » Mai 68 n'est rien d'autre qu'un effet regrettable d'une augmentation incontrôlée du produit intérieur brut. Il faut donc freiner la croissance — et les dépenses publiques — pour rendre la société plus « humaine ». Les anciens tenants du développement n'en croient pas leurs oreilles.

En juillet 1972, Jacques Chaban-Delmas est remercié par le président de la République et, dans le gouvernement Messmer, Olivier Guichard succède à Albin Chalandon, avec la solide intention de développer une véritable doctrine urbaine. Le premier en France, il lance à l'Assemblée nationale un débat de plusieurs jours sur ce thème et s'attache à définir ce qu'il appelle un « droit à la ville » : accorder davantage de responsabilités aux élus locaux, lutter contre toutes les formes de ségrégation sociale et promouvoir des équipements de qualité. La forme est encore étatique, mais le fond n'est guère différent de ce que préconisent les libéraux.

Ainsi, il revient à Olivier Guichard d'enterrer les grands ensembles. Le ministre a des accents dignes d'Homère pour condamner ces horreurs qui déshonorent la ville, « qui se traînent comme un corps inerte à son flanc, incapables de s'intégrer à sa vie comme d'en acquérir une propre [6] », et il est farouchement décidé à « ne plus allonger la liste de ces grands ensembles qui dégradent leur cité ». Le 21 mars 1973, sort un texte radical, connu sous le nom de « circulaire Guichard » et que complète un autre, le 20 novembre. Il s'agit, commente Paul Granet, des « textes les plus importants de l'histoire de l'urbanisme français d'après-guerre [7] ». « Les défauts des grands ensembles sont connus depuis longtemps », affirme le ministre, qui déplore l'« harmonie rompue » du paysage urbain, l'« isolement » des habitants, leur « entassement dans un monde artificiel », la « dépossession de la commune » au profit des constructeurs, la « ségrégation sociale » qu'ils entraînent, et le fait que les « citoyens » soient souvent réduits à n'être que des « résidents ». Voilà qui rappelle les tracts des associations de défense de l'environnement...

Parallèlement, tous les arguments d'antan en faveur des Z.U.P. sont mis à mal. Le prix du foncier ? Il n'est pas plus onéreux d'acheter dix fois dix hectares que cent hectares d'un seul tenant, affirme le ministre dans *Le Monde.* L'industrialisation du bâtiment ? C'est le chantier qu'il faut rationaliser et la préfabrication lourde en usine ! Les équipements à grande échelle ? Cinq cents logements suffisent pour qu'une politique d'équipement soit crédible... Il y a 200 Z.U.P. en France. C'est un échec patent. Sortie politique des grands ensembles. Sans gloire et sans grandeur.

« Cadre de vie » et menus objets

L'État impose désormais de nouvelles règles : des délais plus courts pour la réalisation des Z.A.C. et une limitation de la taille des ensembles d'habitation à 1 000 ou 2 000 logements, au lieu de 4 000. On abaisse aussi la hauteur maximale des tours et la longueur des barres. Aucun architecte ne devra se voir confier la réalisation de plus de 500 logements aidés. L'hétérogénéité sociologique — entre 20 et 50 % de H.L.M. — est systématiquement préconisée, de même que la participation des habitants à la gestion de leur cadre de vie. En même temps, une loi, présentée par André Malraux, protège le centre des villes, devenues des monuments historiques. Même les villes nouvelles, qui vont éclore à l'exemple des *new towns* anglaises, proclament leur volonté de rompre avec l'idéologie des grands ensembles.

Le logement constitue la « terre d'élection de la philosophie giscardienne [8] ». Le président se penche en personne sur ce dossier et le rouvre à plusieurs reprises. Il a aussi des goûts architecturaux affirmés et se fait l'avocat d'« une nouvelle architecture » qui doit répondre « aux nouvelles aspirations des Français [9] ». « Les traits de l'architecture française, précise-t-il bizarrement, sont l'humilité, la continuité et la mesure. » En fait, à la même époque, 60 % des Français déclarent ne pas s'intéresser à l'architecture [10]. Un petit pavillon dans la verdure leur suffit. Mais le logement doit surtout être traité comme une marchandise, et chaque Français a le droit de devenir propriétaire, proclame le président [11]. Faire jouer le marché permet de mobiliser les capitaux et les investisseurs privés ; parallèlement, les aides publiques doivent se concentrer sur les plus démunis, afin qu'ils aient eux aussi accès au marché. La démocratie libérale ouvre résolument le logement sur le marché.

À l'inverse des gaullistes, Valéry Giscard d'Estaing entend laisser dans l'histoire urbaine des réalisations aux dimensions humaines. En 1976, le président en personne demande que soit refusé le permis de construire d'un immeuble haut de 176 mètres, dans le XIIIe arrondissement de Paris, la tour Apogée. La même année, avec la loi du 31 décembre, l'État renonce à structurer l'espace sur une grande échelle, à coups de villes nouvelles et d'infrastructures massives. Il a maintenant d'autres préoccupations, comme l'harmonie du paysage, la qualité de l'architecture, la protection de l'environnement. Au temps du quantitatif succède celui du qualitatif. Désormais, on privilégie le « cadre de vie ». De méchants esprits baptiseront cruellement cette réorientation « la politique des menus objets ». Hélas... Les grands ensembles, ces trop gros objets, sont toujours là et n'ont pas dit leur dernier mot. Même morts sans postérité, ils n'en continuent pas moins d'écraser l'horizon social.

CHAPITRE 30

La participation comme politique et comme technique

Les associations encouragées

Dans les années soixante-dix, que les Français veuillent se dévouer à autrui ou défendre leurs intérêts, ils se regroupent. On les retrouve dans des associations de défense de l'environnement, des associations de quartier, des clubs du troisième âge ou de simples groupes conviviaux. Le nombre de ces petites organisations a quadruplé depuis l'après-guerre et il s'en crée 23 318 en 1975, 26 311 en 1976 et 32 703 en 1977. Bien entendu, de tels chiffres sont toujours entachés d'incertitude. On sait combien d'associations sont déclarées au *Journal officiel,* mais combien s'éteignent en silence ? À cette époque, pourtant, elles seraient plus de 200 000 [1].

Les Français s'associent aussi pour protester. Quand on leur demande s'ils souhaitent « être davantage associés aux décisions de la commune, dans une association civique, culturelle, sociale ou sportive », 73 % répondent « oui ». Les plus jeunes, les cadres moyens et les employés arrivent en tête, avec plus de 85 % de réponses positives. Enfin la corrélation est forte avec ceux qui manifestent les plus vives préoccupations à l'égard de l'environnement [2]. On ne veut plus s'en laisser conter.

À ce moment, tout se conjugue pour mobiliser les troupes associatives. L'héritage du passé, tout d'abord. Les puissants mouvements d'avant-guerre, chrétiens ou communistes, bien qu'ayant déjà perdu de leur puissance, sont loin de s'être délités. S'y ajoutent de nouveaux regroupements qui se déploient selon la logique organisatrice du salariat, pour la défense de tel ou tel groupe. Les locataires ont leur syndicat, tout comme les ouvriers d'usine ou les employés de bureau.

Enfin — et c'est la troisième strate, la plus récente — mai 68 a laissé derrière lui, dans les classes moyennes, une profonde aspiration à la prise en charge de sa vie quotidienne, qui se manifeste par de multiples tentatives autogestionnaires. Dans tous les cas, on crée ce qu'on appelle une « 1901 ». Ces trois composantes se rencontrent et conjuguent leurs efforts. Au tournant des années soixante-dix, c'est le grand renouveau des associations.

Deux autres raisons, plus politiques, militent en faveur d'un envol associatif. Depuis longtemps déjà, les pouvoirs publics les ont encouragées. De Gaulle avait exprimé son mépris pour les micro-groupes de pression locaux — les « comités Hippolyte ou Théodule », disait-il —, symboles ronchons d'une petite-bourgeoisie bornée. Mais les gaullistes félicitaient aussi les associations d'être proches des besoins des citoyens, tout en offrant d'appréciables souplesses de gestion. Émanation directe des besoins sociaux, elles représentaient les « forces vives » de la nation et servaient d'utiles contrepoids aux prétentions des « petits » élus râleurs. Souvent même, en mettant à leur tête quelques fonctionnaires dociles, les administrations les instrumentalisaient franchement pour relayer l'action publique.

Sitôt arrivé au pouvoir, Valéry Giscard d'Estaing tient à se démarquer de l'impérialisme gaullien et refuse de cantonner les associations dans le rôle subalterne des bons offices. Il adopte même une attitude négociatrice à l'égard de ceux qui le contestent. À l'image du nouveau président, la République se veut affable, courtoise, ouverte. La commission « Aménagement du territoire et du cadre de vie » du VIIe Plan s'inquiète du « risque de rupture sociale ». Pour éviter une réaction violente contre l'autoritarisme jacobin, il faut des contre-feux. « Dans une société industrialisée et urbanisée, où l'individu est atomisé », les citoyens ont besoin de lieux conviviaux, pour se rencontrer et débattre. La prospective sociale ne parle plus que de « vie associative ». Ce terme est « un des mots clefs qui domine les discussions relatives au VIIe Plan » (1975-1980), dit Bernard Stasi, qui réclame l'« ouverture d'un programme d'action prioritaire, destiné à développer la vie associative, considérée comme un moyen privilégié d'engagement civique [3] ».

En 1974, le ministre de l'Équipement Robert Galley se demande : pourquoi ne pas transformer les contestataires en « groupes d'usagers actifs proposant des solutions constructives [4] » ? Que font-ils, en effet, sinon manifester, un peu bruyamment sans doute, leur volonté d'améliorer leur cadre de vie et de participer à la gestion de la cité ? Contre les tentations totalitaires de tout poil, les associations sont un rempart, une « école de démocratie et une garantie de liberté », affirme René Lenoir, alors secrétaire d'État à l'Action sociale. « Pour rester saine, une société a besoin d'ordre et de liberté, d'une impulsion donnée par le sommet et de contre-pouvoirs à tous les niveaux de l'organisation sociale. » Les associations contribuent, « avec les syndicats et les collectivités locales, à contrebalancer la puissance centralisatrice de l'État [5] ». Il est donc urgent de « développer l'action sociale volontaire [...] qui peut relayer efficacement l'action des pouvoirs publics ». Le Parti républicain lui assignera même la mission ambitieuse d'« équilibrer le rôle de l'État [6] ».

L'encouragement donné aux associations est aussi cohérent avec les aspirations libérales du septennat. René Lenoir s'en fait l'écho. Plutôt que de multiplier à l'infini les bataillons de bureaucrates, pourquoi ne pas encourager les bénévoles à s'occuper des enfants ou des personnes âgées ? Devant un tel discours, les travailleurs sociaux, dont le nombre va croissant, protestent avec vigueur. Ils craignent un retour en force des dames d'œuvres d'antan, venant, pour un coût moindre ou nul, supplanter les techniciens. Les besoins sociaux, affirment-ils, doivent être satisfaits par des professionnels qualifiés et non par des bénévoles à la compétence limitée. N'importe. Qu'elles soient poussées par le bénévolat libéral ou le pluralisme social-démocrate, les associations ont le vent en poupe.

La participation légiférée

En un temps où l'État est fort contesté, cette attention qu'il accorde aux associations est considérée comme « récupératrice ». La gauche s'interroge donc. Plutôt que de mettre en place de pseudo-contre-pouvoirs, tout juste bons à jouer les soupapes de sûreté ou les mouches du coche, quand ce n'est pas les otages des pouvoirs publics, pourquoi ne pas démocratiser les différents étages de la société, des communes à l'État ? Ce soupçon se confirme lorsqu'il est question d'officialiser la vie associative.

En 1976, le gouvernement soumet en effet au Parlement une loi qui impartit aux associations un rôle semi-officiel. Agréées par les pouvoirs publics, ces dernières participeront à l'élaboration du P.O.S. et pourront se porter partie civile lorsqu'elles constateront une atteinte à l'environnement. La loi est votée, mais dans un climat politique des plus confus. À l'Assemblée nationale des députés pourtant de droite et appartenant à la majorité s'y opposent avec vigueur. D'autres, à la sensibilité « deuxième gauche », comme Hubert Dubedout, maire de Grenoble, aident à faire voter la loi. La gauche institutionnelle voit là une compromission, voire une trahison de la part de Dubedout. Lorsqu'elle arrivera au pouvoir, en 1981, elle lui gardera encore rancune et lui fera payer ses faiblesses libérales.

En dépit du choc pétrolier, de la crise montante et de son goût naissant pour les bénévoles, l'État a les moyens d'être généreux : il subventionne donc les associations qui servent des missions publiques. François Bloch-Lainé crée même une étrange « Association pour le développement des associations de progrès » (A.D.A.P.). Les citoyens sont également encouragés à les aider de leurs deniers : la loi de finances de 1976 double le taux admis en déduction de base de l'impôt sur le revenu pour les versements affectés aux associations d'intérêt général. Allant de pair avec ce qu'on appelle les « innovations sociales », un nouveau mode de régulation fondé sur l'« animation » tente de se mettre en place.

Dès 1975, le président de la République avait demandé au Premier ministre de « permettre aux groupements d'usagers et associations de sauvegarde et de promotion du cadre de vie de participer à des actions positives aidant les collectivités publiques et notamment les collectivités locales [7] ». En 1977, pour les municipalités qui souhaitent rénover un parc de logement social flageolant, la participation est érigée en obligation. La fameuse circulaire interministérielle du 3 mars, détaillant les opérations « habitat et vie sociale », précise : « La priorité reconnue à l'aspect social des problèmes posés et l'accent mis sur la participation active des habitants à la définition des projets constituent la caractéristique essentielle des interventions. » Elle ajoute que seules seront retenues les opérations où la municipalité et les gestionnaires « acceptent une méthode d'élaboration concertée avec les habitants ».

Certes, il est aisé d'invoquer la « participation » dans des circulaires interministérielles. Les plus convaincus de sa nécessité s'interrogent : « La participation est-elle un gadget à la mode ou réellement l'amorce d'une autre manière de vivre, l'amorce d'une issue aux problèmes majeurs que pose notre société bloquée [8] ? » Lorsque les pouvoirs publics, dans les années quatre-vingt, parleront d'« insertion » ou d'« intégration », ils sombreront souvent dans l'océan bureaucratique des vœux pieux, des formules magiques et des exhortations incantatoires. Michel Bonetti a même insinué que le « développement social » était « l'emblème opératoire de l'ineffable »... Dans les années soixante-dix, la technicité sociale est encore prisée. On sait que, pour que la participation s'enclenche, elle doit être minutieusement organisée et qu'elle doit lever un à un tous les obstacles politiques, juridiques et réglementaires ou culturels dressés sur son chemin.

La participation technicisée

Cette période est l'un des rares moments dans l'histoire des politiques urbaines où tente de se penser une réelle technicité participative. On fait venir des Canadiens, orfèvres en la matière, pour affiner les méthodes. Des publications variées en définissent les étapes et mettent en évidence les difficultés. La participation aura même ses héros ministériels, comme Albert Mollet, farouche défenseur d'expériences parfois risquées, et qui s'obstinera, des années durant, à en faire une réalité, envers et contre tous [9].

Bien sûr, le quotidien des promoteurs d'expériences participatives est moins rose que dans les manuels... Selon les architectes, les habitants ont des goûts stéréotypés ou iconoclastes par rapport à l'esthétique de la région. Ils n'ont pas été formés, ne demandent que du banal et s'arriment obstinément à l'archétype du petit pavillon isolé au milieu de sa parcelle. Selon le gestionnaire, ils sont dépourvus de tout réalisme et manifestent des exigences absurdes. C'est pure démagogie que d'en faire des décideurs, disent-ils. Les modes de faire habituels à la France, plus impériaux que participatifs, reprennent leurs droits. Parfois, la participation se mue en un rituel qui donne bonne conscience à leurs instigateurs, sans modifier ni les projets ni les pratiques des experts.

Étapes du processus	**Contraintes**	**Actions à mener**
	Financières	Prévoir un budget pour les actions d'information
	Non-accessibilité, non-organisation classée de l'information	Prévoir l'accès à une information organisée et classée

1. Information	Manque de compréhension de la part de ceux qui doivent la recevoir	Mettre en place des mécanismes de sensibilisation, de « traduction » pédagogique de l'information
		Favoriser les recherches sur les moyens et les supports de l'information
	Limite de la crédibilité de l'information	Mettre en place des mécanismes permettant le contrôle objectif de l'information et de sa diffusion
	Manque de perception du problème par tous ceux qu'il concerne	Clarifier la question pour être sûr qu'elle est comprise par tous
2. Identification du problème à résoudre	Manque de participation de la part des citoyens	S'assurer que les conditions de vie, la réglementation et les coutumes ne s'opposent pas à la participation
		Élaborer des systèmes d'incitation
	Difficultés objectives, quantitatives et qualitatives	Mettre en place des mécanismes d'enquête-participation
	Manque d'expertise technique	Prévoir un budget pour les études
	Blocage politique	Convaincre les décideurs que cette contrainte doit être acceptée
3. Définition du problème à résoudre	Standards, normes, réglementations délimitant les choix	Prévoir, si nécessaire, l'assouplissement de ces contraintes. Envisager les moyens de les contourner
	Difficultés juridiques	S'assurer que les mécanismes juridiques sont compris de tous
	Difficultés politiques	Délimiter les responsabilités de chaque instance
	Difficultés juridiques	Indiquer le mode de résolution des conflits éventuels

		Mettre en place des mécanismes d'arbitrage, si nécessaire
4. Proposition de différents choix	Insuffisance des études techniques	Prévoir des budgets complémentaires
	Évaluation de la faisabilité et anticipation des conséquences de chaque choix	Prévoir des budgets pour ces différentes recherches
	Information insuffisante du public au moment où la décision doit être prise	Mesurer l'urgence de la décision
		Dans tous les cas, relancer l'information et l'appel à participation avant toute décision
5. Synthèse, évaluation et décision	Critères de choix quantitatifs et qualitatifs, insuffisamment précis	Faire mieux préciser les critères économiques, sociaux...
		Reprendre certaines études sur ces bases
	Manque de coordination avec les décisions d'autres structures	Élargir la concertation
	Difficultés juridiques	Délimiter les responsabilités légales de chaque instance (rapport législatif/exécutif)
		Faire appel à d'autres instances
6. Exécution	Difficultés financières	Prévoir le budget d'exécution
	Manque de technicité	Prévoir un budget formation/perfectionnement
7. Évaluation, révision	Manque de souci du suivi	Désigner des responsables du suivi
		Mettre en place des mécanismes d'évaluation
		Prévoir les budgets
		Mettre en place des procédures de révision

Les contraintes de l'évaluation.

Source : *Correspondance municipale,* n° 182-183, nov./déc. 1977.

Le combat n'est pas égal. Le terrorisme des techniciens, la rigidité des gestionnaires ou l'ambition des élus s'allient souvent pour faire taire les timides protestations des habitants — surtout s'ils sont culturellement mal armés... Cependant, une minorité tente de jouer le jeu, de construire ou de gérer réellement en participation. Cette minorité sera toujours citée, et rarement imitée. Il n'empêche. Pendant un bref moment, le temps d'un débat politique, d'une grande aspiration sociale à l'autonomie et d'une obscure discussion technique, une volonté timide de rendre les habitants acteurs de leur environnement a tenté de prendre corps.

CHAPITRE 31

La deuxième gauche contre l'Ogre Béton

Hubert Dubedout et l'odyssée des G.A.M.

Un beau jour, Hubert Dubedout, ancien officier de marine, se trouve nommé ingénieur au Centre d'études nucléaires de Grenoble. Pour rejoindre son poste, il emménage dans un grand ensemble, sans savoir que son histoire publique et mythique vient de commencer. Il ouvre le robinet d'alimentation d'eau, et rien ne coule. Dubedout s'indigne et, pour défendre ses droits légitimes de locataire, devient militant. De proche en proche, il met le nez dans l'ensemble de la gestion municipale et se fait le leader local d'une organisation nouvelle qui s'est greffée sur l'ancienne structure grenobloise des « unions de quartiers » : le Groupe d'action municipale (G.A.M.).

En 1965, présenté par une coalition de gauche rassemblant le G.A.M., la S.F.I.O., le P.S.U. et les radicaux socialistes, Hubert Dubedout est élu maire de Grenoble. À la surprise de tous, c'est un homme neuf qui arrache le pouvoir à une droite unie, conduite par un vieux routier de la région, le docteur Michallon. Dubedout acquiert aussitôt une réputation nationale, tout comme le groupe qui l'a présenté. Les G.A.M., ces intrus dans le monde politique, fêtent leur premier succès électoral.

Grenoble est une ville moderne, en pleine expansion, bourrée de cadres et d'employés. Davantage encore, c'est le symbole de la modernité. La ville industrielle appartient au passé, la ville tertiaire représente l'avenir. Par là même, Hubert Dubedout devient le flambeau de la « nouvelle gauche », et l'expérience grenobloise, dit-on, le « phare du socialisme ». Appuyé sur une solide équipe municipale qui guide son action, Dubedout continue sa mission novatrice. En 1991, l'ancien délégué interministériel à la Ville, Yves Dauge, par ailleurs maire de Chinon, voit rétrospectivement en Dubedout « un maire très atypique [1] ». Les autres « font de la Z.U.P. » ou « font du S.D.A.U. », lui s'y refuse. Il s'appuie sur son institut d'urbanisme, privilégie la notion de « projet politique » dans sa gestion municipale et met en place une organisation sociale et politique décentralisée, quartier par quartier, qui perdurera après son départ.

Le succès de Dubedout est au confluent de deux courants qui cheminent souterrainement depuis plusieurs années déjà. Le premier est hautement techniciste et prudemment réformiste. Dès le début des années soixante, une nouvelle génération de hauts fonctionnaires socialisants s'estime injustement exclue du pouvoir par le conservatisme gaulliste. Michel Rocard, sous le pseudonyme de Georges Servet, en fait partie. S'indignant des diktats des « notables éclairés », les nouveaux venus s'érigent en machine à penser les mutations hexagonales. C'est le club Jean Moulin. Bien que se réclamant, comme le veulent des temps populistes, des « ouvriers et des paysans », c'est un cénacle fermé de techniciens dissimulés sous la cagoule d'un nom mythique. Comme leurs grands aînés d'après-guerre, ils invoquent la planification, seule capable à leurs yeux de « réconcilier l'expansion et la justice [2] ». Mais une planification qu'ils veulent « démocratique ». « Le temps de la démocratie commence, annoncent-ils. Les masses veulent prendre en main leur destin. » Le club Jean Moulin est là pour les éclairer.

Pour le logement, les propositions du Club n'ont rien d'extrémistes. À peine décalées par rapport au discours étatique du milieu des années soixante, elles en épousent les contours. Déplorant le retard chronique de la France, le Club, adepte du juste milieu, refuse à la fois le libéralisme anti-étatique, qui fétichise le marché et la propriété, et la « logomachie révolutionnaire », avec sa kyrielle de termes magiques, « expropriation, municipalisation, nationalisation ». Il préconise donc « des solutions graduelles, sélectives et économiques ». Ainsi, plutôt que l'incorporation des terrains dans le domaine communal, la mise à bail ; plutôt que la contrainte, des contrats d'État incitatifs pour plier les entreprises aux règles communes ; plutôt que le nivellement des modes de vie, une concentration des financements sur les catégories modestes, en tenant compte de la solvabilité différentielle des populations [3].

En 1963, ce courant en rencontre un autre. C'est l'apparition des Groupes d'action municipale (G.A.M.) : « le club Jean Moulin descendu de son empyrée réformateur pour se colleter à des problèmes de robinets », dira d'eux, bien plus tard, Jacques Julliard [4]. Leur nom est politiquement peu compromettant, et ceux qui les animent appartiennent à une gauche modérée et moderniste. Tout comme le club Jean Moulin, les G.A.M. défendent la démocratie contre des notables locaux rongés d'immobilisme. À la différence du club Jean Moulin, ils attaquent les problèmes au ras du quotidien pour apporter aux communes un souffle nouveau.

Tout comme le fait Dubedout à Grenoble, les G.A.M. mettent habilement leurs pas dans ceux de comités de quartier déjà présents dans nombre de villes. Ces amicales, spontanément créées, et de longue date, avaient selon Georges Gontcharoff, deux dominantes. Les unes jouaient les âmes charitables — le repas aux anciens, les colis aux pauvres, les visites aux gens isolés... Les autres n'avaient pas d'autre prétention que de distraire leurs voisins, par des concours intra-quartiers ou des manifestations commerciales [5]. Elles entretenaient avec les mairies des relations lointaines, tantôt clientélaires, tantôt pacifiques, tantôt polémiques. Les G.A.M. se moulent, quand ils le peuvent, sur ces organisations inoffensives en leur donnant un contenu politique. Ils n'ont aucun rival : les mairies n'éprouvent alors que bien rarement la tentation d'ériger de telles associations en instruments du pouvoir sur les quartiers. L'exemple des sections de sans-culottes de la Révolution est bien oublié...

Les G.A.M. reçoivent bientôt des troupes fraîches. Ce sont les courants « issus de la base » qui cristallisent sur le terrain municipal leurs aspirations autogestionnaires. Dans ce domaine, Sarcelles joue les précurseurs. Dès 1965, un « conseil de résidents » et une « coopérative de cogestion » se mettent en place avec la complicité active du bras armé de la Caisse des dépôts, la S.C.I.C. [6]. Le P.C. et la C.N.L. les attaquent sans ménagement. Ces instances para-officielles, manipulées par l'État, abusent les locataires et les éloignent de toute démarche réellement revendicatrice. Ces coups de boutoir n'émeuvent pas les réformateurs. L'expérience est porteuse d'avenir et la gauche moderniste en fera sa doctrine. C'est le cas, par exemple, des Comités d'action de gauche (C.A.G.) qui s'emparent de certaines mairies, comme Louviers, prêchant la démocratie directe [7].

D'abord centrés sur des préoccupations locales, voire étroitement localistes, les G.A.M. peinent à s'inventer une unité. Ils « prennent conscience de leur existence de façon progressive », disent-ils. Leur première rencontre a lieu en mai 1968, à Grenoble, bien entendu :

double symbole... L'enthousiasme grandit. Ils se donnent rendez-vous pour décembre de la même année à Airan, dans le Calvados, où leur implantation est forte. En 1970, toujours à Grenoble, ils adoptent leur « Charte nationale ». Les thèmes développés relèvent de ce qu'on appellerait aujourd'hui un écologisme modéré : la défense résolue de l'environnement, une inquiétude quant aux ravages de la civilisation automobile, la lutte contre les spéculateurs, la volonté de multiplier les équipements locaux ou de faire participer les habitants à la gestion de leur cadre de vie [8].

Faire de la politique au sein des communes, pour les G.A.M., c'est œuvrer à une « prise en charge collective de leurs problèmes par les intéressés eux-mêmes ». L'instrument principal en est une « pédagogie ascendante » des habitants, partant du quotidien. Certes, pour rendre le tout-venant des électeurs capable d'agir avec pertinence, il faut adopter « un rythme assez lent » et un « langage assez clair ». Sinon, « le plus grand nombre décroche [9] ». Cette « maturation » impose une action de masse. Les G.A.M. publient de petits journaux, distribuent des tracts, collent des affiches, alertent la presse, tiennent des permanences, convoquent des réunions, forment des militants. Cette intense pédagogie a pour but ultime de « guérir les citoyens de leur allergie envers la politique politicienne », de « réduire la distance entre les choses de la vie et la classe politique », de créer des structures de transition mobiles entre les habitants et les élus, des organes efficaces qui ne soient « ni des écrans, ni des passoires ».

L'entrée des G.A.M. en politique

Cet apprentissage de la démocratie ouvre maintenant sur une perspective nettement politique. Au-delà de la commune, ce sera la prise du pouvoir d'État par une gauche, non pas autoritaire comme l'est le P.C., mais « autogestionnaire ». Attention, « l'autogestion n'est pas un projet flou pour l'au-delà », avertissent les G.A.M. C'est tout bonnement la révolution au quotidien : « le développement de contre-pouvoirs », « la modification de ses propres comportements », « la transformation des structures de nos propres organisations ». Le parti n'est pas à la tête des luttes, mais au cœur de combats. « Même si des élus ayant adopté leur démarche sont présents dans la mairie, les G.A.M. doivent demeurer des groupes d'animation et de contestation. » Leurs animateurs « doivent toujours demeurer extérieurs à l'équipe municipale, et jouer leur rôle de contre-pouvoir avec toutes les organisations démocratiques d'usagers de la ville ». Cette conception est d'autant plus farouchement défendue qu'elle s'appliquera un jour à un tout autre niveau, quand la gauche sera au pouvoir... Voilà d'excellentes intentions.

La « nouveauté » de la nouvelle gauche est d'ailleurs très relative. Cette dernière s'ente sur des courants anciens, à qui elle redonne vie. Elle s'allie à la jeune C.F.D.T., elle-même sortie de la vieille C.F.T.C., cet archétype d'un syndicalisme chrétien patronal. La C.F.D.T. a amorcé sa mue dès 1955, avec la tendance « Reconstruction » animée par Paul Vignaux, et s'est déconfessionnalisée, rénovée et radicalisée en 1964 [10]. Depuis qu'elle a réussi sa mutation, elle prête une oreille attentive aux revendications dites « qualitatives » et se trouve en phase avec les mouvements sociaux se réclamant de l'autogestion. On retrouve aussi les thèmes d'une nouvelle gauche aux franges radicales du christianisme, d'*Esprit* à *Témoignage chrétien.* Après 1968, cette dernière se reconnaît davantage dans les foucades gauchistes que dans les calculs électoraux besogneux de la très officielle Fédération de la gauche démocrate et socialiste (F.G.D.S.). Les franciscains de Frères du monde, des associations étudiantes comme la J.U.C., ou ouvrières comme les C.L.A.J., naviguent même aux confins du modernisme et du gauchisme. Leurs interrogations sur la « nouvelle classe ouvrière » ou sur les formes modernes du militantisme politique traversent l'Union des gauches socialistes et le Parti socialiste unifié et se fondront dans la deuxième gauche [11].

Dans le domaine de la ville, une revue, animée par Georges Gontcharoff et portée par l'Association pour la démocratie, l'éducation locale et sociale (A.D.E.L.S.), clairement autogestionnaire, joue son rôle : c'est *Correspondance municipale* [12]. Au centre de sa réflexion, la question du pouvoir, dans une double acception. Le pouvoir, c'est d'abord la contestation d'une certaine forme de hiérarchie, dans les usines ou dans la politique ; à la place, on trouve la volonté de fonder les relations non pas sur l'autoritarisme et le mépris, mais sur la participation démocratique. Mais le pouvoir, ce sont aussi les grandes orientations nationales : la paix ou la guerre, l'acceptation ou non de la compétitivité comme critère suprême de la production industrielle ou la maîtrise de son environnement quotidien. L'A.D.E.L.S. veut l'un et l'autre.

Au temps de leur belle jeunesse, les G.A.M. sont farouchement basistes. Ils s'échinent à faire la pédagogie civique de leurs concitoyens et animent consciencieusement la vie de la cité. Mais l'exemple de Dubedout les stimule, les remplit d'impatience et d'ambition. Certains se lassent des opérations à la boy-scout, des méchouis, des bourses aux vêtements et des danses folkloriques, tellement utiles pour faire se rencontrer les habitants... Le syndicalisme urbain et didactique — « qu'est-ce qu'un P.O.S. ? » — est utile, mais par trop limité. Les G.A.M. justifient leur évolution en réécrivant l'histoire des mouvements urbains d'après-guerre. Les premiers temps, disent-ils, étaient ceux des luttes associatives teintées de corporatisme, celles des amicales de locataires ou des organisations de parents d'élèves, chacun pour soi. La fin des années soixante a radicalisé les luttes : l'occupation sauvage des équipements publics, le « vol » de documents publics, la prise de contrôle d'un service par les usagers, le refus de paiement des charges, etc. Le temps est venu de dépasser les actions sectorielles et les revendications anarchisantes : « Il faut, pour tout dire, faire de la politique [13]. »

Les G.A.M. privilégient dorénavant les batailles électorales. Hélas ! En tant que force autonome, leur succès est maigre, comme le montrent leurs piètres résultats aux municipales de 1971. L'année suivante, à Chenove, en Côte-d'Or, après un « bilan critique », ils se rallient aux socialistes. En 1973, ils sont à leur apogée : près de 250 dans toute la France — même si le quart seulement est réellement actif. Au rang de leurs succès historiques, il faut compter l'opération « Stop-solidarité », menée dans une petite ville normande toute neuve, construite à partir d'une Z.U.P., Hérouville-Saint-Clair. Pour emporter l'amélioration des transports en commun qu'ils réclament, des automobilistes bénévoles pourvus d'un macaron aident au boycott des compagnies locales, jouant pour un temps les transporteurs collectifs. L'actuel maire d'Hérouville, François Geindre, un des instigateurs de l'opération, qui fait ses classes politiques à ce moment, est resté une autorité dans le domaine [14].

Le logement comme casse-tête bureaucratique

La gauche nouvelle trouve dans l'action locale son domaine de prédilection. Elle n'entend pourtant pas défendre bec et ongles les acquis du logement social. À la différence de celle dont la sensibilité est plus étatiste, elle juge l'héritage moins glorieux qu'il n'y paraît. C'est ce qu'insinue, en 1975, un rapport qui fait date, le *Livre blanc des*

H.L.M. [15]. Le logement collectif est devenu un véritable casse-tête. Le zèle classificateur des pouvoirs publics l'a transformé en un invraisemblable labyrinthe. L'État a innocemment promu sa politique des petits paniers. Une avalanche de normes administratives a provoqué la répartition soigneuse des populations en petits tas, avec autant de types de logement qu'il y a de niveaux de ressources, de circuits de financement, de statut de constructeurs, de régimes d'occupation, ou même de catégories de ménages. « Le folklore aidant », précise le rapport, on rajoute des millésimes : H.L.M. 70, I.L.M. 72. Lorsqu'on est dans le mauvais casier, on a toutes les chances d'avoir en prime une architecture bâclée, des équipements problématiques et une qualité de vie exécrable. Tout est en ordre, mais cet ordre est ingérable.

Les conséquences de cet état de fait ? La ségrégation sociale et l'assignation à résidence de malheureux enfermés dans leurs petits paniers : avec 1 300 francs par mois, on se retrouve logé en P.S.R. ; avec 1 410 francs, on peut passer en H.L.M. ; en atteignant 1 875 francs, on accède à un I.L.M. Avec 600 francs de plus ou de moins par mois, on a toutes les chances de se retrouver dans trois immeubles et probablement dans trois quartiers différents... Pour couronner le tout, l'ancienne échelle du mépris est toujours de rigueur : on a décrété une fois pour toutes que le social devait être bon marché. Avec de faibles ressources, on est obligatoirement orienté vers un immeuble de basse qualité. Mais il est pire. Dorénavant, on ne peut plus loger les plus pauvres avec l'aide à la pierre. Si quelqu'un gagne 800 francs par mois, avec un loyer de sortie de 240 francs, auxquels s'ajoutent 110 francs de charges, il ne peut se loger, même en bénéficiant de l'allocation-logement.

Parallèlement et de manière insensible, les financements étatiques glissent vers des secteurs de moins en moins sociaux. On affirme que les populations aisées migrent vers un secteur qui serait « non aidé ». L'expression est trompeuse. Pour un logement de deux pièces, les différences sont éclatantes dans les apports de l'État. Les aides « diffuses » l'emportent largement sur les autres [16].

« Parmi les injustices qui accompagnent la croissance, l'inégalité devant la ville et l'inégalité devant l'habitat sont de celles qu'on ressent aujourd'hui avec le plus d'amertume. Elles sont sans doute les seules à s'aggraver régulièrement », conclut en 1975 le *Livre blanc des H.L.M.*, nostalgique : « Si l'habitat et le cadre de vie avaient été regardés comme des éléments de premier rang et non comme des utilités d'intendance servant la croissance, l'espace français serait mieux utilisé. » Mais au-delà des regrets, on rencontre l'inquiétude : « Germes d'éclatement, germes de violence, frustration et contrainte, passivité et contestation, atteintes à l'équilibre de la santé ou de la famille, notre civilisation urbaine n'est pas très à l'aise dans sa peau. Nous sommes bien dans une crise de l'habitat. »

Comment les populations futures pourront-elles « s'accommoder d'un cadre de vie aussi outrageusement inégalitaire » ? Trois réponses sont possibles, conclut le *Livre blanc,* toutes les trois « également inquiétantes » : soit les « grands ghettos raciaux et sociaux » — « ce qui crée des frictions en 1975 provoquera peut-être l'explosion avant la fin du siècle » ; soit la « révolte » ; soit encore la démolition. « Mais alors quel gaspillage ! » ajoute Robert Lion. Il faudrait « passer d'une politique du logement social à une politique sociale du logement [17] ». C'est le projet même que développent, dans les communes, les nouveaux militants de l'urbain.

Le combat des enfants de Mons-en-Barœul

Au mois d'octobre 1975, les socialistes de Mons-en-Barœul — une petite ville du Nord — sont franchement scandalisés. La mairie de centre droit, unie à l'administration, médite de densifier encore les parties les plus denses de la ville ! Sans la moindre honte, notables et technocrates projettent la construction d'un bâtiment hideux à la place d'un espace vert situé à côté d'une école maternelle. Ils vont arracher leur bout de terrain vague aux jeunes qui jouent au foot et défigurer une charmante petite place en l'écrasant d'une bâtisse abominable !

Pas question de laisser faire cette ignominie... Les socialistes protestent, pétitionnent, manifestent et donnent une conférence de presse : que Mons-en-Barœul soit déclarée « ville *sinistrée par le béton U.D.R-centriste* ». Un collectif de syndicats ouvriers et d'associations de défense du cadre de vie est constitué, qui prend le nom d'« Halte au béton ». Dans les écoles, les instituteurs expliquent toute la gravité du problème à leurs élèves, et les petits s'indignent avec les grands.

C'est à ce moment que les enfants de la M.J.C. écrivent collectivement un tout petit conte :

Il était une fois dans notre village un Ogre qui s'appelait Béton, et cet Ogre mangeait, mangeait beaucoup. De l'herbe, des arbres, un peu de toutes les plantes, c'était un végétarien...

Végétarien pourquoi pas ? Mais l'Ogre Béton mangeait tout, même les racines, puis il s'asseyait et tout ce qui avait poussé, les fleurs, les plantes, les arbres, tout cela disparaissait à jamais.

Alors les enfants de la ville, qui avaient l'habitude de courir sur l'herbe, de faire des parties de foot ou de jouer à la p'tite guerre, étaient tout tristes... Comment lutter contre cet Ogre Béton ? Il a pris notre unique terrain et nous ne pouvons pas l'attaquer, il est trop dur ! C'est alors que les enfants privés de terrain de jeu s'en allèrent par la ville jouer la p'tite guerre[18]*...*

Les enfants peuvent être satisfaits. Au bout du compte, deux des constructions projetées sur trois sont annulées, et la troisième transformée en un immeuble de taille humaine. Et les socialistes de conclure : « La parole des Monsois s'est fait entendre par-dessus la municipalité. Plus que jamais c'est aux habitants de prendre en main leur devenir. C'est dans le sens de propositions autogestionnaires que nous continuerons d'avancer. »

Le petit manifeste des enfants de Mons-en-Barœul est symbolique des années anti-béton. On y trouve tous les thèmes revendicatifs des classes moyennes dans la seconde moitié des années soixante-dix : exigeons des espaces verts et ludiques, imposons la participation de tous, jeunes et vieux, hommes et femmes, pour bâtir au quotidien un monde plus doux, plus accueillant, respectueux de tous, des enfants comme des animaux. L'Homme nouveau des années soixante-quinze ne rêve plus de lendemains héroïques. C'est un tendre.

La rupture est radicale avec le gauchisme des années passées. Si les nouveaux militants s'élèvent toujours avec vigueur contre les marchands de ville, ils ne sont plus en croisade contre les bourgeois. La cible a changé. Au grand capital a succédé, plus modestement, le béton. Plus question de dictature des prolétaires. Les nouveaux héros, ce sont les couches en pleine ascension sociale — enseignants, travailleurs sociaux, employés et cadres moyens. De surcroît, les gauchistes œuvraient dans un espace dangereux et semi-légal et voulaient que le peuple prenne en main l'appareil l'État. Il n'est plus question maintenant de briser par la force les règles du jeu politique et économique. Transformons pacifiquement les institutions en place. Le pouvoir doit être exercé au plus près du quotidien : dans les quartiers, les grands ensembles, les communes. Les temps sont mûrs, pense-t-on, pour une démocratie authentiquement participative.

Les socialistes de Mons-en-Barœul s'efforceront de rester scrupuleusement fidèles à leur projet autogestionnaire. Les élus monsois Marc Wolf et Jacqueline Osselin mettront en œuvre des techniques complexes pour faire que les habitants soit réellement impliqués dans les prises de décisions locales. Terriblement isolés en France, ils associeront dans les années quatre-vingt les immigrés au conseil municipal, et même — stupéfiante constance... —, ils respecteront leur engagement d'éviter le professionnalisme en politique en renonçant à leur mandat. « Tout pouvoir corrompt », disent-ils. La course aux mandats plus encore.

CHAPITRE 32

La gauche radicale contre les pouvoirs

Un quartier comme les autres...

Les mouvements urbains ont leurs lieux mythiques, qui se déplacent dans l'espace et le temps. C'est tantôt Amsterdam, tantôt Bologne, tantôt Bruxelles. En France, un de ces lieux emblématiques du tournant des années soixante-dix est le quartier de l'Alma-Gare à Roubaix, tout comme en Belgique celui des Marolles. On en fera un des réservoirs à idées du développement social, pour le début des années quatre-vingt.

L'Alma-Gare est le nom d'un quartier populaire de Roubaix, construit autour de la rue de l'Alma. En 1960, cet espace centenaire évoque encore les modes de vie qu'imposait l'industrie textile à ses ouvriers. L'organisation spatiale est celle des courées : une rationalisation industrielle du logement, au moyen de petites maisons individuelles, une dizaine parfois, toutes semblables, rangées côte à côte, et perpendiculaires à la rue. Mais la vie sociale y est intense : les petits commerces et les cafés abondent. Elle est aussi obligée : on s'organise pour gérer collectivement l'unique robinet d'eau, au milieu de la cour, ou pour entretenir les parties communes. À la Belle Époque, la police y voyait un nid d'émeutiers, mais les ouvriers y avaient inventé un espace de vie qui leur était propre.

Les courées meurent dans les années soixante. Comment mettre ces antiquités en phase avec les nouvelles normes d'habitat ? Leur grand âge les rend impossibles à rénover. De faible densité, elles ont de surcroît des axes de circulation malcommodes. Leur rentabilité est donc faible. Enfin, la tertiarisation montante des emplois — comme ceux de la Redoute, toute proche — impose de se débarrasser des vieux prolétaires du Nord pour accueillir des cols blancs. En un mot, on veut aseptiser l'Alma-Gare, l'individualiser et la rentabiliser, diront ses défenseurs. Un quartier voisin, celui des Longues-Haies, a déjà subi cette médication de cheval et ne s'en est pas relevé. Les petits commerces sont partis, et les habitants d'antan se sont évanouis dans la nature. Il en est de même pour le quartier Édouard-Enseele. Ses habitants sont chassés en lointaine banlieue ou contraints de gagner des logements de fortune. Ce thème reviendra comme un leitmotiv à l'Alma-Gare : pas question de voir leur domaine transformé en tours aux loyers hors de prix et en immeubles à fonctionnaires. Restons sur place et défendons notre histoire.

En 1962, l'Alma-Gare est classée « insalubre ». Le quartier est peuplé d'étrangers — près du quart de la population —, de familles nombreuses — un tiers a plus de cinq enfants —, et de bas revenus — une majorité de manœuvres et d'O.S., 30 % de retraités et 13 % d'inactifs. D'un côté, il se vide, et l'on mure déjà les maisons. De l'autre, il se remplit de migrants et de marginaux. Les personnes âgées ne reconnaissent plus les lieux et protestent. Les squatters leur font peur et les étrangers les inquiètent. Avec son peuplement hétérogène, l'Alma-Gare est fragile [1] et les pouvoirs publics croient son nettoyage aisé.

Et pourtant... Le militantisme associatif ne s'est jamais interrompu sur l'Alma-Gare et les mouvements chrétiens y sont bien implantés. On y retrouve les descendants d'une vieille connaissance, le M.P.F. — à l'origine des mouvements de squatters de l'après-guerre —, transformé en Association populaire des familles (A.P.F.). Les années soixante en ont fait des militants urbains. Pour la seule année 1969, l'A.P.F. n'a pas chômé. En mars, elle a mené une campagne sur la suppression des courées et le droit au relogement ; en mai, elle en a lancé une autre à l'occasion du cinquième centenaire de la Charte des Drapiers — qui a rencontré un écho national ; en septembre et en novembre, elle a envoyé une délégation au ministre et organisé plusieurs manifestations dans les rues de Roubaix ; le tout a culminé en décembre par un grand meeting [2]. Les luttes des années soixante-dix s'inscrivent sur cet héritage.

La rénovation décidée en 1962 s'engage dix ans plus tard. En 1973, les bulldozers menacent de commencer leur ballet. À ce moment, le mai 68 urbain, bien que sur le déclin, vit encore. Les pouvoirs publics redoutent un baroud d'honneur et une résistance désespérée. Après quelques réticences, ils se rallient à une idéologie participative et acceptent de négocier avec les représentants des habitants.

Les militants de l'A.P.F. n'entendent pas mener un simple combat de commando. Depuis longtemps, ils s'efforcent de promouvoir lentement et patiemment une pédagogie des droits sociaux et de la maîtrise de l'environnement. Ils tentent, par exemple, de résoudre les problèmes financiers des résidents, par des systèmes de crédits et de prêts entre familles, ou par la tenue de « carnets de dettes » chez les commerçants. Ils leur enseignent à gérer eux-mêmes les relations avec les propriétaires et les organismes de relogement. « Les thèmes de lutte, dit-on alors, ne sont pas choisis en eux-mêmes, mais aussi en fonction de leur valeur éducative, c'est-à-dire au regard de la possibilité de promotion collective qu'ils recèlent [3]. » L'A.P.F. n'a aucune velléité politique. Elle se veut simplement « l'équivalent dans le quartier du syndicat dans l'entreprise ». Ce qui la pousse à mener des actions revendicatives parfois radicales, comme l'occupation du siège de l'organisation de rénovation des courées en 1971, ou, en 1973, à intenter, en le gagnant, un procès à treize propriétaires.

La rencontre avec les Parisiens

Dans les cénacles parisiens, un petit courant, autour de Félix Guattari, s'interroge à la même époque sur les équipements collectifs. Tout a commencé, dix ans auparavant, au sein de la Mutuelle nationale des étudiants de France, par une controverse sur les B.A.P.U, les Bureaux d'aide psychologique universitaire. Une enquête avait montré que les étudiants qui réussissaient leur suicide étaient généralement d'origine rurale. Les responsables de la M.N.E.F., estimant que ce phénomène tirait son origine de leur isolement, lancent des expériences collectives, permettant de dépasser les approches individuelles et analytiques des B.A.P.U. Ces structures leur permettent de tisser autour d'eux de nouvelles relations sociales et réduisent drastiquement les suicides. Suite à cette expérience, l'U.N.E.F. tente de multiplier, sans grand succès d'ailleurs, les groupes de travail universitaires, pour chanter les vertus thérapeutiques de la socialité. Les approches institutionnelles, expérimentées le plus souvent dans des espaces fermés, comme l'hôpital psychiatrique, descendent désormais dans la rue.

Les débats de l'après-68 n'enterrent pas le projet. Alors que certains, comme les trotskistes, mettent l'accent sur les luttes de solidarité avec le tiers monde, les héritiers du syndicalisme étudiant mettent au premier plan le travail révolutionnaire en France et sur le terrain des professions. C'est dans cette optique que Félix Guattari crée la F.G.E.R.I., Fédération des groupes d'étude et de recherche institutionnelle, et publie une revue, *Recherche,* sur l'impératif de l'ici et du maintenant : militer sur son lieu de travail, dans les institutions de prise en charge étatique, et transformer leur rapport aux usagers.

De son côté, le ministère de l'Équipement s'interroge. Le Service technique central d'aménagement urbain avait explosé en 1968, et s'était recomposé : d'un côté, le S.T.U. qui s'occupait des aspects techniques et législatifs ; de l'autre, une Mission de recherche urbaine chargée de gérer l'innovation, à laquelle appartenait le chercheur Éric Conan, qui servira d'intermédiaire entre les pouvoirs publics et l'extrême gauche. La rencontre entre la F.G.E.R.I. et les services de recherche du ministère se fait à l'occasion d'un numéro de *Recherche* sur un thème austère : « Programmation, architecture et psychiatrie ». Le C.E.R.F.I., Centre d'étude et de recherche sur les fonctionnements institutionnels, est né.

L'intérêt du ministère n'est pas seulement social. Il est aussi financier. On construit toujours des équipements psychiatriques lourds, alors que les techniques de prise en charge changent. La psychopharmacologie, avec les découvertes d'Henri Laborit par exemple, ainsi que le courant d'ouverture des institutions fermées imposent dans ce domaine de nouveaux modes de faire architecturaux. La question lancinante du coût des équipements ne cesse de se poser, et les institutionnalistes, si critiques à leur égard, peuvent avoir des idées neuves : il faut donc, comme le dit Anne Querrien, « aller voir ce qu'il y a dans le ventre des contestataires ». Guattari et la F.G.E.R.I. de leur côté voient là un moyen de financer leurs activités et de travailler concrètement sur ce qu'ils appellent « les agencements idéologiques institutionnels ». Un travail de terrain s'engage donc, dans la ville nouvelle de Marne-la-Vallée.

Parallèlement, une étrange idylle se noue entre les contestataires et les hauts fonctionnaires, autour du ministère de l'Équipement et du Commissariat général au Plan. Des rencontres vespérales sont organisées, auxquelles participent des personnalités qui seront plus tard gestionnaires de la gauche, comme Henri de Lapparent, Christian Blanc ou Michel Rousselot. Ces derniers viennent s'encanailler auprès de ceux qui sont alors le meilleur soutien du Front homosexuel d'action révolutionnaire de Guy Hocquenghem, et se livrent à un exercice compliqué : mettre en relation les catégories administratives les plus classiques qui soient avec ce qui pouvait apparaître comme d'étonnantes élucubrations gauchistes. Nous retrouverons cette technocratie planificatrice, prudemment aventurière et sobrement populiste, au début des années quatre-vingt.

La rencontre avec l'Alma-Gare se produit par le biais de deux architectes, qui demandent au C.E.R.F.I. de les aider à dépasser les limites traditionnelles de la « participation » des habitants. Un de ses militants, Gérard Grass, se rend sur les lieux, financé sur un contrat obtenu par Albert Mollet, alors au bureau des études sociologiques à la Direction de la construction. Sur place, Gérard Grass rencontre Pierre Lemonnier, de la S.E.M. du Nord. Tous deux réinvestissent la démarche C.E.R.F.I. de Marne-la-Vallée et font rêver les habitants : quels équipements veulent-ils ? La mairie et des administrations acceptent que soit ouvert un lieu où les techniciens de la ville, les architectes et les sociologues pourront débattre avec les habitants du quartier. Une assemblée générale permanente va commencer...

Aux origines des régies de quartier

À Roubaix, avec la rencontre de militants chrétiens, les époux Léman, une sociologue, Françoise Gallo, et un architecte, Pastrana, un nouvel espace naît qu'on baptise « Atelier populaire d'urbanisme » (A.P.U.). L'A.P.U. souhaite « opposer aux technocrates et aux pouvoirs politiques et administratifs une force populaire, afin d'obliger les rénovateurs à tenir compte de nos besoins, de nos désirs, de notre volonté [4] ». Ses réunions sont régulières — une fois par semaine au moins — et ses sous-groupes de travail n'oublient personne. L'un d'entre eux s'intéresse aux personnes âgées, un autre aux immigrés. D'autres encore, plus techniques, s'attellent à définir ce qu'ils entendent par « réhabilitation » et d'autres à préciser ce que sera la « vie de quartier ». Quand la situation l'exige, ce dispositif est complété de réunions plus larges, par rue ou par immeuble.

L'A.P.U. se fixe un triple objectif. D'abord, en traitant des problèmes techniques jugés « neutres », aller au-delà de l'audience limitée d'associations idéologiquement marquées. Ensuite, par un dialogue permanent avec les constructeurs, promouvoir une pédagogie permanente et démocratique de l'habitat. Enfin, en filigrane, la finalité ultime de l'opération : faire vivre au quotidien un contre-pouvoir, populaire et autogestionnaire. Comme le déclare l'A.P.U. : il faut « une petite, toute petite prise de pouvoir sur le monde capitaliste. Et ça, c'est révolutionnaire, car on sait, sans attendre l'arrivée d'une nouvelle société promise par beaucoup, exprimer et quelquefois imposer notre force collective ».

Les actions de l'A.P.U. restent dans le droit-fil du pragmatisme de l'A.P.F. L'atelier marque de ronds rouges les maisons menacées d'insalubrité, pour imposer aux pouvoirs publics une intervention rapide et préventive. Il mure les vieilles demeures devenues dangereuses qui risquent d'être squattées, pillées et, dit-on, « transformées en poubelles ». Par là même, il ôte aux pouvoirs publics l'argument du pourrissement du quartier, qui justifie en général les actions de rénovation les plus radicales et les plus inhumaines. Au passage, il en profite pour dénoncer l'inhumanité, l'inefficacité et l'incurie des technocrates rénovateurs.

Une lutte demeurée célèbre se livre autour de l'eau. Les archaïques robinets collectifs parsemant le quartier rendent le calcul des charges complexe et aléatoire. Le service des eaux de Roubaix menace les habitants d'une coupure définitive si la note ne lui est pas réglée à temps. En mai 1975, l'A.P.U. organise une grande manifestation d'habitants, tous munis de seaux, qui vont, devant la presse et dans la liesse populaire, puiser l'eau dans les fontaines de l'hôtel de ville. Le service des eaux est contraint d'accepter ce qu'il refusait : le paiement mensuel et collectif de ses services. *De facto,* c'est reconnaître la communauté.

En 1976, l'A.P.U. remporte sa victoire la plus nette. Un contrat signé avec le collectif des techniciens ouvre à chaque habitant le droit de participer à la rénovation de son quartier. Ce contrat est une grande première dans les mouvements urbains. L'initiative de négocier avec des gens qui refusent de s'en aller ne revient plus aux seuls pouvoirs publics. En contrepartie de leur maintien sur le quartier, les habitants acceptent de contribuer à sa reconstruction. Désormais, il ne s'agit plus de « rénover », dit l'A.P.U., avec tout ce que ce terme implique de brutalité, mais de « restructurer », en liaison permanente avec ceux qui sont les premiers concernés.

Les habitants demandent à être relogés. L'enjeu, pour l'A.P.U., est fondamental. « Le relogement, c'est l'hémorragie du quartier qui s'arrête, c'est la renaissance du quartier qui commence », affirme-t-il. Les pouvoirs publics acceptent de conserver les rues anciennes et certains bâtiments. Des logements neufs sont construits sur les parties détruites avec des services et des équipements collectifs. Mais il faut aussi promouvoir des commerces nouveaux et encourager la reprise d'activités artisanales. Un thème revient sous mille formes différentes. La rénovation, menée par les promoteurs, détruit toute vie sociale. La restructuration du quartier, conduite par les habitants, la préserve et la développe.

Les équipements se transforment. Un seul exemple, celui du foyer-logement pour les personnes âgées. Les habitants se méfient des projets des pouvoirs publics. De loin, c'est très joli et très propre. Mais les bénéficiaires protestent : « Il n'est pas dit que j'aurais travaillé quarante ans pour être transformé en joueur de belote. » Ils préfèrent vieillir au milieu de leur quartier, avec leurs meubles, et plein d'enfants autour d'eux. Même chez les pauvres, les équipements-casernes ont fait leur temps. Quelques réalisations célèbres voient donc le jour : un restaurant de quartier alternatif, une école ouverte...

Toutefois, dans le meeting permanent qu'est devenu le quartier, une conflictualité relativement forte apparaît. Des groupes naissent et s'opposent, et les migrants sont sur la sellette. L'idée naît d'un centre social, qui servirait au quartier de repère et de régulation. Un autre militant du C.E.R.F.I. appelé par Gérard Grass, Olivier Quérouil, en prend la tête, aidé de Rose-Marie Royer, qui possédait déjà l'expérience d'un militantisme populaire dans la banlieue parisienne. Cette dernière publiera d'ailleurs plus tard les contes traditionnels des veillées, recueillis de la bouche des habitants du quartier.

Dans cette mouvance s'invente la première régie de quartier. Son origine tient presque au hasard. Lors d'une opération-tiroir, sur le lieu dit des « magasins généraux », un concierge craque et démissionne. Il ne peut plus supporter, dit-il, de voir les halls saccagés et d'être lui-même sans cesse agressé. L'A.P.U. décide qu'on se passera de concierge. Dans chaque entrée, un locataire assurera l'entretien et un autre les gros et les petits travaux. Ces petites équipes, directement gérées par l'A.P.U., sont animées par un coordinateur qui veille à la continuité et à la qualité du travail. Le responsable de la régie, Joël Campagne, invente à ce moment une entreprise intermédiaire avant la lettre, multipliant ce qui deviendra plus tard, officiellement, les emplois d'insertion.

Cette histoire devient célèbre, d'autant plus que l'Alma-Gare est bientôt la vitrine sociale de Roubaix. Le modèle des régies de quartier se diffuse, non sans difficulté parfois. Les habitants des grands ensembles et leurs gestionnaires restent souvent attachés à leurs gardiens, dûment tamponnés et professionnalisés, et n'ont guère confiance en des amateurs éclairés, même vaguement rétribués [5]. Ce qui n'empêchera pas le modèle, une fois la crise venue, de rayonner, sous l'égide des créations locales d'emploi. Avec toutes les variantes possibles [6]...

De telles entreprises mettent en cause l'ensemble des services publics. Par sa volonté radicalement autogestionnaire, l'Alma-Gare dénonce le fonctionnement bureaucratique des équipements et le rôle de ces professionnels de quartier que sont les enseignants ou les travailleurs sociaux. Le fait même de considérer les enseignants, ces fonctionnaires d'État, comme des « professionnels de quartier » est jugé blasphématoire... Les professionnels du social sont aussi dans le collimateur. Il faut, dit l'A.P.U., les « dessaisir de leur pouvoir au profit des habitants », seuls habilités à résoudre leurs problèmes. Le travail social, par son approche individuelle, isole les habitants ; l'association, elle, résout collectivement les difficultés du quartier. Les deux démarches se complètent-elles ? Non, répond l'A.P.U., elles sont concurrentes. La première rend les populations dépendantes, la seconde les éduque : « C'est par les luttes que nous menons que les habitants des quartiers populaires feront leur éducation. » Même si cette forme d'intervention communautaire n'arrive jamais à prendre son essor, elle sera longtemps considérée comme une authentique alternative au contrôle social.

L'A.P.U. veut également que les habitants puissent décoder les opérations de rénovation. Les logiques et les catégories traditionnelles sont cassées. Plus question de « classification sociologique des populations », de « grille psychosociale d'évaluation des comportements », de « planification des besoins » ou de « découpage fonctionnel de l'espace ». Les professionnels doivent fournir aux habitants des projets compréhensibles et des maquettes lisibles. L'atelier s'attache enfin à valoriser les identités ouvrières et à développer une mémoire collective des lieux. On érige une statue à Jules Guesde — « éducateur et organisateur des travailleurs » ; on baptise une rue du nom d'un vieux bistrotier : « la Barbe d'or [7] ». Selon les ambitions politiques que développe à la même époque le C.E.R.F.I., les catégories de perception et les systèmes de représentation des habitants eux-mêmes seront la base de travail des techniciens de la ville.

De premiers craquements

Le projet de l'Alma-Gare est une première fois mis en péril en 1977. L'année est excellente pour la gauche. En mars, nombre de municipalités tenues par la droite tombent aux mains des socialistes et des communistes. C'est le cas de Roubaix. L'ancienne coalition socialiste-centriste est balayée par une union rénovatrice communiste et socialiste, à dominante socialiste.

Les relations entre la gauche officielle et les habitants de l'Alma-Gare n'étaient pas simples. Le P.S.U. les soutenait, mais les relations entre l'A.P.U. et les socialistes « historiques » étaient plutôt froides. La S.F.I.O. voyait dans leur action une agitation désordonnée [8]. Les militants du quartier plaçaient pourtant leurs espoirs dans le nouveau maire, qui, tout en se revendiquant socialiste, s'était livré pendant sa campagne à de vibrantes apologies de l'A.P.U. — « un exemple en Europe pour la manière dont les élus, les techniciens et les habitants établissent en commun les plans d'aménagement et d'équipement [9] ». La participation allait-elle s'élargir à l'ensemble de l'action municipale ?

La lune de miel est brève. Elle prend fin le 28 avril, avec une déclaration du nouvel élu en forme de douche froide. L'aménagement de l'Alma-Gare, dit-il, ne peut être pensé indépendamment de la ville. Les impératifs industriels et de circulation des véhicules, en particulier commerciaux, doivent être respectés. L'A.P.U. est aussi allée trop loin, travaillant directement avec une équipe parisienne déléguée par le Plan-Construction. Le maire lui rappelle que « la réforme du Fonds d'aménagement urbain institue la collectivité locale et ses élus en interlocuteurs privilégiés du pouvoir central [10] ». Il est vrai que, depuis 1974, les collectivités locales renforcent leur pouvoir, avec, par exemple, la mise en place du Fonds d'aménagement urbain (F.A.U.), qui leur donne une prise financière sur les projets locaux. À Roubaix, d'anciennes structures sont municipalisées, comme les Comités d'aide au logement (anciennement P.A.C.T.) ou l'Organisation pour la suppression des courées dans la métropole Nord (ORSUCOMN), commune à Lille, Roubaix et Tourcoing, et dont le président est, pendant un temps, un adjoint au maire de Roubaix. L'État en gloire, qui régissait tout de ses bureaux parisiens, commence à ne plus être qu'un souvenir. D'autres enfilent discrètement ses pantoufles, pour le meilleur et pour le pire. Le « maire-entrepreneur » se profile à l'horizon. Que l'A.P.U. ne s'illusionne pas : « Les décisions appartiennent en dernier ressort aux élus. »

L'A.P.U. riposte. Les relations se tendent. « Aucune discussion sérieuse, aucun argument précis ne nous a été opposé tant d'un point de vue économique que technique ou architectural. Rien que des refus, des arguments d'autorité. » En juin, elle décide de quitter le groupe de travail où elle siège avec la municipalité. Le conflit culmine lorsque les financements municipaux se bloquent. On raconte qu'au moment où les aventures du baron Empain font la une, le responsable de la régie de quartier, Joël Campagne, se serait coupé le petit doigt et l'aurait envoyé au maire... Mais le jeu peut être calmé, et les fils se renouent peu à peu avec la municipalité, sous des formes nouvelles.

Roger Léman, qui fut avec son épouse un des piliers des luttes de l'Alma-Gare, a décrit plus tard par quels procédés la municipalité de Roubaix a repris en main l'A.P.U. : « Dès que le responsable a dû faire face à un déficit de 400 000 francs, la régie a été remplacée par une superstructure sociale, musclée en moyens techniques et personnels. La mairie, du jour au lendemain, a allongé les 400 000 francs, que nous réclamions depuis six mois. Tout le monde a connu le paternalisme patronal, le paternalisme politique. Là, nous étions en face d'un paternalisme social... » Selon Roger Léman, l'entreprise fait apparemment long feu. « Au bout de deux ans, la ville a mis dehors ses supermen de l'action sociale [11]. »

L'A.P.U. nouvelle formule, officiellement labellisée, change de destination. On la charge d'« organiser des fêtes, de fabriquer de l'animation culturelle et de transmettre à la municipalité les doléances et les desiderata de la population », affirme Olivier Roland, qui précise : « dans une logique intégrationniste ». Rançon de cette sagesse, elle est « perçue par les habitants comme une structure dirigeante dans la logique des institutions [12] ». Corollaire : les habitants de l'Alma-Gare n'opposent plus aux pouvoirs publics que leur silence et leur passivité. Lentement mais sûrement, ils ont déserté les associations et les structures.

Le règne du nouveau maire ne durera guère. Défait en 1983, il manifestera toujours quelque rancœur à l'égard des militants de l'Alma-Gare. Sa défaite, dit-il, est en partie due aux difficultés rencontrées durant son mandat à faire passer sa politique auprès du peuple de gauche. Ce dernier n'a qu'une vision étroite, fondée sur la défense de son environnement immédiat : son logement, sa rue, les trajets de son travail à son domicile ou de son domicile à l'école...

Alors que les industriels locaux, qui ne sont pas de gauche, eux, ont su établir un consensus avec la mairie... Le malentendu est radical. Les années quatre-vingt ne le combleront pas.

Toujours est-il que l'Alma-Gare a inventé les catégories qui seront plus tard au cœur du développement social urbain. Selon certains, il semble que ce soit les époux Léman qui aient les premiers employé le terme de « développement social ». En référence au théâtre, Gérard Grass a créé le terme de « régie de quartier » et souhaité ériger les habitants en « interlocuteurs ». Des mots circulent, et une doctrine s'invente.

Michel Anselme et la folle épopée du Petit Séminaire

L'odyssée du C.E.R.F.I. ne se limite pas à l'Alma-Gare. Il anime une minorité héroïque, qui s'obstinera à creuser sans cesse le même sillon, bien au-delà des années soixante-dix. Ainsi, à Lyon, Catherine Forêt et Isaac Joseph. Ou, à Marseille, Anselme et Péraldi, au seuil des années quatre-vingt.

Michel Anselme et le C.E.R.F.I.S.E., association locale jumelle du C.E.R.F.I., arrivent au Petit Séminaire en 1976, pour y conduire une étude au thème flou financée par la Délégation générale à la recherche scientifique et technique (D.G.R.S.T.) : la production d'institutions en milieu immigré. Le contact avec l'office H.L.M. détourne rapidement les objectifs de l'enquête. Les gens du C.E.R.F.I.S.E. découvrent avec étonnement que l'office ignore pratiquement tout de ce qui se passe dans la cité, que sa légitimité auprès des habitants est quasi nulle, qu'il souhaite réhabiliter les lieux mais qu'il ne sait comment s'y prendre... Une commande nouvelle est passée aux chercheurs : « Nous sommes dépassés, proposez-nous des solutions. »

Le Petit Séminaire est une cité H.L.M. des quartiers nord-est de Marseille, construite entre 1958 et 1960 grâce à l'opération « million » qui parsema la France d'immeubles bas de gamme. Elle comprenait en 1976, avant sa rénovation, 240 logements, dont 70 étaient vacants. Des immeubles gris, sales et mités. Aux alentours, un grand terrain jonché de détritus, un espace hideusement décoré de carcasses de voitures, et à l'horizon quelques tristes pinèdes pelées. Cette cité est, dit-on, un « cul-de-sac » pour ses résidents, formés de trois tribus : des gitans d'origine espagnole, mais devenus français depuis longtemps, des Maghrébins originaires d'Algérie et des pieds-noirs rapatriés. Il faut y ajouter un échantillon représentatif de tout Marseille : des Arméniens, des Italiens, des Corses... Avec, toutefois, une composante européenne majoritaire.

Le C.E.R.F.I.S.E. propose donc. Son ambition est radicalement démocratique. Il veut faire parler tous les habitants de la cité, sans exception. Car personne, écrira Michel Anselme, « même pas le président de l'association de locataires fantomatique — surtout pas lui du reste — n'est en mesure de parler au nom de tous ». Le C.E.R.F.I.S.E. transforme ce désir de faire s'exprimer tous les habitants en méthode de travail. Devant les chercheurs, peu à peu, les langues se délient. Dès que les résidents se mettent à parler, la cité se révèle d'une rare complexité. Loin d'être uniforme et homogène, elle est profondément segmentée et hiérarchisée. Les relations quotidiennes se sont raturées, mêlées, stratifiées au fil du temps, dans des mécanismes subtils de conflits et de rapprochements. Ainsi, la dimension patrimoniale n'est pas négligeable : par un jeu de mariages ou d'alliances successives, certains ont la haute main sur trois, quatre ou cinq appartements.

Une technique s'invente, qui rendra célèbre le Petit Séminaire : un photographe, Jacques Reboud, introduit la photographie comme mode de consultation. Les débuts tiennent au hasard. C'est dans une optique strictement utilitaire que les habitants acceptent la présence du photographe dans leur appartement. Ils ne font qu'exhiber leur misère spatiale : les fissures dans le mur, les menuiseries qui ferment mal, les peintures qui s'écaillent, les planchers qui travaillent. Mais ils font davantage. Ils acceptent de montrer leur visage, de mettre en scène leur famille — toute leur famille ou presque : les absences sont elles-mêmes significatives. Les témoignages sont à la fois ethnographiques, sociologiques et architecturaux. Parfois, ils laissent les gestionnaires pantois, comme cette photo d'une femme entourée de ses enfants à côté d'un immense trou plus ou moins rectangulaire qui fait clandestinement communiquer deux appartements...

Les photos sont tirées, présentées aux habitants, affichées dans la cité et vendues. Surviennent alors, dit Michel Anselme, « des phénomènes cathartiques hallucinants ». Certains crachent sur les photos, d'autres tentent de s'en emparer. Des « haines de mille ans » se réveillent et des alliances inattendues s'esquissent. Ces photos laissent même des traces, longtemps après avoir été prises : les gens du C.E.R.F.I.S.E.

retrouveront certaines d'entre elles, accrochées dans deux, trois ou quatre appartements, ou même à l'autre bout de Marseille.

La participation comme longue marche

Ces approches successives permettent de dégager « le système Séminaire » : « une organisation complexe sous une désorganisation apparente ». Conduisant la réhabilitation, les chercheurs peuvent désormais pénétrer dans tous les appartements, et ils sont même les seuls à pouvoir le faire. Ils ont en main un atout majeur : la détention d'un savoir collectif. La réhabilitation remodèle la vie sociale et joue, contre des relations parfois fossilisées, une mobilité que contrôlent les habitants eux-mêmes. Chacun choisit son voisin, par le biais d'une gigantesque « carte du Tendre », disent les chercheurs, officialisant les « mariages » et les « divorces ».

Le projet architectural prend forme lui aussi, toujours en fonction des goûts des habitants. Il est le fruit d'une esthétique méditerranéenne, baroque et surchargée. Mais somptueuse... On fera donc, pour le Petit Séminaire, décide l'architecte, « du monumental et du beau ». C'est là une stratégie sociale plutôt qu'une pure ambition esthétique : donner aux résidents une image d'eux-mêmes mais une image valorisée.

Cette option surprenante déclenche la guerre avec les techniciens de l'office. Le projet les scandalise. Tous les arguments y passent. Techniquement trop complexe, financièrement absurde, esthétiquement hideux. De plus, une idée souterraine l'emporte, formulée parfois à demi-mot : est-ce que des Arabes et des gitans méritent toute cette peine ? Le rapport de forces s'engage. L'équipe du C.E.R.F.I.S.E. refuse toute concession. Le conflit s'éternise, et il faudra que la direction de l'office tranche en faveur du C.E.R.F.I.S.E., contre ses propres personnels, pour débloquer la situation.

En septembre 1981, le chantier s'ouvre. Il dure cinquante mois et se termine en décembre 1985. Pour tout simplifier, le C.E.R.F.I.S.E. veut qu'il ne soit jamais interrompu et met au point une technique dite de « programmation continue ». La réhabilitation se déroule en sept phases qui viennent s'emboîter. De plus, aucune prévision serrée n'est possible. Le chantier se déroule sous les yeux des habitants, et son cheminement est soumis à une négociation permanente. Parti pris radical de participation, qui agace les entreprises, pour lesquelles le locataire est toujours plus ou moins considéré comme un empêcheur de travailler en rond. C'est pourtant, affirme Michel Anselme, « le fil rouge » de toute l'opération. Dans cette affaire, les chefs de chantier subissent le choc, eux dont le travail est perpétuellement entravé par des tractations avec les habitants.

L'architecte accepte le dialogue. Un exemple de sa disponibilité est resté célèbre, celui des arcades. Un beau jour, une famille gitane demande qu'on décore son appartement d'une arcade. L'architecte accepte. Comme, au Séminaire, tout le monde visite tous les appartements en rénovation, l'arcade du gitan devient un lieu de pèlerinage et un objet d'admiration. Chacun demande la même dans son appartement, et douze arcades sont commandées. L'architecte s'affole devant cette inflation. Les prix et les délais risquent d'exploser... Survient alors une famille qui demande pour son appartement non pas une arcade, mais une double arcade. Le résultat douche la population. Deux arcades, c'est trop, « ça fait trop gitan, ça fait trop arabe ». Et plus personne ne réclame d'arcade...

Au terme de l'aventure, le budget initial sera plus ou moins respecté, et cette réhabilitation radicalement démocratique n'aura coûté que 24 millions — sans doute parce que le fantastique investissement bénévole des chercheurs n'a pas été facturé... Michel Anselme, dans son dernier texte, avait fixé le programme de travail du C.E.R.F.I.S.E. : « ces interrogations sur la coprésence de groupes et d'individus de plus en plus hétérogènes les uns aux autres, cette description des procédures et des rituels quotidiens qui fondent la ville, ces problématiques autour des formes d'une nouvelle citoyenneté urbaine [13] ». Ce programme reste à remplir.

CHAPITRE 33

L'antichambre du pouvoir

Les « nouvelles couches urbaines »

Au début des années soixante-dix, leur logement énerve les Français. En 1973, juste avant l'élection de Valéry Giscard d'Estaing, un sondage de la Sofres le montre :

	D'accord %	Pas d'accord %	N.S.P. %
Seules les personnes qui disposent de revenus élevés peuvent se loger correctement	71	24	5
Les logements construits ne sont pas d'assez bonne qualité	76	12	12
Les constructions actuelles sont laides	60	29	11
L'apparence des immeubles est triste et uniforme	61	28	11

Source : Les Français et le logement, Sofres, automne 1973.

Pour les Français, l'avenir urbain n'est pas rose. Ils estiment en majorité qu'« il fait moins bon vivre dans les villes d'aujourd'hui qu'il y a dix ans ; qu'on y vivra plus mal dans vingt ans ; que les villes enfin deviendront de plus en plus inhumaines », rapporte le *Livre blanc des H.L.M.,* citant une autre enquête, réalisée par l'I.F.O.P. en 1974 pour le ministère de l'Équipement. Et que souhaitent-ils ? « Être au calme » à 56 %, ou « être indépendants » à 40 %.

Les G.A.M. capitalisent ce mécontentement. Qui sont alors les « gamistes » ? Des gens actifs, jeunes et relativement aisés : cadres moyens ou supérieurs, employés ou de professions libérales. On les rencontre dans des municipalités en pleine expansion, fortement tertiarisées, dont Grenoble reste le parangon. Le syndicalisme autogestionnaire, celui de la C.F.D.T. ou des associations de défense de l'environnement, s'appuie sur l'essor de ces « nouvelles couches urbaines », pour reprendre l'expression de Jacques Ion. Leur profil sociologique est en rupture avec celui de leurs prédécesseurs, les ouvriers et les petits employés de la C.N.L.

Les pratiques militantes sont aussi différentes. Terminé les grandes manœuvres prolétariennes d'antan et les discours agressifs sur les riches et sur les exploiteurs. Pour les nouveaux militants de l'autogestion, militer, c'est transformer humblement le quotidien : donner des cours de gestion aux locataires, leur expliquer les règlements ministériels, organiser des rencontres conviviales, planter des arbres et semer des fleurs, alphabétiser les migrants, faire jouer les enfants ou porter des colis aux vieilles dames...

Cette conception nouvelle de la politique s'affirme d'autant plus aisément que la gauche dite « classique » ne lui fait guère de concurrence. À la présidentielle de 1969, face à Georges Pompidou, Gaston Defferre et Pierre Mendès France, conjuguant leurs efforts, ont totalisé 5,1 % des voix... Une déroute. Les communistes eux-mêmes, assommés par les coups de boutoir de l'extrême gauche, sont bien mal en point. Déliquescente et divisée, la gauche institutionnelle peine à se remettre de son échec électoral.

La « nouvelle gauche » ne s'afflige guère de ce que l'ancienne soit en bouillie. Au contraire. Elle s'affiche, crie victoire, rêve d'un avenir radieux et voit dans l'essor des associations de défense de l'environnement une confirmation de ses analyses. Dans les Yvelines, en octobre 1969, le jeune leader du P.S.U., Michel Rocard, l'emporte devant le très renommé et très gaulliste Maurice Couve de Murville. À la vieille gauche des partis fatigués et des appareils exsangues, le jeune inspecteur des Finances oppose la « gauche des idées ». Celle qui unit le moralisme politique aux forces nouvelles héritées de la révolution de mai, qui aident à balayer les débris du vieux monde. Les nouvelles couches urbaines ont le vent en poupe.

La défaite des autogestionnaires

La phase ascensionnelle de la gauche autogestionnaire ne durera pas longtemps. Ses espoirs culminent et s'effondrent avec l'affaire Lip. Pour la première fois, à Besançon, avec Charles Piaget, l'autogestion ouvrière n'est plus un rêve. Toute la nouvelle gauche maintenant porte au poignet des montres autogérées. Mais la tentative héroïque s'épuise, face aux aléas économiques et bureaucratiques. Parallèlement, à l'ombre des mouvements urbains qui méprisent des discours politiques vieillis, une recomposition s'esquisse. Au congrès d'Épinay de juin 1971, François Mitterrand engage une lente ascension vers les sommets, son programme commun de gouvernement en poche. Contre les discours autogestionnaires, le parti socialiste est, grâce au C.E.R.E.S., fermement maintenu sur les rails de l'orthodoxie marxiste. Jouant la tradition ouvrière et l'alliance avec les communistes, la gauche institutionnelle engage un jeu complexe avec la « nouvelle gauche », tantôt la morigénant de façon paternelle et la rappelant au respect des grands ancêtres, tantôt lui entrouvrant les bras. Ce petit ballet se poursuivra pendant toute la décennie.

Que devient cette génération autogestionnaire ? Certains pensent qu'elle vieillit bien. D'autant mieux qu'elle a raboté ses ambitions gauchisantes. À la fin des années soixante-dix, les militants des G.A.M. ont pris de la bouteille — leur âge oscille entre trente et cinquante ans —, ils sont mariés et ils ont des enfants. Ils sont de mieux en mieux intégrés socialement, comme le montre Fanta Asseo [1]. Ils sont mûrs pour exercer le pouvoir. Les municipalités sont pour eux le tremplin idéal. Une fraction importante des leaders socialistes des années quatre-vingt est d'ailleurs issue de cette école.

À l'inverse, certains estiment que cette génération autogestionnaire a bien mal vieilli. Son mythe originel s'est évanoui. Dans nombre de communes, le socialisme municipal épouse le réalisme bureaucratique. Tous les avatars ultérieurs de la décentralisation sont en germe dans ce processus datant de la fin des années soixante-dix. La rigidité dans les prises de décision caractéristique des politiques urbaines à la française se maintient, même si cette rigidité est décentralisée. Les normes nationales et les normes techniques perdurent, sans être assouplies par leur mise en œuvre locale. La participation s'institutionnalise, conforte un temps le pouvoir traditionnel de tyranneaux de province et dépérit.

Sous sa forme première, le militantisme du cadre de vie expire à la fin des années soixante-dix. Il n'a pu réaliser ses ambitions : articuler changement social et transformation politique. Jacques Julliard voit en lui une « figure de transition » condamnée à se résorber en deux rôles classiques : celui du notable local et celui du militant politique socialiste. Plus cruellement encore, il les prend pour une sorte de malentendu sociologique. Des couches sociales d'employés et de cadres en pleine ascension brûlent d'accéder aux responsabilités. Leur ancrage autogestionnaire ne serait qu'un simple « accident historique », soutient Julliard. Seuls l'autoritarisme et la fermeture des petits potentats de droite, l'archaïsme du gaullisme, son incapacité à devenir légitime à leurs yeux les auraient provisoirement « rejetés vers la gauche [2] ».

La fin des mouvements de défense du cadre de vie survient d'autant plus vite que la gauche « classique » est désormais en pleine forme. Le parti socialiste, sous la houlette mitterrandienne, remonte la pente aux législatives de 1973, recueillant plus de 20 % des suffrages. Parallèlement, le P.S.U. s'effondre, enterrant avec lui nombre d'illusions autogestionnaires. L'année suivante, Michel Rocard lui-même rejoint les rangs socialistes avec une fraction de son ancien parti. Il mène la campagne présidentielle pour le compte de François Mitterrand, que son score contre Giscard d'Estaing — plus de 49 % des voix — transforme en leader incontestable de la gauche. Dès le milieu de la décennie, la tendance a basculé. Les autogestionnaires s'en rendent à peine compte et croient, en soutenant les socialistes, poursuivre sous d'autres formes le même combat.

Mais les rêves localistes et autogestionnaires se concilient mal avec les stratégies de conquête de l'appareil d'État. À l'aise dans le local, la « deuxième gauche » intègre mal la nouvelle logique d'action nationale. Elle reste sempiternellement méfiante à l'égard des jeux politiques, qu'elle tend à juger suspects ; elle répugne assez viscéralement aux manœuvres, aux violences et aux compromissions étatiques. De plus, ses amis et ses adversaires lui reprochent de concert la rigidité de ses comportements, le dogmatisme de ses convictions, son aspect désagréablement « donneur de leçons », sa vision moralisante du monde et sa gestion naïvement « technique » des dossiers. Tous les reproches qui seront plus tard adressés au rocardisme sont déjà là. Les militants du mouvement social seront souvent les proies toutes trouvées des politiciens professionnels et des hauts fonctionnaires. Enfin, lorsqu'ils passent au service de l'État, c'est pire encore. Ils renoncent à la politique pour se convertir, dit-on, à la gestion la plus timorée qui soit.

Entre les socialistes « historiques » et les anciens militants autogestionnaires, jamais le courant ne pourra passer. Mitterrand n'apprécie guère ces chrétiens de gauche, croisement étrange de doctrinaires de l'utopie et de technocrates carriéristes. Il se méfie de leur affectivité, de leurs réactions tantôt gauchisantes, tantôt droitières. Selon ses propres termes, il ignore toujours, à cette époque, quand Rocard ouvre la bouche, s'il proposera une subtile réforme de structure ou le stockage des mitraillettes en prévision du grand soir [3].

Aux élections municipales de 1977, la gauche est victorieuse. Elle l'emporte dans les deux tiers des villes de plus de 30 000 habitants. Le P.S., à lui seul, a gagné 42 villes et remporté 14 des 17 duels engagés avec le P.C. Les communistes avaient 45 municipalités de plus de 30 000 habitants en 1971 ; ils en ont 72 en 1977. Les socialistes en avaient 41 ; ils en obtiennent 81. Les gaullistes en avaient 30 en 1971 ; ils n'en ont plus que 15, et les centristes passent de 62 à 37... Jamais plus, ni en 1983 ni en 1989, ils ne retrouveront un tel poids local.

Pour porter l'euphorie à son comble, les sondages annoncent que la gauche pourrait l'emporter aux législatives de 1978 — ce qui ne sera pas le cas. Les militants de l'urbain sont saisis par le virus politique et aspirés par l'appareil. Dans les quartiers, aucune génération nouvelle ne vient les relayer. Peu à peu, les nouveaux notables apprennent ce qu'est la politique institutionnelle, avec ses grandes manœuvres stratégiques et ses petites batailles d'appareil. Dans le combat qui se livrera en 1981 pour la présidence de la République, le rôle historique du militantisme souterrain des années soixante-dix a été déterminant. Les anciens leaders de quartier en ont-ils tiré tout le profit espéré ? Dubedout, leur héraut mythique, ne sera pas ministre en 1981. On le cantonne dans le territoire exigu du « développement social ». Pourtant, longtemps après s'être installé au pouvoir, le parti socialiste fera encore du local un axe fort de sa propagande [4]. Sans abuser grand monde. Depuis belle lurette, on n'entend plus ses militants dans les quartiers.

Dès ce moment, le libéralisme a virtuellement gagné. Le champ politique se clive et se fragmente. D'un côté, on trouve les frères ennemis : les nostalgiques d'un « bon » État interventionniste, partagé entre les anciens gaullistes et les communistes. Leurs idées sont toujours présentes, mais leur base sociale, tout comme leur argumentaire, s'épuise chaque jour davantage. De l'autre côté, contre l'impérialisme étatique, d'autres forces sociales : les libéraux sociaux et la gauche libérale, dans des espaces à la fois conflictuels et complices. Dans les affrontements de la fin des années soixante-dix, ce sont eux qu'on voit sur le devant de la scène.

LIVRE IV

LES PREMIERS CRAQUEMENTS

Septième partie

UNE POLITIQUE DE LA VILLE EN GERME

CHAPITRE 34

Vers le triomphe du marché

Le retour discret du libéralisme

Dès la fin des années cinquante, une fois passé le plus gros de la bourrasque liée à la crise du logement, l'ancienne règle de non-intervention tend à reprendre ses droits. Par la force des choses, pendant quelque temps, le logement avait été plus ou moins considéré comme un bien collectif, relevant de la responsabilité publique. L'État se donnait des objectifs en termes de constructions à réaliser et employait à cette fin des opérateurs publics. Les grands ensembles ne sont pas les seuls à être issus de cette logique : 80 % des logements mis en chantier entre 1950 et 1963 bénéficient d'une aide étatique [1].

Au début des années soixante, il est temps, pense-t-on, de lâcher du lest et de ménager un espace au marché. La démarche est celle des petits pas. L'argent accordé aux constructeurs ne passe plus par les circuits publics, mais par la Caisse des dépôts et consignations. Cette mutation rend les nouveaux modes de financement moins favorables aux H.L.M., et les taux d'intérêt moins avantageux. En 1963, les Logécos sont supprimés et les prêts spéciaux limités. On réserve l'argent public aux priorités sociales. L'État crée les Programmes à loyer réduit en même temps que les immeubles à loyer moyen, en plus des H.L.M. ordinaires et des immeubles à loyer normalisé. Dans une optique libérale qui ne cessera de s'amplifier, les pouvoirs publics ne construisent plus pour les Français moyens, mais pour les plus pauvres. Un autre argument renforce cette stratégie : la priorité donnée aux équipements collectifs, qui drainent tous les crédits.

De plus, la propriété privée gagne sans cesse du terrain. On recensait 42 000 logements dits « non aidés » en 1964, soit 11,4 % de la construction ; on en dénombre 195 000 en 1976 — le double de ce que produit le secteur H.L.M. ! —, soit 43,5 % de l'ensemble de la construction. Qu'ils rêvent d'un appartement ou d'une maison, les Français achètent. Ils y sont aussi incités par des conditions avantageuses. La loi du 10 juillet 1965 définit l'épargne-logement. Cette dernière est reprise et amplifiée en 1969, par la loi du 24 décembre créant une nouvelle formule appelée à un beau succès : les plans d'épargne-logement. À l'ombre des grands ensembles, la France n'a d'ailleurs jamais cessé de multiplier les demeures particulières. Il s'en est construit 2,5 millions entre 1948 et 1968. Le marché s'épanouit et 1967 voit même la restauration d'un marché hypothécaire.

Avec l'arrivée d'Albin Chalandon, en 1968, un pas de plus est franchi. L'État ne tente plus simplement de rééquilibrer le public et le privé. Il entend donner la prééminence au second sur le premier. On entreprend de substituer l'épargne privée et le crédit bancaire à l'aide publique. Encore faut-il mettre en examen l'intervention passée de l'État. En 1970, le ministre commande à un inspecteur des Finances, Pierre Consigny, de dresser le bilan des aides au logement [2]. Dans les années quarante et cinquante, dit Consigny, il fallait relancer le bâtiment, compenser la faiblesse des revenus, substituer des fonds publics à une épargne privée inexistante. Désormais, la pénurie de logements est terminée, les revenus se sont accrus et l'épargne des ménages s'est reconstituée. Il est temps de changer les règles du jeu.

À l'égard du système d'aide au logement mis en place, Consigny est sévère. C'est pour lui un nid d'effets pervers : « un régime de transferts sociaux considérable, mais dont la justice est mal assurée ». L'État a multiplié les catégories et les modes de financement, et de ce fait, ses objectifs sont devenus illisibles. Chaque année, les bénéficiaires augmentent, sans que les situations de grande pauvreté soient traitées. Les personnes âgées et handicapées sont les oubliées du système. Il s'ensuit aussi des seuils et des « trous ». Certains résidents bénéficient de rentes de situation, tandis que d'autres sont bloqués dans leurs trajectoires résidentielles. Entrer en H.L.M. est difficile pour quiconque a des revenus aléatoires. Mais il lui est tout aussi compliqué d'en sortir quand sa situation s'améliore : on lui demande de sauter, sans palier, à des hauteurs inaccessibles. De même, les aides fiscales à la propriété profitent aux plus aisés, du fait de la progressivité des impôts. L'allocation-logement elle-même, née de la loi de 48, ne corrige pas les défauts des aides à la construction et privilégie les familles nombreuses au détriment des personnes isolées et des ménages réduits. De plus, l'intervention de l'État est supérieure à ce qui est de coutume dans les autres pays européens, pour une efficacité sociale qui ne semble pas supérieure... Bref, un système que tout le monde s'accorde à trouver aussi onéreux qu'inéquitable [3].

Consigny suggère de transformer l'aide à la pierre et de réserver l'aide publique à la construction de logements pour les plus défavorisés, tout en incitant les populations qui le peuvent à quitter le secteur aidé. Une allocation pourrait être versée pendant cinq ans aux locataires voulant sortir des H.L.M. pour « faciliter leur aspiration vers la construction ». Il faut aussi limiter les aides et les finaliser. Elles doivent disparaître lorsque le taux d'effort des ménages est suffisant. La croissance du pouvoir d'achat des ménages aide d'ailleurs à ce désengagement étatique. Ce qui renforcera la vocation sociale du parc H.L.M., sans augmenter les plafonds de ressources.

Ces propositions n'ont guère de suite. Dans le cadre de son projet de « nouvelle société », Jacques Chaban-Delmas se casse les dents sur le logement. La réforme qu'il propose se serait soldée par un nouvel effort financier de l'État en faveur des personnes âgées, des jeunes ménages et des jeunes travailleurs. Progressivement, pourtant, la participation de l'État se réduit. On allège l'effort du patronat. La loi du 16 juillet 1971 abaisse de 1 % à 0,9 % sa contribution aux C.I.L. et oblige les salariés à cotiser à parité avec les employeurs. Une des mesures aux effets les plus immédiats est, en 1972, une réforme du système des primes et prêts qui fera chuter le nombre de logements construits de 214 280 en 1972 à 110 690 en 1977.

Le secteur libre prend-il la relève, comme on l'espérait ? Handicapé dès 1974 par une forte élévation du crédit, son essor ralentit en même temps que l'aide de l'État s'amenuise. Le coût des opérations augmente sans cesse, corrélat d'une amélioration de la qualité et d'une élévation des coûts. Le temps des cadeaux étatiques prend fin, pour les particuliers qui veulent acheter ou faire construire. Certes, les outils demeurent, comme les plans d'épargne-logement. Il est facile de devenir propriétaire, mais les apports requis sont plus élevés. Pour acheter, il faut accepter de plus en plus clairement le jeu du marché. Les locataires doivent aussi se faire une raison : le mouvement de libération des loyers se poursuit. Tout le monde paiera, même les collectivités locales. Si bien qu'en 1974 le chef du service urbanisme au ministère de l'Équipement, A. Givaudan, peut déclarer à bon droit : « Les collectivités locales paient maintenant presque autant que l'État [4]. »

Toutefois, pour les promoteurs, la ville reste une affaire rentable. Tout au plus, l'État tente-t-il de briser la spéculation en imposant les opérations les plus lucratives. La loi du 31 décembre 1975 limite la rente foncière, en taxant celles qui crèvent le plafond légal de densité (P.L.D.) — taxe qui devrait alimenter les zones d'intervention foncière des communes (Z.F.). Les promoteurs trouvent immédiatement des parades. Jamais ce système redistributif ne fonctionnera réellement et jamais les communes n'en tireront de bénéfice substantiel [5].

Les aides individuelles et monétaires

Au milieu des années soixante-dix, l'audace intellectuelle est du côté des libéraux. De « nouveaux économistes » comme Rosa ou Aftalion amorcent une critique au vitriol des pratiques étatiques, inspirée de Friedrich von Hayek et de Milton Friedman. Revenant aux fondements théoriques de l'économie de marché, tous condamnent les redistributions publiques, obstacle à l'esprit d'entreprise et prime à l'inefficacité. Des journalistes comme Henri Lepage vulgarisent ce credo [6].

Selon eux, la montée du coût des équipements et des services repose sur un triple mécanisme. L'essor autonome et incontrôlable des demandes, tout d'abord, les rend de plus en plus coûteux. Ensuite, le P.I.B. non marchand comptabilisant les services collectifs augmente plus vite que le P.I.B. marchand. Forts consommateurs de travail, les services publics ont des salaires et des charges qui s'envolent, alors que leur productivité stagne. Un dernier phénomène leur porte le coup de grâce : leur financement dispersé. On leur attribue des subventions d'équipement, de fonctionnement, et tout un ensemble complexe d'apports publics. L'argent passe par les différentes administrations d'État, les collectivités locales comme les départements et les communes, les caisses d'allocations familiales, de retraite ou d'assurance maladie. Les mécanismes s'opacifient, les finalités se détournent et les circuits financiers trahissent les intentions publiques. La machine est ingérable.

Des économistes comme Raymond Barre s'inquiètent bientôt de ce que les prélèvements obligatoires soient passés, pendant la période la plus sociale du giscardisme, de 35,7 à 42,5 % du P.I.B. Impossible que l'État assure à tout un chacun un logement, une formation, des loisirs, une retraite ! La liberté individuelle n'est pas liée au développement ininterrompu des services publics, mais à l'existence d'un marché. Une petite phrase du VIIIe Plan résume cette philosophie : « La poursuite de la progression des dépenses publiques, et plus particulièrement des dépenses sociales, à un rythme nettement supérieur à celui du P.I.B. ne peut être envisagée sans de très graves inconvénients. » Ce qui est l'écho d'une fameuse déclaration présidentielle : « Une limite doit être tracée au-delà de laquelle la société changerait de nature... »

En conséquence, on cloue au pilori une France « assistée », en s'apitoyant sur les pauvres « piégés » par une manne étatique qui les enferme dans une prison bureaucratique. Non seulement les grandes fonctions collectives ne servent pas la démocratie ; non seulement elles ligotent l'individu ; elles épuisent aussi l'économie et ruinent le pays. On s'imaginait naïvement que tout le monde gagnait à voir se développer les équipements publics. Douce illusion. Le social fait chavirer la barque, et tous se noient. Comme le dit alors Bloch-Morhange : « La société d'assistance ne peut fabriquer que des générations de tire-au-flanc soignés par des médecins de plus en plus mauvais, les uns et les autres recherchant au maximum les loisirs et les meilleures opportunités de retraite anticipée [7]. » L'action faussement bienveillante de l'État est un obstacle au développement.

Pour parer à cette dérive, le VIIe Plan (1975-1980) engage une mutation fondamentale : une solvabilisation de la demande doit supplanter la socialisation de l'offre. La monétarisation des aides sera le point fort de la « seconde politique giscardienne », libérale et austère. La priorité est donnée à une allocation individuelle, aussitôt réinjectée dans le marché. La recette est appliquée à toutes les populations et à tous les services : aux personnes âgées, par la revalorisation des allocations-vieillesse ; aux personnes handicapées, par l'allocation pour adultes handicapés (A.A.H.) et les allocations de tierce personne ; aux personnes isolées avec enfant, par l'allocation pour parent isolé (A.P.I.). Les prestations sociales supplantent peu à peu les services publics gratuits. Ce choix capital condamne dorénavant ces derniers à un lent reflux.

La loi du 3 janvier 1977

Cinq ans après l'essai du rapport Consigny, qui n'a pas été transformé, le président Giscard d'Estaing nomme une commission pour se pencher à nouveau sur les aides publiques au logement. Giscard en confie la présidence à l'économiste qu'il estime entre tous, Raymond Barre. La conclusion du rapport Barre est claire : il faut accentuer le recours au marché — « que les Français acceptent désormais de payer le vrai prix de l'habitat » — et faire basculer, à terme, l'ensemble de la construction vers le secteur privé. Contrairement à Consigny, Barre ne pense pas que l'aide à la pierre soit réformable. Dans l'immédiat, l'État doit centrer ses apports sur une aide unique, remplaçant à la fois les anciennes aides à la pierre et l'ancienne allocation-logement. C'est l'aide personnalisée au logement (A.P.L.), dégressive suivant le revenu, et qui, selon Barre, « marie l'effort de solidarité sociale et le respect de la liberté des individus ». La doctrine est simple : « Les concours de la communauté sont exclusivement accordés aux individus pour leur permettre de couvrir dans certaines limites la différence entre les dépenses d'habitat qu'ils paient et la charge qu'ils peuvent supporter, compte tenu de leur situation de famille et de revenu [8]. »

Lionel Stoléru, référence intellectuelle de l'époque, explique qu'au milieu des années soixante-dix la France a connu une « double révolution sociale ». D'abord, la facture pétrolière de 1974 a contraint l'État à resserrer ses dépenses et à mieux les cibler. Ensuite, la crise multiplie les demandes. Stoléru s'interroge : « Quel est le système social le plus sélectif et le plus solidaire ? » Pour gagner en efficacité, il faut « supprimer le saupoudrage social » et « se concentrer sur des priorités ». Et donner tout bonnement de l'argent à ceux qui n'en ont pas : « Nous sommes en train, tout doucement, de nous acheminer vers un système d'impôt négatif [9]. » À la différence de l'aide à la pierre, une aide directe au paiement du loyer est finalisée avec soin. Mesure équitable, elle accorde « une aide très forte aux bas revenus » et diminue au fur et à mesure que le train de vie augmente. C'est là, pour Stoléru, « un système d'impôt négatif ».

Toutefois, alors que la crise s'installe, il serait imprudent de supprimer l'aide à la pierre de façon brutale : le nombre des mises en chantier régresse. De plus, une augmentation brutale des loyers ouvrirait sur une hausse des prix difficile à contrôler, l'A.P.L. entraînant un dérapage budgétaire. La loi du 3 janvier 1977, à côté du secteur libre, maintient donc trois types de financement :

— Le logement social locatif reçoit toujours l'aide à la pierre, contre une revalorisation de ses loyers. Mais les organismes privés bénéficient dorénavant des mêmes aides que les constructeurs publics et peuvent aussi viser la clientèle « sociale » grâce aux prêts locatifs aidés (P.L.A.).

L'aide à la pierre régresse et, en 1981, ne concerne plus qu'un logement sur deux.

— L'accession à la propriété est doublement aidée, par l'aide à la pierre et par l'A.P.L.

— L'accession à la propriété, non aidée, est toutefois encouragée par l'État grâce aux prêts d'accession à la propriété (P.A.P.) qu'accordent le Crédit foncier, le Crédit agricole ou les caisses d'épargne dès qu'une convention passée avec l'organisme propriétaire plafonne les prix de vente.

De fait, ce sont deux systèmes d'aide qu'instaure la réforme de 1977. D'un côté, l'aide individuelle au paiement d'un loyer. De l'autre, une aide fiscale accordée par les plans d'épargne. Cette dernière mesure est néanmoins très sélective. Il faut consacrer à son logement une somme suffisante, même avec des revenus modestes. Le taux d'effort demandé aux ménages est le tiers de leurs ressources. Les investissements ne seront plus financés par l'inflation et par l'argent public, mais par une épargne plus abondante et plus longue. Mesure franchement inégalitaire : profitant essentiellement aux privilégiés, elle offre de surcroît des avantages qui croissent avec les revenus. On solvabilise certes les plus démunis, mais on enrichit les plus aisés.

L'A.P.L. coûte cher. Rapidement, elle s'« envole », dit-on. Loin d'alléger les charges de l'État, elle les alourdit. La commission du bilan, en 1981, présidée par François Bloch-Lainé, par ailleurs sévère pour la loi du 3 janvier 1977, souligne qu'« au désengagement financier dans le secteur du logement correspond paradoxalement un engagement accru ». L'État continue certes à payer, mais ne finance plus les logements. La logique n'est plus la même, et les bénéficiaires sont différents. Le financement du logement en sort définitivement bouleversé.

La gauche sur la défensive

La gauche, quant à elle, dénonce bien entendu le « désengagement de l'État » dans le domaine urbain. Les pouvoirs publics câlinent les petits épargnants et les promoteurs. L'économiste Xavier Greffe s'indigne qu'on veuille créer, avec l'impôt négatif, des « mendiants salariés [10] » ! Jean-Michel Belorgey, caché sous le pseudonyme de Michel Vingré, pense que le social est maintenant « fini » : « Jamais les conquêtes sociales inscrites dans la législation du travail, dans celle de la Sécurité sociale, dans celle du logement social n'ont, depuis un quart de siècle, été aussi menacées [11]... » Dix ans plus tard, c'est la gauche qui instaurera le revenu minimum, dont Stoléru se faisait l'avocat dès 1974, sans faire mention toutefois de l'« insertion » préconisée par la loi de 1988 [12].

L'argumentation de la gauche est d'autant plus difficile à tenir que, pendant toute cette période, le désengagement de l'État reste très relatif. À la suite du rapport Nora-Éveno sur l'amélioration de l'habitat ancien comparant les avantages et les coûts de la réhabilitation et du neuf, de nouveaux instruments financiers aident les propriétaires à rénover leurs immeubles. L'Agence nationale pour l'amélioration de l'habitat (A.N.A.H.) succède au F.N.A.H. [13]. L'arrêté du 24 août 1976 crée également le Fonds d'aménagement urbain (F.A.U.). On remet en état les logements anciens, on aménage des immeubles aux fins d'animation urbaine, des espaces publics, des parkings urbains...

Tout comme l'image du logement collectif, tout comme l'« ardente obligation » du Plan, la réputation des équipements collectifs s'est fanée. Au sein de la gauche elle-même, des courants issus de mai 68 mettent les équipements en procès. On s'imaginait qu'ils délivraient le meilleur service possible, avec toutes les garanties de qualité et d'équité. Or, loin de réduire les inégalités, tous, de l'école à la santé, profitent davantage aux classes moyennes qu'aux ouvriers. L'inégalité des consommations marchandes est *aussi* celle des consommations collectives. Pour la gauche la plus radicale, l'intervention centrale construit même un « appareillage disciplinaire » renforçant le « contrôle » étatique sur les populations. De plus, la prolifération des institutions et des professionnels est quasi cancéreuse. Certains, par un coup de force, se baptisent « experts » et régentent la vie d'autrui. Les machineries étatiques dépossèdent tout un chacun de sa propre vie et remplacent le lien social par de fragiles prothèses.

Pourquoi défendre les services collectifs ? Au nom de l'avenir et « des potentialités qu'ils recèlent ». Fournier et Questiaux prévoient qu'« une avancée du service collectif est dans la logique de notre évolution sociale ». Si la demande est socialisée, l'offre doit l'être. On résorbera seulement des décalages scandaleux. Une demande socialisée ne doit pas financer les laboratoires et engraisser les pharmaciens. Le logement social ne doit pas enrichir les promoteurs. De plus, comme une socialisation de l'offre suit celle de la demande, les services collectifs supplanteront les activités marchandes. Une intervention collective s'imposera dans les secteurs des nouveaux besoins : l'urbanisme, l'habitat, les transports. Et dans d'autres encore, « conviviaux » et en pleine expansion, autour des communications, de la culture, des loisirs. À l'inverse, il faut redonner certains domaines au marché. Par exemple, donner un emploi aux groupes précarisés en rendant inutiles certaines formes d'action sociale : « La soupe populaire n'est pas le parangon du service collectif. »

Seules les fractions étatistes et républicaines de la gauche défendent encore un État pourvoyeur de richesses, arbitre des conflits et protecteur des faibles. Ainsi, Fournier et Questiaux concèdent que les services publics collectifs restent inégalitaires, en dépit du principe d'égalité d'accès, « les classes privilégiés, de par les moyens d'information et de pression dont elles disposent, sont en mesure d'en bénéficier plus que les autres ». Mais on ne saurait leur faire porter tous les péchés de la hiérarchisation sociale : « L'existence des services collectifs, même s'ils fonctionnent inégalitairement, contribue à réduire l'inégalité sociale [14]. »

La question des usagers est plus délicate. La réputation défaillante des services publics étonne. Portés « par la morale chrétienne et la vertu républicaine », « organisés dans l'intérêt général, ne devraient-ils pas non seulement être à l'abri des critiques, mais même susciter l'adhésion, l'enthousiasme » ? Pourquoi traitent-ils mieux l'usager que les services marchands ? Parce que leur réglementation n'est pas seulement négative, pour protéger le consommateur, comme dans le cas des prestations marchandes. Les prescriptions de l'État définissent « de manière positive les prestations à fournir pour satisfaire les besoins ». Ces fameux « besoins », qui échappent à l'emprise du profit. Et pourquoi l'usager dispose-t-il de plus de poids ? Parce que « l'orientation à donner aux services est un objet de politiques gouvernementales », ce à quoi la production marchande échappe. « On peut penser que l'usager des services collectifs est un peu mieux traité et qu'il a un peu plus de poids que le consommateur des biens et services vendus sur le marché. » Toutefois, « ces avantages sont assez ténus », concèdent Fournier et Questiaux. Le marché a virtuellement triomphé.

CHAPITRE 35

L'annonce des tempêtes

La D.A.T.A.R. et le « scénario de l'inacceptable »

En 1971, un doute saisit les gestionnaires du progrès. Et si la société salariale était plus fragile qu'il n'y paraissait ? La D.A.T.A.R. scrute l'avenir et publie ses *Images de la France de l'an 2000*[1]. Spectacle édifiant. Le communisme n'effraye plus que ceux qui cherchent le frisson ou qui manipulent des peurs anciennes. Les futurologues de la D.A.T.A.R. écartent donc toute éventualité de bouleversement social et de changement totalitaire. Ils n'en sonnent pas moins le tocsin. Admettons que le libéralisme l'emporte et que le commerce international se mondialise, sans garde-fou national... Admettons que la production industrielle continue à se concentrer et soit bientôt dominée par « une centaine de super-groupes »... Si ces « orientations fondamentales du système économique » ne sont pas infléchies, les ségrégations sociales s'amplifieront inévitablement.

Dès lors, que se passe-t-il à l'aube de l'an 2000 ? Tout va pour le mieux dans les beaux quartiers. Les « centres ville rassemblent des populations de revenus élevés ». Mais tout va de mal en pis dans les banlieues. Elles sont peuplées de « migrants peu intégrés » et d'« exécutants à faibles revenus ». Comble de malheur, elles restent tristement inachevées et souffrent de « l'insuffisance d'équipements collectifs, de logements convenables, de transports urbains ».

Le résultat ? Une inévitable et terrifiante cassure culturelle. Les « populations à revenus élevés », frileusement regroupées dans de confortables espaces résidentiels, adoptent toutes, en dépit de leurs disparités, des « modes de vie similaires ». « Cette société se ferme sur elle-même et ne sort pas ou peu d'un cadre de vie relativement agréable », affirme la D.A.T.A.R. dans son style truffé d'inimitables litotes. Puisque les populations à faibles revenus n'ont pas les moyens de sortir d'un cadre de vie relativement désagréable, ne doit-on pas redouter que ces dernières ne « cèdent facilement à la révolte contre les possédants du centre ville » ? Comme « le conflit entre rationalité économique et droit à la ville n'a pas été résolu », il s'ensuit immanquablement des « conflits violents »... Ce que la D.A.T.A.R. repousse avec horreur et dégoût. C'est pour elle le « scénario de l'inacceptable »...

Les fantômes de mai 68 rôdent encore au détour de cette anticipation à la Wells ou à la Huxley. N'importe. Il est étonnant que les médias et les hommes d'État réunis aient fait semblant de découvrir, au fil des années quatre-vingt, régulièrement stupéfaits, que d'horribles menaces de « dualisation sociale » planaient sur nos villes. La marche vers le gouffre n'avait rien d'imprévisible. Elle était déjà connue et anticipée au début des années soixante-dix. Les analystes de la D.A.T.A.R. n'étaient pas des prophètes. Ils savaient simplement lire une évidence : lorsque les régulations politiques s'affaiblissent, le marché risque d'induire la sauvagerie.

La grande inquiétude des H.L.M.

Les H.L.M., elles aussi, s'inquiètent. Dans les années cinquante, elles étaient le remède assuré contre la détresse et l'angoisse. On les avait organisées comme des sous-espaces stratifiés, différenciés et hiérarchisés, classant les résidents selon leur place dans la société, tantôt les séparant, tantôt les mêlant. Chacun était à sa place : on isolait même des « îlots de pauvreté » pour éduquer et promouvoir une minorité d'« exclus » de la croissance. La « vie H.L.M. », c'était l'avenir garanti et la stabilité sociale [2].

Vingt ans après, les frontières se brouillent. Les pauvres ne se rencontrent plus seulement dans des espaces réduits et des périmètres délimités. Leurs territoires — les cités de transit ou les P.S.R., ce « degré zéro du logement social », selon l'expression de Jean-Paul Tricart, ou cet « habitat de relégation », selon celle de Michel Pialoux et de Bruno Théret — s'étendent et les « exclus de la logique résidentielle » se mettent à croître. On fait état de ménages « que leurs revenus et/ou leur nombre d'enfants et leurs perspectives de promotion tiennent à l'écart de toute possibilité d'amélioration de leurs conditions de logement ». Mais il est plus grave encore. L'ensemble des résidents « se fragilise ». Les premières victimes de la crise grignotent et « contaminent », dit-on, les espaces autrefois « sains [3] ». Elles se rencontrent partout, saupoudrées dans tout le patrimoine, de façon inégale et diffuse. L'emblème de la promotion sociale, le symbole de l'« anti-pauvreté [4] » est en passe de naufrager.

En 1978, une étude de la Fondation pour la recherche sociale (F.O.R.S.) radiographie ces espaces dits « dégradés [5] ». On y voit déjà se cumuler les problèmes sociaux, de scolarité, de délinquance, de chômage. On constate aussi une forte présence immigrée, entre 30 et 40 % de la population parfois. L'emploi se fait rare et la population reste captive de territoires dont la réputation devient désastreuse. Les mécanismes producteurs de pauvreté se conjuguent à ceux qui déprécient l'habitat — une desserte déplorable, une localisation excentrée, des équipements réduits...

Que s'est-il donc passé ? Une première raison tient à l'augmentation du prix des terrains à bâtir, qui, par effet d'entraînement, pousse les plus pauvres vers les emplacements les plus misérables. « L'absence de législation de nature à freiner la spéculation foncière constitue l'une des causes du désordre engendré sur les plans économiques, urbanistiques et sociologiques dans le domaine de la construction », déclare alors Roger Quilliot, maire de Clermont-Ferrand, président de l'Union des H.L.M., et futur ministre socialiste du Logement. « Cette spéculation foncière a chassé l'habitant de sa ville et, par voie de conséquence, provoqué la création de véritables zones de ségrégation sociale [6]. » On a vu dans ce phénomène le « mal du siècle » : entre 1950 et 1960, le prix des terrains a été multiplié par dix, et son augmentation plus rapide que celle de tout autre bien. D'aucuns, d'Alfred Sauvy à Guy Houist, avaient prôné des réformes radicales, comme de créer un organisme public acquérant tous les terrains dans un périmètre donné ou de municipaliser les sols. Sans succès [7]. Nul ne veut ni ne peut enrayer ce mécanisme inflationniste.

De fait, les classes moyennes, dès qu'elles le peuvent, désertent le logement social, pour rejoindre le centre des villes ou se réfugier dans le vert paradis de la grande banlieue. Alors que se rénove le centre des villes, les H.L.M. accueillent les populations qui en sont chassées. Dans certains grands ensembles, c'est un véritable afflux de familles paupérisées. À ces apports externes s'ajoutent de lentes mutations internes. Certes, les employés de bureau et les ouvriers qualifiés dominent toujours au sein du parc. Mais la proportion des O.S. et des manœuvres croît sans cesse [8]. Comme le marché du travail se rétrécit, les chômeurs augmentent — 450 000 en 1974, chiffre jugé alors « insupportable » — et les plus faibles, comme les jeunes et les femmes, voient leur emploi se déliter. Ceux qu'on appelle les « précaires » se multiplient ; ils ne sont pas encore dans le dénuement, mais un rien peut les faire basculer, un accident du travail, la maladie de la mère, le chômage du père [9]... La société salariale se cancérise et, par ricochet, les grands ensembles s'appauvrissent.

Après 1977, l'effondrement de l'aide à la pierre pour les constructions neuves se répercute sur les coûts de gestion des offices. Les loyers augmentent, tout comme les charges locatives. C'est le Waterloo des petits budgets. L'Union des H.L.M. tire le signal d'alarme. Le nombre des mauvais payeurs s'accroît et menace l'équilibre financier de certains offices. De 1973 à 1978, sur l'ensemble du territoire, les impayés augmentent de plus de 37 % en francs constants [10].

Pour couronner le tout, après vingt ans à peine, le bâti n'en peut plus. On parle avec de plus en plus d'insistance d'un vieillissement trop rapide, de nombreuses malfaçons, de la mauvaise qualité des matériaux... Çà et là, le béton se fissure, les ascenseurs rendent l'âme, les escaliers s'affaissent, les balcons donnent des signes de faiblesse et l'eau s'infiltre dans les étages. Sans parler des pelouses galeuses, des arbres squelettiques et des abords crasseux.

La F.O.R.S. résume le malaise du logement social et la dégradation du bâti en un mot qui fera fortune : l'« obsolescence ». Cette obsolescence est essentiellement technique. L'habitat vieillit mal, parce qu'il a été mal construit. Selon une logique assez paresseuse, mais qui continuera à se déployer tout au début des années quatre-vingt, le grand coupable, c'est le bâti. La causalité urbanistique et architecturale est première. Certes, la F.O.R.S. mentionne aussi l'« obsolescence sociale ». Mais, pour l'enrayer, un seul remède : toujours le bâti. Tout le monde fantasme sur un nécessaire « rééquilibrage » des populations. En luttant contre la « non-conformité du logement avec les normes contemporaines en matière de surface et de confort », tout se redressera. Du moins, on l'espère.

Les gestionnaires ne peuvent qu'être d'accord avec un tel objectif. Il leur suffit de mettre aux normes un habitat qui ne l'est pas. Dans quel espoir ? D'arrêter la fuite des résidents aisés et de faire revenir les populations qui s'échappent... Mais que faire des pauvres dans ce scénario ? Où les loger ? Le problème est trop complexe à gérer. Restons simples et pragmatiques. Les grands ensembles sont mal en point, retapons-les. Un point, c'est tout. Le social suivra. Ou ne suivra pas... Qui vivra verra.

L'étranger comme bouc émissaire

Lorsqu'il est question de « dégradation » des grands ensembles, les premiers dans le collimateur sont les étrangers. Les techniciens s'en mêlent et ouvrent de longs débats sur la notion de « seuil de tolérance ». En 1969, un rapport du Conseil économique et social le fixe « scientifiquement » à 20 % pour les Européens et à 15 % pour les « autres [11] ». Quelques années plus tard, au moment des opérations « Habitat et vie sociale », la concentration d'immigrés sera toujours présentée comme un indice significatif de « dégradation [12] ». Le spectre de l'invasion ne cessera plus de hanter les grands ensembles.

Le fait est qu'il y a de plus en plus d'étrangers dans le parc social. Leur proportion nationale est passée de 8,9 % en 1968 à 11,7 % en 1975. Pendant la même période, dans le patrimoine des H.L.M., leur pourcentage a grimpé de 4,4 % à 9,2 %. Il atteint 12,7 % en 1978. En Île-de-France, l'accroissement est plus rapide encore. En 1968, 5,5 % des actifs étrangers sont logés en H.L.M., contre 11,4 % en 1975. Où sont-ils ? En banlieue, là où les constructions neuves se sont multipliées, dans les endroits les plus mal desservis, les plus laids, les plus mal construits et pour lesquels les équipements d'accompagnement font le plus cruellement défaut. L'enquête sur le logement de 1978 montre que 48,9 % des étrangers habitent une H.L.M. construite récemment — depuis 1968 —, contre 34,9 % des Français. Ce sont souvent des ouvriers avec une famille nombreuse : 4,6 personnes en moyenne en 1975, contre 3,1 pour les ménages français, et une proportion importante de leurs enfants a moins de 18 ans [13].

L'idéologie officielle demeure la dispersion des étrangers, mais les pratiques sont autres. L'orientation des migrants vers certains grands ensembles, ou vers certains bâtiments, se fait de façon « naturelle » : par les choix explicites, ou non, des commissions locales d'attribution, par les circuits de complaisance et surtout par le jeu presque aveugle des mutations au sein du parc, alors fréquentes. Comme le montre Michel Pinçon sur l'Île-de-France, c'est dans le parc social que les travailleurs étrangers ont de plus en plus de chances d'atterrir...

Catégories socioprofessionnelles	Français		Étrangers	
	1968	1975	1968	1975
Cadres supérieurs	8,7	7,1	2,4	4,6
Cadres moyens	14,3	15,1	7,7	11,6
Employés	18,2	20,4	14,8	14,4
Contremaîtres	19,2	3,5	5,7	15,1
Ouvriers qualifiés	18,1	"	"	"
Ouvriers spécialisés	16,8	26,6	"	14,4
Manœuvres	12,9	"	"	"
Toutes C.S.P.	15,3	17,7	5,5	12,7

Ce tableau se lit de la manière suivante : en 1968, un actif français, un cadre supérieur, avait, en région parisienne, une probabilité de 8,7 % d'être logé en H.L.M. En 1975, elle descend à 7,1 %.
Source : Michel Pinçon, *Les Conditions de logement des étrangers en Île-de-France, le rôle des H.L.M.*, C.S.U., 1981.

Une autre illusion s'érode : celle de pouvoir aisément les intégrer. Ils commencent à gêner. Dès 1973, les agressions contre les travailleurs immigrés se multiplient. La question prend même une coloration politique qui augure des lendemains qui ne chantent pas. Cette année-là, une organisation d'extrême droite, Ordre nouveau, appelle à un grand meeting contre l'immigration sauvage. Les rues de la capitale sont pendant un soir le siège d'affrontements musclés avec les trotskistes de la Ligue communiste. Les deux organisations sont aussitôt interdites. L'extrême gauche brille de ses derniers feux, mais l'extrême droite n'a pas dit son dernier mot.

L'Algérie réagit alors avec vivacité. Si la France ne peut assurer la sécurité de ses ressortissants, elle les rappellera sur son territoire. Les relations entre les deux pays traversent une crise aiguë — avec des enjeux politiques autres que le sort des malheureux immigrés. En un moment où se réunit la conférence des pays non alignés, l'affaire prend une dimension internationale. De tels éclats inquiètent le patronat et les hommes politiques français. À la demande du Premier ministre, Pierre Messmer, quatre hauts fonctionnaires, tous engagés dans des associations d'alphabétisation, de formation ou de relogement des migrants lui remettent un mémorandum. L'un d'entre eux, André Postel-Vinay — un inspecteur des Finances vivement intéressé par le tiers monde —, se voit proposer la responsabilité d'un organisme coordonnant l'action gouvernementale dans ce domaine.

Peu de temps après, Valéry Giscard d'Estaing devient président de la République et nomme Jacques Chirac Premier ministre. Le giscardisme est alors dans sa période sociale, celle du droit de vote à dix-huit ans, de l'avortement, des œufs brouillés chez l'habitant et de la réception des éboueurs à l'Élysée. En mai 1974, le président propose à André Postel-Vinay, qui l'accepte, un portefeuille de secrétaire d'État à l'Immigration.

Postel-Vinay ne voit pas l'avenir en rose. Il redoute un boom démographique du tiers monde, doublé d'une crise économique occidentale qu'il présage — déjà ! — de très longue durée. Comme les structures d'accueil sont insuffisantes, la situation des étrangers à l'égard du logement risque de s'aggraver. Le secrétaire d'État joue le réalisme : la France ne peut plus accepter de migrants. Mais elle a une dette à leur égard. En contrepartie d'une fermeture de ses frontières, elle doit réserver un traitement décent à ceux qui ont contribué à son développement et qui resteront sur son sol.

Le 3 juillet 1974, le Conseil des ministres accepte le plan Postel-Vinay et suspend l'immigration. Il décide aussi de renforcer l'action sociale en faveur des migrants, tout particulièrement pour ce qui touche au logement. Mais ce dernier point, sous réserve d'arbitrage budgétaire... Le secrétaire d'État demande en effet le démarrage immédiat d'un programme complémentaire de 15 000 logements sociaux, s'ajoutant aux 125 000 prévus, soit une augmentation annuelle de 12 %.

C'est sur ce point que tout capote. L'arbitrage budgétaire du 12 juillet se passe fort mal. Le 22, Postel-Vinay remet sa démission à Jacques Chirac : « J'avais demandé que l'État assume clairement et pleinement cet effort indispensable destiné au logement des immigrés, c'est-à-dire au logement des plus pauvres. » Le Premier ministre lui aurait rétorqué, selon Postel-Vinay, que « la question du logement n'avait aucune importance à ses yeux » et qu'« il ne donnerait pas un sou de plus pour le G.I.P. [groupe interministériel permanent], c'est-à-dire pour l'habitat insalubre ». La question est tranchée.

Mais pas ses suites... Postel-Vinay s'inquiète : nous vivons dans « une société instable et troublée » et les nuages s'amoncellent. Chirac s'en rend-il compte ? Il manifeste « une tendance vraiment étonnante à sous-estimer les problèmes humains et sociaux de notre pays », conclut le secrétaire d'État démissionnaire. La crise arrivera, posant doublement la question du logement des migrants ; d'abord dans l'habitat assistanciel, toujours insuffisant, ensuite dans l'habitat social « normal », bientôt menacé de déshérence. Comme le dit Patrick Weil, André Postel-Vinay tenait du prophète [14].

Quand les villes meurent...

Avant les années quatre-vingt, on avait l'habitude de se représenter les pauvres comme une petite tribu isolée au sein d'une mer montante de consommateurs heureux ; une minorité bien connue des élus locaux et des services sociaux, héréditairement reproduite, et de dimensions stables. Bref, tout le monde se ralliait peu ou prou à la conception historiciste et fixiste du père Wresinski. La crise arrive : la pauvreté n'est plus ce qu'elle était. Fini le temps des peuplades marginales. Chacun d'entre nous peut rejoindre leur groupe.

À cette époque, Pierre Maclouf a décrit comment se formait la nouvelle pauvreté. La petite ville de Saint-Quentin, grosse bourgade de 70 000 habitants, était autrefois riche de ses industries textiles et métallurgiques. Dès la fin des années soixante, elle entre insensiblement en récession. Ses usines ferment une à une, vaincues par la concurrence internationale. Dix ans plus tard, un dixième de la population active est au chômage. Il serait rassurant d'imaginer que seuls les chômeurs sont atteints. Erreur. La crise ne touche pas qu'une partie de la population. La ville tout entière est blessée, dans ses fonctionnements les plus profonds.

Les communistes, à la tête de la municipalité, caressent encore l'espoir de son redémarrage industriel. Hypothèse peu crédible. Les portes du progrès se sont hermétiquement refermées. Dans une bourgade dont l'avenir est en pointillés, les habitants se résignent et s'en sortent avec les moyens du bord. Les victimes de la désindustrialisation déploient plusieurs stratégies. La première, dit Pierre Maclouf, la plus évidente, est le repli sur ses proches et sur sa famille. Mais bientôt, les relations se tendent et les frictions se multiplient. Les familles, trop vivement sollicitées, deviennent elles-mêmes des lieux de conflit. La seconde stratégie consiste à comprimer ses dépenses, des plus superflues aux plus essentielles : les vacances, d'abord, puis l'habillement, le logement, voire l'alimentation. L'ultime recours, c'est l'appel aux services et aux secours publics, la sollicitation du bureau d'action sociale ou de la caisse d'allocations familiales. Mais, là encore, les limites sont évidentes. Des temps financièrement incertains font que la distribution des secours devient chaque jour plus parcimonieuse.

Peu à peu, le climat local se dégrade. L'incertitude du lendemain et l'angoisse permanente marquent le quotidien. Plus d'espoir millénariste d'une libération du peuple. Un « sentiment d'impuissance collective » s'installe à Saint-Quentin, face à ce qui constitue aux yeux des habitants l'« écroulement de leur univers ». L'environnement lui-même devient moins agréable. Le patrimoine urbain se détériore. La marginalisation, au-delà d'un certain seuil, n'affecte pas que les individus. De proche en proche, elle nécrose le tissu social tout entier. La pauvreté n'est plus un phénomène circonscrit. C'est un désastre global, qui gagne chaque jour du terrain. Une ville meurt doucement [15].

Que faire ? Attendre qu'une relance industrielle fasse miraculeusement revenir les emplois perdus et remette en marche la machine à produire du progrès social ? La classe politique s'acharne à le faire croire. D'autres ne se font guère d'illusion. Ni les services ni les nouvelles technologies ne sauraient éponger tous les chômeurs. « Il n'y aura pas de salut dans la révolution informatique. Elle n'apportera aucun miracle et alourdira, à son corps défendant, le chômage », affirme non sans raison Alain Minc, presque à la même époque [16].

Le logement, les migrants, les villes... La société se disloque graduellement. Les espérances populaires s'effritent, et le plus dur reste à venir. Mais les pouvoirs publics, les lunettes roses d'Hoffmann vissées sur le nez, prêchent l'espoir. Payons le prix de la modernisation et livrons son tribut au marché. Un petit effort collectif, et tout va bientôt s'arranger.

Il en est de la « crise » des années quatre-vingt comme du paupérisme en Occident, à la fin du XVIIe siècle. Tous les pays le constataient, aucun ne le comprenait. Pendant un temps, seules ont été avancées les causalités sectorielles. D'où vient cette étrange recrudescence des pauvres, se demandent alors les Anglais, chez qui l'industrie se développe avec le plus de force ? Karl Polanyi a recensé les causalités imaginaires rencontrées dans les brochures de l'époque : « la pénurie de grains et les salaires agricoles trop élevés », dit l'un ; « les logements incommodes », répond l'autre ; « tout est de la faute au thé, cette substance toxique, qu'il faudrait remplacer par de la bière de ménage », affirme le troisième ; c'est « l'incapacité de l'ouvrier urbain à exercer des métiers ruraux », reprend un autre, anticipant les discours sur la formation et la qualification ; tout y passe : le nombre d'enfants ; les chevaux, qu'on veut remplacer par des bœufs ; certaine race de gros moutons ; même le nombre trop élevé de chiens [17]...

Il faudra longtemps pour que tout le monde s'accorde sur une interprétation : la cause de ces malheurs est simplement liée au développement de nouveaux rapports sociaux et économiques, ainsi qu'à un antagonisme mal géré entre ceux qui travaillent dans les usines et ceux qui les emploient. Et davantage de temps encore pour que se construise, pièce à pièce, un fragile État-providence déjà en passe de se disloquer à la fin des années soixante-dix.

CHAPITRE 36

Aux racines des violences banlieusardes

Un univers sauvage ?

Depuis longtemps, les mythologies de la peur, du gigantisme, de la morbidité et de la dérive se sont installées dans le discours de presse disséquant les banlieues. La Courneuve en a fait, bien malgré elle, sa spécialité, à plusieurs occasions ; en 1964, quand le patron du bar Le Narval a été abattu par un tireur muni d'un calibre 7,65, ou encore en 1971, lorsque le tenancier du même bar rebaptisé La Baraka a tué le jeune Jean-Pierre Huet, dans un face-à-face prophétique du loubard et du beauf. À la fin des années soixante-dix, le ton monte. Fini le temps des jeunes prolétaires au sang chaud ou des paumés de la classe ouvrière. La menace est plus grave, dit-on.

Le décor banlieusard s'est abîmé. Des immeubles dégradés ; des rez-de-chaussée murés après le départ des commerçants que chassent des cambriolages à répétition ; des cafés et des commerces fermés ; des équipements publics désertés. Les escaliers, les ascenseurs et les coursives sont l'objet d'un vandalisme incompréhensible. Les journalistes s'interrogent : pourquoi ces boîtes à lettres éventrées ? Pourquoi ces ascenseurs aux colonnes rouillées par les écoulements d'urine et qui dégagent une odeur insupportable — des animaux mal élevés, des enfants trop pressés ou des saboteurs pervers... ? Pourquoi ces ordures balancées depuis les fenêtres sur les pelouses galeuses ou abandonnées dans des couloirs souillés ? Qui est l'ennemi ? Le voisin ? Le logeur ? La municipalité ? Soi-même ? Nul ne le sait.

Au sein des familles, ce n'est guère plus exaltant. Fini le temps de la gêne financière, conviviale et rieuse, des Bouts-Galeux ; terminée l'époque du prolétariat en lutte des cités rouges, combattant du Progrès ! C'est le parcage de populations hétéroclites, emprisonnées, détenues, regroupées dans des blocs de béton grisâtres et des terrains vagues crasseux. On ne s'inquiète plus de leurs aspirations aux bouleversements sociaux. Elles sont mortes. On redoute tout simplement, aux portes de la ville, que ne campent des primitifs asociaux, à l'humeur changeante et féroce. Les grands ensembles glissent vers le crapuleux et le sordide [1]. La presse accuse des « loubards » venus de la Méditerranée. Ce sont les jumeaux des voyous vicieux d'*Orange mécanique ;* ils se donnent des noms qui étonnent et font peur : les « rohrs » ou les « rats », les « brouns » ou les « beurs ». Ils rouillent au bas des tours, et, disent-ils, « s'ennuient comme des vieux ».

Dès 1977, « Mantes-la-Grisaille » est dans le collimateur. Une Z.U.P. où les saisies se succèdent, où les bagarres entre les jeunes éclatent pour un rien, où les voisins se crachent au visage pour un mot de trop, où les îlotiers qui déambulent ne lâchent pas leurs talkie-walkies. *Le Monde* dénonce et plaint tout à la fois les jeunes durs d'origine maghrébine, qui zonent et qui trafiquent, qui squattent les caves en les décorant de chutes de moquette, de sièges bancals et de vieux électrophones — « c'est confort ! » —, qui portent sur le visage les stigmates des bagarres passées, attaquent le supermarché local, mettent à sac le Club Gounod et « vouent aux Français — " Tous des pourris ! " — une haine tenace ». Ces derniers leur reprochent en effet d'être « des sales bougnoules », de ne pas être des types « classes » — « une expression qui revient souvent dans la conversation pour désigner la dignité dont ils sont privés », précise *Le Monde* [2]. Qu'y faire ? « Les moyens de colmater les brèches paraissent dérisoires. »

En février 1980, *Le Monde* décrit la Z.A.C. de la Noë, à Chanteloup-les-Vignes comme une expérience avortée : « à cause de la circulaire Guichard, 1 229 logements seront construits à l'ombre des usines Talbot de Poissy au lieu des 4 694 logements prévus ». Conclusion, c'est le désastre : « Dans un paysage fourre-tout (lignes à haute tension, entrepôts, décharges sauvages, vergers, voies de chemin de fer...), on ne sait plus si c'est la campagne qui s'étiole ou si c'est la ville qui n'en finit plus [3]. » L'adjoint aux affaires sociales tient un discours cataclysmique : « alcoolisme, suicide d'enfants, viols, prostitution, odeur de drogue au C.E.S. ». Qui accuser ? L'environnement ? Les immeubles de la Noë sont pourtant les enfants d'un architecte fameux, Émile Aillaud. Le cadre n'est pas laid. Il se contente d'être angoissant, déshumanisé et marqué par une conception minérale. L'état de la population préoccupe davantage. C'est « un camp de réfugiés ». Les ethnies s'entre-déchirent : les Maghrébins accusent les Asiatiques de leur voler leur travail chez Simca Talbot et 1 100 familles sont assistées par la D.D.A.S.S...

À Chanteloup, dès 1980, une politique de revalorisation urbaine est en place qui anticipe, à certains égards, celle qui sera officialisée et généralisée quelques années plus tard. Une équipe municipale sans étiquette, conduite par Yves Urbani, réhabilite le bâti, lutte contre la dégradation et contre le vandalisme. « Le plus gros a été fait », affirme le maire, optimiste. Il ne reste guère plus de 20 % du grand ensemble à réhabiliter. Le maire n'a aucune raison de se réjouir : l'endettement de la commune est passé de 586 000 francs en 1970 à 14 millions en 1980. La ville sera mise en tutelle, et pour longtemps. Quant aux débats sur les modalités de revalorisation urbaine, ils sont prophétiques. L'adjointe à l'urbanisme préconise une « nouvelle décoration » pour la ville : « des sculptures, des jeux, des portraits, des fresques ». Ces tentatives esthétisantes, qui seront le pain quotidien des années quatre-vingt, essuient alors de féroces critiques. « Les bourgeois aiment la composition et le pastiche, mais les immigrés se moquent d'un espace inspiré de la Piazza Navona de Rome [4]. »

De timides indices laissent aussi percevoir une obscure montée de l'extrême droite. *Le Journal du dimanche,* en 1980 [5], s'inquiète des inscriptions sur les murs de Sarcelles. Ce haut lieu des coexistences ethniques est malade. De vieilles proclamations gauchistes surnagent encore çà et là : « Baader tu seras vengé », « 2 000 P38 = la révolution », « Maman j'étouffe », « Les enfants se droguent, devinez pourquoi ? » « Le foot, opium du peuple ». Mais les bâtiments sont surtout maculés d'inscriptions racistes. Celles des bons Français : « L'Europe aux Européens », « Immigrés dehors », « La France aux Français », « La France poubelle du monde ». Ou même « Les juifs au four »... Le débat promet d'être animé.

Giscard et les banlieues

Le giscardisme, qui abordera, et souvent de manière prophétique, toutes les questions de la société post-industrielle, remet aussi les banlieues à la mode. Pendant les Trente Glorieuses, le terme même était tombé en désuétude, cantonné aux romans de René Fallet ou de Raymond Queneau, ou encore aux films de Carné. Les professionnels et les politiques l'avaient banni au profit d'une conceptualisation autrement plus ambitieuse. Les urbanistes, à l'instar de Delouvrier, « planifiaient » le développement, « aménageaient » les « villes » tout comme les « régions » et scrutaient les temps futurs de leur œil d'aigle. Au regard d'une telle entreprise, accommoder les restes banlieusards était une pratique dérisoire, et d'ailleurs presque inconnue, inimaginable pour tout aménageur digne de ce nom.

Or, le 18 décembre 1979, le vocable de « banlieue » réapparaît en politique, dans la bouche du président de la République, en plein Conseil des ministres : « Le gouvernement doit prendre en considération les problèmes généraux des banlieues dans tous les domaines de son action, avec le souci d'aboutir à une plus grande égalité devant le cadre de vie. » Valéry Giscard d'Estaing annonce la mise en place d'une politique générale. Au centre du projet, on trouve la réduction du déséquilibre habitat/emploi, le traitement de la question des temps de transport, ainsi que celle du déséquilibre fiscal croissant entre les communes riches et les communes-dortoirs. Le suivi du projet est confié à un groupe interministériel que préside Michel d'Ornano, ministre de l'Environnement et du Cadre de vie.

Par rapport aux années qui suivront, les préoccupations relèvent encore en partie des problématiques du progrès. Quand il parle de « banlieue », le président tient la balance égale entre l'ancien et le nouveau. L'ancien, ce sont les problèmes de transport des Français moyens, qui travaillent, courent les trains et les bus, s'éreintent et protestent : un film de l'époque, mettant en scène Jacques Higelin et Marthe Keller, en est le symbole : *Elle court, elle court la banlieue.* Mais à côté de ces préoccupations connues et repérées, d'autres pointent le nez. C'est ce que la presse appelle « l'émergence de poches de pauvreté ». Les préoccupations quant à la qualité du cadre de vie dominent encore, mais plus pour longtemps. L'équilibre entre l'ancien et le nouveau, entre la satisfaction des employés et la montée des précaires, ne pourra pas se maintenir : encore quelque temps, et la pauvreté occultera tout le paysage. Le terme de « banlieue », employé par l'État, aura surtout un parfum zonard.

Les premières explosions urbaines

Vénissieux, avant les explosions de l'été 1981, est déjà bien connu de la presse, qui le décrit comme un pays dévasté par la guerre. « Deux tours de la Z.U.P. abandonnées et dégradées ont été évacuées de leurs derniers survivants. » Jour et nuit, des êtres louchent rôdent dans les alentours. « La désertion des appartements entraîne la dégradation des lieux, squattés par les indésirables. » Que faire de telles cités-dortoirs ? « Quinze ans après l'inauguration d'un îlot de neuf tours de quinze étages dans l'horrible Z.U.P. des Minguettes, à Vénissieux, c'est le grand bond en arrière. De dégradations en déménagements rapides, les immeubles se vident et sont transformés en repaires à bandits. La société de gestion a décidé de fermer deux tours et de reclasser les survivants dans des bâtiments voisins qui obtiennent ainsi un sursis. » La peur est partout présente. « L'insécurité s'accroche à cette situation anarchique. Ni les biens, ni les personnes ne sont plus assurés d'un minimum de sécurité [6]. »

Il en est de même pour Vaulx-en-Velin qui défraye déjà la chronique plus de dix ans avant les événements de 1991. À la fin des années soixante-dix, les journalistes se lamentent sur la « navrante » saga du grand ensemble Olivier-de-Serres. Dans *Le Nouvel Observateur* du 14 juin 1980, Pierre Blanchet raconte « comment un quartier de Villeurbanne est devenu en quelques années le Bronx lyonnais » : « L'histoire est classique : au départ, un groupe de six énormes barres construites comme cité d'urgence pour les rapatriés d'Algérie. Mais les rapatriés d'Algérie ne restent pas. S'installent à leur place et progressivement des familles arabes. La régie se contente d'encaisser les loyers, les immeubles se dégradent, les derniers Français s'en vont, les immigrés de plus en plus pauvres restent. Le ghetto est créé [7]... » L'environnement, déprimant, confirme le terme de « ghetto », mis à toutes les sauces. « Ce que l'architecture a pu accoucher de plus laid et de plus triste a été posé là. Des cubes grotesques en piteux état, jaunâtres, qui délimitent un grand espace vide, plat comme la main, battu par une pluie fine [8]... »

La population ne sait plus où elle en est, affirme-t-on... « Ni algériens ni français, les jeunes ne se reconnaissent pas dans l'Algérie et sont rejetés par les Français. Leur royaume, c'est Olivier-de-Serres ; leur patrie, cette cuvette sans soleil, ces immeubles aux carreaux cassés ; des caves puant l'urine sont leur seul refuge [9]. » Les préadolescents inquiètent : « Les pires sont les gamins. » « Si tu habites Olivier-de-Serres, dit Ali, douze ans, tu es sûr de finir voleur. » La cité serait « un repaire de voyous dont le plus vieux n'a pas dix-sept ans ». « Des terreurs qui n'ont pas quinze ans ont attaqué vingt-cinq fois mon magasin, jettent des cailloux sur les voitures des Français, les insultent, leur crachent dessus. Imaginez : un jour, j'en ai vu un arracher une boîte de lait à une femme française ! » affirme la commerçante qui tient la boutique papeterie-journaux au sein du grand ensemble.

À Vaulx-en-Velin, les « incidents » débutent en 1979 et se poursuivent pendant toute l'année suivante : « Depuis plusieurs mois, les policiers qui tentent de pénétrer la cité Olivier-de-Serres s'y font accueillir par des jets de pierre et parfois des coups de feu. » « Ce quartier que toute l'agglomération lyonnaise a baptisé " le ghetto " a fait l'objet d'une vaste opération de police judiciaire pour retrouver le tireur qui dans la nuit du 1er au 2 mai, à l'aide d'un 22 long rifle a tiré dans la vitre arrière d'un fourgon de police. » « Une opération coup de poing a déjà été menée le 3 mars, et 13 Maghrébins ont été arrêtés. » Les Français achètent des 22 long rifle. Le 7 mai, une perquisition a lieu : deux Portugaises ont été violées par quatre Algériens.

C'est à ce moment et à cet endroit, semble-t-il, que s'inventent les « rodéos » que *Le Matin* décrit alors comme un « jeu de voitures » et qui deviendront illustres en 1981 : « Olivier-de-Serres a vu la naissance du jeu de voitures. Les règles sont simples. Des adolescents vont voler une voiture à Lyon et roulent jusqu'à la limite de la panne sèche. Puis, plutôt que de laisser des traces en l'abandonnant, ils la ramènent à la cité. Première épreuve : un petit rodéo sur l'esplanade, grands dérapages, courses et rigolade. Quand la voiture cale, deuxième étape : on démonte les pièces et on y met le feu. C'est rigolo, ça occupe, une voiture qui flambe. Quatre ou cinq carcasses jonchent l'esplanade. Troisième étape : ces petits incendies qui ont le mérite de créer la seule animation de la cité provoquent l'arrivée des policiers et des pompiers. La fin du jeu consiste à les faire accueillir par les plus petits — souvent des gosses de dix ans — à coups de cailloux et de canettes de bière. Les intrus battent alors en retraite, ils reviennent plus nombreux et casqués. Si cela ne marche pas, les gamins se chargeront de les faire revenir en bourrant dix ou vingt fois les carcasses déjà brûlées de vieux cartons pour y mettre le feu. Il y aura toujours un voisin qui téléphonera aux pompiers pour remettre le cirque en route. » Pour empêcher le développement de ce sport dangereux, on place des plots en ciment dans la cité de la Grappinière... Rien d'étonnant, dans ce contexte, que « les habitants ne songent qu'à quitter ce trou de rat », affirme *Le Matin* [10]. Le parti communiste demande que les élus rasent la cité. Il s'accroche au wagon sécuritaire et lance une campagne « sécurité et tranquillité ».

Les journalistes interrogent un jeune instituteur barbu et de gauche qui ne comprend rien à l'évolution de la cité. Il est farouchement antiraciste : des riverains — la papetière et le crémier — ont fait circuler, encore une fois, une pétition demandant qu'on lève les sanctions prises contre un C.R.S. qui avait tiré plusieurs coups de feu dans la cité. Il a refusé de la signer. Mais il est néanmoins pessimiste. Olivier-de-Serres, dit-il, est devenu le symbole de la révolte des jeunes immigrés : ils volent des voitures, des B.M.W., des Mercedes et des C.X., et se racontent des histoires : « J'ai vu beaucoup de frime sur Mesrine, sur des vélomoteurs déguisés en Harley Davidson, sur des braquages hypothétiques qui se transforment en vol à la tire minable. » Il en est atterré. La révolte gronde, mais elle n'a plus rien de constructif.

Du côté politique, les stratégies de minimisation s'inventent et se peaufinent. Charles Hernu, alors coiffé d'une simple casquette de maire de la banlieue lyonnaise, rassure la presse. Argumentation bientôt classique. À l'origine de cette dérive, dit-il, on trouve une causalité purement urbaine : la dégradation visible du grand ensemble. Une énergique réhabilitation en viendra à bout. Deux barres sur six ont déjà été détruites, et le quartier sera évacué d'ici 1982. « Le problème posé par cet héritage difficile est en passe d'être réglé. » Le volet social est aussi sur le point d'être maîtrisé : les « familles lourdes » qui gangrènent la cité sont repérées et seront traitées. « Sur 200 familles, il n'en reste plus que 96 qui posent problème. » La police, en alerte, veille sur le terrain : « Cinq îlotiers sont désormais sur place. »

Ces déclarations rassurantes ne convainquent pas les médias, qui persistent à poser aux élus des questions désagréables : « Reste à comprendre pourquoi, si cinq îlotiers intégrés suffisent selon le maire à tout régler, on persiste à y faire des démonstrations policières de force [11]... » Le feu couve. Les relations entre la police et les jeunes sont loin d'être au beau fixe... « La réputation non usurpée de la police n'a guère arrangé les choses : humiliations, tabassages, les gosses d'Olivier-de-Serres ont des romans à vous raconter là-dessus. » Avec le temps, ce seront des romans fleuves.

CHAPITRE 37

Les premiers dispositifs anti-crise

Les opérations « Habitat et vie sociale »

Pour mettre en place sa politique des banlieues, le gouvernement giscardien dispose déjà d'une certaine expérience. Tout commence au début des années 1970, alors que Robert Lion est directeur de la Construction. En 1972, Lion prend contact avec Lenoir, alors directeur de l'Action sociale, et avec Maheu, directeur de la Jeunesse. Ensemble, ils décident de lancer des séminaires baptisés « Habitat et vie sociale ». La mise en œuvre en est confiée à un organisme de formation et d'étude connu pour ses attaches avec un christianisme de gauche modéré, Culture et promotion, et à la Fondation pour la recherche sociale, la F.O.R.S. Culture et promotion jouera le rôle de creuset d'expérimentation et de boîte à idées, dans ces années-là. Un groupe d'initiative est créé, composé de Pierre Saragoussi et de Bernard Poupard. Des séminaires, incluant des études préalables, sont organisés à Arras, Saint-Étienne, Marseille et Dourdan. C'est à Marseille, semble-t-il, qu'est développée pour la première fois la notion de « réhabilitation » des grands ensembles, cette notion recouvrant à la fois les aspects techniques et sociaux : l'animation et l'ouverture d'équipements de complément.

Suite à ce premier tour de France, une association « Habitat et vie sociale » se crée, présidée par André Trintignac et gérée par la F.O.R.S. Cette structure comprend des personnalités montantes comme Jean-Louis Bianco, ou reconnues, comme André Ramoff, et des techniciens de la ville ou des finances. Études et expériences se multiplient. Parallèlement, la D.A.T.A.R., en charge des contrats villes moyennes, confie à la F.O.R.S. une étude sur Alençon, sur la Z.U.P. Perseigne. En 1973 et en 1974, on décide de trois expériences approfondies, à Lorient, Rouen et Lille.

Au sein de l'Union des H.L.M., dont Robert Lion devient le délégué général, un premier plan de réhabilitation des grands ensembles est lancé. En pleine période de crise pétrolière, l'énergie se raréfie et son coût devient exorbitant. À la liste des dysfonctionnements sociaux des grands ensembles, on se rend compte avec horreur qu'il faut en ajouter d'autres. L'isolation est abominable et le béton est plein de trous... Michel Herrou raconte que dans certains d'entre eux, lorsqu'une bille tombe dans un trou du plancher, on la retrouve trois ou quatre étages plus bas. Comment chauffer ces gruyères ? Voilà un argument de taille pour la réhabilitation.

En 1977, Habitat et vie sociale intervient sur 39 sites, soit 60 000 logements, alliant rénovation du bâti et actions interministérielles d'« animation [1] ». En 1980, 13 sites pilotes — dont Bois-Colombes, Issy-les-Moulineaux, Eaubonne, Rilleux-la-Pape... — bénéficient même d'une subvention de 2 millions de francs d'études. Un programme social est arrêté : regrouper les équipements sportifs, accroître les ressources communales, réhabiliter les immeubles dégradés, renforcer la sécurité, améliorer les transports. La même année, une trentaine de nouvelles opérations H.V.S. sont programmées, maintenant confiées aux départements et aux communes [2]. La doctrine est de promouvoir une coopération entre les administrations, autour d'une action locale cohérente, capable d'« animer » les populations. La nature même des problèmes urbains exige de relier les institutions œuvrant sur un même territoire : les services extérieurs de l'État, certes, mais aussi les personnels des offices H.L.M., des caisses d'allocations familiales, des clubs de prévention, les enseignants et les techniciens urbains...

L'entreprise représente, selon Bruno Jobert, un « mélange complexe de centralisation et de décentralisation [3] ». D'un côté, on rappelle aux municipalités qu'elles sont pleinement responsables, et on impose la participation des habitants. De l'autre, on retire la gestion des crédits aux régions, et on évince les conseils généraux et les élus : l'État ne leur fait guère confiance. En France, pays où la noblesse d'État enfantée par les grands corps renaît sous des formes toujours nouvelles, le maire est regardé d'un œil torve. Les administrations centrales se méfient alors des « petits élus », suspects d'obscurantisme et de clientélisme. S'ils sont dans de petites communes, on leur reproche leur incompétence administrative, leur démagogie, leur dépendance envers l'État. S'ils cumulent les responsabilités et les mandats, on tremble qu'ils ne reconstituent des féodalités opaques vassalisant l'administration locale. Même leur action de terrain est suspecte. S'ils tentent de contrôler l'action des associations et des professionnels du social, ou de prendre en main les opérations quotidiennes, leur activisme fait peur.

Dans ces conditions, que signifie « animer » la vie sociale ? C'est tout d'abord impliquer l'ensemble des services dans une approche décloisonnée. On parle de « globalité » et de « partenariat ». C'est ensuite renouer la vieille alliance des années de développement entre l'État et la vie associative. De nouvelles techniques de participation sont peaufinées pour la mobilisation directe des associations, des bénévoles et des professionnels du social. Ce qu'on baptisera le « développement social » se profile à l'horizon.

Stages Granet et stages Barre

À la même époque, les jeunes sans emploi, victimes de la crise, commencent à inquiéter les pouvoirs publics. Pour maintenir en place les adultes, on commence à leur fermer les portes de l'emploi. « Leur insécurité assure la sécurité des adultes », dit-on. Être chômeur à quarante ans est un drame : à vingt ans, qu'importe ? Ils ont l'espoir, et toute la vie devant eux. Qu'ils attendent dans l'antichambre ! Mais, contre vents et marées, l'analyse demeure optimiste. La machine économique va redémarrer sous peu... Le giscardisme se réclame d'une croissance douce et « équilibrée ». Pourquoi ne pas profiter d'une pause économique obligée comme d'un bienfait ? Une circulaire maintes fois citée préconise gravement d'« utiliser la période de ralentissement de l'économie pour améliorer la formation professionnelle des jeunes demandeurs d'emploi [4] ».

C'est au secrétaire d'État à la Formation professionnelle, Paul Granet, que revient l'invention des premiers « stages jeunes » de 1 200 heures, qu'on baptise de fait du nom de leur promoteur. Une opération dite « 50 000 jeunes » est même lancée en 1975, pour des 16-20 ans inscrits à l'A.N.P.E. Mettre les jeunes en stage n'est d'ailleurs pas une entreprise propre à l'Hexagone. En 1976, la C.E.E. et l'O.C.D.E. préconisent elles aussi de qualifier les jeunes par des formations en alternance. Les jeunes sont oisifs. Qu'on les mette en stage...

Mais il faut également traiter la question de leur embauche. Les formations sont complétées d'un dispositif expérimental dit « contrats emploi-formation », ouvert aux jeunes de 17 à 25 ans : une aide est accordée aux entreprises qui acceptent d'embaucher des jeunes pour une durée de six mois. L'expérience est concluante. En 1976, on la dédouble en deux opérations permanentes, les unes dites de « formation-insertion », les autres de « formation-qualification ». Au début des années quatre-vingt, 2 millions de jeunes environ auront déjà bénéficié de ce traitement éducatif du chômage. Sur un point, au moins, la réussite est certaine : les inscriptions à l'A.N.P.E. sont provisoirement bloquées [5].

Dès lors, rien de nouveau ne s'inventera sous le soleil étatique. Les mesures qui vont se succéder sous des noms divers et bizarres sont simples dans leur principe. D'un côté on multiplie les stages de préparation à la vie professionnelle ; de l'autre, on incite financièrement le patronat à l'embauche de jeunes, en jouant les exonérations de cotisations sociales et en les obligeant — dans toute la mesure du possible... — à reconduire les contrats de travail... Mais par une étrange malédiction, au-delà de cette fondamentale simplicité, la mise en œuvre de ces quelques principes est toujours invraisemblablement compliquée. De plus, les mesures adoptées semblent toujours frappées d'une instabilité quasi maladive qui décourage leurs plus ardents défenseurs [6]. Les années quatre-vingt pousseront cette logique jusqu'à l'absurde.

Avec le temps, rien ne s'arrange. En 1974, moins de 1 jeune sur 10 n'avait pas de travail trois mois après sa sortie de l'école. En 1977, c'est le cas de 1 sur 5, et à la fin de l'année 1979, 1 sur 3. L'antichambre de l'emploi est de plus en plus peuplée [7]. Bientôt, les jeunes ne seront plus les seuls à errer dans le labyrinthe. Les adultes viendront les rejoindre. La loi Legendre de juillet 1980 étend le système aux demandeurs d'emploi. Un nouveau pas est franchi [8]. Toutefois, à la différence des années qui s'annoncent, le système n'est pas encore territorialisé. On se contente d'activer des pseudopodes étatiques, lorsque la crise frappe une région.

Il est une autre filiation entre les « mesures jeunes » des années soixante-dix et celles de la décennie suivante. Lorsqu'on demande à Bertrand Schwartz de rédiger son rapport, il le fait à partir du traitement de 600 lettres et entretiens de gens de terrain, qui ont déjà mené toutes les guerres de l'emploi de jeunes. À une différence près, mais de taille. Tous proposent de « faire autrement ». Mais il n'est pas certain que Schwartz ait eu les moyens de suivre leurs indications...

Les comités Peyreffitte

Cependant, pour les pouvoirs publics, la question la plus préoccupante demeure la montée de la violence. De 1963 à 1981, selon des statistiques d'ailleurs toujours contestées, la criminalité globale aurait progressé à la vitesse de 8,3 % par an, soit un quadruplement en moins de vingt ans. Pour l'essentiel, il s'agit de vols, qualifiés ou non, et de la destruction de biens privés. Entre 1972 et 1981, les vols à la roulotte auraient quadruplé ; les agressions contre les personnes triplé, et les cambriolages doublé. La police est surmenée. Elle passe de 600 000 enquêtes à mener en 1963, à 3 millions en 1981, avec des effectifs sinon constants, du moins en parcimonieuse augmentation. Les populations s'affolent et pressent les élus d'intervenir, avec rapidité et vigueur.

Dans la répartition fonctionnelle des années soixante-dix, la prévention de la délinquance était confiée à des travailleurs sociaux, des éducateurs pour l'essentiel, regroupés dans des structures spécialisées, les clubs et équipes de prévention. Entre la prévention spécialisée et le pouvoir giscardien, c'est peu dire que le torchon brûle. Le milieu éducatif est profondément marqué par les thématiques de la gauche : on voit dans l'éducateur de prévention un être hirsute, aux cheveux longs, qui « comprend » les jeunes et prend systématiquement leur défense. La droite au pouvoir ne peut leur faire confiance. Tout doit être repensé...

Tout comme Michel d'Ornano se voit confier le dossier des banlieues, le garde des Sceaux Alain Peyrefitte reçoit celui de la délinquance. Fidèle à sa formation universitaire, le ministre réunit un Comité d'étude sur la violence, la criminalité et la délinquance, composé d'administratifs et de scientifiques [9] qui produit un travail de dimensions réellement encyclopédiques. Le ministre n'a pas de mots trop durs pour disqualifier les « utopies éducatives » chères à la gauche. Se plaçant sous les auspices d'une « science de la violence », il préconise, selon la formule de Jacques Donzelot et Thierry Oblet, « une approche behaviouriste et une éthique libérale [10] ».

Une loi est votée en juin 1980, dite « Sécurité et liberté », qui entre en vigueur en février de l'année suivante et que la gauche condamne comme « scélérate ». Un dispositif parallèle est esquissé, avec la constitution d'un Comité national de prévention de la violence et de la criminalité (C.N.P.V.C.) relayé par des comités départementaux. On les désigne bientôt comme les « comités Peyreffite ». Ils réunissent les différents partenaires de la prévention, au niveau national comme à celui des départements, et veulent passer d'une prévention spécialisée, destinée à une minorité, à une prévention globale, traitant la dérive massive de la population jeune. Une coordination s'amorce, et il devient possible de débattre d'objectifs communs. Toutefois, le succès de cette initiative est des plus limités. Le gouvernement lui-même ne semble jamais s'y être investi réellement [11].

Même si ces malheureux « comités Peyrefitte », si fragiles, sont vite laissés à leurs débats élitaires, ils n'en ont pas moins une belle postérité. La gauche, cherchant une troisième voie entre les approches compréhensives et les méthodes répressives, les rebadigeonnera en rose, les sortira de l'ombre et les fera descendre de l'empyrée des départements au terrain municipal, en les confiant aux maires. Dans le même mouvement, ils acquerront un nouveau nom : ce seront les Conseils communaux de prévention de la délinquance (C.C.P.D.).

Le mythe de 1981

Presque tous les commentateurs actuels de la politique de la ville assignent un début mythique aux grandes manœuvres urbaines : l'été chaud de 1981. Sitôt arrivée au pouvoir, la gauche aurait fait face à la révolte de ses alliés naturels : les migrants, les jeunes, les pauvres. Ainsi serait née, sous le gouvernement Mauroy, l'idée d'une politique hardie de revalorisation urbaine, de commissions en conseils, le tout culminant avec la nomination d'un véritable ministre d'État en 1991. Une saga s'invente, avec ses péripéties et ses héros [12].

La politique de la ville serait-elle sortie, telle Minerve, tout armée du crâne de la gauche ? À y regarder de près, cette dernière hérite de problèmes connus et de politiques qui s'étaient déjà ébauchées. Les inquiétudes quant aux banlieues ne débutent pas avec les années quatre-vingt. Les problèmes sont déjà là, débattus et identifiés. Dès la fin de la décennie précédente, trois angoisses majeures surgissent, dans une configuration récurrente, et imposent des mesures publiques : les périphéries urbaines qui s'abîment, les jeunes qui chôment, les migrants qui inquiètent et l'insécurité qui menace. Aujourd'hui encore, la thématique n'a guère changé.

Les solutions, plus ou moins boiteuses, se rodent elles aussi dans l'ombre. Plutôt que revendiquées par les politiques, elles sont élaborées par de hauts fonctionnaires, dans les coulisses de l'État. On les expérimente, en tâtonnant. Alors que s'étiole la présidence de Valéry Giscard d'Estaing, une riposte à la crise s'invente discrètement. Ce sont les premiers contre-feux à l'« obsolescence » urbaine, au chômage des jeunes ou à l'insécurité, les premiers amortisseurs de la crise. On les amplifiera, on les rêvera, on les fera passer du laboratoire à la place publique. On en décuplera les ambitions, sans réellement changer leur nature.

Pourquoi, dans les débats autour de la ville, la droite n'a-t-elle jamais mis en cause la périodisation socialiste et n'a jamais revendiqué la paternité de mesures qui connaîtront bientôt un développement impressionnant ? Son acquiescement tacite aux thèses de la gauche tient sans doute à des raisons inverses de celles des socialistes. En acceptant cette fiction des origines — tout commence en 1981, juste après l'élection de François Mitterrand —, elle mettait la gauche à la racine des troubles urbains. De surcroît, elle lui attribuait la pleine responsabilité d'une politique hautement risquée, aux résultats aléatoires, et qui peut toujours servir de tremplin à des accusations faciles. Ainsi, en décembre 1990, à la veille des assises de Bron, dans une lettre adressés au président de la République, quinze élus R.P.R. pouvaient-ils, par la plume d'Alain Juppé, s'interroger gravement : « Depuis les événements des Minguettes, il y a dix ans, les analyses et les déclarations ont été nombreuses. Ça ne suffit pas. Il faut maintenant passer aux actes... » Dès la fin des années soixante-dix, la droite était déjà passée aux actes. Apparemment sans en être autrement fière.

Huitième partie

L'IRRUPTION DES ÉMEUTES

CHAPITRE 38

Brixton en France ?

Le grain de sable...

Les banlieues françaises ne sont pas les seules à exploser. Le vendredi 10 avril 1981, le soleil brille sur la banlieue londonienne, et il fait lourd pour le printemps. À six heures du soir, les passants se bousculent dans une rue du centre de Brixton, Atlantic Road, que Stephen Margiotta arpente à pas lents. Serré dans son uniforme bleu foncé, il a chaud et serait mieux ailleurs. En effet, Stephen Margiotta est policier, et Brixton n'aime guère les policiers.

Brixton est une commune pauvre du Grand Londres. Il y a cent ans, avec ses industries, ses commerces, ses grandes résidences dignes et luxueuses, la ville était prospère et vivait sa Belle Époque. Après la Seconde Guerre mondiale, elle a décliné, et les années soixante-dix l'ont achevée. En 1981, les usines ferment et les commerces s'enfuient. Depuis dix ans, 1 habitant sur 5 s'est envolé. La population active ne cesse de rétrécir. Qui reste ? Des jeunes sans diplôme, des femmes seules couvertes d'enfants, des chômeurs, débrouillards ou déprimés, des drogués et de petits délinquants.

Margiotta croise une foule bigarrée. En 1981, Brixton compte 25 % d'ethnies diverses : plus de 12 % d'Antillais, des Africains, des Indiens, des Pakistanais... L'Angleterre ne fait pas le tri : ce sont tous des « Blacks » ou des *coloured people.* Ces migrants sont jeunes ; mais presque tous ont eu une scolarité défaillante, et tous peinent à trouver un emploi. Brixton compte 13 % de chômeurs ; l'Employment Office en recense 25,4 % chez les migrants. Les statistiques donnent même 55 % de demandeurs d'emploi chez les moins de 19 ans.

Ce vendredi 10 avril, soudain, la circulation se bloque au coin d'Atlantic Road et de Coldharbour Lane. Un homme « de couleur », qui semble jeune, court au milieu de la rue. Deux autres le poursuivent. Le policier pense que le fuyard a commis un délit. Il se lance à sa poursuite en lui criant de s'arrêter et le talonne. L'autre tombe. Margiotta trébuche sur son corps. Lorsque le policier se relève, sa chemise est couverte de sang. Tout comme le dos du jeune homme.

Le blessé se relève et s'enfuit à nouveau. Aidé d'un collègue venu à la rescousse, Margiotta le rattrape et l'interroge : « On m'a enfoncé un couteau dans le dos. » Des gens s'attroupent. Mais ce sont aux policiers que s'en prennent les jeunes de couleur. « Laissez-le tranquille... » Les deux bobbies tentent de les convaincre qu'ils veulent soigner le jeune homme. Sans convaincre... Trois « Blacks » musclés l'aident à s'échapper. Margiotta en est réduit à lancer un appel radio pour qu'on intercepte le fugitif.

Titubant, haletant, le blessé arrive à Rushcroft Road. Il monte dans un immeuble, sonne au troisième étage. Une famille blanche, qu'il ne connaît pas, lui ouvre la porte. Il demande de l'aide. On panse sa blessure, qui exsude de bizarres tissus spongieux. À la question : qui l'a frappé ?, il répond brièvement : « Des gens de couleur. » Un jeune homme de la famille appelle un taxi et monte avec lui dans le véhicule en direction de l'hôpital.

De leur voiture, deux agents de police ont entendu l'appel de Margiotta. Ils ont vu le jeune homme grimper dans le taxi et ils l'ont suivi. Au premier feu rouge, ils sautent dans le véhicule à l'arrêt et examinent le blessé allongé sur la banquette arrière. La plaie écume et un poumon semble atteint. Le malade respire mal. Les deux policiers appellent un de leurs collègues, muni d'une trousse de premiers secours, qui pose des compresses sur le dos du blessé et veut faire venir une ambulance. Mais quarante personnes entourent maintenant le taxi : « Qu'est-ce qu'ils lui font ? — Ils sont en train de le tuer. » Les policiers tentent de se défendre et d'argumenter. On les écarte, on leur arrache le blessé et on le remet dans son taxi. Seuls face à la foule, les policiers ont demandé des renforts, qui arrivent, les uns en civil, les autres en uniforme.

À six heures trente-cinq, Stephen Margiotta sort d'une boutique où il est allé laver le sang maculant ses mains et son uniforme. À son grand étonnement, il croise un groupe de jeunes remontant au pas de charge Atlantic Road, qui hurlent et l'arrosent de briques et des bouteilles. Plus bas, une trentaine de policiers sont aux prises avec une centaine de personnes, qui lapident avec soin leur véhicule.

À sept heures et demie, l'incident semble clos. Des renforts de police sont arrivés. Quelques heurts, quelques altercations, quelques arrestations... Six membres de forces de l'ordre sont légèrement blessés, quatre véhicules de police endommagés et six jeunes sous les verrous. Une heure trente à peine s'est écoulée depuis l'instant où Stephen Margiotta rencontrait le fugitif d'Atlantic Road.

... et l'engrenage

Le soir même, le chef de police Nicholson prend quelques mesures radicales en prévision du week-end. Que l'on renforce les forces de l'ordre de quatre unités composées d'un inspecteur, de trois sergents et de vingt policiers. Que trois voitures patrouillent dans la ville, ainsi que vingt-huit îlotiers. Enfin, qu'on mène une opération dont le nom de code est *Swamp* *, consistant à arrêter et à fouiller tous les suspects.

Dans la ville, les langues vont bon train. On murmure que la police aurait elle-même agressé le jeune homme, interdit qu'on appelle une ambulance et empêché qu'on conduise le blessé à l'hôpital. À neuf heures du soir, une branche spécialisée de la police convoque les leaders des communautés. Nicholson leur donne sa version de l'incident et les prie de mettre un terme aux rumeurs. C'est un mode de faire habituel en Angleterre : ériger en interlocuteurs des personnalités culturelles et religieuses et leur remettre en partie le maintien de l'ordre. Aucune des personnalités présentes ne pense que l'incident peut dégénérer.

Le samedi s'annonce d'ailleurs bien. Le soleil brille toujours et les rues sont animées. Vers cinq heures de l'après-midi, deux policiers de l'opération *Swamp* repèrent une Datsun bleue garée en face du 82, Atlantic Road. Au volant, un homme dissimule un papier en haut de sa chaussette. Or, Atlantic Road regorge de dealers. Le coup de la chaussette ? Une méthode classique pour planquer la marchandise ! Les policiers foncent sur l'homme. C'est un chauffeur de taxi, qui cache son argent pour des raisons de sécurité. On le fouille : il dit apparemment la vérité. Une trentaine de jeunes s'agglutinent autour du véhicule. Les policiers appliquent obstinément le plan *Swamp* et veulent fouiller la voiture : et si l'argent provenait d'un trafic de dro-

---

* *Swamp* signifie le marais, le marécage. Nom malheureux s'il en fut...

gue ? Le conducteur refuse : et si les policiers profitaient de la fouille pour dissimuler eux-mêmes de la drogue dans le véhicule ? La foule, qui grossit à chaque minute, prend vigoureusement la défense du taxi.

Soudain, l'un des policiers, Thornton, se trouve nez à nez, le long de la Datsun, avec un jeune de couleur. Thornton affirme avoir été violemment bousculé. Selon le jeune homme, le policier lui aurait marché sur le pied et l'aurait menacé. Selon le chauffeur de taxi, le jeune se serait contenté de dire : « Laissez-le tranquille. » D'autres témoins rapportent que la conduite de Thornton était effectivement agressive. Toujours est-il que le policier accuse le jeune homme d'entraver l'action des forces de l'ordre et veut l'arrêter. Ce dernier se débat. Aidé d'autres policiers, Thornton le pousse dans un car de police, appelé pour la circonstance.

C'est alors que la bagarre éclate. Les vitres arrière du car de police volent en éclats sous les jets de pierre. Le véhicule s'éloigne à la hâte. Mais les policiers voient l'un des leurs, resté sur place, tomber, plié en deux, les mains sur l'estomac... Comme s'il avait reçu un coup de couteau, pensent les policiers dans leur car. En fait, il n'a reçu qu'un simple projectile. Mais tous les policiers sont désormais informés par radio qu'on vient d'agresser l'un des leurs à l'arme blanche.

Une foule compacte bloque la rue. Les policiers qui tentent de rétablir la circulation sont couverts de projectiles divers. Quelques personnes sont arrêtées, un peu au hasard. Un jeune homme de couleur, leader de communauté, Tony Morgan, prévient l'inspecteur qui dirige les opérations : « Si vous ne vous retirez pas, c'est l'émeute. » Lord Scarman, dans son rapport dira : hélas, l'émeute a déjà commencé...

Les objets pleuvent sur les policiers. Les munitions ? Des maisons démolies, sur Railton Road, y pourvoient. Des renforts dégagent la rue. La foule s'égaille dans les avenues qui bordent Atlantic Road et se regroupe à Leeson Road. Il y a là 100 à 150 jeunes, munis de cocktails Molotov. Il est six heures du soir. La police ne peut plus déloger les émeutiers et se replie avec ses blessés. Elle abandonne même un car. On le retourne, on l'enflamme, avec quelques voitures de particuliers. Un pub, Le Château de Windsor, part lui aussi en fumée ; ce premier bâtiment incendié était un café interdit aux gens de couleur... Autre fait symbolique : deux hommes, un Blanc et un Noir, orchestrent l'émeute.

À sept heures moins le quart, la police tient le nord d'Alantic Road, jusqu'à Coldharbour Lane. Les émeutiers occupent le sud, Leeson,

Railton et Mayall Roads, sans qu'on puisse les en déloger. À Railton Road, ils prennent un bus d'assaut et chassent son conducteur. Ne pouvant le retourner, ils l'utilisent comme bélier contre le cordon de police. Le bus percute un mur, à toute vitesse. Les médias en tireront argument pour montrer quels sommets de violence ont atteints les affrontements. Un autre phénomène étonnera l'Angleterre : l'attaque en règle des ambulances et des voitures de pompiers, et les blessures infligées à leurs occupants.

À sept heures, une tentative de médiation échoue. Quatre hommes s'approchent du commandement de la police. Ce sont des personnalités de la communauté, comme Tony Morgan, et des hommes d'Église. Si la police se retire, la foule se dispersera. Le commandant des forces de police rétorque que s'il se retire, l'émeute s'étendra. Il accepte de prêter un haut-parleur aux quatre médiateurs, pour qu'ils négocient avec la foule. Les émeutiers posent leurs conditions : le retrait des forces de l'ordre, la libération des emprisonnés, la fin du harcèlement quotidien. Une autre demande se fait jour : l'accès aux médias, pour que les opprimés puissent eux aussi exprimer leur point de vue. La police refuse tout en bloc. La médiation est terminée.

Des émeutiers, de couleur pour la plupart, s'en prennent à des magasins, des cafés et des maisons qu'ils pillent et incendient. À l'autre bout de la ville, de petits malins ne perdent pas leur temps. Des Blancs et des immigrés mettent systématiquement à sac la zone des commerces : le nord d'Atlantic Road, Electric Avenue et Coldharbour Lane. Les Blancs plus âgés et plus méthodiques, les gens de couleur plus jeunes et plus brouillons. Beaucoup ne sont pas de Brixton. Ils profitent de l'émeute pour venir y faire des courses particulièrement bon marché... Les pillards attaquent également les rares policiers qui ne sont pas au feu. La ville est aux mains des voleurs.

À huit heures, la police, sous les ordres du superintendant Robinson, contourne les émeutiers par Effra Parade, protège les voitures de pompiers et surveille Railton Road en flammes. Les policiers sont 60 à 70. Les émeutiers, 300 ou 400, les arrosent d'objets hétéroclites : des bouteilles, des briques, des tuiles, des bouts de bois, des instruments de cuisine et des cocktails Molotov... Les policiers tiennent bon, mais le nombre de leurs blessés augmente.

Une demi-heure plus tard, 150 policiers, venant du sud de Railton Road, remontent vers le nord, 50 autres gagnent Herne Hill et Mayall Road. Les émeutiers se replient sur le croisement de Railton Road et d'Effra Parade et obligent les hommes de Robinson à reculer. Croulant

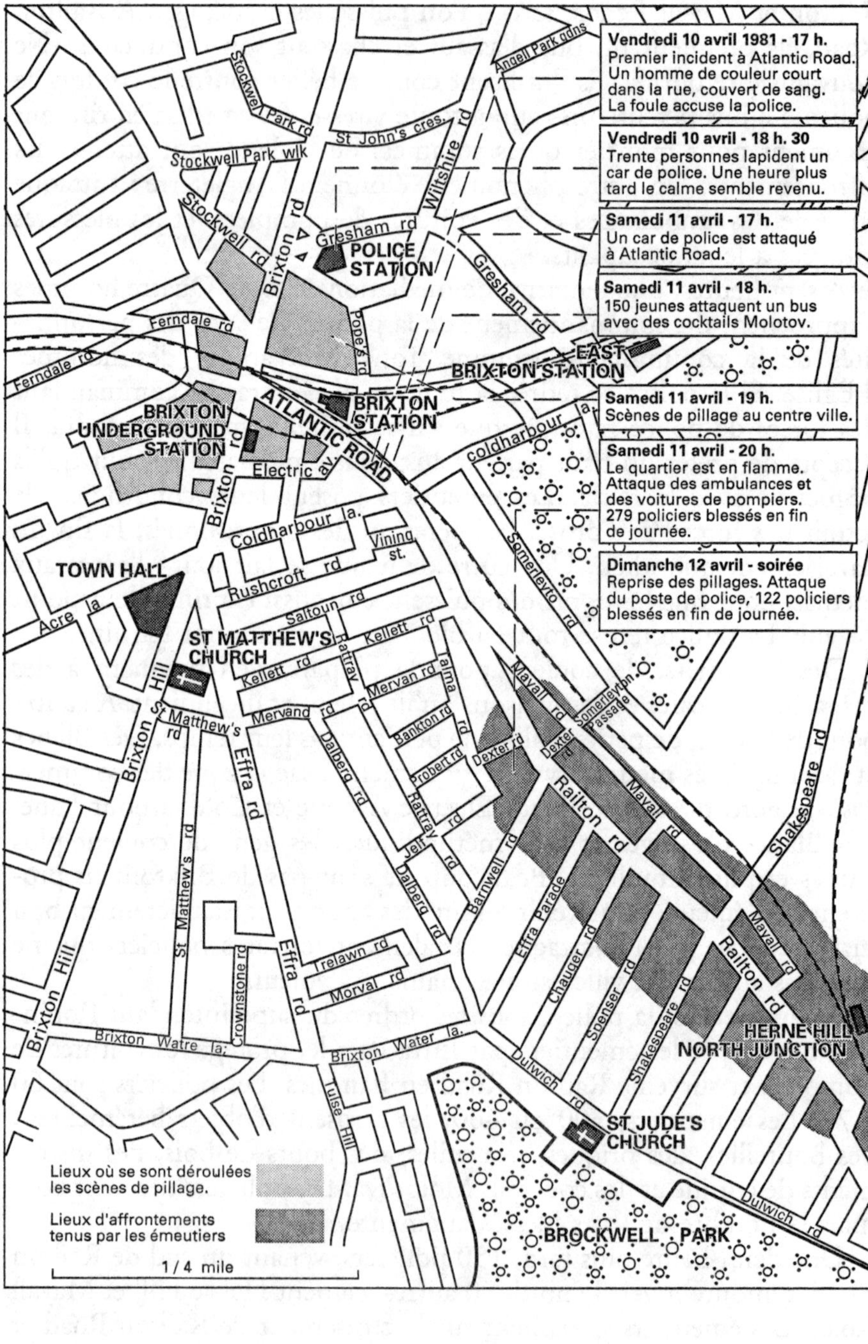

Vendredi 10 avril 1981 - 17 h.
Premier incident à Atlantic Road. Un homme de couleur court dans la rue, couvert de sang. La foule accuse la police.
Vendredi 10 avril - 18 h. 30
Trente personnes lapident un car de police. Une heure plus tard le calme semble revenu.
Samedi 11 avril - 17 h.
Un car de police est attaqué à Atlantic Road.
Samedi 11 avril - 18 h.
150 jeunes attaquent un bus avec des cocktails Molotov.
Samedi 11 avril - 19 h.
Scènes de pillage au centre ville.
Samedi 11 avril - 20 h.
Le quartier est en flamme. Attaque des ambulances et des voitures de pompiers. 279 policiers blessés en fin de journée.
Dimanche 12 avril - soirée
Reprise des pillages. Attaque du poste de police, 122 policiers blessés en fin de journée.
POLICE STATION
EAST BRIXTON STATION
BRIXTON STATION
BRIXTON UNDERGROUND STATION
ATLANTIC ROAD
TOWN HALL
ST MATTHEW'S CHURCH
HERNE HILL NORTH JUNCTION
ST JUDE'S CHURCH
BROCKWELL PARK
Stockwell Park rd
Angell Park gdns
St John's cres.
Stockwell Park wlk
Wiltshire rd
Stockwell rd
Brixton rd
Gresham rd
Pope's rd
Ferndale rd
Electric av.
coldharbour la.
Coldharbour la.
Vining st.
Rushcroft rd
Saltoun rd
Acre la
Kellett rd
Rattray rd
Mervan rd
Mervand rd
Somerleyton rd
Somerleyton Passage
Mayall rd
Dexter rd
Railton rd
Bankton rd
Probert rd
Dalberg rd
Jelf rd
Barnwell rd
Shakespeare rd
Brixton Hill
St Matthew's rd
Effra rd
Effra Parade
Chaucer rd
Spenser rd
Crownstone rd
Trelawn rd
Morval rd
Brixton Water la.
Tulse Hill
Dulwich rd
Lieux où se sont déroulées les scènes de pillage.
Lieux d'affrontements tenus par les émeutiers
1 / 4 mile

sous les projectiles et alignant les blessés, les pompiers veulent partir. Robinson leur demande de rester. Les policiers s'emparent d'une lance de pompiers et en balayent la foule, à plein jet. Initiative fortement discutée par les pompiers... Robinson tient péniblement jusqu'à neuf heures et demie. C'est avec soulagement qu'il voit alors les émeutiers s'enfuir devant les renforts venus du nord.

Le calme revient peu à peu. Vers dix heures et quart, seuls quelques petits groupes s'obstinent dans leurs escarmouches. Et à onze heures, l'ordre règne à Brixton. En un jour, 82 personnes ont été arrêtées, les forces de police ont eu 279 blessés et les émeutiers 45 — d'autres encore, qui ne se sont pas fait connaître ; 117 voitures ont été abîmées ou brûlées, dont 56 véhicules de police ; 145 immeubles ont été endommagés, dont 28 par les flammes. L'Angleterre reste abasourdie par sa première grande émeute urbaine.

Le lendemain, la présence policière est massive : 2 500 hommes. Deux cordons, l'un filtrant les entrées, l'autre contrôlant le cœur de la ville, ceinturent Brixton. Le métro est fermé. Vers quatre heures et demie, les incidents reprennent. De petits groupes de jeunes, moins nombreux que la veille, attaquent les forces de l'ordre et reprennent le pillage. Certains font le siège du poste de police, d'autres de la Town Hall. Ces incidents sporadiques prennent fin vers dix heures du soir. En dépit de toutes les précautions, 122 policiers sont encore blessés ce jour-là, un grand nombre de voitures de police et de véhicules privés sont endommagés.

Et le jeune homme apparemment à l'origine de ce gâchis, qu'est-il donc devenu ? De bonnes âmes du quartier l'ont conduit en taxi à l'hôpital Saint-Thomas. Il en sort, convalescent, quelques jours plus tard.

Brixton est comme une cicatrice dans l'histoire des villes européennes : son fantôme reviendra sans cesse lorsque le continent connaîtra à son tour de semblables explosions. C'est la chute de rideau de la société industrielle et l'annonce d'une pièce nouvelle, dont nul ne connaît encore vraiment ni les acteurs ni les règles [1].

CHAPITRE 39

Recette pour une émeute

Le « mystère » des émeutes

Pourquoi les banlieues s'énervent-elles ? Un thème revient comme un leitmotiv chez les commentateurs : mais que veulent-ils donc ? À défaut de réponse claire et immédiate, certains ressuscitent la fameuse « loi thermique de la délinquance », que formulait déjà Quételet, au siècle dernier : l'été énerve. À chaque incident estival, la rengaine reprend. Par exemple, dans *Le Monde* du 6 août 1983, après qu'un nombre non négligeable d'immigrés a été tiré à vue dans les banlieues, un chargé de recherche au C.N.R.S. de Strasbourg, le Dr Alain Muset, déclare : « On ne compte plus les incidents violents provoqués dans certains quartiers par l'énervement dû au bruit et à la chaleur. » *Le Monde* s'étonne : « Peut-on établir une corrélation bruit-chaleur et comportement d'individus au point d'expliquer les violences par ces seuls phénomènes ? — Oui, répond le Dr Muset. Les appartements cages à lapin ne sont pas climatisés. On ouvre les fenêtres, les bruits que l'on n'a pas commandés font irruption et l'on s'énerve. À 36 degrés, le corps perd 200 grammes d'eau par heure. Il faut donc boire. Ainsi naissent peut-être les tontons flingueurs de 16 à 77 ans. » Soit. Buvons. Mais cette explication positiviste amuse plutôt qu'elle ne convainc.

Si l'on met de côté ces fantaisies naturalistes, trois types d'interprétation coexistent, dès le début quatre-vingt, lorsqu'il s'agit d'expliquer et d'agir face aux explosions urbaines. La première peut se placer sous l'égide de Margaret Thatcher : des émeutes comme celles de Brixton « n'ont rien à voir avec le chômage » ; ce sont des « explosions d'avidité brute ». La nature humaine est faible et encline à la sauvagerie si l'autorité ne la corrige. La civilisation, cette croûte fragile, craque sous la pression d'individus enclins à la bestialité. Dès que le contrôle social se relâche un instant, les pires instincts resurgissent : l'appât du gain, le goût de la violence gratuite, la brutalité sans frein. L'émeutier, poussé par son appétit de jouissance, mise sur la faiblesse des forces de l'ordre et s'engouffre dans la brèche. Seules le retiennent les férules de l'État et de la tradition. Il faut donc restaurer l'ordre, par la force et par l'exemple [1]. Cette analyse séduit immanquablement les gouvernements aux penchants réactionnaires.

D'autres variantes, plus douces, se greffent sur cette base musclée. Si l'autorité est battue en brèche, par exemple, c'est parce que le lien social s'est dissous. La famille est en crise, le père est absent, la communauté n'a plus de valeur fondatrice. Autre variante : les institutions garantes de l'ordre public ne jouent plus leur rôle. Les politiciens sont faibles et lâches, la justice corrompue, la police impuissante et disqualifiée... Ce qui amène toujours au même impératif : celui de renforcer la norme sociale, des aspects les plus rudes aux plus chaleureux [2].

La seconde explication est réformatrice. C'est peu ou prou celle à laquelle se rallie Lord Scarman, avec quelques repentirs conservateurs, lorsqu'il commentera les événements de Brixton. Dans ce cas, l'accent est mis, non pas sur la nature humaine et ses faiblesses, mais sur le contexte social. On évoque la condition des émeutiers, les injustices économiques qu'ils subissent, l'oppression politique dont ils pâtissent. Dès lors, les plus révoltés ne sont pas nécessairement les plus pauvres, lorsqu'on tient compte de la « frustration » des dominés : une distance infranchissable entre des normes de consommation de plus en plus élevées et des espérances d'ascension sociale de plus en plus limitées [3]. L'ensemble des mesures françaises s'inscrira dans cette perspective, qui ouvre sur une volonté de changement social maîtrisé.

Il est une troisième explication qui émerge parfois, mais beaucoup plus rarement. Elle voit dans la révolte des jeunes une transformation sociale en germe. Les mouvements de protestation sociale ne naissent pas d'un coup, idéologiquement constitués et intellectuellement armés de pied en cap. Ils passent par des périodes de violence brute, de rêve, d'impasse et d'impuissance avant d'adopter des formes de lutte capables d'infléchir des rapports de force politiques et sociaux. Les jeunes des banlieues seraient les éclaireurs d'un mouvement démocratique qui se cherche. En France, presque seul, Adil Jazouli envisage une évolution des émeutes de banlieues dans cette direction. Mais les prodromes de leur transformation en mouvement politique sont bien lointains.

La première famille d'explications mise sur l'autorité et sur la loi ; la seconde, sur la compréhension et la réforme ; la troisième, sur la révolte et l'utopie créatrice. Mais aucune piste crédible ne se dessine, et rien ne marche, ni la force brute, ni le traitement social, ni l'appel à l'espérance. Il faut sans doute revenir à Brixton, lorsque la nouveauté des événements n'avait pas encore cristallisé et fossilisé les interprétations. Sitôt après les émeutes, les pouvoirs publics, interloqués, demandent à un magistrat, membre de la Chambre des lords et légèrement conservateur, Lord Scarman, de mener l'enquête.

Dans son rapport, Lord Scarman a le mérite de liquider nombre d'idées fausses, qui réapparaîtront les années suivantes, au gré des préjugés idéologiques des uns ou des autres. Peut-on, se demande-t-il, parler d'« émeute raciale » ? Certes pas. Nous ne sommes pas dans l'Amérique des années soixante. À Brixton, nul tenant du Black Power, nul leader charismatique revendiquant des droits sociaux ou dénonçant le « pouvoir pâle ». Même les Rastas, nombreux, n'y sont pas un groupe homogène, capable de violence organisée ; leur idéologie d'ailleurs s'y oppose. Certes, une composante raciale apparaît au cours de ces affrontements. Mais elle n'en est pas le moteur. Et quand il est question de pillage, les Blancs sont les égaux des Noirs...

Serait-on alors en présence de groupes politiquement repérables, qui auraient comme projet de déstabiliser l'État et de jeter la confusion dans l'opinion publique ? Les cocktails Molotov surgis entre les mains des jeunes ne plaident-ils pas en faveur d'un « complot » prémédité ? Il n'en est rien. Les engins sont bricolés dans l'urgence. La recette ? Vider quelques caisses de bière arrachées à un café, renverser une voiture pour en vider l'essence, déchirer un mouchoir en guise de mèche : en cinq minutes, on ouvre une usine d'explosifs. Un autre élément plaiderait en faveur d'une organisation : l'effet dit « de contagion ». Dès le samedi, des personnes étrangères au quartier arrivent à Brixton, en touristes et en guerriers. Pas besoin d'une organisation disciplinée pour les prévenir. Lorsqu'une émeute de banlieue se déclenche, les moyens de communication sont tels que les résidents les plus audacieux et les plus avides des cités voisines en sont aussitôt informés et se précipitent. Certains courent franchement à la baston, équipés, casqués, bottés ; d'autres viennent platement à la curée, piller et voler ; d'autres encore en simples curieux, attirés par l'odeur des lacrymo, pour voir des jeunes découdre du flic, ou l'inverse...

Les émeutiers ne sont ni vraiment organisés ni vaguement structurés. Ils refuseront même avec obstination tout embrigadement, même lorsque les partis, de gauche ou de droite, les groupes religieux, les pouvoirs publics leur feront les yeux doux... Nul ne peut réellement les encadrer, et tous se font rejeter. Les usines ont été à l'origine d'un mouvement social articulé, appuyé sur des syndicats, des partis prolétariens, des bourses du travail... Rien de tel dans les nouveaux affrontements urbains.

Un garde-fou serait possible, celui des services publics, représentant les autorités locales. C'est là que le bât blesse. Les services publics sont bien mal en point, regrette Lord Scarman. Restent sur le terrain les derniers pédagogues convaincus et quelques travailleurs sociaux, irrémédiablement dévoués. Mais, en guise de service public, le seul qui soit réellement visible, le seul qui demeure en définitive maître des lieux, le seul visage de l'autorité étatique, c'est la police. Et, parfois, ce visage n'est pas très souriant...

Le rapport Scarman est le premier d'une longue série. Tous les pays d'Occident multiplieront bientôt des investigations aux conclusions jumelles. Lord Scarman préconise de judicieuses réformes de la police. Il recommande aussi d'améliorer l'environnement social et urbain des banlieues. Le pouvoir britannique s'appliquera surtout à renforcer son dispositif policier. Sans grand succès, d'ailleurs. Les troubles continueront pendant toute la décennie. Le sort du rapport Scarman ne diffère pas de beaucoup d'autres, recueils de pieuses intentions destinés à rester lettre morte. Au fil du temps, le retentissement médiatique de leurs luttes s'épuisera autant que l'intérêt des politiques. On s'habitue à tout, même aux émeutes.

Une « spécificité » française ?

Dans la presse française rendant compte de ces événements, en avril 1981, pas la moindre inquiétude ne transparaît, pas la moindre relation n'est établie entre les troubles britanniques et la situation hexagonale. Jamais *Le Monde* ne rapproche les « amusements » lyonnais passés des explosions anglaises. Ces dernières sont des « émeutes raciales », qu'explique le seul contexte britannique. Le schéma est proche de l'Amérique des années soixante : la protestation violente de populations de couleur, qui se jugent opprimées. Le quotidien s'interroge simplement au détour d'une phrase : pourquoi « les petits Blancs du quartier se sont-ils joints aux Jamaïcains contre la police [4] » ?

L'histoire des désordres anglais ne s'arrête pas à Brixton. Trois mois plus tard, en juillet, « la violence se répand comme une traînée de poudre », affirme la presse française [5]. Les émeutes « se généralisent dans les quartiers populaires ». Deux cent cinquante personnes sont arrêtées en quelques jours entre Londres, Birmingham, Liverpool, Manchester et Newcastle. En France, la gauche est au pouvoir, et Vénissieux connaît ses « rodéos ». La presse française met toujours l'accent sur l'originalité de la France. Les jeunes Arabes de Lyon ne sont ni les Jamaïcains de Londres, ni les Blacks des États-Unis. Les émeutes britanniques sont des phénomènes ethniques, propres aux pays anglo-saxons. *Le Monde,* à la mi-juillet, calme le jeu : « La Z.U.P. des Minguettes ne sera ni Brixton ni Liverpool. Une dizaine de voitures ont été brûlées la semaine dernière et un policier a eu le poignet foulé. Mais on est loin d'une émeute. La colère des jeunes reste sourde, étouffée. Elle n'est pas encore dévastatrice [6]. »

L'argumentaire est toujours le même. N'oublions pas les traditions républicaines de la France et ses services publics. Des élus proches du peuple sont là ; des administrations toujours mobilisées, l'école ou le social, sont toujours présentes. Rien à voir avec une guerre endémique à l'anglo-saxonne, où demeurent face à face des populations désespérées et des policiers uniquement capables de contrôler et de réprimer. De plus, l'emploi inadéquat des termes d'« émeute » ou de « ghetto » n'est pas neutre. La presse joue le sensationnel, et les politiciens réactionnaires la dramatisation. On effraie le bourgeois, qui réclame un pouvoir fort et une répression accrue. Parler de « ghetto », c'est resserrer l'étau qui étreint les banlieues.

Certes, la France ne connaît pas de « ghettos », au sens de regroupements ethniques homogènes, clos et auto-administrés, à l'instar du ghetto de Varsovie. Ce sont tout au plus des regroupements spontanés de populations précarisées, d'origines ethniques hétérogènes, et dans des lieux que ne délaisse jamais le pouvoir central. La différence est de taille. De même, jamais les affrontements avec les forces de l'ordre n'ont pris la tournure d'une véritable « émeute ». Ce sont des incidents localisés et contrôlables. Ces constats rassurent. Ils ne permettent ni de comprendre, ni d'agir.

La machine infernale

Tout vouloir expliquer par la « spécificité » française rend aveugle à l'essentiel. Aux grandes transformations qui affectent toutes les sociétés occidentales et qui engendrent d'inévitables révoltes. Ce qui rapproche Brixton des Minguettes, c'est une communauté de situations : l'effondrement du salariat et des mécanismes sociaux qui, auparavant, étaient capables de fondre dans le même creuset ceux qui venaient des horizons les plus divers et de les aspirer dans la société industrielle.

En Angleterre comme en France, les causes sont les mêmes. Pour les migrants comme pour les autochtones, les années soixante-dix ont déjà fait table rase de deux mythologies de salut : celle du progrès technique et celle du pouvoir ouvrier. Contre qui se battent les émeutiers ? Contre un ennemi sans visage. Contre ceux qui les nient quotidiennement, les condamnent à l'inexistence sociale et leur réservent un avenir en forme d'impasse. L'environnement quotidien est tissé de méfiance et d'hostilité ; le futur est bouché. Aucun allié, aucune issue. L'univers symbolique des banlieues donne à lire un partage manichéen : les pauvres tristes et humiliés contre les riches puissants et enviés. D'un côté, le péril social et la honte. De l'autre, ceux qui ont tout, la richesse et le succès. S'il est une revendication qui s'affirme haut et clair, c'est bien celle d'une sensibilité à vif : obtenir un minimum de considération, bénéficier d'une reconnaissance, conquérir le respect. Ces deux sentiments forts, la sensation de l'impasse et la conscience du mépris, sont toujours à la racine des fureurs banlieusardes.

Dans ce désert, demeurent les consommations flamboyantes et l'espoir des réussites magiques. Contre la frustration permanente, ce sont les dérisoires substituts de satisfaction, comme les visites au centre commercial, le travail sur le look, la frime et le rêve de n'« être habillé qu'avec des marques ». Pour « réussir », c'est la tentation de monter des coups, de faire des petits deals, de vivre dans la combine et l'arnaque. Dans cet espace incertain, les rumeurs les plus folles peuvent circuler : des jeunes du quartier d'à côté ont été tués, torturés, brutalisés... En revanche, tel ou tel dealer en Porsche a dépensé des fortunes cet été sur la Côte et niqué plein de mannequins... Rumeurs d'autant plus difficiles à éradiquer qu'elles ne sont pas toujours dépourvues de fondement. Les dealers mènent parfois la vie à grandes guides, et les dérapages policiers, nationaux ou internationaux, de

Paris à Los Angeles, alimentent périodiquement la peur sourde des banlieues.

À Brixton comme ailleurs, le processus est le même. Au cœur de territoires sans repères sociaux, tout peut arriver. Il suffit d'un rien pour que naissent le désespoir et la colère. Souvent, la brèche s'ouvre dans deux types de situations. Tout d'abord, quand l'autorité apparaît à l'évidence comme scandaleusement inique. Alors, l'ordre social se démasque : le flic tue, le prof ne dissimule plus son racisme, le videur de boîte de nuit crache ses insultes... Le rôle des garants de l'ordre établi est la plupart du temps déterminant. C'est la police urbaine, parfois, mais ce sont aussi les polices municipales ou privées, les gardiens ou les vigiles. Comme le dit Jazouli : « Quoi qu'on en dise, c'est d'abord dans les provocations policières quotidiennes qu'il faut chercher les raisons qui ont entraîné ces " rodéos de la colère " ». Les jeunes immigrés, à la fin des années soixante-dix, « servent d'enjeu à des pratiques policières inavouables [7] ». De plus, le conflit fait jouer une solidarité locale épidermique contre la police : quoi qu'elles fassent, les forces de l'ordre sont suspectes.

Tous ceux que leur fonction amène à jouer de leur autorité peuvent être dans le collimateur, à un moment ou à un autre : directeurs d'école ou enseignants, responsables de structures ou animateurs de quartier. Le conflit naît quand se développe la méfiance entre les jeunes et les garants de l'ordre social. Par-delà la police, qui les soupçonne et les harcèle, il y a le maire, qui tour à tour les enjôle et leur donne des leçons, les voisins, ces petits-bourgeois haineux et racistes, *skin* ou beauf, qui les agressent, les professionnels de l'éducation, du social ou de l'emploi, qui les humilient et les méprisent... Aucun catalogue de revendications n'est formulé, si ce n'est d'être moins opprimé, davantage respecté, enfin reconnu. Un pur sentiment de révolte contre une injustice omniprésente, une menace de tous les instants, une persécution vague et lourde. La violence éclate aussi lorsque l'autorité vacille et chancelle : le flic montre sa lâcheté ou le prof s'effondre. Dès lors, le rapport de forces s'inverse, et tout le monde s'engouffre dans la brèche. C'est la première phase, celle de l'offensive.

Pour le jeune des banlieues de Londres ou de Lyon, la question : « Dois-je me joindre à une émeute ? » n'a rien d'universel ni d'abstrait. La réponse ne dépend pas des « normes » qu'il a — ou non — intégrées. Les normes sociales n'ont pas le rôle uniment régulateur que leur assigne Durkheim : la puissance d'attraction d'une opinion est variable ; elle croît avec le nombre de ceux qui la partagent. En d'autres termes, l'idée de participer à une émeute dépend du nombre d'émeutiers potentiels dans le quartier. Dépasse-t-on le point d'équilibre, et la situation bascule. Des règles nouvelles surgissent, qui rendent le vol, l'incendie criminel ou la violence contre la police « normaux » et quasi légitimes [8].

Dans la seconde phase, celle de l'euphorie, le mécanisme qui se met en place est semblable à celui que décrit Sartre, analysant la prise de la Bastille : le passage de la série au groupe [9]. Chacun n'est plus isolé dans son univers ; un construit collectif transforme l'individu en participant d'une aventure collective. L'ouverture de la brèche fait remonter en un instant tout le passif des haines locales. Que le voisin raciste, le petit commerçant du coin réputé voleur ou le bureaucrate méprisant, le collège ou le commissariat prenne garde ! Le moment de la grande revanche est bel et bien arrivé. Toutes les inhibitions anciennes sautent en même temps. On profite de ce moment magique où tout est permis pour prendre d'assaut les temples de la consommation. On sait fort bien où les richesses sont entreposées, où les matériaux qui peuvent servir d'armes sont stockés, où l'on peut se réfugier en cas de péril. Il n'y a pas de projet, au sens d'une action intentionnelle et structurée. Mais la fragile excitation d'une fraternité dans la transgression, le temps d'un affrontement. Une coopération s'improvise, favorisée par une longue familiarité avec les lieux, par une connaissance de toutes les malices et de tous les détours du quartier.

La troisième phase est celle de l'épuisement. D'abord prises par surprise et abasourdies, les forces de l'ordre se ressaisissent et ripostent. Le groupe des émeutiers se scinde, et ses choix divergent. Il y a les fractions les plus radicales et la cohorte des hésitants. Ceux qui règlent leurs comptes et ceux qui s'inquiètent des dégâts provoqués. La volonté collective se dilue et le groupe se sérialise à nouveau. Surnagent quelques jusqu'au-boutistes convaincus, qui seront arrêtés ou qui s'évanouiront dans la nuit.

De tels mouvements urbains n'ont pas grand-chose à voir avec ceux qui les ont précédés. Les acteurs, les enjeux, les logiques d'action même divergent radicalement. Voici venu le temps des émeutes de banlieues, à la fois probables et imprévisibles. Fortement probables : la situation des banlieues est instable, pour des raisons structurelles : le chômage, le cumul de problèmes sociaux, l'affaissement des services publics, l'omniprésente violence quotidienne... Mais totalement imprévisibles :

tout peut basculer à tout moment. Il suffit que le point d'équilibre se déplace : le moindre micro-événement local peut mettre le feu au quartier, et rien ne peut arrêter la machine infernale.

CHAPITRE 40

La gauche et les rodéos

Un étrange été

En juillet 1981, les « jeux de voitures » de la banlieue lyonnaise recommencent, de Vénissieux à Vaulx-en-Velin en passant par Villeurbanne. Tout comme avant, de jeunes immigrés volent de grosses cylindrées au centre de Lyon et reviennent dans les cités faire « couiner les B.M.W. » aux Minguettes, à la Grappinière ou à Olivier-de-Serres. Après ces exhibitions acrobatiques et nocturnes, ils les aspergent d'essence et les regardent partir en fumée.

Mais, maintenant, l'union de la gauche est au pouvoir et les émeutes n'ont pas la même signification, selon que la gauche ou la droite tient les rênes de l'État. La droite n'avait guère de scrupules à condamner de jeunes délinquants bronzés. La frange la plus radicale de son électorat l'approuvait avec chaleur. La gauche, elle, se voit menacée par ceux qu'elle défend, les jeunes chômeurs, les immigrés, les gens des banlieues. La presse met à plaisir du sel sur la plaie et fait des événements lyonnais une épreuve initiatique : comment les amis du peuple se tireront-ils de ce mauvais pas ? Les rodéos, alors que la France se repeint en rose, ne vont-ils pas écorner ses rêves ?

Pendant quelque temps, les « rodéos » des Minguettes font donc la une, tout comme Vénissieux, cette « ville dont le Prince est un loubard », selon *Le Progrès de Lyon.* Les fantasmes made in U.S.A. fleurissent. Dans *Libération,* Jean-Louis Hurst, aventurier des années soixante, les illustre d'une plume baroque : « Adossés nonchalamment aux palissades, des adolescents scrutent dans la pénombre des réverbères cassés. » Puis ils frappent. « Dans la nuit, des artères sombres sillonnées de traces de pneus sont empruntées par des bolides fous.

Pas un véhicule ne stationne. Près d'un mur délavé couvert de graffitis, un brasier illumine la moitié de la cité. [...] Le bolide vient de prendre le tournant sur deux roues dans un chuintement strident. Le monstre fonce sur nous. Quatre mobs viennent de débouler à droite [...] La B.M.W. est reparue ; mais elle a un fourgon de police au cul. Elle s'arrache, prend cent mètres d'avance puis cale. Redémarrage rugissant. La bête bondit, fonce sur le fourgon de police et lui rentre dedans. Les voleurs giclent et disparaissent dans la nuit [1]. » « Une ambiance de bravade, de sacrifice et de peur », dit plus sobrement Adil Jazouli [2].

Son premier moment de stupeur passé, la gauche rassure et minimise. La droite réduisait les explosions urbaines aux réactions incontrôlées d'une poignée de jeunes malandrins. La gauche donne des événements lyonnais une interprétation plus ludique et plus festive. *Le Monde* plaisante : « Les jeunes n'ont pas " la haine " ou " la rage ". Ils regardent brûler les voitures pour le spectacle. Il y a le festival de Cannes. Il y a maintenant le festival des voitures brûlées. » On soupçonne certains journalistes d'amplifier, voire de créer l'événement. Quelques-uns, il est vrai, poussent au crime. Des photographes à la déontologie chancelante auraient payé les jeunes pour les voir enflammer des voitures [3].

Impossible pour la gauche, à ce moment, de jouer la répression. Le préfet en charge du dossier, Bernard Grasset, donne à ses policiers des consignes de modération, en leur expliquant la théorie de la mayonnaise, qui « ne monte pas quand on ne la fouette pas ». La police, bien que renforcée, s'installe dans une tour des Minguettes et suit l'évolution de la situation. Comme les jeunes cherchent l'affrontement, les policiers changent de tactique, déménagent et multiplient les barrages mobiles. L'opinion publique s'interroge sur ces revirements. *Libération* hasarde une explication : « Il ne faut pas être cartésien face à des comportements irrationnels [4]. » Certains policiers de base ont toutefois gardé rancune à la gauche de ce qu'ils ont vécu comme une étrange faiblesse [5].

Les habits neufs du péril social

La fête — si fête il y a... — dure trop longtemps. Comble de malheur, elle s'avère contagieuse. La fièvre des « trois V » — Vénissieux, Villeurbanne, Vaulx-en-Velin — gagne Marseille et Avignon. À la fin de l'été, 250 voitures auront été la proie des flammes.

La droite ne se satisfait pas d'explications physiologiques par les effets de la chaleur sur le système nerveux juvénile, non plus que de discours bonasses sur les défoulements estivaux. *Le Figaro* et *Paris-Match* titrent sur les « rodéos de la peur » et, en référence au groupe terroriste palestinien « Septembre noir », sur le « juillet noir des Z.U.P. ». La gauche fait le jeu des émeutiers : *Le Figaro* parle d'« impunité des délinquants », de « sécurité menacée » et de « nécessaire rétablissement de l'ordre ». « Les quatre mois qui viennent de s'écouler ont battu tous les records, non de température mais de violence [6]. » L'été est brûlant. L'avenir est rouge sang. La gauche a joué aux apprentis sorciers. Des idéalistes irresponsables ont bercé les jeunes Maghrébins d'illusions. Nombre de grands ensembles sont menacés de vivre « sous la coupe des loubards, et de devoir se plier à la loi de bandes maghrébines [7] ». Xavier Raufer prophétise même le pire : les attentes des jeunes migrants ont été aiguisées par les promesses inconsidérées des socialistes. Si on les déçoit, ils en viendront à des gestes plus inquiétants encore. Un mai 68 ethnique est pour demain [8]...

La gauche est en difficulté. En septembre, sur Antenne 2, lors d'une émission agitée, le maire communiste de Vénissieux et le préfet de police de la région quittent le plateau sous les insultes des jeunes banlieusards. Depuis, le maire refuse toute interview [9]. Dans un lent mouvement de dérive, la minimisation des premiers temps laisse place à l'ébauche d'une diabolisation. Certains responsables politiques donnent dans le machiavélisme, entonnant la rengaine du « complot » de l'extrême droite.

Pour les communistes, le gouvernement d'union, encore fragile, serait la cible d'agents provocateurs, terroristes ou mafiosi, qui auraient recruté de « jeunes voyous ». Le maire communiste d'alors, à Vaulx-en-Velin, Jean Capiévic, accuse même « le grand banditisme organisé ». Les Minguettes ? Une manipulation politique de la droite, relayée par des groupes extrémistes. *L'Humanité* du 20 novembre s'en prend à la réaction, qui, d'une manière détournée, calomnie les acquis sociaux que sont les H.L.M. Dans un chapiteau dressé au cœur de la Z.U.P. de Vénissieux, devant 5 000 habitants, Georges Marchais s'emporte contre « les affabulateurs qui affirment que Vénissieux est à feu et à sang et vivrait chaque nuit comme au temps d'Al Capone ». « Ceux qui soutiennent que les H.L.M. seraient maudites... veulent supprimer tout bonnement cette conquête ouvrière. »

Pour ne pas se laisser accuser de mollesse et de complaisance, certains socialistes dénoncent eux aussi le « complot ». Charles Hernu, maire de Villeurbanne et maintenant ministre des Armées, affirme froidement qu'il s'est agi de « provocations à caractère politique suscitées par des personnes se réclamant ouvertement de l'extrême droite ». La preuve ? Un « comité d'autodéfense », politiquement douteux, aurait diffusé des tracts racistes (« Art. 1 : L'immigré a raison. Art. 2 : L'immigré a toujours raison... ») et aurait même payé de jeunes Arabes pour cracher sur les étalages de candides commerçants [10]. Le ministre évoque à ce propos la montée d'un « fascisme larvé [11] ».

D'une année l'autre...

Il faut organiser la riposte. L'angoisse majeure serait que les violences reprennent de plus belle l'été suivant. Le ministre de l'Intérieur, Gaston Defferre, réunit cinq élus des municipalités « sensibles » avec le préfet de région. Il rassure aussi sa police par des propos que *Le Monde* juge d'« une rare fermeté » à l'égard des délinquants, « quelle que soit leur nationalité ou leur race » : « Je veux qu'on voie des policiers en uniforme dans les rues nuit et jour [12]. » La justice condamne plusieurs dizaines de jeunes à des peines de prison ferme et relativement lourdes.

Les municipales sont à l'horizon. Gaston Defferre, face à l'« urgence extrême », veut prendre des « mesures immédiates ». Il est un procédé éprouvé pour calmer la jeunesse turbulente, ressortie des placards du XIXe siècle : l'éloigner des cités, l'expédier loin des lumières de la ville, de ses mauvaises fréquentations et de ses hideuses tentations pour la placer sous la houlette d'une autorité sévère. Bref, envoyer les émeutiers aux champs. Defferre suggère cette vieille recette dans une lettre aux préfets : « Il est urgent que ces jeunes soient accueillis dans des établissements, tant au regard de la sécurité que de leur intérêt. » On paye des vacances aux ados sans le sou. Mais sous haute surveillance...

Ce plan ouvre un débat au sein du gouvernement, qui se divise en « durs » et en « tendres ». Ces derniers accusent Defferre, chef de file des « durs », de vouloir « parquer les délinquants ». Ils évoquent le fantôme d'une époque sinistre où l'on cloîtrait les jeunes trop remuants dans des centres fermés. Les socialistes en sont-ils revenus aux bagnes d'enfants dénoncés par Prévert ? Robert Badinter et Nicole Questiaux, avocats des « tendres », préféreraient une action préventive efficace, localisée au sein des quartiers. Le Premier ministre penche pour les tendres. Mais pour calmer l'opinion, il laisse agir les durs.

Gaston Defferre annonce donc à la presse la création d'un « camp de vacances pour les jeunes délinquants ». Pour faire passer la pilule aux relents pétainistes, le ministre de l'Intérieur fait luxueux. Participent à l'opération le Club Méditerranée en la personne de son fondateur, Gilbert Trigano, quelques énarques à la fibre sociale, des militaires en survêt et des C.R.S. en moto. Cette générosité indigne la droite. Pour les faire tenir tranquilles, le pouvoir achète les loubards. Offrir des « vacances gratuites pour les délinquants », « aux frais des contribuables » ! Les propos du ministre sont proprement « ahurissants ». « Le mépris dont [il] fait preuve pour les honnêtes gens est sans limites [13]. »

La « colonie de vacances Trigano-Defferre », comme on la surnomme, a néanmoins lieu, marquée du sceau sécuritaire, mais version *soft*. La petite commune de Saint-Jean-le-Centenier, dans l'Ardèche, avec son camp de 340 enfants et adolescents de huit à quatorze ans, ses gentils organisateurs clubistes, ses C.R.S.-entraîneurs, ses policiers-animateurs et ses énarques-pédagogues conquiert même une célébrité nationale. La légende dorée de la prévention musclée rapporte que flics et loubards ont fraternisé et se sont séparés l'œil humide.

À la mi-juillet 1982, le ministre de la Jeunesse et des Sports présente à la presse un projet interministériel. Un état-major de crise est installé. Il s'appuie sur onze cellules départementales, situées dans l'Île-de-France, le Rhône, le Nord et le Midi. Pour l'occasion, le ministère de la Solidarité nationale dégage 5 millions de francs, et la Justice 1 million. La Jeunesse et les Sports, plus pauvre, donne moins, mais monte en première ligne. Outre les camps de vacances surveillés, le gouvernement multiplie les interventions locales. Ce sont ce qu'on baptisera les « opérations anti-été chaud ». Les orientations en sont purement institutionnelles : renforcer la présence des services publics et promouvoir un plein emploi des équipements locaux. Quant aux contenus des activités proposées, ils sont des plus flous. Occupons les jeunes, ils ne penseront pas à mal !

Si l'on s'en tient aux seuls chiffres, le bilan de l'été 1982 est positif. Peu d'incidents, 10 000 jeunes de banlieues envoyés en vacances, 100 000 bénéficiant d'animations de quartier. La délinquance augmentait de 10 % chaque année : la presse annonce une baisse de 3 à 5 % en juillet 1982, avec une chute de 23 % pour les vols de voitures. Les opérations sont donc reconduites en 1983, avec un budget de

10 millions. L'État met 1 franc et ses partenaires — collectivités territoriales ou caisses d'allocations familiales — en ajoutent 3. Économe, l'État systématise le partenariat. Une tradition s'invente.

Entre le « coup de poing » et la mutation institutionnelle

La gauche se veut inventive. Les textes officiels parlent de « nouvelle stratégie d'action sociale » et de « mutation des systèmes locaux de décision ». Le premier débat est d'ordre organisationnel. Dans les quartiers, le projet gouvernemental en vient, sans le vouloir réellement, à contester les acquis de la société salariale, tels qu'ils ont été développés depuis longtemps par les institutions sociales.

Si les équipements locaux sont défaillants, c'est d'abord qu'ils sont en vacances... Au moment où les jeunes du quartier auraient le plus besoin des professionnels de l'éducatif, du culturel et du social, ces derniers se bronzent. Que faire ? Recruter des vacataires pendant que les personnels en poste se détendent en famille ? La solution est bancale, son coût exorbitant. Les pouvoirs publics se lamentent et entonnent la litanie traditionnelle, commune aux politiques libéraux et aux spécialistes des organisations. Les équipements locaux sont sclérosés et passifs. Manquant de souplesse, ils sont incapables d'accompagner les changements sociaux ; se réfugiant derrière les avantages acquis et l'application mécanique de règles administratives, ils en oublient les buts originellement assignés.

Leur fonctionnement rigide les disqualifie d'ailleurs aux yeux des populations précarisées, qui les ignorent. Au moment de l'inscription, les structures imposent aux jeunes des épreuves auxquelles les plus démunis sont incapables de satisfaire. Elles veulent les couler dans des moules quotidiens que les petits galériens récusent et dans des prises en charge qui leur sont étrangères. L'idéal ? Un fonctionnement souple pendant l'été : pas d'inscription, pas de participation financière, pas d'heures fixes de prise en charge et des animateurs proches des publics...

Les cabinets ministériels et les préfets en arrivent à faire l'apologie des opérations « coup de poing ». Ce que confirme Didier Lapeyronnie : « La réussite de 1982 repose sur la conjonction d'initiatives de terrain et la mobilisation de secteurs restreints et innovateurs de l'administration que l'aspect " coup " avait libérés de toute entrave [14]. »

Mais les difficultés qui s'affirmeront les années suivantes apparaissent déjà à l'occasion de ces modestes opérations...

Premier dilemme : comment empêcher que les sommes dégagées ne retournent vers les structures avec pignon sur rue ? Pour Lapeyronnie, « le maintien d'une logique du " coup " ne peut se faire qu'à un niveau indépendant des municipalités ». Ni les responsables communaux, ni les corps professionnels ne se risquent à innover, croit-on. Le danger est grand de voir des fonds dits « exceptionnels » se transformer en rallonge annuelle et automatique pour les clubs de prévention ou les structures communales d'animation. Les opérations prévention-été perdraient tout caractère innovant ; leur signification et leur visibilité s'effaceraient, étouffées par la pesanteur des institutions et la rigidité des circuits.

L'État tente donc de court-circuiter les professionnels et les élus locaux, en s'adressant directement aux acteurs de terrain. En 1983, une cellule départementale, en Île-de-France, chargée de la mise en œuvre des opérations été-jeunes le clame haut et fort : « Les projets présentés par les clubs de prévention seront, sauf intérêt exceptionnel, rejetés, ceux-ci pouvant disposer de financements en dehors des cadres de cette opération. Les projets mis sur pied par les communes ne seront financés qu'à titre de compléments et si cela est absolument nécessaire. Les projets présentés par des associations ou des jeunes eux-mêmes seront examinés prioritairement. » Multiples remous. Clubs de prévention et municipalités s'indignent de tels propos et demandent des « explications » aux responsables départementaux. Pour contrer la cellule, certains notables interviennent directement auprès des ministres pour empêcher le financement d'associations nouvelles.

Les opérations prévention-été ravivent les vieilles rancunes communales contre un État paternaliste et tutélaire, ignorant de tout, mais qui n'en persiste pas moins à donner des leçons. Les maires sont plus compétents que le personnel des préfectures pour s'occuper de la délinquance des jeunes sur leur commune. Du côté étatique, on soupçonne les élus locaux de vouloir se doter d'un « outil spectaculaire et rentable », plus contrôlable que des travailleurs sociaux corporatistes et bougons. Çà et là, entre les élus et les cellules départementales, la coexistence est orageuse...

Second dilemme : comment transformer les pratiques des intervenants de terrain ? Les professionnels s'étonnent : prétendre organiser en quelques jours des actions d'animation, c'est nier la pertinence d'une approche technicienne, qui exige de longs préparatifs. De plus, une distinction classique chez les techniciens renaît, entre l'« éducatif » et l'« occupationnel ». Vouloir occuper à tout prix les jeunes pendant les vacances, et de façon brouillonne, afin de les empêcher de nuire, n'a rien à voir avec une démarche éducative. Certains travailleurs sociaux voient là, comme le fera remarquer Michel Chauvière, un désaveu profond de leur légitimité et de leur compétence.

C'est la prévention spécialisée qui subit le choc le plus rude. Les émeutes de 1981, dit-on dans les cabinets ministériels, mettent en évidence ses limites. Protestation vigoureuse des intéressés... Certes, les équipes éducatives ne sont pas nombreuses, mais leur discours autrement pertinent que celui des technocrates. Ils savent, eux, repérer et cibler localement les jeunes les plus en difficulté ; mener des interventions techniques et réfléchies ; mettre en place des structures locales stables, dirigées par des professionnels qualifiés [15]. À l'inverse, les grandes manœuvres estivales de l'État relèvent d'un folklore brouillon : on s'adresse à n'importe qui, n'importe comment, pour faire n'importe quoi. Nul ne se soucie de gérer la moindre continuité dans l'action. On arrive dans la panique et l'on repart sans crier gare, le budget une fois épuisé. Inutile de faire tant de beaux discours et de mettre tant d'argent pour ce travail d'amateur... Le contournement des professionnels qu'organise l'État au plus niveau est vécu comme l'intrusion de démagogues incompétents. Les éducateurs de rue étaient traditionnellement de gauche. Les voilà déçus du socialisme.

Les anciens militants de la banlieue rouge ne sont guère enthousiastes non plus. Leur point de vue s'exprimera quelques années plus tard, par la bouche de Maurice Bernard, résident historique des 4 000 de La Courneuve : « Moi, si j'étais jeune, je me sentirais humilié par les opérations anti-été chaud, parce que ces animations, elles ne servent qu'à expulser les jeunes de leurs cités pendant deux mois. » Mais les jeunes se taisent. Ils tendent même plutôt à profiter de l'aubaine, sans trop de scrupules...

En quelques années, le jeu se calme en effet. Les pouvoirs publics renoncent à leurs grandes opérations « coup de poing », et les acteurs locaux apprennent plus ou moins à gérer l'exceptionnel. Plus personne cependant ne parle de « nouvelles stratégies d'action sociale » ni de « mutation des systèmes locaux de décision ». Des circuits se rodent et parfois se sclérosent. Au bout du compte, les élus locaux sont les grands gagnants. Les quelques travailleurs sociaux qui avaient été parfois à l'initiative des premières opérations s'en trouvent dépossédés.

« Il y a une grande méfiance des municipalités à notre égard. La préparation de l'opération se fait totalement au niveau municipal sans que nous y participions », se plaignent ceux qui ont été exclus des opérations dès 1985. « Ils y ont mis les formes. Ils font ça de manière très administrative, et les choses sont figées... Les ordres de mission doivent être transmis au Conseil général, même les sorties d'une heure [16]. »

Dès lors, le dispositif s'infléchit. En 1985, il a pris, affirme la M.I.R.E., « une tonalité plus routinière » qui « efface les engagements et le militantisme de la première année ». La décentralisation aidant, les opérations dites désormais « prévention-été » rejoignent les pratiques rassurantes de l'animation communale et de la prévention de quartier. Simplement, un mode de gestion habituel des vacances banlieusardes se met en place. La technicité de ces grandes manœuvres estivales n'avait jamais été vraiment réfléchie. Au fil du temps, il semble même qu'elle s'estompe. Comme l'ont montré les travaux d'évaluation de Louis Dubouchet, on assiste à une lente banalisation des activités de prévention proprement dites dans l'animation générale [17].

Neuvième partie

UN RÊVE PASSE...

CHAPITRE 41

La multiplication des « dispositifs »

Premier dispositif : l'insertion des jeunes...

Dès les premiers mois de sa prise de pouvoir, la gauche comprend parfaitement qu'il ne suffit pas d'appliquer avec obstination la ligne traditionnelle — le S.M.I.C., les 39 heures, les nationalisations, la retraite à soixante ans, le recrutement de fonctionnaires... — pour résoudre les problèmes majeurs qui turlupinent la société française, comme le chômage, les banlieues ou la délinquance. Il lui faut trouver quelques réponses. Provisoires certes, mais capables de faire pièce aux protestations les plus virulentes, de panser les blessures les plus douloureuses.

10 juin 1981. Sitôt nommé, Pierre Mauroy charge un professeur de sciences de l'éducation à l'université de Paris-Dauphine, Bertrand Schwartz, d'une « mission d'étude » destinée à profiler dès la rentrée un « dispositif » liant la formation initiale et professionnelle des jeunes. La démarche est classique : délimiter un problème, faire appel à une autorité reconnue, lui demander de réunir une commission, solliciter des propositions. Mais l'option de Mauroy est aussi politique : le futur Premier ministre avait rédigé la préface à un ouvrage de Bertrand Schwartz, en 1974, dans laquelle il se faisait le défenseur des jeunes les moins qualifiés. De plus, la compétence de Schwartz est reconnue. Il vient d'évaluer une opération expérimentale et interministérielle baptisée « Éducation, santé, travail », d'où il va puiser certaines propositions pour la mise en place de ses stages.

La droite elle-même avait fait de Bertrand Schwartz un expert. Dans les années cinquante, alors directeur de l'École des mines de Nancy, il avait enquêté auprès des industriels lorrains. Ces derniers voulaient qu'on leur forme, pour ingénieurs, à la fois des « hommes techniques » et des « hommes sociaux », sachant communiquer, adaptables à un environnement mouvant et « disponibles en permanence au changement ». Bertrand Schwartz révolutionne donc la pédagogie de son école. Plutôt que des cours magistraux, des stages en alternance et une pédagogie contractuelle ; plutôt que des examens annuels, un contrôle continu des connaissances. Bref, encourager chez les étudiants les capacités à s'autoformer. « La pédagogie du choix, du contrat, du bilan, amène à une sorte de cogestion de l'éducation », dit-il [1].

En 1963, le ministre de l'Éducation nationale, Lucien Paye, implante à Nancy l'Institut national de formation des adultes. Il en confie la direction à Schwartz, lui demandant de couvrir la France d'expériences semblables. La Lorraine, région mono-industrielle, ferme alors ses houillères. Il faut reconvertir les mineurs : 240 000 personnes peu qualifiées. Les licenciements et les grèves se succèdent... Schwartz hérite de ce dossier explosif. Après un jeu contractuel rondement mené, une gigantesque action de formation s'ouvre. En 1971, le système est à son zénith. Plus de 2 700 stagiaires annuellement inscrits, 300 groupes fonctionnant de concert. C'est alors que s'inventent les C.A.P. par unités capitalisables. « Cette dérogation aux règles habituelles de la certification, dit Évelyne Burguière, marque un tournant capital dans la formation des adultes, qui aura des conséquences jusque sur l'institution scolaire et sa logique, car les expériences de contrôle continu qui en découleront, à partir de 1972, dans l'enseignement professionnel ont là leur origine [2]. » Avec dans son sillage de telles réussites, Schwartz reçoit en 1981 une nouvelle mission impossible.

Dans l'attente du rapport Schwartz, le Premier ministre ménage l'avenir. Les « stages Granet » et les « pactes pour l'emploi des jeunes » sont reconduits et baptisés « stages Rigoud ». Quatre milliards étaient inscrits au budget 1980. La gauche, pour faire bon poids, ajoute 2 milliards pour augmenter le nombre de formations et stabiliser les emplois précaires. Les « stages pratiques en entreprises » deviennent des « stages d'insertion professionnelle ». « Insertion »... Le mot est lancé. Mis à toutes les sauces, il est appelé à un bel avenir.

À la rentrée, Schwartz remet son rapport. Le ton est pessimiste. « Sur 4 250 000 jeunes de seize à vingt et un ans, soit cinq classes d'âge, 2 300 000 ne sont plus scolarisés et 610 000 sont classés comme chômeurs ou inactifs. » Ces malheureux pourraient s'épanouir dans une pédagogie débarrassée des « niveaux » scolaires et dans un monde où ils ne se verraient pas disqualifiés en permanence par l'autoritarisme et le paternalisme des adultes. À une logique reposant sur l'échec et la sélection, il faut en opposer une autre, fondée sur la réussite, la « confiance », l'« autonomie » et la « capacité créatrice des jeunes ».

La démarche est radicalement novatrice. Comme le rappelait Pierre-Jean Andrieu, en mars 1990, alors délégué interministériel à l'Insertion professionnelle et sociale des jeunes en difficulté : « Bertrand Schwartz a proposé une politique ambitieuse qui rompait avec le mode de traitement habituel des problèmes sociaux, dans la mesure où elle ne reposait pas sur la création d'une institution nouvelle spécialisée, mais bien plutôt sur une mobilisation institutionnelle et sociale, venant compenser ou se substituer à un mécanisme classique d'intégration qui ne fonctionnait plus [3]. » Dans cette perspective, trois objectifs immédiats sont posés : « lier l'insertion professionnelle et l'insertion sociale » ; « opérer des discriminations positives » pour les jeunes sans qualification, les jeunes filles et les immigrés de la deuxième génération ; enfin « relever le défi technologique » en les formant à l'informatique, à la robotique, à la biologie, etc. Pour ce faire, des « missions locales spécifiques de développement communautaire » seront mises en place.

Toute la société doit aussi s'impliquer pour accueillir les jeunes. Inscrits à l'A.N.P.E. et assimilés à des salariés et à des stagiaires de formation continue, ces derniers percevraient de 30 à 40 % du S.M.I.C. ; ils accéderaient au droit commun, bénéficieraient des dispositions du Code du travail et passeraient de l'aide sociale à la protection sociale. Leur chômage pourrait régresser par un partage du travail « choisi » ou un travail à deux sur un même poste, le tout doublé de mesures d'urgence, comme la création d'emplois d'intérêt collectif et d'initiative locale [4].

L'Éducation nationale est concernée au premier chef et doit se transformer : « Si des modifications profondes du système éducatif ne sont pas réalisées, les mesures que nous proposons perdront leur sens. » Il faut assurer à tous « une formation technologique ouverte » sur les professions et les élus locaux, reposant sur l'« alternance » entre l'école et le milieu professionnel. Pour compléter le tout, Schwartz propose une « nouvelle approche de l'urbanisme », avec l'instauration de mini-foyers, des multilocations ou des habitats communautaires.

La première déception de Schwartz arrive dès la publication de son rapport. Ses ambitions réformatrices ne sont pas comprises par l'opinion. La presse les interprète comme la resucée d'un exercice classique : un énième « plan pour les jeunes [5] ». D'autres y voient seulement une pierre dans le jardin du voisin. Un « défi pour l'Éducation nationale », titre *Le Matin*. « Pour changer l'école, changer d'abord la pédagogie [6]. » La droite, quant à elle, comprend mieux les enjeux, mais ricane devant ce qui lui apparaît comme une construction idéaliste. Le député François d'Aubert se gausse de cette « volonté de résoudre la crise de l'emploi par du scoutisme [7] ». Le pouvoir ne réagit guère mieux. En des temps où tout l'espace est occupé par des débats entre communistes et socialistes, les thèses de Schwartz sont trop déviantes pour être prises au sérieux. En 1982, la priorité est au plan Rigoud. On reprend donc les stages Barre, en y rajoutant du « qualifié » et de l'« ouvrier ». L'Éducation nationale est consultée, qui complète les textes de son grain de sel, avec du « diplômant ». Schwartz se retrouve donc seul dans une pièce de la rue de Varenne, avec une toute petite équipe de l'A.D.E.P., à tenter de faire avancer des thèses que nul ne porte vraiment.

Non sans quelques vicissitudes, le 26 mars 1982, une ordonnance est prise, qui assure « les bases législatives de la première étape d'un programme ambitieux qui devra conduire en 1985 à ce qu'aucun jeune ne se présente sur le marché du travail s'il n'a acquis une formation professionnelle sanctionnée par un diplôme [8] ». L'échéance est de trois ans... À la rentrée 1982, les stages sont ouverts [9] : 100 000 jeunes de 16 à 18 ans en bénéficient, 20 000 sont accueillis dans les lycées d'enseignement professionnel, auxquels s'ajoutent 35 000 stagiaires de 18 à 25 ans.

En septembre, de premières « missions locales pour l'emploi » sont montées, grâce au réseau de relations de Bertrand Schwartz, dans des sites comme Grenoble et Dreux. Un petit groupe, au premier rang duquel on trouve Gérard Sarazin et quelques personnels détachés de l'A.D.E.P. et de l'A.P.F.A., court la France. Des fonctionnaires de diverses administrations vont les animer, en collaboration avec des contractuels [10]. L'État les cofinance avec les collectivités territoriales. Les apports locaux seront d'ailleurs toujours supérieurs aux financements étatiques, et l'écart financier ne cessera de se creuser. En 1982, on ouvrira 56 missions locales. Il y en aura 77 l'année suivante, 86 en 1984 et 92 en 1985. Voilà un premier « dispositif » de créé.

Second dispositif : les Z.E.P.

Juillet 1981. Que faire contre l'échec scolaire ? C'est un fléau que les héritiers de Jules Ferry doivent combattre en priorité. Le nouveau ministre de l'Éducation nationale, Alain Savary, rappelle d'ailleurs que le renouvellement de la pédagogie dans l'Éducation nationale « figure dans le programme du président Mitterrand [11] ». Comme chacun sait, les élèves les plus en difficulté sont dans les territoires les plus pauvres : mieux vaut résider dans les beaux quartiers si l'on veut faire entrer son rejeton à Polytechnique. À peine nommé, reprenant la suggestion d'un syndicat enseignant de la « deuxième gauche », dont il est fort proche — le S.G.E.N.-C.F.D.T. —, il propose une stratégie pour compenser les inégalités produites sous le règne de la droite. Le 1er juillet 1981, une circulaire annonce donc la création de « zones d'éducation prioritaires » (Z.E.P.).

La volonté première est d'abord quantitative : accorder des moyens supplémentaires aux territoires les moins bien dotés. L'école, abandonnant le principe républicain d'une distribution égalitaire des moyens pour « donner plus à ceux qui ont moins », adopte « des mesures inégalitaires pour réduire les inégalités ». Le ministre y ajoute un appel aux associations et aux ressources locales et, pour la gestion de ces zones, affirme en demi-teinte une doctrine nouvelle : donner davantage d'autonomie aux académies et aux établissements ; bâtir des « projets » plutôt que de suivre des programmes et des instructions ; mettre en place des « équipes d'animation locale » plutôt que de gérer sa classe ; appliquer de nouvelles modalités d'« évaluation ». On met aussi en doute des évidences comme celles du « niveau ». Comme le disent Baudelot et Establet : « Le niveau se célèbre ou se déplore, se décrète ou se refuse, s'atteint ou se dépasse, il ne se mesure jamais. » Et les auteurs de préciser : « La mesure est d'autant plus rigoureuse qu'elle est en caoutchouc [12]. »

Tout comme les missions locales, les Z.E.P. s'inscrivent difficilement dans le continuum politique. La nouvelle doctrine sonne bizarrement aux oreilles des instituteurs formés dans la tradition de la IIIe République. Tout cela fait figure de sacrilège. Pourquoi créer des « zones » déviantes par rapport aux normes nationales ? Même en cette période bénie qui va de mai à octobre 1981, la pilule est dure à avaler par l'appareil administratif ou par la Fédération de l'Éducation nationale. Les premiers se taisent ; les seconds maugréent et revendiquent que « l'Éducation nationale tout entière soit déclarée Z.E.P. ». Les communistes se méfient et les socialistes les plus orthodoxes ne soutiennent pas l'opération. Restent la deuxième gauche et le ministre pour la porter...

Du côté administratif, rien ne suit. Les ennuis des Z.E.P. commencent dès la première lettre du sigle. Qu'est-ce qu'une « zone prioritaire » ? Après de longs débats, une circulaire du 8 décembre 1981 la définit en trois annexes. Critères indicatifs, est-il précisé, et de surcroît non limitatifs. Les uns sont « externes » : paramètres sociaux, économiques et démographiques, avec une insistance particulière sur les enfants étrangers. Les autres « internes » : les retards en sixième, le pourcentage d'élèves dans les classes « sensibles » comme les C.P.P.N. et les C.P.A., les abandons au C.A.P.... Tous ces critères sont contestés. Ils mêlent des indicateurs trop hétérogènes, dit-on. Ceux des instances productrices de statistiques ont comme handicap la lourdeur de leur recueil, une actualisation lente, un accès malaisé. Quant à ceux des institutions, leur validité est aussi douteuse que les chiffres de la délinquance, du chômage, des « nouveaux pauvres » ou des immigrés. Ils n'apprennent rien sur les causes de l'échec scolaire et véhiculent enfin des présupposés absurdes. Ainsi, la relation entre immigration et échec scolaire, appuyée sur de fausses évidences linguistiques : « ils parlent " mal " français ». Or, à niveau socioculturel égal, les enfants de migrants auraient plutôt un léger avantage sur les fils d'autochtones [13]...

On passe outre. Une petite équipe se crée au sein du lourd appareil. Une agrégée de mathématiques fort introduite dans les milieux réformateurs, Catherine Moisan, suit le dossier au cabinet de Savary. Un groupe de pilotage technique, qu'anime Pierre-Yves Duwoye, s'efforce de mobiliser la machine. Des volontaires, hautement motivés, s'avancent dans toute la France pour animer les Z.E.P. On accorde des stages aux enseignants, on les incite à travailler en équipe et à innover, en leur ménageant un accès aisé à certains financements comme ceux des projets d'action éducative (P.A.E.). Des militants pédagogiques, que la période giscardienne avait quelque peu assoupis, se réveillent. Pendant un temps, les Z.E.P. sont des lieux relativement euphoriques, où se réinventent les savoir-faire. La circulaire préparant la rentrée 1983 annonce l'extension des Z.E.P. On en recense bientôt 350 sur toute la France ; 5 000 emplois supplémentaires y sont affectés. Un second « dispositif » est mis en place.

Troisième dispositif : les quartiers

Avant l'arrivée de la gauche au pouvoir, les H.L.M. s'inquiètent. Le statut social des populations se transforme et l'A.P.L., qui solvabilise les plus démunis, fait du logement social un habitat assisté, dit-on ; les politiques de regroupement familial concentrent les migrants dans le patrimoine et la crise y fait fleurir les pauvres. Au sein de l'Union des fédérations d'offices H.L.M., un groupe interfédéral est créé, que préside le maire socialiste de Roanne, Jean Auroux, et dont le rapporteur est Pierre Saragoussi. Si les riches s'enfuient et si les pauvres affluent, quel est l'avenir des quartiers d'habitat social ?

Robert Lion, délégué général de l'Union avant mars 1981, voulait tirer le signal d'alarme à l'occasion d'« assises » qui se tiendraient dans la deuxième moitié de l'année. L'arrivée de la gauche au pouvoir bouleverse son plan et en fait le directeur de cabinet de Pierre Mauroy. Parallèlement, Dominique Figeat, qui travaillait avec lui depuis longtemps sur les questions du logement, devient rapporteur du Plan intérimaire. Les deux actions, celle de l'Union des H.L.M. et celle du Plan, se conjuguent donc, sous la houlette du Premier ministre. Les assises, action originellement contestataire, se muent en une vaste opération gouvernementale.

Octobre 1981. Des « Assises pour l'avenir des cités d'habitat social » sont convoquées, réunissant l'Union nationale des fédérations d'offices H.L.M., l'Association des maires de France, la C.N.A.F., le Commissariat général au Plan, la Fédération des agences d'urbanisme, l'Union nationale interprofessionnelle du logement et la Fédération des sociétés d'économie mixte. Pierre Mauroy y annonce la création d'une « commission nationale » qui traitera les problèmes d'habitat social. Reste à savoir qui la présidera. Au termes de multiples contacts, avec Pierre Saragoussi, Robert Lion et Pierre Mauroy lui-même, Hubert Dubedout, le mythologique député-maire de Grenoble, accepte. Non sans réticences, car il espérait quand même être mieux traité par le président de la République... Faute de portefeuille ministériel, il reçoit les cités en péril comme lot de consolation.

La commission dite « Dubedout » se réunit un an durant, visite seize zones jugées « critiques », examine des expériences novatrices, comme celle de l'Alma-Gare. À la fin de l'année 1982, elle publie un rapport au titre mobilisateur : *Ensemble, refaire la ville,* qui avance un ensemble complet de propositions [14]. La commission est alors « interpartenariale » et non pas interministérielle : l'Union des H.L.M. y délègue Saragoussi, qui devient à ce titre secrétaire adjoint de la commission et qui sera un des rédacteurs du rapport avec Dominique Figeat, nommé secrétaire général de la commission.

Certaines des idées développées par le rapport Dubedout traînaient dans l'air étatique depuis une dizaine d'années, ne serait-ce que dans les opérations Habitat et vie sociale. Mais on s'en démarque. Certes, les anciennes procédures ont décloisonné les interventions administratives. Mais ces opérations s'étaient trop attachées à « améliorer le confort interne des logements ». L'essentiel — l'action sur le cadre de vie et les équipements de voisinage — est resté hors champ. On parlait d'« animation sociale » vers les étrangers et les marginaux. Mais n'était-ce pas une « tentative artificielle de les intégrer au sein d'un modèle de société qui les exclut par ailleurs » ? Les crédits étaient gérés centralement, en dehors des conseils généraux et des maires qui s'estimaient évincés. Quant à la procédure administrative, elle se révélait « lourde et trop rigide ».

Les nouvelles opérations préconisées doivent être de véritables leviers de changement. Quelques militants de l'intervention publique doivent insuffler aux quartiers une énergie toute fraîche, promouvoir une organisation différente et des savoir-faire nouveaux. Ce seront des laboratoires où se réinventeront le social et l'urbain. Lourde tâche pour ce nouveau « dispositif »... La petite équipe réunie autour de Dubedout, tout comme Dubedout lui-même, est l'héritière des mouvements urbains des années soixante-dix. Elle attache donc une importance extrême à la démocratie locale, à l'écoute des habitants, même s'ils ne votent pas, même s'ils ne sont pas regroupés dans des associations officiellement labellisées. On la laisse rêver.

Des structures légères, antennes locales de la commission nationale, se mettent en place sur seize sites, dont les Minguettes à Vénissieux, les Chamards à Dreux, les Grésillons à Gennevilliers, les 4 000 à La Courneuve, la Grande-Borne à Grigny, le Haut-du-Lièvre à Nancy, Orly-Choisy, le Neuhoff à Strasbourg, le Val-Fourré à Mantes et les XIIIe et XIVe arrondissements de Marseille. La petite équipe qui fait vivre la commission se démène, est en contact permanent avec « ses » quartiers, négocie directement avec tous les ministères, et caresse les plus grands espoirs de changement social. Quelques négociations politiques portent bientôt le nombre des sites à vingt-trois. Ce n'est qu'un début : dix ans plus tard, ils seront plusieurs centaines.

Quatrième dispositif : la délinquance

Mai 1982. Le dossier de la délinquance est à manipuler avec précaution : c'était le cheval de bataille de la droite. Le nouveau garde des Sceaux, Robert Badinter, plutôt que s'attacher à la sécurité, préfère prévenir les délits et traiter ces oubliés du système judiciaire que sont les victimes. Sans se faire d'illusions. Si le châtiment du criminel fascine, sa proie n'intéresse guère. Victimes et réparations « relèvent du malheur journalier et le quotidien laisse indifférent [15] ».

Dans le domaine de la prévention, la gauche a sur les bras les « comités Peyrefitte », plus ou moins en sommeil. Au moment où explosent les Minguettes, comment les supprimer sans s'exposer aux foudres de l'opposition ? Une note de Michel Delebarre au Premier ministre précise que, sur ce terrain, « seule une bataille de mots peut s'envisager [16] ». La tactique consistera à les réaménager, en investissant une nouvelle commission d'objectifs de gauche. Pour ce faire, on fait appel à ceux-là mêmes qui s'étaient révélés les principaux opposants à une politique sécuritaire : le Syndicat de la magistrature, en la personne d'un magistrat, Michel Marcus, et l'Éducation surveillée, en la personne d'un de ses directeurs, Yves Douchin. Ils seront les chevilles ouvrières de l'opération.

Le 28 mai 1982, le Premier ministre installe une Commission des maires sur la sécurité, en présence des ministres de l'Intérieur et de la Décentralisation, de la Justice et de la Solidarité, avec mission de « procéder à une réflexion d'ensemble et faire des propositions concrètes susceptibles d'enrayer le développement du sentiment d'insécurité ». Le 17 juin, la commission élit comme président le maire P.S. d'Épinay-sur-Seine, Gilbert Bonnemaison, et l'entoure de quatre vice-présidents œcuméniques : Gaspard (P.S.), Arreckx (U.D.F.), Bayeurte (P.C.) et Becam (R.P.R.).

Les symboles changent. Un homme de terrain, Gilbert Bonnemaison, remplace Alain Peyrefitte, grand bourgeois, énarque et normalien. Le maire d'Épinay-sur-Seine est un dessinateur industriel, élu en 1967. Sa ville, à forte composante populaire, est connue de toute la France pour avoir accueilli en 1971 le congrès historique de réunification des socialistes. Aux législatives de juillet 1981, dans la foulée mitterrandienne, il a été élu député. Apparemment, il a toutes les cartes en main pour parler de banlieue et de sécurité. « La délinquance ne fut jamais pour moi, écrit-il, le monde des autres, le monde de l'étranger.

Ils étaient mes amis, celui avec qui j'ai partagé les mêmes amours, celui avec qui je me suis battu. Pourquoi lui, pourquoi pas moi [17] ? »

Peyrefitte plaçait sa confiance dans les experts. Bonnemaison s'appuie sur les élus. Sous l'égide de Matignon et des préfets, il organise 400 réunions avec les maires des communes de plus de 5 000 habitants et recueille leurs avis. De plus, il adresse des questionnaires détaillés à 800 maires des villes de plus de 9 000 habitants. On dépouille les réponses : « Quand on regardait les réponses au questionnaire, on prenait une lettre, on la lisait, on l'identifiait d'après le style et le contenu, et on se trompait deux fois sur trois ! Telle lettre prise pour celle d'un R.P.R. était en fait celle d'un communiste, et vice versa. C'est véritablement la plus grande surprise que j'aie eue [18] », rapporte Bonnemaison. La délinquance est-elle devenue une question consensuelle ou la gauche est-elle en panne d'idées ? Personne ne se pose la question. Toujours est-il que les élus, toutes tendances confondues, estiment les forces de police mal employées et l'action des travailleurs sociaux mal articulée avec celle des communes. La justice n'est pas épargnée : les maires déplorent la lenteur dans l'application des sanctions et l'absence de peines adaptées à la petite délinquance.

Le 17 décembre 1982, Gilbert Bonnemaison présente son rapport. Il s'ensuit la mise en place de Conseils communaux de prévention de la délinquance (C.C.P.D.), coordonnés et animés centralement par le Conseil national de prévention de la délinquance (C.N.P.D.). La doctrine est claire : lutter contre la délinquance ne doit pas rester l'apanage de la police. Elle est l'affaire de tous. L'exigence d'« insertion » est mise au centre de trois axes de travail, donnant leur titre au rapport : *Face à la délinquance : prévention, répression, solidarité.* L'ordre des trois termes est significatif. Œuvrer pour la sécurité, c'est d'abord déployer localement les initiatives de prévention. Les C.C.P.D. prendront en charge, le plus souvent, les activités d'été pour les jeunes. Les municipalités devront également adopter un réflexe local de « projet » plutôt que de récrimination sécuritaire ou de demande assistancielle. C'est ensuite affiner les mesures de répression, associant sans exclusive tous les professionnels. Enfin, sur le long terme, c'est renforcer les solidarités quotidiennes. Seules une pédagogie de la citoyenneté et une « socialité vigoureuse » réduiront le sentiment d'insécurité. « La réponse aux préjugés sécuritaires ? Une cité plus solidaire, ouvrant la voie à une communauté pacifique. » Enfin, il faut inciter la presse à « dédramatiser les informations à caractère de violence ».

Le dispositif emprunte ses budgets aux diverses administrations. Ses personnels sont eux aussi contractuels ou mis à disposition par les municipalités et les administrations. Les conditions de travail sont héroïques : il faudra y dépenser davantage de salive que d'argent. La tâche est herculéenne. Pour tout viatique, le dispositif national possède du papier à lettres, une relative crédibilité politique, un gros carnet d'adresses, le soutien du Premier ministre et du président de la République. Ses chargés de mission se surmènent. Ils tournent sur tout le territoire, accumulent les effets médiatiques, répondent aux difficultés de terrain, multiplient les rencontres, dialogues, congrès et colloques, se muent en pédagogues et érigent en exemple des sites pilotes. Les temps sont encore à l'enthousiasme, mais la fatigue menace.

Le petit dernier : Banlieues 89

Un ultime dispositif voit le jour l'année suivante, en 1983. Le président de la République avait été alerté par quelques-uns de ceux qui avaient auprès de lui un accès privilégié, comme Roland Bernard, sénateur-maire d'Oullins dans la banlieue lyonnaise, sur l'importance politique des questions urbaines. Parallèlement, dans l'ombre, depuis plus de dix ans déjà, un petit groupe d'architectes et d'urbanistes, au nombre desquels on comptait Roland Castro, Michel Cantal-Dupart, Antoine Grumbach, Antoine Stinco ou Michel Herrou, se faisaient les avocats des banlieues au sein de l'Union des H.L.M. comme de la Direction de la construction.

Ce travail de fourmi se poursuit sitôt après l'élection de François Mitterrand, toujours au sein de la Direction de la construction, désormais animée par Georges Mercadal. Une rencontre cruciale entre le politique et le technique a lieu en 1983. Le président de la République, accompagné de Roland Castro et Michel Cantal-Dupart, doit faire un tour des banlieues en hélicoptère. Or, en juillet 1983, un drame se produit à La Courneuve. Des gamins font éclater des pétards, pour fêter le 14 juillet. Un locataire insomniaque et énervé sort son fusil, tire et touche au cœur un petit garçon de neuf ans, Toufik Ouanès, qui en meurt. Castro et Cantal-Dupart en profitent pour emmener le président à La Courneuve. Puis à la Butte-Rouge, à Châtenay-Malabry. Même surface au sol qu'aux 4 000. Même nombre d'habitants. À la Butte-Rouge, de vieux immeubles, construits à partir de 1934, et un sous-équipement chronique. Mais aucun appartement vacant [19]...

C'est le coup d'envoi donné à une nouvelle opération sur l'urbanisme de banlieue. Une lettre du Premier ministre demande aux deux architectes d'animer un nouveau dispositif. La commission de développement social des quartiers a donc désormais une petite sœur, moins riche mais plus bruyante. C'est la mission « Banlieues 89 ». Le nom de « banlieues » — avec un « s », pour tenir compte de leur diversité — sert d'emblème aux deux architectes, tout comme le chiffre de 89 choisi pour une double raison politico-électorale : l'abolition des privilèges en 1789 et le renouvellement des mandats municipaux en 1989 — les maires y seront sensibles, dit-on. De surcroît, l'abandon de l'Exposition universelle par Chirac laisse disponibles des financements et offre un nouvel objectif urbain au septennat : les banlieues. La mission reçoit une tâche écrasante : présenter un (nouveau !) plan d'aménagement du pourtour de la capitale, défendre des projets exemplaires proposés par des maires de banlieue et faire des propositions pour embellir les espaces périurbains. « Faire des banlieues aussi belles que les villes », diront inlassablement les animateurs de Banlieues 89.

Pour animer la mission, deux professionnels. Roland Castro est un ancien des Beaux-Arts, qui s'est fait connaître après 1968 par quelques initiatives radicales : la direction du groupe Vive la révolution ! et un journal, *Ce que nous voulons... Tout !* Ensuite, il s'est totalement investi dans la pratique architecturale. Il a rencontré un complice en Michel Cantal-Dupart, lui aussi urbaniste et architecte, issu des luttes anticoloniales et du militantisme socialiste. Avec quelques confrères, tous deux ont animé depuis 1976, sous la responsabilité de Jean-Michel Bloch-Lainé, alors directeur de la Construction, une mission « Consultation nationale sur l'habitat [20] ».

L'accueil que reçoit la mission auprès des milieux architecturaux est des plus réservés. Un meeting organisé à la Mutualité se transforme plus ou moins en happening, selon une pratique habituelle au milieu. Ce qui semble intéresser au premier chef la majorité des architectes, ce n'est pas la cause des banlieues, mais le financement de leurs activités. La mission ne se décourage pas pour autant. Elle ne donne pas dans la « grande politique », dit-on. Mais sa place est reconnue. Banlieues 89 est une experte du raccommodage urbain : transformer les friches industrielles, recoudre deux quartiers ou deux communes, parsemer les Z.U.P. de places et aménager les abords des cités, ouvrir, désenclaver, restructurer...

La mission, pendant un temps, court la France, mobilise les maires, en qui elle voit les nouveaux entrepreneurs de la ville et ses meilleurs avocats, elle encourage tous les projets possibles, les petits et les gros : depuis le minuscule équipement de quartier — un tout petit « bateau-rock », fort discuté pour son esthétique « nain de jardin », à Mons-en-Barœuil — jusqu'au réaménagement complet d'un centre ville — le projet de l'architecte Leseney à Hérouville-Saint-Clair [21]. Les dossiers une fois montés, ou ressortis des cartons, les projets sont financés : 220 en 1984 et 170 les années suivantes. Ceux de 1984 sont présentés sous forme de bandes dessinées ou d'affiches. Initiative saluée par la presse : « C'est très drôle et ça change du pensum des expos d'archi », d'habitude « illisibles pour les profanes sans l'aide d'une règle à calcul [22] ».

En deux ans, du chômage des jeunes à la délinquance, de la pauvreté aux banlieues, on est intervenu sur tous les fronts. C'est la grande invasion des « dispositifs ». Pourtant, dès les premiers temps de leur existence, eux-mêmes doutent de leur efficacité. Ils constatent tout d'abord qu'ils se marchent mutuellement sur les pieds. La commission pour le développement social des quartiers avait une vocation généraliste, et on lui adjoint des concurrents, qui la traitent parfois sans bienveillance et qui s'agacent même de son existence. Qu'importe. À ce moment, tout le monde croit encore que la crise est sur le point de se terminer. Le progrès social reviendra. Un bricolage de génie, œuvrant dans le provisoire, est donc suffisant...

CHAPITRE 42

Les chevau-légers de l'État contre les tanks de la crise

Jeunes espérances et vieilles analyses

Si le chômage croît, si les banlieues s'énervent et si la précarité s'accroît, quelle en est la cause ? Comme dans les vieux romans policiers, la première question est : qui est coupable ? Pour la gauche, les fractures sociales qui s'ouvrent sous ses pas sont l'héritage de la droite, l'effet provisoire des injustices et des désordres passés. Gaullistes et giscardiens ont encouragé immodérément les puissances économiques. Comment redresser le tir ? Le président de la République donne le ton dans son discours inaugural du 20 mai 1981. La crise est conjoncturelle, la reprise imminente et la priorité est d'ouvrir le « grand chantier » des inégalités. Les instruments sont keynésiens : stimuler une économie planifiée, relancer la consommation, mobiliser l'État, en réformer les structures, développer les acquis sociaux.

Le gouvernement Mauroy met donc à l'ordre du jour des mesures de « rattrapage » dans les domaines sensibles. Reprenant les découpages traditionnels des politiques publiques, sur chaque secteur, il joue le quantitatif. Des mesures sont adoptées dans la pure tradition du « socialisme à la française » : majorer le S.M.I.C., nationaliser cinq grands groupes industriels, réduire la durée hebdomadaire du travail et abaisser la retraite à soixante ans. Des recettes mijotées dans les années soixante-dix, sans que la sauce en soit renouvelée.

Un document, rédigé à la demande du ministre de la Solidarité nationale, résume la doctrine sociale du gouvernement. Toutes les inégalités sont recensées avec soin. Égalitaires dans leur projet, les équipements collectifs ont été « détournés de leur fonction », confisqués par les privilégiés et les classes moyennes. La gauche leur rendra leur vocation démocratique. Ils seront plus richement dotés et leurs usagers auront davantage de pouvoir. Soit l'instrument républicain par excellence, l'école. L'instruction populaire « autrefois assurée plutôt bien que mal » est délaissée au profit de l'élite. Conséquence, en 1980, « un enfant d'O.S. a 10 fois plus de chances de redoubler son cours préparatoire qu'un fils ou une fille de médecin, lesquels ont entre 17 et 20 fois plus de chances que l'enfant d'O.S. d'entrer à l'université [1] ». Les enseignants ont été méprisés et démobilisés par la droite. Mieux traités, ils remonteront au front. Il en est de même du social. Nicole Questiaux signe pour les travailleurs sociaux une « adresse », joyau passéiste, qu'elle n'aura jamais le loisir d'appliquer. À questions nouvelles, analyses anciennes...

Ainsi, que faire pour les « nouveaux pauvres », produits de la désindustrialisation ? Avant 1981, le gouvernement Barre avait demandé à un conseiller d'État centriste, Gabriel Oheix, un rapport sur la pauvreté et la précarité [2]. Le document sort en mars 1981 : « La bureaucratie sécrète la pauvreté », en conclut *Le Monde*. La gauche récuse aussitôt un travail à la tonalité libérale. Peut-on même parler de « pauvres » ? On connaît les ouvriers, voire les lumpenprolétaires. Mais les « pauvres », point. Cette notion misérabiliste empeste le bénitier et la gauche y est « allergique [3] ». La relance mettra fin à une précarité dont la droite est responsable. Il faut attendre le gouvernement Bérégovoy pour qu'une partie des propositions d'Oheix se retrouve dans un menu texte, dit « rapport Charvet ».

Une administration bloquée

Plutôt que de multiplier les « dispositifs », qu'aurait-on attendu du gouvernement Mauroy, en 1982-1983 ? Peut-être qu'il s'engage dans une entreprise digne de Jaurès et de Jules Ferry. Qu'il mette en chantier une grande réforme de l'administration ; qu'il reconstruise un grand service public, animé par des fonctionnaires compétents, zélés et pénétrés de leur mission. Cette stratégie aurait été couplée d'un appel aux agents eux-mêmes et à leurs représentants mandatés. Dans une société salariale bien conçue, les interlocuteurs naturels et les acteurs du changement ne sont-ils pas les syndicats, comme « partenaires sociaux », et les mouvements associatifs populaires ? De nouveaux hussards de la République auraient été lancés contre la crise. Certains en ont rêvé.

Mais, en 1981, qui peut croire en la réussite d'un tel scénario ? La gauche elle-même ne fait plus guère confiance au service public. Nombreux sont ceux qui partagent le lamento traditionnel de la droite : l'administration est trop lourde — la lenteur, le cloisonnement, la centralisation, les coûts croissants... — et ses agents sont tristement routinisés. Pourquoi s'épuiser sur un système bloqué [4] ? Comble de malheur, ces piliers traditionnels de la gauche que sont les syndicats et les associations populaires s'effritent face à la crise. Les masses les délaissent, et eux-mêmes ne comprennent plus leurs adhérents. Nicole Questiaux, certainement le plus fidèle défenseur de la logique salariale en cette période, tente de les remettre en selle dans son secteur. Sans succès. Constat cruel : des administrations ingouvernables et des forces populaires assoupies. Inutile d'attaquer de front un conglomérat devenu ingérable au fil du temps.

Face à ce blocage, la droite avait en réserve un second scénario. Edgard Pisani l'avait mis au point en 1956, dans un État gaulliste en gloire. Il consistait à créer des forces spécifiques, capables de transformer l'administration de l'intérieur, pour naviguer entre les aléas du parlementarisme, les écueils du clientélisme local et la lourdeur des services déconcentrés. On juxtaposait aux services traditionnels — l'« administration de gestion » — des structures nouvelles, dites « administrations de mission », en s'inspirant de la stratégie de l'Église au XVIIe siècle [5]. C'est ainsi que la Délégation à l'aménagement du territoire et à l'action régionale (D.A.T.A.R.), la Délégation à la recherche scientifique et technique (D.G.R.S.T.) et le Commissariat général au Plan avaient vu le jour.

Une telle ambition n'est pas morte. Le Conseil national de prévention de la délinquance la ressuscite en septembre 1982. Dans son rapport au Premier ministre, Gilbert Bonnemaison s'inquiétait : comment financer une entreprise aussi ambitieuse ? Par la création d'un établissement public, doté d'un budget substantiel et géré de façon autonome. Un outil financier avait été profilé, avec son sigle, le F.A.S.A.D. : le « Fonds d'action sociale antidélinquants et d'aide aux victimes ». Il aurait été alimenté à la fois par des fonds publics, par les branches industrielles dont la croissance est liée à la délinquance, ainsi que par des taxes diverses, le tout passant par un emboîtage d'établissements publics, l'un national, les autres régionaux, départementaux et communaux.

Malheureusement pour le prétendu F.A.S.A.D., depuis au moins dix ans, les administrations de mission ne sont plus en odeur de sainteté. Elles ont acquis une solide réputation de monstres technocratiques. Leurs ambitions sont exorbitantes, leurs personnels sclérosés et leurs liens avec les terrains réduits à des consultations formelles. Devenues jumelles des administrations de gestion, elles sont bien incapables de leur insuffler un souffle nouveau. Bonnemaison rêve d'une « D.A.T.A.R. de la prévention » ? Consternation dans les cabinets ministériels. Matignon, le Budget et les administrations centrales froncent les sourcils. Le fantôme haï de la technocratie gaulliste vient de resurgir.

Immédiatement, la riposte s'organise. Prélever des taxes supplémentaires ? Quelle mesure impopulaire ! Créer une nouvelle instance de tutelle aux collectivités locales ? Elle ponctionnerait les budgets ministériels et associatifs, tout en dépossédant les administrations de leurs prérogatives. Peut-on en même temps retirer de l'argent aux associations et aux ministères et espérer les mobiliser ? Enfin, Louis Joinet met en garde Pierre Mauroy : « Dès qu'on met en place un organisme de mission, ses responsables demandent le statut d'établissement public et un important budget. Si on les écoutait, il ne resterait plus un sou, plus une seule prérogative pour les ministères et l'administration classique. » Dernier argument massue, la loi Defferre alors en germe. « La loi de décentralisation sert de bouclier aux prétentions " technocratiques " des protagonistes du C.N.P.D. », remarque Donzelot [6]. En effet, la décentralisation devra globaliser les aides aux collectivités locales. Des établissements publics autonomes la videraient de toute signification.

C'est l'impasse. La Commission se rabat sur une hypothèse basse ou plutôt sur une troisième voie... Une partie de la haute administration, étroitement liée à la gauche réformiste, lui trouve alors une porte de sortie. Au début des années soixante-dix, entre l'E.N.A. et les couloirs du Plan, on rencontrait de fervents tenants d'une « approche globale » des problèmes sociaux [7]. Ils faisaient et refaisaient, sans se lasser, le procès d'une administration impuissante, enfermée dans un carcan d'actions parcellaires et incapable de se renouveler. À la place, ils rêvaient d'un modèle de coordination généralisée, capable d'induire, de restructurer, de moderniser et de redynamiser les services publics. Leur efficacité redoublerait et leur image s'améliorerait. Sur cette base, une alliance floue se noue entre les diverses traditions idéologiques de la gauche et une administration moderniste qui a fait ses classes sous le giscardisme.

Le C.N.P.D. est tiré d'affaire : pourquoi ne pas créer un « dispositif » souple ? Une structure minimaliste, qui « anime » plutôt qu'elle ne dirige, qui « implique » les personnels de terrain plutôt qu'elle ne les gère et qui « incite » au moyen de démarches contractuelles — comme les contrats d'action prévention (C.A.P.), dont la procédure est instaurée en 1985. Les promoteurs des C.C.P.D. adoptent une idéologie du type *small is beautiful :* « Heureusement qu'on ne nous a pas donné autant d'argent qu'on le demandait au départ. Cela aurait étouffé toute initiative au profit de la gestion », confie Michel Marcus. Les dents rognées, sans personnalité juridique ni pactole, le C.N.P.D. entame une longue marche. Avec, pour tout bagage, la fragilité comme tactique et comme éthique. Les temps sont mûrs pour la multiplication et la pérennisation des « dispositifs ».

Ces prothèses aux noms étranges...

Les « dispositifs » prolifèrent donc... Deux ans durant, les interventions ponctuelles, sur objectifs, unissant les administrations d'État et les collectivités locales se muent en réflexe. Le nouveau gouvernement, entre 1981 et 1983, s'engage dans de bizarres constructions institutionnelles, que l'administration baptise bientôt, faute de nom plus précis, des « dispositifs » d'intervention. Pour couronner le tout, et dans la plus pure tradition bureaucratique, on affuble ces nouveau-nés de sigles étranges, incompréhensibles pour l'opinion publique, déconcertants pour tous ceux qui n'appartiennent pas au premier cercle d'initiés et curieusement fluctuants [8].

Tout est précaire pour ces malheureux dispositifs. Même leur logement, ce qui est symbolique. Leurs locaux sont d'une austérité spartiate. Au bout de quelque temps, les nouveaux missionnaires sont entassés au fond de préfabriqués charitablement prêtés par l'armée, 71, rue Saint-Dominique, en même temps que la Mission interministérielle de lutte contre la drogue, instance elle aussi fort marginale. Une cour cafardeuse, des cloisons en papier, la froidure pendant l'hiver et la canicule pendant l'été. Finie l'époque des hôtels particuliers ! Dans les banlieues, le plus souvent, les dispositifs locaux ne sont d'ailleurs guère mieux lotis que les instances nationales. Pour les Z.E.P., c'est encore pire : leur existence n'est souvent que virtuelle. Leur groupe de pilotage, dans les combles du ministère, sera supprimé par Chevènement. Seule, la mission Banlieues 89, grâce à son insistance et son entregent, échappe aux préfabriqués. Mais pas à la crise du logement. Pendant un bref moment, elle empile ses chargés de mission dans deux pièces d'un hôtel particulier, face au Premier ministre.

Les dispositifs sont par essence instables. Le groupe de pilotage Z.E.P. ne survit pas à Alain Savary. La Commission nationale pour le développement social des quartiers démarre avec une dizaine de personnes, chargés de mission aux statuts divers, contractuels, fonctionnaires détachés ou mis à disposition, et dont certains quitteront leur poste sans que leur remplacement ait même été anticipé. Il en sera de même du Conseil national de prévention de la délinquance, de la Délégation interministérielle à l'insertion des jeunes ou de la mission Banlieues 89. Il faudra attendre 1991 pour que la Délégation interministérielle à la Ville, pourtant créée en 1988, acquière un cadre d'emploi stable de quelques dizaines de postes.

Plus inquiétant encore : les dispositifs ont la tête terriblement fragile. Les responsables politiques sollicités pour les coiffer sont d'éternels seconds. C'est le cas d'Hubert Dubedout. Bien que maire d'une grande ville et combattant historique de la gauche, il n'est guère apprécié par François Mitterrand. Le président ne veut pas s'embarrasser du symbole vivant de la « deuxième gauche », incarnation d'un réformisme technocratico-gauchiste dont il se méfie profondément. Un seul Rocard suffit. Les dispositifs seront donc toujours abandonnés à des politiques méritants, quelquefois brillants, mais que l'Élysée ne destine pas à de véritables carrières nationales : Rodolphe Pesce, maire de Valence, ou François Geindre, maire d'Hérouville-Saint-Clair. C'est aussi le cas de Gilbert Bonnemaison, pour le Conseil national de prévention de la délinquance, qui n'aura jamais le maroquin qu'il désire, en dépit d'efforts méritoires. La droite, désignant en 1986 Marc Becam ou André Diligent, ne changera pas de logique : des hommes de terrain, qui n'entrent pas dans le sérail ministériel. Avec les pauvres et les loubards pour tout potage, la classe politique peut être tranquille : les malheureux n'iront pas loin. Il faudra attendre la création d'un ministère de la Ville et l'arrivée de Michel Delebarre, bien des années plus tard, pour que les dispositifs obtiennent enfin une éphémère crédibilité politique.

L'idéologie est-elle plus solide ? Les dispositifs, jouant l'éclectisme, voire l'œcuménisme, font appel à toutes les sensibilités. L'ensemble des courants de pensée qui avaient modelé une culture d'opposition s'y retrouvent, sécrétant chacun son espace propre. C'est le patchwork des doctrines qui ont scandé l'histoire de la gauche : les tribuns de 1789, les hommes de science et de progrès des années 1880, les tenants du christianisme social, les activistes libertaires de la contre-culture et les partisans d'une société alternative.

Les zones d'éducation prioritaires raniment les débats des mouvements pédagogiques — de l'école moderne de Freinet à la pédagogie institutionnelle d'Oury, en passant par l'Éducation nouvelle de Gloton. Tous ont travaillé souterrainement les pratiques et les fonctionnements scolaires, manifestant leur refus de l'élitisme, plaidant pour le respect des rythmes de l'enfant et l'ouverture de l'école. Leurs idées retrouvent une seconde jeunesse. On reconnaît les mêmes thèmes chez Bertrand Schwartz : une confiance sans faille dans les potentialités ignorées des jeunes les plus démunis, et dans les initiatives des acteurs de terrain. Sous leurs auspices, le christianisme le plus solidariste rencontre le marxisme le plus redistributeur.

La Commission nationale pour le développement social des quartiers prend son inspiration dans le militantisme urbain des années soixante-dix. Celui, populiste et autogestionnaire, du christianisme social et celui, techniciste et participatif, des G.A.M. On retrouve dans la composition initiale de la commission de vieux routiers de ces temps héroïques, comme d'anciens militants de l'Alma-Gare. À Banlieues 89, le radicalisme esthétique flirte avec le gauchisme historique. On évoque les anciennes amitiés du maoïsme, le terrorisme intellectuel de l'U.P. 6 à l'École des beaux-arts, les dynamiteurs de l'ordre établi. Bientôt, au sein de Banlieues 89, les aspirations à changer la vie se pondèrent d'une croyance en un renouveau de la citoyenneté ou du « droit à la ville », lorsque la gauche entend retrouver ses racines républicaines.

Ces bigarrures idéologiques font ressembler les relations entre la Commission nationale pour le développement social des quartiers et la mission Banlieues 89 à celles que peuvent entretenir une assistante sociale un peu bigote et un architecte mécréant. La première fait de sa discrétion, voire de son humilité, un choix déontologique. Le second joue sans scrupule l'image et les manifestations hautement médiatisées : les prestations télévisuelles, la présentation des projets sous chapiteau, les semaines « Fêtes et forts » pendant les étés 1983 et 1984, et un tour de France en camion...

Au sein de la Commission des maires sur la sécurité refleurit une tradition républicaine, qui plaide pour la laïcité, le respect du service public et la responsabilité du citoyen. La proposition 24 du rapport Bonnemaison en témoigne — « enseigner aux familles les droits et les devoirs de l'homme » — tout comme la proposition 27 — « mettre en œuvre une éducation civique adaptée au monde contemporain ». Cette inspiration est aussi celle des composantes démocratiques de la police, qui influencent fortement l'action de la commission Bonnemaison.

Avoir su battre le rappel de toutes les vieilles espérances est l'un des atouts des nouvelles structures. Les militants de tout poil, chrétiens ou laïques, instituteurs gauchistes ou éducateurs contre-culturels, vont rêver, pendant un temps, de transformer leur travail en même temps qu'ils changeront le monde. Mais le revers de médaille est terrible : cet ensemble hétéroclite ne pourra ni renouveler ses analyses, ni s'inventer de nouvelles cohérences, ni se fondre dans des perspectives communes, qui auraient dessiné un nouveau projet de société.

Pour ce qui est des références communes, on joue donc profil bas. Plus de grande vision nationale, garante de l'« intérêt général ». Plus de volonté égalitaire. L'objectif est tout au plus de promouvoir davantage de « justice » et d'apporter une réponse adéquate aux demandes locales. Mettons l'accent sur le service aux usagers et sur la qualité des prestations, là où frappe la crise. Qu'au-delà des normes centrales, on adapte les interventions aux impératifs de terrain. Que les rigidités verticales et fonctionnelles se dissolvent au profit d'approches souples, dites « transversales »... Dernier point, l'hiver sera rude : il ne faut pas espérer de cette démarche des résultats rapides et éclatants. Préparons-nous à mener « un effort public continu et long », lit-on dans les textes fondateurs de la C.N.D.S.Q.

Personne pourtant n'aurait réellement parié sur la pérennité de ces fragiles béquilles. Elles apparaissent comme des entreprises de rafistolage, œuvrant dans un espace acrobatiquement calé entre une politique technicisée et un technicisme politisé. Leurs promoteurs auraient sans doute été fort étonnés d'apprendre que les malheureux « dispositifs » existent toujours, un peu usés certes, mais toujours utilisables, dix ans plus tard. Et rien ne dit qu'ils aient, en 1995, fini de servir... Le fait est que ces constructions aux noms étranges ont la vie dure. Au milieu des années quatre-vingt, un film américain connut un certain succès populaire : il racontait comment les progrès de la chirurgie transformaient un flic de rue en un être monstrueux, moitié humain, moitié machine, Robocop. En une décennie, certains quartiers de banlieue, de plus en plus mal en point, se sont dotés sans cesse de nouvelles prothèses, les ajoutant, les greffant et les superposant sans fin. Insensiblement, dans de tels endroits, les interventions publiques ont des allures de Robocop.

CHAPITRE 43

De grandes espérances

La potion magique

Certains voient dans les dispositifs un « bricolage ». Ceux qui les animent disent le contraire et revendiquent une stratégie. Ils se réfèrent à des « démarches expérimentales », voire à des « laboratoires » d'intervention. Multiplier les dispositifs n'équivaut pas à empiler les prothèses. C'est se doter d'un levier pour transformer l'action publique et la rendre capable de répondre au défi de la crise. Bref, une authentique potion magique.

Une première originalité des dispositifs consiste en la mise en œuvre de ce que Jacques Donzelot appelle une « méthode globale », inspirée du paradigme systémique. La haute fonction publique en avait longtemps rêvé et avait fini par la reléguer dans les placards administratifs, si l'on excepte l'expérience jugée réussie d'Habitat et vie sociale. Bruno Jobert dénonçait même comme un mythe obstiné l'« action multisectorielle coordonnée » : « La constance avec laquelle sont rappelés ces impératifs de coordination n'a d'égale que la régularité avec laquelle les observateurs constatent son trop lent développement [1]. » Les dispositifs donnent un nouveau souffle aux approches systémiques. Finis les discours abstraits, cantonnés aux rapports officiels ou aux actions expérimentales !

Les grandes administrations, dit-on, reposent sur quelques postulats fonctionnalistes, comme la répartition rationnelle des missions — l'éducation d'un côté, l'urbain de l'autre, le social d'un troisième — ou le caractère descendant et linéaire des prises de décision. Les remèdes à la dégradation des espaces urbains, à l'insécurité ou à l'échec scolaire ne peuvent être portés par ces modes de gestion centrale, verticale et cloisonnée. La « méthode globale » dénonce les rigidités sectorielles et promeut une pensée du complexe.

Premier ingrédient de la potion magique : une méthodologie de diagnostic. Comment analyser les dérives urbaines ? Une approche « naturelle » peut aboutir à ce que chacun se renvoie la balle. Soit l'échec scolaire : « C'est la faute aux enseignants », disent les parents. « C'est la faute à la famille », rétorquent les enseignants. Cette démarche peut avoir un habillage plus chic, qui pathologisera l'enfant, en invoquant la biologie ou la psychanalyse. Ou propagera une sociologie de coursive : « Les immigrés font baisser le niveau. » Ou encore on innocentera tout le monde et personne : « C'est la faute au chômage... »

L'échec scolaire, dit-on en 1981, est à la fois le produit des dysfonctionnements de l'école, de troubles relationnels, de carences dans l'habitat et dans l'environnement, d'inégalités sociales et de difficultés économiques. C'est ainsi que le ministère de l'Éducation nationale, dans sa circulaire de décembre 1981, présente les Z.E.P. : « Autant que l'inadaptation de l'appareil scolaire, c'est la conjonction des difficultés dues aux insuffisances constatées dans différents domaines, et notamment ceux du travail, des loisirs, de l'habitat, de la sécurité qui caractérise une zone prioritaire. » Rompre avec les jeux du ping-pong et du bouc émissaire implique de renoncer aux remèdes sectoriels : on ne lutte pas contre l'échec d'enfants défavorisés en se contentant d'accroître la qualité des prestations scolaires, pas plus qu'on ne résorbe les impayés de loyers en « gérant mieux » les offices. Il faut traiter le problème dans sa complexité : le fonctionnement de l'école mais aussi l'avenir des jeunes et leur place dans la société.

Deuxième ingrédient : la dimension territoriale. Le développement social symbolise d'abord la solidarité nationale. Comme le dit le rapport Lévy : « Sa mise en œuvre se justifie quand la crise d'un quartier au sein d'une ville, ou d'une ville dans une agglomération, peut être considérée comme ayant une dimension régionale ou nationale [2]. » Mais il est une raison plus profonde : parachutée de Paris, une intervention sur un quartier génère des effets pervers. Seuls les acteurs locaux maîtrisent l'ensemble des données et peuvent mobiliser des ressources telles que la volonté d'entreprendre, le climat de la ville ou l'image du lieu. À la différence de celui d'Habitat et vie sociale, le diagnostic « global » est élaboré sur le terrain. La commune — voire le « quartier », notion incertaine, ou le bassin d'emploi — est le pivot des dispositifs.

Troisième apport : le projet. Autrefois, l'État contraignait les villes à remplir un « programme ». C'est maintenant sur la base d'un diagnostic local qu'une action collective s'élabore. Le diagnostic effectué, il appartient aux acteurs locaux de se fixer des objectifs, en les hiérarchisant, de réfléchir aux moyens de les réaliser et d'élaborer des instruments d'évaluation pour vérifier la pertinence de leurs choix.

Quatrième apport : le contrat. Plus question de se lancer dans l'éternité des équipements, comme dans les années soixante. Tous les dispositifs sont provisoires et contractuels. Il en est de même d'actions en direction des immigrés, sous la responsabilité du ministère de la Solidarité nationale : les contrats d'agglomération. Ou celles touchant les familles, sortes de mini-D.S.Q. du ministère des Affaires sociales : les contrats familles. On ne travaille pas pour l'éternité, mais le temps d'un contrat, limité dans le temps, qu'on évalue une fois arrivé à son terme.

Le premier contrat est signé entre les communes et l'État, sanctionnant un engagement réciproque pluriannuel et dépendant de la réalisation d'objectifs communs. Par effet de cascade, les autres niveaux adoptent la même démarche. Selon la même procédure, la région peut affecter des fonds aux communes pour leur développement économique. De même, les départements aux communes pour le social, les transports ou l'enseignement. La contractualisation se généralise ; elle s'étend même aux rapports entre les services sociaux et les bénéficiaires, entre les formés et les centres de formation, etc.

Cinquième ingrédient : une action transversale. Sous la houlette des élus, les différents partenaires, administrations et associations, s'assoient autour d'une table, mettent à plat leurs intentions, coordonnent leurs actions, se concertent sur de nouvelles modalités d'intervention, mieux articulées et plus efficaces, en évitant tout double emploi et tout recouvrement de missions. Ce décloisonnement produit de la solidarité locale, induit une mutualisation des ressources et concourt de façon puissante au développement. Les apports de chacun ne s'additionnent pas, ils se multiplient. On travaillera désormais, dit-on, « en partenariat » ou « en synergie ».

Sixième ingrédient, essentiel : les finances... Par instruction du Premier ministre, il est demandé aux administrations de mettre à la disposition des missions locales ou des cellules de développement social leurs concours financiers, logistiques et intellectuels. Il est aussi institué un droit de priorité : dans la programmation des moyens, l'avantage doit être donné aux territoires défavorisés. C'est un point que confirme en 1988 le rapport Lévy : « La création d'une ligne unique pour l'ensemble des financements D.S.Q. serait une erreur. » Pourquoi ? « L'identification des différentes administrations de l'État à cette politique et, par conséquent, l'engagement dont elles font preuve pour la mener à bien exigent une individualisation des crédits par ministère [3]. » Le même document concède que l'existence de quinze lignes budgétaires différentes pour six ministères est tout à fait excessive. Il faut simplifier. Mais à condition de ne pas remettre en cause l'objectif de mutation organisationnelle...

De plus, dès 1982, l'État veut stabiliser la pression fiscale. Comme le financement des équipements locaux est inflationniste et ses résultats peu lisibles, c'est aux collectivités locales de prendre le relais, si elles le veulent et si elles le peuvent. Un mécanisme substitutif s'instaure, non sans grincements de dents de la part des nouveaux payeurs. Un État qu'on accuse d'être pingre accepte de payer à condition de n'être pas le seul. L'intervention centrale, à hauteur de 30 %, doit débloquer d'autres ressources. Pour moitié, celles de la C.A.F., du F.A.S., des offices H.L.M., de la Caisse des dépôts et consignations, mais aussi de mutuelles ou d'organismes privés. Le reste, 20 %, vient des collectivités locales, villes, départements ou régions. Les deux tiers des sommes investies par l'État sont donc le produit d'« un effet d'entraînement ». Mesuré à l'aune d'une ambition strictement économique, le développement social peut donc être considéré comme une excellente affaire. Les interventions D.S.Q. sont d'« un bon rapport qualité-prix », se félicite le rapport Lévy [4]. En 1988, leur enveloppe financière équivalait seulement à 2,3 % de l'ensemble des contrats de plan signés avec les régions sur les cinq dernières années, pour un rayonnement et une mobilisation incontestables.

Les nouveaux professionnels

La méthode est sans doute bonne. Mais qui va l'appliquer ? Les anciens professionnels, issus de la société salariale, ne font pas l'affaire. Donzelot et Estèbe disent ouvertement tout le mal qu'ils pensent des travailleurs sociaux : « La crise des Minguettes a révélé l'absence des travailleurs sociaux sur le terrain. Les chefs de projet sont venus avec leur foi militante, leur compétence technicienne, leur capacité à interpeller le politique. Alors que les travailleurs sociaux, outre leur langage souvent imbuvable et leur formation en sciences humaines de deuxième main, n'adoptaient envers le politique que des attitudes de méfiance ou de dépendance, sinon les deux à la fois [5]. » L'avis porté sur les enseignants ou les policiers n'est souvent guère meilleur. Mais on n'ose le dire : ces corporations, fortement protégées, et qui n'apprécient souvent pas davantage les élus, ont des moyens de défense et de rétorsion autrement musclés que les travailleurs sociaux...

Si la rigidité des postes de travail et des savoir-faire professionnels empêche de puiser dans le vivier des personnels « classiques », que faire ? Trouver un homme ou une femme d'exception, un technicien de haut niveau doté de savoirs et de savoir-faire étendus. Il doit tout faire : procéder à une analyse fine des populations et des problèmes sociaux, rédiger un projet, définir des priorités, diriger une équipe, conduire des actions partenariales, se muer alternativement en habile négociateur, en excellent gestionnaire et en grand communicateur. Il doit de plus être un militant convaincu, ce que sera d'ailleurs la première vague des chefs de projet. Reste à trouver cet oiseau rare. D'autant plus rare que le salaire n'est pas mirifique...

Ces êtres d'exception sont souvent recrutés parmi les urbanistes, les architectes, les économistes ou les gestionnaires. À cheval entre l'État et les communes, ils n'en ont pas pour autant la vie facile. Pour faire comprendre leur mission, Donzelot et Estèbe comparent les tâches du chef d'orchestre à celles du compositeur. Le premier garantit la « bonne » exécution, par chaque musicien, d'une partition existante ; le second travaille à son gré, jouant sur les règles et les infléchissant. Le chef de projet devrait être davantage compositeur que chef d'orchestre. Dans sa périlleuse entreprise, sa position extra-institutionnelle le sert. Comme il n'est doté d'aucun pouvoir, il « évite le déploiement de résistances » des acteurs locaux, tout en permettant d'« assembler leurs compétences » autour de lui. Son absence de poids hiérarchique est un atout. Elle en fait un catalyseur et lui permet non seulement de composer le projet local, mais aussi de le faire jouer [6].

La tâche est ardue et les moyens modestes. Peu de personnels, en général, aux côtés du chef de projet, et parfois peu qualifiés. On lui affecte, selon les moments, les jeunes de banlieue, les C.E.S., les jeunes du contingent, les chômeurs de longue durée ou les T.I.G. Il ne dispose souvent que d'un local de fortune et d'une logistique maigrelette. Mais le chef de projet tire souvent fierté de son dénuement. Il lui donne, affirme-t-il, « une capacité d'innovation que n'ont pas les structures classiques ». Selon Donzelot et Estèbe, il a un trésor dans ses bagages : la « méthode globale ». L'avenir est pour lui et il explore de nouvelles frontières.

Les Petits Poucets de la revalorisation urbaine

Au-dessus des chefs de projet, on rencontre ceux qui sont, davantage que les préfets, parce que plus proches du terrain, les véritables patrons des divers dispositifs : les maires. « Avec le développement social des quartiers, l'élément déterminant a été la mise en jeu des élus locaux », assure Dominique Figeat, premier secrétaire de la Commission [7]. Même l'Éducation nationale, souvent réticente face aux incursions des élus dans son domaine, convie les municipalités à coopérer au montage des Z.E.P. Les communes sont les amortisseurs de la crise et les élus locaux les Petits Poucets de la revalorisation urbaine. L'État les envoie guerroyer sur tous les fronts.

Sans trop hésiter, les communes jouent le jeu. Un lent mouvement d'ascension, dans les années soixante-dix, a aiguisé leurs appétits. Elles multiplient les initiatives : l'aide aux créations d'emplois, l'encouragement aux entreprises d'économie sociale, les stages pour les jeunes, ou même la création d'un minimum de ressources, comme à Belfort, bien avant le R.M.I… Les élus doivent mettre en cohérence des services émiettés, catalyser de nouvelles solidarités locales, inventer de nouvelles formes de participation, engager une négociation permanente avec les jeunes marginalisés, mobiliser les services publics, redéfinir la citoyenneté dans une société détruisant l'emploi. Il leur faut aussi jongler financièrement, maîtriser des circuits complexes d'allocation des fonds, négocier avec le préfet ou le président du Conseil général. Mission titanesque.

Dans les années soixante-dix, un ministre de l'Intérieur intime du président de la République, Poniatowski, avait sèchement remis à leur place les municipalités qui osaient se mêler d'économie. Désormais, on les en prie. On les cantonnait dans les garderies, les sorties, les cantines ou les centres aérés. On leur rappelait leurs devoirs financiers à l'égard de l'école, plutôt que leurs droits. En poussant désormais les maires en avant, l'objectif de l'État est double, voir duplice. D'abord trouver des remèdes pragmatiques aux désastres urbains, en impliquant des hommes de terrain. Mais aussi casser la propension des maires à tout attendre de l'État et à retourner vers lui la vindicte populaire. Il faut les responsabiliser, sans trop accroître leur pouvoir. Même dans les années quatre-vingt, les administrations centrales demeurent ambiguës devant l'affirmation du local. À certains égards, elles l'encouragent et en sont même les « protagonistes délibérés » ; mais elles en sont aussi les « observateurs sourcilleux et inquiets ». Et si les élus locaux en arrivaient à s'arroger des prérogatives indues [8] ?

Pourquoi donc les maires acceptent-ils de conduire des projets aussi périlleux ? Il n'est pas certain que leurs intérêts bien compris aillent toujours dans le sens du développement social. La commune doit résoudre des problèmes insolubles : engager des dépenses nouvelles tout en limitant les impôts locaux, faire face aux demandes sans fond des populations précaires sans mécontenter les autres. Le développement social, électoralement, ne paie guère. Les habitants qui donnent le plus fortement de la voix sont souvent ceux qui veulent assainir la cité. « S'en tenir aux principes D.S.Q de départ, c'est une position hyper-minoritaire localement, et toujours difficile à tenir », affirme Suzanne Rosenberg, longtemps responsable du dispositif de Mantes-la-Jolie.

Toutefois, avec les dispositifs, les maires repoussent les frontières de leur empire. Ainsi, avec les Z.E.P. et les opérations de développement comme têtes de pont, ils montent à l'assaut de la citadelle éducative et prétendent modifier l'organisation de l'école, en concertation avec les enseignants, comme à Saint-Fons, où le tiers temps pédagogique est généralisé. Certaines municipalités rêvent même de transformer les enseignants en techniciens communaux comme les autres, participant de la « politique jeunesse » du quartier. Leur pouvoir s'élargit, mais leur responsabilité s'alourdit. Certains en feront la dure expérience.

Vers une « citoyenneté urbaine » ?

Avec la décentralisation, un nouvel équilibre s'instaure entre l'État et les élus locaux. Les relations entre le national et le territorial ont toujours été une pomme de discorde pour les Français. Une gauche républicaine, antiféodale et centralisatrice coexistait avec une gauche proche du christianisme et fortement décentralisatrice [9]. De même, une droite prônant la centralisation étatique coexistait avec une autre qui la refusait avec énergie et s'exprimait avec force dans la mode graviériste. Cette tension était résolue dans un mécanisme de légitimité croisée décrit par Pierre Grémion : un compromis instable entre le préfet et le grand élu, se surveillant mutuellement, mais se renforçant aussi l'un l'autre. Le pouvoir central et le pouvoir périphérique s'équilibraient [10].

Dans les années quatre-vingt, cette régulation ancienne n'est plus de mise. La société ouverte n'a plus d'ennemi, comme dirait Fukuyama : « La démocratie vient de triompher de ses démons congénitaux : la tentation de la réaction et celle de la révolution. » Plus de communistes, plus de fascistes. Avec l'effondrement du salariat, la question sociale serait en quelque sorte « déplacée », affirment Donzelot et Estèbe [11]. Nos sociétés se déploient désormais dans une sorte de vide social. Elles sont en voie de « désagrégation » et les banlieues sont l'« épicentre » de ce cataclysme. Seules ces « non-forces » que sont les pauvres ou les jeunes de banlieue peuvent émettre d'impuissantes protestations...

Devant ce nouveau défi, l'État doit changer ses modes de faire. Donzelot et Estèbe, se ralliant à des analyses aussi optimistes que celles de Blandine Barret-Kriegel sur l'État de droit, pensent que chaque nouvel obstacle stimule la démocratie [12]. L'épreuve de la crise lui permet une nouvelle avancée. À la légitimation croisée d'antan, celle des notables et des technocrates, se substitue une autre configuration. L'État et les élus « s'interpellent » mutuellement, sous le contrôle des habitants : une triangulation État/élu local/citoyen se met en place qui réinvente au quotidien de nouvelles formes de cohésion sociale.

Autrefois régulateur et programmateur, l'État devient donc « producteur de société », grâce à une nouvelle technique d'intervention construite autour de la méthode « globale », du « projet » partenarial, du « territoire » et de l'« implication » des populations. Un nouveau type d'État-providence émerge, fondé non pas sur l'assurance que confère l'activité salariée, mais sur une solidarité détachée en partie du travail. L'aide sociale accède au statut de protection sociale, la solidarité rejoignant l'assurance. Les catégories de bénéficiaires ne se définissent plus par le travail, en particulier avec la loi sur le R.M.I. Ébauche d'une véritable politique de la ville, les dispositifs font revivre la tradition républicaine d'une « bonne » intervention étatique, garante de la cohésion sociale.

Inutile de préciser que cette argumentation constitue un exercice abstrait : penser dans l'absolu ce que peut être le « développement politique de la démocratie ». Ce qui impose un double décrochage : ne pas tenir compte des effets induits sur le terrain par ces nouveaux principes politiques (excluons des « questions simples » comme :

« L'argent public va-t-il aux bons endroits ? » « Permet-il de combler les carences constatées ? » « Ainsi mesurée, l'efficacité de la politique de la ville n'indiquerait jamais que sa capacité à masquer une déqualification des politiques publiques »). Et ne pas confondre cette projection idéale des mécanismes d'action publique avec le triste fonctionnement réel de la bureaucratie, nationale ou locale. Autrement dit, décrire un État à la Corneille : non pas comme il est, mais comme il devrait être. Si l'on suppose ces deux conditions idéales réunies, tout va pour le mieux dans le meilleur des empyrées étatiques possibles. La réalité est quelque peu différente.

... et les populations ?

Si le paragraphe qui suit est si court, c'est qu'il pointe un manque. Celui de l'acteur essentiel. L'ultime levier des dispositifs, le plus indispensable sans doute, est la présence active des populations. Pour le rapport Dubedout, il faut « traiter les causes profondes de la dégradation physique et sociale de certains quartiers populaires en s'appuyant sur une mobilisation collective de tous ceux qui, à un titre ou à un autre, sont concernés par la vie de ces quartiers, à commencer par les habitants eux-mêmes [13] ». La démocratie doit impérativement venir au secours des quartiers. Tous les dispositifs le clament en permanence. On exhorte les « habitants » à « se mobiliser », puis les « citoyens » à « s'impliquer ». Hélas... À quoi bon les appeler sur tous les tons ? Les banlieues ne sont au rendez-vous qu'au moment des émeutes. On ne cesse pourtant de les espérer. La crise est profonde. Mais comme l'espérance est violente...

LIVRE V

LA GESTION DES ANGOISSES

Dixième partie

LES DÉCHIRURES URBAINES

CHAPITRE 44

Un mouvement communautaire bien français ?

Un désastre identitaire

Vous êtes ouvrier qualifié, modeste employé ou petit commerçant. Vous vivez dans un pavillon, à Villepinte ou à Villemomble. Un beau jour, vous rendez visite à de vieux amis qui n'habitent pas trop loin, au Raincy par exemple. Vous n'étiez pas venu dans leur cité depuis, disons, deux ou trois ans. À la place du charcutier auvergnat, vous trouvez un épicier indien. À la place du tabac, une supérette vietnamienne. Devant le coiffeur et le teinturier, un rideau de fer. Des femmes en babouche, un fichu sur la tête, rentrent chez elles, traînant des filets à provision. Dans les halls, des adolescents bronzés, à l'allure louche, vous regardent en rigolant. De qui ? De vous, peut-être ? Tout est devenu moche, sale et déprimant. Vous vous dites, consterné : « Quelle évidence ! Ce sont les immigrés qui sont venus pourrir le coin. »

Dès la fin des années soixante-dix, les banlieusards français ont de vieilles nostalgies... Ils rêvent d'un âge d'or mythique où le monde était plus clément. Confusément, ils regrettent à la fois la chaleur des Bouts-Galeux et l'émerveillement des premiers grands ensembles. Un seul exemple : cette femme de trente-huit ans, habitant le square Broca à Argenteuil, qui se confie à Emmanuelle Essertier : « On était trois par palier, et il y avait six étages. Pratiquement toutes les femmes étaient mariées, les hommes travaillaient et on avait tous à peu près des enfants du même âge et c'était une entente ! À tel point qu'on donnait des coups dans le radiateur, moi j'habitais au deuxième, et si je voulais appeler celle du quatrième — on n'avait pas encore le téléphone — eh bien, je donnais quatre coups dans le radiateur ou cinq coups pour le cinquième, on allait à la fenêtre et on demandait : “ T’aurais pas un peu de beurre ? ” Quand y avait une fête ou un anniversaire, on ne risquait pas d’avoir un appel de la police : tous les voisins le savaient... Il arrivait qu’on parte en pique-nique, il y avait pratiquement tous les gens du bâtiment, il y en avait un qui préparait le poulet, l’autre la salade, et on partait au parc à côté d’Achères... » Et puis, tout s’est délité : « Les gens sont partis. » Où donc ? « Ils ont acheté. » Les couples se sont défaits. « Ils ont divorcé et il y a eu des histoires de couples. » Quand ça ? « À quel moment ça a changé ? 78-80 je dirais. » Les uns ont déménagé ou ont acheté un petit pavillon. Les autres sont restés sur place. Comme abandonnés [1].

Dans leur satisfaction perpétuellement querelleuse, les Français des années keynésiennes rouspétaient contre l’État, les fonctionnaires et les pistonnés de tout poil. Mais ils avaient enracinées au cœur quelques certitudes : en travaillant dur, ils seraient récompensés ; leurs enfants connaîtraient une vie meilleure que la leur ; et les petites gens, s’ils étaient malins et s’ils se serraient les coudes, ne se laisseraient pas faire par les gros... Ces certitudes s’altèrent. Alors que les jeunes immigrés s’énervent, les autochtones s’agitent. Les Français des cités et des petits pavillons virent à l’aigre et se muent en une étrange tribu coléreuse et angoissée. Du fond de leur H.L.M. ou de leur maisonnette, ils s’en prennent à tout le monde en général, et aux étrangers en particulier.

En 1983, Marie-Claude Betbeder monte dans le car qui reconduit chez eux les ouvriers des usines Talbot, à Poissy. Le véhicule manque de renverser deux Maghrébins. Commentaire hilare des prolétaires français : « Pas la peine de freiner. Ça en aurait fait deux de moins à licencier ! » Quelques minutes après, le car s’arrête pour laisser descendre quelques migrants. « Une voix bien française s’élève derrière le chauffeur : “ On va avoir une contravention... Ici, c’est interdit de déposer des ordures... ” » Autrefois, les plus virulents commençaient leurs phrases par : « Je ne suis pas raciste, mais... » « Maintenant, on s’affirme tranquillement raciste, et le propos le plus cru, le plus brutal, ne rencontre plus que connivence proclamée ou tacite [2]. »

Que se passe-t-il ? Les Français des cités s’en prenaient aux riches ; maintenant ils les envient. Les Français des cités avaient aussi quelques farouches protecteurs, comme le parti communiste ou une gauche populiste. Ils n’adhéraient pas à toutes les politicailleries qu’on leur déversait, mais ils se savaient défendus. Maintenant, ils sont abandonnés. Le progrès économique est sur le flanc. Le progrès social aussi. Plus de vaillants défenseurs des exploités : la gauche conduit à droite.

On ne peut même pas lui reprocher sa démagogie : elle le leur a dit. Pierre-André Taguieff résume la situation d'une phrase : « Le ralliement de fait à l'économie libérale, accompagné de dénégations (célébration de l'économie mixte) et agrémenté de suppléments d'âme tout rhétoriques (“ lutte contre l'exclusion ” alors que les inégalités socio-économiques s'accroissent). » Et Taguieff de conclure : « Le destin économique de la gauche, c'est la droite [3]. »

En 1990, le paisible sénateur-maire socialiste du Pré-Saint-Gervais, Marcel Debarge, s'insurge : il en a assez des femmes musulmanes pour lesquelles il vient d'obtenir une subvention et qui refusent de lui serrer la main parce qu'il est « impur », des Sénégalais qui le traînent devant les tribunaux parce qu'il a voulu vérifier leurs papiers avant de les marier, des Yougoslaves qui menacent ses adjoints avec un couteau pour obtenir un logement, des Maliens dont on livre le repas à domicile quand leur femme est malade et qui protestent parce qu'on n'a pas prévu le petit déjeuner... « Je suis un homme de gauche, un humaniste, mais croyez-moi, quelquefois [4]... »

L'effondrement d'une première digue républicaine

Quelque temps avant les explosions lyonnaises, des phénomènes inquiétants pointent le nez du côté communiste. Sur le territoire de Vitry-sur-Seine, on compte 13,9 % d'immigrés, le double de la moyenne nationale, alors de 7,8 %. En janvier 1981, le maire de Vitry s'énerve. Il donne l'ordre de démolir au bulldozer un foyer de migrants et de chasser 300 Maliens logeant sur le terrain communal. Indignation du recteur de la Mosquée de Paris, Si Hamza Boubakeur : le maire de Vitry est un « faux communiste » et un « dévoyé qui trahit la doctrine marxiste ». Contre ce traître, il organise même une « prière solennelle imprécatoire [5] ». Pour la presse, c'est l'affaire des « Maliens de Vitry ».

Rituellement, les mairies communistes protestaient contre la présence massive d'immigrés sur leur territoire. De Montfermeil — alors de gauche — à Nanterre, les communistes s'opposaient à ce qu'ils baptisaient parfois une « invasion ». Mais ils se contentaient de dénoncer la droite, qui leur expédiait les migrants refusés par les communes chics. Dans le seul Val-de-Marne, 33 foyers d'immigrés sur 41 étaient sur des municipalités de gauche.

Au début de l'année 1981, cette protestation classique prend une coloration troublante. Les élus communistes s'inquiètent dorénavant de l'apparition de « villes ghettos » engendrées par les afflux de migrants. Le maire d'Amiens proteste contre « la concentration d'immigrés dans quatre quartiers de la ville qui ne relève pas en premier lieu de variables financières ». « C'est un logement d'exclusion qui remplit une fonction dissuasive », affirment à leur tour les élus de Gennevilliers [6]. Fait nouveau, le passage à l'acte accompagne le discours. Les bavures se succèdent dans toute la banlieue, dessinant une politique : à Montigny, le maire — Robert Hue, futur secrétaire général du P.C. — dénonce à la vindicte populaire une famille marocaine, accusée d'être trafiquante de drogue ; à Ivry, des quotas anti-étrangers sont imposés dans les colonies de vacances...

Le bulldozer de Vitry reste dans la gorge de la gauche modérée, qui s'étrangle de colère contre le parti communiste. Certes, les communistes ont des circonstances atténuantes. La droite et les patrons ont leur part de responsabilité ; pour *Le Monde,* « la Ville de Paris contribue à concentrer la population ouvrière dans les mêmes municipalités [7] ». Malheureusement, l'affaire de Vitry n'est pas une « bavure ». C'est une « politique délibérée [8] ». Pierre Bérégovoy parle de « méthodes de groupuscule d'extrême droite ». Une historienne socialiste annonce la « doriotisation » du P.C. et craint de le voir recruter sur des bases fascisantes : « Marchais ne va-t-il pas mordre sur une masse de gens désorientés, victimes de la crise et déboussolés [9] ? » Vertueuses protestations communistes... Le rédacteur en chef de *L'Humanité* compare le nouveau consensus antiraciste de la gauche à celui de la guerre froide.

L'interprétation est électoraliste : le P.C. flatterait les bas instincts du banlieusard pour préparer sa campagne présidentielle. Mais cette vision politicienne induit une interprétation machiavélique. Si le parti communiste s'excite contre les migrants, au-delà du jeu politique, c'est que ses électeurs s'énervent. Pierre Mauroy a beau clamer en juillet qu'« il faut construire des logements sociaux » pour mettre fin à une « ségrégation inadmissible qui fait des villes les repaires des riches, et des banlieues le ghetto des pauvres [10] », les électeurs de banlieue n'en ont cure. Une partie d'entre eux détestent tout bonnement les étrangers. *Le Monde* philosophe : « Plutôt que de peser le degré de racisme du voisin, il serait préférable de jeter au vestiaire les armes des batailles électorales et idéologiques. Quels que soient les régimes et les tendances, il y a en chacun de nous un racisme rampant qui ne demande qu'à s'éveiller et qu'à exploser [11]. » Au-delà de son fatalisme humanitaire, le constat est juste : en France, la chasse aux immigrés est ouverte.

Le fait est que l'électoralisme n'explique pas tout. Les élus communistes ont su résister à des pressions autrement fortes. Ce qui se produit, c'est que certains principes élémentaires de la doctrine communiste, tel l'internationalisme prolétarien, ne sont plus de mise... L'agression contre les étrangers, attitude autrefois impensable, est devenue acceptable. L'événement est silencieux mais d'importance : un premier rempart idéologique contre la xénophobie s'effondre. Un premier inhibiteur du racisme populaire vient de céder. D'autres vont suivre.

La transformation apparaît au grand jour quand le maire communiste de Clichy-sous-Bois, André Dechamps, se fait exclure du P.C. pour avoir tenu, en mars 1990, des propos particulièrement explicites sur les migrants : « une meute de hyènes dans les escaliers des cités », qui « feraient mieux de se bouger » plutôt que d'« agresser de pauvres bonnes femmes ». « Ce que propose Le Pen, à côté de ce que je ferais à la place de Mitterrand, c'est de la gnognotte [12]. » Dans sa commune, il n'a pas voulu inscrire des enfants étrangers dans les écoles maternelles et il a refusé un logement de fonction à un instituteur antillais. L'ancien maire passe en correctionnelle. Il est condamné pour provocation à la discrimination raciale. Mais le racisme paie à Clichy-sous-Bois. Dechamps sera réélu, contre le candidat officiel du P.C., en janvier 1991, au terme d'une campagne axée sur « les périls d'une invasion de l'immigration tiers-mondiste ». Avec, comme principal concurrent, un ancien royaliste converti au Front national...

Dreux, ou l'effondrement d'une seconde digue

Le 5 octobre 1972, une poignée de militants d'extrême droite avait créé une Fédération unitaire nationaliste. Jean-Marie Le Pen en avait été élu président. Les politologues s'étaient empressés de classer ce groupe dans les divers et les bizarres, au musée des monstres politiques. Des tenants d'un nationalisme musclé, quelques vieux maurassiens, des vestiges de l'avant-guerre, les dernières épaves échouées du pétainisme, trois royalistes chenus s'appuyant sur cinq baroudeurs réchappés des rizières ou des djebels. Comment un mouvement aussi napthaliné aurait-il pu bénéficier du moindre courant de sympathie ?

Une décennie s'écoule, jusqu'aux élections municipales de Dreux, en 1983. Cette petite bourgade proche de Paris, affirme Françoise Gaspard qui en fut maire, n'est jamais parvenue à devenir une vraie ville. C'est une vingtaine de quartiers séparés les uns des autres et un agrégat de populations désunies. Dreux a été pris dans un véritable « tourbillon ». Elle accueillait 50 habitants supplémentaires chaque année entre 1801 et 1900, puis, entre 1900 et 1950, 88. Entre 1954 et 1968, plus de 1 000 par an ! Un « traumatisme », affirme Françoise Gaspard [13]. Après cette période de croissance, la tendance se retourne, fort tôt, dès 1965. La ville stagne, et le chômage apparaît au milieu des années soixante-dix. Une usine licencie la moitié de ses effectifs ; une autre ferme ses portes. Les étrangers, jusque-là tolérés, commencent à être regardés d'un œil torve.

Un petit groupe d'extrême droite, dont les militants avaient localement mené toutes les guerres contre la République, oscillait autour de 2 % aux élections précédentes. On le connaissait, sans le redouter. Il réapparaît sous l'étiquette du Front national et, le 4 septembre 1983, au premier tour des élections municipales, ce groupuscule rafle 16,7 % des électeurs. La France de gauche, victorieuse deux ans plus tôt, assiste, tétanisée, à la remontée en force d'un de ses plus vieux ennemis. Panique à bord et branle-bas de combat.

Françoise Gaspard a rappelé quelle fut la réaction d'une France qui découvrit, au lendemain du 4 septembre, ce chiffre de 16,7 % obtenu par un groupuscule marginal. Pourquoi s'inquiéter ? demande Jérôme Jaffré de la Sofres. L'extrême droite en France ne peut dépasser 2 % des suffrages. Le mouvement poujadiste n'a été qu'un prurit temporaire. Comment expliquer Dreux ? Par le poids exceptionnel des immigrés dans cette ville, par les rivalités locales, par l'absence d'enjeu national... Bref, comme pour la révolte des jeunes, on mobilise l'histoire et la politologie pour minimiser le nouveau.

À gauche pourtant, les troupes se mobilisent. Avant le second tour, un petit bataillon de personnalités, d'Yves Montand à André Glucksmann en passant par Guy Bedos et Vladimir Jankélévitch, lance un appel solennel. Il conjure les habitants de Dreux de ne pas élire les tenants d'idées extrémistes et racistes. Le gouvernement hausse le ton et monte lui-même au créneau. Un grand meeting, réunissant 5 000 personnes et clos sur un lâcher de pigeons, déplace à Dreux le Tout-Paris antiraciste. Peine perdue. Au second tour, le 11, la droite et l'extrême droite unies remportent 55,3 % des suffrages. Jean-Pierre Stirbois devient adjoint au maire, élu avec deux de ses colistiers. Le Front national a ses premiers élus.

Les options politiques des nouveaux venus s'affichent sans fard. Des expositions jugées « progressistes » sont interdites et on supprime leur allocation-logement à des instituteurs vivant en concubinage. Jean-Marie Le Pen devient une vedette médiatique. Phénomène temporaire, disent les optimistes. C'est une poussée de fièvre. Dreux reviendra à la raison. Or, aux élections européennes de 1984, le score national des tenants du lepénisme est de 11 %, mais de 21,8 % à Dreux. Le 3 décembre 1989, Marie-France Stirbois sera élue députée avec 61,3 % des suffrages...

Après celui de l'extrême gauche populaire, un second inhibiteur saute. La gauche est montée en première ligne contre le Front national. Jamais plus sa mobilisation n'atteindra l'intensité et la force de 1983. Son argumentaire anti-Le Pen repose sur la dénonciation des archaïsmes : comment peut-on accorder la moindre confiance à un ennemi de la République et à un suppôt du totalitarisme ? Hélas ! Le Français des cités reste sourd à ce discours. La gauche démocrate et réformiste peut s'égosiller. C'est en vain. Le contact est perdu avec les banlieues en crise, et la seconde digue a bel et bien été balayée.

La troisième et ultime digue...

Dès lors, la situation semble se stabiliser au sein de l'électorat, tout en maintenant le lepénisme à un niveau élevé. Le phénomène s'institutionnalise. Il naît « dans les grandes conurbations marquées par l'anomie urbaine », dit Pascal Perrineau [14]. Toutefois, les quartiers dits « précarisés » ne sont pas ceux qui alimentent le plus directement le Front national ; ce sont plutôt les territoires adjacents. En 1988, les électeurs de Le Pen représentent près de 15 % des votants. Le mouvement a réussi à fédérer, selon la formule de Pascal Perrineau, « le monde de la boutique et celui de l'atelier » : d'un côté, la droite radicalisée et les héritiers du poujadisme, les patrons de P.M.E. et les petits commerçants ; de l'autre, les ouvriers qualifiés et les contremaîtres, autrefois attirés par la gauche.

La recette du succès de l'extrême droite est connue. D'un côté, alors que l'avenir n'est lisible qu'à travers le prisme de l'anxiété, on évoque un passé mythique où la France était encore la France, un pays où il faisait bon vivre ; le travail récompensé, la famille chaude et unie, ou la religion simple des campagnes. De l'autre, on flatte le narcissisme du Français : son histoire glorieuse, sa place dans le monde, son destin civilisateur, son ancestrale supériorité culturelle, sans compter son courage et ses qualités de cœur. On en appelle au Cid, à la Lorelei, à la petite Jeanne de France et au roi Arthur. Dès lors, les ennemis sont aisés à identifier : les politiciens malhonnêtes et menteurs, une culture dégénérée, hybride et immonde : « rock-rap-tag-Coca », les feuilletons américains et japonais. Tout est prêt pour rêver à des remèdes magiques...

De plus, le Front national maintient ce que Jacques Ion appelle des « niches » d'engagement collectif dans un univers où le militantisme d'antan s'est épuisé [15]. Certes, les militants sont plutôt d'âge mûr, leurs valeurs balancent entre le doucement archaïque et le franchement réactionnaire. Mais ceux qui communient dans cet univers désuet y découvrent une convivialité et une chaleur qui font rempart contre la crise. Contre la mondialisation de l'économie, contre une récession sociale rampante, on joue la carte de la régression idéologique. Comme le montre l'enquête d'Anne Tristan dans la banlieue nord de Marseille, ce sont des groupes de réassurance identitaire, donnant à ceux qui les animent ou les fréquentent un soupçon de chaleur [16].

On déplore souvent les « erreurs de stratégies » commises par la gauche dans son opposition au Front national. Elle aurait par exemple encouragé un prétendu « modèle pluriculturel » de S.O.S. Racisme au détriment d'une défense sourcilleuse de l'universalisme républicain. Elle aurait utilisé Le Pen à la fois comme repoussoir et comme outil à diviser la droite. En le diabolisant et en le mettant au centre du débat, elle aurait joué avec le feu... Le machiavélisme propre à l'échiquier politique des années quatre-vingt, les réseaux occultes et les alliances douteuses ont certes joué leur rôle. Mais il est sans doute une erreur d'analyse, de nature sociologique cette fois, et plus grave : voir dans Le Pen un « archaïsme », une « exception française » qui fait tache au sein des pays occidentaux. Il suffirait de dénoncer le personnage antipathique et ses thèses scélérates, de faire confiance aux dynamiques démocratiques et républicaines et de laisser le temps faire son œuvre pour mettre fin à cette survivance historique...

Cette argumentation a mal résisté au temps. Les crispations identitaires des victimes de la crise courent l'Europe, de l'Italie à l'Allemagne. Certes, au fil de la décennie, une résistance au Front national s'est affirmée, au cœur d'un débat politique des plus confus. La stratégie est parfois compréhensive, parfois agressive. Ainsi, en France, des Sections carrément anti-Le Pen (S.C.A.L.P.), proches des autonomes, sont apparues en juin 1984, à Toulouse : « Déterrons la hache de guerre ! » « Le Pen ne doit pas fouler la prairie, ni à Toulouse, ni ailleurs. Chassons ce coyote ! » Ce mouvement est intervenu dans une vingtaine de villes, multipliant les concerts alternatifs, les actions directes et les affrontements avec la police : détourner les affiches de Le Pen en l'ornant de moustaches hitlériennes, couper le courant dans les salles où se réunit le Front national, etc [17]. Mais l'antiracisme de combat n'est plus le fait que d'une minorité active.

Les hommes politiques, toutes tendances confondues, y vont de leur petite phrase. À droite, on évoque les « odeurs » insupportables de la cuisine étrangère. À gauche, de Cresson à Rocard, on évoque les charters ou on proclame qu'on ne peut accueillir toute la misère du monde. Il est bien révolu le temps, fort récent, où un homme politique humaniste et centriste pouvait déclarer avec une candeur tranquille : « L'immigration est une chance pour la France. » L'extrême droite s'enorgueillit d'avoir joué les précurseurs. Comme le constatait dès 1983 un jeune des cités : « Un antiraciste devient plus facilement raciste qu'un raciste ne devient antiraciste [18]. » Ou comme le constatait prosaïquement Coluche : « Y a quand même moins d'étrangers que de racistes en France. »

Une troisième digue, l'ultime sans doute, celle de l'humanisme universaliste a été enfoncée. Le refus larvé des migrants et de la culture de l'étranger gagne sans cesse du terrain. En 1991, un sondage C.S.A.-*V.S.D.* annonce que 57 % des Français jugent impossible l'intégration des migrants « à cause des différences de façons de vivre ». Envers les Arabes, 6 % s'affirment directement « racistes » ; 14 % « un peu racistes », et 42 % « sans être racistes, ont parfois des réactions racistes » ; 45 % estiment que les enfants arabes font baisser le niveau scolaire, et 47 % que la religion musulmane « pose problème » [19]... Jamais la France n'a véritablement et totalement accepté la présence des gens venus d'Afrique sur son territoire. Désormais, le rejet se rapproche dangereusement de la norme.

Aujourd'hui, la France redoute le péril communautaire et voit dans les regroupements de migrants et dans le développement de l'Islam un péril pour son modèle d'intégration républicain. Cette crainte la rend parfois aveugle à une évidence : le premier mouvement communautaire a été celui de ses propres ressortissants. Les vieilles croyances universalistes, celles de la gauche marxiste comme celles de la droite républicaine, s'estompent au profit d'une morale nouvelle, celle du clan. On voulait réduire le nationalisme des cités à une simple survivance historique. Or, c'est tout un mouvement de société qui se dessine.

CHAPITRE 45

Un antiracisme ambigu

Les immigrés avant la gauche

Le mouvement de rejet des migrants qui traverse la France populaire a sa traduction politique et administrative. Incitations au départ, surveillance et quadrillage, campagnes d'opinion, expulsions... La fin du giscardisme n'a pas été tendre pour les immigrés, qui vivent entre 1977 et 1979 ce que Christian Delorme, le curé des Minguettes, appellera, dix ans plus tard, leurs « années noires [1] ». Les étrangers ont l'épée dans le dos. L'été chaud des Minguettes n'a guère surpris ceux qui voyaient l'étau se refermer sur les migrants.

Les jeunes Maghrébins font le dos rond ou épousent la révolte. À ce moment, les mouvements politiques d'extrême gauche ont sur eux une influence qui semble loin d'être négligeable. Des groupes autonomes, comme Rock against Police, ou certaines organisations trotskistes ou anarchistes, les dernières en piste, les poussent à la violence. Les jeunes hésitent. Certains, affirme Christian Delorme, préfèrent se tuer plutôt que de tuer. C'est le cas de Djamel d'Argenteuil, « l'écrivain de l'ombre » qui a fait toutes les guerres, des manifestations suivant la mort de Pierre Goldman à la bataille des squats. « J'ai envie de prendre les armes et de donner un coup de pied dans tout ce merdier... Des cendres, des larmes ; le soleil et la rage de survivre », écrit-il. Djamel se pend le 8 mars 1981.

Le débat public éclate à propos des expulsions. Le journal *Sans frontières*, qui servit de référence, plusieurs années durant, aux migrants et à ceux qui luttent à leurs côtés, publie en avril 1981 un manifeste signé d'une centaine de personnalités, « prêtes à aider par tous les moyens, légaux ou illégaux, toute personne menacée d'être expulsée de ce pays alors qu'elle tient à y vivre, pour y avoir grandi, travaillé ou s'y être réfugiée pour des raisons politiques ». Ce texte accompagne des luttes non violentes, comme la grève de la faim qu'entament ensemble, à Lyon, un prêtre, Christian Delorme, un pasteur, Jean Costil, et Hamid, un jeune Algérien. Les jeunes immigrés détenus des prisons lyonnaises suivent l'exemple. Christian Delorme est conscient que ce mouvement pacifique, qu'il a contribué à faire naître, est venu, dit-il, « court-circuiter » le premier, qui était une révolte politique.

Le pouvoir giscardien hésite à aller au conflit en période préélectorale. Le 29 avril, un communiqué gouvernemental propose la création d'un « groupe d'étude » pour trouver à ce « problème humain » une « solution équitable ». On n'expulse plus. Les animateurs du mouvement expédient une lettre ouverte à tous les candidats à la présidence de la République et leur demandent de prendre position sur les expulsions. Les récentes émeutes de Brixton, déjà mythologisées, servent de repoussoir. Le document, intitulé *Brixton en France,* constate que la « multiracialité » est une composante de la société française. « Feindre de l'ignorer, c'est prendre la responsabilité de déclencher ici des explosions semblables à celles de Brixton. On comprendra trop tard que la grève de Lyon était la dernière chance de l'action non violente. »

Le candidat Mitterrand répond, prend vigoureusement parti contre les expulsions et s'engage, s'il est élu, à « y mettre immédiatement fin et à présenter les dispositions législatives nécessaires pour que nul désormais ne puisse y avoir recours ». Cette prise de position explique en partie l'enthousiasme des jeunes immigrés apprenant au soir du 10 mai qu'un de leurs alliés a leur dossier entre ses mains. En juillet, Nicole Questiaux, comme à la belle époque du mai 68 urbain, invoque « la solidarité entre Français et immigrés [2] ». Une politique hardie est « une nécessité symbolique », dit Patrick Weil [3].

Malheureusement, les hauts fonctionnaires qui ont rédigé en vase clos le programme de gouvernement en sont restés à 1978. La question brûlante des expulsions n'est même pas mentionnée. Un secrétaire d'État chargé des immigrés nommé auprès de Nicole Questiaux, François Autain, prend quelques mesures, comme la suppression de l'aide au retour — devenue superflue — et une libéralisation du regroupement familial. Et, le 26 mai, Gaston Defferre, ministre de l'Intérieur, décide qu'aucun jeune né en France ou arrivé en bas âge ne pourra plus être expulsé.

Enfin, la loi du 9 octobre 1981 abroge le décret-loi de 1939, qui restreignait les droits des étrangers à se constituer en associations de

1901. Certains migrants contestent cette mesure au nom d'un refus de la « récupération ». Elle sera cependant à l'origine de la création d'une foule d'associations dans les quartiers, nationales, sociales, religieuses, ethniques. Elle permettra aussi à ces associations de bénéficier de subventions publiques. Le paysage associatif de la migration s'en trouvera transformé. Contrairement à ce suggèrent ceux qui se désolent du « vide associatif » des banlieues, il n'est pas de quartier où les migrants, jeunes et moins jeunes, n'aient créé de structure de regroupement. Sans créer toutefois de mouvement unifié et sans recevoir d'aide substantielle des pouvoirs publics, le plus souvent.

Hélas ! Une autre mesure, hâtivement prise, défraie la chronique et met un terme à ces tentatives réformatrices : la régularisation des clandestins — 150 000 demandes sont soumises aux préfectures, 130 000 acceptées. La ruée des migrants est telle en Seine-Saint-Denis qu'il faut dresser un chapiteau devant la préfecture, ce dont la presse fait des gorges chaudes. Dès lors, tout se bloque. L'ancienne proposition socialiste — la 90e sur 110 — d'accorder aux immigrés résidant en France depuis cinq ans le droit de vote aux élections locales est retirée du programme du gouvernement.

Les préoccupations d'avant la gauche font leur retour sur le devant de la scène : le 17 mai 1982, un décret revient sur les conditions et les motifs de séjour des étrangers en France, et reprend la lutte contre l'immigration clandestine [4]. La cote des immigrés baisse : ils ont même intérêt à se faire oublier. En 1984, un secrétariat d'État aux Immigrés, dit-on, ne se justifie plus. Le « grand ministère » des Affaires sociales et de la Solidarité, confié à Georgina Dufoix, suffit à gérer leur dossier.

Meurtres en banlieue

Après les Minguettes, les jeunes migrants sont partagés. Certes, ils ont occupé le devant de la scène et la gauche a adopté quelques mesures qui les ont satisfaits. Mais elle leur a aussi envoyé des signaux contradictoires. Promesses et soutien d'un côté ; répression et menaces de l'autre. De plus, le communautarisme français naissant fait des ravages. Le tir aux jeunes Arabes devient un sport de banlieue. L'agence Imm'média tient les comptes. Des dizaines de meurtres en quelques années. Soit des bavures policières, soit des affaires de légitime défense, soit, plus bêtement, des drames de la coexistence quotidienne, éclatant n'importe où, à propos de n'importe quoi, le bruit dans les coursives, la télé du soir ou l'occupation des cages d'escalier.

Une feuille ronéotée, dont les auteurs sont inconnus, passe de main en main dans la France profonde et la fait hurler de rire. C'est la « Lettre à Mustapha », prétendument écrite à son cousin par un Algérien accueilli dans l'Hexagone : « Nous sommes devenus les seigneurs et maîtres de Paris. » Après avoir énuméré les multiples avantages financiers, sociaux — et accessoirement sexuels... — qu'offre généreusement la France aux Maghrébins, l'auteur de conclure : « Viens vite, nous t'attendons très nombreux car Mitterrand nous promet pour bientôt le droit de vote. » Le militantisme raciste est encore occulte : on trouve ce libelle anonymement affiché dans les usines et les bureaux [5]. La France peine à accepter ce fait nouveau : les campagnes racistes accrochent l'opinion, d'autant plus que la gauche au pouvoir est de moins en moins ferme dans son soutien aux migrants.

Un assassinat prend des allures d'affaire nationale, celui d'Abdendi Guehmia. Abdendi est le trésorier de l'association Gutenberg, du nom d'une cité de transit de Nanterre réputée pour son intransigeance. La victime devient un symbole. Un groupe rock de Nanterre, qui chante « Nanterre, bidonville, ville bidon », prend le nom des Amis d'Abdendi. Certes, le meurtrier sera condamné à douze ans de prison, mais les meurtres de migrants ne cesseront pas pour autant. Ainsi, celui de Toufik Ouanès, neuf ans, tué par balle à La Courneuve, le 13 juillet 1983.

Aux Minguettes, après les élections de mars 1983, les incidents continuent. La police perquisitionne à la cité Monmousseau, chez des migrants soupçonnés de recel. Les forces de l'ordre battent en retraite sous les cailloux ; mais elles arrêtent aussitôt après quelques loubards repérés sur photos de presse... Les jeunes accusent la police de les persécuter, eux et leurs parents. Les affrontements continuent. Le père Delorme intervient en tant que médiateur, prêchant la non-violence. La grève de la faim reprend, dans une tour du 10, quartier Monmousseau. Au-dessus des grévistes, une inscription bientôt célèbre : « La violence ? C'est avoir vingt ans, pas de boulot et la police sur le dos [6]. »

Pendant ce temps, une guerre de tranchée se livre aux Minguettes. Les grévistes demandent l'arrêt immédiat des poursuites contre les jeunes qui ont participé aux échauffourées, le déplacement de certains policiers suspects de brutalité et l'embauche de jeunes pour la réhabilitation de la cité. La population est à cran. Les policiers la surveillent sans arrêt, du haut d'un appartement vide. Les grévistes sont maintenant isolés et n'ont que peu d'espoir de se faire entendre. La grève, commencée le 28 mars, dure jusqu'au 9 avril. En dernier recours, Christian Delorme s'adresse à Matignon et à Pierre Mauroy qui accepte de sauver la mise aux grévistes. Dominique Figeat, alors secrétaire général de la Commission pour le développement social des quartiers, vient calmer le jeu. Maigre consolation pour les jeunes des Minguettes...

Dans cette situation quasi désespérée, un fait majeur intervient. Toumi Djaïdja, le jeune Maghrébin présidant « S.O.S. Minguettes », est blessé au ventre par un policier que ses collègues trouvent d'ailleurs « un peu trop nerveux ». Toumi est à l'hôpital. Comment riposter ? Les médias viennent de remettre à la mode les sagas de Gandhi et de Martin Luther King... Selon la légende dorée de l'antiracisme, c'est de son lit, au mois de juin 1983, que Toumi, au terme de longues discussions avec Christian Delorme, lance l'idée d'une grande marche nationale et non violente contre les flingueurs de banlieue.

La marche des Beurs

La saga de la marche pour l'Égalité a été maintes fois contée [7]. Dès ses origines, l'action s'apparente à ce radicalisme moral si présent dans les luttes urbaines. Le poids des militants chrétiens, comme ceux de la C.I.M.A.D.E. ou du Mouvement pour une alternative non violente (M.A.N.), y est incontestable, et leur approche hégémonique. Ils veulent « lever la France de la fraternité » et lancer « un message universel dans lequel les pressions idéologiques se tairont au profit d'un consensus ».

Pourtant, les débats sont vifs. Au sein du « Collectif parisien de soutien à la marche pour l'égalité des droits et contre le racisme », trois stratégies s'affrontent. D'abord celle de Delorme et des organisations chrétiennes ou laïques qui, s'insurgeant contre le racisme et l'extrême droite, refusent d'appliquer un quelconque programme politique : mieux vaut défendre des valeurs universelles, l'amour contre la haine. Une seconde composante œuvre à ce que s'affirme un mouvement immigré, identitaire et autonome, autour des droits civiques : l'égalité devant le travail, l'école ou la justice. Enfin, troisième composante, des politiques, généralement proches d'une extrême gauche trotskiste, voient dans la marche l'amorce d'une mobilisation radicale.

Cette dernière influence est limitée, car le mouvement craint le noyautage et les « récupérations ».

Le 15 octobre, des marcheurs partent à dix d'une cité de Marseille, la cité de la Cayolle. Le lieu est symbolique : un enfant de onze ans a été tué par une explosion criminelle le 13 mars dernier. Les premières étapes restent incertaines... Mais le groupe grossit. À Montélimar, c'est l'enthousiasme. La petite troupe respire ; son pari est presque gagné. À Valence, c'est la première émission de télévision. À Lyon, le noyau dur des combattants de la paix l'a rejoint et la victoire semble acquise. Ils sont trente-deux arrivant à Paris, et toute la France parle d'eux. Une infirmière, Charlotte ; une journaliste de Lyon, Élisabeth ; l'animateur de Radio-savates, Patrick ; Abed, qui tient le journal de voyage ; Cécile, une éducatrice ; René dit « Moïse » à cause de ses soixante-cinq ans et de sa canne ; Jean Costil, le pasteur qui a déjà participé à la première grève de la faim ; et puis Fatima, Malika, Kera, Nassera, Bouzid, le fils de harki, Djamel, Abdou, Amstar, Tahar... La députée de Dreux, Françoise Gaspard, les a rejoints.

Le 16 novembre, c'est le meurtre absurde et sauvage d'un touriste algérien de vingt-six ans, Habib Ghimzi, battu à mort et précipité d'un train à cent quarante kilomètres à l'heure par trois légionnaires avinés, entre Bordeaux et Vintimille. Un peu plus tard, Roger Hanin en tirera un film, *Train d'enfer.* Lorsque les marcheurs entrent dans Paris, après avoir parcouru 1 500 kilomètres en six semaines, ils le font, proclament-ils, « avec la caution du président de la République, de Mgr Lustiger et du parti communiste ».

La classe politique est en alerte, et les socialistes se font les avocats de l'antiracisme. Le président de la République a visité La Courneuve en juillet et les Minguettes en août. Georgina Dufoix, alors secrétaire d'État chargée de la Famille et des Travailleurs immigrés, appuie les marcheurs. Un peu plus tard, Jack Lang et Roger Hanin iront même jusqu'à déguster un couscous à Aubervilliers. Les médias suivent, et les banlieues deviennent à la mode, pendant un bref instant. Les Beurs font fureur, les filles surtout, que les plateaux de télévision s'arrachent. « Beur is beautiful », proclame *Libération.* Les marcheurs resteront discrets. Phénomène fort rare dans les années quatre-vingt, tous refusent les exhibitions télévisées...

À Paris, le samedi 3 décembre 1983, c'est la liesse. La foule est estimée à 100 000 personnes. Surmontant le cortège, une unique banderole : « Rengainez, on arrive, la chasse est fermée ! » En tête, à la chilienne, les mères de famille, arabes, brandissant une photo de leur enfant assassiné. Puis le collectif des jeunes clamant un slogan vite populaire : « La France, c'est comme une mobylette, pour avancer il faut du mélange. » Une ambiance de fête, des danses et des tambours. Aucune banderole politique ; seuls quelques badges évoquent la gauche, portés par des trotskistes ou des syndicalistes. Un symbole domine le cortège : deux pieds, l'un chaussé d'une babouche, l'autre d'une charentaise.

Quatre ministres se sont déplacés pour accueillir les marcheurs — Georgina Dufoix, Huguette Bouchardeau, Jack Lang et Claude Cheysson. À Montparnasse, dans un froid de glace, Georgina Dufoix, simple secrétaire d'État en pleine ascension, prend la parole au nom du gouvernement et prononce quelques mots qui font mouche. Puis les marcheurs sont reçus à l'Élysée, où le président leur accorde, de façon impromptue, la carte unique (séjour et travail), valable dix ans. On leur promet aussi d'étudier un projet de loi aggravant les peines contre les crimes à caractère raciste et d'examiner la question du droit de vote aux immigrés lors des élections locales. Sur ce point, l'examen durera longtemps, longtemps, longtemps...

Avec la marche des Beurs, le mouvement culmine. C'est le grand enthousiasme antiraciste. Un marcheur déclare : « J'ai compris que tous les Français ne sont pas racistes. » On se raconte les épisodes héroïques : comment, à Loriol, trois Français armés de matraques ont provoqué les marcheurs, et comment la non-violence l'a emporté. C'est l'euphorie, et on jure de se retrouver.

La promesse est difficile à tenir. Impossible de cadrer des projets précis ou même de s'en tenir aux rendez-vous fixés. Une atmosphère de fin de partie. Dans les cités, les jeunes immigrés développent ce qu'Adil Jazouli appelle un « syndrome d'abandonnite ». Ils harcèlent les élus. Quelques événements symbolisent cette dégradation. Ainsi, Toumi Djaïdja, héros de la marche, est condamné à 15 mois de prison en octobre 1984, pour un cambriolage auquel il déclare n'avoir pas été mêlé. Mitterrand le gracie à Noël : on crie au favoritisme. Et Toumi préférera désormais la religion à l'action politique.

Autre symbole : un nouveau débat éclate à la cité de transit Gutenberg, à Nanterre. Comment reloger ses habitants, si les élus du voisinage ont tous de bonnes raisons de les rejeter ? Pour régler le conflit, en 1983, Georgina Dufoix nomme un prêtre, médecin de surcroît, qui jouera les médiateurs : François Lefort. Son engagement auprès des immigrés est connu de longue date et sa compétence est certaine. Mais, coincé entre le marteau et l'enclume, renvoyé comme une balle de ping-pong des résistances locales aux jeunes de la cité qui le somment sans cesse de s'expliquer et de donner des gages, il est contraint à démissionner.

« Convergence 84 » et le temps des soupçons

La bénédiction présidentielle est une arme à double tranchant. Les lascars des cités mettent sous haute surveillance les petits malins qu'ils soupçonnent de vouloir s'introduire dans les salons parisiens — la « Beur-geoisie ». Pour les banlieues, S.O.S. Racisme, même au temps de sa plus forte influence, restera suspect. Ces gens ne sont pas de leur monde. Politiquement, le doute plane. S'agit-il d'autre chose qu'une opération mondaine manipulée par l'Élysée, doublée d'une tribune pour quelques intellectuels à la belle âme et qui tiennent de grands discours n'abusant que les lycéens ? Les fiançailles de la gauche humaniste et de la révolte banlieusarde sont rompues. On riposte au mépris de classe par la hargne populiste.

Que faire, en 1983, quand on refuse d'être « récupéré par les curés et les socialos » ? Dans les banlieues, certains rêvent : un mouvement autonome, sans encadrement politique ou institutionnel, sans manipulation ni des politiciens ni des intellectuels : « Nous ne reconnaissons à personne le droit de parler en notre nom. » Les jeunes migrants ont pour eux le nombre. Certes, le pourcentage d'étrangers en France — 8 % environ — n'a pas varié depuis un demi-siècle. La population étrangère dans son ensemble a doublé en vingt ans : elle était de 2 012 352 en 1962 ; elle augmente lentement : 4 124 317 en 1979, 4 167 978 en 1980, 4 223 928 en 1981 et 4 459 068 au 31 décembre 1982, selon le ministère de l'Intérieur, sans tenir compte des clandestins. Dont 1,5 million de jeunes, soit 7,1 % de moins de 26 ans [8]. Mais le nombre n'est pas tout.

Les assises nationales et les réunions régionales se succèdent. Les débats sont agités, les analyses inconsistantes et l'idée d'« autonomie » vague et sans objet. Chaque militant s'accroche avec âpreté à ses positions et repousse tout compromis. Le mouvement, ou ce qu'il en reste, accouche quand même d'une plate-forme minimale, catalogue classique des revendications propres aux associations d'immigrés : une condamnation du « repli communautaire », du racisme et des persécutions policières ; la demande d'être « reconnus » comme de véritables interlocuteurs. Maigre moisson.

Comment relancer le mouvement ? Le collectif parisien, par la bouche d'une jeune cinéaste d'origine algérienne, fille d'immigrés, Farida Belghoul, lance l'idée d'une nouvelle manifestation nationale. On ressort pour l'occasion la phrase de 1983 : « La France, c'est comme une mobylette, pour avancer il faut du mélange », et on en incarne le symbole. L'opération s'appellera « Convergence 84 », et des jeunes en mobylettes viendront à Paris, des quatre coins de la France. Une étoile est dessinée par Brest, Dunkerque, Strasbourg, Marseille et Toulouse, sur laquelle rayonneront les militants, s'arrêtant de ville en ville. Il doit s'ensuivre le 1er décembre un grand carnaval interculturel et la reconstitution publique d'une gigantesque fresque dont les morceaux auront traversé l'Hexagone. 1983 était l'année des marcheurs, 1984 sera celle des « rouleurs ».

Il n'est plus question de « droit à la différence », pour autant que ce mode d'ordre ait jamais été assumé. On juge le slogan paternaliste. Dans une France dite « pluriculturelle », qui détient le pouvoir ? Il y a une culture dominante et des cultures dominées. Mieux vaut donc, pense Farida Belghoul, revendiquer une égalité radicale. Cette position extrême ne fait pas l'unanimité. De longues discussions, il sort un mot d'ordre compliqué et passablement abstrus : « Vivons égaux avec nos ressemblances, quelles que soient nos différences. »

Mais les temps ont changé. Les banlieues de 1984 ne sont plus celles de 1983. Les humanistes ne sont plus au rendez-vous. Seuls se précipitent au-devant des marcheurs quelques officiels accompagnés de professionnels de l'antiracisme. Les immigrés tordent le nez. Ils redoutent de jouer le rôle de « bouffons » et de devoir accepter le paternalisme de leurs supporters français. Les rapports s'aigrissent parfois et dégénèrent. Ainsi, cette altercation, avec gifle à la clef, entre Farid, un ancien marcheur, et un militant français qui, dit-il, lui « prend la tête ».

C'est à Paris, place de la République, au moment où tout le monde est réuni, que le divorce se consomme publiquement. Le discours de Farida Belghoul, sans doute un des plus étonnants de toute l'histoire du militantisme urbain, annonce la rupture. Plus question de faire cause commune avec des « alliés » au paternalisme insupportable. « Le problème, c'est que, lorsqu'on se mobilise au nom d'une cause, on se sent sûrement solidaire de ces pauvres bougres qui subissent des injustices intolérables, mais que l'on ne se sent pas vraiment concerné. On tend la main, tout au plus, parce que l'on se sent à une distance sûre de cette souffrance. » Il faut, poursuit-elle, arrêter de « délirer sur une dimension œcuménique et humaniste. La fable n'a pas tenu. Arrière toute. Ou plutôt avançons d'un pas, cassons cette servilité qui nous pousse, pour la gloire d'un rassemblement de masse, à reproduire nous-mêmes le bluff interculturel [9] ». On invoque Eldridge Cleaver et les luttes des Noirs américains. À quoi nous servent des gens qui veulent bien penser pour nous, si nous mourons à leur place ? Si nous devons périr pour des idées, autant que ce soit les nôtres...

L'antiracisme, perdu en politique

Une partie des marcheurs se désolidarise du radicalisme de Farida et condamne ses positions comme suicidaires pour le mouvement. Mais la coupure sociologique est achevée, et la dynamique antiraciste cassée. Les jeunes de banlieue ne construiront pas leur mouvement « autonome ». Ils s'épuiseront en luttes intestines, exprimant une perpétuelle rancœur contre l'antiracisme institutionnel qui occupe toute la place et qui les a supplantés. Pour le gouvernement, il est clair que les immigrés sont incontrôlables et qu'ils ne peuvent devenir ses alliés. Il soutient donc un antiracisme tout intellectuel, que passionnent davantage les grands débats politiciens que les distributions de tracts au fin fond des banlieues. La voie est libre pour le journal *Globe* ou pour S.O.S. Racisme. Quant au mouvement beur, il se noie dans ses contradictions. L'antiracisme devient une aventure parfois ambiguë [10].

Sous la haute protection de l'Élysée, en la personne de Jean-Louis Bianco, et avec l'utile concours de financements publics et de soutiens privés, un gigantesque concert se tient le 15 juin 1985, place de la Concorde. Près de 300 000 personnes, Blancs, Beurs, Asias et Feujs occupent Paris, une folle nuit durant. L'opération est signée S.O.S. Racisme. Une petite main levée, de toutes les couleurs, qu'on accroche à son revers en signe de ralliement, et un slogan répété à l'envi, « Touche pas à mon pote », l'accompagnent. Mais l'entreprise n'a plus avec les quartiers qu'un assez vague rattachement. On trouve de tout, à S.O.S. : des politiciens socialistes, des écologistes convaincus, des trotskistes militants, ou qui le furent, d'anciens gauchistes, des entrepreneurs humanistes, des vedettes au grand cœur, des lycéens, des universitaires, des comédiens, des journalistes et des mondains. Et même quelques banlieusards. Quant aux tentatives d'implantation, les Maisons des potes ou l'opération « Banlieues unies », elles resteront toujours relativement marginales.

Dans les banlieues, quelques militants radicaux et aigris dénoncent le « Pote aux roses » et voient dans l'opération un pseudopode mitterrandien. Au cœur des cités, la cause antiraciste s'éparpille en une poussière de groupes qui se déchirent. Aux sommets de l'État, l'antiracisme se marie aux rivalités politiciennes et aux controverses élitaires. Quelques mermaziens et quelques fils de harkis lancent un concurrent à S.O.S Racisme, France Plus. Après 1988, la droite a ses œuvres antiracistes, l'Élysée les siennes avec S.O.S. Racisme et Matignon aussi, avec France Plus. L'un va dans un ministère demander une subvention, l'autre passe derrière et demande tout autant. Comme dans les pays anglo-saxons, ce qu'on appelle « le vote migrant » mobilise de plus en plus les associations, sinon les migrants eux-mêmes. Encore aurait-il fallu préciser, comme le dit Farid Aïchoune, que l'esprit civique, si noblement invoqué et financé par le F.A.S., roulait pour le socialisme [11].

CHAPITRE 46

Déperdition en ligne

Les dispositifs dans le labyrinthe bureaucratique

Dès le sommet de Versailles, à la fin de 1982, la France accepte les nouvelles règles de l'économie mondiale, joue le jeu du marché, respecte les grands équilibres monétaires, redéfinit les frontières entre public et privé, limite les dépenses publiques et modernise l'État. Avec le gouvernement Fabius, plus d'espoir romantique de changer la vie, plus d'invocation du peuple et des ouvriers... On détache lentement les amarres de la régulation salariale.

En novembre 1982, la solidarité se brise entre ceux qui ont un emploi et ceux qui n'en ont pas. Le décret Bérégovoy, pour redresser les comptes de la protection sociale, envoie les chômeurs de longue durée à l'assistance. « De ce décret découlera la mise en place de fait d'une France à deux vitesses. Il consacre le renoncement aux règles du passé », constate Alain Lebaube [1]. L'année suivante, le gouvernement accepte les diminutions d'effectifs dans la sidérurgie, les chantiers navals, la chimie et les charbonnages : 200 000 emplois s'envolent. En 1983, l'augmentation des demandeurs d'emploi avait pu être limitée à 51 000. Fin 1984, on compte 349 300 chômeurs supplémentaires... De 8,5 % de chômeurs dans la population active, leur nombre passe à deux chiffres. Le chômage de longue durée croît et le travail précaire commence à s'envoler.

Cette tourmente relègue les banlieues au second plan. Grâce à son empilement de dispositifs, l'État considère la question réglée. L'objectif n'est plus d'accomplir de vastes transformations sociales. Ni même, à lire les discours du Premier ministre, d'obtenir de réels changements dans les quartiers. Pas d'institution lourde ; pas de services permanents ; des structures légères, qu'on espère toujours provisoires. La France s'ouvre sur le monde, la reprise est à nos portes. À la place de plans de relance, on s'en remet aux miracles du marché. Grâce à nos entrepreneurs, tout reprendra comme avant. Les dispositifs continuent vaille que vaille leur petit bonhomme de chemin. Mais l'enthousiasme tombe. Une gestion au jour le jour se substitue aux grands projets. On évoque avec insistance, mais en termes pudiques, un « essoufflement » des ambitions d'antan. L'État ne s'en inquiète guère, car il y a loin de Matignon à La Courneuve.

La mission Schwartz est la première à abandonner ses illusions. « Dès les origines, le rapport reposait sur un malentendu. On nous reprochait de faire du " périscolaire ", d'être des " boy-scouts " car ce qu'on proposait n'était ni de la formation professionnelle, ni de l'emploi », dit en 1994 Gérard Sarazin. On félicite Schwartz du bout des lèvres, mais ni l'administration ni les politiques ne voient dans l'insertion un problème « global ». Le dossier dont s'occupe Schwartz est partagé entre Peyrelevade, Auroux, Rigoud ainsi qu'un nouveau venu auprès du Premier ministre, Jean Lecuir. Les socialistes ont comme priorité l'obligation scolaire jusqu'à dix-huit ans, et seules surnagent du débat quelques négociations avec la Fédération de l'Éducation nationale sur ce qu'on désigne comme un « enseignement en alternance ».

Le statut de « mission d'appui » est précaire et l'accrochage rue de Varenne reste fragile. Même l'A.D.E.P., auparavant militante, est maintenant sceptique. À certains moments, Schwartz et Sarazin se retrouvent seuls. Quelques complices rejoignent la petite structure, d'autres s'en vont... En désespoir de cause, Schwartz se rend à l'Élysée en compagnie de Sarazin et se plaint à Mitterrand. Sa situation n'est plus tenable, et il veut s'en aller. Le président écoute trois quarts d'heure et décide d'intervenir, confiant le dossier à Delors et à Bianco. Le premier propose le rapprochement avec la Formation professionnelle et le second la création d'une délégation. La seconde proposition l'emporte, et un décret est concocté entre le Château et Matignon.

Sortant de chez Mitterrand, Gérard Sarazin, réaliste, dit à Bertrand Schwartz : « S'il n'y a pas dans l'équipe un membre des grands corps, c'est fichu. Jamais on n'obtiendra de budget. » Jean-Louis Bianco propose un enfant du sérail, maître de requêtes au Conseil d'État, élégant, brillant et distingué : Yves Robineau. De bonnes relations sont dès lors garanties avec le Budget. La « mission d'appui » se transforme en délégation interministérielle, et son fonctionnement se rapproche des administrations centrales. Pour le meilleur et pour le pire.

Les anciens, ceux des temps héroïques, s'étonnent. Comme dans toute administration, le grand problème de la délégation, disent-ils, est désormais « de régler l'indemnité du délégué et de son adjoint, de décider à quel corps ils appartiendront et de payer le chauffeur ». Tout le monde reconnaît les grandes qualités du délégué adjoint à Schwartz. La capacité déployée par Robineau de s'emparer d'un discours atypique et de s'ouvrir à un public dont il ignore pratiquement tout est « prodigieuse ». Il n'empêche. Une normalisation rampante s'installe, qui évince les anciens. Ces derniers ont même la fâcheuse impression qu'on ne les trouve plus assez chics...

Schwartz quitte la mission en 1985. Les causes de son départ sont en partie personnelles : surmené, il tenait par des pilules. De plus, fondamentalement dévoué à la recherche, il n'était pas homme à gérer longtemps une administration. Il voulait avoir l'esprit libre pour réfléchir au montage d'une nouvelle opération qui prendra le nom de « Nouvelles Qualifications ». Mais il est d'autres raisons à son abandon. L'insertion des jeunes ne passionne pas les politiques. Lionel Jospin, premier secrétaire du parti socialiste, aurait sans doute pu s'emparer du dossier, ou un élu local fort. Mais le thème reste marqué par l'esprit « deuxième gauche » et sent le soufre : Schwartz lui-même n'a guère d'avenir politique.

En 1983, avant les municipales, le parti socialiste montre qu'il n'est pas prêt à développer une politique hardie d'insertion des jeunes. Pour rester proche du parti communiste, il adopte un mot d'ordre frôlant l'absurde : « former les ouvriers qualifiés de l'an 2000... ». De plus, la priorité est d'annoncer des chiffres et de montrer — déjà... — que la courbe du chômage s'inverse. « Avec nos contrats de qualification, nous étions complètement à contre-courant... » « Et puis il y a eu le choc, dit Gérard Sarazin, lorsque Laurent Fabius et Gilbert Trigano se sont baladés avec des micro-ordinateurs à roulettes dans les quartiers. Nommer Trigano " délégué à l'insertion ", avec ses ordinateurs, ça faisait vraiment trop pour Schwartz [2]. »

L'histoire de la mission Schwartz est exemplaire, mais elle n'est pas isolée. Tous les dispositifs sont pris dans le même mouvement de rationalisation et de bureaucratisation. En 1983, lorsque son secrétaire général adjoint, Pierre Saragoussi, quitte la commission de développement social des quartiers, nul ne représente plus l'Union des H.L.M. De « partenariale », la commission devient interministérielle. Certes, les pionniers ont des successeurs de la même veine militante. Alain Fourest, puis Sylvie Harburger, succèdent à Dominique Figeat, alors qu'Hubert Dubedout, battu aux municipales de 1983, cède la présidence de la commission au maire de Valence, Rodolphe Pesce, puis à celui d'Hérouville-Saint-Clair, François Geindre. Mais le nombre des quartiers en développement s'accroît au-delà du raisonnable et du gérable, et la décentralisation les remet aux régions. À l'ère des militants succède le temps de la circulaire.

Il en est de même du Conseil national de prévention de la délinquance, dont les moyens originels sont encore plus réduits. Une fois Robert Badinter parti, la prévention se routinise et le Conseil investit dans la communication télévisuelle. Les Z.E.P., elles, changent franchement de doctrine. Alain Savary préconisait l'ouverture de l'Éducation nationale et une coopération avec le local. Chevènement redoute le mélange des genres et l'« effet bouillie », qui fait qu'on ne sait plus si l'enseignant anime et si l'animateur de quartier enseigne. À la même époque, par des feux convergents, Laurent Schwartz défend la « qualité de la science » et Jean-Claude Milner tonne contre les réformateurs barbares qui bradent le savoir [3]. Les Z.E.P. se recentrent sur l'instruction civique, les apprentissages fondamentaux et les cours de rattrapage aux élèves de banlieues.

Banlieues 89, telle la chèvre de M. Seguin, résiste jusqu'au bout. Castro, Cantal-Dupart et leur petite équipe se démènent, investissent les médias, bondissent de l'Élysée aux mairies de la banlieue profonde. Les maires trouvent en eux des conseillers et des financeurs : en 1985, la mission distribue plus de 136 millions de francs. Les idées-forces de Banlieues 89 — faire de la ville dans les banlieues, promouvoir des initiatives esthétiques, encourager la fête et la vie sociale... — font leur chemin. Mais l'inexpérience gestionnaire de la mission est patente, ses relations avec les services fonctionnels reposent sur le viol permanent et aucun haut fonctionnaire ne balise réellement leurs pas. La Cour des comptes lui intente un procès en sorcellerie. Certes, en février 1986, juste avant la cohabitation, Castro est nommé délégué interministériel aux banlieues, mais il démissionnera de ce poste symbolique pour protester contre la nomination de Bernard Tapie. Quant à la mission, fondue en 1988 dans la Délégation interministérielle à la Ville, ses dents sont proprement cassées [4].

Table de ping-pong et égarements bureaucratiques

L'État voulait intervenir dans les banlieues avec rapidité et énergie. Au bout de quelques années, pourtant, le doute s'installe. L'argent reste invisible. C'est du moins l'impression des habitants, que certains expriment sans fard : « Il y a un blocage de l'argent, mais on ne sait pas où. En un an, ils ont mis deux jeux pour les gamins dans les huit unités de construction de Bron, mais il y a eu des millions d'études de peuplement, d'urbanisme. Pour nous le D.S.Q. a été un malheur [5]. »

La décentralisation des décisions, en 1984, multiplie les partenaires et allonge les circuits. Dénoncer les dysfonctionnements bureaucratiques des dispositifs devient un exercice d'école. Le poids de Paris s'allège, mais celui du local s'alourdit. Un exemple fait le tour de France : si les jeunes d'un quartier « sensible » veulent une table de ping-pong, que doivent-ils faire ?

1\. Rédiger correctement un projet cohérent, soulignant le sens éducatif de ladite table.

2\. Établir le devis de la table.

3\. Accompagner leur demande des statuts de l'association, du budget de l'année précédente, de la composition actualisée du conseil d'administration et du bureau.

3\. Fournir une délibération du conseil d'administration confirmant la volonté réelle de l'association d'acheter la table.

4\. Déposer le dossier en mairie pour qu'il soit examiné par le chef de projet D.S.Q.

5\. Attendre que le dossier soit transmis à la commission locale.

6\. Attendre ensuite qu'il remonte à la préfecture pour être soumis au comité technique des villes. Tout le monde se réunit et donne son avis sur la table : le sous-préfet territorial mandaté, le Conseil régional, la D.R.A.S.S., la D.R.A.C., la D.R.E., la D.R.F.P., la D.R.P.J.J., la D.R.J.S.P., la C.A.F., l'Éducation nationale, la délégation régionale du F.A.S. ... Le projet est-il valable ? Est-il réellement éducatif ? Toutes les administrations sont-elles d'accord pour envisager cet achat ? La ville est-elle associée ? La volonté municipale est-elle réelle ? Après la table, quel suivi éducatif peut-il être envisagé ?

Encore ne sont-ce là que les filtres officiels et avouables... D'autres obstacles, petits ou grands, se dressent sur le chemin des malheureux qui, innocemment, croient avoir accès à la manne étatique. Dans le meilleur des cas, les fonds arrivent entre six et trente mois. On découvre alors que le ping-pong n'intéresse plus personne, que les jeunes ont renoncé à leur table et qu'ils demandent un panier de street-ball [6]. Si ce parcours était accompagné, peut-être aurait-il une valeur éducative. Généralement, il n'en est rien. Le seul enseignement qu'en tirent les jeunes est celui de promesses non tenues.

Le cas est limite, mais il n'est pas isolé. Certes, les acteurs locaux brutalisent la machine, de temps en temps. Mais pas au quotidien. Que faire ? Bouleverser les procédures, bousculer les hiérarchies, transformer les règles de gestion ? Les administrations s'indignent devant les déréglementations, les passe-droits et les inversions de priorités. Des cabinets ministériels aux services de province, des conflits s'élèvent entre les hiérarchies. Avec tristesse, chacun constate qu'il n'y a pas de réponse à l'urgence. Et le temps passe... Comment gérer la frustration de jeunes demandeurs qui vivent dans des temporalités considérablement plus courtes ? L'espoir placé par les banlieusards dans les pouvoirs publics était faible. Il devient plus ténu encore.

Casse-tête partenarial et effet catalogue

En quelques années, tous les ingrédients de la fameuse potion magique concoctée en 1981 et en 1982 tournent au vinaigre. La volonté politique s'efface, et par un effet de bout de chaîne les banlieues s'épuisent. On souhaitait que les intervenants locaux aient des projets originaux. Or, la pente naturelle des communes est de faire fi des discours nationaux et de leur subtilité phraseuse pour aller à l'essentiel : la subvention. Restons concrets. Combien donne l'État ? Plutôt que d'inventer un cadre nouveau, on juxtapose les demandes. La dérive est celle du catalogue [7]. On liste, comme les maîtresses de don Juan, les sorties pour les enfants, les activités d'été pour les jeunes, les voyages éducatifs, les stages divers, banals ou exotiques, les manifestations culturelles... Impossible de départir les actions les plus classiques des plus innovantes. Les opérations prévention-été sont ramenées dans le giron du service municipal de la jeunesse. Parfois, comme concession à la nouveauté, on change l'étiquette : le « service municipal pour l'enfance et la jeunesse » devient « service d'animation et de prévention ». Le vieux mange le neuf. Souvent, les dispositifs jouent simplement le rôle de Monsieur Plus.

La pêche aux subventions est d'autant plus fructueuse qu'elle est pratiquée par des patrons-pêcheurs aguerris. Certaines municipalités les superposent — un financement îlot sensible, un projet de quartier pour rétribuer la main-d'œuvre urbaine, des programmes locaux d'habitat, un C.C.P.D., une Z.E.P.... C'est le cas d'Orly, d'Argenteuil, de Mantes-la-Jolie ou d'Épinay-sur-Seine. Le local décalque le national et s'en fait le haut-parleur, ou plus rarement le précède. Si l'élu occupe une place stratégique, l'emploi de toute la panoplie est inévitable. Ainsi, Dunkerque, à la belle époque où son maire, Michel Delebarre, était ministre de la Ville : « Toutes les fois que le maire revient de Paris, il en rapporte une nouvelle mesure. On lui a dit d'arrêter. On ne peut plus suivre », disaient les intervenants locaux.

La doctrine originelle voulait que ces apports soient gérés en « partenariat » : impliquer le personnel et les cadres, les administrations et les associations. Cette doctrine idyllique — embrassons-nous, Folleville... — est difficile à appliquer sous sa forme canonique. Les écueils surgissent à chaque pas : une cohorte de fonctionnaires à consulter et à encenser — avec les dialogues de sourds et les rivalités courtelinesques qu'impliquent leurs mariages forcés —, les blocages, les compléments d'information, les délais de réflexion et les oublis à fond de cale.

Le partenariat tend donc à se dévoyer. Les réunions se multiplient et les emplois du temps se chargent de débats inflationnistes. Chaque prise de décision multiplie les consultations, allonge les procédures, duplique les dossiers et étire les délais. Mais il est d'autres dérives : les confusions de rôle ; la tentation, pour tel ou tel, de tirer la couverture à soi ; ou même l'« effet coucou » qui consiste à faire financer ses opérations par le voisin. Loin d'éviter les pesanteurs, on les produit à tour de bras et les surcoûts sont patents. Les administrations locales s'en remettent à une autosatisfaction paresseuse : « Avant, on ne se rencontrait jamais ; maintenant on s'informe mutuellement. » Hygiène élémentaire, sans doute. Mais les projets de débureaucratisation sont loin.

Jacques Ion identifie deux cas de figure dans le partenariat. Dans le premier, les partenaires restent étroitement rattachés à leur organisation. Comme ils s'en estiment les représentants directs et permanents, le risque est grand de voir la coopération se figer en un face-à-face officiel : le partenariat devient un parlement cérémonieux et ritualiste. Dans le second, les partenaires sont tous plus ou moins des marginaux de leur propre organisation. Ils développent des approches complices et consensuelles, voire fusionnelles. Mais comme ils sont mal reliés à leur hiérarchie, leurs grandes résolutions ne débouchent sur rien. Le partenariat prend des allures de casse-tête [8]...

La philosophie initiale des dispositifs impliquait l'emploi de personnels détachés des administrations. Dans les missions locales pour l'emploi, entre 1982 et 1984, on trouvait toujours un agent de l'A.N.P.E., un enseignant de l'Éducation nationale, un agent de la D.D.A.S.S. — le tout complété de formateurs de l'A.F.P.A. et d'éducateurs de l'Éducation surveillée. Cette pratique devait permettre, en plus d'économies substantielles, un rapprochement de compétences et la constitution d'un creuset de savoir-faire ouvrant à une stratégie unifiée en direction des jeunes, avec un « guichet unique ». Elle était une garantie contre la routine et la municipalisation [9]. Or, très vite, les mises à disposition se raréfient. Le temps de la générosité publique est révolu. Les administrations n'apprécient pas qu'on les dépouille de leurs personnels, même pour la bonne cause, et rapatrient leurs troupes. De plus, aucun fonctionnaire n'a intérêt à rester hors de la maison mère. Les absences prolongées ne favorisent pas les carrières. Enfin, la logique fonctionnelle reprend ses droits. Pour les instituteurs comme pour les policiers, la politique du chacun chez soi revient en force.

Il en va de même du ministère du Travail, à l'égard des missions locales. Dès 1988, ce dernier veut reprendre en main des structures largement investies par ses personnels. Par la même occasion, il entend recadrer leurs fonctions et piloter le réseau par le biais de ses directions régionales. Dès lors, les élus et les différents « partenaires » ministériels se retrouvent marginalisés. La situation se tend au moment où les cabinets de Pierre Bérégovoy et de Martine Aubry passent à l'acte et reviennent sur les champs délégués aux missions. Le délégué en titre, Pierre-Jean Andrieu, accusé de trop pencher du côté des élus, devra abandonner ses fonctions.

Il est bien loin le temps où Bertrand Schwartz rêvait de corriger les inégalités entre les jeunes, de transformer l'environnement et de réformer l'école. Que reste-t-il des ambitions passées ? Une machine à fournir des stages... Selon les époques et les cas, les jeunes relèveront de stages d'« orientation approfondie » ou de « formation alternée », d'« actions d'accueil, d'information et d'orientation » pour les 16-18 ans ; pour les 18-21 ans, de « stages de préparation à la vie professionnelle », d'« insertion », de « qualification » ; ensuite, ils « feront du C.F.I. » ou « du P.A.Q.U.E. ». Ce mode de distinction tout neuf décline les formations comme autant d'étapes vers un emploi qui recule au fur et à mesure qu'on l'approche. Un nouvel étiquetage des jeunes se met en place et une nouvelle cohérence sociale se dessine, qui effraie. « Le temps aidant, de cibles en cibles, de mesures en dispositifs par sédiments successifs, on construit, sans l'avoir explicitement voulu, une autre manière de devenir adulte, qui pourrait bien devenir une autre sorte de système éducatif », suggère Chantal Guérin [10]. On donne même un nom sociologiquement poli à ce no man's land : un « espace intermédiaire ».

Contrairement à Satan, qui toujours nie, la bureaucratie est toujours positive. Proclamant sa continuité, elle affirme avec force que le nouveau n'annule pas l'ancien. La politique de la ville, tout comme le R.M.I., voit une prolifération quasi cancéreuse de ses dispositions. Les circulaires s'ajoutent aux notes de service et les subventions exceptionnelles aux financements spécifiques. De plus, la technicité de papier n'est pas la technicité en actes. Ces textes, souvent écrits par des politiques et des hauts fonctionnaires aussi ignorants du mode de vie des banlieusards que des difficultés professionnelles des techniciens de quartiers, sont expédiés sur le terrain comme la bouteille à la mer. C'est peu dire que la cohérence de leur mise en œuvre est négligée...

Dès lors, le projet global et rénovateur des dispositifs se trouve limité. Ces derniers s'empilent les uns sur les autres et sur les institutions classiques. Comme chaque administration énonce ses propres règles, ou construit ses propres dispositifs, les maux bureaucratiques se croisent. Aux blocages horizontaux s'ajoutent les rigidités verticales. Jean-Marie Delarue, dans son rapport sur la relégation, emploiera l'image du mille-feuilles et de la tranche de cake. Plus le temps passe, et plus la cuisine devient indigeste [11].

Le surrégime et le métier introuvable

La gestion des hommes est plus délicate encore. La fonction publique définit des statuts et applique des textes ; elle ne gère pas les mutations des postes de travail et des fonctions. Dans les années cinquante et soixante, le social et l'urbain étaient résolument entrés dans la machine administrative. Les professionnels avaient été labellisés, les statuts et les conventions collectives peaufinés. Dans les années quatre-vingt —

économies obligent... — plus question de créer de nouvelles corporations qui, dit-on, se barricaderaient derrière leurs privilèges : on a peur de réformer l'ancien et on ne sait pas consolider le nouveau.

Face à un effet ciseau — comment développer des structures fortement consommatrices de personnels dans une relative décrue des moyens ? —, les maires embauchent des « chargés de mission », greffes fragiles sur les institutions sociales, policières, judiciaires ou éducatives. Or, jamais les pouvoirs publics n'accorderont à ces personnels de statut. Jamais ils ne les doteront de réelle formation qualifiante : à peine quelques stages *ad hoc...* La tête est fragile. Passer des concours reste un instrument plus sûr, pour progresser dans la fonction publique d'État comme dans la territoriale, que de se dévouer à la cause des banlieues.

Les jambes aussi. Pour compléter les équipes, à des niveaux hiérarchiques inférieurs, on recrute de nouveaux venus, souvent des demandeurs d'emploi aux parcours divers. Ces animateurs et ces formateurs, chargés de l'action quotidienne dans les quartiers, sont plus fragiles encore que les chefs de projet. Parfois, rien ne les distingue des populations dont ils s'occupent... Cette similitude a même été encouragée, voire recherchée, dans une optique populiste. Tels les fameux « animateurs issus du milieu ». La formation des jeunes est l'emblème de ce dysfonctionnement. Pour les stages pour les 16-18 ans, « on a utilisé des marginaux pour former des marginaux », affirme Gérard Malglaive, d'une formule assassine, dans son évaluation du dispositif en 1985 [12].

On aurait sans doute pu faire autrement : se livrer à une analyse ergonomique fine des compétences requises pour chaque emploi et des modes d'organisation adéquats à ses objectifs. Mais l'administration est parfaitement étrangère à ces modes de faire. Pour transformer les qualifications, il n'est aucun lieu de débat, aucun corpus qui définisse avec précision les compétences techniques qu'on est en droit d'attendre des professionnels, pas plus que les formations requises pour leur *aggiornamento.* Les emplois de banlieue se bricoleront donc allégrement, dans un espace sans cesse plus hasardeux.

Contraints de se mouvoir dans un contexte précaire, les dispositifs reposeront pour l'essentiel sur la volonté politique des élus et sur le dévouement sans faille de quelques-uns, au nombre desquels on compte le chef de projet. Ces malheureux sont tous plus ou moins condamnés à ce qu'on peut appeler le « surrégime » : accepter des horaires mobilisant les soirées et les week-ends et répondre à toutes les sollicitations. Bref, disent certains d'entre eux : « courir sans cesse en tentant de satisfaire tout le monde, du maire despotique au jeune chômeur énervé ». Ou « accomplir l'équivalent local des travaux d'Hercule ».

La tâche est gestionnairement acrobatique : « Contourner, dériver les lignes budgétaires fait partie des compétences de chef de projet », confie l'un d'eux. Elle est aussi politiquement risquée : « Trois fois j'ai donné ma démission », affirme un autre. Pour survivre dans cet environnement tourmenté, certains se dotent de quelques garde-fous : « Ne jamais être à la traîne d'une volonté politique mal formulée. » Ce qui conduit au principe nº 2 : « Faire à tout prix énoncer le projet par le maire. » Et au principe nº 3 : « Trouver des intervenants qui ne constituent pas une administration communale décalée. » Pour couronner le tout, dans cette profession périlleuse, la trajectoire promotionnelle est aléatoire, sauf à rejoindre la territoriale, franchir le pas politique ou passer dans une structure privée, moins prenante, plus stable et plus rémunératrice. À ce rythme, les malheureux s'épuisent. Un *turn-over* important est le tribut payé à ce surinvestissement.

Dès 1985, ces difficultés sont connues, identifiées, analysées. Va-t-on y remédier ? En 1988, une évaluation officielle — le rapport Lévy — s'inquiète de la fragilité de la Commission nationale pour le développement social des quartiers. « Il faut la consolider », affirme-t-il. Mais il s'empresse de préciser : « Le type d'intervention de la C.N.D.S.Q. lui interdit de devenir un organisme de gestion. C'est pourquoi il n'est pas proposé de la transformer en établissement public, dont les modes de gestion et d'intervention seraient fatalement lourds. » Les faiblesses continuent à être érigées en idéologie. Restons ténus et légers... L'impuissance est le tribut payé à ce choix.

L'impact hasardeux des actions héroïques

Et pourtant... Des résultats s'affichent. Ainsi, certains territoires souffraient d'une sous-administration. C'est le cas, classique, du grand ensemble relégué à la périphérie et ne bénéficiant que de services *a minima,* une école, un centre social, un commissariat — ou pas de commissariat du tout. En plus, des services peu estimés des habitants, peu recherchés par les professionnels, d'une qualité et d'une régularité défaillantes. Les dispositifs induisent un rattrapage. L'instauration des Z.E.P. n'a pas « donné plus à ceux qui avaient moins ». Elle a simplement remis l'école à niveau dans des secteurs précarisés, au regard des quartiers voisins, ce qui est déjà appréciable.

Dans l'esprit des pionniers, une situation socialement défavorable permettait aussi de développer les démarches expérimentales, d'individualiser les services et d'impliquer leurs usagers. Le rapport Lévy de 1988 confirme cette hypothèse. Les dispositifs ont été des réservoirs à idées. On invente de nouvelles instances de gestion, comme les fonds locaux d'impayés ; de nouvelles modalités de peuplement et de gestion fine des attributions ; de nouvelles fonctions pour les professionnels de quartier, comme les gardiens d'immeubles ; de nouvelles modalités d'implication des habitants comme des « habitants-relais », des résidents sollicités pour les travaux d'entretien, pour des entreprises de réaménagement, etc. — y compris dans des entreprises d'économie sociale ; des transformations du bâti en fonction de groupes particuliers (jeunes, personnes isolées, familles nombreuses) ; ou même le développement d'une fonction « étude ». Comme l'ont fait remarquer B. Montehl et F. Morgensztern, les propositions de Bertrand Schwartz ont guidé, peu ou prou, parfois à leur corps défendant et par-delà les changements politiques, toute l'action des gouvernements successifs dans le domaine de la jeunesse [13].

Comment rendre compte de cet acquis ? La démarche initiale imposait de les « évaluer ». Une « méthodologie » complexe, qui ne sortira guère des placards, avait même été peaufinée par le Plan. Mais que mesure-t-on exactement ? On implante un terrain de basket dans un quartier. Comment « évaluer » ses effets ? Au fait que les petits loubards, occupés à taper le ballon, ne trafiquent plus la dope et n'arrachent plus les sacs ? Aux performances des jeunes sportifs utilisant l'équipement ? Au fait qu'une autre ambiance soit instillée dans le quartier, la solidarité, le dynamisme, l'énergie ? Ou encore, à l'impact sur l'image du quartier et de la ville ? Ou tout à la fois et en même temps ? De plus, localement, le terrain est loin d'être vierge et les structures se superposent. Les dispositifs sont souvent implantés dans des quartiers où le nombre de professionnels est considérable et les interventions stratifiées au fil du temps. Comment démêler ce qui relève de telle action, nouvelle ou ancienne, de telle pratique, innovante ou non ?

Les temporalités brouillent aussi le paysage. Prises une à une, les avancées sont peu significatives. Réparer des boîtes à lettres, aménager un escalier, semer une pelouse, améliorer le climat d'un grand ensemble, envoyer quelques enfants en vacances... Les humbles réformes quotidiennes ne font pas les bons titres de presse. On entend souvent dire : « les résultats ne peuvent être obtenus que par des démarches de fourmis, et sur le long terme » ; « on n'inverse pas en quelques mois des processus qui se sont affirmés en des dizaines d'années... ». Mais la satisfaction immédiate est un paramètre important du climat des quartiers. Les jeunes veulent que leurs demandes aboutissent vite et les populations sont sceptiques. L'« effort continu et lent » prend une allure de sables mouvants.

Fondamentalement, l'environnement va à l'encontre des bonnes volontés locales. Un quartier ou une ville ne fonctionnent pas en vase clos. Ils sont tristement tributaires du contexte national, voire international. Les années passent, et la situation des jeunes ne s'améliore guère. Pour eux, c'est le parcours du combattant : travail, chômage, retour en formation, emploi précaire, travail, re-chômage... Une longue période floue s'ouvre devant eux. Les banlieues se marginalisent lentement et inexorablement et se bricolent peu à peu une culture de la marge [14].

Sur le versant politique, les illusions s'épuisent. Ceux qui avaient manifesté le plus d'enthousiasme quelques années plus tôt, et qui s'étaient résolument lancés dans l'aventure, se mettent à douter. Quel est exactement le projet social des mairies ? Elles ne semblent pas exagérément attachées à leurs pauvres et à leurs familles « lourdes ». La moitié des sites de développement social seraient donc, a-t-on pu dire, « de faux D.S.Q. ». Veut-on stabiliser les populations immigrées ou les faire partir ? Pour « sauver le grand ensemble », on encourage les évictions, à coups de rééquilibrages et de quotas. « Peine perdue, précise un chef de projet, les familles et les gardiens inventent sans cesse de nouvelles manières de tourner les quotas... » Nous voilà revenus aux vieux débats sur les rénovations.

CHAPITRE 47

L'infortune des maires de banlieue

Une triste condition ?

Sur le terrain, les élus des banlieues pauvres déchantent. Tout d'abord, dans un pays élitiste, militer chez les pauvres n'aide pas pour accéder à de hautes responsabilités. L'entrée technocratique est plus économique en temps et en énergie. Dès les années soixante-dix, l'accès aux fonctions municipales se transforme et une nouvelle voie se généralise : les grandes écoles et les diplômes. Pour devenir maire d'une ville d'importance, passez par l'E.N.A. et quelques cabinets ministériels : vous serez parachuté sur un terrain balisé. Les ministres viennent donc de moins en moins du terrain. À peine 12 % sur l'ensemble de la période qui va de 1968 à 1981, comme le montre Michèle Sellier. C'est un « renversement des filières » depuis l'après-guerre [1]. Le basisme ne paie plus et une cassure se fait jour entre le maire « noble » et le « roturier ». À ce jeu, le maire de banlieue, proche de son quartier, a peu de chances de se faire entendre.

Certains maires vont jusqu'à s'interroger : ont-ils intérêt à couvrir leur territoire de dispositifs ? Braquer les projecteurs sur les ratés du système scolaire, les exclus de l'école publique, les dérapages du logement social, l'insécurité ou la pauvreté, c'est dénoncer les défaillances républicaines, mettre en doute l'action égalitaire de l'école laïque, dénoncer l'échec du projet H.L.M. et du service public de l'emploi, souligner les insuffisances de la police et de la justice. En parachutant des prothèses fragiles à côté des structures légitimes, on encourage les concurrences. Les « anciens » ne facilitent pas la tâche des nouveaux ; quant à la structure nouvelle, sa faiblesse est patente. Ainsi, le maire socialiste de Montpellier, Georges Frèche, refuse-t-il l'étiquette de

« développement social » pour les grands ensembles de sa ville. D'un côté, quelques subsides supplémentaires ; de l'autre, des quartiers marqués « à problèmes ». Mieux vaut miser sur une image moderniste et sur les hautes technologies...

Comme les communes cofinancent toutes les opérations, le bât financier blesse. Leurs recettes sont maigres : l'essentiel provient des « quatre vieilles » : les deux taxes foncières — sur les ménages et sur les entreprises —, la taxe d'habitation et la taxe professionnelle. S'y ajoutent, avec la loi Defferre, outre la dotation globale de financement, la vignette et les « recettes de poches », la taxe sur l'électricité ou sur les bowlings. Cette manne fiscale est inégalitaire : les municipalités sans industrie ni commerce sont contraintes d'imposer plus lourdement leurs résidents. De plus, les communes n'ont pas de budget pour la délinquance, le chômage ou le suivi social des populations [2]. La décentralisation ne les a pas aidées. L'État parie sur les départements et juge archaïques les Bureaux d'aide sociale. Pas question d'inscrire dans le code des communes la Protection maternelle et infantile ou l'Aide sociale à l'enfance. Les conseils généraux raflent la mise. On accorde aux communes une compétence pour l'aide sociale extralégale, et sur des objets précis, elles peuvent passer convention avec le département. C'est tout [3].

La commune pauvre s'en tire donc mal. Entre 1975 et 1983, les dépenses communales croissent de 125 %, du fait des chômeurs, des pauvres ou des personnes âgées. Conséquence directe : certaines communes sont carrément en faillite [4]. De plus, l'obtention des financements étatiques dans le cadre des dispositifs impose de s'inscrire dans une lourde machine. Le nombre de dispositifs s'étend et les ressources se raréfient. Les communes anciennement positionnées sont les mieux servies. Un vieux H.V.S. rapporte davantage qu'un D.S.Q. tout neuf. Aux dernières arrivées, il ne reste pour tout potage que les procédures nouvelles, souvent moins intéressantes sur le plan financier.

Sans doute, le maire des années de crise a gagné en pouvoir. Mais il est paradoxalement plus fragile. Les mouvements urbains s'en prenaient autrefois à un État noble et lointain. Désormais, le pouvoir est proche et familier. Mais démuni... Les maires demandent davantage de moyens et des outils d'intervention plus puissants. Sans grand succès. Il leur revient la lourde tâche de terrasser, à mains nues, tous les dragons, la pauvreté, le chômage, la drogue. La décennie est dure pour eux. Mais moins que le début des années quatre-vingt-dix...

1990, ou l'année de tous les dangers

1990 est calamiteux pour la gauche. Au printemps, l'Europe de l'Est s'effondre, les socialistes s'auto-amnistient puis s'entre-déchirent au congrès de Rennes. Dans les sondages, les Français renâclent. Le président de la République s'en prend au Premier ministre, qui se lamente : « Il n'arrête pas de m'emmerder. Il me téléphone presque tous les jours. Il veut du social, encore du social, toujours du social [5]. » Selon le président, Rocard aurait traîné des pieds pour mettre en place le R.M.I., promis par la « Lettre à tous les Français », pour s'en attribuer ensuite tout le mérite. À Auxerre, François Mitterrand exhorte aussi les patrons : justice économique et justice sociale doivent marcher de concert. Le président a raison : le social va mal, et les banlieues vont le clamer.

Après l'échec de la marche des Beurs, une génération s'est effacée de la vie politique. Les petits frères avaient dix ans, peut-être moins, au début des années quatre-vingt. Ils sont maintenant en âge de prendre le relais. À la maison, ils ont entendu les discours furieux et déçus de leurs aînés. Ils les ont vus suivre des stages sans débouché et galérer dans des petits boulots sans avenir. Des voisins, ou des membres de la famille, ont déjà fait l'expérience de la prison et promènent dans la cité leur casier judiciaire. Les banlieues s'enfoncent, les parents sont amers et l'avenir est en berne. Le monde est un western.

Le 6 octobre 1990, à Vaulx-en-Velin, au Mas-du-Taureau, un jeune Antillais de vingt ans, Laurent Assebille, roule sur une moto, une Honda 1000, boulevard Maurice-Thorez, sans permis, sans casque et sans assurance. Il a en croupe, derrière lui, un de ses amis, un jeune handicapé nommé Thomas Claudio. Une voiture de police arrive en sens inverse. « Elle s'est volontairement mise en travers pour que je n'aie pas le temps de ralentir », affirme Laurent Assebille. Il est un nom pour cette pratique que les jeunes prétendent habituelle : « le pare-chocage ». La police dément et affirme au contraire s'être déportée vers la gauche pour éviter de heurter la moto, affolée, et glissant déjà sur la chaussée. Toujours est-il que le crâne de Thomas Claudio éclate sur le bord du trottoir...

Vaulx-en-Velin est une petite ville de 40 000 habitants, proche encore de la campagne, et communiste dès 1929. Depuis la crise, toutes les bonnes fées politiques se sont penchées sur le Mas-du-Taureau : les notables de droite, les élus socialistes de la région, les ministres en exercice et le parti communiste. Sa réhabilitation est due à « une recette exemplaire », affirme Michel Noir en inaugurant le 29 septembre un mur d'escalade bientôt destiné à connaître une célébrité nationale. Deux mille cinq cents logements réhabilités, une municipalité communiste investissant 60 % de son budget dans le social et l'éducatif, une rénovation urbaine réussie, avec la coquette petite place Guy-Môquet et ses commerces...

La nouvelle de la mort de Thomas Claudio court Vaulx-en-Velin. En quelques heures, le quartier est en émoi. Des jeunes gens masqués, armés de pierres, de cocktails Molotov, de fusils à pompe, de Farham calibre 12, de bouteilles de Butagaz, de pistolets à grenaille et de voitures folles défoncent les vitrines et pillent les magasins. Des véhicules sont lancés à toute allure contre les forces de l'ordre. D'autres brûlent. Des lieux publics, comme la salle de réunion de la bibliothèque municipale, sont mis à sac. Les jeunes des Minguettes et de Villeurbanne rejoignent Vaulx-en-Velin, et les émeutes durent trois jours. Six pompiers, trois policiers, deux gendarmes et un C.R.S. sont blessés par des jets de pierre. Les jeunes s'acharnent contre la place Guy-Môquet, phare de l'opération de développement social, fierté de la Z.U.P. Le coût des dégâts est estimé à 25 millions...

Le maire, Maurice Charrier, est atterré. Le ministre de la Solidarité, de la Santé et de la Protection sociale se déplace en personne, flanqué de Gilbert Bonnemaison et d'André Diligent, vice-présidents du Conseil national des villes. Une réunion se tient à la préfecture, qui associe à certains moments des jeunes des quartiers. Ces derniers en sortent sceptiques : « Il y a eu beaucoup de tchatche et de sourires, on verra ce qu'il en sortira. » Et de rappeler : « Thomas est le troisième mort en six mois et le quatorzième en dix ans à Vaulx [6]. »

Le procès s'ouvrira un an et demi plus tard, en mars 1992. Le Comité Lyon-Fraternité, présidé par Jeannette Colombel et par l'ancien bâtonnier Ugo Ianucci, s'inquiète « des conditions dans lesquelles sont instruites en France les affaires pouvant engager la responsabilité de la police ». Une pétition est rédigée, que signent Bourdieu, Vernant et Chéreau [7]. Laurent Assebille, pilotant la moto, et le sous-brigadier Oriol, conduisant la voiture de police, sont tous deux inculpés d'homicide involontaire. La parole d'un loubard contre celle d'un policier bien noté. Ce qui doit arriver arrive : le policier s'en tire bien et Vaulx-en-Velin le vit mal.

Tout comme dix ans auparavant, aux Minguettes, les médias sont de la partie. Les chaînes de télévision ont montré les magasins en flammes et indigné les Français. Comme l'inflation verbale est de mise, on évoque alors l'« intifada des banlieues ». Les jeunes de Vaulx-en-Velin ont les honneurs de la presse. Christophe Dechavanne les accueille sur la Une et FR 3-Région leur accorde un numéro spécial. Chaque fois, ils égrènent la litanie de leurs malheurs, l'échec scolaire, la zone, le chômage, les contrôles policiers, le tutoiement et le mépris. « Il a fallu que ça chie pour que les médias nous entendent [8]. » L'émeute paie, au moins symboliquement.

Les incidents se multiplient bientôt dans toute la France. Un mois après Vaulx-en-Velin, le Val-d'Argent, à Argenteuil, fait parler de lui. Les grandes surfaces sont dans le collimateur. Leur patron, Michel-Édouard Leclerc, fait l'événement en annonçant, le 21 novembre, que les centres Leclerc veulent quitter la zone. « Nous allons fermer nos 10 ou 12 supermarchés implantés dans des banlieues où règnent les casseurs. » Le ministre du Commerce, François Doubin, essaie de le calmer...

Même le centre ville est menacé, quand les banlieusards sont maîtres du pavé. Le 12 novembre 1990, 100 000 étudiants et lycéens protestent dans les rues de la capitale contre les projets du ministre de l'Éducation nationale, Lionel Jospin. Pendant la manifestation, des « éléments incontrôlés », descendus masqués de leurs banlieues, font exploser les vitrines de magasins de Montparnasse, sous l'œil ahuri des caméras, et pillent des vêtements de sport.

L'inquiétude gagne les maires. Celui de Mantes-la-Jolie déclare : « J'échappe tous les trois jours à un Vaulx-en-Velin. Une bande d'excités essaie de tout embraser. Quelques-uns ne sont pas contents que ça marche. Ceux qui sont au chômage, qui n'arrivent pas à trouver des formations, traînent à longueur de journée et malgré tout notre dispositif, il faudrait deux fois plus d'animateurs, de lieux d'animation. Je viens de racheter un grand magasin pour en faire des salles, mais il me faut du temps et de l'argent et je n'ai pas un sou pour le faire. On est à la limite de la rupture [9]. » Il ne croyait pas si bien dire.

Les assises de Bron et ce qui s'ensuivit...

Le 4 décembre, à Bron, près de Lyon, dans un espace bruissant encore de récentes émeutes, Banlieues 89 crée une dernière fois l'événement. Roland Castro organise des assises sous un titre aux allures de manifeste : « Pour en finir avec les grands ensembles [10] ». Le président de la République ouvre le banc et le Premier ministre le ferme. Par un discours bientôt célèbre, François Mitterrand en personne s'engage à défendre les banlieues, comme il l'avait déjà fait pour les infirmières ou les lycéens.

Au milieu des débats, les jeunes de banlieues avoisinantes « troublent le bel ordonnancement » des festivités. En compagnie de Djida Dazdait, députée européenne des Verts et responsable de l'association des Jeunes Arabes de Lyon et de sa banlieue, ils « prennent violemment à partie les institutions pour inefficacité, disant leur colère et leur déception ». Djida Dazdait réclame, « comme dans les lycées, un plan d'urgence dans la banlieue ». Lorsque la presse lance ses sarcasmes — « Les jeunes de Vaulx-en-Velin invitent le chef de l'État à partager le couscous le mardi. Le président va chez Léon de Lyon, face au parc de la Tête-d'Or, manger du cervelas aux truffes de pistache, un gâteau d'oreille de cochon aux pissenlits et du gras-double aux oignons, en compagnie de Joxe, Queyranne, Castro, Dray et Isabelle Thomas » —, elle ne fait que transcrire la méfiance des banlieues [11]. Les proclamations officielles ne convainquent guère [12]. Il n'empêche. Il y a un avant-Bron et un après-Bron dans l'histoire politique des banlieues.

Dans la foulée des déclarations présidentielles, un ministère de la Ville est installé. Ce qui n'enraie pas la violence des cités. Le mardi 26 mars 1991, en soirée, des jeunes sont à la cafétéria d'un supermarché, dans la cité des Indes, à Sartrouville, dans les Yvelines. Ce grand ensemble de près de 7 000 habitants, voisin d'Argenteuil, a mauvaise réputation : le centre ville se défie des « Indiens ». À la cafétéria, les jeunes refusent de consommer, à cause du ramadan, disent-ils. Au terme d'une altercation confuse, deux vigiles tentent de les expulser. Le ton monte. L'un des vigiles sort une arme et fait feu. Un jeune de la cité, Djamel Chettouh, dix-huit ans, est tué. Les deux vigiles, sans appeler le S.A.M.U., mettent leur victime en sang à l'arrière de leur Peugeot 305 et l'emmènent à l'hôpital de Nanterre.

Pour calmer le jeu, le supermarché lâche du lest : une fermeture de quelques jours en signe de deuil, la rupture du contrat avec la société de gardiennage, un peu d'argent donné aux activités sportives du quartier et la promesse d'engager comme vigiles des jeunes de la cité... Le jeudi 28 au soir, le maire, Laurent Wetzel, s'en mêle, traitant les contestataires d'« anarcho-nihilistes ». « Il a dit qu'on était des abrutis même pas bons à faire du gardiennage », affirment les jeunes de la cité. Argenteuil, Chanteloup-les-Vignes et Bezons viennent à la rescousse de la cité des Indes. Dès lors, le maire de Sartrouville prend le choc de l'émeute. Toutes les chaînes de télévision le montrent écumant de rage face aux jeunes, ceinturé et évacué par la police. Le soir même, il revient à la charge, sur les lieux de l'émeute, réclamant la démission du ministre de l'Intérieur. L'affaire finit mal pour Laurent Wetzel, qui en sortira personnellement fort endolori. Mais c'est l'occasion pour Michel Delebarre, comme nous le verrons, de faire ses premiers pas ministériels dans le domaine de la ville. Quant aux meurtriers de Djamel Chettouh, ils ne s'en sortiront pas si mal. En 1995, ils ne seront toujours pas passés en procès.

Mantes-la-Jolie : déroute et confusion

C'est à Mantes-la-Jolie que se produit l'événement le plus dramatique pour la gauche. Cette petite ville des Yvelines est, tout comme Vaulx-en-Velin, un phare du développement social urbain. Son maire Paul Picard, socialiste, conseiller du ministre de la Ville et auteur d'un rapport remarqué, est un expert des banlieues. Or, à Mantes, au Val-Fourré, le samedi 25 mai 1991 vers 22 heures, des jeunes à moto narguent la police. Après de premières altercations, ils s'en prennent aux voitures garées près de la patinoire municipale, où se donne un gala local. Les policiers appellent une section de C.R.S. en renfort. Scènes ordinaires de banlieue chaude : un vélo est lancé sur les C.R.S. depuis un sixième étage et des coups de feu sont tirés. Les jeunes, fort nombreux, mettent à sac le centre commercial. À deux heures du matin, onze magasins sont éventrés. Selon une technique assez musclée, six jeunes sont épinglés. Ceux qu'on peut attraper, qui ont une sale tête et un petit air suspect. Les autres disparaissent dans les caves.

À Mantes-la-Jolie comme ailleurs, dans de telles circonstances, la police doit affronter un problème technique complexe : quand une banlieue explose, comment séparer ce qu'elle considère comme le « bon grain » de ce qu'elle juge être l'« ivraie » ? Dans une Z.U.P. de 28 000 habitants, comme le Val-Fourré, dont 11 000 jeunes, tous sont des émeutiers potentiels. Presque tous voient dans les policiers des intrus sur leur territoire et presque tous peuvent leur avoir lancé des projectiles. En 1870, tout ouvrier en casquette était un insurgé en puissance pour les gendarmes. En 1970, le policier égaré dans les cités affronte le même dilemme : qui est coupable parmi ces petits bronzés ?

Aïssa Ihich était un lycéen de dix-huit ans, inconnu des services de police, fils d'un ouvrier de Talbot et élève de 1re G. Tous les médecins du Val-Fourré le connaissaient. Trop petit pour son âge, diabétique, chroniquement asthmatique et traité à la cortisone, il calmait ses crises à coups d'aérosol et peinait à respirer ; chez lui, il passait des nuits entières devant sa fenêtre ouverte et sa mère avait installé un lit à ses côtés, pour les moments difficiles ; au lycée, changer de salle de classe lui provoquait des crises. Toujours essoufflé, il lui était interdit de courir. Pendant le week-end, pour gagner quatre sous, il travaillait dans un fast-food de la gare Saint-Lazare avec sa sœur Sonia. Le samedi 25 mai, Aïssa Ihich rentre chez lui à minuit et rencontre la police. A-t-il ou non jeté des cailloux sur la police ? A-t-il ou non été matraqué ? Toujours est-il qu'il se retrouve au commissariat avec cinq autres jeunes. En garde à vue, dans une petite cellule, sale, poussiéreuse, sans aération et avec neuf personnes...

Le temps passe. Il est dimanche, jour de repos du tribunal. Aucune comparution immédiate n'est possible. La garde à vue est donc prolongée de vingt-quatre heures. Le temps passe. Aïssa n'a plus d'aérosol et s'inquiète. Il réclame un médecin. Le dimanche soir, la police lui en envoie un, qui déclare son état compatible avec la garde à vue. Lundi, la famille d'Aïssa veut lui apporter ses médicaments au commissariat ; on les refuse, car aucun certificat médical ni aucune autorisation du procureur ne les accompagne. En fin de matinée, Aïssa a une crise. Les pompiers lui portent secours, mais il est déjà en coma dépassé. Il meurt deux heures plus tard à l'hôpital de Mantes-la-Jolie.

À ce moment, à la Chambre, les députés commencent l'examen de la loi d'orientation sur la ville. Les jeunes de la Z.U.P. manifestent. Le maire de Mantes, « choqué que quelqu'un reconnu malade ne puisse pas recevoir de médicaments », prévient le Premier ministre, Édith Cresson, qui rend visite à la famille Ihich, « en tant que mère de famille » pour « être près d'une autre mère dans la douleur ». La Z.U.P. s'agite, tout comme les banlieues voisines. Les C.R.S. présents sur les lieux ajoutent à la confusion en accusant unanimement la police d'avoir frappé Aïssa au moment de son arrestation. Le 29, aux Mureaux, les voitures brûlent et les vitrines éclatent. Les habitants ne font guère de publicité au développement social : « Tout ce que le gouvernement a fait depuis 1981, on l'a eu. Pour quel résultat ? La cité reste pauvre et sale », dit un professionnel du quartier. « Les élus font semblant de nous écouter. Ils nous donnent une salle, une subvention et ils nous oublient », reprennent les jeunes [13].

Les jours qui suivent sont une déroute municipale. La police, excédée, n'a digéré ni les remarques du maire, ni la visite du Premier ministre à la famille Ihich. Un drame porte bientôt à son comble l'indignation policière. Dans la nuit du samedi 8 au dimanche 9 juin, trois policiers, dans leur véhicule à l'arrêt, reçoivent l'ordre d'intercepter une voiture volée. Ladite voiture arrive à pleine vitesse et percute volontairement leur break. Une jeune gardienne de la paix, Marie-Christine Baillet, fauchée par le véhicule, est projetée à trente mètres, le thorax enfoncé. Peu de temps après, trois autres voitures déboulent sur la place. Un policier donne l'alerte, crie : « Les revoilà ! » et sort son arme. Il tire et, d'une balle dans la nuque, abat un passager, Youssef Khaït. La voiture était volée et Youssef Khaït connu des services de police.

Comme toujours dans ce type d'affaire, les interprétations s'opposent, divergent et prolifèrent. Y a-t-il vraiment eu légitime défense, dans le cas de la mort de Youssef Khaït ? Ou plutôt vengeance immédiate d'un policier qui, dit-on quelques jours plus tard, « pleurait en tirant » ? Youssef Khaït était-il un délinquant endurci ou un malheureux enragé qui n'avait pas commis davantage de forfaits que d'autres de sa banlieue ? Toujours est-il que le vent vient de tourner. Le doute ne joue plus maintenant contre la police, mais contre les jeunes de banlieue.

Les accusations pleuvent contre la mairie. On reproche au maire d'avoir fait financer pour près de 1 million de francs des études d'une utilité contestée. Le syndicat des commissaires de police publie une étude au vitriol qui fait planer le doute sur les capacités qu'aurait la police de maintenir l'ordre dans les banlieues. De son côté, le principal syndicat de policiers, la F.A.S.P., dénonce « l'incompétence des technocrates, l'échec cuisant de la Direction générale de la police sur les banlieues et la criminalité, l'absence de consignes claires, de directives et de stratégie ». Le directeur général de la police proteste. Mais bien faiblement...

Le 11 juin au matin, 6 000 personnes défilent dans les rues de Mantes en protestant contre le meurtre de la petite policière. Le maire essuie une humiliation publique. Le 12 au matin, les fonctionnaires de la police lui demandent — bien que premier magistrat de la commune... — de quitter le commissariat. Il persiste. On lui crie : « Picard, va-t'en ! » Son départ forcé est salué par les applaudissements d'une partie de l'assemblée. Vers seize heures, lorsque le Premier ministre vient rendre hommage à la jeune policière, des sifflets se font entendre et certains gardiens de la paix en uniforme lui tournent carrément le dos.

Le bilan est amer. Tout le monde a perdu. Les jeunes ont la haine et pleurent Youssef [14]. Le maire et le Premier ministre en sortent affaiblis et la gauche enterre ses illusions. Seuls sont renforcés les tenants d'une sécurité musclée. Le Premier ministre, devant une Assemblée nationale houleuse, donne quelques coups bas à l'opposition (« Je n'ai pas eu l'impression d'entendre Jacques Chirac, mais Jean-Marie Le Pen... », « C'est la droite qui a fait venir les immigrés... »), ce qui la fait bondir et agiter des cartons rouges. Le Premier ministre annonce à la suite quelques rituelles mesures estivales : le renforcement de la présence policière, la multiplication d'activités sportives, l'installation de maisons de justice...

Puis c'est le coup de grâce. Des incidents se produisent dans le saint des saints de la prévention de la délinquance, dans la ville même qui vit autrefois le renouveau socialiste, à Épinay-sur-Seine. Des voitures cassées, des vitrines brisées et des bagarres entre les bandes des différents quartiers. Un élève de seconde, Kamel Hached, habitant la cité dite « du 77 », meurt. Les techniciens sociaux eux-mêmes dérapent. En juillet 1992, le directeur du Club de prévention, signe pour 1 million de chèques tous azimuts aux jeunes de la cité... Le maire, Gilbert Bonnemaison, est pris à partie. Il est bien dur d'être maire de banlieue...

Les dispositifs territoriaux ont placé les élus dans un piège qui se referme sur eux. Au terme du Brixton permanent et larvé du début des années quatre-vingt-dix, les maires se retrouvent perdants. Ce sont eux, du Spinassien Gilbert Bonnemaison au Mantois Paul Picard en passant par le Sartrouvillois Laurent Wetzel, qui prennent le choc. Les déclarations politiques ont beau se multiplier, leur crédibilité s'épuise. On ne réveillera plus les grandes espérances du début des années quatre-vingt.

Onzième partie

L'AVENIR EN POINTILLÉS

CHAPITRE 48

Montgolfière et sablier

Une France prospère ?

Le 18 juillet 1977, Valéry Giscard d'Estaing, installant le Conseil national d'accession à la propriété, affirmait que « dans une société moderne, la propriété privée devait devenir populaire ». La majorité des Français était encore locataire. Mais pourquoi payer un loyer quand il était si facile d'acheter ? Dix ans plus tard, le système bascule [1] :

	1963	1988
Propriétaires	42,2	54,3
Locataires	45,2	38,5
Autres (hébergement, etc.)	12,6	7,2

Répartition des ménages propriétaires de leur logement et des ménages locataires, entre 1963 et 1988 (en %).
Source : D'après Claude Louvot, « De la location à la propriété : le parc de logements se redistribue », in *Économie et statistique,* n° 251, fév. 1992, I.N.S.E.E.

Dans le même mouvement, les foyers s'enrichissent des symboles éclatants de la modernité, voiture, télé, machine à laver, réfrigérateur... Leur coût baisse toujours : d'une base 100 en 1971, les téléviseurs sont descendus à 22 en 1991. Pour nombre de ménages, plus question de s'équiper. On renouvelle l'existant ou on le double : la seconde voiture ou la troisième télé. Consommer est devenu un mode privilégié de participation à la vie sociale [2].

Parallèlement, les Français grimpent l'échelle sociale. Bienvenue aux cols blancs ! Adieu les prolétaires et les paysans ! En 1962, ces derniers étaient 10,5 millions, et il n'y avait que 6,4 millions de cadres supérieurs, de cadres dits « moyens » et d'employés. Trente ans plus tard ? Les ouvriers et les paysans sont descendus à 8,7 millions, et les autres sont 14,3 millions, soit le double des ouvriers de 1962... La seule multiplication des cadres supérieurs et des professions libérales est ahurissante : de 800 000 à 2 700 000 en trente ans [3]. Même les immigrés voient leur statut s'améliorer. Parmi ceux arrivés en France avant 1968, un tiers restent manœuvres en 1990, et la majorité ouvriers. Mais ils sont deux fois plus nombreux que leurs pères à rejoindre les cols blancs. Cette promotion est encore plus sensible chez les enfants des migrants venus après 1968. La majorité sont employés ou cadres moyens [4].

Les finances ont suivi. Les revenus ouvriers ont entamé une courbe ascensionnelle jusqu'au milieu des années soixante-dix, même ceux des manœuvres, comme le montre J. Fourastié [5]. Le travail des épouses a accru les revenus des ménages : le taux d'activité des femmes avec conjoints entre 25 et 34 ans est passé de 54,8 en 1970 à 78,6 en 1990. La pyramide des revenus moyens par habitant s'est élargie jusqu'à la fin des années quatre-vingt [6]. Certes, le développement des prestations sociales y a contribué [7]. Mais il est d'autres indicateurs. Prenons simplement l'accès au patrimoine : jusqu'au milieu des années soixante-dix, il s'est accru au rythme de 4 % par an. En 1993, l'ensemble des placements représentait 25 000 milliards de francs. Les Trente Glorieuses ont enfanté de nouveaux presque-riches. Les promesses mirifiques de l'après-guerre ont été tenues et le progrès social n'est pas un mythe.

En même temps qu'ils améliorent leur statut, les Français se cultivent. Le baccalauréat s'emballe : les trois quarts d'une classe d'âge obtiennent un diplôme qui, trente ans plus tôt, sanctionnait l'entrée dans l'élite [8]. Il y avait 1 200 000 étudiants en 1980, il y en a près de 2 millions quatorze ans plus tard [9]. L'école produit de plus en plus de cadres, intermédiaires ou supérieurs. En 1989, les sorties du système scolaire sans qualification tombent en dessous de 100 000 par an. L'enseignement professionnel régresse à ses niveaux les moins élevés, par la fermeture des C.A.P. et des B.E.P. — en même temps que s'effondre la société industrielle... —, au profit de l'enseignement général [10]. Depuis 1971, les adultes se forment aussi. En 1976, il en était déjà passé 3 435 000 en formation. Ils sont 7 330 000 en 1990, ce qui représente environ 30 % des actifs. La France se stagifie...

La vie privée se transforme. Les femmes étudient, travaillent et s'émancipent. Les relations entre les sexes en sont transformées. Plus question du « chef du foyer » cher à la société rurale ou industrielle ! Le nombre des mariages stagne ou recule. Près de 395 000 en 1970, 255 000 en 1993. Le taux de nuptialité — autrefois un indicateur des plus stables, aussi régulier que les phénomènes naturels, disait Quételet au XIXe siècle — s'infléchit. Autour de 7,5 % entre 1900 et 1970, il descend en dessous de 5 en 1985, et les frémissements conjoncturels rituellement célébrés ne remettent pas en cause cette tendance. Le « stock de rattrapage », selon l'expression d'Évelyne Sullerot, est tel qu'il faudrait une « épidémie de 900 000 mariages en un an » pour le résorber. Les divorces fleurissent. En 1920, il y en a 33 300. Après 1970, les chiffres s'affolent et dépassent les 100 000 en 1990. Cet indicateur suit le mouvement général du taux d'activité des femmes de 25 à 45 ans — indépendamment de la présence d'un conjoint — qui était de 59 % en 1970 et qui est de 74 % en 1990. Parallèlement, les « unions flexibles » se substituent au mariage : 300 000 en 1968, elles seraient 1 700 000 au début des années quatre-vingt-dix [11].

	Population totale (en milliers)	**Mariages**	**Divorces**	**Naissances**	**Naissances hors mariage**	**Naissances hors mariage** (%)
1965	48 758	346 300	34 900	874 000		
1970	50 772	393 700	38 900	847 800	57 800	6,8
1975	52 699	387 400	55 600	745 100	63 400	8,5
1980	53 880	334 400	81 100	800 400	91 100	11,3
1985	55 284	269 400	107 500	768 400	150 400	19,5
1991	57 050	280 200	108 100	759 000	230 000	30,4

Évolution des mariages, des divorces, des naissances et des naissances hors mariage rapportée à la population totale, de 1965 à 1991.
Source : I.N.S.E.E.

En même temps, de 1965 à 1978, les naissances autrefois « illégitimes » progressent. En 1970, elles représentent 6,8 % des naissances annuelles. En 1975, 8,5 %. Près d'un enfant sur trois naît aujourd'hui hors mariage. Les familles monoparentales représentaient 4,5 % des ménages en 1980, 5,2 % en 1990, 6,6 % en 1993. Le phénomène n'a rien d'affolant, s'il est le fait de gens aisés. Mais quand il affecte ceux qui survivent grâce à l'aide sociale, il est temps de s'inquiéter. Ces mutations effraient les nostalgiques de la famille traditionnelle. D'autres restent optimistes : de nouvelles formes de socialité émergeraient, les « familles recomposées [12] ». Comme le montre Kaufmann, le couple est loin de disparaître : bien au contraire, il attire davantage, accompagné d'une haute qualité de relations interpersonnelles. L'épanouissement sentimental et sexuel est objet de culte : « L'amour est désormais installé au sein du mariage et le subvertit de l'intérieur... Dès la fin des années soixante, les unions deviennent assez soudainement soumises au caprice du sentiment [13]. » Mais le couple est « plus précaire » et « plus sujet à être remis en cause du jour au lendemain ». En d'autres termes, une génération plus exigeante, plus sincère, plus autonome, plus mobile et plus épanouie...

Qui porte cette révolution culturelle ? Les enfants de l'après-guerre, dont les valeurs se sont cristallisées en mode de vie. Avec, de surcroît, un déclin marqué des grands systèmes idéologiques de référence, un intérêt certain pour la qualité du quotidien, le refus larvé des délégations politiques ou syndicales — un taux de syndicalisation de 9,7 % en 1980 qui descend à 6,5 % en 1991 selon les enquêtes du C.R.E.D.O.C. —, un souci accru pour sa santé, son environnement et sa sécurité personnelle. Telle est la nouvelle donne au Royaume des Satisfaits.

L'ascension des satisfaits

Où va cette société frileuse et presque heureuse ? Doit-on déplorer sa déprimante mollesse ou fêter sa sagesse étroite ? Les uns jouent les pessimistes : l'égoïsme domine, pense Christopher Lasch. Un individualisme frileux, inscrit sur un vide idéologique et le repli sur la sphère privée, menace l'avenir des démocraties [14]. Ou, comme le dit Pierre Rosanvallon : « La France est devenue molle, la vie politique globalement terne, la mobilisation sociale réduite à quelques tensions passagères et les débats intellectuels à l'étiage [15]. » Nous voilà dans la tristesse d'une soft-idéologie. Au contraire, doit-on s'en réjouir ? Pour Gilles Lipovetski, nos sociétés atteignent la sagesse personnelle et la maturité politique : un consensus calme sur le primat du marché, de la démocratie parlementaire et des droits de l'homme. Le culte de l'éphémère, dans sa frivolité, consolide paradoxalement la démocratie [16]. Un temps, les instances européennes y ont même vu l'émergence d'une société « post-industrielle », portée par des valeurs « post-matérialistes [17] ». C'est le dialogue de sourds des docteurs Tant-Pis et des docteurs Tant-Mieux des sociétés occidentales.

Pour comprendre ces grandes transformations, il faut sans doute se référer aux « métamorphoses de la société salariale » décrites par les économistes régulationnistes : l'union du plein emploi et d'une généralisation de normes et de classements des personnes employées par l'âge, l'ancienneté ou le diplôme. Le C.E.R.C. a montré comment les emplois salariés s'étaient multipliés et consolidés entre 1968 et 1983, et comment de ce fait les inégalités sociales en avaient été réduites [18]. Avec la refonte du S.M.I.C., la généralisation du salariat en 1972, le tout accompagné d'une inflation à deux chiffres, les revenus du travail l'emportaient alors sur ceux du capital, et quiconque avait un emploi statutaire pouvait espérer s'enrichir « naturellement », par la simple application des règles du travail.

La régulation salariale mettait également fin à l'insécurité économique. Tout était fait pour amortir les inévitables fluctuations de conjoncture, par des salaires indexés et régulièrement révisés à la hausse. Plus d'angoisse périodique, grâce à l'indemnisation du chômage ou aux assurances maladie ! Plus d'inquiétude pour l'avenir, grâce à l'élévation du montant des retraites ou des indemnités destinées aux accidentés du travail ! Qui plus est, les revenus ont été progressivement socialisés, avec l'augmentation des retraites et des prestations sociales. Entre les années cinquante et quatre-vingt, la part de revenus tirée de l'activité économique ne cesse de décroître par rapport à celle issue des diverses prestations. De 20,1 % en 1960, leur part dans les revenus disponibles des ménages est passée à 34,6 % en 1982. Même si cette redistribution a davantage bénéficié aux classes moyennes qu'aux plus pauvres, une solidarité réelle s'est mise en place [19].

Par-dessus tout, la régulation salariale était capable d'entretenir chez ses membres un espoir permanent. Elle avait dans sa manche un fantastique lubrifiant social, que des économistes comme Sauvy ont baptisé le « déversement positif » des activités et des emplois. Certes, les paysans n'aimaient guère quitter la campagne pour venir travailler en usine. Mais l'accès à la ville était malgré tout vécu comme une promotion. Insensiblement, et si tout se passait bien, l'ouvrier passait contremaître, le contremaître devenait technicien et le technicien ingénieur. Le fils d'ouvrier se muait en instituteur et la fille de prolétaire accédait à un poste de secrétaire. Une longue marche permettait de se hisser peu à peu vers les sommets, des sabots à la blouse bleue, et de l'usine aux bureaux.

Ce superbe et laborieux mécanisme s'enraie à la fin des années soixante-dix et s'épuise pendant la décennie suivante. Le premier symptôme en est la multiplication des chômeurs. Il y en avait moins de 400 000 au début des années soixante-dix. Puis c'est la succession des « caps symboliques » : 500 000 en 1975, 1 million en juillet 1976, 2 millions en novembre 1981. Le chiffre culmine au milieu de l'année 1994, avec 3 346 600 personnes, soit 12,7 % de la population active. Mais il est plus inquiétant encore pour l'avenir : les effectifs salariés diminuent sensiblement chaque année. 14 605 900 au 31 décembre 1992 ; 14 383 900 au 31 décembre 1993, soit une chute de 1,5 %. Ce recul est constant : -0,7 % en 1991, -1,9 % en 1992.

Les années quatre-vingt, multipliant les chômeurs et les hors-statut, ont fait davantage que de réduire les capacités financières des exclus de l'emploi. Pour reprendre les catégories de René Girard, elles ont brutalement fait passer les sociétés occidentales d'une hyperdifférenciation rassurante à une dangereuse indifférenciation. On quitte l'espace somme toute tranquille de la ménagerie — pour reprendre la métaphore des singes et des cacahuètes... — pour se lancer dans une jungle sans foi ni loi. En même temps que le salariat, un équilibre fragile et compliqué se grippe et se casse...

Petites angoisses et grandes peurs

Dans ces conditions, rien d'étonnant à ce que la France, au fil des années quatre-vingt, se soit peuplée de « nouveaux inquiets », pour reprendre l'expression de G. Hatchuel [20]. Le C.R.E.D.O.C. a construit un indicateur synthétique qui rassemble la peur des maladies, des accidents, des agressions tout comme les préoccupations à l'égard de l'environnement. Ces inquiétudes sont passées de 14,4 % de la population en 1980 à 28,2 % en 1991. Qui porte ces nouvelles angoisses ? Ce ne sont plus les personnes âgées ou les notables d'antan craignant pour leur pécule. Ce sont les jeunes, de 25 à 34 ans, des employés, des ouvriers, des personnes aux revenus moyens. Ils sont dans une crainte sourde et permanente. Le chômage futur de ses enfants ou le sien propre. Mais aussi l'insécurité quotidienne, le cambriolage, l'irruption menaçante de l'étranger basané. Ou, plus simplement, la maladie ou la solitude...

Même le mécontement social se transforme. Comme le remarque toujours Hatchuel, dans une étude ultérieure, au clivage entre les jeunes et les adultes se substitue une opposition nouvelle, entre diplômés et non-diplômés [21]. Dans les années soixante, les étudiants et les lycéens menaient le combat, et les jeunes classes moyennes secouaient le vieil arbre gaulliste. Tous se sont assagis et ont rejoint le camp des nantis. Ceux qui protestent le plus fort sont les jeunes des banlieues, les paysans, et ceux qui, sans qualification, savent qu'ils se retrouveront écrabouillés dans les années qui viennent. Dans le tissu social, les failles se creusent.

L'angoisse se double parfois d'un authentique sentiment de peur. Les nouvelles classes dangereuses, ce sont les jeunes sauvages de banlieue, surtout s'ils sont basanés. On leur attribue tous les méfaits du monde : la dégradation volontaire de l'environnement, comme les tags ou les graffitis, les vols à la roulotte, les viols collectifs, le recel, la « dépouille » nocturne dans les quartiers dangereux... Depuis les années soixante-dix, les chiffres de la délinquance s'envolent, et la branche « vol » des compagnies d'assurance est en déficit. Certes, dans ce domaine, tous les chiffres sont sujets à caution et la violence reste limitée. Les pouvoirs publics le rappellent sans cesse. Toujours est-il que les effectifs de la population carcérale atteignent des records historiques. De 1972 à 1992, le nombre des détenus a crû de 52 %, avec un net alourdissement des peines. En 1993, avec 55 000 détenus, les prisons retrouvaient presque leurs effectifs de l'après-guerre, au moment où l'emprisonnement politique battait son plein.

La peur encourage les réactions de défense individuelle ou collectives. Le marché des bombes d'autodéfense se porte bien. Les plus modernes sont paralysantes. Testées au Viêt-nam, elles supplantent les vieilles lacrymogènes. La publicité en vante l'efficacité : sitôt atteint, l'agresseur a les yeux qui se ferment ; il perd le contrôle de ses gestes, les muscles du thorax se contractent spasmodiquement, il suffoque et tout son corps brûle ; une forte nausée le met hors-jeu pour un quart d'heure. Le nombre des chasseurs régresse de 2,5 millions à 1,8, dit-on alors, cependant que les fusils de chasse passent à 5 millions dans les années quatre-vingt. Dans un magasin en grande surface de banlieue, le vendeur affirme que trois acheteurs de fusil sur quatre reconnaissent ne rien vouloir chasser d'autre que le loubard. Des publicités vantent même le *riot gun,* ce fusil à pompe à canon court, qui peut tirer d'affilée cinq à sept cartouches à balle ou à chevrotine. Tout le monde peut l'acheter : c'est une arme de chasse de cinquième catégorie, qui ne requiert pas d'autorisation spéciale [22]. Au fil des ans, le système s'institutionnalise. Les supermarchés le développent et les communes l'adoptent. Voici venu le temps des vigiles, des chiens de défense, des caméras vidéo, des cartes magnétiques, des digicodes et des portes blindées... Méfions-nous des êtres malfaisants qui guettent à nos portes.

Les armes ne sont pas les seules à proliférer. Les fantasmes aussi. Le lundi 2 mars 1981, à quinze heures, M. Juchet, gardien d'immeuble à la tour 12 de la cité Franc-Moisin, à Saint-Denis, agonise au bas de la cage d'ascenseur, après une chute de plus de 12 mètres. Deux heures après sa mort, l'Agence France-Presse a sa version de l'histoire. C'est le « crime de jeunes voyous qui auraient projeté volontairement leur victime dans le vide ». Après avoir fracturé la porte de l'ascenseur du quatrième étage, les adolescents diaboliques auraient saisi le malheureux gardien, hurlant de peur, pour le précipiter dans le vide. La scène aurait été vue par plusieurs témoins, dont l'épouse du gardien elle-même. *Le Figaro* reprend cette version épouvantable et s'indigne : dans ce décor de béton, le pire à tout instant peut arriver.

La vérité est autre. Le gardien avait déverrouillé avec son passe la porte de l'ascenseur, au quatrième étage, peut-être pour en vérifier le fonctionnement, peut-être parce que des enfants et des adolescents, jouant à faire monter et descendre l'appareil, en avaient perturbé la marche. Handicapé d'une jambe, M. Juchet, perdant l'équilibre, s'est écrasé au sol. Mais les jeunes des cités sont des diables, capables et coupables de tout. Le soupçon plane sur les banlieues. Il ne se dissipera plus.

L'inertie érigée en politique

Un tel contexte social n'est guère favorable à la conquête de nouvelles frontières. Une société au confort ascendant a engendré une mentalité nouvelle de « satisfaits », dit Galbraith, qui parle de « culture du contentement [23] ». « Autrefois les gens économiquement et socialement fortunés constituaient une petite minorité. » C'était la poignée historique de dominants, contre lesquels luttait périodiquement une majorité de dominés. Or, des populations relativement nanties, tout au moins par rapport à l'immense majorité du globe, sont aujourd'hui majoritaires au sein des pays occidentaux — « ou, précise Galbraith, constituent plutôt la majorité qui va effectivement voter ». Pour elles, pas question de grande transformation sociale ; tout juste de consolider des acquis en péril.

Ces « satisfaits », affirme Galbraith, ont mis au pouvoir Reagan et Thatcher, avec un credo simple : que rien ne bouge. Ils sont intimement persuadés de mériter la place que la société leur a faite ; ils sont prêts à tout pour la garder. Toute menace sur leur statut, si péniblement obtenu, engendre leur indignation et leur colère. Les satisfaits sont fondamentalement conservateurs, superficiellement humanistes, socialement calmes, et d'une prudence politique léonine. Leur circonspection confine à la pleutrerie. Comme le remarque Galbraith, ils préfèrent sans coup férir « l'inaction publique à court terme, même si ses conséquences sont jugées alarmantes, à l'action préventive à long terme ».

Ces éléments sont le fond de carte du début des années quatre-vingt-dix. Une société devenue douillette, mais toujours nostalgique du progrès social continu. Une société abattue en plein essor, alors qu'elle voyait devant elle un bonheur sans fin. Comme l'a dit récemment René Lenoir, la société avait autrefois la forme d'une montgolfière. Elle prend aujourd'hui celle d'un sablier [24]. L'impossibilité de renoncer aux espérances passées, comme de s'en inventer d'autres. Un pied dans l'espoir, l'autre dans l'angoisse. Comment développer une politique de changement social pour répondre aux problèmes des banlieues, alors que l'ambition dominante est que *surtout rien ne change* ? Tel est le dilemme de la politique de la ville : comment transformer le monde avec une majorité inerte ?

CHAPITRE 49

Un ministère en montagnes russes

Le retour du réformisme

Dès 1988, Michel Rocard, Premier ministre d'une gauche revenue au pouvoir, entend donner un nouvel élan à des dispositifs laissés dans un sommeil quasi comateux entre 1986 et 1988. Le 28 juin 1988, dans son discours d'investiture, il reprend quelques petites phrases d'une thématique propre à Harlem Désir sur « la rénovation des cages d'escalier, des boîtes à lettres et des cages d'ascenseur ». L'ancienne Commission pour le développement social des quartiers, devenu « développement social urbain », voit son destin confondu avec celui du Conseil national de prévention de la délinquance et de Banlieues 89. Il en sort une Délégation interministérielle à la Ville (D.I.V), confiée à Yves Dauge, maire de Chinon, dès le 18 juillet.

Cette mesure s'inscrit dans une relance générale des actions engagées entre 1982 et 1983. La Caisse des dépôts et consignations annonce parallèlement son programme « Développement solidarité » ; Lionel Jospin, ministre de l'Éducation nationale, ressuscite les Z.E.P. en les mariant aux quartiers sensibles. Leur nombre passe de 393 à 507 à la rentrée 1989 et sera de 544 l'année suivante. Le Premier ministre crée un ensemble politique et gestionnaire nouveau, qui n'est pas des plus légers, comprenant à la fois le Conseil national des villes, le Comité interministériel des villes et, bien entendu, la toute jeune Délégation interministérielle à la Ville.

Ces mesures ont pour objectif de consolider une structure dont tout le monde s'accorde à dire qu'elle souffre de deux faiblesses rarement rencontrées de concert : une extrême précarité institutionnelle unie à une étonnante complexité bureaucratique. De plus, le nouveau délégué interministériel, Yves Dauge, ne prise guère les modes de faire « sauvages » dont se plaignent les grandes administrations. Il entend bien rationaliser la structure, et, autant que faire se peut, l'intégrer à des fonctionnements « normaux ». Au terme d'un lent travail de recentrage, par une circulaire du 22 mai 1989, les préfets de région sont mis au centre des actions sur la ville, et les crédits, globalisés et déconcentrés, placés sous leur autorité.

Cette tentative de renforcer le cœur même du système est diversement appréciée. Aux maux passés, la fragilité et le dédale institutionnel, s'en ajoute un autre, disent certains : la raideur dans la gestion centrale. L'ensemble acquiert une grosse tête dure, mais conserve ses petits membres mous. Certains pionniers voient dans le nouveau délégué le fossoyeur de leurs illusions. Ainsi, les désaccords entre Dauge et Castro, délégué à la rénovation des banlieues, sont publics. Castro se gausse d'une interministérialité bégayante, alors que Dauge répète que l'interministérialité marche mieux que jamais. Castro voit en Dauge un réformiste invertébré, et Dauge en Castro un gauchiste furieux, ignorant du B.A.-BA administratif. Castro n'est d'ailleurs pas le seul à accuser la D.I.V. de s'enliser dans le bureaucratisme et de perdre de vue ses objectifs politiques. En 1989, le rapport abrasif d'un inspecteur des Finances, Claude Sardais, militant syndical et associatif devenu énarque — et resté militant... —, met en accusation ses lourdeurs et ses incohérences.

À quoi sert la D.I.V. ? Le sens même de son action est en cause. Doit-elle se contenter de mieux agencer les actions sectorielles des différents ministères, jouant le simple rôle d'une coordination ? Ou doit-elle avoir un rôle authentiquement politique, prendre des initiatives, voire énoncer des directives ? La réponse de Dauge est claire. Il parcourt les provinces pour dire que l'État ne doit pas être un « donneur d'ordre », mais un « partenaire [1] ». Sur ce point, les interventionnistes de gauche ou de droite — Michel Noir fait en effet partie des « interventionnistes » — s'opposent aux conseillers techniques de Michel Rocard ou au ministère de l'Équipement, qui veulent cantonner la D.I.V. dans une fonction de coordination et d'impulsion.

Bien entendu, les événements de Vaulx-en-Velin, en 1990, mettent la D.I.V sur la sellette. La gauche n'est pas tendre, mais la droite est féroce. Elle reproche à Rocard son manque d'ambition : « Le ripolinage des cages d'escalier masque votre démission en matière d'urbanisme et d'éducation », lance le président de l'U.D.F., Charles Millon. C'est à ce moment que le président de la République décide de reprendre la situation en main et de donner une nouvelle impulsion à un ensemble flou, mollement géré par Rocard, et qui lui semble en pleine dérive... Une plaisanterie court bientôt le milieu du développement social : « On a créé un ministère de la Ville pour rattraper les erreurs de Dauge. »

Le discours de François Mitterrand, aux assises de Bron, dans les premiers jours de décembre, est un programme politique à lui seul et qui sera presque suivi à la lettre, dans la forme sinon dans le fond. Le président pose quatre principes : concentrer les efforts de l'État sur 400 quartiers ; organiser la diversité urbaine et sociale au sein de chaque quartier ; faire participer les habitants ; enfin, créer de l'emploi. Il cadre aussi les moyens requis : définir « une unité de commandement » avec un « haut responsable » au sommet et des sous-préfets spécialisés auprès des préfets ; remettre à niveau les services publics ; appliquer réellement la loi dite « Besson » sur le logement des plus démunis, qui sera complétée d'une loi sur la maîtrise foncière et d'une autre sur la dotation globale de financement. Ce que Mitterrand résume en une formule littéraire : l'unité de lieu — les 400 quartiers —, de temps — l'échéance de 1995 — et d'action, enfin, garantie par un « haut responsable », qui devra être « un animateur, un pourfendeur, un avocat permanent ».

La politique de la ville, version Michel Delebarre

À ce moment, beaucoup reconnaissent Roland Castro dans la description mitterrandienne [2]. Interrogé par les journalistes, le délégué à la rénovation des banlieues ne dément pas, et joue, dit *Le Canard enchaîné,* les « mégalo-maximo » : « Vous accepteriez d'être ministre de la Ville ? — Absolument, répond-il. Il s'agit d'une création, car il faut tout réinventer. J'en ai les capacités et l'énergie. Notre République va mal. Il faut choisir entre le libéralisme ou la citoyenneté. » La politique des petits pas, sans grand dessein, est un échec. Fini le temps de la pleutrerie et des jérémiades : « Je n'irai pas faire le pitre déclaratif. » Fini aussi le temps des tracasseries financières dont avait pâti Banlieues 89 : « Je n'irai pas pleurer dans les bureaux des hauts fonctionnaires des finances et ce seront ces messieurs qui se déplaceront [3]. » Dans un entretien précédent, il s'était laissé aller à traiter les préfets d'abrutis — ces mêmes préfets dont Dauge vient de renforcer considérablement les pouvoirs [4]... Dans un univers dominé par les hauts fonctionnaires, voilà une candidature mal partie.

Beaucoup mettent en doute la nécessité d'un ministre de la Ville. En décembre, un conseiller de Michel Delebarre s'interroge : « Un ministre de la Ville ? Ça n'aurait pas de sens, pas plus que la création au XVIIe siècle d'un ministre de la Campagne [5]. » François Geindre reprend la vulgate « transversale » : « Un ministre de la Ville serait une erreur... » « Il se trouverait vite en concurrence avec Joxe, Jospin, Besson. Il faut retravailler avec une structure horizontale associant tous les ministères concernés. » Que faire alors ? « N'étant pas concurrent politique des ministres, un délégué interministériel des quartiers a plus de chances de réussir [6]. »

Face aux déclarations présidentielles, la droite fait la fine bouche. Jean-Claude Toubon les trouve « décevantes » et trop partageuses : « Le président de la République a choisi une fois de plus la démagogie illusoire des pauvres contre les riches. » Pasqua, narquois : « Les socialistes causent, causent, c'est tout ce qu'ils savent faire [7]. » Paul Picard est sceptique : « J'ai toujours peur. On part d'un effet d'annonce et on termine par trois cacahuètes [8]. » Yves Dauge, lui, s'estime comblé : « C'est moi qui sentais les limites de mon action, déclare-t-il. On a donné satisfaction à tout ce que je demandais. » Michel Delebarre sera plus circonspect : « Il n'est pas sûr que la D.I.V. ait si bien vécu la création du ministère de la Ville. » Son cabinet, dit-il, se plaindra plus tard de « devoir prendre un tire-bouchon pour en faire sortir le moindre dossier ».

Les temps sont changeants, et les socialistes aussi. Par-delà ces déclarations circonspectes, le maroquin, une fois mis en jeu par Mitterrand, suscite pléthore de convoitises, même chez ceux qui en récusaient hautement la nécessité... Michel Delebarre, dans *Le temps des villes,* outre Roland Castro et lui-même, ne recense pas moins de treize candidats : Yves Dauge, Pierre Joxe, Jack Lang, Gilbert Bonnemaison, un Marcel Debarge au discours énergique [9], François Geindre, Paul Picard, Jean-Jacques Queyranne, Bernard Kouchner, Bernard Tapie — déjà ! téléphonant du *Phocéa* à Rocard, dit-on... —, Jean-Louis Bianco, Jacques Chérèque et même Michel Noir, en disgrâce de R.P.R. [10]. D'autres rajoutent à la liste Jacques Floch, maire de Rezé et président de « Ville et banlieue », ou Georges Kiejman, à l'étroit place Vendôme, prétend-on. Que d'avocats et de pourfendeurs au service des banlieusards...

C'est Michel Delebarre, alors ministre de l'Équipement, du Logement, des Transports et de la Mer, qui l'emporte. Le 21 décembre, il est nommé ministre d'État, chargé de la Ville. Pour quelles raisons ? En partie, bien entendu, pour éviter d'autres candidatures ; en partie aussi, dit l'heureux élu, pour ses « vertus apaisantes », reconnues par tous, son optimisme invétéré, et surtout son expérience politique confirmée dans de nombreuses fonctions : directeur de cabinet de Pierre Mauroy, ministre du Travail, ministre des Transports, ministre de l'Équipement. Avec un énarque comme directeur de cabinet, Paul Mingasson, quelques otages pris parmi les anciens impétrants, Yves Dauge et Paul Picard, et un échantillon de toutes les compétences, dans des domaines aussi variés que la justice, la police ou l'insertion, l'équipe du nouveau ministre est solide. Lui-même a la réputation d'être une bête de travail, un homme de terrain et un orateur redoutable.

En lui proposant cette nouvelle mission, le président de la République fait remarquer à Michel Delebarre que le nombre de ses collaborateurs, au sein de son nouveau ministère, va passer de quelque 120 000 à une petite quarantaine... C'est là où le bât blesse. Outre le minuscule bataillon de la D.I.V., on met à sa disposition des troupes nombreuses mais qui ont pour seul défaut de ne pas lui appartenir : 31 délégations, missions et services différents ! Mesure toute formelle : cet ensemble flou est ingérable. Lesdits services traiteront souvent à la marge les demandes du ministère de la Ville. Delebarre semble même garder un souvenir relativement amer de ses relations avec les deux mastodontes que sont le ministère de l'Éducation nationale et le ministère de l'Intérieur. En dédommagement de sa fragilité en personnels, le ministère est superbement logé boulevard Saint-Germain, dans l'hôtel de Roquelaure.

Michel Delebarre décide de « relever le défi [11] » et veut « impulser, secouer, coordonner, développer des actions qui se mènent déjà sur le terrain ». À *L'heure de vérité,* le 11 mars 1991, il tient un discours musclé, et déclare qu'il veut combattre « un certain nombre de privilèges, de conservatismes et de bonne conscience » : « On ne changera pas la société qui a créé les discriminations urbaines si on n'est pas prêt à toucher aux situations établies. » La position de Michel Rocard semble avoir été plus réservée : fidèle à ses options, il avait déclaré vouloir « un ministre-animateur » plutôt qu'un va-t-en-guerre [12].

Le nouveau ministre d'État reste prudent. Il demande à un aréopage de spécialistes de border ses décisions. Les rapports vont pleuvoir en avalanche. Il y aura le rapport dit « Aubry-Praderie » sur le développement économique, commencé par Martine Aubry, alors directeur général adjoint de Pechiney, bientôt relayée par le secrétaire général de Renault après sa nomination comme ministre du Travail. Le rapport Picard, couplé avec celui d'un inspecteur général de l'administration, Jean-Louis Langlais, sur les services dans les quartiers. Celui de Roland Castro, sur un projet imposant d'« École des hautes études urbaines », qui ne verra jamais le jour. Enfin, celui de Gilbert Carrère, conseiller-maître à la Cour des comptes, sur la formation des fonctionnaires œuvrant pour la politique de la ville.

Dès mars, l'affaire de Sartrouville donne au ministre de la Ville l'occasion de faire preuve de son savoir-faire banlieusard. Nous avons vu qu'après l'assassinat de Djamel Chettouh par deux vigiles, dans la cité des Indes, les jeunes sont en ébullition. En face, le maire, Laurent Wetzel, dont le cœur bat très à droite. Sitôt en fonction, il débaptise des rues infestées de noms marxistes et réclame une augmentation des effectifs policiers. Les réactions des jeunes le mettent en rage. Le ministre est entre les deux...

C'est alors qu'intervient la « méthode Delebarre ». Le ministre a dans son cabinet ceux qu'il appelle des « palpeurs » et qui savent parfois jouer les baroudeurs : Francis Rol-Tanguy, autrefois proche de Fiterman, Jean-Michel Grosz et Ahmed Gayet, experts en vie associative de banlieue. Les « palpeurs » se propulsent donc en catimini à Sartrouville et reviennent au rapport. Les jeunes ont de légitimes raisons d'être mécontents, disent-ils. La municipalité ne les estime guère et les traite fort mal. Mais une fraction d'entre eux reste ouverte au dialogue.

Pour calmer le jeu, le ministre propose de réunir une vaste table ronde avec les représentants de l'État, du Conseil général, des administrations, de la mairie, et bien entendu des associations locales. Pour préparer le cérémonial, le ministre, avec ses « palpeurs » comme poissons pilotes, visite la cité à cinq heures du matin, sonne chez la famille de Djamel et commence à débattre avec quelques jeunes triés sur le volet. Il rencontre aussi le maire. L'impression est désastreuse : un « homme fébrile qui s'agite entre son fauteuil, ses sodas et ses cachets » et a en tête une idée fixe, une énergique « reprise en main » de jeunes braillards. Après avoir refusé de rencontrer d'autres personnes que des « représentants régulièrement élus » du quartier, il se laisse convaincre et participe à la table ronde.

La réunion s'ouvre. Pour Delebarre, le maire de Sartrouville ne cesse de déraper. Il s'énerve et s'enlise dans « une logorrhée où il était question du caractère messianique de sa croisade au service de la civilisation européenne ». Les jeunes s'agitent mais ne font pas d'esclandre, comme le ministre « les en avait discrètement priés ». Des mesures apaisantes sont décidées, et bientôt, à Sartrouville, tout rentre dans l'ordre, ou presque.

Cette séquence, dont le ministre tirera fierté, illustre les ambiguïtés du positionnement gouvernemental. Delebarre est choqué du meurtre de Djamel. Il reconnaît que vivre sa jeunesse à la cité des Indes est un sort peu enviable et que l'attitude des élus est impardonnable. Rencontrant les jeunes — en secret... —, il leur fait un clin d'œil, sans réellement approuver leur colère. Avec ses « palpeurs », il fait tout pour les diviser, en isolant les « raisonnables » des exaspérés. Mais en même temps, il se déclare outré par les réactions d'un maire réactionnaire et qui clame ouvertement son mépris pour les socialistes en général et Delebarre en particulier. Pourtant, le ministre mobilise tout le gratin étatique et départemental, pour remettre en selle cet ennemi politique patenté, tout en se réjouissant de sa dépression nerveuse quelque temps après. Cheminement complexe, qui pourrait paraître tortueux aux esprits simples...

De fait, le ministre est pris entre le marteau et l'enclume. D'un côté des jeunes écorchés vifs, au bord de basculer dans la délinquance et totalement incontrôlables ; de l'autre, une droite sécuritaire et qui vomit les migrants. Sur quelle base sociale peut s'appuyer l'action gouvernementale ? Certainement pas sur les jeunes de banlieues, ou même sur les moins jeunes, qui ne considèrent pas le ministre comme un « avocat », pour reprendre la formule mitterrandienne. Ils le rangent plutôt dans la masse indistincte et hostile des « costumes trois pièces », en compagnie des préfets et autres bureaucrates distants. Les élus de droite et leurs électeurs, en revanche, sont-ils reconnaissants à Delebarre de ses bons offices ? Pas davantage. Pourquoi éprouveraient-ils la moindre gratitude pour un socialo suspect d'être apathique à l'endroit des loubards bronzés et qui a d'ailleurs plaidé pour le droit de vote des étrangers aux élections municipales ? Le ministre bouge et rétablit l'ordre. Mais plus il bouge, et moins il trouve d'assise sociologique. L'histoire est exemplaire.

Sous Delebarre, le ministère de la Ville abat un gros travail législatif. En mars 1991, en pleine tourmente mantoise, on discute la loi d'orientation sur la ville (L.O.V.). Elle s'attache à favoriser la répartition de l'habitat social dans les villes, préserver ce qu'on appelle le « parc social de fait » — l'habitat ancien au centre des villes —, réinsérer les grands ensembles dans la ville, dégager des terrains constructibles et — rengaine habituelle — favoriser la participation des habitants... L'accueil est mitigé. Le gouvernement en a déjà réduit la portée. L'opposition la pilonne. Alain Juppé y voit une « supercherie », Pierre Méhaignerie « un simple effet d'annonce », les communistes pensent que « les solutions avancées ne sont pas à la hauteur des problèmes ». La L.O.V. est cependant adoptée le 13 juillet. Elle a été précédée, le 13 mai, d'une loi sur la solidarité financière entre les communes, organisant une redistribution grâce à une dotation de solidarité urbaine (D.S.U.), obligeant les communes riches à alimenter financièrement les communes pauvres. Il n'y a là nulle révolution : en 1993, 87 communes en épaulent 527, sur un budget global d'un milliard. Le tout est complété d'une aide spécifique, d'un montant réduit, et de mesures propres à l'Île-de-France.

Le 7 août 1991, Jean-Marie Delarue, auteur d'un rapport remarqué sur la relégation, succède à Yves Dauge. Le nouveau délégué s'efforce de consolider la D.I.V. en obtenant pour ses personnels un cadre d'emploi permanent. Dans la lignée des travaux de Paul Picard — « il faudrait qu'on ne puisse être proviseur dans un grand lycée qu'après être passé par les grands ensembles » —, un travail technique est également conduit, avec moins de succès, pour renforcer l'efficacité des dispositifs de quartier. On tente de veiller à une meilleure reconnaissance professionnelle des intervenants et à leur formation. La tâche est herculéenne, les obstacles omniprésents et les résultats peu significatifs...

La politique de la ville, version Tapie

C'est à Bérégovoy qu'on doit un des principaux coups bas portés au ministère de la Ville. Selon divers témoignages, c'est lui qui, encouragé par Charasse, aurait fait Tapie ministre. Mitterrand, lui, aurait, selon *Le Canard enchaîné,* été plus prudent : « Lorsque Bérégovoy m'a proposé de faire entrer Tapie au gouvernement, j'ai hésité. Mais Bérégovoy s'est porté garant [13]. » Le Premier ministre garantit, entre autres choses, l'intégrité policière et juridique de Tapie. Depuis longtemps, il est vrai, Bérégovoy compte l'homme d'affaires au nombre de ses liaisons dangereuses. Toujours est-il que Bernard Tapie se retrouve ministre le 2 avril 1992.

Delebarre ne semble guère satisfait de devoir quitter ses fonctions.

« Ce n'est pas moi, on l'a compris, qui ai sollicité ma nouvelle affectation... », affirme-t-il. Sa réaffectation est d'ailleurs délicate, car ses alliances écologistes dans le Nord l'empêchent de redevenir le ministre des autoroutes. On lui donne donc la Fonction publique. Il abandonne l'hôtel de Roquelaure « un pincement au cœur », pour devenir « fonctionnaire en chef », et laisse la place à Tapie, en lui donnant comme ultime conseil de ne pas utiliser les fonctionnaires pour sa publicité personnelle.

Tapie est officiellement entré en politique aux élections législatives de 1988, dans une circonscription marseillaise, remportant son siège de député de haute lutte. L'élection de son adversaire ayant été invalidée en 1988, il n'est définitivement élu qu'en 1989. Dès ce moment, Tapie devient le champion de la gauche contre un Front national en plein essor. Le 8 décembre 1989, la télévision montre un mâle face-à-face, Tapie contre Le Pen. Le fric sans complexe opposé au racisme sans honte.

L'année suivante, Tapie milite sur le terrain. Il annonce qu'il intervient sur un grand ensemble de Montfermeil, particulièrement menacé, les Bosquets. Il aurait d'abord proposé ses services à son ami Jacques Mellick, maire socialiste de Béthune, qui aurait décliné l'offre [14]. Le maire de Montfermeil, lui, ancien banquier et ancien militaire, fait partie de la droite dure. Il a même défrayé la chronique pour avoir censuré les livres de la bibliothèque municipale et refusé d'inscrire les enfants de migrants dans les écoles maternelles. Nouveau dialogue viril : « Les partis ne sont pas mon problème. En revanche, le ghetto en est un. Si Bernard Tapie veut le régler, c'est mon bonhomme », déclare le maire. Le 23 novembre 1990, la presse annonce que Tapie ouvre à Montfermeil un « Forum des citoyens » inspiré du « Forum civique » de France Plus. Mais Tapie, à la différence de France Plus, veut la jouer « unanime ». Il faut « mettre le paquet », « avec tout le monde ».

Tour à tour, Tapie fait miroiter le rêve américain — emmener les jeunes de la cité au Marathon de New York —, encourage le sport — avec l'annonce de la création d'une école de football dirigée par l'entraîneur vedette Michel Hidalgo — et promet que les grands groupes s'investiront dans la création d'emplois locaux. Hélas ! L'école de foot se réduit à expédier quatre jeunes en stage à l'O.M. ; la télévision câblée reste en rade ; le défi l'Himalaya se termine par le décès d'un jeune ; un film est tourné, mais sa diffusion demeure confidentielle. Quant aux grands patrons, ils restent circonspects. Bref, rien d'autre que le quotidien laborieux des quartiers fragiles. Les jeunes se plaignent : « Tapie fait des paillettes et s'en va. Nous on reste avec nos problèmes [15]. »

Delebarre bougeait, légiférait et négociait. Tapie inaugure une autre méthode : exalter les rêves banlieusards. L'essentiel de son action repose donc sur une intense mobilisation symbolique : apologie creuse des vertus libérales — énergie, volonté, esprit de compétition, etc. —, fiestas collectives, clins d'œil séducteurs au petit peuple et roucoulades en direction des patrons... Il marque également la politique de la ville par une approche ludique : les matches et les compétitions. Le ballon rond contre le ghetto, vieille technique sociale. Il tente également de mobiliser les grandes entreprises. Une convention est signée avec le groupe Bouygues le 30 juillet 1992, avec la S.O.G.E.A. et la Lyonnaise des Eaux en octobre. En même temps, un établissement public « Banlieues de France » est profilé, pour mener quelques opérations massives : pas plus d'une dizaine dans toute la France. Ce qui permet de faire miroiter aux gros entrepreneurs quelques marchés intéressants.

Qui plus est, lorsque Tapie arrive au pouvoir, l'essentiel du programme de Bron a été réalisé avec la technicité administrative redoutable de Michel Delebarre : les lois ont été votées, les personnels nommés, les circulaires publiées en abondance. Il ne reste plus beaucoup de grain à moudre pour Bernard Tapie, d'ailleurs novice dans le travail ministériel. De plus, l'homme d'affaires n'a pas la tête doctrinaire, ni de penchant particulier pour les textes de loi. Paternellement, Delebarre félicite son successeur : « Moi, je trouvais les options choisies d'autant meilleures qu'elles reprenaient en grande partie des chantiers que j'avais ouverts [16]. » « Mon successeur apportait sa propre griffe », concède Delebarre, avec l'annonce d'une création originale, des Maisons du Citoyen, « ouvertes à tous et à toute heure, et où il se passerait toujours quelque chose », permanence de nuit, soutien scolaire, formation, fêtes...

Avec Tapie, la politique de la ville s'enlise aussi dans les manœuvres politiciennes : tout comme Lalonde, il est d'abord une marionnette destinée à séduire le centre gauche, dans un périlleux jeu politicien. Mais, avec lui, la politique de la ville s'abîme dans une imagerie fatale. Le ministre de la Ville est macho, frimeur, hâbleur et un peu filou. C'est précisément pour ces raisons que certains, dans les banlieues, vont l'admirer. On retrouve ici, sous une forme abâtardie, la vieille tradition du « bandit social » qu'analyse Eric Hobsbawm. Le diamant que portait insolemment Salvatore Giuliano, dit-on, était pour les paysans italiens à la fois le symbole de son triomphe sur les riches, le gage de sa force et de son efficacité pour les protéger. Les dépenses extravagantes du héros sont la démonstration de sa puissance et la compensation de l'échec des banlieues [17]. Robin des Bois n'est plus ce qu'il était.

Pour faire enrager la droite et amuser les banlieues, Mitterrand et Bérégovoy agitent devant les pauvres, comme un ticket de Loto, le symbole douteux d'une réussite sociale quasi magique. Regardez le « gosse de banlieue devenu milliardaire », voyez le brillant homme d'affaires qui s'intéresse à vous... « Il ne faut pas accabler Tapie parce qu'il a réussi », proclame Mitterrand. Or, Tapie est un cadeau empoisonné. Leur donner Tapie, c'est aussi leur donner le coup de grâce, en montrant à l'évidence le mépris dans lequel on les tient.

Nommé dans les premiers jours d'avril, Bernard Tapie est contraint à démissionner le samedi 23 mai 1992, à la suite d'un embrouillamini financier avec un député de droite des Hauts-de-Seine, Georges Tranchant. L'aventure aura duré 52 jours. Il retrouvera son poste le 26 décembre, pour quelques mois, et dans une atmosphère de déroute préélectorale. Pendant son absence, le Premier ministre, puis un secrétaire d'État, François Loncle, lui gardent la place chaude. Loncle ne fait guère parler de lui. Tapie, toujours égal à lui-même, le lui reprochera vertement, une fois revenu en fonction...

Désormais, la cote des socialistes est au plus bas. Élections et sondages attestent qu'ils ont perdu la confiance populaire, sans gagner pour autant la sympathie des privilégiés. À la suite des élections de 1989, la Sofres montre que le gouvernement a gagné sept points chez les Français bénéficiant de revenus dépassant 20 000 francs par mois, en a perdu 24 chez les employés et 20 chez les ouvriers. « Les soutiens sociologiques de Rocard sont ceux du centre droit », conclut Jérôme Jaffré dans *Le Monde.* Mais ces soutiens sont asthéniques. De plus, la grogne s'installe chez les socialistes à propos du bilan gouvernemental. En janvier 1993, Jean-Michel Belorgey remet son rapport d'évaluation sur la politique de la ville. Bilan lucide et pour le moins nuancé : faiblesse théorique et idéologique, manque de volonté politique, défaut de savoir-faire... Les rêves se sont évanouis.

Battue aux élections de mars, la gauche quitte le pouvoir deux mois plus tard. À ses rivaux et successeurs, elle laisse en héritage la politique de la ville : cette machinerie étrange et d'une complexité horrible, à l'efficacité contestée mais politiquement intouchable, hésitant toujours entre une action caritative à la mode libérale et une intervention publique rénovée. Comme le constate amèrement Michel Delebarre, la continuité politique lui a fait pour le moins défaut : « trois titulaires en deux ans et demi et même quatre si on inclut l'intérim de Pierre Bérégovoy ». Quant à la chute des ambitions politiques, entre le discours de Bron et la sortie de Tapie, elle a été vertigineuse. Le temps de la discrétion est arrivé. Il n'y a plus de ministère de la Ville.

CHAPITRE 50

Mission impossible ?

Un premier décrochage : l'État coupé en deux

Il n'a pas été possible à la politique de la ville de surmonter ce qu'Olivennes et Baverez ont baptisé l'« impuissance publique » : une perte flagrante d'efficacité doublée d'une incapacité de se réformer [1]. Les traits marquant des grandes administrations coïncident en effet avec ceux de l'organisation du travail industriel : une stricte hiérarchisation des fonctions, une séparation tranchée entre le décideur et le professionnel de terrain, une parcellisation dans l'analyse des besoins des usagers, une standardisation et une massification des réponses. Les catégories tayloriennes — ou plutôt fayolliennes — qui inspirent ce fonctionnement n'ont rien à voir avec les professions de foi sur la « transversalité », le « guichet unique » et la « participation ».

De Raoul Dautry aux actuels X-Ponts, de Paul Delouvrier aux énarques de 1990, les argumentaires ont changé. Mais pas les pratiques. La technocratie ne s'est pas assouplie dans les années quatre-vingt. Bardée de bonnes raisons économiques et financières, elle s'est plutôt renforcée. La politique de la ville s'est donc très vite trouvée la cible des services « classiques », qui l'ont mise dans leur collimateur et ont tissé autour d'elle un cordon sanitaire. Qui plus est, la plupart des ministères, au rang desquels il faut compter la Jeunesse et les Sports, l'Éducation nationale, le Travail, les Affaires sociales, se sont empressés de lancer des programmes parallèles et concurrents, obscurcissant encore un champ déjà opaque. Loin d'être « animateur », l'État est devenu plus rigide dans ses fonctionnements financiers, plus anarchique dans la définition de ses objectifs et, dans son organisation, plus ouvert aux groupes de pression.

Rien d'étonnant, dans ces conditions, à ce que la politique de la ville ait rencontré une double crise de crédibilité. Entre les hauts et les petits fonctionnaires, tout d'abord : ce que Bourdieu a fort bien exprimé dans son opposition entre la « main gauche » et la « main droite » de l'État. La cohérence se rompt entre les déclarations des cabinets ou des grandes directions et les réalités vécues par les professionnels sur le terrain. Les uns rêvent ou plastronnent. les autres se sentent trahis et se désespèrent.

En outre, les grands projets de transformation sociale caressés au début des années quatre-vingt n'ont pas vraiment mordu sur la haute fonction publique. Cette dernière est partagée en deux clans. La couleur politique compte peu : il y a les énarques amoureux du F.M.I. et les énarques défenseurs du R.M.I. Les premiers dissertent sur les nouvelles contraintes internationales, les grands équilibres financiers, la force du franc et la baisse du coût du travail. Les seconds déplorent la montée de l'exclusion, s'inquiètent des pauvres, prônent la solidarité et le partage. Entre les deux, la partie est inégale. De toute évidence, « les premiers dominent clairement les seconds [2] ». Les énarques sociaux ont beau faire la cour aux P.D.G. et exhorter les riches à la générosité devant des assemblées clairsemées, avec une prédominance internationale des thèses monétaristes et un laminage certain de l'État nation, le libéralisme l'emporte : baisse des impôts, dérégulation financière et rentabilité des entreprises publiques... « Dès 1985, la conversion à droite est totale », affirme Théret [3].

Pourquoi les hauts fonctionnaires se sont-ils laissé séduire par un discours si dur envers l'État ? On aurait pu supposer qu'ils s'arc-bouteraient au keynésianisme planificateur d'antan. Dans les faits, la croissance de l'État, multipliant les mesures légales et réglementaires, accroissant le poids des corporations, n'a pas accru leur pouvoir. Bien au contraire, la marge de manœuvre des décideurs en a été d'autant réduite. Leurs grands espoirs ne sont plus placés dans la montée des règles contraignantes du salariat, mais dans les grands espaces de l'économie mondialisée. Les malheureux chefs de projet, perdus dans leur quartier, sont peu de chose dans ce débat.

Un second décrochage : le renforcement du pouvoir local

Il est une seconde coupure. La décentralisation, disait-on, allait rapprocher les élus et les populations. C'était oublier que « les populations » n'existent pas en tant qu'entité repérable. Il y a des gens qui votent et d'autres qui ne votent pas. Des électeurs influents dans le centre des villes, qu'il faut ménager, et des miséreux ingouvernables et rejetés de tous, dans les quartiers pauvres. À la demande de la D.I.V., la Sofres a réalisé en 1989, dans quarante villes, un sondage sur la place des habitants dans un projet urbain : ceux des quartiers précarisés s'estiment moins bien informés que les autres. Pis : « une majorité estime que les élus ne se préoccupent pas de ce qu'ils pensent ». Le sentiment d'abandon l'emporte [4]. En revanche, les maires « populistes » peuvent-ils compter sur l'appui des précaires ? Voilà qui est douteux. Ceux qui se sont véritablement occupés des quartiers mal en point l'ont souvent durement payé. Les satisfaits votent et n'aiment pas que leur maire se préoccupe davantage des loubards que d'eux-mêmes.

Qui plus est, la décentralisation n'a jamais rimé avec participation. Sur ce point, le recul par rapport aux temps giscardiens est patent. Les institutions françaises ne favorisent pas la démocratie locale. Une fois élu, le maire, qui a récupéré quelques pouvoirs depuis la loi Defferre, règne — ou tente de régner... — sur l'équipe municipale. Les services, parfois rigides dans leurs modes de gestion, lui échappent en partie, mais pas les adjoints. Il peut à son gré les nommer ou les révoquer et, parfois, ne s'en prive pas. Dans ces conditions, il peut paraître paradoxal, voire hypocrite, de se lamenter sur la faiblesse du militantisme de quartier.

En même temps que les associations se sont délitées, les contre-pouvoirs ont disparu. Les mairies de quartier ou les commissions extra-municipales sont dépourvues de toute capacité réelle de décision. Certes, un nouveau tissu associatif est timidement apparu dans les années quatre-vingt, animé en particulier par des fils de migrants. Mais il n'est ni associé aux décisions locales, ni véritablement reconnu, ni même érigé en interlocuteur véritable. On invite les habitants à voter, dans les grandes occasions, sur des thèmes et selon des règles nationalement parachutées : « citoyenneté » oblige. Mais pas question de partager le pouvoir au quotidien. Restent enfin des professionnels de proximité qui, çà et là, réinventent l'action sociale au quotidien. Mais eux-mêmes sont souvent en « souffrance sociale », comme l'ont montré les travaux de Pierre Bourdieu. Ils déplorent de n'avoir guère d'instruments entre les mains et s'inquiètent chaque jour davantage [5].

Pour parodier Watzlawick, dans ces conditions, comment ne pas réussir à échouer ? La méthode est simple : des projets généreux, concoctés dans les hautes sphères pour le plus grand bien d'utilisateurs qu'on s'empresse de ne jamais consulter, la prise en main énergique du dossier par un groupuscule technocratique qui le dénature, des malheureux intervenants de terrain qui rusent, se dévouent, pataugent et se dépriment, des habitants qui s'estiment floués, de l'argent gaspillé et, au bout du compte, une déception cruelle. Des grands ensembles à la politique de la ville, c'est toujours la même logique. La boucle est bouclée.

Reconstruire la ville ou chasser les pauvres ?

Au-delà de cette mise en œuvre, il est une interrogation plus profonde. Pourquoi s'en prendre à « la ville » et créer un ministère spécialisé ? La raison apparaît en filigrane dans nombre de textes socialistes, comme les attendus du projet de loi d'orientation sur la ville. Il faut chercher l'origine d'« une montée progressive des difficultés urbaines » dans la politique menée par la droite. Comme il fallait « répondre rapidement à des besoins importants », « on a voulu concentrer le peuplement » de populations « à problèmes » selon une procédure systématique et monofonctionnelle, celle des Z.U.P. Plus tard, le « caractère ségrégatif » de cet habitat a été encore « aggravé par la crise économique [6] ». Le péché originel est celui des constructeurs, et la conjoncture n'a rien arrangé. Que faire ? Supprimer les grands logements collectifs, avec leur composition « homogène et répétitive », « casser le monofonctionnalisme » d'antan et « brasser les populations ». Il faut « en finir » avec ce monstre qu'est le grand ensemble : c'est ce que proclament les assises de Bron.

Sur ce point, les vues de la droite libérale ne sont pas éloignées de celles de la gauche. Les grands ensembles sentent leur ville-dortoir, dit le sénateur R.P.R. Gérard Larcher : « Le développement actuel des ghettos et le mal de vivre des banlieues sont la résultante d'un quart de siècle d'une politique d'urbanisme qui a été à l'origine de la construction de ces banlieues sans fin, rapidement délabrées et sans âme, qui hébergent aujourd'hui 17,6 millions de banlieusards contre 15,5 millions en 1975 [7]. » C'est à peine si la droite braque davantage les projecteurs sur les immigrés clandestins, les cambriolages et la criminalité nomade. Elle déplore au passage qu'on oublie les paysans et donc l'aménagement du territoire, insiste sur « l'application de la loi républicaine » et sur « une politique cohérente de l'immigration » et préconise enfin « l'accès à la propriété sociale », selon le modèle thatchérien [8].

Toujours est-il que, pour l'ensemble de la classe politique, la chasse aux grands ensembles est ouverte. On rénove et on camoufle les cités. Quand on le peut, on fait exploser les tours et les barres. La destruction de la barre Debussy, aux 4 000 de La Courneuve, est retransmise en direct, hors-d'œuvre du journal télévisé. Le sacrifice est public. Qui donc irait accuser les pouvoirs publics d'incurie ? L'État met un terme aux « ghettos » : on l'a vu au journal de treize heures...

Certes, jamais les cités, rêves de technocrates, n'ont été en phase avec les attentes des populations. Pourtant, mettre à bas les foyers de millions de personnes, cela s'appelle une guerre. Pour leur offrir quoi, en remplacement ? Des résidences de cadres supérieurs ? Un appartement confortable en centre ville ? Le coût économique et social d'une telle opération serait immense : construire en grand, organiser le déplacement et le relogement de foules entières. Pourquoi donc s'en prendre aux banlieues ? Un autre terme revient sans cesse dans les discours politico-médiatiques et explique peut-être cet acharnement. La peur du « ghetto ». Les habitants de certaines banlieues sont des diables. La presse ne cesse de le répéter, elle qui affirmait après Vaulx-en-Velin : « C'est angoissant de ne rien comprendre. Et voilà. Personne ne comprend rien. Contact coupé. Les mômes, à Vaulx-en-Velin, sont devenus de parfaits extraterrestres... des inconnus dont on aurait perdu jusqu'à la compréhension des habitudes. » Et le journaliste de conclure : « Et ça fout vraiment la trouille. À tout le monde [9]. »

Parfois, on peut se demander si le projet de « mettre fin aux grands ensembles » ne recouvre pas simplement des stratégies inavouables d'assainissement social. Les populations les plus précaires ne sont pas un cadeau pour une commune. Les cas sociaux ne lui rapportent rien, financièrement, puisqu'ils sont même incapables de payer les impôts locaux, et ils coûtent cher en aides diverses. Qui plus est, par un effet de cascade, ils sont à l'origine d'un appauvrissement généralisé du lieu. La démolition du bâtiment permet donc de s'en débarrasser en douceur, de limiter le nombre des migrants et, espère-t-on, de recruter une population nouvelle, plus honorable et plus richement dotée. On « rééquilibre le peuplement », dit-on, et on « revalorise » le lieu. Où vont les cas sociaux et les migrants ? Ailleurs. Chez les voisins. Dans les gares. Au diable. À l'Armée du Salut. Qu'importe.

Bon gré mal gré, nous continuerons longtemps à voir les grands ensembles dressés dans nos banlieues. Certes, les clapiers ne redeviendront jamais des cathédrales. Mais certains soutiennent, depuis quelques années, que les grands ensembles ont été injustement calomniés. Que les plus grands architectes de l'après-guerre ont participé à une aventure merveilleuse d'audace et que nombre de pays étrangers ont copiée : celle du *hard french.* Ils déclinent même les exemples d'habitats collectifs qui « marchent » bien. Ce qui est en cause, autant que le grand ensemble, c'est son mode d'appropriation et l'imagerie sociale dont il est le support. Reste à promouvoir une écologie de grands ensembles, en arrêtant de chasser leurs occupants.

Fondamentalement, les pouvoirs publics ont-ils vraiment le « développement » comme objectif ? Ne viseraient-ils pas plutôt ce que les Anglo-Saxons appellent le *containment :* gérer au mieux l'existant, en évitant dégradation et contagion ? On « cible » donc des populations précaires. Qu'est-ce qu'un pauvre à la fin des années quatre-vingt ? Quelqu'un qui vit de l'assistance, à hauteur de 2 000 francs par mois, qui habite dans un grand ensemble repeint en rose bonbon ou en vert pomme et qui suit de temps en temps quelques stages de remobilisation sociale et de rédaction de curriculum vitae. Et qui se déprime devant une télévision lui répétant sans cesse que les exclus sont la priorité des priorités...

CHAPITRE 51

La rupture du pacte de progrès

Il n'y a pas que de mauvaises nouvelles !

Nos sociétés n'évoluent pas vers une « exclusion » minoritaire. Cette interprétation serait rassurante. Pour porter remède aux « fractures » sociales, il suffirait juste d'être un peu plus solidaire. Tendons la main aux pauvres, poussons-nous, soyons « justes » et partageons un brin, le travail et le reste... Cette médication est insuffisante. Un mécanisme, qu'on croit presque inéluctable, détruit quotidiennement ce que la politique de la ville s'efforce de réparer.

Nos quotidiens sont remplis de petites fables économiques édifiantes... On y lisait en 1994 que le groupe Sara Lee, propriétaire de marques comme Dim, Playtex, Kiwi, etc., se portait tel un charme, avec, en 1993, un chiffre d'affaires de 14,6 milliards de dollars et un résultat net d'exploitation de 704 milliards. Pour se porter mieux encore, il ferme quelques usines et supprime 8 280 emplois sur 138 000, ses effectifs mondiaux. Ce qui lui permet de baisser ses prix, d'investir dans la mercatique et de promouvoir de nouveaux produits. Wall Street s'est réjoui de ces bonnes nouvelles ; les actions de Sara Lee sont en hausse [1].

Autre information rassurante : selon *Fortune,* en 1993, les P.D.G. des 200 plus grandes entreprises américaines ont gagné en moyenne chacun 4,1 millions de dollars, soit une augmentation de revenu de 28 % par rapport à 1992 [2]. En Amérique, les patrons sont de plus en plus chouchoutés. En 1983, leur rémunération était de 43 fois le salaire moyen d'un employé ; il l'est de 100 fois en 1990 [3]. Selon Robert Reich, secrétaire d'État à l'Emploi du président Clinton, « entre 1977 et 1990, le revenu moyen avant impôt des 20 % d'Américains les plus pauvres a diminué de 5 %. Pendant la même période, les 20 % d'Américains les plus riches sont devenus 9 % plus riches, avant impôt. De même, jusqu'à la fin des années soixante-dix, les revenus moyens des habitants des différents États américains se rapprochaient lentement ; depuis la tendance s'est inversée [4] ».

En France, tradition de secret oblige, les riches arrondissent leur pécule en silence. Entre 1980 et 1992, la croissance moyenne et annuelle du P.I.B. a été de 2,1. Ce qui met la France en meilleure position que la Suisse (1,6), la Suède (1,4), la Belgique (1,9), le Danemark (1,9) ou le Royaume-Uni (2) et sur pied d'égalité avec l'Allemagne (2,1). Dans les années soixante-dix, avec la refonte du S.M.I.C. et la généralisation du salariat, le tout accompagné d'une inflation à deux chiffres, le moral des riches était en berne. Les revenus du capital croissaient moins vite que ceux des salariés. Honte à ces salariés égoïstes, disait-on, accrochés à leurs privilèges et réclamant toujours plus. Voilà qui est terminé. La part des charges salariales des entreprises baisse constamment par rapport à la valeur ajoutée qu'elles développent : de 56,9 % en 1980, elles sont passées à 52,2 % en 1993. L'impôt sur les bénéfices des sociétés, de 50 % en 1984, est descendu à 33,3 % en 1994. Beau temps pour les nantis.

L'effritement des classes moyennes et la montée des pauvres laborieux

Dans cette grande transformation, ceux qu'on a baptisés « exclus » ne sont pas seuls à chavirer. Ils entraînent les anciens satisfaits dans leur naufrage. La tendance autrefois « naturelle » à la réduction des inégalités s'inverse aujourd'hui. Il n'y a pas de « société à deux vitesses », pas plus que de « quartiers de relégation » qui draineraient seuls tous les malheurs du monde. Les mécanismes d'appauvrissement cancérisent *toute* la régulation salariale héritée de l'époque industrielle.

À partir de 1984, l'éventail des revenus salariaux a commencé à s'ouvrir. Auparavant, entre les 10 % les mieux payés et les 10 % les moins payés, l'écart était de 2,9 ; en 1991, il est de 3,2. Parallèlement, les différences de patrimoine s'approfondissent. Les revenus de propriété et d'entreprise, les loyers, les intérêts, les dividendes augmentent sans cesse. En revanche, les revenus salariaux et ceux issus des transferts sociaux ne font que maigrir :

	1970-78	1978-82	1982-85	1985-90	1990-91
Revenus primaires d'activité	4,5	1,1	0	2,4	1
dont activité salariée	5,5	1,7	0,2	2,4	1,7
Revenus de propriété et d'entreprise	3,4	4,2	3,4	5,6	7,7
Revenu primaire brut total	4,4	1,5	0,4	2,8	1,9
moins impôts et cotisations sociales	6,8	4	2,8	3	3,9
plus prestations sociales	6,8	4,4	2,7	2,8	3,5
Revenu disponible brut	4,3	1,3	0,2	2,7	1,9
Revenu disponible par habitant	3,7	0,8	0,2	2,3	1,5

Évolution des composantes du pouvoir d'achat entre 1970 et 1991 : évolution du taux de croissance moyen en pourcentage.
Source : Comptes sociaux et *L'état de la France* 93-94, La Découverte.

Un grand mouvement de bipolarisation sociale distend nos sociétés, qui rend les riches plus riches et les pauvres plus pauvres. Peut-on se consoler en se disant que le phénomène est international ? Toutes les sociétés occidentales retravaillent l'équilibre des qualifications et des revenus. Une hégémonie du capital financier, alliée à l'ouverture des frontières, induit une nouvelle division du travail, avec une concurrence des pays riches et de ceux qui ne le sont pas. Ce phénomène entraîne une recomposition d'ensemble : baisse du coût du travail, *reenginering* et flexibilité. Cette évolution se cumule avec d'autres, technologiques ou financières : avec un niveau élevé des taux d'intérêt, une économie de la production devient une économie de la rente, et le capital est mieux rémunéré sur les marchés financiers que le travail. Pour que les entreprises investissent, elles doivent augmenter leur taux de profit et ne le font qu'en baissant les salaires et en réduisant leurs personnels.

Les classes moyennes ont raison de s'angoisser. En 1993, les salaires nets ont baissé de 0,6 % en dépit d'une amélioration sensible des qualifications — le pourcentage des cadres dans la population active est passé de 12,4 % à 13 % en 1993 : avec un accroissement des prélèvements à la source, une augmentation des cotisations sociales et un accroissement du poids de la C.S.G., leur situation n'a guère de chances de s'améliorer et leurs privilèges d'antan s'amenuisent inexorablement. On serre les crans de sa ceinture : les emplois à temps partiel se sont développés depuis septembre 1992 à un rythme de

15 000 par mois. La France se résigne : selon l'I.N.S.E.E., 42 % des hommes qui cherchent un travail à temps complet accepteraient maintenant un temps partiel, contre 28 % il y a un an, et 52 % des femmes, contre 41 % l'an passé. Le niveau de l'eau baisse lentement. En janvier 1994, selon l'A.F.B., les nombres des interdits de chéquier atteint 1 158 000 et touche les salariés les moins robustes [5]. Selon le C.E.R.C., « la population qui reste potentiellement fragile malgré un emploi stable, mais qui serait mal armée face à la mise en cause de son activité professionnelle actuelle, représente jusqu'à 27 % des actifs [6] ». Juste rétorsion : en 1994, il a été mis un terme aux activités du C.E.R.C. par la main de J.-B. de Foucauld, l'ami des exclus.

Après les plus fragiles, les autres s'enfoncent lentement. Le logement et la santé coûtent de plus en plus cher. L'intendance ne suit pas. Les échecs de l'accession à la propriété se multiplient. De plus, pendant les années soixante et soixante-dix, en période d'inflation, les possédants s'appauvrissaient et les endettés s'enrichissaient. Maintenant, des taux d'intérêt supérieurs à l'inflation creusent les inégalités : l'argent court vers l'argent. Le petit salarié sans patrimoine s'appauvrit sans espoir. En outre, de C.E.S. en C.D.D. et de contractuels en intérimaires, le salariat se précarise. Même dans la fonction publique, autrefois bastion du « toujours plus », les privilèges s'amenuisent. Les postes se fragilisent, les bénéfices secondaires disparaissent, les charges s'alourdissent et les carrières deviennent aléatoires. Dans ces conditions, qui peut s'étonner de voir surgir les coordinations les plus diverses, d'infirmières ou d'assistants sociaux, doublant les syndicats, ces ultimes gardiens du salariat ?

Parallèlement, presser jusqu'au trognon les précaires tend à devenir un sport de plus en plus fréquemment pratiqué dans les sociétés occidentales. L'évolution de la Grande-Bretagne est significative. Le salaire minimal a été supprimé. Les effectifs de l'industrie passant en quinze ans de 7 à 4,2 millions, ceux des syndicats, pendant la même période, de 1979 à 1994, sont tombés de 12,5 à 7,5 millions. Tout employeur peut désormais licencier, sans motif ni indemnité, tout employé ayant moins de deux ans d'ancienneté dans l'entreprise. Ce délai monte à cinq ans dans le cas d'un salarié à temps partiel. Depuis quelques années, les pleins-temps diminuent et les emplois à temps partiel augmentent. Ces derniers sont moins bien payés que les temps complets (en moyenne 690 francs par semaine en 1993), et en dessous d'un certain seuil l'entreprise est dispensée de cotisations sociales. Le droit de grève est progressivement éliminé et les négociations collectives abolies. Depuis juillet 1993, les entreprises sont même autorisées à payer un syndiqué moins qu'un non-adhérent...

L'Amérique, quant à elle, réduit le chômage en parcellisant l'emploi. La croissance produit des inégalités à tour de bras, au point d'inquiéter le président Clinton. Comme les qualifications des nouveaux « travailleurs » sont de plus en plus basses, on multiplie ce qu'on appelle des *working poors,* les pauvres laborieux. En Amérique comme en Angleterre, les salaires des emplois non qualifiés sont désormais si bas que l'aide sociale concurrence l'emploi... Si bas qu'ils découragent de travailler. Ce qui pousse l'aile la plus radicale du libéralisme à vouloir aller plus loin encore et supprimer *toute* aide sociale. Dans ces conditions, il n'est guère surprenant que les patrons se lamentent sur la faible productivité de leur personnel, leur *turn-over* insupportable et l'insuffisance grandissante de leurs qualifications.

Sans doute vaut-il mieux être serveur dans un fast-food ou livreur de pizza à domicile que chômeur de longue durée. Mais quel est l'avenir de ceux qui occupent ces pitoyables *macjobs,* pour reprendre le terme américain ? Sous-payés, maltraités, sans qualification, sans protection sociale et sans avenir. Selon toutes probabilités, l'exploitation des pauvres se portera bien dans les années qui viennent. Sauf miracle, ces *bad jobs* occupés par les *working poors* vont croître et multiplier. Le prix à payer risque d'être élevé.

La question centrale à laquelle se heurteront nos sociétés sera sans doute moins celle de la « ville » ou des « banlieues » que celle du décrochage social d'une fraction toujours plus importante de la population. Le problème ne sera pas résolu par une invocation abstraite de la « citoyenneté urbaine », par l'ajout de quelques services publics et de quelques lignes d'autobus et par la réhabilitation de quelques grands ensembles. Comme le dit finement Jean-Marie Delarue : « De la même façon qu'on dit qu'une entreprise " externalise " une fraction de ses coûts en recourant à la sous-traitance, on pourrait se demander si l'entreprise n'a pas aussi externalisé ses conflits... dans la ville [7]. »

Le mirage du « lien social »

Que faire ? Si développer une politique de la ville s'est révélé une mission impossible, peut-on imaginer d'autres remèdes, moins étatiques et plus libéraux ? Par exemple, créer des espaces de solidarité indépendants des initiatives publiques. Les plus conservateurs ont une solution toute prête : revenons à des valeurs sûres, comme la famille, celle d'avant le travail des femmes, d'avant les mini-jupes, l'aide aux parents isolés et la banalisation du divorce. Exaltons le patronat moral, la petite entreprise laborieuse et l'artisan courageux, modeste créateur de richesses. De Le Pen à de Villiers, cette imagerie passéiste joue les alternatives d'avenir.

Excluons ces utopies familialistes, pour au moins deux raisons. Le mouvement de recomposition familiale de l'ensemble des pays d'Occident est lié à la croissance du secteur des services, à l'émancipation féminine et au travail des femmes. Il est irrationnel, ou démagogique, de laisser croire qu'on reviendra à la communauté paysanne ou à la famille ouvrière. Pour tout un jeu de raisons économiques, démographiques, juridiques, sociales, culturelles, sentimentales et sexuelles, le couple s'est réinventé, et nul ne reviendra sur cette évolution. Il serait plus facile de convaincre tous les ménages français de ne plus jamais regarder la télé.

De plus, c'est une étrange aberration que de faire de la famille pauvre un rempart contre l'exclusion. Une des conclusions les plus étonnantes — les plus scandaleuses ? — de l'ultime rapport du C.E.R.C. était que loin de renforcer la structure familiale, la pénurie financière tend à la dissoudre : « Plus la situation par rapport à l'emploi est précaire, plus le risque de perturbation de la vie conjugale est fort [8]. » Le risque de dérive sociale est encore plus grand pour les hommes que pour les femmes, davantage à même de se préserver dans le cas de recomposition familiale. Bref, l'aisance financière serait plutôt un garant de la qualité de la vie conjugale...

Il est des variantes modernistes et sociales de l'ambition libérale. On défausse l'État, dont on se méfie de la lourde bienveillance, de ses responsabilités régulatrices, pour les remettre à d'autres acteurs sociaux, seuls capables de gérer une sortie de la crise : bénévoles à l'anglo-saxonne, chefs d'entreprise réformateurs, ou populations solidaires. L'invocation traditionnelle du patron social, qui partage humainement le travail et accueille les déshérités, connaît une nouvelle jeunesse avec l'« entreprise citoyenne ».

Mais peut-on espérer une mutation culturelle et une véritable « révolution du cœur » chez les heureux bénéficiaires de la crise, que nous avons vus prospérer quelques lignes plus haut ? Robert Reich est plus lucide, lorsqu'il déplore le fossé culturel qui se creuse entre les riches et les pauvres. « Un consultant en management qui vit à Chippaqua *, se demande-t-il, qui va tous les jours travailler dans une tour de verre et d'acier à Park Avenue et qui traite avec des clients du monde entier se sentira peut-être un peu plus responsable envers une famille pauvre vivant à 5 000 kilomètres à l'est de Los Angeles qu'envers une famille pauvre de Mexicains vivant à 5 300 kilomètres, à Tijuana ; mais ce supplément d'affinité peut ne pas suffire pour orienter son énergie et ses ressources. En tant que citoyen du monde, le consultant en management risque de ne ressentir aucune obligation particulière envers aucune société [9]. »

Il est douteux qu'un grand mouvement de partage et d'autoréduction des revenus se dessine chez les dirigeants de multinationales. Mais il est pire. Il n'est pas certain que la solidarité interne à l'entreprise se maintienne encore. Selon Jean-Paul Fitoussi, on verrait même se développer dans les entreprises une mentalité baptisée d'*insiders* [10] : « Acceptons gaiement le vidage de nos collègues. Plus les effectifs décroissent et plus nos revenus augmentent. Peut-être un jour des menaces planeront-elles sur nos emplois. Mais nous sommes tellement plus malins que les autres... »

Au-delà des rêves conviviaux, les mesures d'assistance prolifèrent. En 1990, on signait 278 580 contrats emploi-solidarité dans l'ensemble de la France. Ce nombre atteint des sommets : 456 414 en 1991, 598 893 en 1992 et 659 381 en 1993. Le revenu minimum d'insertion s'envole au même rythme : 335 675 bénéficiaires en 1989, quand la loi venait d'être votée. Il y en a 792 947 au 31 décembre 1993. De quoi l'avenir sera-t-il fait ? Avec 10 000 rmistes de plus chaque mois, nul ne le sait... Va-t-on créer une allocation permanente, ce à quoi la France, à la différence d'autres pays, s'est toujours refusée ? Multiplier les sorties précaires, du type C.E.S. « consolidés » — ce qui relève de l'humour noir — en espérant en faire des « sas » vers l'emploi ? Ou encore mettre franchement en cause le principe même du R.M.I., comme le demandent déjà certains néo-libéraux ? Toujours est-il que les pouvoirs publics savent ce qu'ils font : ils luttent contre l'« exclusion ». Nous voilà bien partis.

---

* Quartier résidentiel de Los Angeles, sorte de Neuilly américain.

Un diagnostic libéral : les « exclus »

Qui sont ces nouveaux venus, qui inquiètent tant les satisfaits ? La gauche de 1981 vivait sur l'imagerie vieillotte et sociologiquement fausse d'une petite minorité de « gros » — les « 200 familles » d'autrefois — exploitant honteusement une majorité de « petits » — la « paupérisation absolue » des prolétaires, chère à Maurice Thorez [11]. La notion de « pauvreté », aux relents caritatifs, était fort mal vue et celle d'« inégalité » était revenue à la mode [12]. Un rapport hérité du giscardisme contre la « pauvreté » et la « précarité » avait même été poussé aux oubliettes [13]. De même les « exclus », pour reprendre le titre d'un ouvrage de René Lenoir [14]. Ceux qu'on désignait ainsi, clochards et personnes âgées aux maigres revenus, femmes sans travail et personnes handicapées, étaient les exclus du progrès économique. Politiciens et sociologues avaient fait la fine bouche devant ce concept fourre-tout... Tout comme la pauvreté, l'exclusion avait été bannie.

Mais comment désigner ceux qui s'énervent dans les banlieues, mendient dans les rues, errent dans les gares ou se désespèrent dans les A.N.P.E. ? La crise a stimulé l'imagination lexicologique. Des « laissés-pour-compte » ? des « désaffiliés », des « relégués », des « exilés », des « hors-jeu », des « disqualifiés » ou des « ségrégués » ? Quant aux « casseurs » des périphéries urbaines, ces jeunes chômeurs énervés, les met-on dans le même sac que les vieux chômeurs déprimés ? Le retour définitif des « pauvres » dans le paysage politique date de 1984. « Le spectre de la pauvreté revient », dit-on. Un reportage acerbe du *Figaro* ouvre le feu, accusant la gauche d'avoir fait basculer dans la misère 6 millions de Français [15]. Les maires des grandes villes réclament des mesures d'urgence : à Lyon, le nombre des tickets repas aux jeunes chômeurs a été multiplié par dix entre 1982 et 1984 ; à Brest, les avances remboursables et les secours ont augmenté de 250 % entre 1982 et 1983 [16]. Jacques Chirac et Simone Veil enfoncent le clou.

La gauche riposte sur le terrain de ses adversaires, et la pauvreté entre dans son répertoire, porté par une curieuse coalition unissant Laurent Fabius, l'abbé Pierre et Coluche [17]. Le père Wresinski rencontre le Premier ministre et lui donne un satisfecit : voilà un homme « sincère et compétent » qui « suit les familles les plus pauvres de sa circonscription depuis des années [18] ». Les débats sur la loi de 1988 créant le R.M.I. ne porteront donc que sur la « pauvreté » et l'« exclusion ».

En 1990, le concept se précise. Les intellectuels arrivent en renfort. Le fer de lance en est la revue *Esprit,* de sensibilité « deuxième gauche ». Unie à la Délégation interministérielle de la Ville, elle s'attache à théoriser l'« exclusion », lors des premiers « entretiens de la ville ». Baudrillard et Lipovetski sont invités, se battant poliment les flancs pour traiter une question qui n'est pas leur tasse de thé. Toutefois, c'est Alain Touraine qui crée l'événement : l'exclusion a trouvé son théoricien.

Pour Touraine, les sociétés occidentales se pensaient auparavant au travers d'une division entre « exploiteurs » et « exploités ». Ce modèle *top-down* est désormais remplacé par un autre, de type *in-out.* Les « inclus » sont dans le cercle du travail ; les autres en sont « exclus ». Pour ces derniers, il n'y a « plus de modèle alternatif », mais un « vide social ». « Nous vivons le passage d'une société verticale que nous avons pris l'habitude d'appeler une société de classes avec des gens en haut et des gens en bas, à une société horizontale où l'important est de savoir si on est au centre ou à la périphérie. » Que vient faire la banlieue, dans cette nouvelle donne ? Elle remplace l'usine, car c'est la « zone de grande incertitude et de tensions où les gens ne savent pas s'ils vont tomber du côté des *in* ou du côté des *out*[19] ».

L'« exclu » existe-t-il ?

Un an plus tard, Touraine précise sa pensée. Plus question de se représenter la société comme une pyramide. Les « classes sociales », comme régularités structurées, se sont évanouies. Nos sociétés sont devenues fluides, par une dissociation de l'acteur et du système : « Le système a éclaté et est devenu un marché en mouvement où il s'agit de faire de la stratégie et de s'adapter à un environnement changeant, et de l'autre, on demande de l'identité, de l'autonomie, de la liberté, de la capacité de négocier[20]. » Une « masse centrale » inclut tous les membres de la société industrielle et tertiaire, des cadres aux opérateurs, des employés aux dirigeants. Tous sont des consommateurs. Tous bénéficient d'une sécurité relative et d'un haut niveau de protection sociale. De cette « masse » se séparent deux catégories qui ne sont plus définies par leur position de classe, mais par leur place *sur le marché.* Les premiers sont les « gens d'en haut », les « vedettes », les *golden boys* des finances ou des médias, dont le rôle est accru dans un espace internationalisé. En sont expulsés les « gens d'en bas », en position « sous-privilégiée ». La métaphore est celle du marathon : « Tout le monde court, tout le monde peut entrer dans la course, mais beaucoup ont un infarctus, se foulent la cheville, ne sont pas préparés ou ont de mauvaises chaussures. » On retrouve les banlieues dans ce texte : « Le propre de la structure urbaine est de remplacer la discrimination par la ségrégation [21]. »

Le lieu de résidence supplante le lieu de travail et les vieilles revendications égalitaires sont balayées. L'exclusion sociale, unie à l'exclusion spatiale, rejoint la « relégation [22] ». Déjà affaiblie par la gauche, qui avait progressivement réduit les débats sur l'égalité aux marchandages bureaucratiques sur l'uniformité de traitement, la question de l'égalité s'efface au profit de discussions philosophique sur la justice et l'équité. Pendant un temps, le « rawlsisme à la française », du nom du philosophe américain John Rawls, apparaît comme une bouée de sauvetage [23]. Méditant Rawls, plutôt que de s'interroger sur le monde comme il va, on se pose des questions dignes des théologiens de l'ancienne Byzance : et si nous avions, tous ensemble, discuté politique juste avant de naître, quels principes d'organisation sociale aurions-nous choisi [24] ? En définitive, la « justice », dans ce cadre, se réduit pour l'essentiel à dire ce que le bon patron disait autrefois à ses ouvriers : « Travaillez beaucoup et assidûment, et je penserai à vous. »

Les « exclus » n'ont pas d'espoir. Coupés de toute racine communautaire, on les juge incapables de la moindre solidarité de groupe. Il fleurit dans le sillage des « exclusionnistes » une thématique misérabiliste, regardant les banlieues d'un œil tantôt triste, celui d'un romantisme social fin de siècle, tantôt avec une mine horrifiée de dames patronnesses écœurées par la bestialité et l'amoralisme du bas peuple. Dans un cas, on verse quelques larmes sur la dure condition des S.D.F. et sur la déprime des chômeurs de longue durée. Dans l'autre, on s'émeut : regardez le désert syndical et associatif, la peur quotidienne, la montée des fanatiques, voire des miliciens ou des truands, la déliquescence familiale, l'absence de projets, même à court terme, les enfants en grave difficulté du fait de l'absence de modèle adulte, etc. [25]. Ces gens sont autres, ils sont cassés. Ou bien : ces gens sont autres, les sauvages sont à nos portes.

Le thème de l'exclusion se diffuse et se généralise. Les chefs d'entreprise s'en emparent, en lui donnant une coloration libérale. En avril 1993, 150 d'entre eux, bientôt rejoints par d'autres, signent un *Manifeste contre l'exclusion. Appel aux initiatives,* introduisant une distinction : la pauvreté coexiste avec des liens sociaux forts, alors que l'exclusion se caractérise par leur déficit [26]. L'exploité lutte en s'organisant au sein de syndicats, le pauvre a sa famille ou son village. L'exclu n'a rien. Comme le dit Jean-Baptiste de Foucauld : « L'exclu lutte seul, tant qu'une main n'est pas tendue [27]. »

Affirmer qu'on peut être « exclu du marché » est pourtant une chose bien étrange [28]. Sociologiquement, il y a peu de vrais « exclus », sinon quelques cas limites de prise en charge institutionnelle et totale, celle des handicapés mentaux profonds, des disciples d'un gourou dans un ashram, des prisonniers en isolement ou des grands délirants psychiatrisés. En aucun cas, l'exclu ne souhaite — ni ne peut... — vivre dans un espace socialement « extérieur ». Il est bel et bien dans la société. L'homme qui mendie pour s'acheter un sandwich n'est pas rejeté du marché. Pas davantage celui qui vit avec quelque 2 000 francs mensuels de revenus de transferts. Comme ils n'ont rien du hippy se ressourçant dans l'austérité consommatoire de Katmandou, ils sont horriblement frustrés. Ils sont simplement dans un statut subalterne et méprisé. Ce sont des consommateurs comme les autres, mais durement réduits à la condition de sous-consommateur.

L'« exclu » n'est pas davantage isolé des rapports de forces sociaux. Le sans domicile fixe qui erre dans les gares ou le jeune de banlieue dont les papiers sont contrôlés dès qu'il se hasarde au centre ville le savent parfaitement. Dans nos sociétés, il n'existe pas plus d'espace « hors marché » que d'espace hors la loi. Qu'il y ait des espaces grandissants où la loi peine à s'appliquer, c'est une certitude. La domination étatique sous toutes ses formes y est pourtant omniprésente. Bref, l'« exclu » n'existe pas. Il n'est qu'une personne sans travail régulièrement rémunéré et socialement dominée, dotée aux yeux de tous d'un statut inférieur, vivant d'une part de quelques subsides publics et privés qui lui sont dispensés selon des rythmes plus ou moins aléatoires, et d'autre part d'expédients gérés aux franges de la légalité. Sur ce point comme sur d'autres, il faut en revenir aux analyses de Robert Castel sur les actuelles « métamorphoses » de la question sociale [29].

ÉPILOGUE

L'histoire sans fin

L'extension des « zones grises »

Au début des années quatre-vingt, lorsqu'une émeute de banlieue éclate, les journaux télévisés en font leur une et l'État concocte un plan d'urgence. Dix ans plus tard, le commissaire Bui-Trong, responsable de la section « Villes et banlieues » aux Renseignements généraux du ministère de l'Intérieur, élabore une échelle de violence de huit degrés, applicable aux quartiers en difficulté [1]. Au premier degré, on rencontre « le vandalisme et la délinquance en bande ». Sous ce registre, on place les rodéos, le racket d'écoliers, la « dépouille », les affrontements entre bandes ou règlements de comptes entre dealers. Quelle que soit leur nuisance, ces phénomènes ne mettent pas directement en cause l'autorité de la police et des institutions locales. Au second degré, ce sont des « attaques furtives, verbales ou gestuelles contre l'autorité ». Au troisième, des « agressions physiques contre les représentants de l'ordre » et, au quatrième, des « attroupements et des caillassages à l'encontre de la police ». L'échelle culmine au degré 8, avec des saccages et des pillages, des combats frontaux avec les forces de l'ordre et des émeutes de plusieurs jours.

Selon le commissaire Bui-Trong, quel est le bilan des banlieues, à la fin de l'année 1992 ? Trente quartiers environ, dont la moitié en Île-de-France, ont connu des violences paroxystiques et sont catalogués « hyper-sensibles ». Qui plus est, « la plupart de ces quartiers sont devenus des hypermarchés de la drogue » (haschich mais aussi héroïne), dans lesquels viennent s'approvisionner les toxicomanes des environs (notamment des centres ville) et desquels se font chasser les vendeurs à la sauvette qui prétendent venir « casser les prix ». Au niveau inférieur, 70 quartiers « sont déjà stabilisés dans une violence au quotidien de degré 4 ». Deux cent dix autres quartiers, dont plus de 80 en région parisienne, connaissent des phénomènes de degré 1 ou 2. Que conclure ? Pour ces « zones grises », « le plus dur est encore à venir ». « Notre société multiraciale et duale risque de s'acheminer vers une situation analogue (toutes proportions gardées) à celle que connaissent actuellement les États-Unis si l'on ne parvient pas à renverser la tendance naturelle à la constitution de zones de peuplement ethniques et la tentation de replis identitaires. » En 1994, 197 quartiers sont désormais repérés comme « très dégradés » du point de vue du respect de la légalité [2]...

Tout aussi inquiétante est la montée des « violences scolaires », sur lesquelles on a multiplié les rapports officiels. Comme pour les quartiers, des échelles ont été mises au point, d'une simple dégradation du climat dans l'établissement à l'incendie criminel, aux « contrats », aux viols, aux rackets ou à l'agression des personnels [3]. Dans les académies de Créteil, de Lyon ou de Lille, des établissements dits « sensibles » sont l'objet de soins tout particuliers. Contre les écoles, les magasins ou les équipements de quartier, la haine de proximité s'épanouit [4].

Certes, il n'est pas question de parler de « ghetto ». Vaulx-en-Velin n'est pas le Bronx, et la situation française n'est pas celle des quartiers ethniques aux États-Unis. La démonstration en a été fort bien faite par Sophie Body-Gendrot ou Loïc Wacquant [5]. N'empêche que Banlieuescopie dresse périodiquement le même constat : des espaces entiers s'enfoncent dans le désespoir, et le temps n'arrange rien. Pour Adil Jazouli, les révoltes sporadiques des banlieues sont « les signes annonciateurs de ruptures sociales et politiques d'une ampleur inédite et d'une intensité encore inconnue [6] ».

Sans-logis, mal-logés et squatters : le retour...

À la « crise des banlieues » s'ajoute, dit-on, une « crise du logement ». Ce sont les deux faces d'une même pièce. Les faits divers des années quatre-vingt-dix ramènent aux années cinquante. En 1992, au quatrième étage du 59 de la rue de Lancry, à Paris, un chauffeur routier vit avec sa femme et ses trois enfants dans un studio insalubre. Sans table. Sans chaise. Deux lits occupent la moitié de la petite pièce, l'un pour les parents, l'autre pour l'aîné, et les deux plus jeunes dorment par terre. La fenêtre ne ferme pas, l'évier s'écroule. Et les plus petits, dit *Le Monde,* « sont à la recherche de cafards pour jouer [7] ». Les associations de quartier demandent que l'immeuble soit réhabilité. Mais la Ville de Paris veut construire un parking sur l'emplacement et les relogements sont tellement aléatoires... De tels cas, aisés à multiplier, traînent derrière eux leur kyrielle de fléaux sociaux. Épidémie silencieuse, le saturnisme est à l'ordre du jour. Entre 1987 et 1991, les centres de Protection maternelle et infantile de Paris ont examiné 2 000 enfants « à risques » vivant dans des logements vétustes dont la peinture et les canalisations recèlent du plomb : 1 200 d'entre eux présentaient un taux de plomb dans le sang supérieur à la normale, ce qui provoque empoisonnements et décès.

En 1972, l'État pouvait se réjouir. La crise du logement était terminée : avec 550 000 logements neufs annuellement livrés, on ne parlait plus que d'amélioration qualitative de l'habitat et d'accession à la propriété. L'illusion ascensionnelle était à son comble : tout le monde dans la montgolfière ! Vingt ans plus tard, les mises en chantier annuelles plafonnent autour de 250 000 et la crise du logement réapparaît sous une forme inédite : la pénurie dans l'abondance. Nouvelle cour des miracles, 3 000 sans domicile fixe errent dans le métro parisien et les centres d'hébergement d'urgence connaissent une affluence dont ils se passeraient fort bien.

Selon des chiffres du B.I.P.E., il y aurait, dans la France de 1990, 98 000 sans domicile fixe, 45 000 personnes vivant dans des abris de fortune, 59 000 dans des centres d'urgence, 470 000 en meublés ou en hôtel, 147 000 dans des habitations mobiles et près de 1 500 000 dans des logements dits « hors norme ». Soit au total 2 300 000 personnes environ. Sans compter celles hébergées par des parents ou des amis, au nombre de 2 800 000. Soit une estimation de 5 millions de personnes [8]... Ces chiffres ont d'ailleurs été contestés par les professionnels, comme la Fédération nationale des associations d'accueil et de relogement social (F.N.A.R.S.), qui a commandé une étude au C.R.E.D.O.C. sur le même thème, et par la Fédération européenne d'associations travaillant avec les sans-abri (F.E.A.N.T.S.E.A.) : pour elles, le nombre des sans-abri, à la même époque, serait d'environ 620 000 [9]. Le D.A.L. conclut donc avec philosophie : « Entre 200 000 et 620 000, l'ordre de grandeur lui-même est inconnu [10]. »

La pénurie revient ? Mais d'où ? La machine à loger les Français moyens si péniblement construite dans les années cinquante s'est maintenant décomposée. Au début de la décennie quatre-vingt, avec des revenus financiers et des valeurs mobilières en hausse, leurs heureux possesseurs se sont empressés de placer leur argent dans des opérations juteuses. Résultat : entre 1979 et 1989, le prix du foncier a été multiplié par 3,5 sur l'ensemble de la région parisienne, et par 5 dans les beaux quartiers. Fantasmes de rentabilité financière aidant, les bureaux grignotent les logements. Le parc privé diminue donc. Enfin, des placements plus lucratifs que la vénérable Caisse d'épargne induisent une « décollecte » du livret A, ce qui freine la construction sociale [11]. Parallèlement, le plafond des loyers H.L.M. monte et l'accès au logement social est réservé aux locataires solvables : selon un rapport de la Cour des comptes en 1994, 28,4 % des locataires de H.L.M. ont des revenus supérieurs au plafond. Les pauvres iront où ils pourront.

Quelques mesures supplémentaires donnent le coup de grâce aux sans-le-sou : le fameux « agrément bureau » de 1985 ou le congé pour vente de 1986, permettant d'évacuer les locataires d'immeubles nouvellement achetés. Les loyers, libérés en 1986, augmentent : d'une base 100 en 1986 à 142 en 1993, et à 146 sur la région parisienne — alors que le S.M.I.C. passe de 100 à 126 dans la même période. Pour couronner le tout, ce qu'on baptise le « parc social de fait », vieux immeubles ou hôtels meublés, se réduit comme une peau de chagrin. Un rapport de Gilles Catoire, maire de Clichy, tire la sonnette d'alarme en 1992 : « Au rythme actuel de leur disparition, il n'y aura plus d'hôtel meublé dans dix ans [12]. » Vétustes et mal protégés par la législation, ils sont remplacés par des hôtels de tourisme et des bureaux, et leurs occupants dispersés.

Bref, au terme du processus financier amorcé dès 1963 et amplifié en 1977, le logement est devenu une marchandise rentable. Ou censée l'être... Car un élément n'est pas négligeable : le fameux « marché du logement » n'est pas solvable. L'a-t-il jamais véritablement été, d'ailleurs ? Certes, des années cinquante aux années soixante-dix, dans un tout autre dispositif financier, les salariés pouvaient accéder à la propriété. Aujourd'hui, il n'est pas certain que les orphelins du salariat le puissent. Ils peinent même à devenir locataires : le taux d'effort requis par les logeurs est trop élevé pour eux et le système d'aide au logement, mal taillé, est un nid d'effets pervers... Des opérations luxueuses restées en plan et des laissés-pour-compte qui prolifèrent : la France rejoint lentement la logique financière des pays sous-développés...

Des mesures ont bel et bien été prises, comme la loi d'orientation sur la ville ou la loi Besson, pour le logement des plus démunis. Mais la première ne peut, dans le meilleur des cas, produire d'effet que sur le long terme. Quant à la seconde, elle mise sur la bonne volonté des acteurs locaux. Certes, les textes sont là. Mais aucune loi de programmation n'a jamais été votée, avec des engagements précis, quantifiés et territorialisés. Or les communes refusent les pauvres, les conseils généraux bloquent les financements et les conseils régionaux traînent les pieds.

Rien d'étonnant à ce qu'au début des années quatre-vingt-dix les protestations urbaines retrouvent les accents des années cinquante. Tout commence en 1986, dans le XXe arrondissement de Paris, lorsque des incendies criminels, dans cinq immeubles, tuent 19 personnes. La technique est imparable pour expulser les indésirables : il n'y a rien de nouveau sous le ciel des rénovations urbaines. Bientôt, un comité des mal-logés, rassemblant des militants chrétiens, des tenants de l'humanitaire et des rescapés de l'extrême gauche se mobilise et occupe un immeuble de la rue des Vignoles, pour loger les rescapés des incendies.

La police intervient, et, en mai 1990, le comité décide de faire camper sous une tente, place de la Réunion, une cinquantaine de familles expulsées, françaises et immigrées. L'affaire prend des dimensions nationales et, pour la régler, Michel Rocard est contraint de nommer un médiateur, expert bien connu du logement et des politiques publiques, François Bloch-Lainé. Ce dernier remet un rapport, qui ne sera pas suivi d'effets. Pourtant, dès septembre, les familles quittent leur tente et sont relogées par la préfecture. La technique du campement public a réussi.

Au terme de sévères discussions, le comité des mal-logés éclate et donne naissance au Droit au logement (D.A.L.) en octobre 1990. Les mêmes formes d'action sont reprises, sur une plus grande échelle : appel à des personnalités comme l'abbé Pierre, Albert Jacquard, Jacques Gaillot ou Léon Schwartzenberg, manifestations, information des médias, interpellation des pouvoirs publics... Le 13 juillet 1991, une centaine de familles est installée quai de la Gare, sur l'emplacement où s'élèvera la Très Grande Bibliothèque. En novembre, la question trouve un début de règlement. Mais le relogement s'avère déjà plus difficile.

Tout se gâte avec l'affaire de l'esplanade de Vincennes. En mai 1992, un squat peuplé de familles maliennes est expulsé de Fontenay-sous-Bois. Le maire communiste Louis Bayeurte aide *manu militari* les expulsés à s'installer non loin de là, au beau milieu de l'esplanade de Vincennes, sur un espace appartenant à la Ville de Paris. Il ne s'agit plus de quelques dizaines de familles, mais d'une centaine. Leur nombre s'accroît rapidement. Elles seront bientôt 300, soit plus de 1 500 personnes, toutes maliennes, ou presque. Le D.A.L. n'est plus seul à mener la danse. Il est relayé par d'autres, le Conseil des Maliens de France, le M.R.A.P., Médecins du monde et même l'avocat Jacques Vergès... La confusion est à son comble et les conditions de vie sur l'esplanade sont misérables. C'est tout juste si Médecins du monde obtient d'installer deux sanitaires. En octobre, la place est dégagée en force par la police, avec une promesse préfectorale de reloger les familles. Mais, trois ans plus tard, la moitié d'entre elles sera toujours en hébergement précaire, à l'hôtel ou dans des baraques de chantiers.

Dès lors, le D.A.L. met fin à la méthode des campements et change ses modes de faire. En 1993, son répertoire d'actions s'infléchit. Comme il n'est plus possible d'investir les espaces publics, il faut passer à d'autres techniques : une tournée des églises, par exemple, pendant l'été 1992, ou des réquisitions sauvages, dans la lignée des mouvements d'après-guerre. Comme autrefois, il faut repérer avec soin les logements vides et les occuper au moyen d'opérations « coup de poing ». L'impact médiatique des actions compense la démobilisation des protestataires. C'est la reprise des occupations, comme aux beaux temps du M.P.F., avec la télévision en sus.

Les nouvelles figures de la pitié et de la révolte

Selon les théoriciens de l'« exclusion », dans la société industrielle, les ouvriers, massifiés et unifiés, pouvaient se regrouper et se défendre, alors que les « exclus » d'aujourd'hui, atomisés, isolés, désespérés, ne peuvent ni développer de solidarité réelle ni mener de luttes communes. Des électrons libres, des êtres sans feu ni lieu... L'espérance de donner leur place à tous et de réduire les inégalités sociales s'évanouit en même temps que les utopies d'émancipation et que les mobilisations collectives. Des travaux anglais, comparant l'attitude des chômeurs des années trente à celle des années quatre-vingt, le confirment. Les premiers croyaient pouvoir influer sur les décisions publiques et protestaient avec force. Les seconds, impuissants, se résignent.

Comment pourraient-ils peser sur ces processus internationaux abstraits et lointains qui font leur malheur [13] ? Quant aux jeunes de banlieues, ils s'enfonceraient eux aussi dans la résignation et la magouille, leurs « révoltes » réduites à des colères ponctuelles et des protestations sporadiques. Ce seraient, disent certains, des « non-forces » sociales. Le danger n'est pas dans une explosion sociale, mais plutôt dans une dérive sans fin, une violence impuissante qui se retourne contre elle-même. Une implosion interminable plutôt qu'un embrasement généralisé.

De telles analyses font évidemment revivre les politiques de la pitié. Leur thématique n'est pas celle du « progrès », mais de l'« urgence ». Elles récusent les utopies du Bien qui, même sous une forme dégradée, servent d'alibi à l'indifférence. Il est criminel d'attendre qu'on ait « changé la vie » ou « construit l'Europe » pour loger les sans-logis ou aider les jeunes des banlieues. Dans ce bouleversement des valeurs, les médias jouent un rôle déterminant et se substituent partiellement aux mouvements anciens, chrétiens de gauche ou d'éducation populaire. Dans cette nouvelle donne, le journaliste ou l'homme public se substitue au notable d'antan. Mais ils ne sont pas seuls. Cette dynamique érige aussi parfois en interlocuteurs ceux qu'on pourrait appeler les « usagers compétents ». Cette configuration renouvelle aussi l'intervention publique. Elle dresse le procès permanent des politiques, révoqués en doute, comme autrefois par l'abbé Pierre, dans leur capacité de gérer les changements de société. D'autres modes d'action sont requis, plus modestes dans leurs ambitions et plus efficaces dans leurs effets. Sans doute l'humanitaire est-il parfois complice de la charité-spectacle. Mais, comme l'a montré Luc Boltanski, le spectacle de « la souffrance à distance » renouvelle aussi la conscience sociale [14].

Mais il serait erroné de présenter l'« exclu » comme solitaire, abattu, découragé et incapable de protester. Au XIXe siècle, le prolétaire classique, celui de Marx, était lui-même couramment décrit en termes de pure négativité par rapport au paysan : l'errance, le non-attachement à quelque espace social que ce soit, l'absence de terre et de possession personnelle. La fraternité dans la lutte n'a jamais constitué une donnée immédiate de la conscience populaire. C'est un construit social, lent, difficile, pénible et toujours précaire. La situation actuelle est le fait de la quasi-totalité des situations de domination, celle des esclaves antiques ou celle des masses paupérisées des pays du Sud. À aucun moment de l'histoire, on ne voit sortir magiquement des opprimés, comme le lapin du chapeau, d'organisation consensuelle et unifiée [15].

Dominique Schnapper rappelait récemment que les acteurs sociaux n'étaient jamais passifs : « Les " assistés " ne sont pas de simples victimes manipulées par un " système ", qui déterminerait leur conduite. Ce sont des acteurs sociaux qui disposent d'un espace de manœuvre et de négociation, au sens abstrait et concret du terme [16]. » Les efforts des pouvoirs publics pour évacuer toute dimension conflictuelle de la vie sociale ne sont jamais couronnés de succès et il n'est guère prudent de faire fond sur l'impuissance des dominés. Toute l'histoire des mouvements sociaux montre avec quelle rapidité les mentalités évoluent dans un contexte d'antagonisme montant.

Les théories qui rendent compte des mouvements urbains se partagent en deux. Les unes, dites de « mobilisation des ressources », mettent l'accent sur une action rationnelle ouvrant sur une stratégie ; cette approche était celle du mouvement ouvrier des années soixante. Les autres insistent sur la revendication identitaire [17]. Pour les cités, aujourd'hui, un projet de lutte cohérent est un luxe impensable. Les plus actifs, jeunes ou vieux, transformés en appendices de l'État ou de la municipalité, aident à maintenir le couvercle sur la marmite et se retrouvent pris en otages. Soupçonnés de traîtrise par leurs pairs, ils sont immédiatement désavoués. Sans maîtrise d'une stratégie de changement, il leur reste la revendication culturelle : affirmer son identité et la brandir contre tous.

Une intervention étatique soit brutale, soit évanescente, ouvre aujourd'hui à la mobilisation de communautés symboliques. Les unes sont déjà fortement implantées dans l'Hexagone. On ne saurait expliquer autrement la revendication haineuse d'une identité française, accompagnée d'une kyrielle de comportements à coloration raciste. Mais il en est d'autres. Dans ses réactions politiques, plus républicaines que démocratiques, la France redoute les particularismes et rejette les communautés, religieuses, ethniques ou sociales. Une tradition aristocratique ouverte à la seule culture paysanne, récusant les valeurs ouvrières et se méfiant de l'étranger, nie toute légitimité aux cultures populaires. En des temps de recul étatique, il sera de plus en plus difficile de les nier.

En effet, le corps social ne reste pas inerte face aux bouleversements sociaux qu'il traverse. Il faudrait être attentif à de fragiles émergences culturelles. Un seul exemple : un mouvement, né dans l'Amérique du milieu des années soixante-dix, a débarqué en France en 1982-1983. Tout comme le verlan des cités, ce qu'on appelait le « smurf » a été considéré comme une mode aussi éphémère que le disco. Dès 1984, les disquaires jugeaient le rap « fini » et l'émission télévisée qu'animait Sidney, et où venaient danser les petits banlieusards, était interrompue. Les jeunes des cités rattrapent Sidney par la manche : « Comment, tu t'arrêtes ? C'était notre seul truc ! » Sidney raconte ses hésitations : devenir un animateur de radio comme les autres ou rallier la culture de la rue. Il choisira la rue [18]. Au fil des années quatre-vingt, une culture de rue s'est développée dans toutes les cités, avec ses arts, comme le rap, le break, le tag ou le graff. Avec son refus des particularismes et des divisions ethniques, sa lutte contre l'oppression et la discrimination, son affirmation de valeurs comme le « respect », elle se constitue comme culture de résistance et comme affirmation symbolique, à l'exemple des mouvements des peuples opprimés [19].

Qui plus est, dans les banlieues, les associations anciennes, issues des Trente Glorieuses, perdurent et renouvellent parfois avec succès leurs modes de faire. D'autres initiatives s'y ajoutent, pour amortir la crise : les réseaux d'échange des savoirs ou les activités d'entraide. Une foule de jeunes associations nées depuis le début des années quatre-vingt, animées par des migrants, tissent de nouveaux échanges. Des mobilisations islamistes sont apparues : plutôt que de s'empresser de les diaboliser comme « intégristes », il serait plus judicieux de les reconnaître, dans leur nécessité et leur utilité. Plus profondément encore, il faut conduire le deuil d'une époque dont les avantages rétrospectifs ne sont pas aussi mirifiques qu'on les fantasme. De nouveaux conflits annoncent de nouvelles règles du jeu social, des agencements collectifs inédits. Tant il est vrai que les mouvements sociaux sont les moteurs de l'action publique.

NOTES

PROLOGUE
LE SILENCE DES MAL-LOGÉS

1. Voir, par exemple, Boris SIMON, 1954, *Les chiffonniers d'Emmaüs,* Le Seuil, Lettre-préface de l'abbé Pierre.

2. Paul GRUNEBAUM-BALLIN, 1947, *La grande pitié de mal-logés,* Éditions de la Liberté. Du même auteur : 1947, *L'affaire du logement,* Éditions de la Liberté, préface de L. Blum. Sur l'état de la France après la guerre, voir Fred KUPFERMAN, 1985, *Les premiers beaux jours, 1944-46,* Calmann-Lévy.

3. *Le cahier noir ou la descente aux enfers des mal-logés,* par l'Office public du logement de la Ville de Paris, 1951.

4. Paul GRUNEBAUM-BALLIN, *La grande pitié..., op. cit.*

5. Dr Lucienne VANNIER, petite sœur de l'Assomption, 1954, *Crise du logement ouvrier,* Imprimeurs réunis, Senlis. Voir également F. DEBAT, 1953, « L'habitat, arme de paix sociale », Conférence des Ambassadeurs, Société des journaux et publications du centre. Du même auteur : 1955, « Méditation sociale d'un médecin », Guillemot et Lamothe.

6. Sur le dispositif éducatif à cette époque, l'ouvrage fondamental est celui de Michel CHAUVIÈRE, 1980, *L'enfance inadaptée, un héritage de Vichy,* Éditions ouvrières.

7. Claude GRIGNON et Jean-Claude PASSERON, 1989, *Le savant et le populaire. Misérabilisme et populisme en sociologie et en littérature,* Gallimard/Le Seuil ; Jean-Claude PASSERON, 1991, *Le raisonnement sociologique. L'espace non-poppérien du raisonnement naturel,* Nathan.

8. Henri QUEFFÉLEC, 1954, *Le jour se lève sur la banlieue,* Grasset.

9. Sur ce point, les références abondent ; voir encore, en 1957, François SAINT-PIERRE, *Le drame du logement mis à nu,* coll. « Les fléaux sociaux », Tequi, préface du cardinal Feltin. Voir également Daniel PARKER, « La famille face au problème du logement », *Monde ouvrier,* 44, septembre 1945.

I. LES COMBATS CONTRE LA PÉNURIE

Première partie : La guerre contre les taudis

1. Au temps où la France était pauvre...

1. Pierre Mendès France, 1975, *Choisir,* Stock.

2. Marcel Roncayolo, 1985, « À la recherche des politiques urbaines », in *Histoire de la France urbaine,* sous la direction de Georges Duby, Le Seuil, et Marcel Roncayolo, 1990, *La ville et ses territoires,* Gallimard. Voir également François Ascher, 1995, *La question du logement,* Éditions de l'Aube.

3. Voir, par exemple, Michel Verret, 1979, *L'espace ouvrier,* Armand Colin.

4. Jean-François Laé et Numa Murard, 1985, *L'argent des pauvres,* Le Seuil.

5. Daniel Parker, 1949, *Le logement, problème social n° 1,* préface d'André Siegfried de l'Académie française, Éditions sociales françaises. Voir également Rémi Baudouï, « Le logement provisoire de la reconstruction », in *Mémoires des lieux : une histoire des taudis,* Dri, Séminaire TTS n° 5/6, décembre 1988. Voir également Jean-François Laé et Numa Murard, *ibid.*

6. Même quand leur logement ne menace pas ruine, beaucoup s'entassent sur des espaces exigus : les textes officiels parlent alors de « supeuplement ». Les normes réglementaires ne sont pas plus draconiennes que celles définissant les « taudis ». Le surpeuplement est « acceptable » quand deux personnes vivent dans une pièce, ou deux personnes dans trois. Il devient « inadmissible » et « critique » avec trois personnes dans une pièce, ou quatre personnes dans deux. En dépit de ces faibles exigences, les enquêtes publiques montrent qu'un foyer sur trois environ est surpeuplé :

	À Paris	**Dans l'agglomération parisienne**
Surpeuplement admissible	17 %	18 %
Surpeuplement critique	11 %	15 %
Total	28 %	33 %

Source : M.R.U., 1948.

En province, la situation n'est guère plus brillante. Dans les villes de plus de 50 000 habitants, 15 % des logements sont en surpeuplement critique (soit 23 % des résidents) ; dans les villes de 10 000 à 50 000, 18 % (21 % des résidents) et de 2 000 à 10 000, 20 % (24 % des résidents).

7. In *Esprit,* 1952.

8.

Pourcentage des logements possédant :	1954	1962	1968	1975	1978	1982
l'eau courante	61,9	78,4	90,8	97,2	98,7	99,2
des w.-c. intérieurs	26,6	40,5	54,8	73,8	79,1	85
un équipement sanitaire (douche, baignoire...)	10,4	28,9	47,5	70,3	77,1	84,7

Source : Recensements de 1954 à 1982.

2. Techniciens visionnaires et bricoleurs passéistes

1. Rémi BAUDOUÏ, 1992, *Raoul Dautry, 1880-1951. Le technocrate de la République,* Balland. Sur le rôle de Dautry pendant la guerre, voir l'ouvrage de Jean-Louis CRÉMIEUX-BRILHAC, 1990, *Les Français de l'an quarante,* Gallimard, 2 vol. Dautry suscite aujourd'hui un regain d'intérêt. Un ouvrage, farouchement apologétique, a été publié en 1993 par un ancien collaborateur de Dautry, Michel AVRIL, 1993, *Raoul Dautry, la passion de servir,* Éditions France-Empire.

2. Daniel LINDENBERG, 1990, *Les années souterraines, 1937-1947,* Textes à l'appui, l'aventure intellectuelle du XXe siècle, La Découverte. Voir également, du même auteur, « Vichy, la mémoire, la République », in *L'état de la France,* 1995, La Découverte.

3. Sur ce point l'ouvrage fondamental demeure celui de J.-L. LOUBET DEL BAYLE, réédité en 1984, *Les anticonformistes des années 30,* Le Seuil.

4. Pierre DEFFONTAINES, « Le mouvement des équipes sociales de Robert Garric (1918-1939) » ; Robert GARRIC, *Les équipes sociales,* Éd. Revue des jeunes, 1921.

5. Rémi BAUDOUÏ, *op. cit.*

6. Gaston BARDET, 1945, *L'urbanisme, P.U.F.*

7. Rémi BAUDOUÏ, *op. cit.*

8. Archives Raoul Dautry. Des éléments en sont fournis dans l'ouvrage fondamental de Bruno VAYSSIÈRE, 1988, *Reconstruction-Déconstruction,* Picard.

9. Voir les *Cahiers de l'Institut d'histoire du temps présent,* n° 5, 1987, qui montrent comment se sont installés, pour près de trente ans, les cadres du ministère mis alors aux postes de commande. Voir également Danièle VOLDMAN, « Reconstruire la France en 1945 », in *L'usine et la ville, 1836-1986. 150 ans d'urbanisme, Culture technique,* n° spécial, 1986.

10. Hervé LE BRAS, « Le fantôme de la population française », in *Esprit,* « Que faire de Vichy ? », 181, mai 1992. Sur le mécanisme, parallèle à celui de la politique du logement, qui met au pouvoir dans les années d'après-guerre, sur les questions de la famille, les conservateurs d'avant-guerre, voir Michel CHAUVIÈRE, « L'expert et les propagandistes, Alfred Sauvy et le code de la Famille de 1939 », in *Population,* n° 6, 1992.

11. Marcel POËTE, 1929, *Introduction à l'urbanisme.* Voir également Paul THORAVAL, 1943, *Le chantier « France »,* Éditions sociales françaises.

12. Hubert TONKA, « Court essai réflexe sur les fragments d'un urbanisme », in *Utopie,* n° 1, mai 1979. Voir également Yves SALAUN, 1943, *Raison d'être de l'urbanisme,* et Jean GOHIER, 1965, *L'évolution de l'urbanisme en France,* C.R.U.

13. Entretien de C.B. et de M. Herrou avec G. Blachère, le 9 septembre 1987.

14. Georgette ELGEY, 1965, *La République des illusions,* Fayard.

15. Papiers Raoul Dautry, cité également dans Michel AVRIL, *op. cit.,* p. 245.

16. Louis DESFARGES, 1953, *Cette tragédie du logement,* Corrêa.

17. Sur toute la période, voir Danièle VOLDMAN (sous la direction de), *Images, discours et enjeux de la reconstruction des villes françaises après 1945,* Cahiers de l'I.H.T.P., juin 1987.

3. Les squatters, entre charité et révolution

1. Sur cette époque, voir, par exemple, Yvon TRANVOUEZ, 1980, *Entre Rome et le peuple,* in François LEBRUN (sous la direction de), *Histoire des catholiques en France,* Privat.

2. Cité par D. LINDENBERG dans un article éclairant sur le courant des utopistes révolutionnaires et chrétiens : « La loi d'amour et la révolution », in *Autrement,* « La charité, l'amour au risque de sa perversion », avril 1993.

3. La question se pose dès la Libération : Jean COTTEREAU, 1946, *L'Église a-t-elle collaboré ?,* cahiers *Spartacus,* et, pour la défense, l'ouvrage suspect de Mgr GUERRY, 1947, *L'Église catholique en France sous l'occupation,* Flammarion. Les documents abondent aujourd'hui. Voir, pour une synthèse actualisée, l'article de François et René BEDARIDA.

4. C'est la thèse célèbre que développe Émile POULAT, 1977, *Église contre bourgeoisie,* Casterman. Voir aussi *Catholiques sous observation,* entretien de Guy LAFON avec Émile POULAT, 1983, Le Centurion.

5. Voir par exemple, Danièle HERVIEU-LÉGER, « Les sociologues et le christianisme », in *Projet,* n° 183, mars 1984.

6. Michel CHAUVIÈRE, in François de SINGLY, 1991, *La famille, l'état des savoirs,* La Découverte. Sur ce point, voir aussi l'ouvrage fondamental de R. TALMY, 1962, *Histoire du mouvement familial en France,* Étude C.A.F., U.N.C.A.F.

7. Voir les textes officiels des conseils nationaux du M.P.F., en particulier celui des 18-21 juillet 1946 sur l'émancipation ouvrière. Voir également *Des logements pour le peuple. Une solution proposée par le M.P.F.,* 1947. Sur les origines du Mouvement populaire des familles, voir par exemple Jean NIZEY, « Les belles années d'un mouvement, le Mouvement populaire des familles au lendemain de la Libération », *Les cahiers de l'animation,* n° 57/58, décembre 1986 ; *L'espérance contrariée. Éducation populaire et jeunesse à la Libération (1944-1947),* actes du colloque des 10-12 décembre 1985 à l'I.N.E.P. Ou encore : Bruno DURIEZ, « " Loger les familles ouvrières ". La doctrine et l'action du Mouvement populaire des familles, 1945-1950 », in *La bataille des squatters et l'invention du droit au logement 1945-1955,* Groupement de recherche sur les mouvements familiaux, n° 7, 1992.

8. François MAURIAC, in *Le Figaro,* 10-11 mars 1946.

9. Sur ce point comme sur d'autres, voir l'ouvrage fondamental de J.-F. KESLER, 1990, *De la gauche dissidente au nouveau parti socialiste,* préface de R. Rémond, Privat.

10. Guy HOUIST, s. d., *Notre politique nationale du logement.*

11. Voir Paul RODI, « Les squatters et le recours à l'illégalité », in *Les Cahiers du G.R.M.F.,* n° 4, 1986.

12. Rapporté par Marius APOSTOLO, « Justice par effraction, les squatters de Marseille et de Provence (1946-1954) », in Michel CHAUVIÈRE et Bruno DURIEZ, *La bataille des squatters, op. cit.* Voir aussi M.P.F.C., 1985, *Une page d'histoire des squatters de Marseille et de la région.*

13. Marius APOSTOLO, cité dans CHAUVIÈRE et DURIEZ, *op. cit.*
14. Témoignage de Jean MORETTON, cité dans CHAUVIÈRE et DURIEZ, *op. cit.*
15. Témoignage d'Henriette THERY, cité dans CHAUVIÈRE et DURIEZ, *op. cit.*
16. Louis CROMBEZ, « Le mouvement squatter », in *Esprit*, nº 10-11, oct.-nov. 1953.
17. Louis CROMBEZ, *ibid.*
18. Marius APOSTOLO, cité dans CHAUVIÈRE et DURIEZ, *op. cit.*

4. La bourgeoise et le prolétaire

1. CHRISTINE, 1953, *Squatters*, préface de Pierre LANGEVIN, Service d'entraide Charles de Foucauld, 4, rue de Louis-de-Roman, Angers.
2. Serge CHASSAGNE, 1975, *Histoire d'Angers*, Privat, cité dans le remarquable article d'Annick TANTER, « Angers : Christine et le M.P.F. », in CHAUVIÈRE et DURIEZ, *op. cit.*
3. CHRISTINE, *op. cit.*
4. Annick TANTER, in CHAUVIÈRE et DURIEZ, *op. cit.*
5. Georges LAPLATTE, 1956, *Les squatters et le droit*, Éd. Alsatia, Colmar.
6. Elias CANETTI, 1960, *Masse et puissance*, Hambourg ; Gallimard, 1966, pour la traduction française.

5. Les initiatives solidaires

1. H. INYZANT, 1980, *Le mouvement Castors en France entre 1950 et 1960*, M.E.C.V.
2. Albert MEISTER, 1957, *Coopération d'habitation et sociologie du voisinage*, Éditions de Minuit.
3. A. KERSPERN, 1980, *Les communautés d'habitants, un mode d'appropriation en commun, réflexion historique sur les sociétés taisibles*, G.R.H.A et ministère de la Justice.
4. Voir à ce propos les premiers numéros de la revue fondée par Henri DESROCHES à partir de 1956, *Archives de sociologie des religions*.
5. Voir, dans la revue *Le temps de la réflexion*, éditée chez Gallimard, le numéro « Le religieux dans le politique », de 1981. Sur les mouvements de retour à la terre après 68, voir aussi Danièle LÉGER et Bertrand HERVIEU, 1983, *Des communautés pour les temps difficiles, néo-ruraux et nouveaux moines*, Le Centurion. Voir également D. LINDENBERG, « La loi d'amour et la révolution », *op. cit.*
6. Par « grammaire », nous entendons l'ensemble fini des formes d'action, qui se trouve mis en œuvre de manière récurrente et systématique dans des situations particulières, à un moment donné. Voir sur ce point, par exemple, C. PICKVANCE, « The Rise and Fall of Urban Movements and the Role of Comparative Analysis », in *Environment and Planning D, Society and Space*, 3.

Deuxième partie : L'« insurrection de la bonté »

6. Une tradition de non-intervention...

1. Paul GRUNEBAUM-BALLIN, *L'affaire du logement*, *op. cit.*
2. *Problèmes sociaux : la prostitution, l'alcoolisme, le logement*, Centre catholique

des intellectuels français, Recherches et débats, Fayard, 1954.

3. Roger-Henri GUERRAND, *Propriétaires et locataires. Les origines du logement social en France,* rééd. en 1987 d'un ouvrage de 1966.

4. « Chroniques de la résistance », *Cahiers de l'O.C.M.,* Corrêa, 1945.

5. MASSÉ Pierre, rééd. 1991, *Le plan ou l'anti-hasard,* préface de Jacques DELORS, Hermann. Sur l'idéologie publique de cette période, voir F. FOURQUET, 1980, *Les comptes de la puissance, histoire de la comptabilité nationale et du Plan,* Recherches, et R. F. KUISEL, 1981, *Le capitalisme et l'État en France, modernisation et dirigisme au XXe siècle,* Gallimard.

6. Élie COHEN, 1989, *L'État brancardier, politiques du déclin industriel,* Calmann-Lévy.

7. Rapport à la deuxième session du Plan, novembre 1946.

8. Louis HOUDEVILLE, 1969, avec la collaboration de J.-F. DHUYS, *Pour une civilisation de l'habitat,* préface de Pierre Mendès France, Éditions Économie et humanisme.

7. ... et une gauche évanescente

1. RIGAL, un ami de l'U.R.S.S., 1945, *Le problème du logement,* Imprimerie Carrère, Rodez.

2. In *Recherches internationales à la lumière du marxisme,* n° 20-21, 1960.

3. Louis HOUDEVILLE, *op. cit.*

4. Jean BABY, 1960, *Critique de base,* Maspero ; voir aussi 1964, *Un monde meilleur,* Maspero.

5. Maurice THOREZ, extrait de *Fils du peuple,* in *Œuvres choisies,* tome 1, 1953-1964, Scaneditions/Éditions sociales, 1965.

6. Ebenezer HOWARD, 1898, *To-morrow.* Sur les cités-jardins en France, voir Katherine BURLEN (dir.), 1987, *La banlieue-oasis, Henri Sellier et les cités-jardins, 1900-1940,* P.U.V.

Les cités-jardins sont un phénomène urbain marginal. Aujourd'hui, pourtant, elles fascinent toujours. Un hommage leur a été rendu en 1983 par Michel Cantal-Dupart et Roland Castro, à l'occasion de la mort d'un enfant à La Courneuve, tué pour un pétard. Les deux architectes ont initié le président de la République aux acquis historiques de l'urbanisme, le temps d'un voyage en hélicoptère, d'abord à La Courneuve, puis à Montrouge. Le grand ensemble courneuvien est un cauchemar de béton à côté des pavillons paisibles au creux de la verdure. Faut-il faire laid quand on bâtit pour le peuple ? demandaient les architectes.

7. Louis HOUDEVILLE, *op. cit.*

8. Une malédiction française ?

1. Maurice LEMAIRE, 1954, « La construction et le logement en France », préface de J. CHASTELLAIN, Conférence América Latina, nouv. série, XVIII, Mâcon.

2. Alfred SAUVY, in *Population,* n° 3, juillet/sept. 1946, I.N.E.D.

3. Voir par exemple Christian TOPALOV, 1987, *Le logement, en France, histoire d'une marchandise impossible,* Presses de la Fondation nationale des sciences politiques. Voir également la thèse de Frédéric PASCAL, 1971, *Économie de la production de logements,* Paris I.

4. Maurice LEMAIRE, *op. cit.*

5. Adeline DAUMARD, 1965, *Maisons de Paris et propriétaires parisiens au XIXe siècle, 1809-1880,* Cujas.

6. Susanna MAGRI, 1982, *Les mouvements de locataires à Paris et dans la banlieue parisienne,* Paris, Centre de sociologie urbaine. Voir également la thèse de Dominique MEHL, 1974, sur *L'émergence d'un syndicalisme de consommation collective dans les grands ensembles de la région parisienne,* E.P.H.E.-Paris V.
7. Christian TOPALOV, *op. cit.*
8. Paul BERGY, administrateur de biens, 1949, *Crise du logement, crise de l'État.*
9. Simon NORA *et alii,* 1976, *Rénovation du centre des villes,* La Documentation française.

9. Le grand démarrage

1. In revue *H.L.M.,* hors série n° 13.
2. Sur ce point, voir les travaux de Lucien NIZARD. Plus largement, sur la critique de cette illusion rationaliste, voir par exemple Yves GRAFMEYER, 1984, « Les politiques urbaines françaises depuis 1945 », in *Bulletin de l'Histoire du temps présent.* Voir également les théories anglo-saxonnes de constitution des politiques publiques, dites du *muddle through.*
3. In *Propositions pour l'habitat,* Union nationale des H.L.M., supp. à la revue *H.L.M.,* n° 244, 1975.
4. Circulaire du ministère de la Reconstruction et du Logement du 6 janvier 1956.
5. Edmond PRÉTECEILLE, 1973, *La production des grands ensembles,* Mouton.
6. Bruno VAYSSIÈRE, *op. cit.*

10. L'hiver 54

1. Sur l'abbé Pierre, les témoignages abondent. Voir par exemple, parmi les plus récents, et à partir des archives du père, Pierre LUNEL, 1989, *L'abbé Pierre, l'insurgé de Dieu,* Éditions n° 1/Stock. Ou encore, du même auteur, 1994, *L'abbé Pierre, mes images de misère et d'amour,* Fixot. On trouve également un récit de l'année 1954 dans Raymond REDING, 1992, *Monsieur Vincent,* Hélyode.

Pour le point de vue de l'abbé : *Bernard Chevallier interroge l'abbé Pierre,* Le Centurion, 1979, rééd. 1987. Et pour celui de Lucie COUTAZ, 1988, *Quarante ans avec l'abbé Pierre,* Le Centurion. Une thèse soutenue en 1976 fournit un point de vue plus critique sur l'histoire d'Emmaüs et du père : D.S. BALISTA, *Emmaüs et l'abbé Pierre ; mythe, utopie et emprise charismatique,* 3e cycle, E.H.E.S.S., ronéo.

2. Voir Michel WINOCK, 1975, *L'histoire politique de la revue Esprit,* Le Seuil.
3. In *Peuple inconnu,* lettre ouverte à son parti.
4. In J.-F. KESSLER, *op. cit.*
5. Cité in *Bernard Chevallier interroge l'abbé Pierre, op. cit.,* p. 160-161.
6. Cité par Boris SIMON, 1954, *Les chiffonniers d'Emmaüs,* Le Seuil.
7. In HOUDEVILLE, *op. cit.*

11. Une aventure ambiguë

1. Hervé LE RU, 1986, *De l'amour au management, Emmaüs en héritage,* Syros. Voir également Pierre LUNEL, 1992, *Emmaüs, 40 ans d'amour,* Cité des Apôtres.
2. Roland BARTHES, rééd. 1970, *Mythologies,* Points-Seuil. Comme exemple inverse et récent de littérature apologétique, Jean-Paul BOURRE, 1985, *L'abbé Pierre, la voix du cœur,* Encre.
3. Bronislaw GEREMEK, 1978, *La potence ou la pitié ;* trad. fr. 1987, Gallimard.

4. Cécile Péchu, « De l'appel de l'abbé Pierre à la Confédération générale du logement », in Chauvière et Duriez, *op. cit.*

II. LA CONQUÊTE DU PROGRÈS

Troisième partie : Les procès du béton

12. Les derniers soupirs des Bouts-Galeux

1. Jean-Pierre Chabrol, 1955, *Le Bout-Galeux,* Le Livre contemporain, Amiot-Dumont, rééd. Folio.
2. Robert Doisneau, interview dans *Chic,* magazine B.D., numéro spécial sur la banlieue, octobre 1984. Voir aussi Blaise Cendrars et Robert Doisneau, 1949, *La banlieue de Paris,* Seghers, et *Robert Doisneau,* 1983, C.N.C.-Photo-Poche, pour l'ensemble de l'œuvre — en particulier son entretien avec Sylvain Roumette.
3. Michel Verret, en collaboration avec Joseph Creusen, 1979, *L'espace ouvrier,* coll. U, Armand Colin.
4. Bruno Lefebvre, 1983, « De l'habitat pavillonnaire au territoire sédentaire », Colloque de l'université de Nantes, *Les cultures populaires,* 9-10 juin 1983.
5. Philippe Boudon, 1969, *Pessac de Le Corbusier,* Dunod.
6. Voir par exemple, l'ouvrage sous la direction d'Annie Fourcaut, 1988, *Un siècle de banlieue parisienne, 1859-1964, Guide de recherche,* L'Harmattan ; voir aussi Annie Fourcaut, 1986, *Bobigny, banlieue rouge,* Éditions ouvrières ; collectif, 1981, *La question du logement et le mouvement ouvrier français,* Éditions de la Villette. Voir également le travail de Jean-François Laé, mai 1991, *Entre le faubourg et le H.L.M., l'éclipse du pauvre,* G.R.A.S.S.
7. Michel Verret, *op. cit.*
8. Nicole Hautmont, 1966, *Les pavillonnaires,* C.R.U. ; Henri Raymond, Nicole et Antoine Hautmont, et Marie-Geneviève Dezes-Raymond, 1966, *L'habitat pavillonnaire,* C.R.U. Voir également Marie-Geneviève Dezes-Raymond, 1966, *La politique pavillonnaire,* C.R.U.
9. Michaël Young et Peter Willmott, 1957, *Family and Kinship in East-London,* Routledge and Kegan Paul ; trad. fr. *Le village dans la ville,* 1983, coll. « alors : », C.C.I.
10. Maurice Halbwachs, 1912, *La classe ouvrière et les niveaux de vie,* Alcan ; rééd. 1970, Gordon and Braech.
11. Pierre Belleville, 1979, « Attitudes culturelles actuelles des travailleurs manuels », in *Les cultures populaires,* Privat.
12. Henri Raymond, préface à *Le village dans la ville, op. cit.*
13. *Ibid.*

13. Personne n'a jamais voulu des grands ensembles

1. A. Girard, « Désirs des Français en matière d'habitation urbaine », in *Cahiers de l'I.N.E.D.,* n° 3, P.U.F.-I.N.E.D. Compte rendu de l'enquête de J. Stoetzel, menée en 1945. Sur ce paradoxe, voir aussi Henri Raymond : « C'est en France que l'opposition entre les habitants qui, à 80 %, souhaitaient des logements individuels et les gestionnaires de l'habitat et de l'aménagement a pris la forme la plus radicale », « L'habitant cet inconnu », in *Construire en participation,* 1984, Culture au quotidien, C.I.C.

2. Mouvement populaire des familles, 1947, *Des logements pour le peuple.*

3. Lion Murard et Patrick Zylberman, 1976, *Le petit travailleur infatigable,* F.G.E.R.I., Éd. Recherches.

14. Le temps des alibis

1. Claude Parent, 1982, *L'architecte, bouffon social,* Casterman.

2. La dernière réédition de la Charte d'Athènes est de 1971 (Le Seuil, coll. Points). Parmi les œuvres théoriques de Le Corbusier, voir *Précision sur l'état présent de l'architecture et de l'urbanisme,* 1994, Altamira, ou *Manière de penser l'urbanisme,* 1963, Denoël, ou encore les ouvrages de Le Corbusier sur l'urbanisme publiés dans la collection Champs. Sur Paris : Le Corbusier, rééd. 1970, *Destin de Paris,* Nouvelles éditions latines.

3. Sur les débats autour de Le Corbusier, voir par exemple Gilles Ragot et Mathilde Dion, 1992, *Le Corbusier en France, réalisation et projets,* Le Moniteur. Ou encore, François Bradfer (dir.), 1988, *Le Corbusier, la modernité et après,* C.I.A.C.O.

4. Kopp, Pauly et Boucher, 1984, *France : l'architecture de la Reconstruction, solutions obligées ou occasions perdues,* Le Moniteur. Voir également B. Vayssière, *op. cit.*

5. Raymonde Moulin, « Avons-nous encore besoin d'architectes ? », in *Esprit,* « L'architecture, l'urbanisme et la société », n° 10, octobre 1969. Puis Raymonde Moulin, F. Dubost, A. Gras, J. Lautman, J.-P. Martinon, D. Schnapper, 1973, *Les architectes,* Calmann-Lévy.

6. Entretien cité avec G. Blachère.

7. R. Moulin *et alii, op. cit.*

8. Michel Anselme, « Construction et reconstruction », in *Esprit,* n° 10-11, oct.-nov. 1953.

9. B. Vayssière, *op. cit.*

15. L'État abat ses cartes

1. B. Vayssière, *op. cit.*

2. *Ibid.*

3. Voir Fernand Pouillon, 1967, *Mémoires d'un architecte,* Le Seuil. Au-delà du règlement de compte, le plus remarquable témoignage sur cette période.

4. Marcel Cornu, 1972, *La conquête de Paris,* Environnement et Société/Mercure de France.

5. Françoise Choay, 1985, « Production de la ville, esthétique urbaine et architecture », in *Histoire de la France urbaine,* sous la direction de Georges Duby, t. 5, Le Seuil.

6. Ce phénomène est mis en évidence par Marcel Cornu, *op. cit.*

16. De Z.U.P. en X-Ponts

1. Gilbert Mathieu, « Logement, notre honte », in *Le Monde,* du 11 au 19 avril 1958.

2. Voir par exemple l'ouvrage classique de Carré, Dubois et Malinvaud, 1972, *La croissance française,* Le Seuil.

3. Charles de Gaulle, rééd. 1980, *Mémoires d'espoir, t. 1, Le renouveau 1958-1962,* Press-Pocket. Voir aussi l'intervention de Thierry de Montbrial, 1986, « L'économie française en 1958 », in *1958, la faillite ou le miracle,* Economica.

4. Élie COHEN, *op. cit.*

5. Jean-François GRAVIER, 1948, rééd. en 1972, *Paris et le désert français,* Flammarion. Voir aussi du même auteur : *La question régionale,* 1970, Flammarion, et *Économie et organisations régionales,* 1971, Masson.

6. Marcel CORNU, *op. cit.*

7. Alain COTTEREAU, « Les origines de la planification urbaine en France », in *Politiques urbaines et planification des villes,* Colloque de Dieppe, 8-10 avril 1974.

8. Voir par exemple, Alain COTTEREAU, *op. cit.,* et « Les débuts de la planification urbaine dans l'agglomération parisienne », in *Sociologie du travail,* Politique urbaine, n° 4, 1970.

9. Gaston BARDET, *op. cit.*

10. Marcel RONCAYOLO, in G. DUBY, *op. cit.*

11. Sur le récit de cet épisode par le principal intéressé, voir l'ouvrage de Roselyne CHENU, 1994, *Paul Delouvrier ou la passion d'agir,* Le Seuil.

12. Jean-Paul ALDUY, 1979, « L'aménagement de la région de Paris entre 1930 et 1975 : de la planification à la politique urbaine », in *Sociologie du travail,* n° 2.

13. Jérôme MONOD et Philippe de CASTELBAJAC, 1971, *L'aménagement du territoire,* Que sais-je ?, P.U.F.

14. Jean-Claude THOENIG, 1973, rééd. 1987, *L'ère des technocrates, Le cas des Ponts et Chaussées,* L'Harmattan.

15. *Ibid.*

16. *Ibid.*

17. Marcel RONCAYOLO, in G. DUBY, *op. cit.*

17. Les équipements, version spartiate

1. François LAUTIER, « Des villes de papier, sur le langage de l'urbanisme », in *Politiques urbaines et planification des villes,* Colloque de Dieppe, 8-10 avril 1974.

2. François FOURQUET, « Les équipements collectifs du Ier au VIe Plan », in *Politiques urbaines et planification des villes,* Colloque de Dieppe, 8-10 avril 1974.

3. *Ibid.*

4. Circulaire du 8 février 1973.

5. Pour une étude d'ensemble sur la région parisienne, longtemps après, voir Monique PINÇON-CHARLOT, Edmond PRÉTECEILLE, Paul RENDU, 1986, *Ségrégation urbaine,* Éditions Anthropos. Voir également les inventaires « équipements » de l'I.N.S.E.E.

18. Une satisfaction querelleuse

1. Pierre MAUROY, in *Jeune militant,* n° 4, cité par Vincent CAPUTO, in *Mémoires d'avenir, Fédération Léo Lagrange, 1950-1990,* décembre 1990.

2. Ce chiffre doit être pondéré, lorsqu'on tient compte de la loi de 1964 agréant les associations communales de chasse, qui biaise le nombre des déclarations.

3. Voir, sur l'origine de cette distinction, A.M. ROSE, 1954, *Theory and Methods in Social Sciences,* University of Minnesota Press.

4. J.-P. AUGUSTIN et J. ION, 1993, *Des loisirs et des jeunes,* Éditions ouvrières.

5. Circulaire 71-139 du 15 décembre 1971, 77-51 du 28 avril 1977, arrêté du 29 juillet 1977.

6. Annie KRIEGEL, 1968, *Les communistes français, essai d'ethnographie politique,* Le Seuil.

7. Voir par exemple le manifeste *Pour une démocratie avancée, pour une France socialiste,* C.C. du P.C.F., Champigny, 5-6 décembre 1968, les travaux de Félix

Damette, comme *Le territoire français et son aménagement,* 1969, Éditions sociales, etc. Il faut signaler le nombre et la qualité des travaux théoriques des urbanistes se réclamant du marxisme, pendant les décennies soixante et soixante-dix. Entre autres ceux de Topalov, Préteceille, Ascher, Godard, etc. Pour les aspects politiques dans les années soixante-dix, voir par exemple le colloque du C.E.R.M., *Urbanisme monopoliste, urbanisme démocratique* en 1973, celui de Grenoble organisé par la Nouvelle Critique en 1974 (*Pour un urbanisme...,* n° 78 bis), ou encore F. Ascher et J. Giard, 1975, *Demain la ville ? Urbanisme et politique,* Éditions sociales. Voir également chap. 26, note 23.

8. Annie Kriegel, *op. cit.*

9. Cité par Serge Mallet, 1969, in *La nouvelle classe ouvrière,* Le Seuil.

19. La politique des petits paniers

1. Paul-Henry Chombart de Lauwe, 1977, *La vie quotidienne des familles ouvrières,* Éd. du C.N.R.S. La littérature messianique des années soixante sur les grands ensembles est fort abondante. Parmi les ouvrages les plus significatifs de ce courant : P.-H. Chombart de Lauwe, 1965, *Des hommes et des villes,* Payot ; René Kaës, 1963, *Vivre dans les grands ensembles,* Éditions ouvrières ; P. Clerc, 1967, *Grands ensembles, banlieues nouvelles,* P.U.F.

2. J.-C. Chamboredon et M. Lemaire, « Proximité sociale et distance spatiale », *Revue française de sociologie,* 1970, 1.

3. Jean-Claude Toubon et Annick Tanter, « Les grands ensembles et l'évolution de l'intervention publique », in *Hommes et migrations,* n° 1147, octobre 1991.

4. Chevreuse, 1979, *Pratiques inventives du travail social,* Éditions ouvrières, Le pseudonyme de « Chevreuse » recouvre un collectif animé par R. Sainsaulieu.

5. Pour une description de l'essor et de la fonctionnarisation du social, voir l'ouvrage d'Antoinette Rupp et Roger-Henri Guerrand, 1978, *Brève histoire du service social 1896-1976,* Privat. Sur l'introduction du case-work, voir Myriam David ou Mathilde du Ranquet ; pour un bilan des débats politiques du secteur à la fin des années soixante-dix, voir Christian Bachmann et Jacky Simonin, 1979 et 1980, *Changer au quotidien,* Études vivantes, 2 vol.

6. Émile Durkheim, 1902, *De la division du travail social.*

7. Cette analyse repose sur les approches économiques de l'école régulationniste. Voir, par exemple, Michel Aglietta et Anton Brender, 1984, *Les métamorphoses de la société salariale,* Calmann-Lévy.

8. *Ibid.*

20. De la cathédrale au clapier

1. Sur la représentation des grands ensembles, voir l'ouvrage pionnier de Michèle Huguet, 1971, *Les femmes dans les grands ensembles, de la représentation à la mise en scène,* Éditions du C.N.R.S. Pour une analyse de l'évolution du discours des habitants dans un endroit précis, voir Jean-Louis Parisis, 1989, *Parole de locataires, 1919-1989,* J. Laffitte. Pour des éléments de bibliographie, cf. C. Bachmann et L. Basier, 1986, *Mise en image d'une banlieue ordinaire,* Syros.

2. *France-Soir,* 12 juin 1955.

3. *Le Figaro,* 9 avril 1956.

4. Didier Daeninckx, *Playback,* Éditions de l'Instant ; rééd. 1994, Gallimard. Toutes les œuvres de Daeninckx sont une remarquable plongée dans la ville populaire des années soixante-dix et quatre-vingt.

5. *Le Monde,* 18 et 19 février 1962.
6. *Elle,* avril 1956.
7. P.-H. Chombart de Lauwe, *op. cit.*
8. Henri Coing, 1966, *Rénovation urbaine et changement social,* Éditions ouvrières.
9. *Le Parisien libéré,* le 6 décembre 1960.
10. *L'Humanité-dimanche,* 25 décembre 1960.
11. Entretien du 3 juillet 1993, Arte.
12. Christiane Rochefort, 1961, *Les petits enfants du siècle,* Grasset.
13. Duquesne, *Vivre à Sarcelles,* et H. Canacos, *Sarcelles ou le béton apprivoisé, grâce aux luttes de ses habitants.*
14. Citation de Claude Neuschwander, « Sarcelles, participation dans un grand ensemble », in *Projet,* n° 32, février 1966.
15. *Le Figaro,* 3 avril 1962.
16. *Le Monde,* 7 mars 1962.
17. *Le Figaro,* 12 février 1963.
18. *Libération,* 26 novembre 1963.
19. Tous ces éléments sont issus des travaux remarquables et presque totalement isolés de Colette Pétonnet, 1977, *Ces gens-là,* Galilée ; 1982, *Espaces habités. Ethnologie des banlieues,* Galilée ; rééd. 1985, *On est tous dans le brouillard,* Galilée. Voir aussi 1987, *Chemins de la ville,* enquêtes ethnologiques, Comité des travaux historiques et scientifiques.
20. Michèle Huguet, *op. cit.*
21. *Le Figaro,* 11 juin 1963.
22. Michel Fize, 1993, *Les bandes. L'entre-soi adolescent,* Épi/Desclée de Brouwer.
23. *Le Parisien libéré,* 30 novembre 1960.
24. Jacques Jenny, « La maturation sociale », in *Revue française de sociologie,* avril-juin 1962, III.
25. René Kaës, *op. cit.*

Quatrième partie : La cause des exclus

21. L'invention du quart monde

1. Ce terme d'*Igloo* sera repris comme titre de la revue du mouvement.
2. Sur la vie du père Joseph, voir Alwine de Vos Van Steenwijk, 1989, *Père Joseph,* Éditions Science et service, et Thierry Monfils, 1954, *Le père Joseph Wresinski, sacerdoce et amour des pauvres,* Culture et vérité.
3. *Paris-Presse - L'Intransigeant,* 15 et 18 avril 1959.
4. Hervé Le Ru, *op. cit.*
5. Bronislaw Geremek, *op. cit.*
6. Toutefois, la scientificité des travaux d'A.T.D. n'est guère reconnue. Voir, entre autres critiques, celles d'Éliane Mossé, 1983, *Les pauvres et les riches,* Le Seuil — « flou, généralisations hâtives, manque de rigueur... », p. 196 —, ou celles, plus énergiques encore, de Serge Milano, in *La pauvreté en France,* Le Sycomore, p. 30 et suiv. : « une analyse réductrice..., contradictoire... une vision intemporelle de la pauvreté », etc.
7. Jacques Labbens, 1978, *Sociologie de la pauvreté, le tiers monde et le quart*

monde, Gallimard. Voir également collectif, *Le quart monde partenaire de l'histoire,* Éditions Science et service. Voir enfin *Les cahiers du quart monde.*

8. Anne-Marie RABIER, *Quart monde Igloo,* Éditions Science et service, n° 116, mars 1983.

9. Alwine de Vos Van STEENWIJK, 1977, *Il fera beau, le jour où le prolétariat sera entendu,* Éditions Science et service, et du même auteur, 1977, *Quart monde, pierre de touche de la démocratie européenne,* Éditions Science et service.

10. Geneviève ANTHONIOZ-DE GAULLE, « Vingt ans de combat pour une renaissance sociale », *Quart monde Igloo,* Éditions Science et service, n° 92-100, 3e trimestre 1978.

22. La gestion « scientifique » des pauvres

1. Éliane MOSSÉ, *op. cit.*

2. Lionel STOLÉRU, 1974, *Vaincre la pauvreté dans les pays riches,* Flammarion.

3. Georges MALIGNAC, 1957, « Le logement des faibles : évincement progressif et formation d'un sous-prolétariat », *Population,* 12, 2, avril-juin 1957.

4. Sur ce point, voir, par exemple, l'ouvrage de Gérard LECLERC, 1979, *L'observation de l'homme. Une histoire des enquêtes sociales,* Le Seuil.

5. Voir *Le service social municipal et ses relations avec les œuvres privées,* par le Dr R.H. HAZEMAN, 1932, préface d'Édouard FUSTER, professeur au Collège de France, Éditions du Mouvement sanitaire. Voir aussi, sur la figure du Dr Hazeman, Lion MURARD et Patrick ZYLBERMANN, « Robert Henri Hazeman, urbaniste social », in *URBI,* X, 1986, p. LIX.

6. P. LEBRET, 1952, *Guide pratique de l'enquête sociale,* P.U.F.

7. P.-H. CHOMBART de LAUWE, 1982, « Vingt-cinq ans de sociologie urbaine », in *La fin des villes.*

8. Robert AUZELLE, 1949, « Recherche d'une méthode d'enquête sur l'habitat défectueux », Centre d'études de la Direction de l'aménagement du territoire.

9. Robert AUZELLE, 1953, *Technique de l'urbanisme,* P.U.F.

10. Voir, par exemple, OGBURN, 1993, *Recent Social Trends.*

11. J.K. GALBRAITH, 1958, *The Affluent Society ;* trad. fr., 1961, Gallimard.

12. Françoise ZITOUNI, « Le mal-habiter, exclusion et précarisation par l'habitat », in *Projet,* n° 182, février 1984.

13. E. CLAUDIUS-PETIT, 1965, in *Hommes et migrations,* n° 5.

14. Voir l'ensemble des textes de Colette PÉTONNET. Voir aussi Claude LISCIA, 1977, *L'enfermement des cités de transit,* Éd. C.I.M.A.D.E., et du même auteur, 1978, « De l'habitat thérapeutique à l'habitat-sanction », C.E.M.S., Cahiers du colloque « Aspect de la vie quotidienne ». Enfin : M. PIALOUX et J.L. LACASCADE, 1977, « Politique du logement et genèse de l'habitat dépotoir », *Cahiers du G.R.E.C.O.H.,* n° 18.

15. C. PÉTONNET, *Ces gens-là, op. cit.*

16. *Ibid.*

17. Jean-Paul TRICART, 1977, « Genèse d'un dispositif d'assistance, les " cités de transit " », in *Revue française de sociologie,* XVIII.

18. Ruwen OGIEN et Jacques KATUSZEWSKI, 1980, *L'enquête sociale et sa réversion,* F.O.R.S.

19. Jean-Paul TRICART, *op. cit.*

20. Jean-François LAÉ et Numa MURARD, *op. cit.*

21. Numéro spécial sur le logement de la revue *Igloo,* mars 1971.

23. Chassés des centres ville...

1. Didier Gosselin, « Rénovation et pratiques urbaines », in *L'architecture d'aujourd'hui,* n° 169, sept.-octobre 1973.

2. Cité par Marcel Cornu, *op. cit.*

3. Henri Coing, *op. cit.*

4. Pierre Bourdieu, 1963, *Travail et travailleurs en Algérie,* Mouton.

5. Voir par exemple, Henri Lefebvre, « Les nouveaux ensembles urbains », in *Revue française de sociologie,* avril-juin 1960. Mais aussi 1976, *Du rural à l'urbain,* Anthropos, et, 1986, *La production de l'espace,* Anthropos. Voir aussi Gérard Althabe ; Bernard Lege et Monique Selim, 1984, *Urbanisme et réhabilitation symbolique, Ivry, Boulogne, Amiens,* Anthropos ; Gérard Althabe, Christian Marcadet, Michelle de la Pradelle, Monique Selim, 1985, *Urbanisation et enjeux quotidiens, terrains ethnologiques dans la France actuelle,* Anthropos.

24. La survie obstinée des bidonvilles

1. L'histoire d'Ahmed est évoquée par Monique Hervo et Marie-Ange Charras, 1971, *Bidonville,* Maspero, cahiers Libres, n° 219-220. Pour une autre approche, plus ethnographique et plus récente : Mehdi Lallaoui, 1993, *Du bidonville aux H.L.M.,* éd. Alternative ; Abdelmalek Saya, avec la collaboration d'Éliane Dupuy, 1995, *Un Nanterre algérien, terre de bidonvilles,* éd. Autrement.

2. Sur les premiers bidonvilles, voir Andrée Michel, 1953, *Les travailleurs algériens en France,* C.N.R.S.

3. Déclaration du 17 mars 1966.

4. C. Pétonnet, *Ces gens-là, op. cit.*

5. *Ibid.*

6. Sur ce point, voir, par exemple, « Institutions et travailleurs migrants », in *Politiques urbaines et planification des villes,* Colloque de Dieppe, 8-10 avril 1974, p. 887 et suiv.

7. Tewfik Allal, Jean-Pierre Buffard, Michel Marié et Tomaso Regazzola, 1977, *Situations migratoires, la fonction-miroir,* Galilée.

8. Louis Chevalier, « L'immigration en France », in *Population,* 1961.

9. Michel Wieworka, 1992, *La France raciste,* Le Seuil.

10. Voir à ce propos le numéro d'*Esprit* sur « Les étrangers en France », avril 1966.

11. Bernard Granotier, 1990, *Les travailleurs immigrés en France,* Maspero.

12. Juliette Minces, 1973, *Les travailleurs étrangers en France,* Le Seuil.

13. Sur la politique de l'immigration, la référence fondamentale est Patrick Weil, 1991, *La France et ses étrangers. L'aventure d'une politique de l'immigration, 1938-1991,* préface de Marceau Long, Calmann-Lévy. Voir également les travaux de Jean-Claude Toubon sur les politiques urbaines et le logement des étrangers, ou encore J. Barou, « Immigration et enjeux urbains », in *Pluriel,* n° 24, 1980, et A. Sayad, « Le logement des familles immigrées », in *Le Groupe familial,* n° 112, janvier 1987. Pour une approche sociologique récente, voir Maurice Blanc et Sylvie Le Bars, 1993, *Les minorités dans la cité, étude comparative,* L'Harmattan. Sur le logement des migrants et le logement social, le travail le plus important est celui de Véronique De Rudder, et en particulier « Banlieue, logement social et immigration : histoire et effets d'un amalgame », in *Migrants-formation,* mars 1992.

III. LE RÊVE D'UNE DÉMOCRATIE RADICALE
Cinquième partie : Un mai 68 urbain

25. L'Europe des luttes exemplaires

1. Interview de Maurizio MARCELLONI, « L'Italie : un modèle ? », in « Contre-pouvoirs dans la ville », *Autrement,* nº 6, 1976. Voir également E. CHERKI et M. WIEWORKA, « Luttes sociales en Italie, le mouvement d'autoréduction à Turin », in *Les Temps modernes,* juin 1975.

2. Françoise CHOAY, 1980, *La règle et le modèle,* Le Seuil, et, 1965, *L'urbanisme, utopie et réalité,* Le Seuil, rééd. 1993.

26. Les années effervescentes

1. Voir les travaux de Jean-Pierre LE DANTEC, 1984, *Enfin l'architecture, l'histoire d'un renouveau,* Autrement-Ciel ouvert, et, 1992, *Dédale le héros,* Balland. Voir en particulier, dans *Enfin l'architecture,* « Le journal de Petit Pierre aux Beaux-Arts en mai 68 », transmis à l'auteur par Bruno Queysanne.

2. Marcel RONCAYOLO, in G. DUBY, *op. cit.*

3. On trouve de cette période et de ces mouvements une analyse selon les méthodes chères à l'époque... C'est l'ouvrage quasi encyclopédique de Manuel CASTELLS, Eddy CHERKI, Francis GODARD et Dominique MEHL, 1978, *Crise du logement et mouvements sociaux urbains. Enquête sur la région parisienne,* Mouton. Tentative étrange de recenser 177 luttes urbaines sur quatre ans (p. 93-98), en les passant au crible de 39 concepts marxistes soigneusement passés dans la moulinette althussérienne (p. 54-55).

4. Pour une analyse détaillée de ce mouvement, voir E. CHERKI et D. MEHL, 1979, *Les nouveaux embarras de Paris, de la révolte des usagers des transports aux mouvements de défense de l'environnement,* Maspero. Voir également G. RIBEILL, P. BERTIN, F. LILLE et N. MAY, *Revendication et instances revendicatrices en matière de transports urbains,* Rapport S.A.E.I., décembre 1975.

5. Olivier GALLAND, 1984, *Jeunes en transit. L'aventure ambiguë des foyers de jeunes travailleurs,* préface de Jean-Michel BELORGEY, Éditions ouvrières ; « Le logement des jeunes travailleurs », nº spécial d'*Informations sociales,* nº 9-10, 1970.

6. *Le Monde,* 17, 21 et 27 juillet 1972.

7. Patrick WEIL, *op. cit.*

8. Paule SACONNET, *En 1990 à Ville-Overney : c'est possible,* Éd. Germinal (s.d., probablement 1973).

9. Eric J. HOBSBAWM, 1959, *Primitive Rebels,* Manchester University Press ; trad. fr., 1966, *Les primitifs de la révolte dans l'Europe moderne,* Fayard.

10. Sur ce point, voir, par exemple, Michel WIEWORKA, 1988, *Sociétés et terrorisme,* Fayard.

11. Voir, en 1976 encore, André LEGOUY, jésuite, responsable du secteur migrant de la C.I.M.A.D.E., membre du G.I.S.T.I., « Le sens d'une lutte », in *Le Monde,* 17 avril 1976.

12. Monique HERVO, « Les travailleurs immigrés, isolés ou récupérés », in « Contre-pouvoirs dans la ville », *Autrement,* nº 6, 1976.

13. Liane MOZÈRE, 1992, *Le printemps des crèches. Histoire et analyse d'un mou-*

vement, Logiques sociales, L'Harmattan. À l'origine : L. Mozère et M. Imbert, *Gardes d'enfants et familles conjugales,* C.E.R.F.I., rapport C.O.R.D.E.S. Pour un autre exemple d'analyse, consacré cette fois à l'école primaire, voir Anne Querrien, 1975, *Généalogie des équipements collectifs. Les équipements de normalisation, l'école primaire,* C.E.R.F.I., Fontenay-sous-Bois, ronéo.

14. Pour les références, voir Luc Boltanski, 1969, *Prime éducation et morale de classe,* Mouton.

15. Laurent Joffrin, 1988, *Mai 68. Histoire des événements,* Points-Seuil.

16. Françoise Dolto, Introduction au Catalogue de l'exposition sur les centres de la petite enfance, C.C.I., Centre Georges Pompidou, n° 7, 1978, cité par L. Mozère, *op. cit.*

17. Témoignage de F. Lenoble-Pradine, cité in L. Mozère, *op. cit.*

18. Voir par exemple ce que R.A. Spitz décrit sous le nom d'« hospitalisme », in R.A. Spitz, *De la naissance à la parole,* trad. fr., 1968, P.U.F. ; ou John Bowlby, 1992, *L'attachement,* P.U.F.

19. Voir par exemple Charles Little et John Mitchell, 1970, *The Environnement,* Harper and Row, New York, et James Ridgway, 1971, *The Politics of Ecology,* Dutton, New York.

20. Rapport Charpentier, *Mesures à prendre pour protéger les espaces verts dans la région parsisienne,* C.C.E.S., février 1972.

21. Eddy Cherki et Dominique Mehl, 1976, « Quelles luttes ? quels acteurs ? quels résultats ? », in *Autrement,* Contre-pouvoirs dans la ville, n° 6.

22. Bertrand Lévy et Jacques Pernelle, « Espaces centraux et animation urbaine », in *Urbanisme,* n° 129, 1972.

23. Voir, pour une présentation rétrospective du champ, Ivan Szelenyi, « Au-delà de l'analyse de classe : quelques dilemmes pour la sociologie urbaine », in *Sociologie du travail,* « Marxisme et sociologie urbaine », n° 2, 1979. Sur l'ensemble de la production critique du début des années soixante-dix, voir Manuel Castells, 1972, *La question urbaine,* Maspero ; dans une tonalité différente, Henri Lefebvre, 1972, *La pensée marxiste et la ville,* Casterman, et Jean Lojkine, 1972, *La politique urbaine dans la région parisienne,* Mouton ; Edmond Préteceille, 1973, *La production des grands ensembles,* Mouton ; Manuel Castells, 1973, *Luttes urbaines,* Maspero ; Christian Topalov, 1974, *Les promoteurs immobiliers,* Mouton ; Manuel Castells et Francis Godard, 1974, *Monopolville, l'entreprise, l'État, l'urbain,* Mouton ; et comme ultime conceptualisation de ce courant, Manuel Castells, Eddy Cherky, Francis Godard, Dominique Mehl, *op. cit.*

Comme approche rétrospective de l'ensemble de ce courant, voir l'ouvrage classique de Michel Amiot, 1986, *Contre l'État, les sociologues,* E.H.E.S.S. Voir aussi l'intéressante « autocritique » de Manuel Castells, remettant en cause le marxisme comme instrument d'analyse des mouvements urbains, in M. Castells, 1983, *The City and the Grassroots,* University of California Press, Berkeley et Los Angeles.

24. E. Cherki et D. Mehl, *op. cit.*

27. Le pot de terre et le pot de fer

1. Henri Fabre-Luce, « Après l'urbanisme gaullo-pompidolien quelle doctrine ? », in *Revue politique et parlementaire,* janv.-fév. 1975, n° 854.

2. Ce récit est rapporté dans les travaux de Manuel Castells *et alii, op. cit.*

3. Cité par Manuel Castells, *op. cit.*

4. Voir L. Festinger, H.W. Riecken et S. Schachter , 1966, *When Prophecy Fails,* Harper and Row.

5. Voir E. CHERKI, « Populisme et idéologie révolutionnaire dans les mouvements de squatters », in *Sociologie du travail,* février 1976.

Sixième partie : Participation ou autogestion ?

28. La fin des illusions étatistes

1. Voir sur ce thème : « Fonctions collectives et planification », *Notes et études documentaires,* n° 3991-3992 du 28 mai 1973, et « Le contenu des fonctions collectives », *Notes et études documentaires,* n° 4037-4038 du 6 novembre 1973.
2. Jacques FOURNIER et Nicole QUESTIAUX, 1984, *Le traité du social, situations, luttes, politiques, institutions,* 4e édition, Dalloz. Le discours se modifie dans l'édition ultime, à laquelle a collaboré J.-M. DELARUE, futur délégué interministériel à la Ville.
3. R. NEUBAUER, 1966, *Social Indicators,* M.I.T. Press, Cambridge, Mass.
4. *Rapport final du groupe indicateurs sociaux,* in *Rapport de la Commission Action sociale,* 1971.
5. Jacques DELORS, 1971, *Les indicateurs sociaux,* S.E.D.E.I.S.
6. Roselyne CHENU, *op. cit.*
7. Jean-Paul ALDUY, « L'aménagement de la région de Paris entre 1930 et 1975 : de la planification à la politique urbaine », in *Sociologie du travail,* n° 2, 1979.
8. Maurice IMBERT, *Ville nouvelle, de l'espace planifié à la dynamique sociale de développement urbain,* G.R.E.P., sept. 1982, multigraphié.
9. J. MAZE, 1977, *L'aventure du Vaudreuil. Histoire d'une ville nouvelle,* Éditions Vincent.
10. Cité par M. IMBERT, *op. cit.*
11. M. ARCHER, « Rapport sur le texte de F. Lautier », in *Politiques urbaines et planification des villes,* Colloque de Dieppe, 8-10 avril 1974.
12. Bruno JOBERT, 1981, *Le social en plan,* Économie et Humanisme, Éditions ouvrières.
13. Michel TACHON, « L'action sociale, un bricolage politique », in *Projet,* n° 184, avril 1984.

29. Les grands ensembles, ce cadavre encombrant

1. Albin CHALANDON, in émission de CAVADA, le 2 juin 1993, « Le mythe soviétique a bon dos ». De même, Éric RAOULT voit dans les grands ensembles le « fruit d'un projet social progressiste » qui n'avait « pas grand-chose à voir avec le libéralisme » (Éric RAOULT, 1993, *S.O.S. banlieues,* L'Harmattan).
2. Voir les travaux de Nicole HAUMONT, *Les pavillonnaires, op. cit.*, et d'Henri RAYMOND , Nicole HAUTMONT *et alii, L'habitat pavillonnaire, op. cit.*
3. Sur ce point, voir Anna MEISHESHEIM, 1970, *Villagexpo,* Aspects de l'urbanisme, Dunod.
4. A. LAUER, « La politique des modèles », in *Le Moniteur,* 24 juin 1969.
5. Lionel STOLÉRU , 1972, *Économie et société humaine,* Flammarion.
6. *Le Monde,* 21 mai 1973.
7. Paul GRANET, 1974, *Changer la ville,* Grasset.
8. André GAURON, 1988, *Années de rêves, années de crise (1970-1981) Histoire économique et sociale de la Ve République,* La Découverte.
9. Allocution du 20 octobre 1977.

10. Sondage I.F.O.P.-*Journal des architectes,* n° 4, juin-juillet 1975.
11. Déclaration du 4 mars 1976, au sortir du conseil de planification.

30. La participation comme politique et comme technique

1. Jean-François Canto, « Panorama des déclarations d'associations », in *Recherche sociale,* n° 60, mars 1978.
2. Dominique Gerbaud, « Les Français et la démocratie locale », commentaire du sondage Sofres-*La Croix* de décembre 1975, in *Correspondance municipale,* n° 164, mars 1976.
3. Bernard Stasi, 1979, *Vie associative et démocratie nouvelle,* P.U.F.
4. In *Le Monde,* 28 novembre 1974.
5. René Lenoir, « La participation des citoyens à la vie sociale », in *Projet,* n° 107, juillet-août 1976.
6. Voir *Union sociale,* revue de l'U.N.I.O.P.S.S., n° 274, janvier 1978.
7. In *Le Monde,* 27 février 1975.
8. *Correspondance municipale,* n° 182-183, nov.-déc. 1977.
9. La littérature participationniste est abondante et d'une qualité inégale. Certains travaux sont essentiels : *Construire en participation,* C.C.I. ; Albert Mollet, « La participation des habitants à la conception et à la gestion du cadre bâti », in *Économie et humanisme,* n° 260, juillet-août 1961 ; Albert Mollet (dir.), 1986, *Droit de cité. À la rencontre des habitants des banlieues délaissées,* L'Harmattan.

31. La deuxième gauche contre l'Ogre Béton

1. Yves Dauge, in *Urbanismes,* n° 251, octobre 1991.
2. Groupe de recherches ouvrier-paysan, 1964, *Pour une démocratie économique,* coll. Jean Moulin, Le Seuil.
3. Claude Alphandéry, 1965, *Pour une politique du logement,* coll. Jean Moulin, Le Seuil. On retrouvera Claude Alphandéry à la présidence de la commission « logement » du VIe Plan, en 1970.
4. Jacques Julliard, « La ville, lieu politique », in *Histoire de la France urbaine, op. cit.*
5. Georges Gontcharoff, « Réflexions sur les comités de quartier », in *Correspondance municipale,* n° 164, mars 1976.
6. Claude Neuschwander, « Sarcelles : participation dans un grand ensemble », in *Projet,* n° 32, février 1969.
7. Par exemple, interview d'Henry Fromentin, « La démocratie par les associations : une illusion ? », in *Habitat et vie sociale,* n° 23, mars-juin 1978. Le travail fondamental sur les G.A.M. demeure Michel Sellier, 1975, *Les groupes d'action municipale,* doctorat d'État en sciences politiques, Paris I.
8. Robert de Caumont, « Les G.A.M. : une stratégie, des techniques pour changer le quotidien », in *Autrement,* « Contre-pouvoirs dans la ville », n° 6, 1976.
9. *Ibid.*
10. Georges Adam, 1964, *La C.F.T.C. (1940-1958). Histoire idéologique et politique,* Armand Colin ; Andrée Andrieux et Jean Lignon, « Le parcours d'Edmond Maire », in *Projet,* n° 215, janv.-fév. 1989.
11. Voir à ce propos l'ouvrage classique d'Hervé Hamon et de Patrick Rotman, 1982, *La deuxième gauche,* Ramsay.
12. L'A.D.E.L.S. a changé aujourd'hui le nom de sa revue en *Territoires.*
13. Robert de Caumont, *op. cit.*

14. Voir JULLIARD, *op. cit.*, et R. de CAUMONT et M. TESSIER, 1971, *Les groupes d'action municipale,* Éditions universitaires.
15. *Livre blanc des H.L.M.*
16.

Revenu annuel imposable par part	Type de logement	Aide de l'État en 1975
18 000 F	H.L.M. locative	Subvention H.L.M. : 27 500 F
29 000 F	Prix du logement : 105 000 F	Prêt spécial du Crédit foncier + déduction fiscale : 37 500 F
40 500 F	Prix du logement : 125 000 F	Prêt immob. conventionné + épargne logement + déduction fiscale : 38 750 F
91 000 F	Prix du logement : 160 000 F	Prêt hypothécaire + épargne logement + déduction fiscale : 43 500 F

Source : D'après *H.L.M.*, n° 244, 1975.

17. *Livre blanc des H.L.M.*
18. Cité par Marc WOLF et Jacqueline OSSELIN, in, 1979, *Les ascenseurs de la Z.U.P.,* Maspero.

32. La gauche radicale contre les pouvoirs

1. « La participation conflictuelle des habitants du quartier à Roubaix », in *Correspondance municipale,* n° 182-183, nov.-déc. 1977.
2. Didier CORNUEL et Bruno DURIEZ, 1975, *Transformations économiques, évolution des rapports politiques et restructurations urbaines : Roubaix 1960-75,* Centre d'analyse du développement, ronéo. Voir également Didier CORNUEL et Bruno DURIEZ, 1983, *Le mirage urbain. Histoire du logement social à Roubaix,* Anthropos.
3. M. AUTES, E. DESBOIS-GRIÈRE, P. JACOB, J.-P. TRICART, 1975, *Information et pédagogie de l'habitat,* C.R.E.S.G.E.
4. Tract A.P.F./A.P.U. d'octobre 1975, cité par *Correspondance municipale.*
5. Sur ces réticences, à Roubaix même, voir par exemple Michel AUTES, Dominique DUPREZ et Alain PETIT, 1982, *L'anomie des grands ensembles, quelle issue,* C.R.E.S.G.E., multigraphié.
6. Voir *Les régies de quartier, expérience et développement,* Plan urbain, 1994.
7. Gaëtane LAMARCHE-VADEL et Ariane COTLENKO, « Alma-Gare, le singulier et le politique », in *Autrement,* « Contre-pouvoirs dans la ville », n° 6, 1976. Sur la postérité des régies de quartier, voir *Les régies de quartier, op. cit.*
8. Citation du maire de Roubaix, in *Correspondance municipale, loc. cit.*
9. *Correspondance municipale, loc. cit.*
10. Note interne de la ville de Roubaix, 25 avril 1977.
11. Roger LÉMANT, « Un nouveau paternalisme », in *Territoires,* n° 304-305, janv.-fév. 1990. Cf. aussi *Informations sociales,* n° 40, 1994, pp. 40-51.

12. Olivier ROLAND, 1984, « Il était une fois les luttes urbaines », in *Construire en participation,* C.C.I., Centre Georges-Pompidou.

13. « La ville au seuil d'elle-même », en collaboration avec Y. RONCHI, in *Les nouvelles du C.E.R.F.I.S.E.,* mai 1993. Michel Anselme est mort le 29 avril 1993.

33. L'antichambre du pouvoir

1. Fanta ASSEO, 1980, *La gestion municipale participative,* doctorat soutenu à l'université de Paris V.

2. Jacques JULLIARD, « La ville, lieu politique », in *Histoire de la France urbaine, op. cit.*

3. Sur cette concurrence, les références abondent. Voir, par exemple, Robert SCHNEIDER, 1987, *La haine tranquille,* Le Seuil.

4. Voir par exemple *Politique urbaine,* sous la direction de Michel PEZET, secrétaire national du parti socialiste à l'urbanisme, au cadre de vie et à l'environnement, Club socialiste du livre, 1982.

IV. LES PREMIERS CRAQUEMENTS

Septième partie : Une politique de la ville en germe

34. Vers le triomphe du marché

1. Bruno LEFEBVRE, Michel MOUILLART, Sylvie OCCHIPINTI, 1991, *Politique du logement. Cinquante ans pour un échec,* L'Harmattan.

2. Pierre CONSIGNY, *Rapport sur l'aide publique au logement,* mai 1970.

3. Par exemple la commission du bilan présidée par François BLOCH-LAINÉ, *La France en mai 81, forces et faiblesses,* tome III, La Documentation française, 1981.

4. In *Droit et ville,* nº 1, table ronde du 6 novembre 1974, cité par Anne HEYMANN-DOAT, *op. cit.*

5. *La France en mai 81, forces et faiblesses, op. cit.*

6. Henri LEPAGE, 1978, *Demain le capitalisme,* Livre de poche, coll. Pluriel.

7. BLOCH-MORHANGE, 1979, « La France assistée », in *La Nef,* nouv. série, 36e année, nº 2, Tallandier.

8. Raymond BARRE, 1976, *Rapport de la commission d'étude sur le financement du logement,* La Documentation française.

9. Lionel STOLÉRU, 1979, « La longue marche vers l'impôt négatif », in *La Nef,* nouv. série, 36e année, nº 2, Tallandier.

10. Xavier GREFFE, 1978, *L'impôt des pauvres, nouvelle stratégie de la politique sociale,* Dunod.

11. Lionel STOLÉRU, *Vaincre la pauvreté dans les pays riches, op. cit.*

12. Michel VINGRE, 1980, *Le social, c'est fini !,* coll. Autrement, Le Seuil.

13. P. NORA et R. ÉVENO, 1976, *Rénovation du centre des villes,* La Documentation française.

14. Jacques FOURNIER et Nicole QUESTIAUX, 1979, *Le pouvoir du social,* P.U.F.

35. L'annonce des tempêtes

1. D.A.T.A.R., 1971, *Images de la France de l'an 2000.*

2. Jean-Claude KAUFMANN, 1983, *La vie H.L.M., usages et conflits,* Éditions ouvrières.

3. Michel PIALOUX et Bruno THÉRET, « État, classe ouvrière et logement social », in *Critiques de l'économie politique,* oct.-déc. 1979.

4. Jean-Paul TRICART, 1981, « Précarité et pauvreté », *Le logement social dans le contexte d'une crise durable, dossier préparatoire aux Assises pour l'avenir des cités d'habitat social.*

5. François ABBALEA, 1978, *De la crise du logement à la crise de l'habitat social,* Fondation pour la recherche sociale.

6. Roger QUILLIOT : « Demain la ville : pour qui et dans quelles conditions ? », in *H, revue de l'habitat social,* n° 32, juillet 1978.

7. Robert ARRAGO, 1969, *Les problèmes fonciers et leurs solutions,* Berger-Levrault, et du même auteur, « Spéculation et politique financière », in *Projet,* n° 32, février 1969.

8. Jean-Marie REMPP, « Les H.L.M. avant la réforme de 1978 », *Économie et statistique,* n° 128, 1980.

9. Agnès PITROU, 1981, *La vie précaire,* Éditions de la C.N.A.F.

10. U.N.F.O.H.L.M., Comptes cumulés des offices (1973-1978).

11. Voir, sur le thème du seuil de tolérance, l'article essentiel de Véronique de RUDDER, « Seuil de tolérance et cohabitation ethnique », in Pierre-André TAGUIEFF, 1991, *Face au racisme,* La Découverte ; rééd. Points, 1993.

12. Jean-Paul TRICART, *op. cit.*

13. Jean-Marie REMPP, *op. cit.*

14. Patrick WEIL, *op. cit.*

15. Pierre MACLOUF, 1981, *La crise dans Saint-Quentin,* Commissariat général au Plan, I.E.P. Paris. Voir également, comme témoignage sur le début de la crise, P. MACLOUF et A. LION, 1982, *L'insécurité sociale,* Éditions ouvrières.

16. Alain MINC, 1981, *L'après-crise est commencé,* Gallimard.

17. Karl POLANYI, 1944, *La grande transformation,* trad. fr., 1972, Gallimard.

36. Aux racines des violences banlieusardes

1. Christian BACHMANN et Luc BASIER, 1989, *Mise en image d'une banlieue ordinaire. Stigmatisations urbaines et stratégies de communication,* Syros.

2. Bertrand LEGENDRE, « Mantes-la-Grisaille », in *Le Monde,* 30 décembre 1977.

3. Jean AUDOIN, « Un grand ensemble à l'abandon ? », in *Le Monde,* 12 février 1980.

4. In *Le Journal du dimanche,* 16 mars 1980.

5. In *Le Journal du dimanche,* 27 avril 1980.

6. Albert AGOSTINO, in *Libération,* 30 janvier 1981.

7. Pierre BLANCHET, « La cité maudite », in *Le Nouvel Observateur,* 14 juin 1980.

8. Jean-Yves HUCHET « La cité interdite de Villeurbanne », in *Le Matin,* 8 mai 1980.

9. Pierre BLANCHET, *op. cit.*

10. Jean-Yves HUCHET, *op. cit.*

11. Jean-François DUPAQUIER, « Banlieue : une politique au point mort », in *Le Quotidien de Paris,* 15 mai 1980.

37. Les premiers dispositifs anti-crise

1. Circulaire interministérielle du 3 mars 1977.
2. Dominique FIGEAT, *Bilan des opérations Habitat et vie sociale menées pendant la période du VIIe Plan,* Assises du 28 octobre 1981, U.N.F.O.H.L.M.
3. Bruno JOBERT, *op. cit.*
4. Circulaire du Premier ministre, B.O. du 29 janvier 1975.
5. M. GASPARD et D. FRANCK, « Effets des pactes nationaux pour l'emploi sur l'évolution du chômage », in *Économie et prévision,* n° 47, 1981. Voir également G. HERZLICH, « Le chômage des jeunes », *Le Monde de l'Éducation,* novembre 1980.
6. Sur les origines de ces dispositifs, on peut consulter l'excellent numéro de la revue *Autrement* dirigé par B. MONTELH et F. MORGEN-SZTERN, « Demain un emploi, le chômage des jeunes, des solutions », octobre 1989.
7. Chantal GUÉRIN, « Au bénéfice de l'âge », in *Autrement,* octobre 1989.
8. Cf. Michèle ROUGÉ et Christian LENOIR, « Former autrement : un enjeu entre école et entreprise », *Travail,* mars 1990.
9. Alain PEYREFFITTE (rapport du comité d'étude présidé par), 1977, *Réponses à la violence,* 8 volumes, La Documentation française. Le premier volume regroupe trois études générales. Les autres sont consacrés aux aspects psychologiques, biologiques, économiques et juridiques de la violence. Ce travail, fortement critiqué par la gauche, est remarquable par sa complétude.
10. Jacques DONZELOT et Thierry OBLET, 1985, *Enquête sur la nouvelle politique de prévention,* C.E.P.S.
11. Pour une recension de la littérature dans ce domaine, voir, par exemple, P. ROBERT (dir.), 1991, *Les politiques de prévention de la délinquance à l'aune de la recherche,* Logiques juridiques, L'Harmattan, et tout particulièrement P. ROBERT et J.-M. RENOUARD, « Bilan des connaissances en France ».
12. Voir, entre mille exemples, la préface signée Bernard TAPIE au fascicule présentant officiellement son ministère, en 1991.

Huitième partie : L'irruption des émeutes

38. Brixton en France ?

1. L'émeute de Brixton a été racontée minute par minute dans *The Scarman Report,* Report of an Inquiry by the Right Honourable the Lord Scarman, O.B.E., Presented to Parliament by the Secretary of State for the Home Department by Command of Her Majesty, november 1981. Published by Her Majesty Stationery Office, London, 1981. Voir aussi John BENYON, 1984, *Scarman and After, Essays Reflecting on Lord Scarman's Report, the Riots anf their Aftermath,* Pergamon Press, Oxford, et en particulier l'article de S. TAYLOR, « The Scarman Report and explanations of riots ». Aucun autre événement urbain récent n'a été narré et examiné avec une telle attention. Ce travail est évidemment le plus précieux qui soit pour la compréhension de ce qu'on désigne aujourd'hui comme des « émeutes ».

Pour une comparaison entre les phénomènes d'émeute en France et les pays anglo-saxons, voir les travaux définitifs de Sophie BODY-GENDROT, 1993, *Ville et violence,* P.U.F., ainsi que, 1989, *Ville et violence dans le monde anglophone,* Université Blaise Pascal, Clermont-Ferrand. Pour une approche spécifique des États-Unis, voir Claude JACQUIER, 1993, *Le quartier américain, rêve et cauchemar,* préface de J.-M. DELARUE et avant-propos de V. DELBOS, L'Harmattan.

39. Recette pour une émeute

1. John Benyon, « Désordres urbains, après les émeutes de 1985 en Grande-Bretagne », in *Les Annales de la recherche urbaine,* n° 54, mars 1992.

2. La littérature développant aujourd'hui de tels thèmes est trop abondante pour être citée. On peut mentionner, à titre d'exemple, Charles Szklakman, 1992, *La violence urbaine. À contre-courant des idées reçues,* Robert Laffont. Souvent d'ailleurs, des recommandations classiquement autoritaires et conservatrices sont présentées sous un jour novateur, voire « révolutionnaire » : « à contre-courant des idées reçues ». Parmi les ouvrages fondamentaux, ceux de la collection Cultures et conflits : *Émeutes urbaines, le retour du politique,* 1992, L'Harmattan, et *L'action collective, terrains d'analyse,* 1994, L'Harmattan.

Sur la violence des banlieues, les ouvrages abondent. Citons Alain Vulbeau et Jean-Yves Barreyre, 1994, *La jeunesse et la rue,* Desclée de Brouwer, ou, pour une approche psychologique, Claude Couderc, 1991, *Les enfants de la violence,* préface de Tony Lainé, Press Pocket.

3. Voir sur ce point les travaux américains classiques de Cloward et Ohlin. Olivier Galland suggère de l'appliquer à la situation des jeunes de banlieues en France : O. Galland, 1991, *Sociologie de la jeunesse. L'entrée dans la vie,* Armand Colin.

4. « Les émeutes de Londres », *Le Monde,* 14 avril 1981.

5. *Le Monde,* 13 juillet 1981.

6. Nicolas Beau, « Été tiède à Vénissieux », in *Le Monde,* 14 juillet 1981.

7. Adil Jazouli, 1992, *Les années Banlieues,* Le Seuil, coll. Histoire immédiate.

8. Jean Pierre Dupuy, 1991, *La panique,* coll. Les empêcheurs de penser en rond, Synthélabo.

9. Jean-Paul Sartre, 1962, *La critique de la raison dialectique,* Gallimard.

40. La gauche et les rodéos

1. Jean-Louis Hurst, « Trois mois avec les " rats " de Lyon », *Libération,* 30 septembre 1981.

2. Adil Jazouli, *op. cit.*

3. *Ibid.*

4. In *Libération,* 14 septembre 1981.

5. Alain Battegay et Ahmed Boubeker, « Des Minguettes à Vaulx-en-Velin. Fractures sociales et discours publics », in *Les Temps modernes,* n° 545-546, décembre 1991-janvier 1992.

6. *Le Figaro,* 15 septembre 1981.

7. In *Le Figaro,* 7 juillet 1981.

8. Xavier Raufer, 1982, *La violence sociale,* Éditions France-Empire.

9. *Libération,* 3 novembre 1981.

10. *Le Monde,* 18 septembre 1981.

11. *Libération,* 30 septembre 1981.

12. *Le Monde,* 13 octobre 1981.

13. In *Le Figaro,* 5 et 6 juin 1981.

14. Didier Lapeyronnie, 1986, « Les limites d'une stratégie », in *Les opérations « été-jeunes ». Analyse longitudinale d'une politique publique,* in M.I.R.E./I.D.E.F., recueil collectif par François Dubet, Michèle Dupe, Dominique Duprez, Adil Jazouli, Didier Lapeyronnie, Bruno Lefebvre, Philippe Pitaud et François Porter, Publications du C.T.N.E.R.H.I., diffusion P.U.F.

15. Voir par exemple, F. MUEL-DREYFUS, 1983, *Le métier d'éducateur,* Éd. de Minuit, mais aussi les ouvrages de Paul FUSTIER, de THIBAULT-LAMBERT et les travaux menés autour du C.N.L.A.P.S. et de Paul DURIEZ.

16. Cf. le recueil collectif M.I.R.E./I.D.E.F., *op. cit.*

17. Louis DUBOUCHET, 1990, *Les opérations prévention-été, évaluation,* Collège coopératif Rhône-Alpes, Aix-en-Provence.

Neuvième partie : Un rêve passe...

41. La multiplication des « dispositifs »

1. Bertrand SCHWARTZ, in É. BURGUIÈRE, 1987. « L'école de Nancy de 1957 à 1972 », *Contrats et éducation. La pédagogie du contrat, le contrat en éducation,* I.N.R.P./C.R.E.S.A.S.-L'Harmattan.
2. É. BURGUIÈRE, *op. cit.*
3. « Les enjeux de l'insertion », entretien avec P.-J. ANDRIEU, propos recueillis par Jean-Paul MURCIER, *Travail,* n° 19, mars 1990.
4. Bertrand SCHWARTZ, 1982, *L'insertion professionnelle des jeunes,* La Documentation française.
5. *Le Monde de l'Éducation,* n° 75, sept. 1981.
6. *Le Matin,* 2 octobre 1981.
7. François d'AUBERT, in Pierre FAVIER et Michel MARTIN-ROLAND, 1991, *La Décennie Mitterrand,* Le Seuil.
8. Ordonnance n° 82-273 du 26 mars 1982 relative aux mesures destinées à assurer aux jeunes de seize à dix-huit ans une qualification professionnelle et à faciliter leur insertion sociale.
9. Circulaire du 30 septembre 1982, ministère de la Formation professionnelle.
10. Circulaire du 9 avril 1982, ministère de la Formation professionnelle.
11. *Le Monde de l'Éducation,* n° 75, sept. 1981.
12. Christian BAUDELOT et Roger ESTABLET, 1989, *Le niveau monte,* Le Seuil, coll. L'épreuve des faits.
13. Serge BOULOT et Danielle BOYZON-FRADET, 1988, *Les immigrés et l'école. Lectures de chiffres, 1973-1987,* L'Harmattan-C.I.E.M.I.
14. Hubert DUBEDOUT, 1983, *Ensemble, refaire la ville,* La Documentation française.
15. Robert BADINTER, 1984, in *Guide des droits des victimes,* publié par le ministère de la Justice, avec une préface de Robert BADINTER, Gallimard.
16. Entretien de J. DONZELOT avec Louis JOINET, du cabinet de Pierre MAUROY, in J. DONZELOT et T. OBLET, *op. cit.*
17. Gilbert BONNEMAISON, 1987, *La sécurité en libertés,* Syros.
18. Entretien de J. DONZELOT avec Gilbert BONNEMAISON, in J. DONZELOT et T. OBLET, *op. cit.*
19. Michel CANTAL-DUPART, 1994, *Merci la ville,* Investigations.
20. Voir à ce propos les rapports « Un espace pour la vie » et « La ville à livre ouvert », produits dans ce cadre.
21. Sur l'évaluation des actions de la mission, voir Christian BACHMANN, Maryse ÉMERY, Michel HERROU, Rainier HODDE, Nicole LE GUENNEC et Marion SEGAUD, rapport au Plan urbain, 1987.
22. *Libération,* 2 mars 1984.

42. Les chevau-légers de l'État contre les tanks de la crise

1. Catherine Blum-Girardeau, 1981, *Tableau des inégalités*, Economica.
2. Gabriel Oheix, *81 propositions contre la pauvreté et la précarité*, ronéo.
3. Jean-Michel Belorgey, 1988, *La gauche et les pauvres*, Syros Alternatives.
4. Voir, par exemple, les travaux de Michel Crozier, alors largement dominants dans les analyses de l'administration, ou ceux de la Trilatérale, quelques années auparavant, sur la gouvernabilité des pays d'Occident.
5. Edgard Pisani, « Administration de mission, administration de gestion », *Revue française de sciences politiques*, avril 1956.
6. Jacques Donzelot et Thierry Oblet, *op. cit.*
7. Voir par exemple Bernard Lory, 1975, *La politique d'action sociale*, Privat.
8. Les opérations D.S.Q. deviennent D.S.U. ; les Z.E.P. se transforment en Z.P. avant de redevenir Z.E.P., etc.

43. De grandes espérances

1. Bruno Jobert, 1985, in *Évaluation des politiques sociales*, La Documentation française.
2. François Lévy (rapport du groupe de travail présidé par) en collaboration avec N. Lenoir, C. Guignard-Hamon et N. Smadja, 1988, *Bilan/perspective des contrats de plan de développement social des quartiers*, La Documentation française.
3. Rapport Lévy, *op. cit.*
4. *Ibid.*
5. « L'État-animateur », entretien avec J. Donzelot et P. Estèbe, in *Projet*, n° 233, printemps 1993. Jacques Ion, dans *Le travail social à l'épreuve du territoire*, Privat, 1990, ne sera guère plus tendre avec eux.
6. Jacques Donzelot et Philippe Estèbe, *Le développement social urbain. Constitution d'une politique (1982-1992)*, note non publiée du Comité d'évaluation de la politique de la ville, présidé par Jean-Michel Belorgey. Cette analyse est également reprise dans 1994, *L'État animateur. Essai sur la politique de la ville*, Éditions Esprit.
7. Cité par J. Donzelot et P. Estèbe, in *ibid.*, p. 62.
8. Jacques Donzelot et Thierry Oblet, *op. cit.*
9. Voir, par exemple, *Le sacre des notables, la France en décentralisation*, Fayard, 1985, sous le pseudonyme collectif de Jacques Rondin, ouvrage péri-énarchique fort critique de la décentralisation. Voir aussi les travaux de Pierre Rosanvallon, ou *La fin du social-colbertisme* de Jean-Baptiste de Foucauld.
10. Voir *Le pouvoir périphérique. Bureaucrates et notables dans le système politique français*, de Pierre Gremion, 1976, Le Seuil.
11. J. Donzelot et P. Estèbe, *op. cit.*
12. Voir, par exemple, Blandine Barret-Kriegel, 1979, *L'État et les esclaves*, Calmann-Lévy. Mais aussi l'ensemble de ses travaux.
13. Hubert Dubedout, *op. cit.*

V. LA GESTION DES ANGOISSES

Dixième partie : Les déchirures urbaines

44. Un mouvement communautaire bien français ?

1. Emmanuelle ESSERTIER, Banlieuescopie, Rapport final, Argenteuil, octobre 1992.
2. Marie-Claude BETBEDER, in *Le Monde,* 4 décembre 1983.
3. Voir l'ensemble des travaux de Pierre-André TAGUIEFF.
4. Interview dans *Libération,* 13 décembre 1990.
5. *Le Monde,* 3 janvier 1981.
6. *Le Monde,* 4 janvier 1981.
7. *Ibid.*
8. Patrick JARREAU, in *Le Monde,* 14 janvier 1981.
9. Suzanne CITRON, « Contre les silences du parti socialiste », *Le Monde,* 13 janvier 1981.
10. Discours du 9 juillet 1981, in *Le Monde,* 10 juillet 1981.
11. Jean-Pierre DUMONT, « Racisme rampant, un mal qui n'épargne personne », in *Bilan économique et social 1981,* janvier 1982.
12. *Le Monde,* 24 mars 1990.
13. Françoise GASPARD, 1990, *Une petite ville en France,* Gallimard.
14. Nonna MEYER et Pascal PERRINEAU, 1989, *Le Front national à découvert,* Presses de la Fondation nationale des sciences politiques.
15. Jacques ION, 1994, « L'évolution des formes de l'engagement public », in Pascal PERRINEAU, *L'engagement politique, déclin ou mutation ?,* Presses de la Fondation nationale des sciences politiques.
16. Anne TRISTAN, 1987, *Au Front,* Gallimard. Voir également Birgitta ORFALI, 1990, *L'adhésion au Front national, de la minorité active au mouvement social,* Kimé.
17. Nonna MAYER, « La mobilisation anti-Front national », in Pascal PERRINEAU, *op. cit.*
18. *Le Nouvel Observateur,* 27 mai 1983.
19. Sondage 11-12 avril 1991, in *V.S.D.,* 13-19 juin 1991.

45. Un antiracisme ambigu

1. Christian DELORME, postface à Adil JAZOULI, 1986, *L'action collective des jeunes Maghrébins de France,* C.I.E.M.I.-L'Harmattan.
2. Nicole QUESTIAUX, discours devant le S.S.A.E., juillet 1981.
3. Patrick WEIL, *op. cit.*
4. *Ibid.*
5. Françoise GASPARD, *op. cit.*
6. Alain BATTEGAY, « Des Minguettes à Vaulx-en-Velin », in *Les Temps modernes,* décembre 1991-janvier 1992.
7. Voir, par exemple, Christian DELORME, 1985, *Par amour et par colère,* Le Centurion, ou BOUZID, 1984, *La marche : traversée de la France profonde,* Sindbad. Voir également Saïd BOUAMAMA, 1994, *Dix ans de marche des Beurs,* Desclée de Brouwer.

8. Rapport Marange Le Bon sur *L'insertion des jeunes d'origine étrangère dans la communauté française,* La Documentation française, 1983.

9. Farida Belghoul, 1985, « B.H.L., Barre, Gros Minet et quelques autres », in *La Beur génération,* Éditions Sans Frontières.

10. Le livre fondamental, pour clarifier le débat « antiraciste », est celui de Pierre-André Taguieff, 1995, *Les fins de l'antiracisme,* Éditions Michalon. Nous renvoyons à l'abondante bibliographie que contient ce volume.

11. Farid Aïchoune, 1991, *Nés en banlieue,* Ramsay.

46. Déperdition en ligne

1. Alain Lebaube, 1988, *L'emploi en miettes,* Hachette.

2. Entretien avec les auteurs ; d'autres membres de la mission ont été interrogés, mais ne souhaitent pas que leur nom soit mentionné.

3. Laurent Schwartz, 1983, *Pour sauver l'Université,* Le Seuil ; Jean-Claude Milner, 1984, *De l'école,* Le Seuil.

4. Les développements qui suivent sont tirés d'une étude de Christian Bachmann *et alii, op. cit.*

5. S. Nardone, de l'association des jeunes de Bron, A.C.P., 4 décembre 1990.

6. Cet exemple célèbre est inspiré du rapport remis en décembre 1990, par Claude Sardais, inspecteur des Finances, au Premier ministre.

7. Ce terme est emprunté à Philippe Urfalino, qui l'a utilisé comme titre d'une étude sur un autre objet la politique culturelle des municipalités.

8. Jacques Ion, *op. cit.*

9. Bernard Hastoy, 1989 (rapporteur : Pierre-Jean Andrieu), *Rapport à Monsieur le Ministre du travail, de l'emploi et de la formation professionnelle, du groupe de travail sur les missions locales pour l'insertion professionnelle et sociale des jeunes en difficulté,* ronéo.

10. Chantal Guérin, « Au bénéfice de l'âge », *op. cit.*

11. Jean-Marie Delarue, 1991, *La relégation,* Syros. L'ensemble des textes officiels sur le R.M.I. a été publié en 1994 par le *Journal officiel* sous la forme d'un fort volume de 600 pages écrit en tout petits caractères. Les textes liés à la politique de la ville — chaque ministère la commentant à son gré... — occuperaient plusieurs gros volumes.

12. Gérard Malglaive, 1985, *Observation et évaluation du dispositif de formation des jeunes de 16 à 18 ans,* A.D.E.P.

13. B. Montehl et F. Morgensztern, « La longue marche », in « Demain un emploi, le chômage des jeunes, des solutions », *Autrement,* n° 110, octobre 1989.

14. Un seul indicateur : dès le début des années quatre-vingt, le verlan passe de l'argot scolaire au jargon social stable : C. Bachmann et L. Basier, « Le verlan, argot d'école ou langue des Keums ? », in *Mots,* C.N.R.S. et Presses de la Fondation nationale des sciences politiques, n° 8, mars 1984. L'ouvrage fondamental sur l'évolution culturelle des banlieues est celui d'Hugues Bazin, 1995, *La culture hip-hop,* Desclée de Brouwer.

47. L'infortune des maires de banlieue

1. Michèle Sellier, « La mairie dans le cursus politique », in *Pouvoirs,* n° 24, 1983.

2. Au début des années quatre-vingt, leurs dépenses profitent aux personnes âgées pour 50 % et aux familles pour 20 %. Loin derrière, on rencontre, modestes bénéficiaires, les chômeurs (1 %) et les personnes handicapées (4,3 %). Enfin pour

20,3 %, d'autres populations. Viviane Tchernogog et Michèle Fardeau, 1985, « Quelques aspects des logiques d'intervention communale à travers l'activité des bureaux d'aide sociale », *Recherche économique et sociale,* n° 13-14, La Documentation française.

3. Sur l'ensemble des dépenses sociales, le local en assumait environ 75 % en 1929 ; il n'en a que 10 % en 1971. Voir C. André et R. Delorme, 1983, *L'État et l'économie,* Le Seuil. Voir aussi J.M. Dupuis, 1989, *Les politiques sociales locales,* Éditions de C.N.F.P.T.

4. J. Tymen et H. Nogues, en collaboration avec D. Bouget, G. Brovelli et J.-C. Lebosse, 1988, *Action sociale et décentralisation. Tendances et prospectives,* L'Harmattan.

5. Robert Schneider, 1992, *La haine tranquille,* Le Seuil.

6. *Libération,* 10 octobre 1990.

7. Jeannette Colombel, « Une responsabilité de proximité », in *Les Temps modernes,* n° 545-546, déc. 1991-janv. 1992.

8. Abdalah, in *Libération,* 11 octobre 1990.

9. Déclaration de P. Picard, in *Communes de France,* n° 292, décembre 1990.

10. *Pour en finir avec les grands ensembles,* Assises de Bron, 4 et 5 décembre 1990, D.I.V../Banlieues 89.

11. *Le Canard enchaîné,* mais aussi *L'Est républicain,* 9 décembre 1990, « Relents de cuisine », etc.

12. Dépêche A.F.P. 052045, décembre 1990.

13. Ce récit est tiré de la presse nationale (voir en particulier *Le Monde* du 28 mai 1991) et de témoignages privés.

14. *Libération,* 13 juin 1991 : « Des jeunes hantés par la mort de Youssef ».

Onzième partie : L'avenir en pointillés

48. Montgolfière et sablier

1. Les transformations sont les suivantes, au fil des ans :

Année	Nb de ménages propriétaires	Différentiel
1963	6 257 000	
1967	6 898 000	+ 641 000
1970	7 350 000	+ 452 000
1973	7 797 000	+ 447 000
1978	8 695 000	+ 898 000
1984	10 279 000	+1 584 000
1988	11 233 000	+ 954 000

Accroissement du nombre de ménages propriétaires de leur logement entre 1963 et 1988.
Source : D'après Claude Louvot, « De la location à la propriété : le parc de logements se redistribue », in *Économie et statistique,* n° 251, fév. 1992, I.N.S.E.E.

2. À titre d'exemples, quelques évolutions concernant l'équipement des ménages, en pourcentage :

	1954	1960	1971	1981	1991
Réfrigérateur	7,5	26,8	80,2	95,1	97,1
Télévision	1	13,6	71,3	90	94,5
Automobile	22	30	58,6	70	77,4
Téléphone	-	7	15,6	67,8	93,7
Lave-vaisselle	-	-	2,3	16,8	33,6

Évolution de l'équipement des ménages, de 1954 à 1991.
Source : I.N.S.E.E., série « ménages ».

3. Les chiffres méritent qu'on les détaille. L'ascension est aussi impressionnante que méconnue. Voici les chiffres, en milliers, pour l'ensemble de la population active :

	1962	1975	1982	1990
Agriculteurs	3 045	1 691	1 475	999
Artisans, commerçants	2 084	1 766	1 835	1 825
Cadres sup. et prof. libér.	892	1 551	1 895	2 694
Cadres moyens/prof. interm.	2 114	3 480	3 971	4 707
Employés	3 535	5 093	6 248	6 911
Ouvriers	7 488	8 117	7 614	7 614

Source : Recensements 1962, 1975, 1982, 1990.

Ce qui donne en pourcentage :

	1962	1975	1982	1990
Agriculteurs	15,4	7,6	6,2	3,9
Artisans, commerçants	10,5	7,9	7,7	7,2
Cadres sup. et prof. libér.	4,5	6,9	7,9	10,7
Cadres moyens/prof. interm.	10,7	15,7	16,7	18,6
Employés	17,9	23	26,3	27,4
Ouvriers (y comp. agric.)	37,8	36,6	32,6	30,1
autres	3,2	2,1	2,5	2
	100	100	100	100

Source : Recensements 1962, 1975, 1982, 1990.

4. Les pourcentages sont les suivants :

	Profession du père	Profession du migrant
Agriculteurs	20	2
Artisans, commerçants	13	8
Cadres sup. et prof. libér.	5	6
Cadres moyens/ prof. interm.	4	10
Employés	8	20
Ouvriers	50	54

Catégorie sociale des migrants arrivés en France avant 1968 au regard de la profession de leur père.
Source : Enquête I.N.S.E.E. ; d'après J.-L. Borkowski, *Données sociales 1990.*

5. Sur l'évolution du salaire des manœuvres de l'industrie, sur le moyen terme :

Année	Indice du pouvoir d'achat (1910 = 100)
1939	225
1952	230
1960	298
1970	427
1975	630
1976	651
1977	625
1985	567

Pouvoir d'achat du salaire horaire moyen des manœuvres de l'industrie en province de 1939 à 1985.
Sources : D'après Jean Fourastié, rééd. 1988, *Machinisme et bien-être,* Hachette, et I.N.S.E.E.

6. Quant aux revenus moyens :

Année	Revenu par hab.
1945	5
1950	10
1960	13,5
1964	15,5
1969	19,5
1976	24
1985	25

Évolution des revenus moyens par habitant en France (en F 1938 ; base 0, 1938).
Source : Jean et Jacqueline Fourastié, *La réalité économique,* Hachette, rééd. 1986.

7.

Année	Prestations sociales (en % du P.I.B.)
1970	18,1
1980	24,6
1985	28,2
1990	27,4

Développement des prestations sociales depuis 1970.
Source : S.E.S.I.

8.

Année	% de la pop. française obtenant le baccalauréat
1966	12,8
1976	23,9
1986	38,2
1991	58,3
1992	62,9

Augmentation du % de la population française ayant obtenu le baccalauréat de 1966 à 1992.
Source : D.E.P.-M.E.N.

9. Voir, par exemple, G. CANCEIL, 1993, « Vers un enseignement supérieur de masse », in *La société française. Données sociales,* La Documentation française.

10. Lucie TANGUY, 1991, *Quelle formation pour les ouvriers et les employés de France ?,* Rapport à M. le secrétaire d'État chargé de l'Enseignement technique.

11. B. RABIN, 1993, « Un enfant sur trois naît hors mariage », in *La Société française. Données sociales,* La Documentation française.

12. François de SINGLY (dir.), 1991, *La famille : l'état des savoirs,* La Découverte.

13. Jean-Claude KAUFMANN, 1993, *La sociologie du couple,* P.U.F.

14. Christopher LASCH, 1979, *Le complexe de Narcisse,* trad. fr., 1981, Robert Laffont.

15. Pierre ROSANVALLON, in F. FURET, J. JULLIARD et P. ROSANVALLON, 1988, *La République du centre, la fin de l'exception française,* Calmann-Lévy.

16. Gilles LIPOVESTKI, 1983, *L'ère du vide,* Gallimard ; ou du même auteur, 1987, *L'empire de l'éphémère,* Gallimard.

17. Voir sur ce point l'ouvrage classique de R. INGLEHART, *Silent Revolution,* ou 1993, *La transition culturelle,* Economica. Ce cadre a été repris par J. STOETZEL dans son analyse de l'évolution des valeurs européennes : J. STOETZEL, 1983, *Les valeurs du temps présent, une enquête européenne,* P.U.F.

18. C.E.R.C., 1989, *Les Français et leurs revenus, Le tournant des années 80,* préface de Nicole QUESTIAUX, La Découverte/La Documentation française.

19. *Ibid.*

20. G. HATCHUEL, J.L. VOLATIER, « Les nouveaux inquiets », in *Consommation et mode de vie,* n° 62, oct. 1991, C.R.E.D.O.C.

21. G. Hatchuel, « En dix ans, la contestation a changé de camp, les jeunes ont cédé la place aux non-diplômés », in *Consommation et mode de vie,* n° 71, oct. 1992, C.R.E.D.O.C.

22. Voir, par exemple, dès 1981, l'enquête de P. Benquet, « Les armes de l'autodéfense », in *Le Monde,* « La société française en mouvement », supplément, oct. 1981.

23. J. K. Galbraith, 1993, *La République des satisfaits, la culture du contentement aux États-Unis,* Le Seuil.

24. René Lenoir, « La démocratie au péril de la finance », in *Le Monde,* 21 février 1995.

49. Un ministère en montagnes russes

1. Les exemples abondent. Ainsi, *L'Est républicain,* 14 mars 1990.
2. Interprétation de A.C.P. Tel-presse du 4 décembre 1990.
3. *Vie publique,* décembre 1990, et A.C.P. Tel-presse, propos recueillis par Anne-Sophie Martin, 3 décembre 1990.
4. *Le Journal du dimanche,* 25 novembre 1990.
5. *Pouvoirs publics,* n° 408, 3 décembre 1990.
6. *Ouest-France,* 10 décembre 1990.
7. *Libération,* 4 décembre 1990.
8. *Libération,* 8-9 décembre 1990.
9. *Libération,* 13 décembre 1990.
10. Liste établie par Michel Delebarre et Pierre Yves Le Priol, 1993, *Le temps des villes,* Le Seuil.
11. *Le Monde,* 11 mars 1991.
12. A.C.P., 7 décembre 1990, et *Le Canard enchaîné,* 12 décembre 1990, « Les joyeuses mesures de Rocky Banlieue ».
13. Christophe Bouchet, 1992, *L'aventure Tapie, enquête sur un citoyen modèle,* Points-Seuil.
14. *Libération,* 14 juin 1990.
15. Christophe Bouchet, *op. cit.*
16. Michel Delebarre et Pierre Yves Le Priol, *op. cit.*
17. Eric J. Hobsbawm, *op. cit.*

50. Mission impossible ?

1. Denis Olivennes et Nicolas Baverez, 1989, *L'impuissance publique,* Calmann-Lévy.
2. Bruno Théret, 1994, « Rhétorique économique et action politique. Le néolibéralisme comme fracture entre la finance et le social », in *L'engagement politique, déclin ou mutation ?,* sous la direction de Pascal Perrineau, Presses nationales de la Fondation nationale des sciences politiques.
3. Bruno Théret, *op. cit.* Cf. aussi Jean-François Kesler, 1985, *L'E.N.A., la société, l'État,* Berger-Levrault.
4. Stéphane Rozes, « Observatoire des villes, un sondage de la Sofres », in *Ensembles,* n° 28, juillet 1990.
5. Pierre Bourdieu *et alii,* 1993, *La misère du monde,* Le Seuil.
6. Rapport de la commission Malandain, projet de loi n° 2009 d'orientation pour la ville, Assemblée nationale, procès-verbal de la séance du 23 mai 1991, document 2060.

7. Rapport de Gérard Larcher au Sénat, seconde session ordinaire de 1990-91, nº 383.
8. Cf. par exemple Éric RAOULT, *op. cit.*
9. *Libération,* 13-14 octobre 1990.

51. La rupture du pacte de progrès

1. *Le Monde,* 8 juin 1994.
2. *Fortune,* 25 juillet 1994.
3. Derek BOK, 1993, *The Cost of Talent, How Executives and Professionnals are Paid and how it Affects America,* Free Press.
4. Robert REICH, 1991, *The Works of Nations,* A. Knopf inc., New York ; traduit en français sous le titre *L'économie mondialisée,* 1993, Dunod.
5. *Libération,* 18-19 décembre 1993.
6. *Précarité et risque d'exclusion en France,* document du C.E.R.C., nº 109, 3e trimestre 1993.
7. Entretien avec J.-M. DELARUE, donné au journal *Le Monde,* 3 mai 1994.
8. C.E.R.C., 1993, *op. cit.*
9. Robert REICH, *op. cit.*
10. Jean-Paul FITOUSSI, in *L'Expansion,* 16 mars 1994.
11. Cette imagerie avait été fort bien démontée, dès 1979, par Pierre Birnbaum, annonçant que « le temps de la démonologie était révolu ». Pierre BIRNBAUM, 1979, *Le peuple et les gros,* Grasset.
12. Voir le rapport de Catherine BLUM-GIRARDEAU, 1981, *Les tableaux des inégalités,* La Documentation française/Economica.
13. Gabriel OHEIX, 1981, *120 propositions pour lutter contre la pauvreté et la précarité,* rapport non publié.
14. René LENOIR, 1974, rééd. 1989, *Les exclus, un Français sur dix,* Le Seuil.
15. *Le Figaro,* 6 mars 1984.
16. *Libération,* 10 octobre 1984.
17. Voir à ce propos la gamme d'interventions officielles qui vont de Laurent FABIUS (TF1, 17 octobre 1984) à François MITTERRAND (entretien avec Yves MOUROUSI, décembre 1985).
18. Véronique BROCARD, in *Libération,* 3 octobre 1984.
19. Alain TOURAINE, « Face à l'exclusion », in collectif, 1991, *Citoyenneté et urbanité,* Esprit. Voir également un article plus précis d'Alain TOURAINE sur le même thème : « Inégalités de la société industrielle, exclusion du marché », in J. AFFICHARD et J.-B. de FOUCAULD (dir.), 1992, *Justice sociale et inégalités,* Éditions Esprit.
20. *Ibid.*
21. *Ibid.*
22. Jean-Marie DELARUE, *op. cit.*
23. Bruno THÉRET, « Le rawlsisme à la française. Le marché contre l'égalité démocratique ? », in *Futur antérieur,* nº 8, 1991.
24. Cette présentation n'est malheureusement même pas caricaturale. Voir, par exemple, John RAWLS, *Théorie de la justice,* 1971, et les pages 168 et suiv. de la traduction française, Le Seuil.
25. Ce florilège est tiré de *Panoramiques,* nº 12, 4e trimestre 1993 : « Banlieues, intégration ou explosion ? », p. 6-8.
26. Commissariat général au Plan, Rapport du groupe technique présidé par Philippe MASSE, *Exclus et exclusions-Connaître les populations, comprendre les processus,* La Documentation française, janvier 1992.

27. Voir, par exemple, l'entretien au *Monde* du 16 mars 1993.

28. La plupart des sociologues se sont méfiés du terme d'« exclus ». Ainsi, Serge Paugam définit le « disqualifié » dans ses relations avec des institutions sociales qui le transforment rituellement en « assisté » (Serge PAUGAM, 1991, *La disqualification sociale, essai sur la nouvelle pauvreté,* préface de Dominique SCHNAPPER, P.U.F., par exemple). Robert Castel a bien montré qu'il n'y a pas de rupture entre des catégories comme « intégré », « précarisé » et « désaffilié » et que le désaffilié ne vit pas dans un monde différent de celui du salarié (Robert CASTEL, « De l'indigence à l'exclusion : la désaffiliation », in Jacques DONZELOT, 1991, *op. cit.,* 137-168. Robert CASTEL, « De l'exclusion comme état à la vulnérabilité comme processus », in AFFICHARD et de FOUCAULD, 1992, *op. cit.*). Étienne Balibar, lui, voit resurgir dans l'emploi du terme le « fantôme de l'antagonisme de classes », hantant toujours notre actualité politique (Étienne BALIBAR, « Inégalités, fractionnement social, exclusion, nouvelles formes de l'antagonisme de classe ? », in AFFICHARD et de FOUCAULD, 1992, *op. cit.,* p. 149 et suivantes). Étienne BALIBAR et Immanuel WALLERSTEIN, 1988, *Race, nation, classe. Les identitiés ambiguës,* La Découverte.

29. Robert CASTEL, 1995, *La métamorphose de la question sociale,* Odile Jacob.

Épilogue : L'histoire sans fin

1. Lucienne BUI-TRONG, « L'insécurité des quartiers sensibles : une échelle d'évaluation », in *Les cahiers de la sécurité intérieure,* n° 14, août-octobre 1993, I.H.E.S.I.

2. D.C.R.G., « État des lieux », 29 mai 1995.

3. Cf. les rapports TALLON, RANCUREL et BARRET, ainsi que celui, plus récent, de Michel FOTINOS et Michel POUPELIN, *La violence à l'école,* ministère de l'Éducation nationale, Inspection générale. Voir également Jean-Michel DUMAY, 1994, *L'école agressée, réponses à la violence,* Belfond, ou le numéro des *Cahiers de la sécurité intérieure* consacré à la violence à l'école, n° 15, 1er trimestre 1994, I.H.E.S.I.

4. Christian BACHMANN, en collaboration avec Ouali BRINIS, « Sur la haine de proximité. L'école et les apprentis-casseurs », in *Migrants-formation,* n° 97, juin 1994.

5. Voir les articles de ces deux auteurs et en particulier Sophie BODY-GENDROT, *Ville et violence, op. cit.*

6. Adil JAZOULI, 1995, *Une saison en banlieue, courants et prospectives dans les quartiers populaires,* préface de Tahar BEN JELLOUN, Plon. Voir également, du même auteur, *Points d'appui et lignes de rupture. Manifeste pour les quartiers et banlieues populaires,* rapport de synthèse, décembre 1994, non publié.

7. In *Le Monde,* 1er août 1992. Sur ce thème, voir le rapport de la Mission France de Médecins du Monde, « Un voyage chez les exclus », 1992.

8. B.I.P.E., 1992, *Les sans-abri, état des lieux.*

9. F.E.A.N.T.S.E.A., *Laissés pour compte : profil des sans-abri en Europe.* Le chiffre exact avancé par la F.E.A.N.T.S.E.A. est de 627 000 sans-abri en France.

10. *Crise du logement. Mécanique de l'exclusion, attribution d'office,* rapport de l'association Droit au logement, septembre 1994.

11. Claude ROBERT, 1992, Rapport sur le fonctionnement du marché du logement et de la vacance.

12. Rapport du groupe de travail présidé par Gilles CATOIRE et présenté au Conseil national des villes.

13. Paul BAGGULEY, 1988, *From Protest to Acquiescence, Political Mouvements of the Unemployed,* McMillan.

14. Luc BOLTANSKI, 1993, *La souffrance à distance,* Métailié.

15. Voir par exemple Rick FANTASIA, 1988, *Cultures of Solidarit, Consciousness, Action and Contemporary American Workers,* University of California Press.

16. Citation de Dominique SCHNAPPER, dans sa préface à *La disqualification sociale* de Serge PAUGAM, *op. cit.*, p. 12. Cette thématique méprisante de la passivité a des effets jusque dans les modes d'investigation : Bourdieu a montré récemment avec brio comment les enquêteurs maltraitaient sans scrupule — et en toute inconscience — les « exclus » qu'ils interrogeaient. Pierre BOURDIEU *et alii, La misère du monde, op. cit.*

17. Sur ce point, les références abondent dans le champ anglo-saxon. Voir en particulier les travaux de MELUCCI, Mac CARTHY et WALD, TILLY, etc.

18. Voir Huges BAZIN, *op. cit.* Voir également les travaux de LAPASSADE et ROUSSELOT, VULBEAU, KOKOREFF...

19. Voir, par exemple, Vittorio LANTERNARI, 1983 (rééd.), *Les mouvements religieux de salut et de liberté des peuples opprimés,* La Découverte.

REMERCIEMENTS

Pour nous, tout a commencé à Villetaneuse, dans l'université où nous enseignons depuis longtemps déjà, et dont l'environnement bétonnier incite à méditer puissamment sur les violences urbaines. Il nous faut tout d'abord remercier ceux qui ont guidé nos premiers pas dans la Seine-Saint-Denis : les enseignants des écoles, de Gagny à Montreuil, de Drancy à Bobigny. Avec un souvenir tout particulier à Hacène, élève de classe de transition, le premier à nous avoir fait pénétrer dans les cités en compagnie d'Anne Coppel.

Un grand merci aux Courneuviens des 4 000, qui ont accueilli de 1983 à 1984 une succursale provisoire de l'université, et aux amis qui nous ont suivis dans cette aventure, Luc Basier et Jacky Simonin. En cette occasion, nos rencontres avec Pierre Saragoussi et Simon Wuhl, d'un côté, avec Jean-Claude Toubon et Annick Tanter, de l'autre, ont été déterminantes pour la suite de notre histoire. Tout comme celle, dans un tout autre registre, des rappeurs, taggeurs et grapheurs des alentours.

Nous avons aussi une dette massive envers les professionnels de la ville que nous avons assidûment fréquentés des années durant et que nous ne pouvons tous citer. Mentionnons simplement ceux de la prévention, comme Claire Nicolas, et ceux du développement social, comme Suzanne Rosenberg. Mentionnons aussi nos subtils acolytes dans l'analyse des qualifications sociales, Jean-Noël Chopard, Jacques Ion ou Michel Chauvière, incollable également sur les mouvements familiaux.

Il nous faut également mentionner tous ceux qui nous ont successivement guidés dans le dédale des politiques publiques : l'équipe Z.E.P. du ministère Savary, nos collègues zépologues, Claudine Dannequin, Marceline Laparra et les Chauveau ; et aujourd'hui notre ami Alain Monnot, champion de la prévention des risques à l'école ; les spécialistes des D.S.Q. et autres D.S.U., Alain Fourest, Sylvie Harburger, François Geindre ou Jean-Marie Delarue ; les corsaires de Banlieues 89, Castro, Dollé, Marie-Françoise Goldberger, et nos complices permanents, Michel Cantal-Dupart et — bien sûr... — Michel Herrou ; les spécialistes de la prévention de la délinquance, comme Philippe Yvin ou Michel Marcus, et ceux de l'insertion des jeunes, comme Pierre-Jean

Andrieu, Gérard Sarazin et Louis Dubouchet. Un grand merci à Jacques Donzelot, qui nous a accueillis parmi ses évaluateurs de la politique de la ville. Parfois fort vifs, nos échanges ont toujours été précieux, tout comme ceux avec Philippe Estèbe ou Daniel Béhar. Merci enfin à Profession banlieue, à Bernard Charlot et à Bénédicte Madelin, tout comme à toute l'équipe de Quaternaire Développement, Yann Le Bihan et Jean-Bernard Payet en tête, avec qui nous collaborons depuis des années et dont les remarques ont toujours été utiles.

Tous nos remerciements à Marie-Noëlle Lienemann et à Yves Raynouard qui nous ont permis de travailler auprès d'eux en 1992. Il faut aussi faire mention de l'A.R.I.L., devenue G.I.P. « habitat et insertion sociale », et des professionnels de l'hébergement et du relogement ; en tout premier lieu Xavier Madrolle, ami très cher et spécialiste reconnu des missions impossibles. Sans oublier l'I.H.E.S.I. et J.-P. Grémy, qui nous ont donné l'occasion de collaborer avec le ministère de l'Intérieur.

Plus fondamentalement encore, les pages qui précèdent n'auraient jamais été écrites sans l'apport de tous ceux qui ont mené la lutte au fil des ans, des années cinquante aux années quatre-vingt-dix, en passant par le temps où l'université de Nanterre voisinait le bidonville. Remercions quelques-uns des témoins successifs : Hervé Le Ru et Emmaüs, Leslie Kaplan, Annette Lévy-Willard, Viviane Sarre et tous les révolutionnaires des années soixante, Laure Skoutelski, Harlem Désir, Hayette Boudjemia, Adil Jazouli et Florence Ovaere de Banlieuescopie, Babar et le D.A.L. Ainsi que beaucoup d'autres, trop nombreux pour être cités.

Au fil des ans, le Plan urbain a sans cesse encouragé nos travaux et favorisé nos investigations, tout particulièrement celles sur la politique de la ville, qui ont alimenté ce volume. Il nous faut remercier ses animateurs, André Bruston, Évelyne Perrin, Jean-Loup Gourdon, Liane Mozère, Denise Taillandier, et tout naturellement Anne Querrien, qui connaît les mouvements urbains mieux que nous.

Enfin, il faut remercier tout particulièrement quelques-uns de ceux qui ont permis de mener à bien cette longue entreprise, la plupart du temps, par leurs critiques et leurs encouragements quand le bébé tardait à naître : l'indispensable Patrick Weil, le subtil Robert Castel et Thierry Pfister, éditeur attentif, dont la gentillesse n'a d'égale que l'indulgence envers nos retards. D'autres enfin ont aidé à des titres divers, Lyne Cohen-Solal, Olivier et Dominique Boischot ou Florence Pinaud. Selon la formule consacrée, nous sommes seuls responsables des interprétations et des erreurs. Enfin, ce livre est dédié à toutes les victimes de trente ans de politique urbaine. Et elles sont nombreuses.

INDEX DES NOMS PROPRES

INDEX DES LIEUX

TABLE

Livre I.
Les combats contre la pénurie

Livre II.
La conquête du progrès

Livre III.
Le rêve d'une démocratie radicale

Livre IV.
Les premiers craquements

Livre V.
La gestion des angoisses

*La composition de cet ouvrage
a été réalisée par l'Imprimerie BUSSIÈRE,
l'impression et le brochage ont été effectués
sur presse CAMERON dans les ateliers
de Bussière Camedan Imprimeries
à Saint-Amand-Montrond (Cher)
pour le compte des Éditions Albin Michel.*

*Achevé d'imprimer en décembre 1995.
N° d'édition : 14794. N° d'impression : 2153-4/629.
Dépôt légal : janvier 1996.*